Großkommentare der Praxis

STAUB

Handelsgesetzbuch

Großkommentar

Begründet von Hermann Staub

5., neu bearbeitete Auflage

herausgegeben von

Claus-Wilhelm Canaris
Mathias Habersack
Carsten Schäfer

Neunter Band
§§ 373–376; 383–406

Bearbeiter:

§§ 373–376; 383–406: Ingo Koller
Sachregister: Christian Klie

De Gruyter

Bearbeitungsstand: 30. Oktober 2012

Zitiervorschlag: *Koller* in Großkomm. HGB, 5A, § 373 Rn 8

Bandherausgeber: Professor Dr. Dr. h.c. mult. *Claus-Wilhelm Canaris*, München

Sachregister: Rechtsanwalt *Christian Klie*, Berlin

MIX
Papier aus verantwortungsvollen Quellen
FSC® C016439
FSC
www.fsc.org

ISBN 978-3-89949-415-0
eISBN 978-3-89949-854-7

Bibliografische Information der Deutschen Nationalbibliothek

Die Deutsche Nationalbibliothek verzeichnet diese Publikation in der Deutschen Nationalbibliografie; detaillierte bibliografische Daten sind im Internet über http://dnb.d-nb.de abrufbar.

Satz/Konvertierung: Werksatz Schmidt & Schulz GmbH, Gräfenhainichen
Druck: Hubert & Co. GmbH & Co. KG, Göttingen

∞ Gedruckt auf säurefreiem Papier

Printed in Germany

www.degruyter.com

Verzeichnis der Bearbeiter der 5. Auflage

Professor Dr. **Jochen Axer**, Rechtsanwalt, Wirtschaftsprüfer, Steuerberater, Axer Partnerschaft, Köln
Dr. **Peter Balzer**, Rechtsanwalt, Balzer Kühne Lang, Bonn
Dr. **Benjamin B. von Bodungen**, LL.M. (Auckland), Rechtsanwalt, Freshfields Bruckhaus Deringer, Frankfurt am Main
Professor Dr. **Ulrich Burgard**, Otto-von-Guericke-Universität Magdeburg
Professor Dr. Dr. h.c. mult. **Claus-Wilhelm Canaris**, Ludwig-Maximilians-Universität München
Professor Dr. **Matthias Casper**, Westfälische Wilhelms-Universität Münster
Dipl.-Kfm. **Andrej Cepuran**, AXIS Beratungsgruppe, Köln
Professor Dr. **Gerhard Dannecker**, Ruprecht-Karls-Universität Heidelberg
Dr. **Raimond Emde**, Rechtsanwalt, Graf von Westphalen, Hamburg
Professor Dr. **Florian Faust**, LL.M. (Univ. of Michigan), Bucerius Law School, Hamburg
Professor Dr. **Mathias Habersack**, Ludwig-Maximilians-Universität München
Dr. **Stephan Harbarth**, LL.M. (Yale), Rechtsanwalt, SZA Schilling, Zutt & Anschütz, Mannheim
Professor Dr. **Joachim Hennrichs**, Universität zu Köln
Professor Dr. Dres. h.c. **Peter Hommelhoff**, Ruprecht-Karls-Universität Heidelberg, Partner bei KPMG, Frankfurt am Main
Professor Dr. **Rainer Hüttemann**, Dipl.-Volksw., Rheinische Friedrich-Wilhelms-Universität Bonn
Professor Dr. **Detlev Joost**, Universität Hamburg
Professor Dr. **Christian Kersting**, LL.M. (Yale), Heinrich-Heine-Universität Düsseldorf
Professor Dr. **Peter Kindler**, Universität Augsburg
Professor Dr. **Detlef Kleindiek**, Universität Bielefeld
Professor Dr. **Jens Koch**, Universität Konstanz
Professor Dr. **Ingo Koller**, Universität Regensburg
Dr. **Ernst-Thomas Kraft**, Rechtsanwalt, Hengeler Mueller, Frankfurt am Main
Dr. **Stefan Kröll**, LL.M. (London), Rechtsanwalt, Köln
Daniela Mattheus, KPMG AG Wirtschaftsprüfungsgesellschaft, Frankfurt am Main
Professor Dr. **Hartmut Oetker**, Universität zu Kiel
Professor Dr. **Karsten Otte**, M.J.C. (Austin), Direktor bei der Bundesnetzagentur, Bonn
Professor Dr. **Carsten Schäfer**, Universität Mannheim
Professor Dr. **Patrick Schmidt**, Universität Mannheim
Professor Dr. **Jan Schürnbrand**, Eberhard-Karls-Universität Tübingen
Professor Dr. **Martin Schwab**, Freie Universität Berlin
Professor Dr. **Jan Thiessen**, Eberhard-Karls-Universität Tübingen
Professor Dr. **Christoph Weber**, Julius-Maximilians-Universität Würzburg
Professor Dr. **Jens Wüstemann**, Universität Mannheim

Vorwort zur 5. Auflage

Die fünfte Auflage des von Hermann Staub begründeten Großkommentars zum HGB fällt in eine Epoche, die das Handelsrecht – und mit ihm seine Kommentatoren – vor große Herausforderungen stellt. Sah sich das HGB, vom Bilanzrichtliniengesetz abgesehen, über Jahrzehnte nur punktuellen und überwiegend marginalen Änderungen ausgesetzt, so haben Tempo und Intensität der Reformen während der vergangenen zehn Jahre ganz erheblich zugenommen. Das Handelsrechtsreformgesetz 1998, die Schuldrechtsreform, das Bilanzkontroll- und das Bilanzrechtsreformgesetz, das EHUG und zuletzt das MoMiG und das BilMoG – all diese und weitere Änderungsgesetze haben, vielfach gemeinschaftsrechtlichen Vorgaben Rechnung tragend, tiefgreifende Änderungen des Textes und der Systematik des HGB bewirkt, die es in der Neuauflage aufzubereiten und in ihren praktischen Folgen zu würdigen gilt.

Anspruch und inhaltliche Konzeption des Kommentars haben gegenüber der Vorauflage keine Änderungen erfahren: Nach wie vor soll der Kommentar in einer sowohl wissenschaftlichen Ansprüchen genügenden als auch die Belange und Gepflogenheiten der Praxis berücksichtigenden Art und Weise über den Stand der Diskussion informieren und Entwicklungslinien aufzeigen. Im Unterschied zur Vorauflage erscheint die Neuauflage freilich nicht mehr in Einzellieferungen, sondern in Bänden. Fünfzehn Bände sind vorgesehen, und damit liegt die Gesamtzahl über derjenigen der Vorauflage, was aber vor allem auf eine neue Bandeinteilung zurückzuführen ist. Diese wiederum soll es ermöglichen, einzelne Bände je nach Bedarf und unabhängig von andern Bänden in neuer Bearbeitung vorzulegen, ohne dass damit eine Neuauflage des Gesamtwerkes verbunden sein müsste. Mit der Neuauflage des Staub soll also eingeführt werden, was für die dreizehnte Auflage des Staudinger längst bewährte Realität ist. Der Abschluss der fünften Auflage ist für das Jahr 2015 vorgesehen.

Unter den Autoren sind *Claus-Wilhelm Canaris*, der bereits – zusammen mit *Wolfgang Schilling* und *Peter Ulmer* – Mitherausgeber der vierten Auflage war, *Mathias Habersack* und *Carsten Schäfer* mit der Herausgeberaufgabe betraut worden. Die wissenschaftliche Verantwortung der Bearbeiter für den von ihnen jeweils übernommenen Teil der Kommentierung bleibt unberührt.

Der jetzt vorgelegte Band 9 umfasst die Kommentierung der §§ 373 bis 376 und 383 bis 406 HGB. Die Kommentierung ist erneut von *Ingo Koller* besorgt worden. Die Kommentierung der §§ 377 bis 382 wird in Band 12 folgen.

November 2012 — Herausgeber und Verlag

Inhaltsübersicht

VIERTES BUCH

Handelsgeschäfte

Abkürzungsverzeichnis

aA	anderer Ansicht
aaO	am angegebenen Ort
abl.	ablehnend
ablehn.	ablehnend
Abs.	Absatz
Abschn.	Abschnitt
abw.	abweichend
AcP	Archiv für civilistische Praxis
ADAC	Allgemeiner Deutscher Automobil-Club
ADHGB	Allgemeines Deutsches Handelsgesetzbuch v. 1861
aE	am Ende
a.F.	alte(r) Fassung
AG	1. Amtsgericht 2. Aktiengesellschaft 3. Die Aktiengesellschaft
AGB	Allgemeine Geschäftsbedingungen
AGG	Allgemeines Gleichbehandlungsgesetz
AiB	Arbeitsrecht im Betrieb
AktG	Aktiengesetz
Aktz.	Aktenzeichen
allg.	allgemein
allgM	allgemeine Meinung
a.M.	andere(r) Meinung
amtl. Begr.	Amtliche Begründung
AnfG	Anfechtungsgesetz
Anh.	Anhang
Anl.	Anleitung
Anm.	Anmerkung(en)
AO	1. Amtsordnung (Schleswig Holstein) 2. Abgabenordnung
AöR	Archiv des öffentlichen Rechts
AP	Arbeitsrechtliche Praxis
ApothekenBetrO	Apothekenbetriebsordnung
ApothekenG	Apothekengesetz
ArbG	Arbeitsgericht
ArbGG	Arbeitsgerichtsgesetz
AR-Blattei	Arbeitsrecht-Blattei
ArbR	Arbeitsrecht
ArbstättVO	Arbeitsstättenverordnung
ArbZG	Arbeitszeitgesetz
ArchBürgR	Archiv für Bürgerliches Recht
Art.	Artikel
AÜG	Arbeitnehmerüberlassungsgesetz
Aufl.	Auflage
AV	Ausführungsverordnung
AWD	Allgemeiner Wirtschaftsdienst
AZR	Gesetz über das Ausländerzentralregister

Baden-Württ.	Baden-Württemberg
BaFin	Bundesfinanzaufsicht
BAnz	Bundesanzeiger
BauspG	Gesetz über Bausparkassen
BayERVV	Bayerische Verordnung über den elektronischen Rechtsverkehr und elektronische Verfahren (E-Rechtsverkehrsverordnung – ERVV)
BaWüNotZ	Baden-Württembergische Notarzeitung
BayObLG	Bayerisches Oberlandesgericht
BayZ	Bayerische Zeitung
BAG	Bundesarbeitsgericht
BAO	Bundesabgabenordnung
BÄO	Bundesärzteordnung
BB	Der Betriebs-Berater
BBiG	Berufsbildungsgesetz
Bd.	Band
Bek. v.	Bekanntmachung vom
Begr.	Begründung
Beschl.	Beschluss
BetrAVG	Gesetz zur Verbesserung der betrieblichen Altersversorgung (Betriebsrentengesetz)
BetrVG	Betriebsverfassungsgesetz
BeurkG	Beurkundungsgesetz
BfA	Bundesversicherungsanstalt für Angestellte
BFH	Bundesfinanzhof
BFHE	Entscheidungen des Bundesfinanzhofes
BGB	Bürgerliches Gesetzbuch vom 18.8.1896
BGBl.	Bundesgesetzblatt
BGH	Bundesgerichtshof
BGHR	BGH-Rechtsprechung, hrsg. von den Richtern des Bundesgerichtshofes
BGHZ	Entscheidungen des Bundesgerichtshofes in Zivilsachen
BiRiLiG	Bilanzrichtliniengesetz
BKartA	Bundeskartellamt
BKR	Zeitschrift für Bank- und Kapitalmarktrecht
Bl.	Blatt
BMJ	Bundesministeriums der Justiz
BNotO	Bundesnotarordnung
BörsG	Börsengesetz
BörsZulV	Börsenzulassungsverordnung
BPatG	Bundespatentgericht
BPatGE	Entscheidungen des Bundespatentgerichts
BRAGO	Bundesgebührenordnung für Rechtsanwälte
BRAK-Mitt	Mitteilungen der Bundesrechtsanwaltskammer
BT	Bundestag
BT-Drucks.	Bundestagsdrucksache
BUrlG	Bundesurlaubsgesetz vom 8.1.1963
BVerfG	Bundesverfassungsgericht
BVerfGE	Entscheidungen des Bundesverfassungsgerichts
BVK	Bayerische Versicherungskammer
BWNotZ	Zeitschrift für das Notariat in Baden-Württemberg
bzgl.	bezüglich
bzw.	beziehungsweise
CDH	Centralvereinigung Deutscher Wirtschaftsverbände für Handelsvermittlung und Vertrieb e.V.
cic	culpa in contrahendo

CISG	United Nations Convention on Contracts for the International Sale of Goods, UN-Kaufrecht
DAR	Deutsches Autorecht
DAV	Deutscher Anwaltsverein
ders.	derselbe
DB	Der Betrieb
d.h.	das heißt
dies.	dieselbe(n)
DIHT	Deutscher Industrie- und Handelstag
Dipl.	Diplom
Diss	Dissertation
DJT	Deutscher Juristentag
DNotZ	Deutsche Notarzeitung
DR	Deutsches Recht
DStR	1. Deutsche Steuerrundschau 2. Deutsches Strafecht
DV	1. Durchführungsverordnung 2. Deutsche Verwaltung
DZWIR	Deutsche Zeitschrift für Wirtschafts- und Insolvenzrecht
E	Entscheidung
EBE/BGH	Eildienst Bundesgerichtliche Entscheidungen
EBJS	Ebenroth/Boujong/Joost/Strohn
EDV	elektronische Datenverarbeitung
EFG	Entscheidungen der Finanzgerichte
EFZG	Entgeltfortzahlungsgesetz
EG	Europäische Gemeinschaft
EGBGB	Einführungsgesetz zum Bürgerlichen Gesetzbuch
EGHGB	Einführungsgesetz zum Handelsgesetzbuch
EGInsO	Einführungsgesetz zur Insolvenzordnung
EGVP	Elektronisches Gerichts- und Verwaltungspostfach
EGVVG	Einführungsgesetz zum Versicherungsvertragsgesetz
ehem.	ehemalige
EHUG	Gesetz über elektronische Handelsregister und Genossenschaftsregister sowie das Unternehmensregister
einh.	Einheitlich
Einl.	Einleitung
e.K.	Eingetragener Kaufmann/Eingetragene Kauffrau
Entsch.	Entscheidung
ErbStG	Erbschaftsteuer- und Schenkungsteuergesetz
E-Register	elektronisches Register
ERJuKoG	Gesetz über elektronische Register und Justizkosten für Telekommunikation
Erl.	Erläuterung
EStG	Einkommenssteuergesetz
etc.	et cetera
EU	Europäische Union
EuGH	Europäischer Gerichtshof
EuGHE	Entscheidungen des Europäischen Gerichtshofs
EuG	Europäisches Gericht Erster Instanz
EuGVVO	Verfahrensverordnung des Europäischen Gerichts Erster Instanz vom 1.3.2002
EuGVÜ	Übereinkommen über die gerichtliche Zuständigkeit und die Vollstreckung von Entscheidungen in Zivil- und Handelssachen,

	vom 27.9.1968, seit dem 1.3.2002 weitgehend durch die EuGVVO ersetzt
EuInsVO	Europäische Insolvenzverordnung
EuLF	European Law Forum
EuZVO	Europäische Zustellungsverordnung
EuZW	Europäische Zeitung für Wirtschaftsrecht
EuroEG	Euro- Einführungsgesetz
EWiR	Entscheidungen zum Wirtschaftsrecht
EWIV	Europäische wirtschaftliche Interessenvereinigung
EWR	Europäischer Wirtschaftsraum
EWS	1. Europäisches Währungssystem 2. Europäisches Wirtschafts- und Steuerrecht
EV	1. Eigentumsvorbehalt 2. Einführungsverordnung
EzA	Entscheidungssammlung zum Arbeitsrecht
f	folgende
FamFG	Gesetz über das Verfahren in Familiensachen und die Angelegenheiten der freiwilligen Gerichtsbarkeit
FAZ	Frankfurter Allgemeine Zeitung
FeiertagslohnzahlungsG	Feiertagslohnzahlungsgesetz
ff	fortfolgende
FG	Finanzgericht
FGG	Gesetz über die Freiwillige Gerichtsbarkeit
FGPrax	Praxis der freiwolligen Gerichtsbarkeit
Fn	Fußnote
FS	Festschrift
GBO	Grundbuchordnung
GbR	Gesellschaft bürgerlichen Rechts
gem.	gemäß
GenG	Genossenschaftsgesetz
GewO	Gewerbeordnung
GesRZ	Der Gesellschafter
GG	Grundgesetz
ggf.	gegebenenfalls
GK	Großkommentar
GmbH	Gesellschaft mit beschränkter Haftung
GmbHG	Gesetz betreffend die Gesellschaften mit beschränkter Haftung
GmbHR	GmbH-Rundschau
GenG	Genossenschaftsgesetz
GewO	Gewerbeordnung
GewStG	Gewerbesteuergesetz
GoA	Geschäftsführung ohne Auftrag
GOÄ	Gebührenordnung für Ärzte
GOZ	Gebührenordnung für Zahnärzte
GREStG	Grunderwerbsteuergesetz
GRUR	Gewerblicher Rechtsschutz und Urheberrecht
GRUR-RR	Gewerblicher Rechtsschutz und Urheberrecht/Rechtsprechungsreport
GSG	Gerätesicherheitsgesetz
GV	Gebührenverzeichnis
GVG	Gerichtsverfassungsgesetz
GVO	Gerichtsvollzieherordnung
GWB	Gesetz gegen Wettbewerbsbeschränkungen

hA	herrschende Ansicht
HAG	1. Heimarbeitsgesetz 2. Hessisches Ausführungsgesetz
Halbbd.	Halbband
HansGZ	Hanseatische Gerichtszeitschrift
HandelsR	Handelsrecht
Hdb.	Handbuch
HGB	Handelsgesetzbuch
HK	Handelskammer
HKO	Haager Landkriegsordnung
hL	herrschende Lehre
hM	herrschende Meinung
HOAI	Honorarordnung für Architekten und Ingenieure in der Bekanntmachung vom 4.3.1991
HRefG	Handelsrechtsreformgesetz vom 22.6.1998
HRegGebV	Verordnung über Gebühren in Handels, Partnerschafts- und Genossenschaftsregistersachen Handelsregistergebührenverordnung)
HRegGebNeuOG	Handelsregistergebühren-Neuordnungsgesetz
HRR	Höchstrichterliche Rechtsprechung
Hrsg.	Herausgeber
HRV	Verordnung über die Einrichtung und Führung des Handelsregisters
Hs./Hs	Halbsatz
HSG	Hochschulgesetz
HV	Handelsvertreter
HVR	Humanitäres Völkerrecht
HVuHM	Der Handelsvertreter und Handelsmarker
HWK	Handwerkskammer
IAS	International Accounting Standards
ICC	1. Intergovernmental Copyright Committee 2. International Chamber of Commerce
i.d.F.	in der Fassung
i.d.R.	in der Regel
i.E.	im Ergebnis
i.e.S.	im engeren Sinne
IFRS	International Finance Reporting Standards
IHR	Internationales Handelsrecht
insbes.	insbesondere
Ind.- u. Handelsk.	Industrie- und Handelskammer
InsO	Insolvenzordnung
InsoBekV	Verordnung zu öffentlichen Bekanntmachungen in Insolvenzverfahren im Internet
InvG	Investmentgesetz
InvStG	Investmentsteuergesetz
IPRax	Praxis des Internationalen Privat- und Verfahrensrechts
IPRsp.	Die Deutsche Rechtsprechung auf dem Gebiet des internationalen Privatrechts
i.S.d.	im Sinne des
i.S.v.	im Sinne von
i.V.m.	in Verbindung mit
i.w.S.	im weiteren Sinne
IZPR	Das Internationale Zivilprozess
JA	Juristische Arbeitsblätter
jew.	jeweils

JMBl.	Justizministerialblatt
JR	Juristische Rundschau
JRPV	Juristische Rundschau für Privatversicherung
JURA	Juristische Ausbildung
JuS	Juristische Schulung
JVKostO	Justizverwaltungskostengesetz
JW	Juristische Wochenschrift
JZ	Juristenzeitung
KapCoRiLiG	Kapitalgesellschaften- und Co-Richtlinie-Gesetz
Kart	Kartell
Kfm.	Kaufmann
KFR	Kommentierte Finanzrechtsprechung
Kfz	Kraftfahrzeug
KG	1. Kammergericht 2. Kommanditgesellschaft
KGaA	Kommanditgesellschaft auf Aktien
KGJ	Jahrbuch für Entscheidungen des Kammergerichts in Sachen der freiwilligen Gerichtsbarkeit und Kosten-, Stempel- und Strafsachen
KO	1. Kassenordnung 2. Konkursordnung
KOM	Kommissionsdokumente
Königl.	Königlich
KostG	Kostengesetz
KostO	Kostenordnung
krit.	kritisch
KSchG	Kündigungsschutzgesetz in der Bekanntmachung vom 25.8.1969
KTS	Konkurs-, Treuhand- und Schiedsgerichtswesen
KWG	1. Kommunalwahlgesetz 2. Kreditwesengesetz
LAG	Landesarbeitsgericht
LG	Landgericht
lit.	litera
LM	Nachschlagewerk des Bundesgerichtshofes, hrsg. v. Lindemaier
LS	1. Landessatzung 2. Leitsatz
Ltd.	Private Company Limited by Shares
LVA	Landesversicherungsanstalt
LZ	Leipziger Zeitschrift für Deutsches Recht
m.	mit
M.	Meinung
MarkenG	Markengesetz
m.a.W.	mit anderen Worten
m. Bespr.	mit Besprechung
mglw.	möglicherweise
MitbestG	Mitbestimmungsgesetz
MittRhNotK	Mitteilungen Rheinische Notar-Kammer
MittBayNot	Mitteilungen der Bayerischen Notarkammer
MiZi	Mitteilungen in Zivilsachen
mN	mit Nachweisen
MoMiG	Gesetz zur Modernisierung des GmbH-Rechts und zur Bekämpfung von Missbräuchen

MuW	Markenschutz und Wettbewerb
mwN	mit weiteren Nachweisen
m.W.v.	mit Wirkung vom
Nachw.	Nachweise
NaStraG	Gesetz zur Namensaktie und zur Erleichterung der Stimmrechtsausübung
NdsRpfl.	Niedersächsische Rechtspflege
n.F.	neue Fassung
NJOZ	Neue Juristische Online Zeitschrift
NJW	Neue Juristische Wochenschrift
NJW-RR	Neue Juristische Wochenschrift, Rechtssprechungsreport
NotBZ	Zeitschrift für die notarielle Beurkundungspraxis
Nr.	Nummer
NRW	Nordrhein-Westfalen
n.v.	nicht veröffentlicht
NZA	Neue Zeitschrift für Arbeits- und Sozialrecht
NZA-RR	Neue Zeitschrift für Arbeits- und Sozialrecht, Rechtsprechungsreport
NZG	Neue Zeitschrift für Gesellschaftsrecht
NZI	Neue Zeitschrift für das Recht der Insolvenz und Sanierung
NZM	Neue Zeitschrift für Miet- und Wohnungsrecht
o.	oben
o.ä.	oder ähnliches
österr.	Österreichisches
(ö)OGH	Oberster Gerichtshof (Österreich)
OGHZ	Entscheidungen des Obersten Gerichtshofs für die Britische Zone in Zivilsachen
OHG	Offene Handelsgesellschaft
OLG	Oberlandesgericht
OLGR	OLG-Report: Zivilrechtsprechung der Oberlandesgerichte
OWiG	Ordnungswidrigkeitengesetz
PartGG	Partnerschaftsgesellschaftsgesetz
PflegeVG	Pflege-Versicherungsgesetz
ppa.	per procura (in Vollmacht)
ProdHaftG	Produkthaftungsgesetz
PublG	Publizitätsgesetz
PucheltsZ	Zeitschrift für französisches Zivilrecht
RabelsZ	Zeitschrift für ausländisches und internationales Privatrecht
RAG	Reichsarbeitsgericht
RAG ARS	Reichsarbeitsgericht, Arbeitsrechts-Sammlung (Entscheidungen des Reichsarbeitsgerichts und des Reichsehrengerichts, der Landesarbeitsgerichte, Arbeitsgerichte und Ehrengerichte, 1928 ff)
RBerG	Rechtsberatungsgesetz
RdA	Recht der Arbeit
Rdn	Randnummer
Rdsch.	Rundschau
RdW	Das Recht der Wirtschaft
RegBegr	Regierungsbegründung
RegE	Regierungsentwurf
RG	1. Reichsgericht 2. Reichsgesetz
RGSt	Entscheidungen des Reichsgerichts in Strafsachen

RGZ	Entscheidungen des Reichsgerichts in Zivilsachen
RIW	Recht der Internationalen Wirtschaft
RJA	Entscheidungen in Angelegenheiten der freiwilligen Gerichtsbarkeit und des Grundbuchrechts, zusammengestellt im Reichsjustizamt
RKS	Rechtsprechung kaufmännischer Schiedsgerichte
RL	Richtlinie
RNotZ	Rheinische Notar-Zeitschrift
Rn	Randnummer
ROHG	Reichsoberhandelsgericht
ROHGE	Entscheidungen des Reichsoberhandelsgerichts
Rpfleger	Rechtspfleger
RPflG	Rechtspflegergesetz
Rs.	Rechtssache
Rspr.	Rechtsprechung
RuS	Recht und Schaden
Rz	Randziffer
s.	siehe
S.	Seite
s.a.	siehe auch
SAE	Sammlung arbeitsgerichtlicher Entscheidungen
Sächs.	Sächsisch
ScheckG	Scheckgesetz vom 14.8.1933
SE	Societas Europaea – Europäische Gesellschaft
SEAG	Gesetz zur Ausführung der Verordnung des Rates über das Statut der Europäischen Gesellschaft (SE)
Sg	Sozialgericht
SGB	Sozialgesetzbuch
SigG	Signaturgesetz
Slg.	Sammlung
sog.	Sogenannte
SpruchG	Gesetz über das gesellschaftsrechtliche Spruchverfahren – Spruchverfahrensgesetz
st.	ständige
std. Rspr.	ständige Rechtsprechung
StGB	Strafgesetzbuch
str.	strittig
s.u.	siehe unten
TB-Merkmale	Tatbestandsmerkmale
TDG	Gesetz über die Nutzung von Telediensten – Teledienstegesetz
teilw.	teilweise
TranspR	Transportrecht
TUG	Transparenzrichtlinie-Umsetzungsgesetz
TVG	Tarifvertragsgesetz
Tz	Teilziffer
TzBfG	Teilzeit- und Befristungsgesetz
u.a.	unter anderem
u.ä.	und ähnliches
UG	Unternehmergesellschaft
umf.	umfassend
UmwG	Umwandlungsgesetz
unstr.	unstrittig
Unterabs.	Unterabsatz

UrhG	Urheberrechtsgesetz
Urt.	Urteil
URV	Verordnung über das Unternehmensregister
usf.	und so fort
UWG	Gesetz gegen den unlauteren Wettbewerb
u.U.	unter Umständen
v.	von/vom
VAG	Versicherungsaufsichtsgesetz
VerBAV	Veröffentlichungen des Bundesaufsichtsamtes für das Versicherungswesen
VerkprospG	Verkaufsprospektgesetz
VersVerm	Versicherungsvermittlung
Vertikal-GVO	Die Gruppenfreistellungsverordnung für vertikale Vereinbarungen
VertriebsR	Vertriebsrecht
VGA	Bundesverband der Geschäftsstellenleiter und Assekuranz
Vgl.	Vergleiche
v.H.	von Hundert
VO	Verordnung
Voraufl.	Vorauflage
Vorb.	Vorbemerkung
VRS	Verkehrsrechts-Sammlung
VvaG	Versicherungsverein auf Gegenseitigkeit
VVG	Gesetz über den Versicherungsvertrag
VW	Versicherungswirtschaft
VwVfG	Verwaltungsverfahrensgesetz
WarnRprs	1. Rechtsprechung des Reichsgerichts auf dem Gebiete des Zivilrechts, soweit sie nicht in der amtlichen Sammlung der Entscheidungen des RG abgedruckt ist, hrsg. v. Warnmeyer 2. Sammlung zivilrechtlicher Entscheidungen des Reichsgerichts hrsg. von Buchwald (Begründet von Warnmeyer)
WechselG	Wechselgesetz
weit.	weitere(n)
WG	1. Wassergesetz 2. Wechselgesetz 3. Wohnwirtschaftliche Gesetzgebung
WM	1. Wertpapier Mitteilungen, Zeitschrift für Wirtschafts- und Bankrecht 2. Wohnwirtschaft und Mietrecht
wN	weitere Nachweise
WpAIV	Wertpapierhandelsanzeige- und Insiderverzeichnisverordnung
WpHG	Wertpapierhandelsgesetz
WPO	Gesetz über eine Berufsordnung der Wirtschaftsprüfer. (Wirtschaftsprüferordnung)
WpÜG	Wertpapiererwerbs- und Übernahmegesetz
WRP	Wettbewerb in Recht und Praxis
WuW	Wirtschaft und Wettbewerb
WuW-E	Wirtschaft und Wettbewerb, Entscheidungen zum Kartellrecht
WVK	Wiener Vertragsrechtskonvention
Z	(in Zusammenhängen) Zeitschrift, Zeitung, Zentralblatt
z.B.	zum Beispiel
ZBH	Zentralblatt für Handelsrecht
ZBR	Zeitschrift für Beamtenrecht

ZErb	Zeitschrift für die Steuer- und Erbrechtspraxis
ZEuP	Zeitschrift für Europäisches Privatrecht
ZEV	Zeitschrift für Erbrechts- und Vermögensnachfolge
ZfA	Zeitschrift für Arbeitsrecht
ZfgG	Zeitschrift für das gesamte Genossenschaftswesen
ZfLR	Zeitschrift für Immobilienrecht
ZfV	1. Zeitschrift für Versicherungswesen 2. Zeitschrift für Verwaltung
ZGR	Zeitschrift für Unternehmens- und Gesellschaftsrecht
ZHR	Zeitschrift für das gesamte Handelsrecht und Wirtschaftsrecht
ZIP	Zeitschrift für Wirtschaftsrecht
ZInsO	Zeitschrift für das gesamte Insolvenzrecht
ZPO	Zivilprozessordnung
ZR	Zivilrecht
ZRP	Zeitschrift für Rechtspolitik
ZS	Zivilsenat
ZSR	1. Zeitschrift für Schweizerisches Recht 2. Zeitschrift für Sozialrecht
z.T.	zum Teil
zust.	zustimmend
ZustErgG	Zuständigkeitsergänzungsgesetz
zutr.	zutreffend
ZVersWiss	Zeitschrift für Versicherungswissenschaft
ZVglRWi(ss)	Zeitschrift für vergleichende Rechtswissenschaft
zwh.	zweifelhaft

Verzeichnis der abgekürzt zitierten Literatur

zu

Staub, Handelsgesetzbuch
Großkommentar

Abkürzungen der 5. Aufl.

Soweit andere als im nachfolgenden Verzeichnis angegebene Auflagen zitiert werden, sind diese mit einer hochgestellten Ziffer gekennzeichnet.

Adler	Das Handelsregister, seine Öffentlichkeit und sein öffentlicher Glaube, 1908
ADS	Adler/Düring/Schmaltz Rechnungslegung und Prüfung der Unternehmen, Stuttgart, 6. Aufl. 1995–2000
ADS International	Adler/Düring/Schmaltz (Hrsg.), Rechnungslegung nach Internationalen Standards, Stuttgart 2002 (Loseblatt)
AnwKommBGB	Dauner-Lieb/Heidel/Ring (Hrsg.), Anwaltkommentar BGB, 5 Bd., Bonn, 2005 ff
Assmann/Schütze/*Bearbeiter*	Assmann/Schütze (Hrsg.), Handbuch des Kapitalanlagerechts, München, 3. Aufl. 2007
Baetge et al./*Bearbeiter*	Baetge/Wollmert/Kirsch/Oser/Bischof (Hrsg.), Rechnungslegung nach IFRS, Stuttgart, 2. Aufl. 2011 (Loseblatt)
Baetge/Kirsch/Thiele/*Bearbeiter*	Baetge/Kirsch/Thiele (Hrsg.) Bilanzrecht, Bonn/Berlin 2002 (Loseblatt)
Ballwieser et al./*Bearbeiter*	Ballwieser/Beine/Hayn/Peemöller/Schruff/Weber (Hrsg.), Wiley IFRS-Handbuch 2010, Weinheim, 7. Aufl. 2011
Bamberger/Roth	Kommentar zum Bürgerlichen Gesetzbuch, 3 Bd., München, 3. Aufl. 2012
Bassenge/Roth FamFG/RPflG	Bassenge/Roth, Gesetz über die Angelegenheiten der freiwilligen Gerichtsbarkeit. Rechtspflegergesetz, Kommentar, Heidelberg, 12. Aufl. 2009
Bauer/Diller Wettbewerbsverbote	Bauer/Diller, Wettbewerbsverbote, München, 5. Aufl. 2009
Baumbach/Hefermehl/Casper WechselG u. ScheckG	Baumbach/Hefermehl/Casper, Wechselgesetz, Scheckgesetz, Recht der kartengestützten Zahlungen: WG, ScheckG, Kartengestützte Zahlungen, München, 23. Aufl. 2008
Baumbach/Hueck/*Bearbeiter* GmbHG	Baumbach/Hueck, GmbH-Gesetz, München, 19. Aufl. 2010
Baumbach/Hopt/*Bearbeiter*	Baumbach/Hopt, Handelsgesetzbuch, München, 35. Aufl. 2012
Baumbach/Lauterbach/Albers/*Bearbeiter*	Baumbach/Lauterbach/Albers/Hartmann, Zivilprozessordnung: ZPO, München, 69. Aufl. 2011
Baums	Eintragung und Löschung von Gesellschafterbeschlüssen, 1981
Beck-HdR-*Bearbeiter*	Beck'sches Handbuch der Rechnungslegung, Castan/Böcking/Heymann/Pfitzer/Scheffler (Hrsg.), München 36. Aufl. 2011 (Loseblatt)

Beck IFRS-Hdb-*Bearbeiter*	Beck'sches IFRS-Handbuch, Bohl/Riese/Schlüter (Hrsg.), München, 3. Aufl. 2009
BeckRS	Beck Rechtsprechung
Beck'scher Bilanzkommentar/*Bearbeiter*	Ellrott/Förschle/Hoyos/Winkeljohann (Hrsg.), Beck'scher Bilanz-Kommentar, München, 8. Aufl. 2012
BoHdR-*Bearbeiter*	Hofbauer/Kupsch, Bonner Handbuch der Rechnungslegung, Loseblatt, Stand 2009
Bohl/Riese/Schlüter/*Bearbeiter*	Bohl/Riese/Schlüter (Hrsg.), Beck'sches IFRS-Handbuch, München, 3. Aufl. 2009
Bohnert OWiG	Bohnert, OWiG, Kommentar zum Ordnungswidrigkeitenrecht, München, 3. Aufl. 2010
Bokelmann Firmenrecht	Das Recht der Firmen- und Geschäftsbezeichnungen, Freiburg, 5. Aufl. 2000
Boos/Fischer/Schulte-Mattler/ *Bearbeiter* KWG	Boos/Fischer/Schulte-Mattler (Hrsg.), Kreditwesengesetz: KWG, München, 4. Aufl. 2012
Bork	Bork, Der Vergleich, Berlin 1988
Braun, InsO	Braun (Hrsg.), Insolvenzordnung: InsO, München, 5. Aufl. 2012, zitiert: *Bearbeiter* in: Braun, InsO
Brox/Henssler	Brox/Henssler, Handelsrecht mit Grundzügen des Wertpapierrechts, München, 21. Aufl. 2011
Brox/Walker	Brox/Walker, Allgemeiner Teil des BGB, Berlin, 35. Aufl. 2011
Bruck/Möller	Baumann, Horst/Beckmann, Roland Michael/Johannsen, Katharina/Johannsen, Ralf (Hrsg.), Großkommentar zum Versicherungsvertragsgesetz, Berlin, 9. Aufl. 2008 ff
Bürgers/Körber/*Bearbeiter* AktG	Bürgers/Körber (Hrsg.), Heidelberger Kommentar zum Aktiengesetz, Heidelberg, 2. Aufl. 2011
Bumiller/Harders FamFG	Kommentar zum Gesetz über das Verfahren in Familiensachen und in den Angelegenheiten der freiwilligen Gerichtsbarkeit, München, 10. Aufl. 2011
Busse von Colbe/Ordelheide Konzernabschlusse	Busse von Colbe, Walther/Ordelheide, Dieter, Konzernabschlüsse, 9. Aufl. 2009
Canaris Handelsrecht	Canaris, Claus-Wilhelm, Handelsrecht, München, 24. Aufl. 2006
Canaris Vertrauenshaftung	Canaris, Claus-Wilhelm, Die Vertrauenshaftung im deutschen Privatrecht, München 1971
Christ/Müller-Helle	Veröffentlichungspflichten nach dem neuen EHUG, Freiburg 2007
Deloitte iGAAP 2011	Deloitte (Hrsg.), iGAAP 2011, London, 4. Aufl. 2010
Düringer/Hachenburg	Düringer, Adelbert/Hachenburg, Max, Das Handelsgesetzbuch vom 10. Mai 1897 (unter Ausschluß d. Seerechts) auf d. Grundlage d. Bürgerl. Gesetzbuchs, Mannheim 1935
Ebenroth/Boujong/Joost/Strohn/ *Bearbeiter*; EBJS	Ebenroth/Boujong/Joost/Strohn (Hrsg.), Handelsgesetzbuch: HGB, Band 1 §§ 1–342e, München, 2. Aufl. 2008, Band 2 §§ 343–475h, München, 2. Aufl. 2009
Ehrenbergs Hdb	Ehrenbergs Handbuch des gesamten Handelsrechts, 5. Band, I. Abteilung, 1. Hälfte, 1. Lieferung, 1926
Eidenmüller	Ausländische Kapitalgesellschaften im deutschen Recht, München 2004
Emmerich/Habersack KonzernR	Konzernrecht, München, 9. Aufl. 2008

Ensthaler	Ensthaler (Hrsg.), Gemeinschaftskommentar zum Handelsgesetzbuch: HGB, Neuwied, 7. Aufl. 2007, zitiert: *Bearbeiter* in: Ensthaler
Erman/*Bearbeiter*	Erman, Bürgerliches Gesetzbuch, Kommentar, Köln, 13. Aufl. 2011
Ernst & Young International GAAP 2011	Ernst & Young (Hrsg.), International GAAP 2011, Chichester 2011
Fezer MarkenG	Markenrecht, Kommentar, München, 4. Aufl. 2009
FK-InsO/*Bearbeiter*	Wimmer (Hrsg.), Frankfurter Kommentar zur Insolvenzordnung, München, 6. Aufl. 2011
Fleischhauer/Preuß	Handelsregisterrecht – Verfahren – Anmeldemuster – Erläuterungen, Berlin, 2. Aufl. 2010
Frankfurter Kommentar zum Kartellrecht/*Bearbeiter*	Jaeger, u.a. (Hrsg.), Frankfurter Kommentar zum Kartellrecht, 65. Lieferung Juni 2008 (Loseblatt)
Gesetzgebungsmaterialien zum ADHGB	Lutz, Protokolle der Kommission zur Berathung eines allgemeinen deutschen Handelsgesetzbuches 1858 ff
Geßler/Hefermehl	Geßler/Hefermehl/Eckardt/Kropff, Aktiengesetz, 1973 ff
v. Gierke/Sandrock Handels- und Wirtschaftsrecht	v. Gierke/Sandrock, Handels- und Wirtschaftsrecht, Berlin, 9. Aufl. 1975
Goldmann	Der Schutz des Unternehmenskennzeichens, Berlin, 2. Aufl. 2005
Großkommentar AktG/*Bearbeiter*	Hopt/Wiedemann (Hrsg.), Aktiengesetz Großkommentar, Berlin, 4. Aufl. 1992 ff
Großkomm/*Bearbeiter*	Staub, Hermann, Handelsgesetzbuch: Großkommentar, Berlin, 5. Aufl. 2008 ff
GroßkommUWG/*Bearbeiter*	Jacobs/Lindacher/Teplitzky (Hrsg.), Großkommentar zum UWG, Berlin, 1991 ff
Grüll/Janert Die Konkurrenzklausel	Grüll/Janert, Die Konkurrenzklausel, Heidelberg, 5. Aufl. 1993
Habersack/Verse	Habersack, Europäisches Gesellschaftsrecht, München, 4. Aufl. 2011
Hachenburg/*Bearbeiter* GmbHG	Ulmer (Hrsg.), Hachenburg, GmbHG – Gesetz betreffend die Gesellschaften mit beschränkter Haftung, Kommentar, 3 Bd., Berlin, 8. Aufl. 1992/1997
Hahn ADHGB	von Hahn, Friedrich, Das Handelsgesetzbuch vom 10. Mai 1897 (mit Ausschluss des Seerechts) auf der Grundlage des Bürgerlichen Gesetzbuchs, Braunschweig, 4. Aufl. 1894
Handbuch des Außendienstrechts I	Küstner/Thume, Handbuch des gesamten Außendienstrechts, Band I: Das Recht des Handelsvertreters. Ohne Ausgleichsrecht, Heidelberg, 3. Aufl. 2000
Heidel/*Bearbeiter* AktienR	Heidel (Hrsg.), Aktienrecht und Kapitalmarktrecht, Kommentar, Baden-Baden, 3. Aufl. 2011
Hefermehl/Köhler/Bornkamm/*Bearbeiter*	Gesetz gegen den unlauteren Wettbewerb: UWG – PAngV – UKlaG, München, 30. Aufl. 2012
Herrmann/Heuer/Raupach/*Bearbeiter*	Einkommensteuer- und Körperschaftsteuergesetz mit Nebengesetzen, Köln 2009 (Loseblatt)
Hess/Binz/Wienberg Gesamtvollstreckungsordnung	Hess/Binz/Wienberg, Gesamtvollstreckungsordnung, Neuwied, 4. Aufl. 1998
Hess/Weis/Wienberg InsO	Hess/Weis/Wienberg (Hrsg.), Insolvenzordnung, Heidelberg, 2. Aufl. 2001zitiert: *Bearbeiter* in: Hess/Weis/Wienberg InsO
Heuser/Theile/*Bearbeiter*	Heuser/Theile (Hrsg.), IFRS-Handbuch, Köln, 4. Aufl. 2009

Heymann/*Bearbeiter* HGB	Horn (Hrsg.), Heymann, Handelsgesetzbuch (ohne Seerecht), Kommentar, 4 Bd., Berlin, 2. Aufl. 1995 ff
HuRB	Leffson/Rückle/Großfeld (Hrsg.), Handwörterbuch unbestimmter Rechtsbegriffe im Bilanzrecht des HGB, Köln 1986
Hirte/Bücker	Grenzüberschreitende Gesellschaften, Berlin, 2. Aufl. 2006
HK-HGB	Glanegger/Kirnberger/Kusterer u.a., Heidelberger Kommentar zum Handelsgesetzbuch, Heidelberg, 7. Aufl. 2007, zitiert: *Bearbeiter* HK-HGB
Hoeren/Sieber/*Bearbeiter*	Handbuch Multimediarecht – Rechtsfragen des elektronischen Geschäftsverkehrs, Loseblatt, München 2009 ff
Hopt/Mössle/*Bearbeiter* Handelsrecht	Hopt/Mössle, Handelsrecht, München, 2. Aufl. 1999
Hueck/Canaris Recht der Wertpapiere	Hueck/Canaris, Recht der Wertpapiere, München, 12. Aufl. 1986
Hueck/Nipperdey Arbeitsrecht	Hueck, Alfred, Lehrbuch des Arbeitsrechts, Band 2: Kollektives Arbeitsrecht, Berlin, 7. Aufl. 1967/1970
A. Hueck OHG	Alfred Hueck, Das Recht der offenen Handelsgesellschaft, Berlin, 4. Aufl. 1971
Hüffer AktG	Hüffer, Aktiengesetz, München, 10. Aufl. 2012
Ingerl/Rohnke	Markengesetz, Kommentar, München, 3. Aufl. 2010
Jansen/*Bearbeiter*	von Schuckmann/Sonnenfeld (Hrsg.), Großkommentar zum FGG, 3. Aufl., 3 Bd., Berlin 2005/2006
Kallmeyer/*Bearbeiter*	Kallmeyer u.a., Umwandlungsgesetz, Köln, 4. Aufl. 2009
Keidel/Krafka/*Bearbeiter* RegisterR	Keidel/Krafka (Hrsg.), Registerrecht, München, 8. Aufl. 2010
Keidel/*Bearbeiter* FamFG	FamFG, Kommentar, München, 17. Aufl. 2011
Köhler BGB, Allgemeiner Teil	Köhler, Helmut, BGB Allgemeiner Teil, München, 34. Aufl. 2010
Koller/Roth/Morck/*Bearbeiter*	Koller/Roth/Morck, Handelsgesetzbuch: HGB, München, 7. Aufl. 2011
KölnKomm-AktG/*Bearbeiter*	Claussen/Zöllner (Hrsg.), Kölner Kommentar zum Aktiengesetz, Köln, 2. Aufl. 1988 ff; 3. Aufl. 2004 ff
KK/*Bearbeiter*	Claussen/Scherrer (Hrsg.), Kölner Kommentar zum Rechnungslegungsrecht 2011
KK-OWiG/*Bearbeiter*	Senge (Hrsg.), Karlsruher Kommentar zum Gesetz über Ordnungswidrigkeiten: OWiG, München, 3. Aufl. 2006
KPMG Insights into IFRS	KPMG (Hrsg.), Insights into IFRS, London, 7. Aufl. 2010
Küstner/Thume	Küstner/Thume, Handelsvertreterverträge, Frankfurt am Main, 2. Aufl. 2011
Küstner/Thume I	Küstner, Thume (Hrsg.), Handbuch des gesamten Außendienstrechts, Band 1: Das Recht des Handelsvertreters. Ohne Ausgleichsrecht, Heidelberg, 4. Aufl. 2011
Küstner/Thume II	Küstner, Thume (Hrsg.), Handbuch des gesamten Außendienstrechts, Band 2: Der Ausgleichsanspruch des Handelsvertreters. Warenvertreter, Versicherungs- und Bausparkassenvertreter, Heidelberg, 8. Aufl. 2008
Küstner/Thume III	Küstner/Thume, Handbuch des gesamten Außendienstrechts, Band 3: Vertriebsrecht. Reisende, Vertragshändler, Kommissionsagenten, Versicherungsmakler, Franchising und Direktvertrieb, Heidelberg, 3. Aufl. 2009
Küting/Weber/*Bearbeiter*	Küting/Weber (Hrsg.), Handbuch der Rechnungslegung – Einzelabschluss, Stuttgart, 5. Aufl. 2011 (Loseblatt)

Küting/Weber/*Bearbeiter*	Küting/Weber (Hrsg.), Handbuch der Konzernrechnungslegung, Stuttgart, 2. Aufl. 1998
Lettl	Handelsrecht, München, 2. Aufl. 2011
Loewenheim/Meessen/Riesenkampff/*Bearbeiter*	Loewenheim/Meessen/Riesenkampff (Hrsg.), Kartellrecht, München, 2. Aufl. 2009
Lohmüller/Beustien/Josten	Lohmüller u.a., Handels- und Versicherungsvertreterrecht, 2. Aufl. 1970/71, Loseblatt
Lüdenbach/Hoffmann/*Bearbeiter*	Lüdenbach/Hoffmann (Hrsg.), Haufe IFRS-Kommentar, Freiburg, 9. Aufl. 2011
Lutter/*Bearbeiter* UmwG	Lutter/Winter (Hrsg.), Umwandlungsgesetz, 2 Bd., Köln, 4. Aufl. 2009
Lutter/Hommelhoff/*Bearbeiter* GmbHG	Lutter/Hommelhoff u.a., GmbH-Gesetz, Köln, 18. Aufl. 2012
Manigk	Manigk, Alfred, Willenserklärung und Willensgeschäft, Berlin 1907
Martinek Franchising	Martinek, Michael, Franchising, Heidelberg 1987
Martinek/*Bearbeiter*	Martinek, Michael (Hrsg.), Handbuch des Vertriebsrechts, München, 3. Aufl. 2010
Medicus AT	Allgemeiner Teil des BGB, Heidelberg, 10. Aufl. 2010
Meilicke/von Westphalen PartGG	Meilicke/Graf von Westphalen/Hoffmann/Lenz/Wolff, Kommentar, Partnerschaftsgesellschaftsgesetz: PartGG, Gesetz über Partnerschaftsgesellschaften Angehöriger Freier Berufe, München, 2. Aufl. 2006
Michalski/*Bearbeiter* GmbHG	Michalski (Hrsg.), Kommentar zum Gesetz betreffend die Gesellschaften mit beschränkter Haftung (GmbH-Gesetz), 2 Bd., München, 2. Aufl. 2010
MünchHdbGesR/*Bearbeiter*	Münchener Handbuch des Gesellschaftsrechts, 6 Bd., München, 3. Aufl. 2007 ff
MünchKommAktG/*Bearbeiter*	Goette/Habersack (Hrsg.), Münchener Kommentar zum Aktiengesetz, 3. Aufl., München 2008 ff
MünchKommBGB/*Bearbeiter*	Rebmann/Säcker/Rixecker (Hrsg.), Münchener Kommentar zum Bürgerlichen Gesetzbuch, München, 5. Aufl. 2006 ff, 6. Aufl. 2011 ff
MünchKommBilR/*Bearbeiter*	Hennrichs/Kleindiek/Watrin (Hrsg.), Münchener Kommentar zum Bilanzrecht, Band 1 IFRS, München 2009
MünchKommGmbH/*Bearbeiter*	Fleischer/Goette (Hrsg.), Münchener Kommentar zum Gesetz betreffend die Gesellschaften mit beschränkter Haftung – GmbHG, München 2010 ff
MünchKommHGB/*Bearbeiter*	Schmidt, Karsten (Hrsg.), Münchener Kommentar zum Handelsgesetzbuch: HGB, München, 3. Aufl. 2010 ff
MünchKommInsO/*Bearbeiter*	Kirchhof/Lwowski/Stürner (Hrsg.), Münchener Kommentar zur Insolvenzordnung, 3 Bd., München, 2. Aufl. 2007 f
MünchKommZPO/*Bearbeiter*	Rauscher/Wax/Wenzel (Hrsg.), Münchener Kommentar zur Zivilprozessordnung, 4 Bd., München, 3. Aufl. 2007 ff
Musielak/*Bearbeiter* ZPO	Musielak (Hrsg.), Kommentar zur Zivilprozessordnung: ZPO, München, 8. Aufl. 2011
Noack/*Bearbeiter*	Noack (Hrsg.), Das neue Gesetz über elektronische Handels- und Unternehmensregister – EHUG, 2007
Oetker Handelsrecht	Handelsrecht, Heidelberg, 6. Aufl. 2010
Oetker/*Bearbeiter*	HGB, Kommentar, München, 2. Aufl. 2011
Oppenländer/*Bearbeiter*	Praxishandbuch der GmbH-Geschäftsführung, München, 2. Aufl. 2011

Palandt/*Bearbeiter*	Palandt, Bürgerliches Gesetzbuch: BGB, München, 71. Aufl. 2012
Prölss/Martin/*Bearbeiter* VVG	Prölss/Martin, Versicherungsvertragsgesetz: VVG, München, 28. Aufl. 2010
PwC IFRS Manual of Accounting 2011	PricewaterhouseCoopers (Hrsg.), IFRS Manual of Accounting 2011, London 2010
PWW/*Bearbeiter*	Prütting/Wegen/Weinrich (Hrsg.), BGB Kommentar, Köln, 6. Aufl. 2011
Raiser/Veil	Recht der Kapitalgesellschaften, München, 5. Aufl. 2010
Reithmann/Martiny/*Bearbeiter*	Reithmann/Martiny (Hrsg.), Internationales Vertragsrecht Internationales Vertragsrecht, Köln, 7. Aufl. 2010
RGRK/*Bearbeiter* BGB	Das Bürgerliche Gesetzbuch mit besonderer Berücksichtigung der Rechtsprechung des Reichsgerichts und des Bundesgerichtshofes, Berlin, 12. Aufl. 1975–1999
RGRK-HGB/*Bearbeiter*	Kommentar zum Handelsgesetzbuch, Berlin, 1. Aufl. 1939 ff
Richardi Wertpapierrecht	Richardi, Reinhard, Wertpapierrecht, Heidelberg 1987
Ritter HGB	Ritter, Kommentar zum HGB, 2. Aufl. 1932
Röhricht/v. Westphalen/*Bearbeiter*	Röhricht/Westphalen (Hrsg.), Handelsgesetzbuch: HGB, Kommentar zu Handelsstand, Handelsgesellschaften, Handelsgeschäften und besonderen Handelsverträgen (ohne Bilanz-, Transport- und Seerecht), Köln, 3. Aufl. 2008
Roth/Altmeppen	GmbHG-Gesetz betreffend die Gesellschaften mit beschränkter Haftung, Kommentar, München, 7. Aufl. 2012
Rowedder/Schmidt-Leithoff/*Bearbeiter* GmbHG	Rowedder/Schmidt-Leithoff (Hrsg.), Gesetz betreffend die Gesellschaften mit beschränkter Haftung: GmbHG, München, 4. Aufl. 2002
Schlegelberger/*Bearbeiter*	Schlegelberger/Geßler, Handelsgesetzbuch Kommentar, München, 5. Aufl. 1973
K. Schmidt Gesellschaftsrecht	Schmidt, Karsten, Gesellschaftsrecht, Köln, 4. Aufl. 2002
K. Schmidt Handelsrecht	Schmidt, Karsten, Handelsrecht, Köln, 5. Aufl. 1999
K. Schmidt/Lutter AktG	Schmidt, Karsten/Lutter, Marcus, Kommentar zum Aktiengesetz, Köln, 2. Aufl. 2010
Scholz/*Bearbeiter* GmbHG	Scholz (Hrsg.), Kommentar zum GmbHG, 3 Bd., Köln, 10. Aufl. 2006 ff
Schönke/Schröder/*Bearbeiter* StGB	Schönke/Schröder (Hrsg.), Strafgesetzbuch: StGB, Kommentar, München, 28. Aufl. 2010
Schubert/Schmiedel/Krampe	Schubert, Werner/Schmiedel, Burkhard/Krampe, Christoph (Hrsg.), Quellen zum Handelsgesetzbuch von 1897, Frankfurt am Main 1988, zitiert: *Schubert/Schmiedel/Krampe* Bd. / Seitenzahl
Schultze/Wauschkuhn/Spenner/Dau	Schultze/Wauschkuhn/Spenner/Dau, Der Vertragshändlervertrag, Frankfurt am Main, 4. Aufl. 2008, zitiert: *Bearbeiter* in: Schultze/Wauschkuhn/Spenner/Dau
Schwark/Zimmer/*Bearbeiter*	Schwark/Zimmer (Hrsg.), Kapitalmarktrechts-Kommentar, München, 4. Aufl. 2010
Soergel/*Bearbeiter*	Soergel/Siebert (Hrsg.), Bürgerliches Gesetzbuch mit Einführungsgesetz und Nebengesetzen, Stuttgart, 13. Aufl. 2001 ff
Spindler/Stilz/*Bearbeiter* AktG	Spindler/Stilz (Hrsg.), Aktiengesetz, Kommentar, 2 Bd., München, 2. Aufl. 2010
Staub ADHGB	Staub, Hermann: Kommentar zum Allgemeinen Deutschen Handelsgesetzbuch, Berlin, 5. Aufl. 1897

Staub/*Bearbeiter*	Staub, Großkommentar zum Handelsgesetzbuch, HGB, Berlin, 1.–15. Aufl.; 5. Aufl. neuer Zählung Canaris/Habersack/Schäfer (Hrsg.), Berlin 2008 ff
Staudinger/*Bearbeiter*	J. von Staudingers Kommentar zum Bürgerlichen Gesetzbuch mit Einführungsgesetz und Nebengesetzen, 13. Bearbeitung, Berlin 1993 ff
Stolterfoht	Stolterfoht, Joachim N., Handelsrecht, Berlin 1973
Straatmann/Ulmer	Straatmann/Ulmer, Handelsrechtliche Schiedsgerichts-Praxis (HSG), 1975 ff
Straube/*Bearbeiter*	Straube (Hrsg.), Kommentar zum Handelsgesetzbuch, Wien, 3. Aufl. 2003 ff
Ströbele/Hacker	Markengesetz, Kommentar, Köln, 8. Aufl. 2006; 10. Aufl. 2011
Stumpf/Jaletzke/*Bearbeiter*	Stumpf/Jaletzke, Der Vertragshändlervertrag, Heidelberg, 3. Aufl. 1997
Stüsser	Stüsser, Rolf, Die Anfechtung der Vollmacht nach Bürgerlichem Recht und Handelsrecht, Berlin 1986
Thiele/von Keitz/Brücks/*Bearbeiter*	Thiele/von Keitz/Brücks (Hrsg.), Internationales Bilanzrecht, Bonn/Berlin 2008 (Loseblatt)
Thomas/Putzo/*Bearbeiter*	Thomas/Putzo, Zivilprozessordnung: ZPO, München, 33. Aufl. 2012
Uhlenbruck/*Bearbeiter*	Uhlenbruck/Hirte/Vallender (Hrsg.), Insolvenzordnung: InsO, Kommentar, München, 13. Aufl. 2010
Ulmer/Brandner/Hensen/ *Bearbeiter* AGB-Recht	Ulmer/Brandner/Hensen, AGB-Recht Kommentar, Köln, 11. Aufl. 2011
Ulmer/Habersack	Ulmer/Habersack, Verbraucherkreditgesetz, München, 2. Aufl. 1995
Ulmer/Habersack/Winter/ *Bearbeiter* GmbHG	Ulmer/Habersack/Winter (Hrsg.), GmbH-Gesetz, Kommentar, 3 Bd., Tübingen, 2005 ff
Ulmer/Schäfer	Ulmer/Schäfer, Gesellschaft bürgerlichen Rechts und Partnerschaftsgesellschaft, München, 5. Aufl. 2009
Vater et al./*Bearbeiter* IFRS Änderungskommentar 2009	Vater/Ernst/Hayn/Knorr/Mißler (Hrsg.), IFRS Änderungskommentar 2009, Weinheim 2009
von Godin/Wilhelmi	Aktiengesetz, Kommentar, Berlin, 4. Aufl. 1971
von Wysocki et al./*Bearbeiter*	von Wysocki/Schulze-Osterloh/Hennrichs/Kuhner (Hrsg.), Handbuch des Jahresabschlusses, Köln 1984 (Loseblatt)
Wessel/Zwernemann/Kögel Firmengründung	Wessel/Zwernemann/Kögel, Firmengründung, Heidelberg, 7. Aufl. 2001
Wiedemann	Bilanzrecht, Kommentar zu den §§ 238 bis 342a HGB, 2. Aufl. 2003
Zöller/*Bearbeiter* ZPO	Zöller, Richard, Zivilprozessordnung: ZPO, Kommentar, Köln, 29. Aufl. 2012
Zöllner Wertpapierrecht	Zöllner, Wolfgang, Wertpapierrecht, München, 14. Aufl. 1987

ZWEITER ABSCHNITT

Handelskauf

Vorbemerkung

Vor § 373

Schrifttum

Brodmann Handelsgeschäfte, in: Ehrenbergs Handbuch IV/2 (1918); Oetker (Hrsg.), Handelsgesetzbuch, 2. Aufl. 2011; *Pfeiffer* Handbuch der Handelsgeschäfte, 1999; *Röhricht/v. Westphalen* Handelsgesetzbuch, 3. Aufl. 2008; *Karsten Schmidt* Handelsrecht (5. Aufl. 1999).

Übersicht

A. Entstehungsgeschichte

Das ADHGB (§ 1 Rn 5) enthielt, um grenzüberschreitende Kaufverträge im Handels- **1**
verkehr zwischen den Staaten des Deutschen Bundes durch Rechtsvereinheitlichung zu erleichtern, eine ausführliche Regelung des Kaufrechts.[1] Weil sich diese Regelung sehr bewährt hatte, wurde sie zum größten Teil verallgemeinert in das BGB übernommen. Im HGB verblieb nur noch ein kaufrechtlicher Torso.

---

[1] *Huber* ZHR 161 (1997), 160; *K. Schmidt* Handelsrecht § 29 I 2a.

B. Stellenwert der §§ 373–381

2 **1. Funktion.** Die §§ 373 ff sollen Verkäufer[2], die als Kaufleute (§§ 1 ff) einen Handelskauf[3] tätigen, im Vergleich zum BGB besser stellen, um die Abwicklung der Geschäfte zu erleichtern und zu beschleunigen.[4] Der Beschleunigungseffekt wirkt nicht nur zulasten[5] von Käufern[6], die im Rahmen ihrer Handelsgeschäfte (§§ 343 f) als Käufer auftreten, sondern bei einseitigen Handelsgeschäften (§ 345) auch zulasten sonstiger Käufer[7]. Der Beschleunigungseffekt kann den Käufern[8] auch zugutekommen.[9]

3 **2. Verhältnis zum BGB.** Gemäß Art. 2 Abs. 1 EGHGB sind die Vorschriften des BGB nur insoweit anzuwenden, als nicht im HGB oder im EGHGB anderes bestimmt ist. Verfehlt ist es zu behaupten[10], dass die §§ 373 ff nicht aus sich heraus nicht verständlich seien; denn jede Norm kann eigenständig aus sich heraus ausgelegt werden.[11] Richtig ist nur, dass die §§ 373 ff mit Blick auf das BGB interpretiert werden sollten, das sie ergänzen und modifizieren, um das Zusammenspiel von HGB und BGB zu optimieren. Außerdem empfiehlt es sich, sich immer zu vergewissern, welche Normen des BGB durch das HGB ersetzt werden. Dies hat nicht den Sinn, die §§ 373 ff restriktiv zu interpretieren,[12] sondern soll nur sicherstellen, dass nicht Vorschriften des BGB übersehen werden, die die §§ 373 ff verdrängen.

4 Soweit das BGB, wie im Fall des Tausches (§ 480 BGB) andere Geschäfte dem Kauf gleichstellt, verweist das BGB auf die Regeln des Handelskaufs (Rn 9 ff),[13] ohne dass Art. 2 Abs. 1 EGHGB herangezogen werden muss. Es sind jedoch die besonderen Tatbestandsvoraussetzungen der §§ 373 ff zu beachten, besonders deren begrenzter Anwendungsbereich (Rn 8 ff)[14]. Bei Werklieferungsverträgen bedarf es keines Rückgriffs auf § 651 S. 1 BGB. Vielmehr ist insoweit der § 381 Abs. 2 maßgeblich.[15] Dagegen hat § 453 BGB nicht die Kraft, die Anwendbarkeit der §§ 373 ff zu eröffnen; denn § 453 BGB erlaubt nur die Behandlung des Kaufs von Rechten und sonstigen Gegenständen nach den Regeln des Kaufs, hilft aber nicht über die einschränkenden Tatbestandsmerkmale „Waren", „Wertpapiere", „Werklieferungsvertrag" (§ 381) hinweg, die erfüllt sein müssen, wenn die §§ 373 ff eingreifen sollen.[16]

5 **3. Verhältnis zum Verbraucherschutz.** Die §§ 373 ff unterscheiden zwischen einseitigen und beiderseitigen Handelsgeschäften. Mit Ausnahme der Fälle, in denen die ein-

---

[2] Den Verkäufern sind u.a. bei Werklieferungsverträgen die Unternehmer gleichgestellt (§ 381). Näher zum sachlichen Anwendungsbereich unten Rn 9.

[3] Rn 10; zu den Handelskäufen gleichstellten Geschäften s. unten Rn 14 ff.

[4] *K. Schmidt* Handelsrecht § 29 I 2a; Ebenroth/Boujong/Joost/Strohn/*Müller* vor § 373 Rn 1; Koller/Roth/Morck/*Roth* vor § 373 Rn 3.

[5] Kritisch zur Belastung nicht kaufmännischer Käufer Baumbach/*Hopt* vor § 373 Rn 8; Ebenroth/Boujong/Joost/Strohn/*Müller* vor § 373 Rn 2; *Canaris* Handelsrecht § 29 Rn 14 ff.

[6] Zu ihnen gleichgestellten Personen s. unten Rn 13.

[7] Zu ihnen gleichgestellten Personen s. unten Rn 13.

[8] Zu ihnen gleichgestellten Personen s. unten Rn 13.

[9] Ebenroth/Boujong/Joost/Strohn/*Müller* vor § 373 Rn 1 zu § 375.

[10] Oetker/*Koch* vor § 373 Rn 2.

[11] *Canaris* Handelsrecht § 29 Rn 5 ff; *K. Schmidt* Handelsrecht § 29 I 1a.

[12] So überzeichnend Oetker/*Koch* vor § 373 Rn 7.

[13] Zutr. Oetker/*Koch* vor § 373 Rn 4; *Canaris* Handelsrecht § 29 Rn 4.

[14] Oetker/*Koch* vor § 373 Rn 4.

[15] Oetker/*Koch* vor § 373 Rn 4.

[16] **AA** Oetker/*Koch* vor § 373 Rn 37.

schlägige Norm auf beiderseitige Handelsgeschäfte (§§ 343 f)[17] zugeschnitten ist, gelten die §§ 373 ff gemäß § 345 auch zulasten von Verbrauchern (§ 13 BGB), sofern nur der Verkäufer[18] Kaufmann (§§ 1 ff) ist. Das BGB unterscheidet dagegen zwischen Verbrauchern (§ 13 BGB) und Unternehmern (§ 14 BGB). Kaufleute (§§ 1 ff) fallen immer in die Kategorie der Unternehmer, zu denen auch Nichtkaufleute, wie die Angehörigen freier Berufe, zählen. Im Rahmen des BGB werden Verbraucher bei Geschäften mit Kaufleuten privilegiert (vgl. §§ 474 ff BGB), nicht dagegen im HGB. Andererseits bleiben Unternehmer, die nicht zum Kreis der Kaufleute zählen, von den Nachteilen verschont, die Kaufleuten bei beiderseitigen Handelsgeschäften drohen (z.B. § 377). Die Entwicklung eines Verbraucherschutzrechts in BGB hat somit dazu geführt, dass die Aufgreifkriterien für Sonderregeln auseinandergehen, weil Verbrauchern im HGB kein Sonderstatus eingeräumt wird. Man kann dies als Verwerfung kritisieren,[19] doch kann dies de lege lata nicht dazu führen, dass Verbraucher immer als besonders schutzbedürftig und schutzwürdig zu behandeln sind, wenn sie mit einem Kaufmann kontrahieren, und dass deshalb im Verhältnis zu Verbrauchern das Interesse der Kaufleute an einer schnellen Abwicklung der Geschäfte zurücktreten muss.[20] Vielmehr ist die gesetzgeberische Entscheidung, die Figur des Handelskaufs (Rn 9 f) trotz der Bestrebungen zur Verbesserung des Verbraucherschutzes beizubehalten, de lege lata zu respektieren. Es ist auch nicht geboten, Verbraucher, die mit einem Kaufmann Kaufverträge[21] abschließen, davor zu warnen, dass Kaufleute besondere Rechte erwerben können.[22] Es kann nämlich kaum behauptet werden, dass Verbraucher typischerweise die Rechtslage deshalb nicht erkennen können, weil sie sich ausschließlich am BGB orientieren. Außerdem fallen die den §§ 373 ff entspringenden Rechtsvorteile der Kaufleute nicht besonders ins Gewicht.

4. Abdingbarkeit, Handelsbräuche, Handelsklauseln. Die §§ 373 ff sind durchweg durch Individualvereinbarungen abdingbar.[23] Auch Handelsklauseln[24] können die §§ 373 ff verdrängen. Handelsbräuche (§ 346) gehen vor. Die §§ 373 ff werden vielfach durch AGB modifiziert oder ganz ersetzt. Insoweit sind die Schranken der §§ 305 ff BGB im Auge zu behalten. 6

5. Kritik de lege ferenda. Verbreitet wirft man den §§ 373 ff vor, dass sie dem Beschleunigungsinteresse von Kaufleuten auch zulasten von Nichtkaufleuten, insbesondere Verbrauchern, den Vorrang einräumen.[25] Außerdem habe die Figur des Verbrauchsgüterkaufs (§§ 474 ff BGB) wie auch das sonstige Verbraucherschutzrecht zu einem Wertungswiderspruch geführt, weil das HGB dem besonderen Schutzbedürfnis von Verbrauchern nicht Rechnung trage. Es sei somit angezeigt, die §§ 373 ff nur in solchen Fällen heranzuziehen, in denen beide Vertragspartner Unternehmer Sinn des § 14 BGB seien.[26] Die 7

[17] Zu Fällen, in denen der Käufer die Ware sowohl zu privaten als auch zu gewerblichen Zwecken nutzen will oder in denen der Verkäufer den Zweck der Nutzung nicht erkennen musste, s. unten Rn 9.

[18] Zu ihnen gleichgestellten Personen s. unten Rn 13.

[19] *K. Schmidt* Handelsrecht § 29 I 2b; *K. Schmidt* BB 2005, 837 ff; Heymann/*Emmerich*/*Hoffmann* vor § 373 Rn 6; abw. Oetker/*Koch* vor § 373 Rn 7. Vgl. ferner unten §§ 373, 374 Rn 1.

[20] Heymann/*Emmerich* /*Hoffmann* vor § 373 Rn 6; offen dagegen Ebenroth/Boujong/Joost/Strohn/*Müller* vor § 373 Rn 3.

[21] Zu ihnen gleichgestellten Geschäften s. unten Rn 13.

[22] Oetker/*Koch* vor § 373 Rn 7.

[23] Oetker/*Koch* vor § 373 Rn 25.

[24] Siehe Erl. vor § 346.

[25] MünchKomm/*Grunewald* vor § 373 Rn 3, 18; Baumbach/*Hopt* vor § 373 Rn 8.

[26] MünchKomm/*Grunewald* vor § 373 Rn 18; Koller/Roth/Morck/*Roth* vor § 373 Rn 3.

Kritik überzeichnet[27] die Nachteile, die Verbrauchern aufgrund der §§ 373 ff drohen und lässt unberücksichtigt, dass der Gesamtheit der Verbraucher durchaus mit einer schnellen Abwicklung der Kaufverträge[28] gedient ist. Den Verbrauchern wird nicht zu viel zugemutet, wenn von ihnen erwartet wird, sich in die Lage von Kaufleuten hinein zu versetzen, die ihre Transaktionskosten gering halten wollen. Verbraucherschutz bedeutet nicht zwingend, dass Verbraucher keinerlei Sanktionen befürchten müssen, wenn sie kostentreibend den Gang der Geschäfte von Kaufleuten verlangsamen. Andererseits ist heute die praktische Bedeutung der §§ 373–376, 379, 380 so gering, dass ihre Aufhebung und die Verlagerung des § 377 in das BGB hinein zwar nicht geboten, aus rechtssystematischen Gründen aber zu begrüßen ist (hM).

C. Anwendungsbereich

I. Persönlicher Anwendungsbereich

8 Die §§ 373 ff sind nur einschlägig, wenn zumindest einer der an dem Geschäft beteiligten Vertragspartner zum Kreis der Kaufleute (§§ 1 ff) zählt. Die §§ 377, 379 setzen darüber hinaus voraus, dass beide Partner des Vertrages als Kaufleute tätig geworden sind.

II. Sachlicher Anwendungsbereich

9 **1. Handelsgeschäft.** Zumindest einer (§ 345) der Vertragspartner muss als Kaufmann (Rn 8) das Geschäft als Handelsgeschäft im Sinn der §§ 343 f getätigt haben (näher dazu Erl. zu den §§ 343 ff). Dort, wo die §§ 377, 379 heranzuziehen sind, muss das Geschäft auf beiden Seiten zum Betrieb des Handelsgewerbes der Vertragspartner gehören. War der Kaufmann nicht im Handelsregister eingetragen oder ist dies nicht rechtzeitig bekannt gemacht worden, so ist § 15 zu beachten. Eine Analogie zu Gunsten oder zulasten von Nicht-Kaufleuten ist unzulässig.[29] Die Vorschriften wirken zulasten von Scheinkaufleuten (§ 5 Rn 24 ff; § 15 Rn 118), nicht jedoch deren Gunsten.[30] Besonderheiten gelten dort, wo ein Käufer die Sache überwiegend zu privaten, aber auch zu gewerblichen Zwecken nutzen will. § 13 BGB, der die Anwendbarkeit der §§ 474 BGB eröffnet, setzt nur eine überwiegend nichtgewerbliche oder überwiegend außerberufliche Zwecksetzung voraus, während es für die Bejahung eines Handelsgeschäfts nach hM genügt, dass die Anschaffung nur zum geringeren Teil zu gewerblichen Zwecken erfolgt. Dies führt zu einer Kollision des § 377 mit dem Recht des Verbrauchsgüterkaufs.[31] Diese Kollision ließe sich dadurch vermeiden, dass man § 13 BGB nur dort eingreifen lässt, wo die Sache ausschließlich privaten Zwecken dient. Vorzuziehen ist jedoch eine Lösung, die nur den § 377 in Fällen überwiegend[32] privater Nutzung der Ware restringiert, weil dann allein im Kollisionsbereich von Verbraucherschutz und Handelsrecht eine punktuelle Korrektur vorgenommen wird.[33] Dabei kommt es nicht darauf an, ob der Verkäufer den (überwie-

---

[27] Oetker/*Koch* vor § 373 Rn 7.

[28] Zu ihnen gleichgestellten Geschäften s. unten Rn 13.

[29] Oetker/*Koch* vor § 373 Rn 4 ff.

[30] Siehe § 5 Rn 41; Oetker/*Koch* vor § 373 Rn 16.

[31] Heymann/*Emmerich* /*Hoffmann* vor § 373 Rn 8.

[32] Einschr. Oetker/*Koch* vor § 373 Rn 11.

[33] *Hoffmann* BB 2005, 2090, 2093.

gend[34]) privaten Zweck kennen musste.[35] Anders ist die Rechtslage, wenn der Käufer zum Beispiel durch Verwendung von Geschäftspapieren den Anschein erweckte, er werde – zumindest überwiegend – gewerblich aktiv.

2. Kaufverträge über Waren

a) **Kaufverträge.** In § 381 Abs. 1 ist vom Kauf von Waren die Rede. Die Entstehungsgeschichte der Norm (Rn 1) zeigt, dass mit dem Begriff des Kaufs an die bürgerlich-rechtliche Definition des Kaufs in den §§ 433 ff BGB angeknüpft wird. Kauf im Sinn der §§ 373 ff ist mithin ein Vertrag, in dem sich der eine Teil zur Übergabe und Übereignung einer Sache bzw. zur Verschaffung eines Rechts und der andere Teil zur Bezahlung des Kaufpreises verpflichtet.[36] **10**

b) **Waren.** Der Begriff der Waren war in § 1 Abs. 2 S. 1 aF mit den Worten „bewegliche Sachen" legaldefiniert. Obwohl § 1 Abs. 2 S. 1 durch das Handelsrechtsreformgesetz (Einleitung des Kommentars, Rn 22) aufgehoben worden ist, wirkt die Begriffsbestimmung fort.[37] Mithin fallen unter den Begriff des Warenkaufs nur die Anschaffung und Veräußerung beweglicher Sachen gegen einen Kaufpreis. Unerheblich ist, ob sich der Kaufvertrag auf ein bestimmtes Stück oder auf eine bestimmte Gattung (§ 243 BGB) bezieht.[38] **11**

3. Kauf von Wertpapieren. Zum Begriff des Kaufs s. oben Rn 10. Zum Begriff der Wertpapiere s. § 381. **12**

4. Vertrag über die Lieferung herzustellender oder zu erzeugender beweglicher Sachen. Siehe § 381. **13**

5. Abgrenzungen, kaufähnliche Verträge

a) **Allgemeines.** Bei der Antwort auf die Frage, ob die §§ 373 ff auf kaufähnliche Verträge anzuwenden sind, ist zu unterscheiden. Zum Teil verweist das BGB selbst auf das HGB, wenn es die Vorschriften des Kaufrechts für anwendbar erklärt (Rn 4). Dort, wo dies nicht der Fall ist, können die §§ 373 ff nur im Rahmen des von ihnen festgelegten Anwendungsbereichs zum Tragen kommen. Insoweit ist zu beachten, dass die §§ 373 ff im Zweiten Abschnitt des Vierten Buches des HGB stehen, der mit „Handelskauf" überschrieben ist. § 381 konkretisiert dies in Abs. 1, indem er mit dem Begriff „Handelskauf" in erster Linie den Kauf von Waren erfasst und ihn um Kaufverträge über Wertpapiere und in Abs. 2 um Werklieferungsverträge erweitert. **14**

In der Rechtsprechung und in der Literatur[39] wird der Begriff „Handelskauf" großzügig ausgeweitet. Der BGH[40] spricht von Lieferverhältnis, in welchem zwei Parteien ihre eigenen – gegenläufigen – Interessen verfolgen und ausgleichen. *K. Schmidt*[41] spricht von „Umsatzgeschäft". Tendenziell sollen alle Geschäfte zur Kategorie des Handelskaufs

---

[34] Einschr. Oetker/*Koch* vor § 373 Rn 11.
[35] Oetker/*Koch* vor § 373 Rn 10.
[36] MünchKomm/*Grunewald* vor § 373 Rn 5.
[37] MünchKomm/*Grunewald* vor § 373 Rn 3.
[38] MünchKomm/*Grunewald* vor § 373 Rn 3; Koller/Roth/Morck/*Roth* vor § 373 Rn 1.
[39] Siehe dazu die Nachw. unten Rn 14 ff.
[40] BGH NJW 1985, 2417, 2418.
[41] *K. Schmidt* Handelsrecht § 29 I 1c.

zählen, die synallagmatischer Natur sind und bei denen es um den dauerhaften Besitz- sowie Eigentumserwerb von Waren gegen Entgelt geht.[42] Als Beispiele werden nur Sachdarlehensverträge (Rn 24) oder Abreden über Abfindungsleistungen beim Ausscheiden aus einer Gesellschaft genannt. Dahinter steht das Bestreben, dem § 377 einen möglichst weiten Anwendungsbereich zu eröffnen. Ob dies de lege ferenda sinnvoll ist, mag dahinstehen. Jedenfalls kollidiert dieses Bestreben mit der hM, die die §§ 373 ff für rechtspolitisch verfehlt hält (Rn 7). Wer den § 377 HGB mit dem Argument eingreifen lässt, der konkrete Vertrag sei kaufähnlich, muss auf derartige Verträge alle Normen des Zweiten Abschnitts des Vierten Buches für anwendbar halten.[43] Im Übrigen übersteigt eine extensive Anwendung der §§ 373 ff vielfach den Wortlaut der Norm. Darlehensverträge sind nun einmal im möglichen Wortsinn keine Kaufverträge, mögen sie auch wirtschaftlich ähnlich wirken. Bei den kaufähnlichen Verträgen kommt daher nur eine Analogie zu den §§ 373 ff in Betracht.

15 Dies zwingt dazu, sich mit der Ratio dieser Vorschriften zu beschäftigen. Wie alle Normen des Vierten Buches orientieren sich die §§ 373 ff im Schwerpunkt an bestimmten Branchen. Das wird nach der Neufassung der §§ 407 ff nicht mehr so deutlich, gilt aber nach wie vor. In den §§ 373–376, 379 trägt das HGB dem Beschleunigungsinteresse des Warenhandels und des verarbeitenden Gewerbes Rechnung, die in § 1 Abs. 2 Nr. 1 aF mit „Anschaffung und Weiterveräußerung von beweglichen Sachen (Waren) oder Wertpapieren, ohne Unterschied, ob die Waren unverändert oder nach einer Bearbeitung oder Verarbeitung weiter veräußert werden“, definiert worden sind.[44] Im diesem Geschäftskreis sollte der Umsatz beschleunigt werden, auch dadurch, dass kaufmännischen Abnehmern die Obliegenheit auferlegt wurde, unverzüglich zu rügen (§ 377). Es fehlen jedoch jegliche Anhaltspunkte dafür, dass der Gesetzgeber dieses Beschleunigungsinteresse über den Kreis der in § 381 aufgezählten Geschäfte hinaus für schützenswert gehalten hat.[45] Daran hat die Neufassung des § 1 nichts geändert, da § 381 unverändert geblieben ist. Wer argumentiert, dass ein Beschleunigungsinteresse bei allen Formen der Übereignung anzuerkennen sei, setzt sich mithin über Sinn und Zweck der §§ 373 ff hinweg und muss sich fragen lassen, warum er nicht auch das Tatbestandsmerkmal „Waren“ ignoriert und die §§ 373 ff auf Immobilienverträge angewendet (Rn 19) oder warum er nicht Gesellschaftsverträge oder Geschäftsbesorgungsverträge ebenfalls als kaufähnliche Geschäfte qualifiziert, um die §§ 373 ff auf die Erbringung der Einlagen (Rn 16) oder auf die Herausgabeansprüche zu erstrecken. Die in den §§ 373 ff gezogenen Grenzen mögen heute als überholt anmuten (Rn 7). Die von der Rechtsprechung und Literatur vertretene extensive Anwendung der §§ 373 ff mutet jedoch als willkürlich an. Für den Rechtsunterworfenen resultiert daraus eine untragbare Rechtsunsicherheit. Wenn Kaufleute die §§ 373 ff über den in § 381 genannten Rahmen heranziehen wollen, so können sie dies unschwer vereinbaren und können auf diese Weise Rechtssicherheit schaffen.

16 b) **Gesellschaftsverträge.** Selbst wenn die Beiträge oder Einlagen von Gesellschaftern in Form der Lieferung von Waren zu erfolgen haben, so handelt es sich hier nicht um eine Anschaffung und Weiterveräußerung von Waren (Rn 11). Vielmehr steht der gesellschaftsrechtliche Charakter des Geschäfts im Vordergrund. Damit scheidet eine analoge

---

[42] Oetker/*Koch* vor § 373 Rn 40.

[43] Dies beachtet der BGH (NJW 1985, 2417, 2418) zu wenig, wenn er ausschließlich auf die Interessenlage bei § 377 abstellt.

[44] Vgl. Oetker/*Koch* vor § 373 Rn 15.

[45] Dies berücksichtigt *Koch* in Oetker vor § 373 Rn 40, nicht hinreichend, der von seinem Ausgangspunkt aus auch Immobilienkaufverträge den §§ 373 ff unterwerfen müsste.

Anwendung der §§ 373 ff aus.[46] Außerdem gilt es Kollisionen mit dem Kapitalaufbringungsgebot (z.B. § 19 GmbHG) zu vermeiden. Im Übrigen kann auch bei Personengesellschaften nur sehr begrenzt auf die Leistungsstörungs- und Gewährleistungsregeln des BGB zurückgegriffen werden (§ 105 Rn 145 ff). Auch bei Leistungen der Gesellschaft an ihre Gesellschafter sind die §§ 373 ff nicht heranzuziehen. Dies gilt nicht nur für Sachdividenden[47], sondern gleichermaßen in Fällen, in denen beim Ausscheiden aus einer Gesellschaft die Lieferung von beweglichen Sachen oder Wertpapieren zu erfolgen hat,[48] zumal es insoweit in der Regel an einer synallagmatischen Verpflichtung fehlen wird (§ 105 Rn 147); denn die Auseinandersetzung ist das Spiegelbild der Beitragsleistung.

c) **Energie-, Wasserlieferungsverträge.** Unproblematisch ist die Anwendung der § 373 ff HGB auf Wasserlieferungsverträge, da Wasser, das in bestimmten Quantitäten übereignet wird, eine bewegliche Sache und damit eine Ware darstellt. Gleiches gilt für Gas. Stromlieferungen werden im Bereich des BGB nach ganz hM als Lieferungsverträge über bewegliche Sachen behandelt. Es besteht kein Anlass, die Stromlieferungen im Rahmen des HGB nicht als Warenlieferungen zu qualifizieren.[49] Ebenso sind Fernwärmelieferungsverträge zu behandeln.[50] **17**

d) **Franchiseverträge.** Franchisenehmer werden im eigenen Namen auf eigene Rechnung unter Beachtung des Konzepts des Franchisegebers tätig (vor § 84 Rn 352). Sie haben die Konzept- und sonstigen Leistungen des Franchisegebers zu vergüten. Wenn sie verpflichtet sind, im Rahmen des Franchisevertrages vom Franchisegeber Waren gegen Entgelt zu beziehen, so trägt diese Verpflichtung kaufrechtliche Züge (vor § 84 Rn 362), so dass auf sie die §§ 373 ff analog anzuwenden sind.[51] **18**

e) **Immobilienkaufverträge.** Immobilien sind keine beweglichen Sachen und damit keine Waren. Die Anwendbarkeit der §§ 373 ff scheidet damit aus.[52] **19**

f) **Kommissionsverträge.** Schon der Umstand, dass der Kommissionsvertrag (§ 383) im Dritten Abschnitt des Vierten Buches und der Handelskauf im Zweiten Abschnitt des Vierten Buches des HGB als unterschiedliche Geschäftstypen geregelt sind, zeigt, dass der Anwendungsbereich der §§ 373 ff grundsätzlich nicht auf das Kommissionsgeschäft erstreckt werden sollte. Im Übrigen geht es bei der Kommission um Geschäftsbesorgung, die keine synallagmatische Verpflichtung zur Übereignung von Waren oder Wertpapieren gegen Bezahlung begründet.[53] Anders ist die Situation, wenn der Kommissionär den Selbsteintritt erklärt hat (§ 400) und aufgrund des Selbsteintrittes Waren oder Wert- **20**

---

46 Heymann/*Emmerich/Hoffmann* vor § 373 Rn 4; Oetker/Koch vor § 373 Rn 47; *K. Schmidt* Handelsrecht § 29 I 1c.

47 MünchKomm/*Grunewald* vor § 373 Rn 15; Oetker/*Koch* vor § 373 Rn 47; Ebenroth/Boujong/Joost/Strohn/*Müller* vor § 373 Rn 14; Heymann/*Emmerich/Hoffmann* vor § 373 Rn 4.

48 **AA** Ebenroth/Boujong/Joost/Strohn/*Müller* vor § 373 Rn 14; MünchKomm/*Grunewald* vor § 373 Rn 15; Oetker/*Koch* vor § 373 Rn 47.

49 Ebenroth/Boujong/Joost/Strohn/*Müller* vor § 373 Rn 12.

50 Oetker/*Koch* vor § 373 Rn 31.

51 MünchKomm/*Grunewald* vor § 373 Rn 8; vgl. auch oben Rn 14 ff; ferner Baumbach/*Hopt* vor § 373 Rn 43.

52 Koller/Roth/Morck/*Roth* vor § 373 Rn 1.

53 Ebenroth/Boujong/Joost/Strohn/*Müller* vor § 373 Rn 17; vgl. ferner oben Rn 14 ff.

papiere zu liefern bzw. entgegenzunehmen hat. In einem solchen Fall verwandelt sich das Kommissionsgeschäft teilweise in einen Kauf, der den §§ 373 ff unterworfen ist.[54]

21 g) **Leasingverträge.** Leasingverträge werden nach hM als Mietverträge behandelt. Damit scheiden besondere handelsrechtliche Rechte und Verpflichtungen gemäß oder analog den §§ 373 ff aus.[55] Daran ändert nichts[56], dass der Leasingnehmer nach Ablauf der Leasingzeit zur Abnahme des Leasingobjekts verpflichtet ist; denn diese Verpflichtung begründet kein ins Gewicht fallendes kaufrechtliches Element (vgl. oben Rn 14 ff).

22 h) **Mietverträge.** Auf Mietverträge sind die §§ 373 ff weder unmittelbar noch analog anzuwenden (s. oben Rn 21).

23 i) **Prozessvergleich.** Wenn sich in einem Prozessvergleich die eine Seite zur Lieferung von Waren oder Wertpapieren und die andere Seite zu deren Bezahlung verpflichtet, so steht nicht das kaufrechtliche Element, sondern das Element des Vergleichs (§ 779 BGB) derart stark im Vordergrund, dass man die §§ 373 ff auch nicht analog heranziehen sollte.[57] Anders ist die Situation, wenn der Prozessvergleich einen über einen Handelskauf entbrannten Streit in der genannten Weise erledigen soll.

24 j) **Sachdarlehensverträge.** Entgegen der hM[58] unterfallen Verträge im Sinn des § 607 BGB nicht allein deshalb den §§ 373 ff, weil sie auf die (Rück) Übereignung von beweglichen Sachen gerichtet sind; denn Sachdarlehensverträge, wie sie z.B. im Rahmen des Palettentausches geschlossen werden,[59] weisen typologisch keinerlei Ähnlichkeit mit Warenkäufen auf (vgl. oben Rn 14 ff).

25 k) **Sicherungsübereignung.** Es fehlt hier das für Handelskäufe typische Umsatzinteresse, so dass die §§ 373 ff weder unmittelbar noch analog eingreifen.[60]

26 l) **Software.** Verträge über die Lieferung von Software, die nicht auf die individuellen Bedürfnisse des Erwerbers zugeschnitten ist, sind als Handelskaufverträge zu qualifizieren.[61] Anders ist die Situation, wenn die Software des Veräußerers modifiziert werden soll; denn damit wird eine werkvertragliche Verpflichtung begründet.[62] Ebenso spielen die §§ 373 ff keine Rolle, wenn der Vertragsgegner bei der Erstellung der Software besonderen Wünsche des Vertragspartners zu berücksichtigen hat.[63]

---

54 Koller/Roth/Morck/*Roth* § 400 Rn 9.

55 *K. Schmidt* Handelsrecht § 29 I 1c. Grundsätzlich ebenso Ebenroth/Boujong/Joost/Strohn/*Müller* vor § 373 Rn 15; Heymann/*Emmerich/Hoffmann* vor § 373 Rn 4; **aA** MünchKomm/*Grunewald* vor § 373 Rn 14.

56 **AA** Oetker/*Koch* vor § 373 Rn 29, 45.

57 Vgl. oben Rn 14 ff; **aA** MünchKomm/*Grunewald* vor § 373 Rn 16.

58 BGH NJW 1985, 2417, 2418; Ebenroth/Boujong/Joost/Strohn/*Müller* vor § 373 Rn 12; MünchKomm/*Grunewald* vor § 373 Rn 12; Oetker/*Koch* vor § 373 Rn 43.

59 *Koller* Transportrecht 7. Aufl., § 407 HGB Rn 56 m. Nachw.

60 Vgl. oben Rn 14 ff; ebenso i.E. MünchKomm/*Grunewald* vor § 373 Rn 13; Oetker/*Koch* vor § 373 Rn 44.

61 BGH NJW 2000, 1415, 1416; Ebenroth/Boujong/Joost/Strohn/*Müller* vor § 373 Rn 23.

62 BGH v. 9.10.2001 – X ZR 58/00 (zit. nach juris); Ebenroth/Boujong/Joost/Strohn/*Müller* vor § 373 Rn 23; unklar Oetker/*Koch* vor § 373 Rn 35.

63 Ebenroth/Boujong/Joost/Strohn/*Müller* vor § 373 Rn 23; *K. Schmidt* Handelsrecht § 29 I 1a.

m) **Tauschverträge.** § 480 BGB zufolge finden die Vorschriften über den Kauf entsprechende Anwendung. Dies gilt nach ganz hM[64] auch beim Tausch von Waren (Rn 11) oder Wertpapieren[65] gegen andere Waren oder Wertpapiere für die §§ 373 ff.[66] Diese Rechtsfolge ergibt sich unmittelbar aus der im BGB angeordneten Verweisung (Rn 4). **27**

n) **Veräußerung von Unternehmen.** Unternehmen können in der Weise veräußert werden, dass alle mit ihnen verbundenen Sachen, Rechte sonstigen Vermögenswerte verkauft werden (sog. asset deal). Derartige Kaufverträge stellen keine Käufe im Sinn der §§ 373 ff dar, weil hier eine Sach- und Rechtsgesamtheit Gegenstand des Geschäfts ist,[67] die aus der Kategorie der Waren und Wertpapiere herausfällt.[68] Daran ändert nichts der Umstand, dass die Sachgesamtheit überwiegend aus beweglichen Sachen besteht. Erst recht scheidet eine unmittelbare oder analoge Anwendung der §§ 373 ff aus, wenn zur Sachgesamtheit Grundstücke zählen. Gleiches gilt hinsichtlich der nicht verbrieften Forderungen, die Teil der Rechtsgesamtheit sind. Im Übrigen besteht kein Bedürfnis, die §§ 373 ff heranzuziehen, weil asset deals im allgemeinen eingehend vertraglich geregelt werden und die Parteien deshalb ausreichend Gelegenheit haben, die in den §§ 373 ff angeschnittenen Fragen zu bedenken. Auch der Verkauf von Unternehmen mittels einer Übertragung der Rechte an der das Unternehmen tragenden Gesellschaft (sog. share deal) ist nur dann als Handelskauf zu qualifizieren, wenn die Rechte im Sinn des §§ 381 Abs. 1 als Wertpapiere verbrieft sind. Das ist bei Inhaberaktien oder Namensaktien anzunehmen, nicht[69] jedoch z.B. bei den GmbH-Anteilen oder Gesellschaftsanteilen an einer Personengesellschaft. Anders ist die Situation, falls das Inventar eines Betriebes verkauft wird, der über einen Kundenstamm mehr verfügt und der weder fortgeführt noch in das Unternehmen des Erwerbers eingegliedert werden soll.[70] Wird ein Unternehmen mittels des Verkaufs und der Übertragung aller Aktien veräußert, so sind zwar hinsichtlich der Aktien als Wertpapiere die §§ 373 ff einschlägig. Dies führt indessen nicht dazu, dass die §§ 373 ff auch auf die der AG gehörenden Sachen und Rechte anzuwenden sind; denn der Kaufvertrag ist nur insoweit als Handelskauf einzuordnen, als er sich auf die Wertpapiere bezieht. Eine andere Frage ist es, ob das Gewährleistungsrecht des BGB bei derartigen Verträgen auch bezüglich der Mängel von Sachen und Forderungen zum Tragen kommt.[71] **28**

o) **Vertragshändlervertrag.** Vertragshändler (vor § 84 Rn 293) schließen mit ihren Lieferanten sowie mit ihren Abnehmern normale Kaufverträge ab (vor § 84 Rn 302, 332), so dass der Anwendbarkeit der §§ 373 ff kein Hindernis im Wege steht. Daran ändert der Umstand nichts, dass der Händler sich im Vertragshandelsvertrag verpflichtet, eine bestimmte Menge von Waren abzunehmen und dass sich der Unternehmer verpflich- **29**

---

64 Koller/Roth/Morck/*Roth* vor § 373 Rn 1; MünchKomm/*Grunewald* vor § 373 Rn 6.
65 § 381.
66 Weitergehend MünchKomm/*Grunewald* vor § 373 Rn 6: auch z.B. Waren gegen Dienstleistungen. Ebenso Oetker/*Koch* vor § 373 Rn 41.
67 BGH NJW 2002, 1042.
68 *Canaris* Handelsrecht § 8 Rn 1; *K. Schmidt* Handelsrecht § 29 I 1a; Ebenroth/Boujong/Joost/Strohn/*Müller* vor § 373 Rn 7; Koller/Roth/Morck/*Roth* vor § 373 Rn 1; Heymann/*Emmerich*/*Hoffmann* vor § 373 Rn 4; *Schröker* ZGR 2005, 95 f; aA MünchKomm/*Grunewald* vor § 373 Rn 4; Oetker/*Koch* vor § 373 Rn 36.
69 Ebenroth/Boujong/Joost/Strohn/*Müller* vor § 373 Rn 7; aA MünchKomm/*Grunewald* vor § 373 Rn 4; Oetker/*Koch* vor § 373 Rn 36.
70 Ebenroth/Boujong/Joost/Strohn/*Müller* vor § 373 Rn 8 f.
71 Vgl. Ebenroth/Boujong/Joost/Strohn/*Müller* vor § 373 Rn 3 f.

tet, eine bestimmte Menge von Waren zu liefern; denn diese Verpflichtungen erfolgen nur rahmenartig und werden in Form von Kaufverträgen konkretisiert.[72] Jedenfalls enthält der Vertragshändlervertrag hinsichtlich der Lieferung und Weiterveräußerung kaufrechtliche Elemente, die es rechtfertigen, die §§ 373 ff analog eingreifen zu lassen.

30 p) **Werklieferungsverträge.** Siehe § 381.

31 q) **Werkverträge.** Siehe § 381.

32 r) **Wertpapiere.** Siehe § 381.

D. Grenzüberschreitende Kaufverträge

33 Primär ist, falls es nicht abbedungen worden ist, das UN-Kaufrecht (CISG)[73] zu beachten, das in seinem Anwendungsbereich das HGB sowie das BGB verdrängt. Greift das CISG nicht ein, so ist das maßgebliche Recht nach der Rom I-VO[74] zu bestimmen.

§ 373

(1) Ist der Käufer mit der Annahme der Ware im Verzuge, so kann der Verkäufer die Ware auf Gefahr und Kosten des Käufers in einem öffentlichen Lagerhaus oder sonst in sicherer Weise hinterlegen.

(2) Er ist ferner befugt, nach vorgängiger Androhung die Ware öffentlich versteigern zu lassen; er kann, wenn die Ware einen Börsen- oder Marktpreis hat, nach vorgängiger Androhung den Verkauf auch aus freier Hand durch einen zu solchen Verkäufen öffentlich ermächtigten Handelsmakler oder durch eine zur öffentlichen Versteigerung befugte Person zum laufenden Preise bewirken. Ist die Ware dem Verderb ausgesetzt und Gefahr im Verzuge, so bedarf es der vorgängigen Androhung nicht; dasselbe gilt, wenn die Androhung aus anderen Gründen untunlich ist.

(3) Der Selbsthilfeverkauf erfolgt für Rechnung des säumigen Käufers.

(4) Der Verkäufer und der Käufer können bei der öffentlichen Versteigerung mitbieten.

(5) Im Falle der öffentlichen Versteigerung hat der Verkäufer den Käufer von der Zeit und dem Orte der Versteigerung vorher zu benachrichtigen; von dem vollzogenen Verkaufe hat er bei jeder Art des Verkaufs dem Käufer unverzüglich Nachricht zu geben. Im Falle der Unterlassung ist er zum Schadensersatze verpflichtet. Die Benachrichtigungen dürfen unterbleiben, wenn sie untunlich sind.

---

[72] BGHZ 74, 136, 140; Baumbach/*Hopt* vor § 373 Rn 35.

[73] BGBl. 1989 II 588

[74] Verordnung (EG) Nr. 593/2008 des Europäischen Parlaments und des Rates vom 17. Juni 2008 über das auf vertragliche Schuldverhältnisse anzuwendende Recht (Rom I), ABl. EG Nr. L 177 S. 6.

§ 374

Durch die Vorschriften des § 373 werden die Befugnisse nicht berührt, welche dem Verkäufer nach dem Bürgerlichen Gesetzbuche zustehen, wenn der Käufer im Verzuge der Annahme ist.

Schrifttum siehe vor § 373.

Übersicht

A. Anwendungsbereich

§ 373 HGB behandelt den Annahmeverzug des Käufers. Die Vorschrift gilt auch beim einseitigen **Handelskauf.**[1] Gleichgültig ist es, auf welcher Seite die Kaufmannseigenschaft gegeben ist und für welchen der Partner der Kauf ein Handelsgeschäft darstellt.[2] Insbe- **1**

[1] S. vor § 373 Rn 9 ff; Ebenroth/Boujong/Joost/Strohn/*Müller* § 373 Rn 1.

[2] S. vor § 373 Rn 8; Ebenroth/Boujong/Joost/Strohn/*Müller* § 373 Rn 3a.

sondere K. Schmidt[3] vertritt die Ansicht, dass beim einseitigen Handelsgeschäft die Ausübung der Rechte aus § 373 HGB gegen Treu und Glauben verstoßen könne. So sei es unzulässig, die Ware bei einem Verkauf an Konsumenten auf deren Kosten zu hinterlegen. Dem kann de lege lata nicht gefolgt werden.[4] § 373 HGB trägt der Tatsache Rechnung, dass der Kaufmann als Verkäufer regelmäßig darauf angewiesen ist, seine Lagerbestände schnell umzuwälzen und seine Lagerkapazität rationell auszunutzen. Es wird ihm daher nicht zugemutet, seine Lagerräume für die Aufbewahrung nicht abgenommener Ware zur Verfügung zu halten. Der Käufer soll die Kosten unnötiger Lagerung tragen.[5] Damit nicht Streit um die Höhe der Selbstkosten des Verkäufers entsteht, ist der Verkäufer befugt, die Ware bei Dritten einzulagern. Davon im Einzelfall abzugehen, zerstört die § 373 HGB zugrunde liegende Generalisierung. Ausnahme: Rechtsmissbrauch, z.B. falls der Annahmeverzug für den Verkäufer erkennbar nur wenige Tage dauern wird und das Lager des Verkäufers evident unausgelastet ist. Bei einer solchen Konstellation besteht aber kein Anlass, zwischen einseitigen und beiderseitigen Handelsgeschäften zu differenzieren.

Dem Kauf von Waren steht der Kauf von Wertpapieren bzw. der Werklieferungsvertrag über bewegliche, nicht-vertretbare Sachen gleich (§ 381 HGB).

Der Käufer ist in Hinblick auf die Ware sowohl Gläubiger als auch Schuldner. Er kann die Lieferung der Ware verlangen, ist aber gemäß § 433 Abs. 2 BGB auch verpflichtet, sie abzunehmen. Er kann mithin in zweierlei Weise in Verzug geraten. Gerät der Käufer mit der Abnahme in Verzug, so greifen die §§ 286 ff BGB[6] ein; gerät er in seiner Eigenschaft als Gläubiger mit der Annahme in Verzug, so liegt ein Verzug im Sinne der §§ 293 ff BGB vor. § 373 HGB ist ausschließlich auf den Annahmeverzug im Sinne der §§ 293 ff BGB zugeschnitten.

B. Die Voraussetzungen des Annahmeverzuges des Verkäufers im Einzelnen

I. Angebot der Ware

2 Dem Käufer muss die Leistung des Verkäufers so, wie sie vertragsgemäß zu erbringen ist, angeboten worden sein (§ 294 BGB). Die Ware muss mithin in der richtigen Menge und Beschaffenheit zur rechten Zeit am rechten Ort von der richtigen Person an die richtige Person und darüber hinaus in der rechten Art und Weise angeboten worden sein.

3 **1. Vertragsgemäßheit der Ware.** Weist der Käufer die ihm angebotene Ware zu Recht als vertragswidrig zurück, so gerät er dadurch nicht in Annahmeverzug.[7] Die Ware kann vertragswidrig sein, weil sie nicht die geschuldete Beschaffenheit besitzt[8] oder Rechts-

---

3 *K. Schmidt* Handelsrecht § 29 II 2b.

4 Ebenroth/Boujong/Joost/Strohn/*Müller* § 373 Rn 3.

5 Die nach BGB zur Verfügung stehenden Rechtsbehelfe für eine Einlagerung der Ware sind unzulänglich (Ebenroth/Boujong/Joost/Strohn/*Müller* § 373 Rn 1; abw. MünchKommHGB/*Grunewald* §§ 373, 374 Rn 3).

6 Ebenroth/Boujong/Joost/Strohn/*Müller* § 373 Rn 1 betont zutr., dass die Abnahmepflicht keine Hauptpflicht darstellt.

7 BGHZ 114, 34, 40; Ebenroth/Boujong/Joost/Strohn/*Müller* § 373 Rn 12; Oetker/*Koch* §§ 373, 374 Rn 9; Palandt/*Grüneberg* § 294 Rn 4.

8 Ebenroth/Boujong/Joost/Strohn/*Müller* § 373 Rn 13. Die geschuldete Ware kann auch dann mangelhaft sein, wenn ihre Verpackung mangelhaft ist (OLG Frankfurt, DB 1984, 1521; Palandt/*Grüneberg* § 294 Rn 4). Dies gilt nicht, wenn lediglich die Transportverpackung (§ 411 HGB) mangelhaft ist und die

mängel[9] aufweist.[10] Wegen mangelhafter Beschaffenheit können sowohl Gattungswaren als auch Speziessachen zurückgewiesen werden. Keine Rolle spielt es, ob der Mangel im Sinn der §§ 323 Abs. 5 S. 2, 281 Abs. 1 S. 3 BGB erheblich war oder nicht, ob eine Nacherfüllung geschuldet war oder nicht.[11] Dabei kommt der Käufer auch dann nicht in Annahmeverzug, wenn er die Zurückweisung unzutreffend mit Leistungsverzug statt mit Mangelhaftigkeit begründet. Die Vertragswidrigkeit der Ware schließt den Annahmeverzug sogar dann aus, wenn sich der Käufer überhaupt nicht auf die Mangelhaftigkeit beruft.[12] Ausgeschlossen ist die Zurückweisung der Ware allerdings dann, wenn der Käufer ausnahmsweise durch Vertrag oder Gesetz zur Annahme verpflichtet ist, weil *er einen cash against documents – Kaufvertrag geschlossen hat*[13] *oder* ihm z.B. nur ein Minderungsrecht zusteht[14] oder die Nichtannahme im Einzelfall rechtsmissbräuchlich ist, weil die Ware nur ganz geringfügige, behebbare Mängel aufweist.[15] Die Nichtannahme der Ware geschieht auf Gefahr des Käufers. Stellt sich später heraus, dass die Ware vertragsgemäß war oder dass der Käufer sie aus sonstigen Gründen nicht zurückweisen durfte, so ist der Käufer von Anfang an in Annahmeverzug geraten.[16] Das ist auch dann der Fall, wenn der Käufer die zu Unrecht zurückgewiesene Ware dem Verkäufer auf dessen Verlangen zur nochmaligen Untersuchung zurückschickt und die Ware dann unterwegs verloren geht.[17] Eine Berufung auf den Annahmeverzug des Käufers ist jedoch ausgeschlossen, wenn der Käufer nicht erkennen konnte, ob ihm die geschuldete Leistung angeboten wird, weil der Verkäufer die ihm obliegende Auskunft verweigerte.[18]

Die Ware muss, damit Annahmeverzug eintreten kann, ferner in der **richtigen Menge** angeboten worden sein. Die Zurückweisung von unzulässigen Teilangeboten begründet somit keinen Annahmeverzug.[19] Dabei ist zu berücksichtigen, dass der Käufer nach Treu und Glauben Teillieferungen anzunehmen hat, wenn ihn dies allenfalls geringfügig belastet.[20] Bietet der Verkäufer zu viel an, so gerät der Käufer in Annahmeverzug, wenn die geschuldete Leistung ohne unzumutbare Beschwer aus der Gesamtmenge ausgeschieden werden kann und der Verkäufer bereit ist, sein Angebot auf den tatsächlich geschuldeten Teil zu beschränken.[21] Zur Beimischung anderer als der bestellten Ware s. RG Recht 1919 Nr. 1336. 4

Nicht vertragsgemäß ist ferner ein Angebot, das mit **vertragswidrigen Forderungen gekoppelt** ist. Ein derartiges Angebot kann der Käufer zurückweisen, ohne dadurch in Annahmeverzug zu geraten.[22] Ein Angebot unter Vorbehalt ist jedoch ausnahmsweise 5

Ware, wie bei der Ablieferung klar ersichtlich ist, hierdurch keinen Transportschäden erlitten hat. Einschr. Bamberger/Roth/*Unberath* § 294 Rn 6 bei unbehebbaren Mängeln.

9 Bamberger/Roth/*Unberath* § 294 Rn 6.

10 Oetker/*Koch* §§ 373, 374 Rn 10.

11 Palandt/*Grüneberg* § 294 Rn 4 m. Nachw.; **aA** Oetker/*Koch* §§ 373, 374 Rn 10; Bamberger/Roth/*Unberath* § 294 Rn 6.

12 RGZ 111, 86, 89 f; Oetker/*Koch* §§ 373, 374 Rn 10; Palandt/*Grüneberg* § 294 Rn 4; einschr. Bamberger/Roth/*Unberath* § 294 Rn 6.

13 BGH NJW 1987, 2435, 2436; Oetker/*Koch* §§ 373, 374 Rn 10; s. ferner Erl. zu § 346 (Handelsklauseln).

14 RGZ 73, 257, 260; Ebenroth/Boujong/Joost/Strohn/*Müller* § 373 Rn 14.

15 RG WarnRspr. 1909 Nr. 196; Recht 30 363 Nr. 1238; abw. Bamberger/Roth/*Unberath* § 294 Rn 7.

16 BAG, NJW 1973, 1949; Oetker/*Koch* §§ 373, 374 Rn 10.

17 RGZ 106, 294.

18 BGH DB 1957 1265.

19 Oetker/*Koch* §§ 373, 374 Rn 9; Palandt/*Grüneberg* § 294 Rn 4.

20 RG WarnRspr. 1909 Nr. 196; Recht 1930 363 Nr. 1238.

21 RGZ 4, 7; 23, 126; OLG Hamburg OLGE 24, 180; Baumbach/*Hopt* §§ 373, 374 Rn 3; Palandt/*Grüneberg* § 294 Rn 4; Bamberger/Roth/*Unberath* § 294 Rn 5.

22 RG Recht 1928 Nr. 526; Palandt/*Grüneberg* § 294 Rn 3; Oetker/*Koch* §§ 373, 374 Rn 9.

wirksam, wenn es lediglich den Zweck hat, dem Verkäufer unter dem Aspekt des § 814 BGB die Rückforderung offen zu halten.[23] Vertragsgemäß ist z.B. bei einem „Kassa"-Geschäft die Forderung, dass der Käufer Zug um Zug gegen Übergabe der Ware den Kaufpreis bezahlt.[24]

6 2. **Das Angebot muss von der richtigen Person ausgehen.** Die Ware muss vom Verkäufer, seinem Erfüllungsgehilfen, seinem Bevollmächtigten angeboten worden sein. Auch ein unbeteiligter Dritter kann den Käufer in Annahmeverzug setzen, wenn er die Leistung genauso wie sie dem Schuldverhältnis entspricht, tatsächlich[25] anbietet und der Verkäufer nicht widerspricht (§ 267 BGB). Ausnahme: § 268 BGB.

7 3. **Adressat des Angebots.** Der richtige Angebotsadressat ist in der Regel der Käufer bzw. einer der Mitkäufer.[26] Dem Angebot an den Käufer steht das Angebot an seinen empfangsberechtigten Stellvertreter gleich.[27] Dieser ist im Zweifel auch zur Ablehnung berechtigt. Die unberechtigte Zurückweisung der Ware durch den Stellvertreter führt daher selbst dann zum Annahmeverzug, wenn der Käufer den Verkäufer nicht konkret zur Leistung an den Stellvertreter ermächtigt hatte; denn der Käufer darf bei einer arbeitsteiligen Organisation nicht allzu leicht aus seiner Verantwortung entlassen werden. Allerdings ist jeweils zu prüfen, ob sich die generelle Vollmacht auch auf die Entgegennahme der Ware bezieht. Einem Bevollmächtigten steht der Besitzer einer Quittung sowie der Anweisungsempfänger sowie jede vom Käufer konkludent zur Empfangnahme ermächtigte Person gleich.

8 4. **Ort und Zeitpunkt des Angebots.** Grundsätzlich ist die Leistung am rechten Ort zur rechten Zeit anzubieten.[28] Ist es dem Verkäufer freigestellt, innerhalb eines bestimmten Zeitraums zu liefern, ist eine Leistungszeit überhaupt nicht bestimmt oder ist der Verkäufer berechtigt, vorzeitig zu liefern, so muss er dem Käufer die Lieferung rechtzeitig ankündigen.[29] Der Käufer ist zur Annahmeverweigerung nicht befugt, wenn der Verkäufer zwar am unrichtigen Ort angeboten hatte, die dadurch verursachten Mehrkosten aber unbedeutend sind oder der Kaufpreis um sie gekürzt werden kann oder wenn das Angebot am unrichtigen Ort für den Käufer sogar günstiger[30] war.

9 5. **Art und Weise des Angebots.** Der Käufer muss grundsätzlich die Ware vor der Annahme besichtigen können. Es ist allerdings immer zu beachten, dass sich der Käufer geringfügige Abweichungen von den vertraglichen Abreden nach Treu und Glauben gefallen lassen muss (z.B. Empfang aus dem Seekahn statt ab Kai, RG JW 1897, 404).

10 6. **Das tatsächliche Angebot.** In der Regel ist ein tatsächliches Angebot erforderlich (§ 294 BGB). Der Verkäufer muss alles getan haben, was seinerseits zur Bewirkung der Leistung erforderlich ist, so dass der Eintritt des Leistungserfolges nur[31] mehr davon ab-

---

[23] BGH NJW 1982, 2301, 2302; RG WarnRspr. 1914 Nr. 240; 1924 Nr. 179; Bamberger/Roth/*Unberath* § 294 Rn 4; Oetker/*Koch* §§ 373, 374 Rn 9.

[24] § 298 BGB; RGZ 109, 326.

[25] Nicht wörtlich; RG WarnRspr. 1909 Nr. 348.

[26] § 293 BGB; RGZ 94, 140, 143.

[27] BGH, WM 2008, 1656; Palandt/*Grüneberg* § 293 Rn 9.

[28] Palandt/*Grüneberg* § 294 Rn 5.

[29] OLG Hamburg LZ 1912 784; Oetker/*Koch* §§ 373, 374 Rn 11.

[30] Ebenso Oetker/*Koch* §§ 373, 374 Rn 11.

[31] Deshalb muss das Angebot bedingungsfrei erfolgen; OLG München EWiR 2005, 103.

hängt, dass der Käufer „zugreift" und die ihm angebotene Leistung annimmt.[32] Bei sogenannten Bringschulden muss der Verkäufer die Ware zum Käufer bzw. einem sonst Empfangsberechtigten gebracht haben.[33] Beim einfachen Versendungskauf liegt ein tatsächliches Angebot erst dann vor, wenn der vom Verkäufer beauftragte Frachtführer am Bestimmungsort die ihm für die Ablieferung[34] obliegenden Handlungen vornimmt.[35] In der Regel muss dem Empfänger die Möglichkeit eröffnet worden sein, die Ware oberflächlich auf Transportmängel und auf die Übereinstimmung mit der bestellten Ware hin zu untersuchen.[36] Die Absendung oder die Übergabe der Ware an den Spediteur am Bestimmungsort ohne Zurollung an den Empfänger reicht mithin nicht aus[37], weil sie allein den Käufer noch nicht in die Lage versetzt, durch bloße *Übernahme der Ware* den Kaufvertrag zur Erfüllung zu bringen, und die Beförderungsperson die Ware auch nicht für den Käufer in Empfang nimmt. Daran ändert die Tatsache nichts, dass die Preisgefahr gemäß § 447 BGB bereits mit der Übergabe an die Transportperson auf den Käufer übergeht.[38] Unerheblich ist es auch, ob der Verkäufer eine Versendungsanzeige gemacht hat. Das gilt auch für die Verladeanzeige beim cif-Geschäft und fob-Geschäft. Hier liegt das tatsächliche Angebot ebenfalls nicht in der Anzeige der Verladebereitschaft. Bei Nachnahmesendungen ist notwendig, dass der Frachtführer[39] oder der Postbedienstete die Sendung beim Empfänger vorweist.[40] Der Käufer, der eine Nachnahmelieferung vereinbart hat, kann nicht einwenden, dass er die Ware nicht näher untersuchen konnte.[41] Ferner gehört es zum tatsächlichen Angebot, dass der Verkäufer die Erstattung der für die Ausstellung einer Quittung über den Empfang der Sendung entstandenen Kosten anbietet (§ 369 Abs. 1 BGB). Hat der Verkäufer außerdem neben der Lieferung zusätzliche Dienstleistungspflichten übernommen (z.B. eine Montage), so muss er auch diese Leistung tatsächlich am vereinbarten Ort anbieten.

Das **tatsächliche Angebot** ist **keine Willenserklärung**, sondern ein Realakt.[42] § 130 **11**
BGB ist unanwendbar, weil den Verkäufer nicht das Risiko treffen soll, dass der Käufer von dem tatsächlichen Angebot keine Kenntnis erhält.[43] Die Ware ist deshalb auch dann im Sinne des § 294 BGB wirksam angedient, wenn der anliefernde Verkäufer am vertragsgemäßen Bestimmungsort niemanden antrifft. *Beachte § 299 BGB.*

Der Annahmeverzug wird in Fällen des tatsächlichen Angebots durch das Unterlassen **11a**
der Übernahme der tatsächlich richtig angebotenen Ware ausgelöst.[44] **Unerheblich** ist, ob der Käufer das Unterlassen in irgendeiner Weise zu **vertreten** hat.[45]

---

[32] RGZ 85, 416; 109, 324, 328; BGHZ 90, 354, 359.

[33] Oetker/*Koch* §§ 373, 374 Rn 8.

[34] *Koller* Transportrecht 7. Aufl. § 425 HGB Rn 24.

[35] Zum Begriff der Ablieferung s. Erl zu den §§ 421 Abs. 1 1, 425 Abs. 1 HGB; ebenso i.E. BGHZ 116, 244, 249; OLG München, NJW-RR 1997, 944, 945 (nur noch zugreifen). Ungenau Oetker/*Koch* §§ 373, 374 Rn 8; Palandt/*Grüneberg* § 294 Rn 2 (andient); Bamberger/Roth/*Unberath* § 294 Rn 3 (ankommen).

[36] Koller Transportrecht 7. Aufl. § 425 Rn 32; weitergehend wohl Oetker/*Koch* §§ 373, 374 Rn 11.

[37] RGZ 102, 370, 372; 106, 294, 297; **aA** RG JW 1925, 607 m. Anm. von *Plum*.

[38] Palandt/*Grüneberg* § 294 Rn 2.

[39] Vgl. § 422 HGB.

[40] RGZ 102, 370, 372; Palandt/*Grüneberg* § 294 Rn 2; Bamberger/Roth/*Unberath* § 294 Rn 2; Oetker/*Koch* §§ 373, 374 Rn 7.

[41] **AA** Baumbach/*Hopt* §§ 373, 374 Rn 3.

[42] Oetker/*Koch* §§ 373, 374 Rn 7.

[43] HM Palandt/*Grüneberg* § 294 Rn 2.

[44] Palandt/*Grüneberg* § 293 Rn 10.

[45] BGHZ 24, 91, 96; BGH NJW-RR 1994, 1469, 1470.

12 **7. Das wörtliche Angebot und die Aufforderung an den Käufer zur Vornahme einer erforderlichen Mitwirkung (§ 295 BGB).** Nicht immer erschöpft sich die Mitwirkung des Käufers bei der Erfüllung des Kaufvertrags in der bloßen Annahme der ihm angebotenen Leistung. Häufig hängt das tatsächliche Angebot seinerseits von einer vorhergehenden Mitwirkung des Käufers ab, so z.B., wenn der Käufer die Ware beim Verkäufer abzuholen hat.[46] Weitere Beispiele: Spezifikation (§ 375 HGB);[47] Abruf der Ware[48]; das Bereitstellen von Verpackungsmaterialien[49] oder Transportmitteln; die Ausübung eines dem Käufer zustehenden Wahlrechts (§ 264 Abs. 2 BGB);[50] Erteilung einer Versandorder innerhalb einer dem Käufer eingeräumten billigen Frist[51]; Aufgabe einer Verladeadresse.[52] Eine weitere Mitwirkungspflicht kann darin bestehen, sich beim Verkauf gegen Lieferschein durch Vorzeigen des Scheines bei der Abholung zu legitimieren. In diesen Fällen kann vom Verkäufer kein tatsächliches Angebot verlangt werden. Ausreichend und erforderlich ist daher ein wörtliches Angebot.[53] Dem wörtlichen Angebot steht die Aufforderung des Verkäufers an den Käufer, die erforderliche Mitwirkungshandlung vorzunehmen, gleich (§ 295 BGB). Unter besonderen Umständen kann jedoch nach Treu und Glauben die Verladung der Ware auch ohne Versandorder des Käufers gerechtfertigt sein.[54] Das Erfordernis des wörtlichen Angebots wird weiter durch § 296 BGB eingeschränkt (Rn 16).

13 Gemäß § 295 S. 1 BGB genügt ein wörtliches Angebot ferner dann, wenn der Käufer **zuvor**[55], gegebenenfalls schon vor Fälligkeit, **erklärt**[56] hat, er werde die **Ware nicht annehmen**[57] oder den **Kaufpreis nicht** – wie geschuldet – **Zug um Zug bezahlen** (§ 298 BGB)[58] oder die **Ware nicht** zu dem vereinbarten Preis **abnehmen**.[59] Gleiches gilt, wenn der Käufer zu Unrecht den wirksamen Vertragsabschluß bestreitet, ohne Anfechtungsgrund den Vertrag anficht oder grundlos Schadensersatz wegen Nichterfüllung verlangt bzw. vom Vertrag zurücktritt.[60] Die Annahmeverweigerung muss nicht ausdrücklich erklärt worden sein.[61] Es genügt jedes Verhalten, aus dem der Verkäufer mit Sicherheit ableiten kann, dass der Käufer die Ware nicht abnehmen wird.[62] Ein Irrtum des Käufers ist ohne Rücksicht auf etwaiges Verschulden unerheblich. Unter Umständen kann der Verkäufer sogar verpflichtet sein, ein wörtliches Angebot vorzunehmen. So muss er z.B. die Versendung der Ware unterlassen, wenn dem Käufer hierdurch unnötige Kosten entstehen würden (RGZ 15 1, 3), es sei denn, dass der Transport ohnehin auf Kosten des Verkäufers zu erfolgen hat. Häufig wird allerdings der Transport der Ware an den Ablieferungsort im Interesse beider Vertragsteile liegen, weil dann im Rahmen des Selbsthilfe-

---

[46] Oetker/*Koch* §§ 373, 374 Rn 14; Palandt/*Grüneberg* § 295 Rn 5.
[47] Oetker/*Koch* §§ 373, 374 Rn 14; Palandt/*Grüneberg* § 295 Rn 5.
[48] BGH NJW 1954, 385; RGZ 73, 257, 260; JW 1904, 1688; LZ 1907, 222; 1913, 142; Oetker/*Koch* §§ 373, 374 Rn 14; Palandt/*Grüneberg* § 295 Rn 5.
[49] Oetker/*Koch* §§ 373, 374 Rn 14; Palandt/*Grüneberg* § 295 Rn 5.
[50] BGH NJW 2002, 3541, 3542.
[51] RG Recht 1917, 367 Nr. 719.
[52] RG Recht 1923, 167 Nr. 634.
[53] Oetker/*Koch* §§ 373, 374 Rn 12.
[54] RG JW 1899, 261.
[55] BGH NJW 1996, 923, 924; Oetker/*Koch* §§ 373, 374 Rn 13.
[56] Die Erklärung muss weder bestimmt noch eindeutig sein (Palandt/*Grüneberg* § 295 Rn 4). Vielmehr gilt, dass die Erklärung eine rechtsgeschäftsähnliche Handlung ist (BGH, ZIP 1999, 441, 445: Palandt/*Grüneberg* § 295 Rn 4), für die die §§ 133, 157 BGB gelten.
[57] Oetker/*Koch* §§ 373, 374 Rn 12.
[58] BGH NJW 1997, 581; 582; Palandt/*Grüneberg* § 295 Rn 5.
[59] RGZ 102, 370, 372; BGH LM Nr. 3 zu § 651 BGB; Oetker/*Koch* §§ 373, 374 Rn 13.
[60] Oetker/*Koch* §§ 373, 374 Rn 13.
[61] Oetker/*Koch* §§ 373, 374 Rn 13.
[62] BGH LM Nr. 3 zu § 651 BGB.

verkaufs bessere Preise erzielt werden können.[63] Die Annahmeverweigerung entbindet grds. ausschließlich[64] von der Verpflichtung zum tatsächlichen Angebot.[65] Der Verkäufer hat also auch bei der Annahmeverweigerung die Leistung wörtlich anzubieten.[66] Anderes gilt beim Sukzessivlieferungsvertrag.[67] Auch ein wörtliches Angebot ist überflüssig, wenn evident ist, dass der Käufer auf seiner Verweigerungshaltung beharren wird.[68] Der Verkäufer wird durch eine derartige Annahmeverweigerung nicht von der Verpflichtung frei, die Leistung bereitzuhalten, bis zur Annahme zu warten und einen etwaigen Selbsthilfeverkauf nach § 373 Abs. 2 HGB anzudrohen.

8. Die Leistungsbereitschaft des Verkäufers. Dort, wo der Verkäufer lediglich ein **14**
wörtliches Angebot macht, muss die Leistungsbereitschaft des Verkäufers besonders festgestellt werden. Der Verkäufer muss im Zeitpunkt des Zugangs des wörtlichen Angebots[69] bereit und imstande gewesen sein,[70] die Ware zu liefern bzw., dort, wo der Käufer mitzuwirken hat, bereit und imstande gewesen sein, die Ware termingerecht zu liefern.[71] Das Erfordernis der Leistungsbereitschaft darf nicht eng verstanden werden. Bei Gattungsschulden ist es z.B. unschädlich, dass die Ware im Zeitpunkt der Aufforderung noch nicht zur Abholung ausgesondert war oder wenn sonstige Maßnahmen noch nicht getroffen worden sind, die üblicherweise erst bei der Abnahme selbst vorgenommen werden (anderes gilt in Hinblick auf § 300 BGB).[72] Es genügt, dass der Verkäufer mit Sicherheit imstande ist, richtig und rechtzeitig zu leisten, wenn der Käufer an dem kalendermäßig bestimmten Termin oder auf die Aufforderung des Verkäufers hin die ihm obliegenden Mitwirkungshandlungen vornimmt.[73] Steht die wörtlich angebotene Ware auf dem Markt jederzeit bereit und ist auch der Verkäufer in der Lage, sie sich dort kurzfristig zu besorgen, so ist die Lieferbereitschaft auch dann zu bejahen, wenn der Verkäufer die Ware nicht vorrätig hält.[74] Zur Verfügung des Verkäufers steht die Ware ferner dann, wenn er tatsächlich in der Lage war, sie jederzeit durch einen Dritten liefern zu lassen, bei dem sie aufgrund einer vertraglichen Verpflichtung zur Verfügung des Verkäufers gehalten wird.[75]

9. Die Form des wörtlichen Angebots und der Aufforderung. Das wörtliche Angebot **15**
und die Aufforderung zur Mitwirkung sind formfrei.[76] Beide sind einseitige, empfangsbedürftige, rechtsgeschäftsähnliche Erklärungen.[77] Die §§ 130 ff BGB sind jedenfalls analog anzuwenden.[78] Inhaltlich muss das wörtliche Angebot so wie das tatsächliche den in Rn 3 ff angeführten Anforderungen entsprechen. Es muss also zur rechten Zeit am rechten Ort gegenüber der richtigen Person in der richtigen Art und Weise angeboten bzw. diese aufgefordert worden sein.

---

63 RG Bolze 3 Nr. 701.
64 BGH NJW 1997, 581, 582.
65 RGZ 50, 208, 210 f.
66 Oetker/*Koch* §§ 373, 374 Rn 12.
67 RG JW 1910, 804.
68 BGH NJW 2001, 287, 288 zu § 615 BGB; Palandt/*Grüneberg* § 295 Rn 4; Oetker/*Koch* §§ 373, 374 Rn 15; hM.
69 Palandt/*Grüneberg* § 295 Rn 2; Bamberger/Roth/*Unberath* § 297 Rn 3.
70 BAG, NJW 1973, 1949; 2006, 1020.
71 Oetker/*Koch* §§ 373, 374 Rn 16; Palandt/*Grüneberg* § 295 Rn 3; § 297 Rn 1.
72 BGH WM 1975, 917, 920; Oetker/*Koch* §§ 373, 374 Rn 12.
73 RGZ 50, 255, 260; Recht 1918 Beil. Nr. 678; vgl. auch BGH MDR 1958, 335; LM Nr. 3 zu § 651 BGB.
74 RGZ 50, 255, 260 f; Oetker/*Koch* §§ 373, 374 Rn 16; Palandt/*Grüneberg* § 297 Rn 2.
75 RGZ 29, 66; 34, 98.
76 Oetker/*Koch* §§ 373, 374 Rn 12.
77 Palandt/*Grüneberg* § 295 Rn 1; Bamberger/Roth/*Unberath* § 295 Rn 6.
78 Oetker/*Koch* §§ 373, 374 Rn 12; Palandt/*Grüneberg* § 295 Rn 1.

16 **10. Überflüssigkeit jeglichen Angebots.** Unter der Voraussetzung, dass der Schuldner leistungsbereit und leistungsfähig ist,[79] bedarf es überhaupt keines Angebots, wenn für die dem Käufer obliegende Mitwirkungshandlung ein bestimmter oder aufgrund einer Kündigung zu berechnender Kalendertag bestimmt ist (§ 296 S. 1 BGB). Dem steht gleich, dass der vom Gläubiger zu erbringenden Handlung ein Ereignis vorauszugehen hat und die für die Handlung angemessene Zeit nach dem Kalender berechnet werden kann (§ 296 S. 2 BGB). Eines wörtlichen Angebots bedarf es ferner dann nicht, wenn offensichtlich ist, dass der Gläubiger auf seiner Weigerung, die Ware anzunehmen, beharren wird (Rn 13).

II. Nichtannahme der Ware oder Unterlassung der Mitwirkungshandlung

17 Voraussetzung eines Annahmeverzugs ist außerdem, dass der Käufer trotz Aufforderung oder Verstreichens des festgesetzten Kalendertermins bzw. trotz tatsächlichen Angebots die vertragsgemäß offerierte **Ware** nicht annimmt oder eine ihm obliegende Mitwirkungshandlung unterlässt. Eine ausdrückliche oder unbedingte Weigerung (Rn 13) ist nicht erforderlich (Rn 11a). Es reicht aus, dass sich der Käufer untätig verhält oder die Annahme der Ware unberechtigt von Bedingungen abhängig macht oder diese *unberechtigt* (Rn 2 ff) nicht als Erfüllung gelten lassen will. Somit gerät der Käufer in Annahmeverzug, wenn er zwar Versandorder erteilt, sie jedoch mit unzulässigen Bedingungen verknüpft (Rn 5, 10), wenn er vertragswidrig nicht die Zahlung des fälligen Kaufpreises Zug um Zug anbietet.[80] Der Käufer gerät ferner in Annahmeverzug, falls er die Ware wegen vertragswidriger Belastung mit Fracht zurückweist, obwohl ihm nach Treu und Glauben zumutbar war, die Frachtkosten von dem fälligen Kaufpreis abzuziehen. Ein Annahmeverzug kommt aber nicht in Betracht, wenn der Käufer die Ware zunächst angenommen hat und sie später wieder zur Verfügung stellt (RGZ 43, 44, 46 f) oder wenn der Käufer über die Ware zunächst wie ein Eigentümer verfügt hat und später von seinem Abkäufer zurückerhält. Auch eine bloße Mängelrüge bei Entgegennahme der Ware enthält keine Erklärung der Nichtannahme; sie dient nur der Wahrung der Gewährleistungsansprüche (§ 377 HGB). Eine unbegründete Rüge führt ebenfalls nicht zum Annahmeverzug.

Liegt ein Kauf gegen ein **Dispositionspapier** vor, so begründet die Weigerung des Käufers oder der von ihm beauftragten Bank, das Papier entgegenzunehmen, Annahmeverzug und beim Verkauf „Kasse gegen Dokumente“ zugleich Zahlungsverzug.[81] Hat jedoch der Käufer die Dokumente aufgenommen, so ist die Lieferung im Sinn des § 293 BGB angenommen. Nimmt der Käufer dann die Ware bei dem Verfrachter nicht entgegen, so löst dies keinen Annahmeverzug mehr im Verhältnis zwischen Käufer und Verkäufer aus.

III. Zurechenbarkeit des Annahmeverzugs

18 Der Käufer gerät unabhängig davon in Annahmeverzug, ob er die Nichtannahme bzw. das Unterlassen der Mitwirkung verschuldet hat oder nicht (Rn 11a). Von einem Annahmeverzug kann aber nur gesprochen werden, wenn im Zeitpunkt des Angebots die Annahme nachholbar war.[82] Geht später die Nachholbarkeit verloren, so gilt § 324 Abs. 2 BGB.

---

[79] Rn 14; Palandt/*Grüneberg* § 296 Rn 1.
[80] RGZ 109, 324, 326.
[81] BGH NJW 1987, 2435, 2436.
[82] Palandt/*Grüneberg* § 293 Rn 5; str.

IV. Beweislast

Der Verkäufer hat zu beweisen, dass er ein vertragsgemäßes Angebot bzw. ein vertragsgemäßes wörtliches Angebot getätigt hat und dass der Käufer die Ware nicht angenommen hat, die Annahme verweigert hat oder die ihm obliegende Mitwirkungshandlung nicht vertragsgemäß vorgenommen hat.[83] Der Käufer trägt die Beweislast für die mangelnde Leistungsbereitschaft des Verkäufers.[84] Dies ergibt sich aus der Fassung des § 297 BGB. 19

C. Nachträglicher Fortfall des Annahmeverzugs sowie verwandte Fälle

Der bereits eingetretene Annahmeverzug entfällt mit Wirkung für die Zukunft,[85] wenn der Käufer die Ware übernimmt oder alles nachholt, was zur gehörigen Annahme erforderlich ist und seine Bereitschaft zur Annahme bzw. Mitwirkung dem Verkäufer *ausdrücklich oder konkludent*[86] bekannt gibt[87] und der Verkäufer ausreichend Zeit gehabt hat, um sich auf die Lieferung einstellen zu können.[88] Nicht erforderlich ist es, dass der Käufer sich zugleich zum Ersatz der bisher durch seinen Verzug entstandenen Kosten des vergeblichen ersten Angebots, der Aufbewahrung und der Erhaltung der Sache (§ 304 BGB, § 373 Abs. 1 HGB) sowie des nunmehr erforderlichen erneuten Angebots erbietet.[89] Es gilt nämlich nicht § 298 BGB, sondern § 273 BGB[90], weil der Käufer die Höhe der berechtigten Aufwendungen im Moment des tatsächlichen Angebots nicht kontrollieren kann. Befindet sich der Käufer zugleich im Zahlungsverzug, so muss er zunächst diesen beseitigen, weil der Verkäufer die Ware bis dahin zurückhalten kann. Dagegen wird der Annahmeverzug des Käufers nicht dadurch geheilt, dass der Verkäufer gegenüber dem bereits im Annahmeverzug befindlichen Käufer vertragswidrige Forderungen stellt, z.B. jetzt nur noch gegen Nachnahme liefern will. 20

Ist nach den vorstehenden Grundsätzen der Annahmeverzug beendet worden, so muss der Verkäufer einen eingeleiteten Selbsthilfeverkauf unverzüglich abzuwenden suchen (RGZ 109, 324, 327). Der Annahmeverzug endet ferner, wenn dem Verkäufer die geschuldete Leistung unmöglich wird (§ 275 Abs. 1 BGB) oder wenn der Verkäufer gemäß § 275 Abs. 2, Abs. 3 BGB die Leistung verweigert oder wenn der Verkäufer vom Vertrag zurücktritt oder Schadensersatz statt der Leistung verlangt.[91]

---

[83] Oetker/*Koch* §§ 373, 374 Rn 21.

[84] RGZ 50, 255, 261; Recht 1918 Nr. 679.

[85] Palandt/*Grüneberg* § 293 Rn 11, 13; Bamberger/Roth/*Unberath* § 293 Rn 16; Oetker/*Koch* §§ 373, 374 Rn 17, 20.

[86] OLG Naumburg, OLGR 2002, 427.

[87] RGZ 32, 61, 63 f; JW 1905, 13; Palandt/*Grüneberg* § 293 Rn 11.

[88] Oetker/*Koch* §§ 373, 374 Rn 17 (Erklärung der Annahmebereitschaft genügt).

[89] MünchKommBGB/*Ernst* § 293 Rn 20; Palandt/*Grüneberg* § 293 Rn 11; Oetker/*Koch* §§ 373, 374 Rn 18; Ebenroth/Boujong/Joost/Strohn/*Müller* § 374 Rn 7; aA Bamberger/Roth/*Unberath* § 293 Rn 14.

[90] Ebenso Oetker/*Koch* §§ 373, 374 Rn 18; Bamberger/Roth/*Unberath* § 293 Rn 14. Beachte § 298 BGB.

[91] Oetker/*Koch* §§ 373, 374 Rn 19; Palandt/*Grüneberg* § 293 Rn 11.

D. Rechtsfolgen des Annahmeverzugs

21 Die Rechtsfolgen des Annahmeverzugs ergeben sich zum Teil aus dem BGB, zum Teil aus § 373 HGB. Das Verhältnis der Regelungen des BGB und des HGB ordnet § 374 HGB. Danach behält der Verkäufer auch beim Handelskauf die ihm nach BGB zustehenden Rechte. Der Verkäufer kann also nach seiner Wahl die Rechte aus § 373 HGB oder die Rechte aus den §§ 293 ff, 372 ff, 382 BGB ausüben. Insbesondere kann der Verkäufer auch dann noch Zahlung des Kaufpreises verlangen, wenn er bereits den Selbsthilfeverkauf angedroht hatte und wenn ihm, ohne dass er dies zu vertreten gehabt hätte, nachträglich die Lieferung unmöglich geworden ist (§ 324 Abs. 2 BGB).

I. Die Rechtsfolgen des Annahmeverzugs nach BGB (§ 374 HGB)

22 **1. Haftungserleichterung des § 300 BGB.** § 300 Abs. 1 BGB gewährt dem Verkäufer eine Haftungserleichterung,[92] deren Voraussetzung der Verkäufer zu beweisen hat.[93] Die Tragweite des § 300 Abs. 1 BGB ist umstritten.

Zum Teil wird unter Berufung auf die Entstehungsgeschichte der Vorschrift (Mot. II S. 73) § 300 Abs. 1 nur dort für anwendbar erklärt, wo sich die Pflichtverletzung auf die **„Sorge"** für die in den Händen des Verkäufers befindliche Ware bezieht.[94] Die Pflichtverletzung muss danach zum Verlust oder zur Zerstörung oder Verschlechterung der Ware geführt haben. Keine Haftungsmilderung soll dem Verkäufer dagegen zugute kommen, falls er die Versteigerung nicht ordnungsgemäß bekannt gemacht[95] oder den Erlös nicht vor inflationsbedingter Entwertung geschützt hat[96].

Grunewald[97] unterscheidet zwischen Handlungen, die der Verkäufer nur infolge des Annahmeverzuges vornehmen muss und sonstigen Handlungen, die er in Erfüllung seiner Lieferpflicht und sonstiger Verpflichtungen aus dem Kaufvertrag ohnehin hätte erbringen müssen. Zum Teil wird die Ansicht vertreten, dass nach Eintritt des Annahmeverzuges für sämtliche Pflichtverletzungen nur abgeschwächt gehaftet werde.[98] Der Ansatz von Grunewald zielt darauf, den § 300 Abs. 1 BGB nur dort heranzuziehen, wo es infolge des Annahmeverzuges zu einer Risikoerhöhung gekommen ist.

Da der zeitlich verschobene Ablauf der Leistungserbringung die Risikosituation in vielfacher Weise ändert, ist dieser Ansatz mit erheblicher Rechtsunsicherheit verbunden. Für mehr Rechtssicherheit wird gesorgt, wenn man den § 300 Abs. 1 BGB ab Eintritt des Annahmeverzuges auf alle Arten von Pflichtverstößen anwendet; denn insoweit existiert eine klare zeitliche Grenze. Die Entstehungsgeschichte des § 300 Abs. 1 BGB bietet ebenfalls eine klare Abgrenzung an, obgleich sie einer gewissen Willkür nicht entbehrt. Nur hinsichtlich der „Sorge" für die Ware werden dem Verkäufer Risiken abgenommen, nicht aber hinsichtlich sonstiger Pflichten. Zur Sorge für die Ware zählt alles, was der Vermei-

---

[92] Palandt/*Grüneberg* § 300 Rn 2.

[93] RGZ 110, 268, 270; Palandt/*Grüneberg* § 293 Rn 2; Oetker/*Koch* § 373, 374 Rn 59.

[94] MünchKommBGB/Ernst § 300 Rn 2; Palandt/*Grüneberg* § 300 Rn 2; Staudinger/*Löwisch* § 300 Rn 9; vgl. auch OLG Saarbrücken, NJW-RR 2002, 528, 529.

[95] RG, JW 1921, 394; Ebenroth/Boujong/Joost/Strohn/*Müller* § 373 Rn 52, 54.

[96] RG, Recht 1923 Nr. 1227.

[97] MünchKommHGB/*Grunewald* §§ 373, 374 Rn 5, 17, 22; *Grunewald*, FS Canaris (2007), Bd. II, 329, 332 ff.

[98] OLG Köln, NJW-RR 1995, 52, 53; Ebenroth/Boujong/Joost/Strohn/*Müller* § 374 Rn 25; wohl auch Oetker/*Koch* § 373, 374 Rn 57.

dung von Verlusten oder der Unterbindung von Beschädigungen dient. Eine Versteigerung führt zum Verlust der Ware, wenn sie hierfür ausgesondert worden ist. Eine Haftung des Verkäufers scheidet bei Rechtmäßigkeit der Versteigerung von vornherein aus. War die Versteigerung rechtswidrig, so ist zu berücksichtigen, dass die Versteigerung dort, wo der Verderb der Ware droht, zumindest deren Wert erhalten will und somit auch in die Kategorie Sorge für die Ware fällt.[99] In allen anderen Fällen bezweckt die Versteigerung zwar primär, dem Verkäufer zu ermöglichen, sich der Lieferpflicht zu entledigen; dies allerdings ohne den Erhalt des Geldwertes der Ware aus dem Auge zu verlieren. Das rechtfertigt es, bei Verstößen gegen die Versteigerungsregeln ebenfalls den § 300 Abs. 1 BGB heranzuziehen.[100] Zu beachten ist auch, dass Gerichtsvollzieher sowie gewerbliche Versteigerer und Handelsmakler bei der Durchführung der Versteigerung nicht als Erfüllungsgehilfen des Verkäufers tätig werden.[101] Demnach kommt § 300 Abs. 1 BGB zum Tragen, wenn der Verkäufer leicht fahrlässig[102] über die Androhungspflicht irrt. Die Verletzung der Pflicht zur Benachrichtigung über die Versteigerung wird dagegen von § 300 Abs. 1 BGB nicht erfasst, weil diese Pflicht weder dem Erhalt der Ware noch dem Erhalt ihres Wertes dient.[103]

2. **Übergang der Leistungsgefahr bei Gattungsschulden.** Gemäß § 300 Abs. 2 geht, **22a**
wenn die Ware bereits ausgesondert worden war, die Leistungsgefahr mit dem Annahmeverzug auf den Käufer über.[104] Zu Fällen, in denen die Versteigerung der Ware unrechtmäßig erfolgt ist, s. Rn 26a.

3. **Die Regelung des § 326 Abs. 2 BGB.** Ist dem Verkäufer die Leistung während des **23**
Annahmeverzugs des Käufers unmöglich geworden *oder ist die Ware* verschlechtert[105] *worden*, so behält der Verkäufer gemäß § 326 Abs. 2 BGB[106] seinen Anspruch auf den Kaufpreis, auch wenn er die Unmöglichkeit leicht fahrlässig verschuldet hat (§ 300 Abs. 1 BGB).[107]

4. **Ersatz der Mehraufwendungen.** Der Verkäufer hat Anspruch auf Ersatz der Auf- **24**
wendungen, die er vergeblich[108] für das erfolglose Angebot gemacht hat,[109] sowie auf Ersatz der Mehraufwendungen, die er für die Erhaltung und Aufbewahrung des geschuldeten Gegenstandes für notwendig halten durfte und die er tatsächlich getätigt hat (§ 304 BGB). Dazu zählen nicht die kalkulatorischen Selbstkosten,[110] oder hypothetische

---

99 Oetker/*Koch* § 373, 374 Rn 56.

100 Ebenso Ebenroth/Boujong/Joost/Strohn/*Müller* § 374 Rn 25; anders § 373 Rn 52, 54.

101 Oetker/*Koch* § 373, 374 Rn 57; MünchKommBGB/*Grunewald* §§ 373, 374 Rn 35.

102 AA Oetker/*Koch* § 373, 374 Rn 57, dem zufolge der Irrtum über oder die Unkenntnis der Androhungspflicht immer den Vorwurf der groben Fahrlässigkeit rechtfertigt.

103 Oetker/*Koch* § 373, 374 Rn 57.

104 BGH, WM 1975, 917, 920; Palandt/*Grüneberg* § 300 Rn 4.

105 § 446 S. 3 BGB; Oetker/*Koch* § 373, 374 Rn 31, 34.

106 Siehe auch § 446 Abs. 3.

107 MünchKommHGB/*Grunewald* §§ 373, 374 Rn 12; Palandt/*Grüneberg* § 300 Rn 3.

108 Oetker/*Koch* §§ 373, 374 Rn 27; Ebenroth/Boujong/Joost/Strohn/*Müller* § 374 Rn 6.

109 Dazu zählen nicht eventuelle Schäden; Oetker/*Koch* §§ 373, 374 Rn 26; Ebenroth/Boujong/Joost/Strohn/*Müller* § 374 Rn 2.

110 Unklar MünchKommHGB/*Grunewald* §§ 373, 374 Rn 8.

Entgelte[111]. Der Verkäufer kann allerdings gemäß § 354 HGB Lagergeld nach den üblichen Sätzen verlangen.[112] Der Begriff „musste" in § 304 BGB ist im Sinne des § 670 BGB zu interpretieren,[113] da es nicht angebracht ist, den Verkäufer *bei der Sorge für die Ware bis zur Grenze der einfachen Fahrlässigkeit* mit dem Risiko eines Irrtums über die Notwendigkeit von Aufwendungen zu belasten (Wertung der §§ 300 Abs. 1, 326 Abs. 2 BGB). Ein Anspruch aus Geschäftsführung ohne Auftrag (§§ 677 ff BGB) ist zu verneinen, wenn dem Käufer aus einer Lagerung beim Verkäufer statt bei einem Dritten keine ins Gewicht fallende Vorteile erwachsen.[114] Auf den Anspruch aus § 304 BGB kann ein Zurückbehaltungsrecht (§ 273 BGB) gestützt werden. Zur Frage, ob zur Beendigung des Annahmeverzuges der Käufer Aufwendungsersatz anbieten muss, s. Rn 20.

25 **5. Das Hinterlegungsrecht nach § 372 BGB.** Geld, Wertpapiere und sonstige Urkunden sowie Kostbarkeiten kann der Verkäufer bei einer öffentlichen Hinterlegungsstelle hinterlegen (§ 372 BGB).[115]

26 **6. Die öffentliche *sowie freihändige* Versteigerung nach den §§ 383, 385 BGB.** Einen zur öffentlichen Hinterlegung nicht geeigneten Gegenstand kann der Verkäufer nach Maßgabe der §§ 383 ff BGB versteigern lassen *(Beweislast: Verkäufer)*[116] und den Erlös hinterlegen. Gemäß § 383 BGB muss der Verkäufer die Ware am Erfüllungsort versteigern lassen. Nur wenn von der Versteigerung am Erfüllungsort kein angemessener Erfolg zu erwarten ist, darf er die Ware an einem anderen geeigneten Ort versteigern. Befindet sich die Ware zum Zeitpunkt des Eintritts des Annahmeverzugs bereits auf dem Transport, so muss der Verkäufer die Ware beim Versendungskauf an den Erfüllungsort (§ 269 Abs. 3 BGB) zurückbeordern.

Hat der Verkäufer die **Rücknahme des hinterlegten Geldes ausgeschlossen**, so führt dies zum sofortigen **Erlöschen seiner Lieferpflicht** (§ 378 BGB). Der Verkäufer kann den Erlös allerdings auch hinterlegen, ohne die Rücknahme auszuschließen. In einem solchen Fall darf der Verkäufer den Käufer auf den hinterlegten Betrag verweisen (§ 379 Abs. 1 BGB). Dort, wo der Verkäufer nur Zug um Zug zu leisten verpflichtet war, kann er das Recht des Käufers zum Empfang der hinterlegten Sache von der Zahlung des Kaufpreises abhängig machen (§ 373 BGB). Der Verkäufer darf auch den Erlös unmittelbar an den

---

111 **AA** MünchKommHGB/*Grunewald* §§ 373, 374 Rn 8; Oetker/*Koch* §§ 373, 374 Rn 25; Ebenroth/Boujong/Joost/Strohn/*Müller* § 374 Rn 4; die eine Parallele zur Rechtsprechung zu § 683 BGB ziehen. Hierbei wird nicht ausreichend berücksichtigt, dass einerseits im Unterschied zur berechtigten GoA die Aufbewahrung nicht immer im Interesse des Käufers liegen wird und andererseits der Verkäufer in aller Regel unschwer Dritte mit der Aufbewahrung beauftragen kann. Auf diese Weise lassen sich Streitigkeiten über die Höhe der Aufwendungen vermeiden. Überdies steht dem Verkäufer die Möglichkeit der Versteigerung offen.

112 BGH NJW 1996, 1464, 1465; OLG Frankfurt, TranspR 1985, 142; Ebenroth/Boujong/Joost/Strohn/*Müller* § 374 Rn 3.

113 Abw. BGH NJW 1996, 1464, 1465 (objektiv erforderlich); MünchKommHGB/*Grunewald* §§ 373, 374 Rn 7; Oetker/*Koch* §§ 373, 374 Rn 24 (Sicht einer verständigen, wirtschaftlich denkenden Person in der Lage des Verkäufers); Ebenroth/Boujong/Joost/Strohn/*Müller* § 374 Rn 3.

114 **AA** wohl auch MünchKommHGB/*Grunewald* §§ 373, 374 Rn 8; gänzlich abl. Oetker/*Koch* §§ 373, 374 Rn 24. Für grds. Anwendbarkeit der §§ 677 ff BGB zutr. Ebenroth/Boujong/Joost/Strohn/*Müller* § 374 Rn 3.

115 MünchKommHGB/*Grunewald* §§ 373, 374 Rn 9.

116 Oetker/*Koch* § 373, 374 Rn 59.

Käufer **zahlen** oder mit einer Gegenforderung **aufrechnen.**[117] War der **Verkäufer vorleistungspflichtig,** so scheitert allerdings eine Aufrechnung an § 387 BGB. Bei einer Vorleistungspflicht des Verkäufers entsteht die Einrede aus § 320 BGB nicht sofort,[118] sondern erst dann, wenn die Gegenforderungen des Verkäufers fällig geworden ist und der Verkäufer den Rücknahmevorbehalt geltend gemacht hat,[119] bevor der Käufer den Erlös in Empfang genommen hat (§ 379 Abs. 3 BGB). Gleiches gilt für die Möglichkeit, aufzurechnen. Allerdings erlaubt § 322 Abs. 2 BGB eine Klage auf Leistung nach Empfang der Gegenleistung, die, wenn ihr stattgegeben wird, zu einer Zwangsvollstreckung „Zug um Zug" führt.[120]

Erfolgt die **Versteigerung nicht im Einklang mit den §§ 383 ff BGB**, so ist zu unterscheiden: Die Versteigerung kann in einem solchen Fall unverbindlich sein. Es ist nach hM aber auch denkbar, dass nur gegen eine Ordnungsvorschrift verstoßen wurde, so dass lediglich eine Schadensersatzpflicht ausgelöst wird.[121] **26a**

Ohne Rücksicht auf Verschulden ist die Versteigerung **unverbindlich**, wenn Schutzvorschriften zu Gunsten des Käufers verletzt worden sind. Beispiele: Die Versteigerung wurde nicht pflichtgemäß angedroht (§ 384 Abs. 1 BGB); die Ware war hinterlegungsfähig; die Versteigerung erfolgte nicht durch eine im Sinn der §§ 383 Abs. 3 S. 1, 385 BGB befugte Person;[122] freihändiger Verkauf, obwohl die Voraussetzungen des § 385 BGB nicht erfüllt sind;[123] Zeit und Ort der Versteigerung wurde entgegen § 383 Abs. 3 S. 2 BGB nicht öffentlich bekanntgemacht.[124] Nach verbreiteter Ansicht[125] soll die Versteigerung einer Sache, die nicht die geschuldete Qualität aufweist, ebenfalls unverbindlich sein; zumindest, wenn hierdurch der Erlös geschmälert wird. Nach anderer Ansicht[126] soll in einem solchen Fall dem Käufer lediglich ein Minderungsrecht (§ 441 BGB) oder entsprechend den §§ 440, 323, 326 Abs. 5 BGB ein Rücktrittsrecht zustehen. Richtigerweise ist der Käufer in einem solchen Fall überhaupt nicht in Annahmeverzug geraten (Rn 2 ff). Ist der Mangel erst nach Eintritt des Annahmeverzuges entstanden so berührt dies gleichfalls nicht die Rechtmäßigkeit der Versteigerung (§ 446 S. 3 BGB). **26b**

Die unverbindliche Versteigerung befreit den Verkäufer grds.[127] nicht von seiner Lieferpflicht. Ist jedoch ein von vornherein konkret geschuldetes Stück oder eine ausgesonderte und damit konkretisierte Ware (§§ 243 Abs. 2, 300 Abs. 2 BGB) versteigert **26c**

---

[117] MünchKommHGB/*Grunewald* §§ 373, 374 Rn 10; Ebenroth/Boujong/Joost/Strohn/*Müller* § 374 Rn 22; Oetker/*Koch* § 373, 374 Rn 51; Bamberger/Roth/*Unberath* § 383 Rn 4.

[118] § 322 II; Bamberger/Roth/*Grothe* § 322 Rn 5.

[119] Beachte § 386 BGB.

[120] Palandt/*Grüneberg* § 322 Rn 5.

[121] RGZ 64, 116, 117; MünchKommBGB/*Wenzel* § 383 Rn 7; Palandt/*Grüneberg* § 383 Rn 5; Bamberger/Roth/*Dennhardt* § 383 Rn 5 f; Oetker/*Koch* § 373, 374 Rn 52; Ebenroth/Boujong/Joost/Strohn/*Müller* § 374 Rn 24.

[122] Bamberger/Roth/*Dennhardt* § 383 Rn 6; Ebenroth/Boujong/Joost/Strohn/*Müller* § 374 Rn 24; Oetker/*Koch* § 373, 374 Rn 52.

[123] Bamberger/Roth/*Dennhardt* § 383 Rn 6; Oetker/*Koch* § 373, 374 Rn 52; wohl auch OLG Köln, NJW-RR 1995, 51, 53.

[124] Bamberger/Roth/*Dennhardt* § 383 Rn 6; Ebenroth/Boujong/Joost/Strohn/*Müller* § 374 Rn 24.

[125] Staudinger/*Olzen* § 383 Rn 18; MünchKommBGB/*Wenzel* § 383 Rn 7; **aA** Ebenroth/Boujong/Joost/Strohn/*Müller* § 374 Rn 24.

[126] Bamberger/Roth/*Dennhardt* § 383 Rn 7; Oetker/*Koch* § 373, 374 Rn 53.

[127] MünchKommBGB/*Wenzel* § 383 Rn 9; Oetker/*Koch* § 373, 374 Rn 54; Ebenroth/Boujong/Joost/Strohn/*Müller* § 374 Rn 25.

worden, so erlischt die Lieferpflicht gemäß dem § 275 Abs. 1 BGB.[128] Der Verkäufer hat dann dem Käufer gemäß den §§ 280 1, 283 S. 1, 326 Abs. 1 S. 1 BGB Schadensersatz zu leisten und/oder (§ 325 BGB) einen Rücktritt des Käufers vom Vertrag (§ 323 BGB) hinzunehmen.[129] Dies setzt allerdings voraus, dass der Verkäufer gemäß §§ 276 BGB, 347 HGB, unter Umständen gemildert durch § 300 Abs. 1 BGB die Unverbindlichkeit der Versteigerung zu vertreten hat (dazu Rn 22). Andernfalls greift § 326 Abs. 2 BGB ein (Rn 23).

26d Zu den **Ordnungsvorschriften** zählen z.B. der § 383 Abs. 1 S. 1, Abs. 2 BGB (Ort der Versteigerung) und der § 384 Abs. 2 BGB (Nachricht von der erfolgten Versteigerung).[130] Bei Verstößen gegen derartige Ordnungsvorschriften haftet[131] der Verkäufer nur auf Schadensersatz (§ 280 BGB), ohne dass ihm § 300 Abs. 1 BGB zugute kommt (Rn 22).

II. Die Rechtsfolgen des Annahmeverzugs nach HGB (§ 373 HGB)

27 Beim Handelskauf (Rn 1) stehen dem Verkäufer neben den soeben erwähnten Rechten (§ 374 HGB) gemäß § 373 HGB zwei weitere Rechte zu. Dem Verkäufer wird ein besonderes Hinterlegungsrecht sowie die Befugnis eröffnet, für Rechnung des Käufers einen Selbsthilfeverkauf der nicht angenommenen Ware vorzunehmen. Dies gilt so lange, wie sich der Käufer in Annahmeverzug befindet (Rn 2 ff). Er kann von diesen Rechten selbst dann noch Gebrauch machen, wenn er zuvor bereits auf Erfüllung der Abnahmepflicht und/oder auf Zahlung geklagt hat. Die Rechte aus § 373 HGB sind wahlweise gegeben. Droht bei einer Hinterlegung allerdings der Verderb der Ware, so hat der Verkäufer zum Selbsthilfeverkauf zu greifen.[132] Hinterlegt er stattdessen, so haftet er gemäß den §§ 241, 280, 300 Abs. 1 BGB.[133] Ansonsten können die Rechte nach freiem Belieben auch hintereinander ausgeübt werden, d.h., der Verkäufer kann zunächst hinterlegen und dann versteigern.

28 **1. Die Hinterlegung nach § 373 HGB.** Mit der Hinterlegung nach § 372 BGB ist dem kaufmännischen Verkehr nicht ausreichend gedient. Sie beschränkt sich nämlich auf Geld, Wertpapiere, sonstige Urkunden sowie Kostbarkeiten. Die eigentlichen Gegenstände des Handelsverkehrs sind mithin nach BGB nicht hinterlegungsfähig. Aus diesem Grunde enthält das HGB ein eigenes Hinterlegungsrecht. Es handelt sich dabei um eine Befugnis im Interesse des Verkäufers.[134] Der Verkäufer ist somit zur **Hinterlegung nicht verpflichtet**; denn das Gesetz will ihm nur die Möglichkeit eröffnen, sein Lager zu entlasten und sich der Obhut über die Ware, zu der er an sich verpflichtet ist, zu begeben. Der Verkäufer kann sich der **Sorge für die Ware** nur in der in den §§ 372 BGB, 373 HGB vorgesehenen Form entledigen. Er ist daher verpflichtet, dem Frachtführer in Fällen der Annahmeverweigerung sachdienliche Weisungen zu geben (§ 419 Abs. 1).[135]

---

128 Bamberger/Roth/*Dennhardt* § 383 Rn 9; Oetker/*Koch* § 373, 374 Rn 54; Ebenroth/Boujong/Joost/Strohn/*Müller* § 374 Rn 25.

129 Ebenroth/Boujong/Joost/Strohn/*Müller* § 374 Rn 25 (allg. M.).

130 Ebenroth/Boujong/Joost/Strohn/*Müller* § 374 Rn 24; Oetker/*Koch* § 373, 374 Rn 52.

131 Siehe dazu oben Rn 26a.

132 MünchKommHGB/*Grunewald* §§ 373, 374 Rn 16; Oetker/*Koch* §§ 373, 374 Rn 61.

133 Oetker/*Koch* §§ 373, 374 Rn 61; siehe auch oben Rn 22.

134 Ebenroth/Boujong/Joost/Strohn/*Müller* § 373 Rn 16.

135 Die Kosten kann er gemäß § 304 BGB dem Käufer in Rechnung stellen. Abweichend Ebenroth/Boujong/Joost/Strohn/*Müller* § 373 Rn 16, demzufolge eine Auslösung der Ware beim Frachtführer dem Verkäufer im Allgemeinen nicht zuzumuten sei.

Die Hinterlegung der Ware (vor § 373 Rn 11) oder der sonst in § 381 genannten Sachen hat in einem **öffentlichen Lagerhaus**[136] oder **sonst** in **sicherer Weise** zu erfolgen. Der Verkäufer kann die Ware also auch einem privaten Dritten[137] in Verwahrung geben. Eine Verwahrung, bei der der Verkäufer unmittelbarer Besitzer bleibt, fällt nicht unter § 373 HGB. Handelt es sich um Gegenstände, die bereits nach BGB hinterlegungsfähig sind (§§ 372 ff BGB), so können sie auch – müssen aber nicht – bei der staatlichen Hinterlegungsstelle in Verwahrung gegeben werden. Der Verkäufer, der nach § 373 HGB vorgeht, ist anders als im Fall des § 374 BGB nicht gehalten, die Ware am Leistungsort zu hinterlegen.[138] Die Interessen des Käufers hat er grds.[139] nur zu berücksichtigen, soweit sie die Kosten der Hinterlegung betreffen. **29**

Nach ganz h.M. hat der Verkäufer die **Hinterlegungsstelle** mit der im Verkehr erforderlichen Sorgfalt (§ 347 Abs. 1 HGB bzw. § 276 Abs. 1 BGB) **auszuwählen**. Handelt er sorgfaltswidrig, so wird verbreitet vertreten, dass ihm die Haftungserleichterung des § 300 Abs. 1 BGB nicht zugutekomme.[140] Man begründet die Verweigerung der Haftungserleichterung damit, dass § 300 Abs. 1 BGB nur die Sorge für den Leistungsgegenstand selbst betreffe und der Verkäufer nicht zur Hinterlegung verpflichtet sei. Außerdem stehe dem Verkäufer bei der Auswahl der Hinterlegungsstelle ein so breiter Ermessensspielraum zur Verfügung, dass von ihm erwartet werden könne, ohne jede Fahrlässigkeit vorzugehen. Hierbei wird verkannt, dass die Auswahl einer *sicheren* Hinterlegungsstelle Teil der Sorge für die Ware ist, so wie ja nie fraglich geworden ist, dass § 300 Abs. 1 BGB gilt, wenn der Verkäufer die Ware durch seine Erfüllungsgehilfen verwahren lässt. Ferner gehört zu den Vorsorgepflichten nicht nur die Auswahl des Verwahrers, sondern vielfach auch die Auswahl und der Abschluss der Versicherung[141]. Siehe dazu oben Rn 22. Im Übrigen ist folgendes zu bedenken: Wenn man den Verkäufer mit der Gefahr leicht fahrlässigen Handelns belasten würde, so müsste man ihm zugestehen, immer die sicherste Lösung auswählen und die Erstattung der vollen Kosten vom Käufer verlangen zu dürfen; denn § 373 Abs. 1 HGB spricht schlechthin von den Kosten des Käufers. Damit provoziert man Verschwendung. Gleichwohl sollte man es – zumal im Lichte des § 304 BGB – dem Verkäufer nicht erlauben, den Käufer mit unangemessenen Kosten zu belasten, sondern seinen Erstattungsanspruch auf diejenigen Kosten beschränken, die der Verkäufer für erforderlich halten durfte.[142] Beschneidet man in dieser Weise den Erstattungsanspruch, so kann der Verkäufer nicht mehr die absolut sicherste Lösung wählen, wenn er nicht ein Verlustgeschäft machen will. **30**

---

[136] Gewerblich tätiger Lagerhalter iSd § 467 HGB; eine staatliche Lizenz ist nicht erforderlich; MünchKommHGB/*Grunewald* §§ 373, 374 Rn 17; Oetker/*Koch* §§ 373, 374 Rn 65; Baumbach/*Hopt* §§ 373, 374 Rn 8.

[137] MünchKommHGB/*Grunewald* §§ 373, 374 Rn 17; Oetker/*Koch* §§ 373, 374 Rn 65.

[138] Oetker/*Koch* §§ 373, 374 Rn 65.

[139] Die Schranke des Rechtsmissbrauchs ist zu beachten (§ 242 BGB); weiter MünchKommHGB/*Grunewald* §§ 373, 374 Rn 17; (Berücksichtigung schlechthin der Interessen des Käufers).

[140] BGH LM Nr. 3 zu § 651 BGB; RG JW 1921, 394; Baumbach/*Hopt* §§ 373, 374 Rn 8; differenzierend Oetker/*Koch* §§ 373, 374 Rn 67; **aA** i.E. MünchKommHGB/*Grunewald* §§ 373, 374 Rn 5; Ebenroth/Boujong/Joost/Strohn/*Müller* § 373 Rn 19; Koller/Roth/Morck/*Roth* §§ 373, 374 Rn 7; teilweise auch RGZ 57, 105, 107.

[141] Die Versicherung sichert den Sachwert der Ware in Fällen des Verlusts oder der Verschlechterung. Ebenso i.E. MünchKommHGB/*Grunewald* §§ 373, 374 Rn 17; Ebenroth/Boujong/Joost/Strohn/*Müller* § 373 Rn 20.

[142] Str. siehe zu § 304 BGB oben Rn 24.

Berücksichtigt man ferner, dass der Käufer mit dem Annahmeverzug die erhöhte Risikobelastung des Verkäufers veranlasst hat und zugleich verhindert hat, dass die Ware bei ihm selbst untergehen kann, so muss der Verkäufer von einem leicht fahrlässigen Fehlgriff bei der Auswahl der Hinterlegungsstelle, Versicherung und sonstiger der Sorge für die Ware dienender Pflichten entlastet werden. Zum Ausgleich kommt dem Käufer zugute, dass der Verkäufer nur Kosten abwälzen darf, die er für angemessen halten durfte. Im Vergleich zur Verwahrung durch den Verkäufer selbst bzw. dessen Erfüllungsgehilfen trifft den Käufer bei Anwendung des § 300 Abs. 1 BGB auf die Hinterlegungspflichten auch nur ein geringfügig erhöhtes Risiko, nämlich das Insolvenzrisiko des Drittverwahrers im Fall fahrlässiger Schadenszufügung. Es erhöht sich je nachdem, wie weit man seitens des Lagerhalters eine Haftungsfreizeichnung durch AGB für zulässig hält.[143] Insoweit kann und muss der Verkäufer die erhöhte Gefahr durch den Abschluss einer Versicherung ausschalten (Rn 31).

31 Gemäß § 373 Abs. 1 HGB erfolgt die Hinterlegung der Ware **auf Gefahr** des Käufers. Das heißt, dass die Leistungsgefahr, sofern dies nicht bereits erfolgt ist, auf den Käufer übergeht (Rn 22a);[144] ferner, dass der Drittverwahrer nicht Erfüllungsgehilfe des Verkäufers ist.[145] Zur Auswahlpflicht s. Rn 30. Der Verkäufer muss entsprechend dem Handelsbrauch, im Übrigen in dem Umfang die Ware versichern, wie sie ein verständiger Käufer, der eigene Ware einlagert, versichert hätte.[146]

Gemäß § 373 Abs. 1 HGB erfolgt die Hinterlegung auf **Kosten** des Käufers. Der Verkäufer ist nicht berechtigt, den Verwahrungsvertrag im Namen des Käufers abzuschließen;[147] der Lagerhalter besitzt demgemäss keinen Direktanspruch gegen den Käufer.[148] Der Verkäufer kann unmittelbar aus § 373 Abs. 1 HGB Kostenerstattung verlangen, jedoch nur derjenigen Kosten, die er für erforderlich halten durfte (Rn 30).[149] Streitig ist es, ob diese Kosten zu dem Kaufpreis hinzuzurechnen sind und automatisch die Zahlungsverpflichtung aus dem Kaufvertrag erhöhen (Rn 20). Jedenfalls steht dem Verkäufer ein Zurückbehaltungsrecht gemäß § 273 BGB zu. Für die Hinterlegung darf der Verkäufer kein Entgelt gemäß § 354 HGB verlangen.

32 Der Verkäufer hat dem Käufer unverzüglich über die geplante bzw. durchgeführte Hinterlegung **zu unterrichten**. Dies entspringt den allgemeinen Sorgfaltspflichten des Verkäufers.[150] Haftung: § 280 BGB, § 347 HGB.[151]

---

143 Siehe dazu *Valder*, TranspR 2010, 27.

144 MünchKommHGB/*Grunewald* §§ 373, 374 Rn 18; Oetker/*Koch* §§ 373, 374 Rn 68.

145 MünchKommHGB/*Grunewald* §§ 373, 374 Rn 19; Ebenroth/Boujong/Joost/Strohn/*Müller* § 373 Rn 20; Oetker/*Koch* §§ 373, 374 Rn 67 f.

146 Baumbach/*Hopt* §§ 373, 374 Rn 10; Ebenroth/Boujong/Joost/Strohn/*Müller* § 373 Rn 20.

147 Ebenroth/Boujong/Joost/Strohn/*Müller* § 373 Rn 21; Baumbach/*Hopt* §§ 373, 374 Rn 10.

148 MünchKommHGB/*Grunewald* §§ 373, 374 Rn 19.

149 Ebenroth/Boujong/Joost/Strohn/*Müller* § 373 Rn 21; siehe ferner oben Rn 24 zum Streitstand zu § 304 BGB; **aA** Oetker/*Koch* §§ 373, 374 Rn 69 (objektiv erforderliche Aufwendungen); MünchKommHGB/*Grunewald* §§ 373, 374 Rn 17 Fn 21 (ohne grobe Fahrlässigkeit für erforderlich gehaltene Kosten); wohl auch Rn 18.

150 § 241 BGB; MünchKommHGB/*Grunewald* §§ 373, 374 Rn 20; Ebenroth/Boujong/Joost/Strohn/*Müller* § 373 Rn 22; Oetker/*Koch* §§ 373, 374 Rn 70; Baumbach/*Hopt* §§ 373, 374 Rn 8.

151 Koller/Roth/Morck/*Roth* §§ 373, 374 Rn 7. Siehe dazu ferner oben Rn 22; unklar MünchKommHGB/*Grunewald* §§ 373, 374 Rn 20.

Im Gegensatz zu der unter Verzicht auf das Recht zur Rücknahme vorgenommenen Hinterlegung nach § 372 BGB (Rn 26) hat die Hinterlegung nach § 373 HGB **keine Erfüllungswirkung.**[152] Sie soll den Verkäufer nur von der Last und dem Risiko der Aufbewahrung der Kaufsache befreien.

2. **Der Selbsthilfeverkauf nach § 373 HGB.** Dem Selbsthilfeverkauf muss grundsätzlich eine **Androhung** vorangehen (§ 373 Abs. 2). Dabei ist es gleichgültig, ob der Verkäufer die Ware (vor § 373 Rn 11) oder das Wertpapier bzw. die hergestellte Sache (§ 381) im Wege der öffentlichen Versteigerung oder des freihändigen Verkaufs veräußern will. **33**

a) **Inhalt der Androhung:** Die Androhung muss erkennen lassen, dass der Verkäufer die Veräußerung gerade der für den Käufer bestimmten Ware im *Wege des Selbsthilfeverkaufs* beabsichtigt. Allgemein gehaltene Erklärungen, aus denen nur hervorgeht, dass Ware gleicher Art verkauft werden soll, genügen daher nicht.[153] Ungenügend ist auch die Ankündigung, „nach Handelsrecht zu verfahren“,[154] es sei denn, aus den Umständen ergibt sich, dass der Verkäufer nicht bloß hinterlegen will.[155] **34**

Die **Art des geplanten Selbsthilfeverkaufs** braucht in der Androhung nicht mitgeteilt zu werden.[156] Allerdings ist eine unbestimmt gehaltene Androhung als Androhung der öffentlichen Versteigerung auszulegen, weil diese Art des Selbsthilfeverkaufs die Regel darstellt und nach der Fassung des § 373 Abs. 2 HGB der *freihändige Verkauf besonders*[157] angedroht werden muss.[158] An die Androhung des Selbsthilfeverkaufs bzw. an die einmal angekündigte Art des Selbsthilfeverkaufs ist der Verkäufer (nur)[159] bis auf Widerruf gebunden. Er kann nicht ohne neue Erklärung zum freihändigen Verkauf übergehen, wenn er deshalb zuvor die öffentliche Versteigerung angedroht hatte.[160] Hatte der Verkäufer sowohl einen freihändigen Verkauf als auch eine öffentliche Versteigerung angekündigt, so muss er die konkrete Art der Versteigerung dem Käufer rechtzeitig mittei-

---

152 MünchKommHGB/*Grunewald* §§ 373, 374 Rn 19; Oetker/*Koch* §§ 373, 374 Rn 71; Ebenroth/Boujong/Joost/Strohn/*Müller* § 373 Rn 23; Baumbach/*Hopt* §§ 373, 374 Rn 10.

153 RG LZ 1913 675; Ebenroth/Boujong/Joost/Strohn/*Müller* § 373 Rn 48; MünchKommHGB/*Grunewald* §§ 373, 374 Rn 21; Oetker/*Koch* §§ 373, 374 Rn 77.

154 RG JW 1925, 946; MünchKommHGB/*Grunewald* §§ 373, 374 Rn 21; Oetker/*Koch* §§ 373, 374 Rn 77; Baumbach/*Hopt* §§ 373, 374 Rn 14.

155 Abw. Ebenroth/Boujong/Joost/Strohn/*Müller* § 373 Rn 48 (Maßgeblich ist, ob nach der Erklärung auch eine Hinterlegung in Betracht kommt; im Zweifel ist eine Ankündigung des Selbsthilfeverkaufs erklärt).

156 Koller/Roth/Morck/*Roth* §§ 373, 374 Rn 9. **AA** MünchKommHGB/*Grunewald* §§ 373, 374 Rn 21.

157 MünchKommHGB/*Grunewald* §§ 373, 374 Rn 32; Oetker/*Koch* §§ 373, 374 Rn 78. Abw. Ebenroth/Boujong/Joost/Strohn/*Müller* § 373 Rn 49 (eindeutig); schwankend Heymann/Emmerich/*Hoffmann* §§ 373, 374 Rn 12.

158 Ebenroth/Boujong/Joost/Strohn/*Müller* § 373 Rn 49; Koller/Roth/Morck/*Roth* §§ 373, 374 Rn 9; wie hier im Ergebnis RG JW 1925, 946 mit zustimmender Anm. *Schmidt-Rimpler;* Baumbach/*Hopt* §§ 373, 374 Rn 14; Heymann/*Emmerich*/*Hoffmann* §§ 373, 374 Rn 12.

159 Heymann/*Emmerich*/*Hoffmann* §§ 373, 374 Rn 13; Oetker/*Koch* §§ 373, 374 Rn 79; Ebenroth/Boujong/Joost/Strohn/*Müller* § 373 Rn 49; Baumbach/*Hopt* §§ 373, 374 Rn 14.

160 RGZ 109, 134, 136; Ebenroth/Boujong/Joost/Strohn/*Müller* § 373 Rn 49; Koller/Roth/Morck/*Roth* §§ 373, 374 Rn 9; MünchKommHGB/*Grunewald* §§ 373, 374 Rn 23; Heymann/*Emmerich*/*Hoffmann* §§ 373, 374 Rn 12; Oetker/*Koch* §§ 373, 374 Rn 79.

len.[161] Wurde in einer Verkaufsandrohung angekündigt, dass der Verkauf an der Börse an einem bestimmten Tag erfolgen werde, so ist bei Wertpapieren im allgemeinen freihändiger Verkauf nach § 373 HGB angekündigt.

Ort und Termin des Selbsthilfeverkaufs brauchen in der Androhung noch nicht angegeben zu werden.[162] Der Verkäufer kann trotz Androhung des Selbsthilfeverkaufs jederzeit zur Hinterlegung übergehen.[163]

35 b) **Form und Zeit der Androhung:** Eine Form ist für die Androhung nicht vorgeschrieben. Sie kann schriftlich oder mündlich erfolgen.[164] Die Vorschriften über Willenserklärungen, auch die §§ 133, 157 BGB[165] sind zumindest entsprechend anwendbar.[166] Der Verkäufer hat den Zugang (§ 130 BGB)[167] der Androhung zu beweisen.[168] – Die Androhung muss so rechtzeitig erfolgen, dass sie ihren Zweck erfüllen kann, dem Käufer die Möglichkeit zu der Überlegung zu lassen, ob er die Ware nicht doch noch annehmen will bzw. wie er für einen möglichst günstigen Verkaufserlös sorgen kann.[169] Die Androhung kann mit der Benachrichtigung vom Versteigerungsort und -termin verbunden werden. Es ist auch zulässig, die Androhung des Selbsthilfeverkaufs bereits in dem Angebot der Leistung bzw. in der Aufforderung zur Mitwirkung (§§ 294, 295 BGB), nicht jedoch vorher zu erklären.[170]

36 c) **Verzicht auf Androhung:** Auf die Androhung kann ausnahmsweise verzichtet werden, wenn entweder die Ware dem Verderben ausgesetzt und Gefahr im Verzug ist oder wenn die Androhung aus sonstigen Gründen untunlich ist (§ 373 Abs. 2 S. 2 HGB). In der ersten Fallvariante muss die Gefahr des *Verderbens* nahe[171] liegen. **Verderb** bedeutet hier die Zerstörung oder die erhebliche Verringerung[172] der objektiven Brauchbarkeit der Ware infolge ihrer physikalisch/chemischen Beschaffenheit oder infolge der ihr eigenen rechtlichen Verhältnisse (z.B. bei Lebensmitteln deren Verfaulen, bei Wechseln die Präjudizierung). Eine andere Art der Entwertung, z.B. infolge rückläufiger Preiskonjunktur,

---

161 Ebenroth/Boujong/Joost/Strohn/*Müller* § 373 Rn 49.

162 MünchKommHGB/*Grunewald* §§ 373, 374 Rn 21.

163 MünchKommHGB/*Grunewald* §§ 373, 374 Rn 23.

164 Ebenroth/Boujong/Joost/Strohn/*Müller* § 373 Rn 46; MünchKommHGB/*Grunewald* §§ 373, 374 Rn 21; Heymann/*Emmerich/Hoffmann* §§ 373, 374 Rn 13.

165 Abw. Heymann/*Emmerich/Hoffmann* §§ 373, 374 Rn 12 (ohne weiteres erkennbarer Inhalt der Erklärung).

166 §§ 130 ff BGB; Ebenroth/Boujong/Joost/Strohn/*Müller* § 373 Rn 46; Koller/Roth/Morck/*Roth* §§ 373, 374 Rn 9; Baumbach/*Hopt* §§ 373, 374 Rn 15; **aA** OLG Hamburg LZ 1910 568.

167 MünchKommHGB/*Grunewald* §§ 373, 374 Rn 22; Heymann/*Emmerich/Hoffmann* §§ 373, 374 Rn 13.

168 Ebenroth/Boujong/Joost/Strohn/*Müller* § 373 Rn 46.

169 MünchKommHGB/*Grunewald* §§ 373, 374 Rn 21; Ebenroth/Boujong/Joost/Strohn/*Müller* § 373 Rn 46 f; Heymann/Emmerich/*Hoffmann* §§ 373, 374 Rn 11; Oetker/*Koch* §§ 373, 374 Rn 80; Koller/Roth/Morck/*Roth* §§ 373, 374 Rn 9.

170 MünchKommHGB/*Grunewald* §§ 373, 374 Rn 21; Heymann/*Emmerich/Hoffmann* §§ 373, 374 Rn 11; Ebenroth/Boujong/Joost/Strohn/*Müller* § 373 Rn 47; Baumbach/*Hopt* §§ 373, 374 Rn 16. Es bedarf daher keiner Prüfung, ob § 305c Abs. 1 BGB anwendbar ist (**aA** Oetker/*Koch* §§ 373, 374 Rn 80).

171 Oetker/*Koch* §§ 373, 374 Rn 81.

172 Ebenroth/Boujong/Joost/Strohn/*Müller* § 373 Rn 50; MünchKommHGB/*Grunewald* §§ 373, 374 Rn 24; Baumbach/*Hopt* §§ 373, 374 Rn 17; **aA** RG JW 1926, 2121; Oetker/*Koch* §§ 373, 374 Rn 81.

reicht nicht aus. Ebenso wenig kommt es auf die persönlichen Verhältnisse des Käufers an. – In der zweiten Fallvariante muss die Androhung aus **sonstigen Gründen** untunlich sein. Beispiele: Der Käufer ist unter keinerlei Umständen rechtzeitig erreichbar oder seine Anschrift ist nicht oder nur unter unzumutbaren Schwierigkeiten ermittelbar oder der Preis für die Ware auf den Märkten ist stark rückläufig[173]. Die Untunlichkeit ist sorgfältig zu prüfen.[174] Wird die Untunlichkeit zu Unrecht bejaht, so ist die Versteigerung unverbindlich (näher oben Rn 26a). § 300 Abs. 1 BGB kommt dem Verkäufer entgegen der hM zugute (näher Rn 22).

d) **Arten des Selbsthilfeverkaufs.** Das Gesetz kennt zwei zulässige Arten des Selbsthilfeverkaufs: die öffentliche Versteigerung und den freihändigen Verkauf. **37**

aa) **Öffentliche Versteigerung** (§ 373 Abs. 2 S. 1 1. Alt. HGB). Die öffentliche Versteigerung ist in § 383 Abs. 3 BGB gesetzlich definiert.[175] Danach ist eine öffentliche Versteigerung zum einen dadurch gekennzeichnet, dass sie durch einen für den Versteigerungsort bestellten Gerichtsvollzieher oder einen zu Versteigerungen befugten anderen Beamten oder öffentlich bestellten Versteigerer öffentlich durchgeführt wird. Die öffentliche Bestellung von Versteigerern regelt § 34b Abs. 5 GewO. Ihre Befugnisse und die Art und Weise der Durchführung ihrer Tätigkeit sind in der Verordnung über gewerbsmäßige Versteigerungen (VerstV) vom 24.4.2003 (BGBl. 2003 I S. 547 mit Änderungen) geregelt. Vgl. ferner § 20 Abs. 3 BNotO.

Die Versteigerung muss ferner **öffentlich** erfolgen. Öffentlich ist eine Versteigerung, **38**
wenn die Teilnahme allgemein und nicht nur einem besonderen, nach speziellen Merkmalen bestimmten Personenkreis möglich ist. Zeit und Ort der Versteigerung sind zu diesem Zweck unter allgemeiner Bezeichnung des Versteigerungsgutes öffentlich bekannt zu machen (§ 383 Abs. 3 S. 2 BGB). Die Art der Bekanntmachung richtet sich nach örtlichen Gebräuchen.[176] Die Bekanntmachung darf nicht zu kurzfristig vor dem Termin erfolgen.[177] Die Bekanntmachung muss mit der Sorgfalt eines ordentlichen Kaufmanns erfolgen.[178] Die Bezeichnung der Ware muss so gehalten sein, wie sie verkauft worden ist.[179]

Die Versteigerungsperson darf nicht **mitbieten** (§§ 456, 457 BGB, § 34b VI GewO). **39**
Mitbieten und die Ware ersteigern dürfen dagegen sowohl der Verkäufer als auch der Käufer (§ 373 Abs. 4 HGB). Ersteigert der Verkäufer die Ware zu einem niedrigeren als dem Verkaufspreis, so geht das den Käufer nichts an. Er ist nicht berechtigt, den Gewinn, den der Verkäufer aus dem Weiterverkauf der ihm billig zugeschlagenen Ware erzielt, von seiner Kaufpreisschuld abzuziehen.[180] Zum freihändigen Verkauf siehe unten Rn 45a.

---

[173] MünchKommHGB/*Grunewald* §§ 373, 374 Rn 24; Ebenroth/Boujong/Joost/Strohn/*Müller* § 373 Rn 51; Oetker/*Koch* §§ 373, 374 Rn 82; Koller/Roth/Morck/*Roth* §§ 373, 374 Rn 9.

[174] Beachte die Einsatzmöglichkeiten moderner Kommunikationsmittel; Heymann/*Emmerich/Hoffmann* §§ 373, 374 Rn 14; Oetker/*Koch* §§ 373, 374 Rn 82.

[175] Heymann/*Emmerich/Hoffmann* §§ 373, 374 Rn 15; Oetker/*Koch* §§ 373, 374 Rn 73.

[176] Ebenroth/Boujong/Joost/Strohn/*Müller* § 373 Rn 27

[177] RG JW 1910, 298; Ebenroth/Boujong/Joost/Strohn/*Müller* § 373 Rn 27.

[178] RG JW 1921, 394.

[179] Abw. Ebenroth/Boujong/Joost/Strohn/*Müller* § 373 Rn 27 (hinreichend deutlich).

[180] Ebenroth/Boujong/Joost/Strohn/*Müller* § 373 Rn 28.

Gerichtsvollzieher oder Notar handeln bei Durchführung der Versteigerung in Ausübung ihres öffentlichen Amtes. Sie sind keine Erfüllungsgehilfen des Verkäufers,[181] auch wenn der Selbsthilfeverkauf von dem Verkäufer für Rechnung des Käufers betrieben wird und der Verkäufer verpflichtet ist, dabei auf die Interessen des Käufers Rücksicht zu nehmen. **Gewerbliche Versteigerer** sind trotz ihrer öffentlichen Bestellung keine Amtspersonen. Ihre Beziehungen zum Verkäufer beruhen auf einem privatrechtlichen Vertrag. Sie haften daher dem Verkäufer für etwaige Pflichtverletzungen gem. § 280 BGB, wobei der Verschuldensmaßstab dem § 276 BGB zu entnehmen ist. Im Verhältnis zum Käufer sind sie keine Erfüllungsgehilfen des Verkäufers.[182] Der Verkäufer haftet allenfalls in Anwendung des Rechtsgedankens aus § 664 Abs. 1 S. 2 BGB für Auswahlverschulden. Durch den Zuschlag kommt ein Vertrag zwischen Verkäufer und dem Zuschlagsempfänger zustande (§§ 156, 456 ff BGB).

40 bb) **Freihändige Verkauf.** Gemäß § 373 Abs. 2 S. 1 2. Alt. HGB ist der freihändige Verkauf nur zulässig, wenn die Ware einen Markt- oder Börsenpreis hat. Unter dem **Marktpreis** versteht man gewöhnlich denjenigen Preis, der für eine Ware bestimmter Gattung und Art an dem Handelsplatz, an dem sie einen Markt hat, zu einer bestimmten Zeit bei normaler Marktlage im Durchschnitt gezahlt wird.[183] Marktpreis ist nicht jeder beliebig erzielte Durchschnittspreis, sondern primär der aufgrund der bestehenden örtlichen Einrichtungen von amtlicher Seite oder von anerkannten Einrichtungen festgestellte Preis[184]. Mithin kann der Marktpreis auch auf private Feststellungen gestützt werden, wenn[185] sie von festen, anerkannten Einrichtungen gemacht wurden.[186] Rein private, den Vermögensinteressen von Gewerbetreibenden dienende Preisverzeichnisse, z.B. Kataloge, bleiben außer Acht.[187] Erst wenn Preisfeststellungen dieser Art nicht vorhanden sind, kann ein Marktpreis aus dem laufenden Preis ermittelt werden. Voraussetzung dafür, dass aus dem laufenden Preis auf die Existenz eines Marktpreises zurückgeschlossen werden kann, ist jedoch, dass die Ware zu der betreffenden Zeit an dem betreffenden Ort in erheblicher Menge gehandelt worden ist.[188] – Eine Unterart des Marktpreises ist der **Börsenpreis.** Darunter versteht man den nach Maßgabe des § 24 BörsG (vom 16.7.2007, BGBl. 2007 I 1330, 1351 mit Änderungen) festgestellten Preis für börsengängige Waren oder Wertpapiere. Eine bloße „Geldnotiz" ist kein Marktpreis;[189] denn diese Notierung besagt, dass für die Ware nur Nachfrage vorhanden war.

41 Grundsätzlich kommt es gemäß § 453 BGB darauf an, ob am Erfüllungsort oder, wenn am Erfüllungsort kein Markt bzw. keine Börse existiert, an einem Ort, zu dessen Verkehrsbereich der Erfüllungsort in Bezug auf Waren der betreffenden Art gehört,[190] ein

---

[181] MünchKommHGB/*Grunewald* §§ 373, 374 Rn 35.

[182] Ebenroth/Boujong/Joost/Strohn/*Müller* § 373 Rn 37; MünchKommHGB/*Grunewald* §§ 373, 374 Rn 35. Zu denken ist an einen Vertrag mit Schutzwirkung zugunsten des Käufers, jedenfalls an Drittschadensliquidation.

[183] RGZ 34, 117, 121; 47, 104, 113.

[184] Ebenroth/Boujong/Joost/Strohn/*Müller* § 373 Rn 29.

[185] Abw. Heymann/*Emmerich/Hoffmann* §§ 373, 374 Rn 18; Baumbach/*Hopt* §§ 373, 374 Rn 12.

[186] RGZ 34, 117, 121; Ebenroth/Boujong/Joost/Strohn/*Müller* § 373 Rn 29; MünchKommHGB/*Grunewald* §§ 373, 374 Rn 31.

[187] RG JW 1927, 1143; Ebenroth/Boujong/Joost/Strohn/*Müller* § 373 Rn 29 f; Heymann/*Emmerich/Hoffmann* §§ 373, 374 Rn 18; Baumbach/*Hopt* §§ 373, 374 Rn 12.

[188] RGZ 34, 117, 122; Ebenroth/Boujong/Joost/Strohn/*Müller* § 373 Rn 29; MünchKommHGB/*Grunewald* §§ 373, 374 Rn 31.

[189] RGZ 34, 117, 121 f.

[190] RGZ 47, 113; 6, 28; ROHG 14, 141.

Markt- oder Börsenpreis festgestellt werden kann. Im Rahmen des § 373 Abs. 2 HGB ist nicht der Erfüllungsort maßgeblich, sondern der Ort, an dem der Selbsthilfeverkauf vorzunehmen ist (Rn 51).[191]

42 Zulässig ist **nur**[192] ein **Verkauf zum laufenden Preis.** Der laufende Preis ist der jeweilige mittlere Durchschnittspreis, den eine bestimmte Ware an einem bestimmten Ort und Tag erzielt.[193] Im Unterschied zu dem reinen Durchschnittspreis werden bei Ermittlung des laufenden Preises ungewöhnlich hohe oder niedrige Abschlüsse nicht berücksichtigt.[194] Dem laufenden Preis müssen wirklich erzielte Preise und nicht lediglich Angaben über Angebot und Nachfrage zugrunde liegen.[195] Laufender Preis ist auch der fortlaufend ermittelte Börsenkurs (§ 24 BörsG [Baumbach/*Hopt* HGB, § 24 BörsG Rn 3]). Ist der laufende Preis voraussichtlich nicht zu erzielen, so ist die Ware öffentlich zu versteigern.[196] Der Käufer muss einen Verkauf zu einem unter dem laufenden Preis liegenden Entgelt hinnehmen, wenn der Verkäufer bei Wahrung der Sorgfalt eines ordentlichen Kaufmanns (§ 347 Abs. 1 HGB, § 276 Abs. 1 BGB)[197] nicht voraussehen konnte, dass der durchschnittliche Tagespreis nicht erzielt werden kann.

43 Die amtliche oder der amtlichen gleichstehende Feststellung des **Markt- oder Börsenpreises** hat infolge ihrer erfahrungsgemäßen Zuverlässigkeit die **Vermutung der Richtigkeit** für sich. Die Vermutung ist widerlegbar.[198] Die Widerlegung kann auf Arglist, Schreibfehler, Versehen sowie auf jede objektive Unrichtigkeit gestützt werden. Z.B. kann dargetan werden, dass man sich über das, was unter Kurs- oder Marktpreis zu verstehen ist, geirrt hat.[199] Ferner kann die Unrichtigkeit daraus resultieren, dass ein anderer Preis der Ware Marktpreis war oder dass wegen zu geringfügiger Umsätze ein wirklicher Marktpreis gar nicht vorhanden war[200] oder dass der Kurs von einer Bank diktiert wurde.

44 Es ist streitig, unter welchen Voraussetzungen ein Selbsthilfeverkauf unwirksam (Rn 54 ff) ist, wenn er **nicht zum laufenden Preis** abgeschlossen worden ist. Zum Teil wird behauptet, jeder Verkauf unterhalb des laufenden Preises mache den Selbsthilfeverkauf unwirksam.[201] In einer anderen Entscheidung hat das ROHG[202] hingegen angenommen, dass der Verkauf zu einem unter dem laufenden Preis liegenden Entgelt gültig sei, falls den Verkäufer hieran kein Verschulden treffe. Der Verkäufer habe dann lediglich die Differenz zum laufenden Preis zu entrichten. Beide Ansichten überzeugen nicht. Auszugehen ist von der Tatsache, dass der Verkäufer unter den Personen, die den Selbsthilfeverkauf abwickeln sollen, nicht frei wählen darf. Er muss sich eines Personenkreises

---

191 AA Ebenroth/Boujong/Joost/Strohn/*Müller* § 373 Rn 31 (Erfüllungsort); MünchKommHGB/*Grunewald* §§ 373, 374 Rn 31 (Ort, an dem sich die Ware befindet).

192 Ebenroth/Boujong/Joost/Strohn/*Müller* § 373 Rn 35.

193 Ebenroth/Boujong/Joost/Strohn/*Müller* § 373 Rn 32.

194 MünchKommHGB/*Grunewald* §§ 373, 374 Rn 34.

195 RGZ 34, 121; Ebenroth/Boujong/Joost/Strohn/*Müller* § 373 Rn 32; MünchKommHGB/*Grunewald* §§ 373, 374 Rn 34; Baumbach/*Hopt* §§ 373, 374 Rn 12.

196 Ebenroth/Boujong/Joost/Strohn/*Müller* § 373 Rn 32.

197 ROHG 10, 367; MünchKommHGB/*Grunewald* §§ 373, 374 Rn 34; richtiger: Anwendung des § 300 Abs. 1 BGB (siehe oben Rn 22).

198 RG JW 1927, 1143; Ebenroth/Boujong/Joost/Strohn/*Müller* § 373 Rn 33; Heymann/*Emmerich*/*Hoffmann* §§ 373, 374 Rn 19.

199 RGZ 101, 52.

200 RGZ 12, 8.

201 ROHG 7 69; 8 101; Heymann/Emmerich/*Hoffmann* vor § 373 Rn 19; §§ 373, 374 Rn 19.

202 ROHG 10, 367 ff; ebenso RG ZHR 26, 564; Heymann/Emmerich/*Hoffmann* vor § 373 Rn 19 (jedenfalls).

bedienen, denen der Staat eine besondere Vertrauensposition eingeräumt hat. Diese Personen können daher im Verhältnis zum Käufer nicht als Erfüllungsgehilfen des Verkäufers angesehen werden, da der Verkäufer weder ihr Tun zu beherrschen vermag noch es ausreichend in Hinblick auf etwaiges Fehlverhalten einzukalkulieren imstande ist.[203] Das hat zur Folge, dass dort, wo der laufende Preis ausschließlich infolge eines Fehlverhaltens der öffentlich ermächtigten Handelsmakler bzw. öffentlich bestellten Versteigerer nicht erreicht worden ist, dem Käufer lediglich ein Anspruch auf Abtretung der Schadensersatzforderung gegen diese Personen zusteht (Drittschadensliquidation).[204] Der Verkäufer ist nicht verpflichtet, die Differenz zum laufenden Preis selbst zu bezahlen. Gerade weil Dritte eingeschaltet werden müssen, ist die Formulierung in § 373 Abs. 2 S. 1 HS 2 „zum laufenden Preis“ nur als Zielangabe, nicht als unabdingbarer Erfolg zu verstehen.[205] Hat der Verkäufer selbst grob[206] fahrlässig gehandelt, sei es, dass ihn ein Auswahlverschulden trifft, sei es, dass er dem Handelsmakler nicht die richtigen Weisungen gegeben hat, so ist der Selbsthilfeverkauf ungültig (Rn 56).[207]

45 Der Verkauf muss durch eine **zuständige Person** vorgenommen werden. Hierzu zählen neben den zu einer öffentlichen Versteigerung befugten Personen (Rn 39) auch zu solchen Verkäufen öffentlich ermächtigte Handelsmakler.[208] Ein Verkauf durch eine unzuständige Person geht nicht auf Rechnung des Käufers.[209] Dies gilt selbst dann, wenn der laufende Preis erzielt worden ist, da dem Käufer die Chance genommen worden ist, durch eine zuverlässige Person einen höheren Preis zu erzielen.

45a Beim **freihändigen Verkauf** darf der Verkäufer anders als bei öffentlichen Versteigerungen **nicht als Käufer** auftreten. Noch weniger ist es dem Verkäufer gestattet, die Ware zum Tageskurs einfach zu behalten.

46 e) **Benachrichtigung.** Dem Verkauf muss, wenn er im Wege öffentlicher Versteigerung erfolgt, eine Benachrichtigung des Käufers von Zeit und Ort der Versteigerung vorangehen (§ 373 Abs. 5 S. 1 1. Halbs. HGB). Eine anderweit erlangte Kenntnis des Käufers genügt nicht, lässt jedoch den Schadensersatzanspruch mangels Kausalität entfallen. Die Benachrichtigung kann mit der Androhung nach § 373 Abs. 2 HGB verbunden werden (Rn 34).[210] – Eine weitere Benachrichtigung des Käufers muss bei jeder Art des Selbsthilfeverkaufs unverzüglich nach dem vollzogenen Verkauf erfolgen (§ 373 Abs. 5 S. 1 2. Halbs. HGB). – Beide Benachrichtigungen sind formlos wirksam. Das Unterbleiben beider Benachrichtigungen hat gemäß § 373 Abs. 5 HGB nicht die Unverbindlichkeit des Verkaufs, sondern lediglich eine Schadensersatzpflicht des Verkäufers zur Folge. Haf-

---

203 Ebenroth/Boujong/Joost/Strohn/*Müller* § 373 Rn 37; MünchKommHGB/*Grunewald* §§ 373, 374 Rn 35; Baumbach/*Hopt* §§ 373, 374 Rn 20.

204 Koller/Roth/Morck/*Roth* §§ 373, 374 Rn 10; Baumbach/*Hopt* §§ 373, 374 Rn 20. Abw. Ebenroth/Boujong/Joost/Strohn/*Müller* § 373 Rn 37 (Vertrag mit Schutzwirkung zu Gunsten des Käufers).

205 Ebenso i.E. Ebenroth/Boujong/Joost/Strohn/*Müller* § 373 Rn 37; MünchKommHGB/*Grunewald* §§ 373, 374 Rn 34.

206 Str. siehe Rn 22, 26a.

207 AA nur Schadensersatzpflicht: Koller/Roth/Morck/*Roth* §§ 373, 374 Rn 10, 14; Baumbach/*Hopt* §§ 373, 374 Rn 20; MünchKommHGB/*Grunewald* §§ 373, 374 Rn 34, anders Rn 35.

208 Heymann/*Emmerich*/*Hoffmann* §§ 373, 374 Rn 19.

209 Ebenroth/Boujong/Joost/Strohn/*Müller* § 373 Rn 34, 55.

210 Oetker/*Koch* §§ 373, 374 Rn 25.

tungsmaßstab: § 347 HGB, § 276 BGB, nicht § 300 Abs. 1 BGB.[211] – Die Benachrichtigungen können unterbleiben, wenn sie untunlich sind (§ 373 Abs. 5 S. 2 HGB). Das wird aber kaum jemals der Fall sein, da der Verkäufer in aller Regel zur Abrechnung verpflichtet ist.

f) **Gegenstand des Selbsthilfeverkaufs.** Der Verkäufer hat die zu liefernde Ware oder das Wertpapier (§ 381), nicht den Anspruch auf Lieferung durch einen Dritten oder auf Herstellung der Ware zu veräußern.[212] Beim Spezifikationskauf darf die Ware samt dem Recht zur Spezifikation veräußert werden.[213] Beim Gattungskauf muss der Verkäufer nicht unbedingt die ursprünglich ausgeschiedenen, vom Käufer zurückgewiesenen Stücke zum Selbsthilfeverkauf bringen. Er darf, wenn der Käufer nicht ausnahmsweise ein besonderes Interesse daran hatte, gerade diese Stücke zu erhalten, auch andere gleichartige Stücke zum Verkauf geben.[214] Unzulässig ist hingegen ein Selbsthilfeverkauf in Form eines reinen Gattungsverkaufs. Die Ware muss beim Gattungskauf auch zum Zeitpunkt der Versteigerung noch nicht unbedingt ausgesondert sein. Sie muss aber bereits im Besitz des Verkäufers stehen oder für ihn verfügbar sein;[215] denn der Kaufinteressent soll wissen, welche Ware er erwirbt und wo er sie besichtigen kann.[216] Deshalb muss die Versteigerung beim Gattungskauf mindestens den Hinweis auf einen bestimmten, durch Angabe des Lagerortes individualisierten Vorrat enthalten, wenn sich das Erforderliche nicht schon aus den Umständen ergibt.[217] **47**

Ist der ursprüngliche Kauf so abgeschlossen worden, dass der Verkäufer ein **Dispositionspapier** (Konnossement, Ladeschein, Lagerschein) anzudienen hat oder andienen darf (z.B. „Kasse gegen Dokumente"), so kann die Ware in Gestalt des Dispositionspapiers zum Selbsthilfeverkauf gebracht werden.[218] Der Erwerber steht damit nicht ungünstiger als der Käufer. Ist dagegen *kein* Dispositionspapier anzudienen, sondern hat allein dieses der Verkäufer entgegen dem Vertrag angeboten, so braucht sich der Käufer damit nicht zu begnügen. Er kann das Angebot der Ware selbst verlangen.[219] Der Käufer ist dann nur in Annahmeverzug geraten, wenn er die Annahme der Ware verweigert hat. Der Selbsthilfeverkauf ist bei dieser Sachlage erst möglich, wenn die Ware am Leistungsort eingetroffen, für den Käufer greifbar ist und vom Käufer nicht abgenommen wird. **48**

---

211 RG JW 1901, 11; 1910 299; 1921 394; Ebenroth/Boujong/Joost/Strohn/*Müller* § 373 Rn 54; **aA** MünchKommHGB/*Grunewald* §§ 373, 374 Rn 25; Heymann/*Emmerich/Hoffmann* §§ 373, 374 Rn 19. **AA** Oetker/*Koch* §§ 373, 374 Rn 83. Siehe auch oben Rn 22.

212 RGZ 34, 99; 35, 1, 3; Ebenroth/Boujong/Joost/Strohn/*Müller* § 373 Rn 38; Oetker/*Koch* §§ 373, 374 Rn 74.

213 RGZ 43, 101, 103; Ebenroth/Boujong/Joost/Strohn/*Müller* § 373 Rn 38; Oetker/*Koch* §§ 373, 374 Rn 75.

214 MünchKommHGB/*Grunewald* §§ 373, 374 Rn 27; Heymann/*Emmerich/Hoffmann* §§ 373, 374 Rn 16; Oetker/*Koch* §§ 373, 374 Rn 75.

215 RGZ 33, 95, 96; 34, 99; Ebenroth/Boujong/Joost/Strohn/*Müller* § 373 Rn 38; Oetker/*Koch* §§ 373, 374 Rn 75; Koller/Roth/Morck/*Roth* §§ 373, 374 Rn 11; Baumbach/*Hopt* §§ 373, 374 Rn 19.

216 RGZ 34, 98, 100; 45, 29, 31; Ebenroth/Boujong/Joost/Strohn/*Müller* § 373 Rn 38.

217 RG JW 1913, 47; Ebenroth/Boujong/Joost/Strohn/*Müller* § 373 Rn 38; Oetker/*Koch* §§ 373, 374 Rn 75.

218 RG JW 1901, 654; DJZ 1906 541; Ebenroth/Boujong/Joost/Strohn/*Müller* § 373 Rn 39; Oetker/*Koch* §§ 373, 374 Rn 74; **aA** MünchKommHGB/*Grunewald* §§ 373, 374 Rn 27; Heymann/*Emmerich/Hoffmann* §§ 373, 374 Rn 16.

219 Undifferenziert Heymann/*Emmerich/Hoffmann* §§ 373, 374 Rn 16.

49 **Teillieferungen** dürfen nur dort im Weg des Selbsthilfeverkaufs veräußert werden, wo der Käufer ausnahmsweise Teillieferungen annehmen muss.[220] In einem solchen Fall ist jede einzelne fällige Rate, die der Käufer nicht angenommen hat, zum Selbsthilfeverkauf zu stellen. Liegt Annahmeverzug mit allen Einzellieferungen vor, so kann sie der Verkäufer nach seiner Wahl einzeln oder alle zusammen versteigern lassen, es sei denn, dass der Gesamtverkauf gegen Treu und Glauben verstößt, weil dadurch die Preise zu stark gedrückt werden.[221] Teilleistungen können auch dann zum Selbsthilfeverkauf gebracht werden, wenn mehrere Gegenstände verschiedener Art ohne Gesamtpreis so verkauft sind, dass sie kein einheitliches Geschäft bilden. Anders ist es, wenn es sich um Teile eines durch ein Geschäft gekauften Postens handelt, selbst wenn der Posten teilbar ist. Die wirtschaftliche Teilbarkeit der Leistung genügt nicht, um Teillieferungen zu verkaufen.[222] Das bedeutet jedoch nicht, dass bei einem einheitlichen Geschäft notwendigerweise die ganze Menge auf einmal zum Selbsthilfeverkauf gestellt werden muss. Entscheidend ist, in welchen Mengen handelsüblich oder sonst im Interesse des Käufers (Rn 54) zu verkaufen ist.[223] Es ist daher durchaus zulässig, Einzelverkäufe an verschiedenen Tagen stattfinden zu lassen. Der Verkäufer darf jedoch nicht einen Teil der Ware verkaufen und einen Teil der Ware hinterlegen. Der Selbsthilfeverkauf ist nicht beendet, bevor nicht die gesamte Menge, mit der sich der Käufer in Annahmeverzug befindet, verkauft ist. Bringt der Verkäufer eine größere Menge zum Selbsthilfeverkauf, als der Käufer anzunehmen verpflichtet war, oder lässt er auch noch andere Ware mit verkaufen, so macht dies den Selbsthilfeverkauf nur dann unwirksam, wenn dadurch das Verkaufsergebnis zum Nachteil des Käufers beeinflusst worden ist.

50 g) **Bedingungen des Selbsthilfeverkaufs.** Die Konditionen des Selbsthilfeverkaufs müssen nicht immer genau mit den Bedingungen des ursprünglichen Kaufvertrages übereinstimmen. Insoweit hat das Gesetz keine besonderen Erfordernisse, insbesondere keine Wirksamkeitserfordernisse aufgestellt. Es kommt allein darauf an, dass der Verkäufer den Selbsthilfeverkauf für die Rechnung des Käufers, d.h. auch entsprechend den Interessen des Käufers durchführt.[224] Der Verkäufer muss sich mit der gebotenen Sorgfalt (§ 347 HGB, § 276 BGB) bemühen, für die Ware den nach den Umständen bestmöglichen Preis zu erzielen.[225] Ist dieses Interesse des Käufers gewahrt, so sind auch erhebliche Abweichungen unschädlich. Das gilt insbesondere dann, wenn der erzielte Erlös dem Marktpreis der Waren entspricht.[226] Unter den genannten Voraussetzungen kann z.B. gegen Kasse verkauft werden, auch wenn der ursprüngliche Kaufvertrag Dreimonatsakzept oder Zahlung in dem auf die Lieferung folgenden Monat[227] oder Zahlung erst nach Eintreffen der Ware am Bestimmungsort[228] vorsah.

Unzulässig sind dagegen Abweichungen, welche dem Verkäufer auf Kosten des Käufers einen unbilligen Vorteil verschaffen oder die unter Verletzung der Käuferinteressen

---

220 Ebenroth/Boujong/Joost/Strohn/*Müller* § 373 Rn 39; Oetker/*Koch* §§ 373, 374 Rn 76; einschr. MünchKommHGB/*Grunewald* §§ 373, 374 Rn 27.

221 Oetker/*Koch* §§ 373, 374 Rn 76.

222 Baumbach/*Hopt* §§ 373, 374 Rn 19.

223 Ebenroth/Boujong/Joost/Strohn/*Müller* § 373 Rn 39; Oetker/*Koch* §§ 373, 374 Rn 76.

224 Oetker/*Koch* §§ 373, 374 Rn 87.

225 RG JW 1904, 560; Recht 1905, 623 Nr. 2605; LZ 1927, 455; Baumbach/*Hopt* §§ 373, 374 Rn 20. Zur Anwendbarkeit des § 300 Abs. 1 BGB siehe oben Rn 22.

226 RG Recht 1921 Nr. 2635; SeuffA 76 54.

227 RG bei Holdheim 1915 81; OLG Braunschweig OLGE 28, 375 f; OLG Dresden ZHR 38 Nr. 263; Ebenroth/Boujong/Joost/Strohn/*Müller* § 373 Rn 44.

228 OLG Hamburg OLGE 37 20.

den Preis drücken.[229] So kann etwa ein im Hauptvertrag nicht vorgesehener Gewährleistungsausschluss den Verdacht erwecken, dass Güte und Beschaffenheit der Ware sich nicht mit ihrem Aussehen decken[230] und dadurch den Erlös zu Lasten des Käufers mindern. Eine unzulässige Bedingung macht den Verkäufer (nur)[231] schadensersatzpflichtig. (Rn 59).

h) **Ort des Selbsthilfeverkaufs.** Anders als im Fall des § 383 BGB steht die Wahl des Verkaufsortes beim Selbsthilfeverkauf gemäß § 373 Abs. 2 HGB im pflichtgemäßen Ermessen des Verkäufers.[232] Der Verkäufer hat dabei wie ein Beauftragter des Käufers (Rn 54) auf die Interessen des Käufers mit pflichtgemäßer Sorgfalt Rücksicht zu nehmen.[233] Z.B. darf er dem Käufer keine unnötigen Kosten verursachen oder mit der Ware spekulieren.[234] Das Gebot, keine unnötigen Kosten zu verursachen, hat zur Konsequenz, dass der Verkäufer die Ware im Zweifel dort zu verkaufen hat, wo sie sich zur Zeit der Annahmeverweigerung befindet.[235] Gegebenenfalls kann der Verkäufer Waren, die sich auf dem Transport befinden, auch unterwegs verkaufen.[236] Vor allem aber hat der Verkäufer den Verkaufsort anhand des Kriteriums „günstige Verkaufsmöglichkeit“ auszuwählen, ohne dass von ihm erwartet werden kann, die Ware an einen Ort zu transportieren, an dem sie nach dem Vertrag nicht transportiert werden sollte.[237] Unerheblich ist es, ob der Transport nach dem Vertrag auf Kosten des Verkäufers erfolgen sollte, da die ersparten Transportkosten beim Verkauf am Absendeort dem Käufer gutzubringen sind.[238] **51**

Wird **schwimmende Ware** nicht angenommen und deshalb die Ware in Gestalt des Konnossements versteigert, so ist sie nicht an dem Ort zu versteigern, an welchem sich das Konnossement befindet, sondern im Zweifel dort, wo die Ware auszuliefern ist,[239] da in der Regel dort günstigere Preise zu erzielen sind. **52**

Die Wahl eines **falschen Versteigerungsortes** macht den Selbsthilfeverkauf nicht unwirksam, sondern begründet allenfalls eine Schadensersatzpflicht.[240] Der Verkäufer **52a**

---

229 RGZ 19, 198, 200; RG JW 1921, 394; Oetker/*Koch* §§ 373, 374 Rn 87.

230 RGZ 19, 198, 200; JW, 1902 545; OLG Hamburg HansGZ 1907 Hptbl. 44 und 1920 Hptbl. 19; einschr. Ebenroth/Boujong/Joost/Strohn/*Müller* § 373 Rn 44.

231 Ebenroth/Boujong/Joost/Strohn/*Müller* § 373 Rn 45; Koller/Roth/Morck/*Roth* §§ 373, 374 Rn 13; **aA** Heymann/*Emmerich/Hoffmann* §§ 373, 374 Rn 23.

232 Koller/Roth/Morck/*Roth* §§ 373, 374 Rn 12.

233 Ebenroth/Boujong/Joost/Strohn/*Müller* § 373 Rn 40; MünchKommHGB/*Grunewald* §§ 373, 374 Rn 26; Heymann/*Emmerich/Hoffmann* §§ 373, 374 Rn 21; Oetker/*Koch* §§ 373, 374 Rn 85; Baumbach/*Hopt* §§ 373, 374 Rn 21.

234 RGZ 15, 1, 3; RG JW 1901, 617.

235 RG JW 1901, 756; ROHG 16, 425; Ebenroth/Boujong/Joost/Strohn/*Müller* § 373 Rn 40; MünchKommHGB/*Grunewald* §§ 373, 374 Rn 31.

236 Ebenroth/Boujong/Joost/Strohn/*Müller* § 373 Rn 40 (ausnahmsweise); **aA** Heymann/*Emmerich/Hoffmann* §§ 373, 374 Rn 21 (zur Kostenersparnis).

237 ROHG 14, 422; RGZ 5, 67; OLG Hamburg OLGE 3, 81; Baumbach/*Hopt* §§ 373, 374 Rn 21; Heymann/*Emmerich/Hoffmann* §§ 373, 374 Rn 21 (kann); einschr. Ebenroth/Boujong/Joost/Strohn/*Müller* § 373 Rn 40; MünchKommHGB/*Grunewald* §§ 373, 374 Rn 31; Oetker/*Koch* §§ 373, 374 Rn 85.

238 Baumbach/*Hopt* §§ 373, 374 Rn 21; **aA** RG JW 1901, 756.

239 RG JW 1901, 654.

240 RGZ 110, 270; MünchKommHGB/*Grunewald* §§ 373, 374 Rn 26; Heymann/*Emmerich/Hoffmann* §§ 373, 374 Rn 24. Zur Anwendbarkeit des § 300 Abs. 1 BGB siehe oben Rn 22. Abw. Koller/Roth/Morck/*Roth* §§ 373, 374 Rn 14.

hat zu beweisen, dass eine Verletzung seiner Pflicht den Erlös nicht oder nur in geringerem Umfang als vom Käufer behauptet beeinflusst hat.[241]

53 i) **Zeitpunkt des Selbsthilfeverkaufs.** Mit dem Selbsthilfeverkauf kann frühestens am Tag der Fälligkeit der Lieferung begonnen werden. Das gilt selbst dann, wenn der Käufer schon vor dem Fälligkeitsdatum erklärt hatte, er werde die Lieferung nicht annehmen, da ja der Käufer bis zur Fälligkeit seine Meinung noch ändern kann.[242] Außerdem ist zu berücksichtigen, dass bis zum Fälligkeitsdatum die Preise steigen können, weil in die Preise schon die Lagerkosten beim Verkäufer einkalkuliert sind. Nach Fälligkeit der Lieferung steht es dem Verkäufer frei,[243] den ihm am zweckmäßigsten erscheinenden Zeitpunkt zu wählen; an eine bestimmte äußerste Zeitgrenze ist der Verkäufer nicht gebunden, da es dem Verkäufer gemäß § 373 HGB auf unbegrenzte Zeit gestattet ist, die Ware auf Kosten des Käufers zu hinterlegen. Der Käufer wird durch das Hinausschieben des Selbsthilfeverkaufs nicht benachteiligt; denn es ist ihm jederzeit möglich, den Annahmeverzug zu beenden (Rn 20)[244] und die Ware abzunehmen.[245] Der Verkäufer darf sich aber nicht dolos schädigend verhalten, indem er z.B. bewusst einen Zeitpunkt auswählt, in dem die im Wege des Selbsthilfeverkaufs zu erzielenden Preise außergewöhnlich niedrig sind.[246] Das RG[247] will dem Verkäufer auch grob fahrlässiges Verhalten entgegenhalten; doch ist zu berücksichtigen, dass zunächst der Verkäufer die Kosten der Hinterlegung zu zahlen hat und dass es deshalb dem Verkäufer erlaubt sein muss, sich dieser Kosten jederzeit durch einen Selbsthilfeverkauf zu entledigen. Eine Pflicht, die Ware zu einem möglichst günstigen Zeitpunkt zu verkaufen, kann daher nicht anerkannt werden.[248] – Selbst wenn der Verkauf bereits angezeigt war, kann ihn der Verkäufer verschieben, zumal wenn dies dem Zweck dient, bessere Preise zu erzielen.[249] Er muss diese Verschiebung allerdings dem Käufer rechtzeitig mitteilen, damit sich dieser darauf einstellen kann.[250] Ein evtl. Verstoß gegen das Gebot, den Zeitpunkt des Selbsthilfeverkaufs richtig zu wählen, macht den Selbsthilfeverkauf nicht unwirksam, sondern verpflichtet den Verkäufer lediglich zum Ersatz des Schadens.[251] Unter besonderen Umständen kann eine übermäßige Verzögerung auch zur Verwirkung des Rechts zum Selbsthilfeverkauf führen;[252] doch ist zu beachten, dass der Verkäufer kaum jemals das Vertrauen beim Käufer erwecken wird, er werde die Ware auf unabsehbare Zeit hinterlegen. Allein der Zeitablauf führt nicht zur Verwirkung.

---

241 RGZ 110, 269, 270.
242 Baumbach/*Hopt* §§ 373, 374 Rn 22.
243 Einschr. Heymann/*Emmerich/Hoffmann* §§ 373, 374 Rn 22 bei Fixgeschäft.
244 Heymann/*Emmerich/Hoffmann* §§ 373, 374 Rn 22; Oetker/*Koch* §§ 373, 374 Rn 86; Baumbach/*Hopt* §§ 373, 374 Rn 22.
245 RGZ 32, 61, 64; 36, 83, 86 ff; 41, 63 f; 57, 105, 107; 66, 186, 192; Ebenroth/Boujong/Joost/Strohn/*Müller* § 373 Rn 42.
246 Ebenroth/Boujong/Joost/Strohn/*Müller* § 373 Rn 42.
247 RGZ 66, 186, 192; **aA** Baumbach/*Hopt* §§ 373, 374 Rn 22.
248 Baumbach/*Hopt* §§ 373, 374 Rn 22; **aA** Oetker/*Koch* §§ 373, 374 Rn 86.
249 Ebenroth/Boujong/Joost/Strohn/*Müller* § 373 Rn 42.
250 OLG Hamburg SeuffA 69, 110.
251 RGZ 110, 268, 270; Oetker/*Koch* §§ 373, 374 Rn 86; Baumbach/*Hopt* §§ 373, 374 Rn 22. Zur Anwendbarkeit des § 300 Abs. 1 BGB siehe oben Rn 22, 26 **aA** Heymann/*Emmerich/Hoffmann* §§ 373, 374 Rn 22 (bei grob fahrlässiger Wahl eines ganz und gar ungeeigneten Zeitpunkts).
252 RGZ 36, 83, 86 ff; Ebenroth/Boujong/Joost/Strohn/*Müller* § 373 Rn 43; Oetker/*Koch* §§ 373, 374 Rn 86.

j) Die Rechtswirkungen des Selbsthilfeverkaufs

aa) Die Rechtswirkungen ordnungsgemäßen Selbsthilfeverkaufs. Der handelsrecht- 54
liche Selbsthilfeverkauf erfolgt für die Rechnung des Käufers.[253] Der Verkäufer hat demnach kraft Gesetzes die **Stellung eines Beauftragten.** Er ist daher verpflichtet, dem Käufer über die Durchführung des Selbsthilfeverkaufs Rechenschaft abzulegen (§ 666 BGB),[254] ihm den erzielten Erlös herauszugeben (§ 667 BGB)[255] und ist berechtigt, von dem Käufer Ersatz der Aufwendungen zu verlangen, die er den Umständen nach für erforderlich halten durfte (§ 670 BGB).[256]

Der Selbsthilfeverkauf ist zugleich eine Art der **Erfüllung.** Durch die Veräußerung der 55
Ware für Rechnung des Käufers erfüllt der Verkäufer diesem gegenüber seine Lieferpflicht aus dem Hauptvertrag.[257] Bei Zug um Zug abzuwickelnden Käufen wird damit auch der Anspruch des Verkäufers auf den Kaufpreis fällig, da ja der Verkäufer seine Leistung erbracht hat. Der Kaufpreisanspruch des Verkäufers bleibt mithin nach Durchführung des Selbsthilfeverkaufs bestehen.[258] Der Verkäufer kann mit seinem Kaufpreisanspruch, erhöht durch seinen Anspruch auf Aufwendungsersatz, gegen die Forderung des Käufers auf Herausgabe des Erlöses (einen Zahlungsanspruch) **aufrechnen.**[259] Die Aufrechnung ist ausgeschlossen, wenn der Kaufpreis noch nicht fällig ist. In diesem Falle muss der Verkäufer den Erlös abzüglich der Ansprüche auf Aufwendungsersatz herausgeben und die Fälligkeit seiner Kaufpreisforderung abwarten. Er hat kein Zurückbehaltungsrecht gemäß § 273 BGB. Allenfalls kann er sich auf § 321 BGB berufen. Der Verkäufer kann den Erlös nach § 383 BGB hinterlegen.[260] Voraussetzung ist aber, dass eine öffentliche Versteigerung am Erfüllungsort stattgefunden hat. Hat der Verkäufer im Wege des Selbsthilfeverkaufs mehr erlöst als den vom Käufer geschuldeten Kaufpreis zuzüglich Aufwendungen des Verkäufers, so gebührt der Mehrerlös anders als beim Deckungsverkauf in jedem Falle dem Käufer.[261] Ist der erzielte Veräußerungserlös geringer, so kann der Verkäufer aus dem Kaufvertrag **Zahlung des Restbetrages** verlangen.[262] Dieser Differenzanspruch ist der ursprüngliche Kaufpreisanspruch, der durch die Aufrechnung nicht erloschen ist.[263] – Zu dem vom Käufer geschuldeten **Aufwendungsersatz** gehören im Rahmen des § 670 BGB die Reisekosten, Auslagen für den Warentransport,

---

253 Koller/Roth/Morck/*Roth* §§ 373, 374 Rn 14.

254 Ebenroth/Boujong/Joost/Strohn/*Müller* § 373 Rn 59; Heymann/*Emmerich/Hoffmann* §§ 373, 374 Rn 27; Oetker/*Koch* §§ 373, 374 Rn 89; Baumbach/*Hopt* §§ 373, 374 Rn 23.

255 Ebenroth/Boujong/Joost/Strohn/*Müller* § 373 Rn 59; Heymann/*Emmerich/Hoffmann* §§ 373, 374 Rn 27; Oetker/*Koch* §§ 373, 374 Rn 89; Baumbach/*Hopt* §§ 373, 374 Rn 23.

256 Ebenroth/Boujong/Joost/Strohn/*Müller* § 373 Rn 59; Heymann/*Emmerich/Hoffmann* §§ 373, 374 Rn 27; Oetker/*Koch* §§ 373, 374 Rn 89; Baumbach/*Hopt* §§ 373, 374 Rn 23.

257 MünchKommHGB/*Grunewald* §§ 373, 374 Rn 28; Ebenroth/Boujong/Joost/Strohn/*Müller* § 373 Rn 59; Heymann/*Emmerich/Hoffmann* §§ 373, 374 Rn 26; Oetker/*Koch* §§ 373, 374 Rn 89; Baumbach/*Hopt* §§ 373, 374 Rn 24.

258 Ebenroth/Boujong/Joost/Strohn/*Müller* § 373 Rn 59.

259 Ebenroth/Boujong/Joost/Strohn/*Müller* § 373 Rn 59; Heymann/*Emmerich/Hoffmann* §§ 373, 374 Rn 27; Oetker/*Koch* §§ 373, 374 Rn 90; Koller/Roth/Morck/*Roth* §§ 373, 374 Rn 14; Baumbach/*Hopt* §§ 373, 374 Rn 24.

260 Oetker/*Koch* §§ 373, 374 Rn 90.

261 RGZ 102, 388 ff; Ebenroth/Boujong/Joost/Strohn/*Müller* § 373 Rn 59, 61.

262 Ebenroth/Boujong/Joost/Strohn/*Müller* § 373 Rn 61.

263 RGZ 41, 64; 57, 106; 110, 129 f; JW 1925, 946, 948.

Porto.[264] Streitig ist es, ob der Verkäufer, der Kaufmann ist, auch gemäß § 354 HGB **Provision** für den Selbsthilfeverkauf in Rechnung stellen kann.[265] Die Frage ist zu verneinen, da der Verkäufer die Wahl hat, ob er die Ware hinterlegt oder ob er sich des Kostenrisikos der Hinterlegung entledigt und letztlich im eigenen Interesse einen Selbsthilfeverkauf vornimmt (offengelassen BGH WM 1984, 165, 166). Im Übrigen ist zu berücksichtigen, dass man im Falle eines Deckungsverkaufs dem Verkäufer auch nicht erlaubt, eine Provision in Rechnung zu stellen, obwohl es auch hier kaum jemals dazu kommen wird, dass der Deckungsverkauf einen höheren Erlös als im Kaufvertrag vereinbart erbringen wird.

56 **bb) Die Rechtsfolgen des ordnungswidrigen Selbsthilfeverkaufs.** Ein Verstoß gegen die gesetzlichen Voraussetzungen[266] des Selbsthilfeverkaufs führt grundsätzlich[267] dazu, dass der Käufer den Verkauf nicht als für seine Rechnung erfolgt gegen sich gelten lassen muss.[268] Ein Aufwendungsersatz entfällt.[269] Dabei ist es unerheblich, ob der Verkäufer schuldhaft oder schuldlos gehandelt hat (vgl. aber RG JW 1921, 394). Der Verkäufer muss nämlich zunächst sicherstellen, dass die Voraussetzungen des § 373 Abs. 2 gegeben sind, bevor er zum Selbsthilfeverkauf schreitet. An der Unverbindlichkeit eines solchen Selbsthilfeverkaufs ändert auch die Tatsache nichts, dass der Käufer gegen ihn keinen Einspruch erhoben hat,[270] sich durch Mitbieten beteiligt oder die Ware sogar selbst ersteigert hat[271] oder ein formell einwandfreier Verkauf kein günstigeres Ergebnis gebracht hätte.[272] Eine Ausnahme gilt dort, wo dem Verhalten des Käufers eine Zustimmung zu dem Selbsthilfeverkauf zu entnehmen ist.[273] Im Übrigen ist zu beachten, dass der Verkäufer als berechtigter Geschäftsführer ohne Auftrag gehandelt haben kann.[274] In einem solchen Fall muss sich der Käufer so behandeln lassen, als ob der Dritte, an den der Verkäufer veräußert hat, empfangsermächtigt gewesen wäre.[275]

Zum Verkauf unterhalb des **laufenden Preises** Rn 44.

57 Braucht der **Käufer den Selbsthilfeverkauf nicht als für seine Rechnung geschlossen gelten** zu lassen, so hat der Verkäufer seine Lieferpflicht an den Käufer durch die Veräußerung der Ware an den Dritten nicht erfüllt.[276] Der Käufer bleibt weiterhin berech-

---

264 Ebenroth/Boujong/Joost/Strohn/*Müller* § 373 Rn 60.

265 Bejahend Ebenroth/Boujong/Joost/Strohn/*Müller* § 373 Rn 60; MünchKommHGB/*Grunewald* §§ 373, 374 Rn 35; Oetker/*Koch* §§ 373, 374 Rn 91; Baumbach/*Hopt* §§ 373, 374 Rn 24.

266 Zum Beispiel Unterlassen der Androhung (Ebenroth/Boujong/Joost/Strohn/*Müller* § 373 Rn 52; **aA** MünchKommHGB/*Grunewald* §§ 373, 374 Rn 22, 28; Heymann/*Emmerich/Hoffmann* §§ 373, 374 Rn 15). Siehe ferner oben Rn 26a.

267 Zu den Ausnahmen siehe unten Rn 59.

268 Ebenroth/Boujong/Joost/Strohn/*Müller* § 373 Rn 62; Heymann/*Emmerich/Hoffmann* §§ 373, 374 Rn 28.

269 MünchKommHGB/*Grunewald* §§ 373, 374 Rn 30.

270 RG Gruch 28, 1067; SeuffA 50 Nr. 196; Ebenroth/Boujong/Joost/Strohn/*Müller* § 373 Rn 62; MünchKommHGB/*Grunewald* §§ 373, 374 Rn 30.

271 ROHG 20, 24; RG Bolze 20 Nr. 405; Ebenroth/Boujong/Joost/Strohn/*Müller* § 373 Rn 62.

272 Einschr. Ebenroth/Boujong/Joost/Strohn/*Müller* § 373 Rn 62.

273 Ebenroth/Boujong/Joost/Strohn/*Müller* § 373 Rn 62.

274 BGH LM Nr. 5 zu § 325 BGB; Ebenroth/Boujong/Joost/Strohn/*Müller* § 373 Rn 62 f; MünchKommHGB/*Grunewald* §§ 373, 374 Rn 30, 36; Heymann/*Emmerich/Hoffmann* §§ 373, 374 Rn 25; Baumbach/*Hopt* §§ 373, 374 Rn 28; **aA** Oetker/*Koch* §§ 373, 374 Rn 99, 101.

275 Schlegelberger/*Hefermehl*, HGB, § 373 HGB 43.

276 MünchKommHGB/*Grunewald* §§ 373, 374 Rn 28, 35.

tigt, von dem Verkäufer Lieferung der Ware zu verlangen, vorausgesetzt, dass dem Verkäufer (z.B. bei der Speziesschuld) die Leistung nicht (subjektiv) unmöglich geworden ist.[277] Bei Gattungsschulden wird die Ware in aller Regel noch auf dem Markt greifbar sein. Allerdings wird sich, wenn[278] die Ware ausgesondert war, die Gattungsschuld konkretisiert haben (§§ 243, 300 Abs. 2 BGB).[279] Sofern die Rechtswidrigkeit des Selbsthilfeverkaufs vom Verkäufer nur leicht verschuldet ist, ist der Käufer wegen § 300 Abs. 1 BGB nicht berechtigt, gegen den Verkäufer die Rechte aus den §§ 280, 283, 326 Abs. 1 S. 1 BGB geltend zu machen oder vom Vertrag zurückzutreten (§ 323).[280]

Verharrt der Käufer auch nach dem ersten für ihn unverbindlichen Selbsthilfeverkauf **58** in seinem Annahmeverzug, so ist der Verkäufer, falls er den Voraussetzungen der §§ 372, 373 Abs. 2 HGB genüge tut, sogar berechtigt, **einen zweiten Selbsthilfeverkauf** vorzunehmen. Der erste, nicht ordnungsgemäße Selbsthilfeverkauf ist nämlich nicht nur für den Käufer, sondern auch für den Verkäufer im Sinne eines Erfüllungsgeschäftes unverbindlich und Ware, die sich für einen zweiten Erfüllungsversuch eignet, ist auch für den zweiten Selbsthilfeverkauf geeignet (RGZ 41, 63 f).

Keine Unwirksamkeit tritt ein, wenn der Selbsthilfeverkauf zu **interessenwidrigen** **59** **Konditionen** (Rn 50) am unrechten **Ort** (Rn 51) oder zur unrechten **Zeit** (Rn 53) vorgenommen worden ist.[281] Das Gesetz enthält keinerlei Vorschriften über Zeit, Ort und Bedingungen des Selbsthilfeverkaufs. Es hat lediglich statuiert, dass der Verkäufer im Interesse des Käufers wie ein Beauftragter tätig werden soll. Dem Verkäufer steht deshalb ein erheblicher Ermessensspielraum offen. Es würde eine zu große Belastung des Verkäufers darstellen, wollte man eine nur schwer erkennbare, gar schuldlose[282] Überschreitung des Ermessensspielraums zum Anlass nehmen, den gesamten Selbsthilfeverkauf für unwirksam zu erklären und den Verkäufer unbegrenzt schadensersatzpflichtig zu machen. Das Handeln eines Beauftragten für einen anderen ist auch sonst nicht deshalb gänzlich unwirksam, weil der Beauftragte in einem Punkt seinen Ermessensspielraum überschritten hat. Der Verkäufer, der hinsichtlich des Orts, der Zeit und der Konditionen des Selbsthilfeverkaufs sein Ermessen fehlerhaft ausgeübt und fahrlässig gehandelt hat, ist verpflichtet, den daraus resultierenden Schaden zu ersetzen.[283] Der Verkäufer hat den Käufer im Wege des Schadensersatzes so zu stellen, wie dieser gestanden haben würde, wenn der Verkäufer mit der gebotenen Sorgfalt vorgegangen wäre. Der Käufer kann demnach verlangen, dass der Verkäufer ihm auf seine Kaufpreisschuld den Betrag ersetzt, den dieser bei pflichtgemäßem Vorgehen erlöst hätte.

Ist lediglich eine **Benachrichtigung** im Sinne des § 373 Abs. 5 HGB unterlassen wor- **60** den, so wird die Verbindlichkeit des Selbsthilfeverkaufs dadurch ebenfalls nicht berührt.[284] Der Verkäufer hat dem Käufer einen etwaigen Schaden zu ersetzen (Rn 46).

---

[277] Siehe oben Rn 26a; ferner Ebenroth/Boujong/Joost/Strohn/*Müller* § 373 Rn 64.

[278] BGH, WM 1975, 920; Palandt/*Grüneberg* § 300 Rn 4. Wenn man eine nachträgliche Aussonderung genügen lässt, so ist diese Voraussetzung in Fällen des Selbsthilfeverkaufs jedoch immer erfüllt.

[279] Siehe oben Rn 26a; ferner Ebenroth/Boujong/Joost/Strohn/*Müller* § 373 Rn 64; abw. MünchKommHGB/*Grunewald* §§ 373, 374 Rn 28.

[280] Siehe oben Rn 22, 26a.

[281] Oetker/*Koch* §§ 373, 374 Rn 95; Baumbach/*Hopt* §§ 373, 374 Rn 20 f, 27. AA MünchKommHGB/*Grunewald* §§ 373, 374 Rn 35; Heymann/*Emmerich*/*Hoffmann* §§ 373, 374 Rn 15, 24; Koller/Roth/Morck/*Roth* §§ 373, 374 Rn 14.

[282] Für Unwirksamkeit auch bei Schuldlosigkeit MünchKommHGB/*Grunewald* §§ 373, 374 Rn 35.

[283] RGZ 110, 268, 270; Ebenroth/Boujong/Joost/Strohn/*Müller* § 373 Rn 56. Zur Anwendbarkeit des § 300 Abs. 1 siehe oben Rn 22.

[284] Ebenroth/Boujong/Joost/Strohn/*Müller* § 373 Rn 53.

61 k) **Verhältnis zum Deckungsverkauf.** Befindet sich der Käufer nicht nur im Annahmeverzug, sondern **auch** mit seiner **Zahlungspflicht** oder, falls die Abnahme Hauptverpflichtung ist, gleichfalls mit dieser im **Schuldnerverzug**, so stehen dem Verkäufer ferner[285] wahlweise die Rechte aus den §§ 281, 323 BGB zu. Der Verkäufer kann dann gemäß § 323 BGB nach fruchtlosem Ablauf einer Nachfrist vom Vertrag zurücktreten und/oder (§ 325 BGB) Schadensersatz wegen Nichterfüllung verlangen und in diesem Rahmen einen Deckungsverkauf tätigen (§ 281 Abs. 1 BGB).[286] Die Vornahme des Selbsthilfeverkaufs nach § 373 HGB bedeutet zwangsweise Erfüllung des Kaufvertrages (Rn 55). Geht der Verkäufer nach § 281 Abs. 1 S. 1 BGB vor, so ist hingegen der Erfüllungsanspruch mit dem Verlangen des Schadensersatzes ausgeschlossen (§ 281 Abs. 4 BGB). Daher kann der Verkäufer, der Schadensersatz gefordert hat, nicht nachträglich zum Selbsthilfeverkauf gemäß § 373 HGB übergehen oder einen Deckungsverkauf im Nachhinein als Selbsthilfeverkauf nach § 373 HGB ausgeben. Umgekehrt ist es dem Verkäufer allerdings möglich, auch noch nach Androhung des Selbsthilfeverkaufs die Nachfrist im Sinn des § 281 Abs. 1 BGB setzen; Schadensersatz zu verlangen und einen Deckungsverkauf vorzunehmen. Deshalb kann der Verkäufer auch einen bereits durchgeführten Selbsthilfeverkauf nachträglich, sofern die Voraussetzungen des § 281 BGB erfüllt sind, als Deckungsverkauf behandeln.[287] Das ist für ihn günstiger, wenn er höhere Erlöse, als er sie im Vertrage mit dem Käufer vereinbart hatte, erzielen konnte; denn den Erlös aus dem Deckungsverkauf darf der Verkäufer voll behalten.[288] Da der Deckungsverkauf keinerlei Formvorschriften unterliegt, kann auch ein ordnungswidriger und als solcher nicht wirksamer Selbsthilfeverkauf nachträglich als wirksamer Deckungsverkauf behandelt werden.[289]

62 l) **Beweislast.** Die Beweislast für die Ordnungsmäßigkeit des Selbsthilfeverkaufs liegt beim Verkäufer. Er muss daher, wenn der Käufer das bestreitet, die Einhaltung der gesetzlichen Erfordernisse beweisen.[290] Abweichungen hinsichtlich Zeit, Ort und Bedingungen des Verkaufs sowie Abweichungen vom laufenden Preis muss der Käufer beweisen,[291] während der Verkäufer beweisen muss, dass er nicht schuldhaft gehandelt hat sowie dass der Schaden niedriger liegt und nicht die Höhe des Kaufpreises erreicht.[292]

63 3. **Abweichende Vereinbarungen.** § 373 HGB ist dispositiv. Abweichende Vereinbarungen im Rahmen von Allgemeinen Geschäftsbedingungen verstoßen gegen § 307 BGB, wenn sie dem Verkäufer Selbsthilfeverkäufe nach freiem Ermessen erlauben.

---

285 Heymann/*Emmerich/Hoffmann* §§ 373, 374 Rn 28; Oetker/*Koch* §§ 373, 374 Rn 96; Koller/Roth/Morck/*Roth* §§ 373, 374 Rn 14; Baumbach/*Hopt* §§ 373, 374 Rn 25.

286 Ebenroth/Boujong/Joost/Strohn/*Müller* § 373 Rn 65.

287 RGZ 53, 11 ff; 102, 388, 390; 109, 324, 326 f; 110, 155, 157; LZ 1916 536.

288 RGZ 102, 388, 390.

289 RGZ 109, 134, 136; Ebenroth/Boujong/Joost/Strohn/*Müller* § 373 Rn 65.

290 Ebenroth/Boujong/Joost/Strohn/*Müller* § 373 Rn 57.

291 Ebenroth/Boujong/Joost/Strohn/*Müller* § 373 Rn 57.

292 RGZ 110, 268, 270; Ebenroth/Boujong/Joost/Strohn/*Müller* § 373 Rn 57.

§ 375

(1) Ist bei dem Kaufe einer beweglichen Sache dem Käufer die nähere Bestimmung über Form, Maß oder ähnliche Verhältnisse vorbehalten, so ist der Käufer verpflichtet, die vorbehaltene Bestimmung zu treffen.

(2) Ist der Käufer mit der Erfüllung dieser Verpflichtung im Verzuge, so kann der Verkäufer die Bestimmung statt des Käufers vornehmen oder gemäß den §§ 280, 281 des Bürgerlichen Gesetzbuchs Schadensersatz statt der Leistung verlangen oder gemäß § 323 des Bürgerlichen Gesetzbuchs vom Vertrage zurücktreten. Im ersteren Falle hat der Verkäufer die von ihm getroffene Bestimmung dem Käufer mitzuteilen und ihm zugleich eine angemessene Frist zur Vornahme einer anderweitigen Bestimmung zu setzen. Wird eine solche innerhalb der Frist von dem Käufer nicht vorgenommen, so ist die von dem Verkäufer getroffene Bestimmung maßgebend.

Schrifttum

Siehe vor § 373; ferner *Canaris* Auswirkungen des Gesetzes zur Modernisierung des Schuldrechts auf das Recht des Handelskaufs und der Kommission, Festschrift Konzen (2006); *Merz* Qualitätssicherungsvereinbarungen (1991); Reichsgerichtsrätekommentar zum HGB (12. Aufl., 1974 ff).

Übersicht

A. Interessenlage, Zweck des § 375

I. Interessenlage

1 Eine Wahlschuld im Sinn des § 262 BGB setzt voraus, dass die Parteien sich über mehrere bestimmte Leistungen geeinigt haben, deren eine nach Wahl des Entscheidungsberechtigten erbracht werden soll.[1] Ein Verkäufer wird sich auf ein solches Versprechen, bei dem der Käufer die Wahl treffen darf, nur einlassen, wenn für ihn der Preis jeder dieser Leistungen angemessen[2] ist, weil sie für ihn gleichwertig sind. Denkbar ist auch, dass ein besonderer Preis für jede der Leistungen vereinbart wird. Auch dann hat der Verkäufer damit zu kämpfen, dass er den Gegenstand, der vom Käufer nicht gewählt wird, längere Zeit nicht veräußern kann und deshalb nicht nur Zinsausfälle, sondern eventuell weitere entgangene Gewinne oder gar einen Preisverfall hinnehmen muss. Er wird deshalb das Risiko als preisrelevanten Faktor berücksichtigen und als Kaufmann eine Risikoprämie in den von ihm geforderten Preis einkalkulieren. Der Käufer wird tendenziell diese Risikoprämie hinnehmen, weil er ohne Preisrisiko[3] zum Ausgleich Zeit gewinnt, um seinen konkreten Bedarf zu klären und auf diese Weise sein Verwendungsrisiko zu verringern. Die auf den Verkäufer zukommenden Risiken sind, wenn man die Risiken ausklammert, die bei jedem Termingeschäft, bei jedem Kauf unter Rücktrittsvorbehalt oder bei einem über längere Zeit bindenden Verkaufsangebot auftreten und daher nicht spezifisch der Wahlschuld zuzuschreiben sind, relativ gut übersehbar. Zwar ist sicher, dass eine oder mehrere Leistungen nicht erbracht werden, die Kosten der Leistungsvorbereitung und Bindung der Leistungskapazität insofern umsonst aufgewandt werden, die nicht gewählten Gegenstände unter Umständen an Dritte nur zu einem niedrigeren Preis veräußert werden können, doch ist dieses Risiko dadurch begrenzt, dass es sich auf bestimmte Leistungen bezieht. Mit anderen Worten ist der Verkäufer zwar den Risiken des Marktes ausgesetzt, bei vertragskonformem Verhalten des wahlberechtigten Käufers jedoch nicht dessen schwer einschätzbarer Willkür.

2 Anders ist die Situation, wenn der Käufer Maß oder Form der Leistung bestimmen kann. Dann erhöht sich die Zahl der wählbaren Varianten unter Umständen um ein Vielfaches. Man denke nur an den Kauf von Schuhen, deren Form und Maß der Käufer bestimmen darf. Wenn die Parteien die Wahlmöglichkeiten des Käufers nicht einschränken, kann der Käufer unter allen Schuhgrößen wählen, ja sogar bestimmen, wie die Schuhe konkret auszusehen haben. In einem solchen Fall mögen die Parteien den Preis nach Material- und Arbeitsaufwand staffeln, doch entlastet dies den Verkäufer nicht von dem Risiko, dass er sich mit einem zu großen oder zu geringen Materialvorrat eingedeckt hat,[4] dass er zu viele oder zu wenige Arbeitskräfte an sich gebunden hat, dass er ex post gesehen unnötig andere Aufträge zurückgewiesen hat, dass er im Rahmen des auf ihn übergegangenen Wahlrechts Waren herstellen muss,[5] die er nicht kostendeckend absetzen kann.[6]

---

[1] MünchKommBGB/*Krüger* § 262 Rn 2; Heymann/*Emmerich*/*Hoffmann* § 375 Rn 6; MünchKommHGB/*Grunewald* § 375 Rn 9.

[2] Das heißt subjektiv äquivalent, nicht notwendig objektiv äquivalent (*Rieble*/*Gutfried* JZ 2008, 593, 596).

[3] Darauf weist zutr. MünchKommHGB/*Grunewald* § 375 Rn 4 hin.

[4] *Würdinger*/*Röhricht*, in Großkommentar HGB, § 375 HGB Rn 7.

[5] Das ist nach hM die Rechtslage bei der Wahlschuld. Siehe unten Rn 36.

[6] Zutreffend weist *Canaris* Handelsrecht § 29 Rn 23 auch darauf hin, dass die Verzögerung der Spezifikation ein Indiz für wirtschaftliche Schwierigkeiten des Käufers im weitesten Sinne ist.

Natürlich zieht der Verkäufer aus einem solchen Auftrag den Vorteil, dass er sich in gewissem Umfang von den Schwankungen auf seinem Absatzmarkt unabhängig macht.[7] Er wird auch das geschilderte Risiko in seinen Preis einzukalkulieren suchen. Sicher ist gleichwohl, dass sich der Grad an Ungewissheit und damit das Risiko, die Entwicklung fehl einzuschätzen, in dem Maße erhöht, in dem sich der Spielraum des Käufers, die Leistung zu bestimmen, vergrößert.[8]

II. Ratio des § 375 HGB

Die Besonderheit des § 375 HGB lag vor der Schuldrechtsreform im Vergleich zur reinen BGB-Regelung darin, dass § 375 HGB die Spezifikation zur Hauptleistungspflicht des Käufers erhoben hatte. Nahm der Käufer die Spezifikation nicht vor, so war der Verkäufer nicht genötigt, erst selbst ersatzweise die Spezifikation vorzunehmen und entsprechend der Spezifikation die eigene Leistungsbereitschaft herzustellen, um dann die Rechte aus § 326 BGB a.F. geltend zu machen, obwohl er feststellen musste, dass der Käufer nicht nur abnahmeunwillig, sondern – wie in aller Regel – auch zahlungsunwillig, wenn nicht gar zahlungsunfähig war.[9] Nach der Schuldrechtsreform spielt es keine Rolle mehr, ob die Pflicht zur Spezifikation als Hauptleistungspflicht des Käufers zu qualifizieren ist oder nicht. Entscheidend ist heute allein, dass er hierzu verpflichtet ist. Der entscheidende Vorteil, den § 375 n.F. dem Verkäufer bietet, ist darin zu sehen, dass eine Nichterfüllung der Pflicht[10] zur Spezifikation durch eine sofortige[11] Schadensersatzpflicht und/oder ein Rücktrittsrecht sanktioniert ist. Der § 375 bezweckt mithin auch in seiner neuen Fassung eine Beschleunigung[12] der Abwicklung gestörter Verträge und reduziert damit die für den Verkäufer aus der Gewährung von Spezifikationsbefugnissen resultierenden Gefahren. 3

Aus gesamtwirtschaftlicher Sicht ist es sicherlich wünschenswert, dass der Käufer einerseits sein Beschaffungsrisiko herabsetzen kann, indem er sich frühzeitig mit Ware eindeckt, dass er andererseits das Risiko einer frühzeitigen Eindeckung mit Ware nur eingeschränkt zu tragen hat, weil er die Details seiner Bestellung erst später festlegen muss. Nur sollte dafür gesorgt sein, dass die Risikoprämien, die der Verkäufer einkalkuliert, möglichst niedrig sind. Diese sind umso niedriger, je geringer die Transaktionskosten sind, das heißt, je reibungsloser die Transaktion verläuft. Das hängt davon ab, ob der Käufer rechtzeitig seine Wahl trifft und ob der Verkäufer im Fall etwaiger Störungen den Vertrag schnell abzuwickeln in der Lage ist. § 375 trägt dem Rechnung.[13] Er hilft dem Verkäufer Investitionen zu vermeiden, für die er typischerweise nur schwer Zahlung 4

---

7 MünchKommHGB/*Grunewald* § 375 Rn 4.

8 Es ist mithin entgegen *Rieble/Gutfried* JZ 2008, 593 keineswegs so, dass sich der Verkäufer beim Spezifikationskauf von Anfang an den Gewinn aus dem Geschäft sichert.

9 Ein Nicht-Kaufmann kann den Anspruch des Käufers auf Lieferung der Ware grundsätzlich erst erfüllen, wenn der Käufer die ihm vorbehaltene Spezifikation der Ware vorgenommen hat. Die Spezifikation ist nach hM eine zur Bewirkung der Leistung des Schuldners erforderliche Handlung im Sinne des § 295 S. 1, 2. Alt. BGB. Siehe dazu unten Rn 36.

10 An dieser Stelle kann offen bleiben, ob der Käufer die Nichterfüllung seiner Pflicht zur Spezifikation zu vertreten haben muss oder nicht. Dazu unten Rn 14.

11 Siehe Rn 32.

12 Schlegelberger/*Hefermehl* § 375 HGB 2; Koller/Roth/Morck/*Roth* § 375 Rn 1; MünchKommHGB/*Grunewald* § 375 Rn 2; Oetker/*Koch* § 375 Rn 2.

13 Siehe oben bei Rn 3.

erhält, wenn Käufer die Spezifikation verzögern, weil sie nicht nur zahlungsunwillig sondern wie häufig sogar am Rand der Zahlungsunfähigkeit stehen.[14] Den Käufern ist dies zuzumuten. Vertragstreue Käufer profitieren von niedrigeren Risikoprämien.[15] Käufer, die mit ihrer Wahl in Verzug geraten, hatten immerhin die Chance erworben, einen Gewinn daraus zu ziehen, dass Spezifikationsverkäufe überhaupt oder jedenfalls zu relativ niedrigen Risikoprämien angeboten werden.

5 Der Verkäufer wird bei der Wahlschuld (§§ 262 BGB) im Vergleich zum Spezifikationskauf (§ 375) schlechter gestellt;[16] das führt zu keinem Wertungswiderspruch. Das Risiko bei der Wahlschuld unterscheidet sich nicht wesentlich vom Risiko bei sonstigen Kaufverträgen, die nicht sofort abzuwickeln sind. Beim Spezifikationskauf wird der Verkäufer dagegen typischerweise mit einem erhöhten Risiko konfrontiert. Dies soll er als Kaufmann dadurch herabsetzen können, dass er bei Leistungsstörungen begünstigt wird, zumal bei ihm auf diese Weise eher die Bereitschaft geweckt wird, die Spezifikationsmöglichkeit zu eröffnen. Sicherlich sind aus der Perspektive des Risikos die Unterschiede zwischen Wahlschuld und Spezifikationskauf nicht gravierend und sind Kaufleute auch bei einer Wahlschuld an einer schnellen Vertragsabwicklung interessiert. De lege lata existieren jedoch hinreichend Besonderheiten des Spezifikationskaufs, die eine Sonderregelung in Form des § 375 rechtfertigen.

B. Der Anwendungsbereich des § 375

I. Der Begriff des Spezifikationskaufs

6 **1. Handelskauf, Waren, Wertpapiere, Werklieferung.** § 375 findet nur auf Handelsgeschäfte im Sinne der §§ 343, 344 HGB Anwendung. Es genügt, dass auf einer Seite des Vertrages ein Kaufmann steht[17]. Unerheblich ist, dass der Käufer zum Kreis der Verbraucher zählt.[18] Ein Scheinkaufmann, der einem Nicht-Kaufmann ein Bestimmungsrecht eingeräumt hat, darf sich nicht auf § 375 berufen;[19] letzterer darf § 375 gegenüber einem Scheinkaufmann ins Feld führen.[20]. War der Kaufmann nicht im Handelsregister eingetragen, so kann einer Anwendung des § 375 der § 15 Abs. 1 im Wege stehen.[21] Bewegliche Sachen im Sinne des § 375 Abs. 1 HGB sind Waren. Ihnen stellt § 381 HGB Wertpapiere und im Rahmen eines Werklieferungsvertrages herzustellende unvertretbare, bewegliche Sachen gleich. Es besteht kein Anlass, dem Beschleunigungsinteresse des Werklieferers weniger Gewicht als dem des Verkäufers beizumessen.[2] § 375 HGB gilt auch für Spezieskäufe, z.B. in einem Fall, in dem dem Käufer das Recht zugestanden wird, eine besondere Ausstattung der gekauften Sache zu verlangen.[22]

---

14 Vgl. MünchKommHGB/*Grunewald* § 375 Rn 2.

15 Ähnlich Ebenroth/Boujong/Joost/Strohn/*Müller* § 375 Rn 5, wenn er davon spricht, dass der Zweck des §§ 375 darin liege, die Wirksamkeit des Vertrages sicherzustellen; **aA** MünchKommHGB/*Grunewald* § 375 Rn 2.

16 Trifft der Käufer als Gläubiger einer Wahlschuld nicht rechtzeitig seine Wahl, so gerät er nach hM (**aA** *Rieble/ Gutfried* aaO) nur in Annahmeverzug. Siehe dazu unten Rn 36.

17 § 345 HGB; kritisch *K. Schmidt* Handelsrecht § 29 II; aber auch bei Konsumentengeschäften besteht ein anerkennenswertes Beschleunigungsinteresse des Kaufmanns. Wie hier Oetker/*Koch* § 375 Rn 4; gegen eine Restriktion des § 375 MünchKommHGB/*Grunewald* § 375 Rn 3.

18 Oetker/*Koch* § 375 Rn 4.

19 Oetker/*Koch* § 375 Rn 5.

20 Oetker/*Koch* § 375 Rn 5.

21 Oetker/*Koch* § 375 Rn 5.

22 Schlegelberger/*Hefermehl*, § 375 Rn 2.

2. Bestimmung durch Käufer. § 375 Abs. 1 HGB setzt voraus, dass der Käufer zur näheren Bestimmung verpflichtet ist[23] und diese innerhalb eines mehr oder minder großen vertraglich vereinbarten Spielraums nach **freiem Ermessen**[24] durch empfangsbedürftige Gestaltungserklärung[25] vornehmen darf. Obliegt die Bestimmung z.B. einem Dritten, so findet § 317 BGB als lex generalis Anwendung.[26] Ist das Ermessen des Bestimmenden kraft besonderer Vereinbarung gebunden, so ist gegebenenfalls ergänzend auf die §§ 315 ff BGB zurückzugreifen. § 375 HGB kommt nur in seinem Anwendungsbereich der Vorrang vor den §§ 315 ff BGB zu. Zur Bestimmung der Leistungsmodalitäten, Rn 12; zur Abgrenzung von der Wahlschuld (§§ 262 ff BGB) s. Rn 9. 7

3. Form, Maß. Im Handelsverkehr erfolgen Bestellungen häufig in der Weise, dass zunächst nur eine Vereinbarung über die abzunehmende Menge und die engere Gattung der Ware als Qualitätsmerkmal getroffen wird. Dem Käufer wird das Recht vorbehalten zu bestimmen, in welchen Maßen, in welchen Formen, Farben und dergl. zu liefern ist. Der Preis ergibt sich in aller Regel aus einem vereinbarten Grundpreis und vereinbarten Zuschlägen je nach Maß oder Form. Vielfach wird auf die Preisliste des Verkäufers Bezug genommen. Unter Form ist hierbei die äußere Gestaltung eines Gegenstandes zu verstehen.[27] Der Begriff des Maßes bezieht sich auf die messbaren Eigenschaften eines Gegenstandes.[28] 8

4. Ähnliche Verhältnisse. Streitig ist es, was man unter „ähnlichen Verhältnissen" im Sinne des § 375 Abs. 1 HGB zu verstehen hat. Die **ganz h.M.** orientiert sich an einer Wortauslegung. Den Formen und Maßen werden gleichgestellt die Farbe, die Verarbeitung, die Herkunft, die Menge[29], die Zusammensetzung der Grundstoffe[30], die Abwandlung desselben Maschinentyps.[31] Keine „ähnlichen Verhältnisse" sollen nach ganz h.M. dort vorliegen, wo der Käufer berechtigt ist, die Leistungsmodalitäten, z.B. Leistungsort oder beim Kauf auf Abruf die Leistungszeit, festzusetzen. Insoweit sollen die §§ 315 ff BGB zum Tragen kommen[32]. Nicht unter § 375 HGB sollen auch solche Bestimmungsbefugnisse fallen, bei denen der Käufer zwischen zwei gänzlich verschiedenen Warensorten wählen könne[33]. § 375 HGB erfordere, dass sich das dem Käufer vorbehaltene Bestimmungsrecht innerhalb der Grenzen einer nach der maßgeblichen Verkaufsauffassung[34] einheitlichen Ware halte. So liege noch ein Spezifikationskauf im Sinne des § 375 HGB vor, wenn Maschinen eines bestimmten Typs in noch zu konkretisierenden Spezialaus- 9

---

[23] Baumbach/*Hopt* § 375 Rn 2; MünchKommHGB/*Grunewald* § 375 Rn 6.

[24] Koller/Roth/Morck/*Roth* § 375 Rn 2; Baumbach/*Hopt* § 375 Rn 5; Oetker/*Koch* § 375 Rn 8; *Rieble/Gutfried* JZ 2008, 593, 596; **aA** Ebenroth/Boujong/Joost/Strohn/*Müller* § 375 Rn 24; MünchKommHGB/*Grunewald* § 375 Rn 6 (im Zweifel § 315 BGB); Heymann/*Emmerich/Hoffmann* § 375 Rn 11 (an sich § 315 BGB).

[25] Koller/Roth/Morck/*Roth* § 375 Rn 2; Oetker/*Koch* § 375 Rn 7.

[26] Koller/Roth/Morck/*Roth* § 375 Rn 2; Oetker/*Koch* § 375 Rn 6; Heymann/*Emmerich/Hoffmann* § 375 Rn 3. Vgl. auch *Rieble/Gutfried* JZ 2008, 593, 595. Anders ist die Situation, wenn der Käufer den Dritten auswählen darf (MünchKommHGB/*Grunewald* § 375 Rn 6).

[27] Oetker/*Koch* § 375 Rn 11.

[28] Oetker/*Koch* § 375 Rn 11.

[29] RGZ 43, 101.

[30] BGH NJW 1960, 674.

[31] RG HRR 1934 Nr. 1302; *K. Schmidt* Handelsrecht § 29 II 3a.

[32] Schlegelberger/*Hefermehl*, § 375 HGB Rn 8; MünchKommHGB/*Grunewald* § 375 Rn 8; vgl. auch BGH WM 1983 1105, 1106.

[33] BGH NJW 1960, 674; WM 1976 124.

[34] RG Recht 1905 Nr. 1889; Oetker/*Koch* § 375 Rn 10.

führungen verkauft seien. Dort aber, wo der Käufer die Wahl zwischen Maschinen verschiedener Typen habe, könne man nur von einer Wahlschuld im Sinne der §§ 262 ff BGB sprechen.[35]

Emmerich/Hoffmann[36] wollen § 375 nur in solchen Fällen anwenden, in denen der Leistungsgegenstand dem Grunde nach bereits feststeht, aber bestimmte Einzelheiten vom Käufer noch näher bestimmt werden müssen. *Müller*[37], der der Rechtsprechung eine nicht immer glückliche Hand attestiert,[38] stellt wesentlich darauf ab, dass nach dem Vertrag eine bestimmte Grundform vorgegeben ist und der Käufer nicht frei zwischen verschiedenen Gattungen wählen kann. Andererseits plädiert er dafür, den § 375 im Zweifel weit auszulegen.[39] § 375 gelte jedenfalls, wenn nach dem Vertragsinhalt mehrere Gattungen zur Wahl stünden. Habe sich der Käufer verpflichtet, eine bestimmte Menge von Ölen und Schmierfetten zu beziehen und dürfe er die Sorten nach freier Wahl aussuchen, so handle es sich entgegen dem BGH[40] nicht um eine Wahlschuld.[41] Nach allgemeiner Verkehrsanschauung bestehe kein wesentlicher Unterschied zu den Fällen, in denen dem Käufer die Wahl zwischen bestimmten Qualitätsmerkmalen bei Sachen derselben Gattung offen stehe.

Auch *Koch*[42] will die §§ 262 ff BGB heranziehen, wenn der Käufer die Wahl zwischen verschiedenen festliegenden Gattungen habe. § 375 greife dagegen ein, wenn die Bestimmung innerhalb einer festliegenden Gattung getroffen werden könne. Diese Differenzierung relativiert Koch[43], indem er zu prüfen aufgibt, ob nach der Verkehrsanschauung der Branche dort, wo der Käufer zwischen verschiedenen Gattungen und Mengen wählen könne, die Festlegung der Gesamtmenge mit einer Wahlbefugnis zwischen verschiedenen Sorten und Teilmengen einer Bestimmung über Form und Maß gleichstehe. Darüber hinaus rechtfertige der Zweck des § 375 eine zumindest analoge Anwendung in Fällen, in denen die Veräußerung verschiedener Gattungen für den Verkäufer nur eine Frage der Preisbemessung sei und es dem Käufer nur darauf ankomme, sich den Bezug der Waren aus verschiedenen Gattungen zu festen Preisen zu sichern und diese Rücksichtnahme zum Abschluss von Verträgen führe, bei denen nur die Gesamtmenge und die Art der Ware für gewisse einzelne Gattungen fest bestimmt sei, die Auswahl der Warengattungen und die damit einhergehende Bestimmung der Menge der Waren aus den verschiedenen Gattungen jedoch ins Belieben des Käufers gestellt sei.[44]

In der *Vorauflage dieses Kommentars*[45] wurde die Ansicht vertreten, dass von einem Spezifikationskauf dann gesprochen werden müsse, wenn der Verkäufer für den Käufer erkennbar oder typischerweise nach der Spezifikation nicht unerhebliche Kosten aufwenden müsse, um leistungsbereit zu werden.

Der Ansicht von *Merz*[46] zufolge ist maßgeblich, ob die unterschiedlichen Leistungen aus der Sicht des Verkäufers äquivalenzneutral sind.[47] Grunewald[48] löst das Problem

[35] RG Recht 1928, 136.
[36] Heymann/*Emmerich/Hoffmann* § 375 Rn 6.
[37] Ebenroth/Boujong/Joost/Strohn/*Müller* § 375 Rn 14.
[38] Ebenroth/Boujong/Joost/Strohn/*Müller* § 375 Rn 10; ebenso Heymann/*Emmerich/Hoffmann* § 375 Rn 5.
[39] Ebenroth/Boujong/Joost/Strohn/*Müller* § 375 Rn 13.
[40] BGH NJW 1960, 674 f.
[41] Ebenroth/Boujong/Joost/Strohn/*Müller* § 375 Rn 13.
[42] Oetker/*Koch* § 375 Rn 15.
[43] Oetker/*Koch* § 375 Rn 16.
[44] Oetker/*Koch* § 375 Rn 18.
[45] Staub/*Koller* 4. Aufl., § 375 Rn 9.
[46] *Merz* Qualitätssicherungsvereinbarungen 1992, S. 137 ff.
[47] Sympathisierend *K. Schmidt* Handelsrecht § 29 II 3a. Dagegen zutr. Ebenroth/Boujong/Joost/Strohn/*Müller* § 375 Rn 13; MünchKommHGB/*Grunewald* § 375 Rn 7.
[48] MünchKommHGB/*Grunewald* § 375 Rn 9.

dadurch, dass sie den § 375 im Verhältnis zu den §§ 262 ff BGB als die speziellere Norm qualifiziert, so dass die Regeln des Spezifikationskaufs auch dort zum Tragen kommen, wo der Käufer nur zwischen bestimmten Gattungen auswählen dürfe.[49]

Stellungnahme: Die Abgrenzungsprobleme ließen sich sicherlich leicht aus der Welt **10** schaffen, wenn man den Interessen der Kaufleute an einer schnellen Abwicklung ihrer Verträge auch im Bereich der Wahlschuld in (§§ 262 ff BGB) Rechnung tragen würde.[50] Die ratio legis trägt aber wohl nicht so weit. Nimmt man an, dass der Beschleunigungseffekt des § 375 dem Verkäufer nur zugute kommen soll, wenn und weil[51] dem Käufer über den bei der Wahlschuld zur Verfügung stehende Spielraum hinaus weitere Spezifikationsspielräume eröffnet werden (siehe oben Rn 1 ff), so kommt man nicht umhin, nur solche Verhältnisse als „ähnlich" anzuerkennen, die nicht Wahlschuldcharakter tragen. Hierbei sollte es jedoch nicht maßgeblich sein, ob die Lieferung aus einer oder aus zwei Gattungen vereinbart worden ist, aus denen der Käufer seine Wahl zu treffen hat.[52] Wenn die §§ 262 ff BGB den § 375 verdrängen sollen, ist vielmehr erforderlich, dass dort, wo sich der Kaufvertrag nicht nur auf eine Obergattung[53], sondern von vornherein auf mehrere bestimmte[54] Gattungen bezieht, dem Käufer keine über die Wahl der Gattung hinausgehendes Bestimmungsrecht zusteht. Die §§ 262 ff BGB verdrängen[55] mithin den § 375 nur dann, wenn dem Käufer ausschließlich die Wahl zwischen bestimmten Einzelgegenständen[56] oder ausschließlich die Wahl zwischen im Vertrag genau bestimmten Gattungen freisteht und es Sache des Verkäufers ist, nach Ausübung der Wahl in der von vornherein vereinbarten Menge gattungskonforme Sachen mittlerer Art und Güte (§ 360 HGB, § 243 I BGB) liefern.[57] Geht das Bestimmungsrecht des Käufers darüber hinaus, so greift § 375 ein. Dafür genügt es, dass der Käufer hinsichtlich der vereinbarten Gattungen nicht nur unter diesen wählen, sondern auch die Menge bestimmen darf, in der Sachen der ausgewählten Gattungen geliefert werden sollen.[58] Dieser Ermessensspielraum begründet ein erhöhtes Risiko des Verkäufers, dem § 375 entgegenzuwirken bestimmt ist.[59] Eines Rückgriffs auf die Verkehrsanschauung bedarf es nicht,[60] zumal diese nur schwer festzustellen sein wird und wenn sie festgestellt werden kann, vielfach das Gewicht eines Handelsbrauchs (§ 346) haben wird, der § 375 verdrängt.

Zu den ähnlichen Verhältnissen zählen mithin die Fälle, in denen die körperliche Be- **11** schaffenheit der Ware, zum Beispiel der Grundstoff der Ware, näherer Bestimmung

[49] Ebenso i.E. *Rieble/Gutfried* JZ 2008, 593, 599 ff.

[50] Dafür spricht, dass der Figur der Wahlschuld verbreitet nur eingeschränkte Praxistauglichkeit bescheinigt wird. Siehe dazu Vorauflage § 375 Rn 5.

[51] Ablehnend *Rieble/Gutfried* JZ 2008, 593, 595.

[52] So Ebenroth/Boujong/Joost/Strohn/*Müller* § 375 Rn 14; im Ansatz auch Oetker/*Koch* § 375 Rn 15.

[53] Zum Beispiel bei einer Wahlmöglichkeit zwischen Äpfel, Birnen, Quitten die übergeordnete Gattung „Kernobst".

[54] So wohl auch *K. Schmidt* Handelsrecht § 29 II 3a.

[55] Dies rechtfertigt auch die Ratio legis. Ebenso Ebenroth/Boujong/Joost/Strohn/*Müller* § 375 Rn 16, der zutr. ein Nebeneinander von Wahlschuld und Spezifikationskauf für unmöglich hält; **aA** MünchKommHGB/*Grunewald* § 375 Rn 9.

[56] *Canaris* Handelsrecht § 29 Rn 25.

[57] Heymann/*Emmerich/Hoffmann* § 375 Rn 6; **aA** *Canaris* Handelsrecht § 29 Rn 25, der mit guten Gründen Abgrenzungsschwierigkeiten vermeiden will.

[58] Ebenroth/Boujong/Joost/Strohn/*Müller* § 375 Rn 13.

[59] Ebenso weitgehend Oetker/*Koch* § 375 Rn 16 ff.

[60] **AA** Koller/Roth/Morck/*Roth* § 375 Rn 2; Heymann/*Emmerich/Hoffmann* § 375 Rn 6; *K. Schmidt* Handelsrecht § 29 II 3a.

unterliegt.[61] Auch die Herstellungsart und die Herkunft beeinflussen zumindest nach der Verkehrsanschauung die Beschaffenheit der Ware.[62] Im Zweifel sollte man § 375 weit auslegen.[63] Immer ist Voraussetzung, dass dem Käufer nach dem Vertrag nicht nur die Auswahl zwischen zwei Gattungen, aus denen der Verkäufer Sachen mittlerer Art und Güte zu liefern hat, offen steht (siehe dazu Rn 10). Die körperliche Beschaffenheit der Ware wird auch durch ihre Menge geprägt.[64]

12 **Nicht zu den ähnlichen Verhältnissen** zählen Vereinbarungen über die **Leistungsmodalitäten,**[65] wie zum Beispiel über die Leistungszeit[66], den Leistungsort[67], die Zahlungsweise[68], die Transportweise[69] oder das Recht des Käufers bestimmte Ware zu einem ihm genehmen Termin **abzurufen,**[70] da sie anders als „Form" und „Maß" nichts mit der körperlichen Beschaffenheit[71] der Ware zu tun haben. Daran ändert auch die Verkehrsauffassung nichts,[72] es sei denn, dass sie sich zum Handelsbrauch verdichtet hat (§ 346). Ist der Käufer berechtigt, die Leistungsmodalitäten zu bestimmen, so greift § 315 BGB ein. Kann der Käufer zwischen bestimmten Alternativen auswählen, sind die Regeln des Wahlschuldverhältnisses (§§ 262 ff BGB) zu beachten.[73] Nicht vom § 375 erfasst wird das Recht des Käufers, die geschuldeten Sachen aus einer bestimmten Gattung **auszusondern.**[74]

C. Die Voraussetzungen für die Ausübungen der Rechte aus § 375

I. Fälligkeit

13 Die Pflicht und damit auch die Obliegenheit zur Spezifikation muss fällig geworden sein.[75] Die Fälligkeit ergibt sich in erster Linie aus den im Vertrag getroffenen Vereinbarungen. Sind ausdrückliche Abreden nicht ersichtlich, so hat die Spezifikation nach den Grundsätzen von Treu und Glauben unter Berücksichtigung der Umstände des Einzelfalls, insbesondere der Interessen beider Parteien und des beiden Vertragspartnern bekannten Zwecks der Bestellung sowie der einschlägigen Handelsbräuche und Gewohn-

---

[61] RG Recht 1905 Nr. 1889; Ebenroth/Boujong/Joost/Strohn/*Müller* § 375 Rn 13.

[62] Oetker/*Koch* § 375 Rn 11.

[63] Ebenroth/Boujong/Joost/Strohn/*Müller* § 375 Rn 13; ebenso i.E. *Canaris* Handelsrecht § 29 Rn 25.

[64] RGZ 43 101; MünchKommHGB/*Grunewald* § 375 Rn 7; Heymann/*Emmerich*/*Hoffmann* § 375 Rn 8 (anders, wenn die Menge noch ganz offen ist); Soergel/*Huber* vor § 433 Rn 112; ähnlich Ebenroth/Boujong/Joost/Strohn/*Müller* § 375 Rn 13; Oetker/*Koch* § 375 Rn 11, anders Rn 16; **aA** BGH NJW 1960, 674 f.

[65] *Canaris* Handelsrecht § 29 Rn 25; Baumbach/*Hopt* § 375 Rn 2; **aA** Heymann/*Emmerich*/*Hoffmann* § 375 Rn 7 (unter Umständen Analogie zu § 375 denkbar).

[66] Oetker/*Koch* § 375 Rn 12; MünchKommHGB/*Grunewald* § 375 Rn 8; Baumbach/*Hopt* § 375 Rn 4.

[67] MünchKommHGB/*Grunewald* § 375 Rn 8; Oetker/*Koch* § 375 Rn 12.

[68] Oetker/*Koch* § 375 Rn 12.

[69] Oetker/*Koch* § 375 Rn 12.

[70] Oetker/*Koch* § 375 Rn 20; Baumbach/*Hopt* § 375 Rn 4.

[71] Oetker/*Koch* § 375 Rn 11.

[72] **AA** Oetker/*Koch* § 375 Rn 12.

[73] RGZ 57, 138, 141; Oetker/*Koch* § 375 Rn 12; das Problem wird vom BGH, BB 1971, 1386, nicht gesehen.

[74] Heymann/*Emmerich*/*Hoffmann* § 375 Rn 5; MünchKommHGB/*Grunewald* § 375 Rn 8; Oetker/*Koch* § 375 Rn 19; Ebenroth/Boujong/Joost/Strohn/*Müller* § 375 Rn 8; Baumbach/*Hopt* § 375 Rn 4.

[75] Ebenroth/Boujong/Joost/Strohn/*Müller* § 375 Rn 18.

heiten innerhalb angemessener Frist zu erfolgen.[76] Dies gilt auch, wenn die Bestimmung „nach Bedarf" des Käufers getroffen werden soll.[77] Lässt sich eine Frist nicht ermitteln, so wird die Pflicht zur Spezifikation fällig, wenn der Verkäufer zur Bestimmung auffordert. Auf eine teilweise Spezifikation braucht sich der Verkäufer grundsätzlich nicht einzulassen.[78]

II. Verzug

1. Schuldnerverzug

a) Rechtslage bis zum 31.12.2001. Bis zur Schuldrechtsreform war unstreitig, dass der Spezifikationsverzug einen Fall des Leistungsverzuges darstellt. Es mussten daher die Voraussetzungen der §§ 284 ff BGB a.F. erfüllt sein. Regelmäßig ist zum Schuldnerverzug eine frühestens bei Fälligkeit erfolgende Mahnung erforderlich (§ 284 BGB a.F.). War dem Verkäufer vertraglich eine Lieferfrist bestimmt, so musste er grundsätzlich innerhalb dieser Frist den Käufer zur Spezifikation auffordern.[79] Konsequenterweise wurde vor der Schuldrechtsreform allgemein die Ansicht vertreten, dass der Käufer das Unterlassen der Spezifikation im Sinn des § 285 BGB a.F. zu vertreten haben müsse In diesem Zusammenhang war § 279 BGB a.F. nicht anwendbar, mit der Folge, dass der Käufer schuldhaft gehandelt haben musste (§ 347 HGB, § 276 BGB a.F.).[80] Das Verschulden bezog sich allein auf die Erklärung und Mitteilung der Spezifikation.[81] Die Ursache, aus der heraus es der Käufer unterlassen hatte, zu spezifizieren, bewegt sich auf der Ebene des Verwendungszwecks der Ware und war im Rahmen des Kaufvertrages für den Verkäufer – von den Fällen der Zweckvereitelung abgesehen[82] – unerheblich.[83] Deshalb konnte sich der Käufer grundsätzlich nicht darauf berufen, dass er wegen Modeschwankungen, wegen verspäteter Mitteilung der Wünsche seiner Abnehmer oder anderer auf seine Verwendungsplanung bezogener Umstände nicht in der Lage gewesen sei, die von ihm benötigten Waren rechtzeitig genau zu bezeichnen. Der Käufer konnte sich grundsätzlich ausschließlich damit entlasten, dass er z.B. infolge kriegerischer Ereignisse oder unverschuldeter Krankheit nicht mit dem Verkäufer in Verbindung treten konnte oder dass seine Mitteilung den Verkäufer ohne sein Verschulden nicht erreicht habe. 14

b) Rechtslage nach dem 1.1.2002. Diese Rechtslage ist nach dem Inkrafttreten der Schuldrechtsreform zweifelhaft geworden. Nach Ansicht von Canaris[84] ist der Begriff des Verzugs nach der Schuldrechtsreform im Sinn des Annahmeverzuges zu interpretieren. Damit werde ein Wertungswiderspruch zu § 264 Abs. 2 BGB eliminiert; denn es sei nicht einzusehen, warum bei der den Verkäufer weniger belastenden (Rn 1) Wahlschuld das 15

---

[76] Schlegelberger/*Hefermehl* § 375 Rn 10; Ebenroth/Boujong/Joost/Strohn/*Müller* § 375 Rn 18; Oetker/*Koch* § 375 Rn 23.

[77] OLG Colmar OLGE 12, 54, 55; Ebenroth/Boujong/Joost/Strohn/*Müller* § 375 Rn 18.

[78] KG OLGE 19 398; Ebenroth/Boujong/Joost Strohn/*Müller* § 375 Rn 18; Ebenroth/Boujong/Joost/Strohn/*Müller* § 375 Rn 18.

[79] RG WarnRspr. 1918 Nr. 177.

[80] Ebenroth/Boujong/Joost/Strohn/*Müller* § 375 Rn 19.

[81] Ebenroth/Boujong/Joost/Strohn/*Müller* § 375 Rn 19; **aA** *Würdinger/Röhricht* Großkommentar zum HGB § 375 Rn 10.

[82] *Koller* Die Risikozurechnung bei Vertragsstörungen in Austauschverträgen (1979) 32 ff, 306 ff m. Nachw.

[83] Ebenroth/Boujong/Joost/Strohn/*Müller* § 375 Rn 19.

[84] *Canaris* FS Konzen S. 43, 45 ff; *Canaris* Handelsrecht § 29 Rn 20.

Bestimmungsrecht schon bei Annahmeverzug[85] des Käufers auf den Verkäufer übergehe, nicht jedoch beim Spezifikationskauf im Sinn des § 375.[86] Vor Inkrafttreten der Schuldrechtsreform sei eine Interpretation des Begriffs Verzugs im Sinn des Schuldnerverzugs sachgerecht gewesen, weil im Rahmen des § 326 BGB a.F. der Schuldnerverzug eine zentrale Rolle gespielt habe. Seit dem Jahr 2002 verweise[87] § 375 jedoch auf die §§ 281, 323 BGB. Beide Vorschriften kämen auch zum Tragen, wenn der Käufer nicht in Schuldnerverzug geraten sei. Es leuchte nicht ein, dass ein Spezifikationsverkäufer nach § 375 schlechter gestellt werde als wenn er sich unmittelbar auf die §§ 281, 323 BGB berufen würde.[88] Rieble/Gutfried, JZ 2008, 593, 597 ff zufolge ist ferner zu berücksichtigen, dass mit dem Bestimmungsrecht im Rahmen der §§ 262 ff BGB zugleich eine Bestimmungspflicht verbunden sei.[89]

16 Die Stellungnahmen zu dieser Kritik und die Lösungsvorschläge gehen auseinander. Zum Teil schreibt man die Begrifflichkeit vor der Schuldrechtsreform fort und stellt bei allen Rechtsbehelfen des Verkäufers auf den Schuldnerverzug ab.[90] Weit überwiegend wird ein Schuldnerverzug jedenfalls gefordert, wenn der Verkäufer zur Selbstspezifikation schreiten will.[91] Zum Teil wird auch der Schadensersatzanspruch weiterhin von einem Schuldnerverzug des Käufers abhängig gemacht.[92] Verbreitet wird auf das Erfordernis des Schuldnerverzuges dort verzichtet, wo der Verkäufer den Rücktritt vom Vertrag erklärt.[93]

17 Schreibt man den § 375 in der tradierten Form fort, so muss der Käufer schuldhaft gehandelt haben (§ 347 HGB, § 276 BGB).[94] Das Verschulden bezieht sich von diesem Standpunkt aus allein auf die Erklärung und Mitteilung der Spezifikation.[95] Die Ursache, aus der heraus es der Käufer unterlassen hat, zu spezifizieren, bewegt sich auf der Ebene des Verwendungszwecks der Ware und ist im Rahmen des Kaufvertrages für den Verkäu-

---

[85] So die hM zu § 264 Abs. 2 BGB.

[86] Der Einwand, dass der Verkäufer vor der Spezifikation den Käufer nicht in Annahmeverzug versetzen könne, weil er die letztlich geschuldete Leistung nicht kenne und ein Angebot der ganzen zur Auswahl stehenden Palette ökonomisch meist nicht sinnvoll sei (so MünchKommHGB/*Grunewald* § 375 Rn 13; Ebenroth/Boujong/Joost/Strohn/*Müller* § 375 Rn 17), geht fehl; denn das Kriterium des Annahmeverzuges ist wie im Rahmen des § 264 Abs. 2 BGB auf die Mitwirkungshandlung des Käufers, das heißt auf die Spezifikation als solche, bezogen (§ 295 Abs. 1 S. 1 BGB; Oetker/*Koch* § 375 Rn 21; siehe dazu ferner unten Rn 36).

[87] Rechtsgrundverweisung (*Canaris FS Konzen* S. 43, 45; Ebenroth/Boujong/Joost/Strohn/*Müller* § 375 Rn 17).

[88] Ebenso i.E. *Rieble/Gutfried* JZ 2008, 593, 600.

[89] Dieser Ansicht kann mit der hM nicht gefolgt werden.

[90] Heymann/*Emmerich/Hoffmann* § 375 Rn 10, 19 f; Koller/Roth/Morck/*Roth* § 375 Rn 3; Ebenroth/Boujong/Joost/Strohn/*Müller* § 375 Rn 17, 41.

[91] MünchKommHGB/*Grunewald* § 375 Rn 13; Koller/Roth/Morck/*Roth* § 375 Rn 3; Baumbach/*Hopt* § 375 Rn 6; Heymann/*Emmerich/Hoffmann* § 375 Rn 10, 19 f; Oetker/*Koch* § 375 Rn 33; Ebenroth/Boujong/Joost/Strohn/*Müller* § 375 Rn 17, 37, 41; *Rieble/Gutfried* JZ 2008, 593, 600.

[92] Heymann/*Emmerich/Hoffmann* § 375 Rn 10, 19 f; Koller/Roth/Morck/*Roth* § 375 Rn 3; Ebenroth/Boujong/Joost/Strohn/*Müller* § 375 Rn 17, 41; Oetker/*Koch* § 375 Rn 47; wohl auch Baumbach/*Hopt* § 375 Rn 10.

[93] Baumbach/*Hopt* § 375 Rn 10; Oetker/*Koch* § 375 Rn 50; MünchKommHGB/*Grunewald* § 375 Rn 25; *Rieble/Gutfried* JZ 2008, 593, 600.

[94] Ebenroth/Boujong/Joost/Strohn/*Müller* § 375 Rn 19.

[95] Siehe oben Rn 14. Ebenso Ebenroth/Boujong/Joost/Strohn/*Müller* § 375 Rn 19; **aA** *Würdinger/Röhricht* Großkommentar zum HGB § 375 Rn 10.

fer – von den Fällen der Zweckvereitelung abgesehen[96] – unerheblich.[97] Deshalb darf sich der Käufer grundsätzlich nicht darauf berufen, dass er wegen auf seine Verwendungsplanung oder seinen Absatzmarkt bezogener Umstände nicht in der Lage gewesen sei, die von ihm benötigten Waren rechtzeitig genau zu bezeichnen. Der Käufer kann sich mithin grundsätzlich nur damit entlasten, dass er schuldlos nicht mit dem Verkäufer in Verbindung treten konnte oder dass seine Mitteilung den Verkäufer ohne sein Verschulden nicht erreicht hat.

Stellungnahme: Der Wortlaut des § 375 erlaubt die Interpretation des Begriffs „Verzug" im Sinn des „Verzug des Gläubigers".[98] Der historische Gesetzgeber hat sich keine Gedanken darüber gemacht haben, ob die überkommene Interpretation des Begriffs „Verzug" mit dem Fortfall der Verweisung auf § 326 BGB aufzugeben sei. Es ist jedoch Sache der Rechtsfortbildung, Wertungswidersprüche aufzuheben. Derartige Wertungswidersprüche sind nur teilweise auszumachen. Der Hinweis Kochs[99] darauf, dass Käufer durch das Verzugserfordernis im Sinn des § 286 BGB geschützt werden müssten, vermag hinsichtlich der **Selbstspezifikation** zu überzeugen. § 375 hat im Unterschied[100] zu § 264 Abs. 2 BGB Fälle im Auge, in denen dem Käufer ein bedeutend größerer Bestimmungsspielraum gewährt wird.[101] Insoweit droht dem Käufer aus der Selbstspezifikation eine erhöhte Gefahr, die durch das Verzugserfordernis sinnvoll und für den Verkäufer vertretbar gemindert wird. Gleiches gilt für den Anspruch auf **Schadensersatz.**[102] Im Rahmen der § 280, 281 BGB kann der Verkäufer grundsätzlich erst nach fruchtlosem Ablauf der Nachfrist Schadensersatz fordern. War der Käufer zum Beispiel infolge von Kriegsereignissen nicht im Stande, innerhalb der Nachfrist seine Spezifikationserklärung dem Verkäufer zuzuleiten, so müsste er sich gleichwohl nach h.M. zu § 281 BGB vorwerfen lassen, dass er seine Erklärung schuldhaft nicht bereits abgegeben hatte, bevor die Nachfrist gesetzt worden war.[103] Zu § 286 Abs. 4 BGB wird dagegen herrschend vertreten, dass nicht auf den Zeitpunkt der Fälligkeit, sondern auf den Zeitpunkt des Zugangs der Mahnung abzuheben sei.[104] Ein kriegerisches Ereignis, das der Übermittlung der Spezifikationserklärung zwischen Fälligkeit und Mahnung entgegensteht, würde somit eine Schadensersatzpflicht entfallen lassen, wenn § 375 einen Schuldnerverzug voraussetzen würde. Sicherlich fällt diese Verstärkung des Schutzes des Käufers durch eine Kombination von § 286 Abs. 4 BGB und § 280 I BGB praktisch kaum ins Gewicht. Wenn man aber wegen des erhöhten Risikos der Selbstspezifikation diese von einem Schuldnerverzug abhängig macht, so sollte man dies auch dort tun, wo der Verkäufer Schadensersatz fordert, den er an der für ihn günstigsten Spezifikationsvariante bemessen darf.[105] Anders ist die Situation in Fällen, in denen der Verkäufer gemäß § 323 BGB vom Vertrag **zurücktritt.** Hier wird der Käufer nicht damit konfrontiert, dass der Verkäufer eine für den Käufer besonders ungünstige Wahl trifft. Eines besonderen Schutzes durch das Verzugserfordernis bedarf er nach der Schuldrechtsreform nicht mehr. Eine Fortschreibung des Verzugserfordernisses wäre mit einem nicht hinnehmbaren Wertungswiderspruch verbunden. **18**

---

[96] *Koller* Die Risikozurechnung bei Vertragsstörungen in Austauschverträgen (1979) 32 ff, 306 ff m. Nachw.

[97] Siehe oben Rn 14. Ebenso Ebenroth/Boujong/Joost/Strohn/*Müller* § 375 Rn 19.

[98] Siehe Titel 2 des 2. Buches, Abschnitt 1 BGB.

[99] Oetker/*Koch* § 375 Rn 30, 33.

[100] **AA** *Rieble/Gutfried* JZ 2008, 593, 599 ff.

[101] Siehe oben Rn 2.

[102] Oetker/*Koch* § 375 Rn 47.

[103] MünchKomm/*Ernst* § 281 Rn 48; Bamberger/Roth/*Unberath* § 281 Rn 12.

[104] Palandt/*Grüneberg* § 286 Rn 32; Bamberger/Roth/*Unberath* § 286 Rn 51.

[105] Siehe Rn 34. **AA** MünchKommHGB/*Grunewald* § 375 Rn 22; *Canaris* FS Konzen S. 43, 45.

III. Leistungsbereitschaft

19 Streitig ist, ob der Verkäufer, der die Rechte aus § 375 ausüben will, im Moment der geschuldeten Spezifikation, ggf. nach Mahnung, im Sinne des § 297 BGB **leistungsbereit** gewesen sein muss. Zum Teil wird die Ansicht vertreten, dass der Käufer mit seiner Spezifikationspflicht nicht in Leistungsverzug geraten könne, wenn auf der Seite des Verkäufers Umstände vorliegen, die einen Annahmeverzug des Käufers hindern[106]. Dem wird entgegengehalten, dass die dem Käufer vorbehaltene Bestimmung nicht im Sinne des § 295 BGB „zur Leistung erforderlich" sei, da der Verkäufer die Bestimmung ja nach Verzugseintritt selbst vornehmen könne[107].

Richtigerweise ist davon auszugehen, dass Leistungsverzug im Sinne des § 375 Abs. 2 S. 1[108] und Annahmeverzug infolge Unterlassens der Spezifikation **konkurrieren können.**[109] In Fällen, in denen der Käufer schuldhaft[110] gehandelt hat, ist der Käufer mit dem Ausbleiben der Spezifikation zumindest eine logische Sekunde lang in Annahmeverzug geraten. Das gilt erst recht, wenn den Käufer kein Verschulden trifft und der Verkäufer deshalb im Rahmen des § 375 nur vom Vertrag zurücktreten[111] kann. Für diese Lösung spricht, dass es wenig sinnvoll ist, dem Verkäufer die volle Haftungserleichterung bis zur Grenze der groben Fahrlässigkeit (§ 300 Abs. 1 BGB) nur deshalb zu versagen, weil ihm § 375 Abs. 1 HGB eine im Vergleich zu den §§ 262 ff, 293 ff BGB bessere Rechtsposition gewährt.[112] Aus der Tatsache, dass Leistungsverzug und Annahmeverzug konkurrieren, folgt jedoch nicht, dass § 297 BGB auf den Verzug im Sinne des § 375 Abs. 1 HGB anzuwenden ist. Vielmehr ist die Frage, ob der Verkäufer im Moment des Spezifikationsverzugs iSd § 286 I, II BGB leistungsfähig gewesen sein muss, nach allgemeinen Grundsätzen zu entscheiden.[113] War der Verkäufer im Moment der Fälligkeit der Spezifikation bzw. bei Mahnung selbst außerstande, die spezifizierte Ware vertragsgemäß zu liefern, und hätte der Käufer daher gem. § 323 BGB vom Vertrag zurücktreten können, so ist dem Verkäufer kein Schaden entstanden.[114] Er kann daher keinen Schadensersatz statt der Leistung verlangen. Ein Rücktritt vom Vertrag wäre rechtsmissbräuchlich, weil der Verkäufer kein Interesse an rechtzeitiger Spezifikation gehabt haben kann.

D. Die Rechte des Verkäufers im Spezifikationsverzug des Käufers

20 Ist der Käufer mit seiner Pflicht zur Spezifikation im Verzug[115], so hat der Verkäufer gem. § 375 Abs. 2 HGB das Recht, zwischen der Selbstspezifikation (§ 375 Abs. 2 S. 1 HGB) und, wenn er diese nicht wählt, zwischen dem Rücktritt vom Vertrag und/oder[116] dem Schadensersatz statt der Leistung (§ 375 Abs. 2 S. 1 HGB) zu wählen. Außerdem kann er Ersatz des Verzugsschadens und grundsätzlich auch Erfüllung verlangen.

---

106 *Würdinger/Röhricht*, Großkommentar zum HGB, § 375 Rn 12.
107 Schlegelberger/*Hefermehl* § 375 Rn 16.
108 Dazu oben Rn 18.
109 Ebenroth/Boujong/Joost/Strohn/*Müller* § 375 Rn 21; Heymann/*Emmerich/Hoffmann* § 375 Rn 12.
110 Dazu oben Rn 17.
111 Siehe dazu oben Rn 18 und unten Rn 35.
112 Oetker/*Koch* § 375 Rn 21 f.
113 MünchKommHGB/*Grunewald* § 375 Rn 13.
114 Einwand des rechtmäßigen Alternativverhaltens. Ebenso wohl Baumbach/*Hopt* § 375 Rn 6; differenzierend Ebenroth/Boujong/Joost/Strohn/*Müller* § 375 Rn 22.
115 Zur Frage, ob dies Schuldnerverzug (§ 286 BGB) voraussetzt, siehe oben Rn 17 f.
116 *Canaris* FS Konzen S. 43, 44 f; Oetker/*Koch* § 375 Rn 51; MünchKommHGB/*Grunewald* § 375 Rn 26; *Rieble/Gutfried* JZ 2008, 593, 601; Koller/Roth/Morck/*Roth* § 375 Rn 5.

I. Die Selbstspezifikation, der Ersatz des Verspätungsschadens sowie die Vertragserfüllung

1. Erfüllung. Der Verkäufer kann Vertragserfüllung verlangen, d.h. der Käufer ist verpflichtet, so wie vertraglich vereinbart, zu spezifizieren. Allerdings kann der Verkäufer grundsätzlich nicht auf Erfüllung klagen. Ihm fehlt hierfür das Rechtsschutzinteresse, weil er, wie dies § 375 Abs. 2 S. 1 HGB vorsieht, die Spezifikation selbst vorzunehmen vermag.[117] **21**

2. Verzögerungsschaden. Der Verkäufer kann ferner unter den Voraussetzungen der § 280 Abs. 1, 2, § 286 BGB den aus einer Verzögerung der Spezifikation resultierenden **Verzögerungsschaden** ersetzt verlangen.[118] Es ist jedoch unter dem Aspekt des Mitverschuldens (§ 254 Abs. 2 BGB) zu beachten, dass der Verkäufer die Spezifikation selbst vornehmen darf (§ 375 Abs. 2 S. 1 HGB).[119] **22**

3. Selbstspezifikation (§ 375 Abs. 2 S. 1 HGB). Gemäß § 375 Abs. 2 S. 1 HGB darf der Verkäufer anstelle des Käufers, der mit der Bestimmung in Verzug (§ 286 BGB)[120] geraten ist, die Spezifikation vornehmen. **23**

a) **Vornahme der Selbstspezifikation.** Der Verkäufer muss, wenn er die dem Käufer vorbehaltene Bestimmung selbst vornimmt, dem Käufer hiervon Mitteilung machen. Die dem Käufer zugehende **Mitteilung** muss mithin bereits die vom Verkäufer getroffene Spezifikation enthalten. Es genügt nicht, wenn der Verkäufer lediglich erklärt, er werde nach fruchtlosem Ablauf einer dem Käufer gesetzten Frist die Spezifikation selbst vornehmen.[121] Die Verpflichtung des Verkäufers muss nach der Spezifikation so exakt festliegen, dass darauf eine Leistungsklage auf Lieferung dieser Ware gegründet werden kann.[122] Es reicht daher nicht aus, dass der Verkäufer mitteilt, er werde in den gangbarsten Formen anfertigen oder gängigsten Farben einfärben oder er werde nach eigener Wahl spezifizieren oder er nehme an, dass der Käufer mit jeder Art der Spezifikation einverstanden sei.[123] **24**

Streitig ist, ob und in welcher Form der Verkäufer bei der Selbstbestimmung die **Interessen des Käufers** zu beachten hat. Zum Teil wird in der Literatur die Ansicht vertreten, dass der Verkäufer die Spezifikation nach freiem Ermessen vornehmen kann.[124] Dem- **25**

---

117 OLG Dresden OLGE 4, 227; OLG Jena LZ 1914, 967; MünchKommHGB/*Grunewald* § 375 Rn 10; Ebenroth/Boujong/Joost/Strohn/*Müller* § 375 Rn 25; Baumbach/*Hopt* § 375 Rn 5; Oetker/*Koch* § 375 Rn 25; Schlegelberger/*Hefermehl* § 375 Rn 12; *Rieble/Gutfried* JZ 2008, 593, 596; **aA** OLG Breslau OLGE 11, 410.

118 MünchKommHGB/*Grunewald* § 375 Rn 11; Oetker/*Koch* § 375 Rn 27; *Rieble/Gutfried* JZ 2008, 593, 601.

119 Oetker/*Koch* § 375 Rn 27.

120 Siehe oben Rn 17.

121 Baumbach/*Hopt* § 375 Rn 7; Oetker/*Koch* § 375 Rn 35; Heymann/*Emmerich/Hoffmann* § 375 Rn 15.

122 Ebenroth/Boujong/Joost/Strohn/*Müller* § 375 Rn 27; MünchKommHGB/*Grunewald* § 375 Rn 15; Oetker/*Koch* § 375 Rn 35; Heymann/*Emmerich/Hoffmann* § 375 Rn 15; Koller/Roth/Morck/*Roth* § 375 Rn 4.

123 Oetker/*Koch* § 375 Rn 35.

124 Koller/Roth/Morck/*Roth* § 375 Rn 4; Oetker/*Koch* § 375 Rn 32 f; MünchKommHGB/*Grunewald* § 375 Rn 14; Heymann/*Emmerich/Hoffmann* § 375 Rn 15; Schlegelberger/*Hefermehl* § 375 Rn 18.

gegenüber plädieren andere Stimmen[125] dafür, dass der Verkäufer nach billigem Ermessen spezifizieren müsse. Der Verkäufer sei verpflichtet, die Spezifikation so zu treffen, wie sie nach seiner Kenntnis mutmaßlich den Interessen des Käufers am besten entspreche.

Man hat davon auszugehen, dass der Verkäufer an die Stelle des Käufers tritt, der seinerseits[126] nach **freiem Ermessen** spezifizieren darf. Aber selbst dann, wenn man diesem Argument wenig Gewicht beilegt, ist zu berücksichtigen, dass es für den Käufer wenig sachgerecht ist, den Verkäufer zu zwingen, sich möglichst in die Käuferinteressen hineinzuversetzen, wenn man bedenkt, dass der Verkäufer den konkreten Bedarf seiner Abnehmer nur schwer einschätzen kann und dass der Käufer, der im Spezifikationsverzug ist, selbst häufig nicht weiß, was er benötigt. Vor allem aber würde eine Kontrolle der Selbstspezifikation auf Billigkeit hin den Beschleunigungseffekt des § 375 zunichtemachen.[127] Der Käufer wird durch eine nach freiem Ermessen vorgenommene Fremdspezifikation nicht entrechtet, weil § 375 HGB selbst Vorsorge für die Wahrung der Käuferinteressen trifft. Der Verkäufer hat nämlich die von ihm getroffene Bestimmung dem Käufer mitzuteilen und diesem in angemessenem Umfang die Möglichkeit zu geben, eine anderweitige Bestimmung zu treffen (§ 375 Abs. 2 S. 2 HGB; Rn 27). Man wird daher dem Verkäufer erlauben müssen, im Rahmen der Selbstspezifikation auch eigene Interessen zu berücksichtigen, so z.B. das Interesse, im Fall einer Nichtabnahme der Ware im Rahmen eines Selbsthilfeverkaufs (§ 373 HGB) möglichst günstige Preise zu erzielen. Das Recht zur Selbstspezifikation ist allerdings nicht ganz schrankenlos. Der Verkäufer darf nicht dolos schädigend vorgehen. Darüber hinaus gilt die allgemeine Schranke des Verbots des **Rechtsmissbrauchs.**

26 Die Selbstspezifikation kann grundsätzlich **frühestens** nach Eintritt des Spezifikationsverzugs (Rn 17) mitgeteilt werden. Sie darf aber auch mit der Mahnung, die zum Spezifikationsverzug führt, verbunden werden.[128] Die **Mitteilung** ist eine **empfangsbedürftige** Willenserklärung.[129] Sie ist an keine **Form** gebunden.[130]

27 b) **Fristsetzung.** Der Verkäufer hat zugleich mit der Mitteilung der Selbstspezifikation dem Käufer eine **angemessene Frist** zur Vornahme einer **anderen Spezifikation** zu setzen. Dem Käufer soll eine letzte Gelegenheit gegeben werden, seine Bedürfnisse zu wahren. Dem Wortlaut des § 375 Abs. 2 S. 2 HGB zufolge hat die Fristsetzung zugleich, d.h. gleichzeitig mit der Mitteilung der vom Verkäufer getroffenen Bestimmung zu erfolgen. Nach h.M. dürfen dem Käufer aber Mitteilung und Fristsetzung getrennt zugeleitet werden[131]. Eine **Trennung von Fristsetzung und Mitteilung** erscheint jedoch **nicht**[132] **zulässig,** da nur die Verbindung von Selbstspezifikation und Fristsetzung dem Käufer die Konsequenzen einer weiteren Säumnis deutlich vor Augen führt. Wird in einer späteren Fristsetzung auf die früher mitgeteilte Selbstspezifikation Bezug genommen, so stellt dies eine

---

[125] Baumbach/*Hopt* § 375 Rn 7.

[126] Siehe oben Rn 7.

[127] *Rieble/Gutfried* JZ 2008, 593, 598.

[128] Ebenroth/Boujong/Joost/Strohn/*Müller* § 375 Rn 26; MünchKommHGB/*Grunewald* § 375 Rn 15; Oetker/*Koch* § 375 Rn 35.

[129] Baumbach/*Hopt* § 375 Rn 7; Oetker/*Koch* § 375 Rn 35; Koller/Roth/Morck/*Roth* § 375 Rn 4.

[130] Ebenroth/Boujong/Joost/Strohn/*Müller* § 375 Rn 27; Baumbach/*Hopt* § 375 Rn 7; MünchKommHGB/*Grunewald* § 375 Rn 15; Oetker/*Koch* § 375 Rn 35.

[131] Oetker/*Koch* § 375 Rn 36; MünchKommHGB/*Grunewald* § 375 Rn 16; Ebenroth/Boujong/Joost/Strohn/*Müller* § 375 Rn 28; Schlegelberger/*Hefermehl* § 375 Rn 21. So „grundsätzlich" auch Baumbach/*Hopt* § 375 Rn 7.

[132] Ebenso Koller/Roth/Morck/*Roth* § 375 Rn 4.

gleichzeitige, erneute Mitteilung der Spezifikation dar. Unzulässig ist es jedenfalls, erst eine angemessene Frist zur Spezifikation zu setzen und dann die Selbstspezifikation mitzuteilen.[133]

Die Fristsetzung ist ebenfalls nach den Regeln für **empfangsbedürftige** Willenserklärungen zu behandeln.[134] Sie ist **formlos** wirksam.[135] Eine unangemessen kurze Frist setzt eine angemessen lange in Gang.[136] **Angemessen** ist eine **Frist,** die es dem Käufer erlaubt, nach kurzer Überlegung unter gebotener Beschleunigung seine Wünsche mitzuteilen.[137] Für die Angemessenheit der Frist spielt es keine Rolle, ob der Käufer aus seiner Sicht derzeit gute Gründe hat, von seinem Bestimmungsrecht keinen Gebrauch zu machen; denn das Verwendungsrisiko des Käufers ist für die Fristbestimmung ohne Relevanz.[138] Bei der Bemessung der Frist ist zu berücksichtigen, welche Kommunikationsmittel dem Käufer voraussichtlich aus der Sicht des Verkäufers zur Verfügung stehen werden. Eine vom Verkäufer nicht vorhersehbare Störung der Kommunikationswege geht zu Lasten des Käufers (Wertung des § 287 BGB). **28**

Die Frist zur Vornahme einer anderweitigen Bestimmung ist auch dann zu setzen, wenn sich der Käufer ernstlich und eindeutig **geweigert** hat, die Spezifikation vorzunehmen. § 375 Abs. 2 S. 2 HGB will dem Käufer eine letzte Möglichkeit eröffnen, von sich einen Schaden abzuwenden, der möglicherweise weit über einen Nichterfüllungsschaden bzw. den aus einem Rücktritt drohenden Schaden hinausgeht.[139] **29**

c) **Wirksamwerden der Selbstspezifikation**. Die Selbstspezifikation ist endgültig ausgeübt, wenn sie mitgeteilt worden und die wirksam gesetzte Frist zur Vornahme einer anderweitigen Bestimmung fruchtlos abgelaufen ist.[140] Fruchtlos abgelaufen ist die Frist nicht nur, wenn der Käufer schweigt, sondern auch dann, wenn er widerspricht, ohne innerhalb der Frist seinerseits die Lieferpflichten hinreichend exakt zu spezifizieren.[141] Umgekehrt ist der Verkäufer, der die Selbstspezifikation mitgeteilt hat und zugleich eine Frist zur anderweitigen Bestimmung gesetzt hat, nicht berechtigt, nach Ablauf der Frist von der Selbstspezifikation auf die anderen in § 375 Abs. 2 HGB genannten Rechte überzugehen.[142] Er darf auch nicht nach[143] fruchtlosem Fristablauf eine erneute Selbstspezifikation vornehmen. Der Spezifikationskauf hat sich nämlich in einen gewöhnlichen Kauf **30**

---

133 Allg. Meinung.

134 Baumbach/*Hopt* § 375 Rn 7.

135 Baumbach/*Hopt* § 375 Rn 7.

136 MünchKommHGB/*Grunewald* § 375 Rn 17; Baumbach/*Hopt* § 375 Rn 7; Ebenroth/Boujong/Joost/Strohn/*Müller* § 375 Rn 29.

137 Ähnlich MünchKommHGB/*Grunewald* § 375 Rn 17; Ebenroth/Boujong/Joost/Strohn/*Müller* § 375 Rn 29.

138 Siehe auch oben Rn 17 zur Frage, unter welchen Umständen der Käufer in Verzug zu vertreten hat.

139 Oetker/*Koch* § 375 Rn 38; Baumbach/*Hopt* § 375 Rn 7; Heymann/*Emmerich/Hoffmann* § 375 Rn 16; **aA** MünchKommHGB/*Grunewald* § 375 Rn 18; Koller/Roth/Morck/*Roth* § 375 Rn 4; Ebenroth/Boujong/Joost/Strohn/*Müller* § 375 Rn 31.

140 Oetker/*Koch* § 375 Rn 39. Nimmt der Käufer innerhalb der Frist die ihm vorbehaltene Bestimmung vor, so ist diese allein maßgeblich (Ebenroth/Boujong/Joost/Strohn/*Müller* § 375 Rn 34; Koller/Roth/Morck/*Roth* § 375 Rn 4; MünchKommHGB/*Grunewald* § 375 Rn 19).

141 Ebenroth/Boujong/Joost/Strohn/*Müller* § 375 Rn 32; Oetker/*Koch* § 375 Rn 39; allg. M.

142 Oetker/*Koch* § 375 Rn 39; Koller/Roth/Morck/*Roth* § 375 Rn 4.

143 Vor Fristablauf darf der Verkäufer seine Spezifikation ändern, wenn er zugleich eine neue Frist setzt (Ebenroth/Boujong/Joost/Strohn/*Müller* § 375 Rn 32; MünchKommHGB/*Grunewald* § 375 Rn 19).

verwandelt.[144] Der Verkäufer hat die von ihm spezifizierten Waren zu liefern und kann dafür den Kaufpreis beanspruchen.[145] Der Käufer muss diese Waren abnehmen und bezahlen.

31 d) **Klage auf Zahlung eines Mindestkaufpreises.** Das Recht des Verkäufers zur Selbstspezifikation schließt eine Klage auf Zahlung des Mindestkaufpreises aus.[146] Für eine Klage auf Zahlung ohne Spezifikation fehlt es an einem hinreichend bestimmten vertraglich vereinbarten Preis, weil die Höhe des Preises von der Art und Weise der Spezifikation abhängt. Der Verkäufer kann auch nicht einen Mindestkaufpreis verlangen, da dem eine „Mindest"-Lieferpflicht gegenüberstehen müsste und man vor der Spezifikation nicht weiß, welche Ware der Verkäufer zu liefern hat. Für eine Feststellungsklage besteht kein Rechtsschutzbedürfnis.

II. Schadensersatz statt der Leistung

32 Der Verkäufer kann, wenn der Käufer in Verzug (§ 286 BGB)[147] geraten ist, gemäß den §§ 280, 281 BGB Schadensersatz statt der Leistung fordern. Aus der Rechtsgrundverweisung[148] auf die §§ 280, 281 BGB folgt, dass der Verkäufer diese Rechte regelmäßig erst dann geltend machen kann, wenn er dem Käufer zuvor fruchtlos eine angemessene Nachfrist zur Nachholung der Spezifikation gesetzt hat und diese Nachfrist fruchtlos abgelaufen ist. Die Nachfrist kann nach Maßgabe des § 281 Abs. 2 BGB entfallen. Handelt es sich um einen Sukzessivlieferungsvertrag, so kann der Verkäufer die ihm nach den §§ 280, 281 BGB zustehenden Rechte nach seiner Wahl entweder auf die einzelne fällige Rate beschränken oder bereits beim Spezifikationsverzug mit der ersten Rate seine Rechte in Hinblick auf die gesamten noch ausstehenden Lieferungen ausüben (BGH WM 1976, 124, 125).[149] Erforderlich ist lediglich, dass er seine Absicht in der Erklärung, in der er die Nachfrist setzt, ausreichend kenntlich macht.

33 Setzt der Verkäufer dem Käufer eine Nachfrist zur Spezifikation mit der Erklärung, dass er nach dem Ablauf der Frist Schadensersatz verlangen werde, so ist der Verkäufer an diese **Wahl gebunden** (§ 281 IV BGB). Er kann mithin nicht mehr zur Selbstspezifikation übergehen. Holt der Käufer die unterlassene Spezifikation noch derart innerhalb der Nachfrist nach, dass die Spezifikation dem Verkäufer rechtzeitig zugeht, so ist der Verzug geheilt.

34 Der Verkäufer kann den **Nichterfüllungsschaden** konkret berechnen. Sein Schaden besteht darin, dass er die Lieferung nicht vornehmen kann und den Kaufpreis nicht erlangt. Allerdings bereitet die Ermittlung der Schadenshöhe praktische Schwierigkeiten, da nicht exakt bestimmt ist, welche Ware der Verkäufer schuldet. In Betracht kommen die Aufwendungen für die Grundstoffe, die Aufwendungen für sinnlos eingestelltes Per-

---

[144] Ebenroth/Boujong/Joost/Strohn/*Müller* § 375 Rn 33; Koller/Roth/Morck/*Roth* § 375 Rn 4.

[145] MünchKommHGB/*Grunewald* § 375 Rn 20; Oetker/*Koch* § 375 Rn 40.

[146] Oetker/*Koch* § 375 Rn 41; Schlegelberger/*Hefermehl* § 375 Rn 26.

[147] Siehe dazu oben Rn 17.

[148] BGH WM 1976, 125; Oetker/*Koch* § 375 Rn 43; MünchKommHGB/*Grunewald* § 375 Rn 22; Baumbach/*Hopt* § 375 Rn 9; Koller/Roth/Morck/*Roth* § 375 Rn 5; Ebenroth/Boujong/Joost/Strohn/*Müller* § 375 Rn 37.

[149] Baumbach/*Hopt* § 375 Rn 12. Abw. MünchKommHGB/*Grunewald* § 375 Rn 24; Oetker/*Koch* § 375 Rn 52; Ebenroth/Boujong/Joost/Strohn/*Müller* § 375 Rn 43.

sonal. Der Verkäufer kann Ersatz dieser sinnlos gewordenen Aufwendungen fordern (§ 284 BGB). Der Verkäufer kann jedoch der Schadensberechnung auch die für ihn günstigste Spezifikationsvariante zu Grunde legen.[150] Er darf mithin verlangen, so gestellt zu werden, als wäre ein Kaufvertrag über Ware dieser Spezifikation zustande gekommen, die der Käufer nicht vertragsgemäß bezahlt. Dies entspricht der Tragweite des Rechts zur Selbstspezifikation. Dem Verkäufer mögen hierdurch Zufallsgewinne zufallen, doch sind diese der Beschleunigungsfunktion des § 375 und dem vom Käufer zu vertretenden[151] Spezifikationsverzug geschuldet. Dem in der Vorauflage vertretenen Lösungsvorschlag[152] mangelt es an Praktikabilität; er wird daher aufgegeben. Schadensersatz kann auch der Verkäufer fordern, der vom Kaufvertrag zurückgetreten ist; denn im Licht des § 325 BGB ist die Formulierung „oder" nicht mehr im Sinn von entweder/oder, sondern im Sinn von und/oder zu lesen.[153] Das Unterlassen der Selbstspezifikation darf dem Verkäufer nicht als Mitverschulden angerechnet werden.[154] § 375 Abs. 2 HGB eröffnet nämlich dem Verkäufer die Wahl zwischen verschiedenen Rechtsbehelfen. Dies ist auch durchaus sinnvoll. Der Verkäufer wird nämlich auf die Selbstspezifikation zum Beispiel dann verzichten, wenn er befürchten muss, dass der Käufer nicht hinreichend solvent ist, er daher die selbstspezifizierte Ware nur unter erheblichen Kosten produzieren und nur weit unter den Kosten verkaufen kann.

III. Rücktritt

Der Verkäufer kann ferner unter den Voraussetzungen des § 323 BGB[155] statt Scha- **35**
densersatz zu verlangen oder zusätzlich[156] zu seiner Schadensersatzforderung vom Vertrag zurücktreten. Dieses Recht steht ihm auch dann zu, wenn der Käufer den Spezifikationsverzug nicht zu vertreten hat.[157]

IV. Rechte des Verkäufers wegen Annahmeverzugs

Der Verkäufer kann den Anspruch des Käufers auf Lieferung der Ware erst erfüllen, **36**
wenn der Käufer die ihm vorbehaltene Spezifikation der Ware vorgenommen hat. Die Spezifikation ist eine zur Bewirkung der Leistung des Schuldners erforderliche Handlung im Sinne des § 295 S. 1 2. Alt. BGB.[158] Unterbleibt diese Mitwirkungshandlung, so ist der Verkäufer, vorausgesetzt er ist – abgesehen von der fehlenden Spezifikation – leistungsbereit (§ 297 BGB), nach allgemeinen Regeln befugt, den Käufer in Annahmeverzug zu versetzen, indem er den Käufer auffordert, die erforderliche Spezifikation vorzuneh-

---

150 Ebenroth/Boujong/Joost/Strohn/*Müller* § 375 Rn 39; MünchKommHGB/*Grunewald* § 375 Rn 23; Oetker/*Koch* § 375 Rn 49.

151 Siehe Rn 17.

152 Ähnlich *Rieble/Gutfried* JZ 2008, 593, 601.

153 Koller/Roth/Morck/*Roth* § 375 Rn 5; MünchKommHGB/*Grunewald* § 375 Rn 26; Baumbach/*Hopt* § 375 Rn 10; Oetker/*Koch* § 375 Rn 51; Heymann/ *Emmerich/Hoffmann* § 375 Rn 19.

154 Ebenroth/Boujong/Joost/Strohn/*Müller* § 375 Rn 40.

155 Rechtsgrundverweisung.

156 Siehe oben Rn 16, 18.

157 Oetker/*Koch* § 375 Rn 50; MünchKommHGB/*Grunewald* § 375 Rn 25; Baumbach/*Hopt* § 375 Rn 10; **aA** Ebenroth/Boujong/Joost/Strohn/*Müller* § 375 Rn 41; Koller/Roth/Morck/*Roth* § 375 Rn 3; Heymann/*Emmerich/Hoffmann* § 375 Rn 19.

158 Kritisch *Rieble/Gutfried* JZ 2008, 593, 597.

men.[159] War für die Vornahme der Spezifikation ein fester Zeitpunkt vorgesehen, so tritt der Annahmeverzug in diesem Zeitpunkt ein. Gemäß § 304 BGB kann der Verkäufer Ersatz der Kosten verlangen, die ihm durch die Aufbewahrung der Rohstoffe während des Annahmeverzuges entstehen.[160] Denkbar ist auch eine Hinterlegung der Grundstoffe (§ 373 Abs. 1 HGB). Die Hinterlegung der Ware scheitert daran, dass die zu liefernde Ware noch nicht spezifiziert und daher auch nicht individualisiert ist. Auf Schwierigkeiten stößt auch der Selbsthilfeverkauf. Denkbar ist hier nur ein Verkauf der Ware samt dem Recht zur Spezifikation (§ 373 Rn 47). Der Käufer schuldet dann den Kaufpreis nach Maßgabe der Spezifikation, die der Erwerber im Rahmen des Selbsthilfeverkaufs erklärt hat. Außerdem kann der Verkäufer gemäß § 264 Abs. 2 BGB die Spezifikation nach Ablauf einer angemessenen Frist selbst vornehmen. Er befindet sich unter dem Aspekt des § 264 Abs. 2 BGB wirtschaftlich betrachtet in etwa in der Position, die ihm § 375 Abs. 2 S. 1, 1. Alt. und S. 2 HGB eröffnet. Nach der Selbstspezifikation gemäß § 264 Abs. 2 BGB darf der Verkäufer die nun geschuldete Ware, wenn sie der Käufer nicht abnimmt, hinterlegen oder zum Selbsthilfeverkauf schreiten (§ 373 HGB).[161] Schließlich kann der Verkäufer in Hinblick auf seinen nun auch exakt berechenbaren und fälligen Zahlungsanspruch nach den §§ 280, 281, 323 BGB vorgehen.

§ 376

(1) Ist bedungen, dass die Leistung des einen Teiles genau zu einer festbestimmten Zeit oder innerhalb einer festbestimmten Frist bewirkt werden soll, so kann der andere Teil, wenn die Leistung nicht zu der bestimmten Zeit oder nicht innerhalb der bestimmten Frist erfolgt, von dem Vertrage zurücktreten oder, falls der Schuldner im Verzug ist, statt der Erfüllung Schadensersatz wegen Nichterfüllung verlangen. Erfüllung kann er nur beanspruchen, wenn er sofort nach dem Ablaufe der Zeit oder der Frist dem Gegner anzeigt, dass er auf Erfüllung bestehe.

(2) Wird Schadensersatz wegen Nichterfüllung verlangt und hat die Ware einen Börsen- oder Marktpreis, so kann der Unterschied des Kaufpreises und des Börsen- oder Marktpreises zur Zeit und am Orte der geschuldeten Leistung gefordert werden.

(3) Das Ergebnis eines anderweit vorgenommenen Verkaufs oder Kaufes kann, falls die Ware einen Börsen- oder Marktpreis hat, dem Ersatzanspruche nur zugrunde gelegt werden, wenn der Verkauf oder Kauf sofort nach dem Ablaufe der bedungenen Leistungszeit oder Leistungsfrist bewirkt ist. Der Verkauf oder Kauf muss, wenn er nicht in öffentlicher Versteigerung geschieht, durch einen zu solchen Verkäufen oder Käufen öffentlich ermächtigten Handelsmakler oder eine zur öffentlichen Versteigerung befugte Person zum laufenden Preise erfolgen.

(4) Auf den Verkauf mittels öffentlicher Versteigerung findet die Vorschrift des § 373 Abs. 4 Anwendung. Von dem Verkauf oder Kaufe hat der Gläubiger den Schuldner unverzüglich zu benachrichtigen; im Falle der Unterlassung ist er zum Schadensersatze verpflichtet.

---

[159] Baumbach/*Hopt* § 375 Rn 13; Oetker/*Koch* § 375 Rn 26; Heymann/*Emmerich*/*Hoffmann* § 375 Rn 12.

[160] Baumbach/*Hopt* § 375 Rn 13; Oetker/*Koch* § 375 Rn 26.

[161] Baumbach/*Hopt* § 375 Rn 13; Heymann/*Emmerich*/*Hoffmann* § 375 Rn 12.

Schrifttum

Siehe vor § 373; ferner *Canaris* Auswirkungen des Gesetzes zur Modernisierung des Schuldrechts auf das Recht des Handelskaufs und der Kommission, Festschrift Konzen (2006); Großkommentar zum HGB (1967 ff); *Herresthal* Der Anwendungsbereich der Regelungen über den Fixhandelskauf (§ 376 HGB) unter Berücksichtigung des reformierten Schuldrecht, ZIP 2006, 883; *Huber* Abstrakte Schadensberechnung des Käufers, FS K. Schmidt (2009); Reichsgerichtsrätekommentar zum HGB (12. Aufl., 1974 ff); Schlegelberger Kommentar zum HGB (5. Aufl., 1976).

Übersicht

I. Der Zweck des § 376 und sein Verhältnis zum BGB

1. Ratio des § 376. Der abdingbare § 376 dient der Rechtssicherheit und soll die Abwicklung gestörter Kauf- und Werklieferungsverträge beschleunigen.[1] Außerdem soll der Gläubiger nicht auf Kosten des Schuldners durch Zuwarten spekulieren kön- 1

[1] Oetker/*Koch* § 376 Rn 2; Koller/Roth/Morck/*Roth* § 376 Rn 3; Baumbach/*Hopt* § 376 Rn 4; Ebenroth/Boujong/Joost/Strohn/*Müller* § 376 Rn 4; MünchKomm/*Grunewald* § 376 Rn 2.

nen.[2] Der Umstand, dass § 376 im Vergleich zum BGB diese Ziele nicht mit besonderer Intensität verfolgt, macht ihn nicht obsolet.

2 **2. Das Fixgeschäft im Licht des BGB.** Das Zivilrecht kennt zwei Formen von Fixgeschäften: das absolute und das eigentliche (relative) Fixgeschäft. Das *absolute Fixgeschäft* ist dadurch gekennzeichnet, dass mit dem Erreichen des Lieferzeitpunkts bzw. mit dem Ablauf der Lieferfrist die Leistung eo ipso i.S.d. § 275 BGB unmöglich wird.[3] Beim eigentlichen Fixgeschäft, das im Zweifel vereinbart wird, berührt hingegen eine Überschreitung des Lieferzeitpunkts nicht die Möglichkeit der Erfüllung. Das Interesse des Gläubigers an der Einhaltung der Frist ist allerdings vereinbarungsgemäß so stark, dass das HGB seine Rechtsstellung im Verhältnis zum BGB a.F. verstärken wollte. Inwieweit § 376 nach der Schuldrechtsreform von 2001 noch sachgerecht ist, ist umstritten.

3 **a) Rücktritt.** Anders als § 376 setzt die Möglichkeit, bei Verzögerungen der Leistung unabhängig von einer Nachfrist zurücktreten zu können, nach BGB ausdrücklich voraus, dass der Gläubiger im Vertrag den Fortbestand seines Leistungsinteresses an die Rechtzeitigkeit der Leistung gebunden hat (§ 323 Abs. 2 Nr. 2 BGB) und dies beweisen kann. Allerdings wurde im Rahmen der Schuldrechtsreform angenommen, dass überall dort, wo eine Leistung genau zu einer festbestimmten Zeit oder innerhalb einer festbestimmten Frist ausbedungen werde,[4] der § 323 Abs. 2 Nr. 2 BGB einschlägig sei.[5] So wird denn im Rahmen des § 323 Abs. 2 Nr. 2 BGB zum Rücktritt herrschend[6] vertreten, dass diese Vorschrift und § 376 gleichlaufen. Das gilt erst recht für die Rechtsfolgen des Rücktritts, weil § 376 insoweit auf die §§ 346 ff BGB verweist.

4 **b) Schadensersatz statt der Leistung.** Seit dem Inkrafttreten der Schuldrechtsreform im Jahr 2002 ist gemäß § 281 Abs. 2 Alt. 2 BGB das Setzen einer Nachfrist entbehrlich, wenn es besondere Umstände unter Abwägung der beiderseitigen Interessen rechtfertigen, sofort den Schadensersatzanspruch statt der Leistung[7] geltend zu machen. Zwar wird vielfach darauf hingewiesen, dass dort, wo eine Abrede im Sinn des § 376 Abs. 1 S. 1 getroffen worden ist, auch der § 281 Abs. 2 Alt. 2 BGB regelmäßig[8] auf eine Nachfrist verzichte. Es lässt sich jedoch trotz der Annäherung des § 281 Abs. 2 BGB an den § 376 nicht übersehen, dass der § 376 nach wie vor die Rechtsstellung des Gläubigers verstärkt, weil er ihm mehr Rechtssicherheit bringt. Die in § 376 eröffnete Möglichkeit, die Höhe des Schadensersatzanspruchs als Mindestschaden zu berechnen, verhilft nämlich den Kaufleuten als Schadensersatzberechtigten im Licht der heutigen Rechtsprechung, die gestützt auf § 252 BGB ebenfalls eine abstrakte Schadensberechnung ermög-

---

[2] *Canaris* Handelsrecht § 29 Rn 34; Koller/Roth/Morck/*Roth* § 376 Rn 3; Ebenroth/Boujong/Joost/Strohn/*Müller* § 376 Rn 4.

[3] BGH NJW 2001, 2878; Koller/Roth/Morck/*Roth* § 376 Rn 16; Baumbach/*Hopt* § 376 Rn 2; Ebenroth/Boujong/Joost/Strohn/*Müller* § 376 Rn 3; MünchKomm/*Grunewald* § 376 Rn 11; Oetker/*Koch* § 376 Rn 9.

[4] So die Formulierung in § 376 Abs. 1 S. 1.

[5] Entwurf eines Gesetzes zur Modernisierung des Schuldrechts, BT-Drucks. 14/6040, S. 185 f; *Canaris* FS Konzen (2006), S. 43, 47; MünchKomm/*Grunewald* § 376 Rn 5.

[6] MünchKomm/*Grunewald* § 376 Rn 5.

[7] In § 376 ist die Formulierung „Schadensersatz wegen Nichterfüllung" nicht durch die Formulierung „Schadensersatz statt der Leistung" ersetzt worden. In der Sache besteht zwischen beiden Varianten des Schadensersatzanspruchs kein Unterschied (siehe dazu unten Rn 33 ff).

[8] *Canaris* FS Konzen (2006), S. 43, 47; vgl. auch *Schwarze* AcP 207 (2007), 437 ff.

licht (Rn 41 f), zu gewissen Vorteilen. Sollte ein Kaufmann an einen Verbraucher (§ 13 BGB) etwas fix veräußert haben, so eröffnet freilich ausschließlich § 376 dem Verbraucher diese Form der Schadensberechnung. Dies dürfte allerdings kaum praktische Relevanz erlangen.

c) **Erfüllungsanspruch.** Der größte ins Gewicht fallende Unterschied zum BGB besteht in der Behandlung des Erfüllungsanspruchs. Nach BGB erlischt der Erfüllungsanspruch erst mit dem Rücktritt oder dem Schadensersatzverlangen (§§ 281 Abs. 4, 346 BGB) § 376 lässt hingegen den Erfüllungsanspruch untergehen, wenn der Gläubiger nicht sofort nach Überschreitung der Frist oder der festbestimmten Zeit mitteilt, dass er weiter an der Erfüllung interessiert sei (Rn 25 ff). 5

d) **Wahl zwischen Rechten aus HGB und BGB.** In der Literatur[9] wird die Ansicht vertreten, dass die Parteien zwischen einem Fixgeschäft nach § 323 Abs. 2 Nr. 2 BGB und einem Fixgeschäft nach § 376 oder Mischformen aus beiden Typen wählen könnten. Für ein derartiges Wahlrecht gibt jedoch weder der Wortlaut des Gesetzes noch seine Entstehungsgeschichte hinreichend Anhaltspunkte. Deshalb ist § 376 weiterhin als lex specialis im Verhältnis zu den bürgerlichrechtlichen Regeln zu betrachten.[10] Den Parteien bleibt es natürlich unbenommen, von vornherein den § 376 abzubedingen oder abweichende Rechtsfolgen vorzusehen. Ob dies erfolgt ist, ist anhand einer Auslegung der Parteierklärungen zu ermitteln.[11] 6

II. Anwendungsbereich des § 376

1. Persönlicher Anwendungsbereich

a) **Beiderseitiges Handelsgeschäft.** § 376 sagt nicht ausdrücklich, dass an dem Kaufvertrag ein Kaufmann beteiligt sein muss, doch ergibt sich dieses Erfordernis klar aus der Stellung der Vorschrift im vierten Buch des HGB „Handelsgeschäfte". § 376 greift somit ein, wenn es sich beim Kaufvertrag um ein Handelsgeschäft im Sinn der §§ 343, 344 handelt und der Schuldner oder der Gläubiger zum Kreis der Kaufleute (§§ 1 ff) zählen. Ein Scheinkaufmann muss § 376 gegen sich gelten lassen, kann ihn aber nicht für sich in Anspruch nehmen.[12] 7

b) **Einseitiges Handelsgeschäft.** Gemäß § 345 ist es für die Anwendbarkeit des § 376 unerheblich, dass nur einer der Vertragspartner als Kaufmann (§§ 1 ff) ein Handelsgeschäft tätigt und der andere als Gläubiger oder der Schuldner kein Kaufmann ist. Zum Teil wird dafür plädiert, den § 376 nicht zulasten von Verbrauchern (§ 13 BGB) heranzuziehen und die Vorschrift entsprechend zu restringieren.[13] Dafür besteht indessen kein Anlass.[14] In der Rolle als *Gläubiger* werden Verbraucher durch § 376 nicht gravierend 8

---

9 Baumbach/*Hopt* § 376 Rn 10.

10 Ebenroth/Boujong/Joost/Strohn/*Müller* § 376 Rn 10.

11 *Canaris* FS Konzen (2006), S. 43, 49.

12 MünchKomm/*Grunewald* § 376 Rn 1; Oetker/*Koch* § 376 Rn 7.

13 *Herresthal* ZIP 2006, 883, 886; *Canaris* FS Konzen (2006), S. 43, 48.

14 Koller/Roth/Morck/*Roth* § 375 Rn 2; Oetker/*Koch* § 376 Rn 3; Baumbach/*Hopt* § 376 Rn 4; Ebenroth/Boujong/Joost/Strohn/*Müller* § 376 Rn 8; abw. Heymann/*Emmerich*/*Hoffmann* § 376 Rn 1 (§ 242 BGB).

schlechter gestellt; denn die Rechte des kaufmännischen Schuldners werden durch § 376 nicht wesentlich verstärkt (siehe oben Rn 2 ff). Allerdings müssen Verbraucher aufgrund des § 376 Abs. 1 S. 2 hinnehmen, dass ihr Erfüllungsanspruch untergeht, wenn sie nicht sofort nach Frist- beziehungsweise Zeitablauf Erfüllung fordern.[15] Auch aus § 376 Abs. 3 können ihnen im Vergleich zum BGB Nachteile erwachsen. Diese Nachteile finden jedoch ihre Rechtfertigung darin, dass der Verbraucher erkennbar mit einem Kaufmann kontrahiert hat, dem typischerweise an einer schnellen, sicheren Abwicklung seiner Geschäfte gelegen ist und der Verbraucher selbst sein besonderes Interesse an einer pünktlichen Lieferung und damit an Planungssicherheit zum Vertragsinhalt erhoben hat.[16] Im Übrigen kann das Interesse von Verbrauchern an dem Fortbestand des Erfüllungsanspruchs bei der Frage, ob ein Fixgeschäft vereinbart worden ist, berücksichtigt werden. Befindet sich ein Verbraucher (§ 13 BGB) in der Rolle des *Schuldners*, so wird er ebenfalls durch § 376 nicht wesentlich schlechter als bei einem ausschließlich dem BGB unterfallenden Vertrag gestellt.[17] Das gilt sowohl für das Rücktrittsrecht als für die Schadensersatzpflicht.[18] Dass der Erfüllungsanspruch und damit die Möglichkeit, in natura zu erfüllen, erlischt, wenn der kaufmännische Gläubiger sein fortbestehendes Erfüllungsinteresse nicht sofort anmeldet, bringt Verbrauchern keine unzumutbaren Nachteile; denn sie müssen als Schuldner auch im Rahmen des BGB beim Fixgeschäft damit rechnen, dass der Gläubiger ohne Nachfrist vom Vertrag zurücktritt oder Schadensersatz fordert und damit den Erfüllungsanspruch zum Erlöschen bringt (Rn 3 f). Mithin besteht in dieser Fallgruppe gleichfalls kein Anlass, den § 376 zu restringieren.[19]

2. Sachlicher Anwendungsbereich

9 **a) Waren, Wertpapiere, Werklieferung.** Ohne dass dies ausdrücklich in § 376 gesagt wird, ist die Vorschrift, wie sich aus ihrer systematischen Stellung ergibt, nur auf Warenkäufe[20] und gemäß § 381 darüber hinaus auf Wertpapierkaufverträge sowie auf Werklieferungsverträge über bewegliche Sachen anzuwenden, sofern diese als einseitige oder zweiseitige Handelsgeschäfte (§§ 343 f HGB) anzusehen sind.

10 **b) Fixgeschäft im Sinn des § 376.** Ein Fixgeschäft liegt nicht immer schon dann vor, wenn ein festbestimmter Lieferzeitpunkt oder eine festbestimmte Frist, innerhalb derer geliefert werden soll, ausbedungen worden ist. Der fest vereinbarte Zeitpunkt lässt für sich allein lediglich eine Mahnung im Sinn des § 286 Abs. 2 Nr. 1 BGB als überflüssig erscheinen.[21] Andererseits ist, wie § 376 Abs. 1 S. 2 zeigt, nicht erforderlich, dass mit dem Ablauf der Lieferfrist bzw. dem Verstreichen des Lieferzeitpunkts der Gläubiger objektiv das Interesse an der Leistung verloren hat. Vielmehr ist, damit von einem Fixgeschäft im Sinn des § 376 HGB gesprochen werden kann, notwendig, dass zwischen den Parteien **Einigkeit** hergestellt worden ist, dass der Vertrag mit der Einhaltung oder Nichteinhaltung der Lieferzeit **stehen oder fallen soll**, und zwar unabhängig davon, ob der

15 Dies hebt besonders *Canaris* FS Konzen, 2006, S. 43, 48 hervor.

16 Oetker/*Koch* § 376 Rn 6.

17 Oetker/*Koch* § 376 Rn 4; Ebenroth/Boujong/Joost/Strohn/*Müller* 376 Rn 9; abw. MünchKomm/*Grunewald* § 376 Rn 4.

18 Siehe dazu oben Rn 2 f.

19 Oetker/*Koch* § 376 Rn 3 f.

20 Vor §§ 373, 374 Rn 10 f.

21 BGH NJW 2003, 1600.

Schuldner dies zu vertreten hat oder nicht[22]. Ob sich die Parteien in diesem Sinne einig geworden sind, ist durch **Auslegung** des Kaufvertrages zu ermitteln.[23]

aa) **Leistung.** Unter Leistung ist in erster Linie die Verpflichtung des Gläubigers zur Übergabe der Ware und Verschaffung des Eigentums sowie die Verpflichtung des Gläubigers zur Zahlung des Kaufpreises zu verstehen. Es können aber auch andere Verpflichtungen fix vereinbart werden.[24] Beispiele: Abruf, Spezifikation,[25] Abholung der Ware, Abnahme der Ware, Übergabe eines Dispositionspapiers oder eines Duplikatfrachtbriefs sowie die Eröffnung eines Akkreditivs[26]. **11**

bb) Genau zur festbestimmten Zeit oder innerhalb festbestimmter Frist

(1) **Festbestimmte Zeit/Frist.** Die Erfüllung zu einer festbestimmten Zeit oder innerhalb festbestimmter Frist setzt nicht notwendig voraus, dass der Erfüllungszeitpunkt nach dem Kalender festgelegt ist. Es genügt, wenn sich der Zeitpunkt vom Eintritt eines bestimmten Ereignisses ab kalendermäßig exakt bestimmen lässt.[27] Möglich ist auch, eine Leistung als Fixgeschäft in der Form zu vereinbaren, dass der Gläubiger die innerhalb einer festbestimmten Frist zu liefernde Ware sofort auf Kündigung des Schuldners hin abzunehmen hat. Ist innerhalb einer Frist zu leisten, so ist diese nur dann genau genug bestimmt, wenn dem Schuldner kein noch so geringer Spielraum verbleibt. Der Endpunkt muss so exakt fixiert sein, dass jedes weitere Ermessen ausgeschlossen ist.[28] Jedes Ermessen ist z.B. ausgeschlossen, wenn „im Mai" zu leisten ist, da dann die Frist am 31. Mai 24.00 Uhr abläuft.[29] Keine feste Zeitbestimmung liegt dagegen vor, wenn **„sofort"** oder **„sogleich"** zu erfüllen ist.[30] Ungenügend bestimmt sind ferner Abmachungen, denen zufolge ohne Angabe eines genauen Termins die Leistung **„binnen kürzester Frist"**, **„umgehend"**, **„schleunigst"** oder **„schnellstmöglichst"** erfolgen soll.[31] Die Klausel, **„prompt"** zu liefern, verpflichtet im Allgemeinen nur zur möglichst schnellen Lieferung.[32] An einer genauen Zeitbestimmung fehlt es ferner dann, wenn vereinbart wurde, **12**

---

[22] RGZ 51, 347; 101, 361, 363; BGH NJW 2003, 1600; NJW-RR 1989, 1373; LM 2 zu § 376 HGB; DB 1983, 385; BGHZ 110, 88, 96; OLG München BB 1956, 94; OLG Köln MDR 1954, 422; JR 1959, 302; DB 1963, 586; OLG Hamburg RIW 1981, 262, 264; Ebenroth/Boujong/Joost/Strohn/*Müller* § 376 Rn 11; Baumbach/*Hopt* § 376 Rn 7; Koller/Roth/Morck/*Roth* § 376 Rn 5; Oetker/*Koch* § 376 Rn 8; Heymann/*Emmerich/Hoffmann* § 376 Rn 4, 6; relativierend MünchKomm/*Grunewald* § 376 Rn 6. Siehe auch Rn 13.

[23] BGH, NJW-RR 1989, 1373; Koller/Roth/Morck/*Roth* § 376 Rn 5; Oetker/*Koch* § 376 Rn 12; Heymann/*Emmerich/Hoffmann* § 376 Rn 9.

[24] MünchKomm/*Grunewald* § 376 Rn 13; Oetker/*Koch* § 376 Rn 10.

[25] Baumbach/*Hopt* § 376 Rn 6.

[26] Großkommentar/*Canaris* Bd. III/3 (2. Bearb.) Rn 1051; Baumbach/*Hopt* § 376 Rn 7; Oetker/*Koch* § 376 Rn 10.

[27] Ebenroth/Boujong/Joost/Strohn/*Müller* § 376 Rn 11; Baumbach/*Hopt* § 376 Rn 6; Oetker/*Koch* § 376 Rn 11; Heymann/*Emmerich/Hoffmann* § 376 Rn 5.

[28] Ebenroth/Boujong/Joost/Strohn/*Müller* § 376 Rn 11; Koller/Roth/Morck/*Roth* § 376 Rn 4; Oetker/*Koch* § 376 Rn 11; Heymann/*Emmerich/Hoffmann* § 376 Rn 5.

[29] RGZ 101, 361, 363; BGH NJW 1991, 1292, 1294; Koller/Roth/Morck/*Roth* § 376 Rn 4; Oetker/*Koch* § 376 Rn 11; ebenso BGH NJW 2003, 1600 (23. Kalenderwoche).

[30] RG WarnRspr. 1926 Nr. 172; OLG Hamburg BB 1954 613; Baumbach/*Hopt* § 376 Rn 8.

[31] RG LZ 1910 140; Ebenroth/Boujong/Joost/Strohn/*Müller* § 376 Rn 15; Baumbach/*Hopt* § 376 Rn 8; Koller/Roth/Morck/*Roth* § 376 Rn 4; MünchKomm/*Grunewald* § 376 Rn 7; Oetker/*Koch* § 376 Rn 13.

[32] Ebenroth/Boujong/Joost/Strohn/*Müller* § 376 Rn 15; Baumbach/*Hopt* § 376 Rn 8; Koller/Roth/Morck/*Roth* § 376 Rn 4; Oetker/*Koch* § 376 Rn 13.

dass die Waren innerhalb der Saison geliefert werden[33] oder dass bei offener Schifffahrt[34] geliefert werden soll. Anders ist die Situation dagegen, wenn vereinbart wurde, dass die Ware wegen ihrer erfahrungsgemäß eintretenden Veränderung nach einem bestimmten Kalendertag für die Zwecke des Gläubigers nicht mehr zu gebrauchen ist.[35] Ein fester Termin für einzelne **Teillieferungen** liegt nicht vor, wenn zwar die Gesamtmenge bis zu einem bestimmten Kalendertermin abgenommen sein muss, für Teillieferungen aber nur ein Abruf in möglichst gleichen Monatsmengen vereinbart worden ist.[36] Der Vereinbarung eines festen Lieferungszeitpunkts steht nicht entgegen, dass dem Gläubiger das Recht zustehen soll, die Leistung auch schon vorher zu verlangen[37] oder dass der Schuldner schon vor dem Termin leisten darf.[38]

13 (2) **„Genau" festbestimmt.** Der festbestimmte Lieferzeitpunkt bzw. das Ende der Lieferfrist muss im Vertrag derart fixiert worden sein, dass dem Parteiwillen zufolge mit deren Einhaltung der Vertrag **stehen oder fallen** soll. Die Parteien müssen darüber hinaus einig gewesen sein, dass der Gläubiger berechtigt sein sollte, den Vertrag bei Nichteinhaltung der Lieferfrist ohne weiteres zu beenden.[39] Ein so weitreichender Wille wird sich nur sehr selten aufgrund einer einzelnen Tatsache oder des Gebrauchs einer bestimmten Formel feststellen lassen.[40] Bei der Ermittlung des Parteiwillens ist deshalb stets auf die **Gesamtheit**[41] aller zum Vertrag gehörenden Abreden, auf die einschlägigen Handelsbräuche sowie auf die sonst relevanten Umstände des Vertragsschlusses abzustellen. An einem einschlägigen Parteiwillen soll es fehlen, wenn der Gläubiger bereit ist, eine Überschreitung des Liefertermins um zwei Wochen zu billigen und hinzunehmen[42] oder eine Verzögerung bei unvorhersehbaren Umständen zu akzeptieren.[43] **Im Zweifel** ist davon auszugehen, dass kein Fixgeschäft zustande gekommen ist.[44]

14 (3) **Indizien für ein Fixgeschäft.** Für die Vereinbarung eines Fixgeschäftes spricht in Verbindung mit einem exakten Termin (s. oben Rn 12) die Verwendung von Klauseln, wie **„fix"**, **„genau"**, **„präzise"**, **„spätestens"**, **„Nachlieferung ausgeschlossen"**, die üblicherweise den Fixschuldcharakter begründen sollen. Die Klauseln lassen, zumal wenn sie in Fernschreiben, in denen wegen der Notwendigkeit, sich kurz zu fassen, Worte in besonderem Maße stereotyp verwendet werden, eine äußerst starke Vermutung für die

---

33 RG *Bolze* 10 Nr. 466; Ebenroth/Boujong/Joost/Strohn/*Müller* § 376 Rn 14.

34 ROHG 11 432; Ebenroth/Boujong/Joost/Strohn/*Müller* § 376 Rn 15; Baumbach/*Hopt* § 376 Rn 8.

35 RG LZ 1925 439.

36 Vgl. RG WarnRspr. 1933 Nr. 5; Oetker/*Koch* § 376 Rn 11.

37 Beispiel: Vereinbarung des Liefertermins und die Worte „und täglich"; RGZ 44 104, 112; Baumbach/*Hopt* § 376 Rn 6; Koller/Roth/Morck/*Roth* § 376 Rn 4; Oetker/*Koch* § 376 Rn 11.

38 MünchKomm/*Grunewald* § 376 Rn 8.

39 „Stehen oder fallen" – Formel. Siehe dazu oben Rn 10.

40 BGH DB 1983, 385, 386; NJW 2003, 1600.

41 BGH DB 1983, 385; Oetker/*Koch* § 376 Rn 13.

42 OLG Hamm v. 12.12.2002 – 21 U 68/02 Rn 5 f (zit. nach juris).

43 OLG Düsseldorf, TranspR 1986, 347, 348.

44 BGH NJW 2003, 1600; WM 1984 639, 641; DB 1983 385 f; RG Recht 1925, 31; OLG Köln MDR 1954, 422. Richtigerweise ist dies nur eine Frage der Beweislast (s. unten Rn 23).

Begründung einer Fixschuld entstehen.[45] Unwiderleglich ist diese Vermutung indessen nicht.[46]

Die Verwendung der cif- oder fob-Klausel lässt auch im Überseekauf nicht notwendig die Vermutung für ein Fixgeschäft entstehen.[47] Wird die cif- bzw. fob-Klausel bei Massengütern, die typischerweise erheblichen Preisschwankungen unterworfen sind, im Zusammenhang mit einem Abladetermin gebraucht, so bedeutet dies, dass der Schuldner nach Handelsbrauch[48] im Zweifel fix zu liefern hat.[49] Ist der Schuldner verpflichtet, die Ware an einem bestimmten überseeischen Platz zu einer bestimmten Zeit abzuladen oder zu verschiffen, so ist der Gläubiger nach fruchtlosem Verstreichen dieses Zeitpunkts berechtigt, die Abnahme der Ware bzw. die Aufnahme der Transportdokumente zu verweigern. Allerdings ist zu beachten, dass der Handelsbrauch die Rechtsfolgen zum Teil abweichend von § 376 HGB ausgestaltet. Dem § 376 HGB entspricht der Brauch, dass sich der Gläubiger keine zweite Andienung gefallen lassen muss, sondern bei Säumnis sofort zurücktreten kann.[50] Anders ist die Situation dort, wo keine Massengüter, sondern industrielle Erzeugnisse (z.B. Maschinen) in überseeischen Häfen cif oder fob abgeladen werden sollen. Hier haben die Absendetermine im Zweifel keinen Fixschuldcharakter.[51] Wird die cif- oder fob-Klausel in Verbindung mit einem Termin, an dem die Ware im Bestimmungshafen eintreffen soll, gebraucht, so spricht dies jedenfalls dann für eine Fixschuld, falls der Gläubiger bis zum Stichtag in die Lage versetzt werden soll, durch Vorlage des Konnossements den Auslieferungsanspruch geltend zu machen und die Ware starken Preisschwankungen unterliegt.[52] Gleiches gilt, falls vereinbart wurde, dass die Ware am Bestimmungsort bis zu einem bestimmten Termin vom Befrachter freigestellt sein muss. Hingegen ist mit dem Verkauf schwimmender Ware nicht notwendig eine Fixschuldabrede verbunden. Keine Fixschulden begründen Abreden, die sich auf Termine über die voraussichtliche Ankunft des Schiffes beziehen (eta-Termine).[53] **15**

Wurde beim **inländischen Versendungskauf** ein fester Termin bzw. eine feste Frist für die Absendung der Ware vereinbart, so kann nicht ohne weiteres eine Parallele zum überseeischen Abladegeschäft gezogen werden. Es ist deshalb hier anhand zusätzlicher Um- **16**

---

[45] BGH NJW 1990, 2065, 2067; DB 1983, 385 f; OLG Hamburg MDR 1975, 845; KG NJW 1960, 632; Ebenroth/Boujong/Joost/Strohn/*Müller* § 376 Rn 12; Baumbach/*Hopt* § 376 Rn 8; Koller/Roth/Morck/*Roth* § 376 Rn 5; MünchKomm/*Grunewald* § 376 Rn 7; Oetker/*Koch* § 376 Rn 15; stark einschr. OLG Köln v. 18.1.2000 – 15 U 74/99 Rn 45 (zit. nach juris).

[46] BGH DB 1983, 385, 386; OLG Hamm v. 12.12.2002 – 21 U 68/02, Rn 5 f (zit. nach juris); Baumbach/*Hopt* § 376 Rn 8.

[47] BGH NJW 1959, 933; Baumbach/*Hopt* § 376 Rn 7; Koller/Roth/Morck/*Roth* § 376 Rn 5.

[48] Unter Umständen ist über die Tragweite behaupteter Handelsbräuche Beweis zu erheben (BGH NJW 1991, 1292, 1293).

[49] RGZ 30, 59; 71, 308; 88, 71; RG SeuffA 55, 267 ff Nr. 133; RG JW 1902 Beil. S. 234 Nr. 108; 1917, 927; RG Recht 1909 Nr. 2377; RG WarnRspr. 1916 Nr. 216; OLG Karlsruhe VersR 1975, 1042, 1043; Baumbach/*Hopt* § 376 Rn 7, 8; Koller/Roth/Morck/*Roth* § 376 Rn 5; Oetker/*Koch* § 376 Rn 17; Heymann/*Emmerich*/*Hoffmann* § 376 Rn 10; MünchKomm/*Grunewald* § 376 Rn 10 (nahezu stets).

[50] OLG Hamburg OLGE 44, 242 f; HansRGZ 1933 B 739, 745; *Heuer* LZ 1911, 102, 106; *Liesecke* WM 1978 Beil. 3 S. 24; Schlegelberger/*Hefermehl* § 376 Rn 6; **aA** RGZ 71, 307, 309.

[51] BGH NJW 1959, 933; vgl. aber auch BGH NJW 1991, 1292, wo ein abweichender Handelsbrauch behauptet worden ist.

[52] BGH NJW 1959, 933; vgl. auch OLG Hamburg MDR 1975, 845; weiter Oetker/*Koch* § 376 Rn 14; zurückhaltend MünchKomm/*Grunewald* § 376 Rn 10.

[53] OLG Hamburg VersR 1984, 638, 639.

stände zu prüfen, welche Bedeutung die Terminvereinbarung besitzt; denn ein vergleichbarer Handelsbrauch existiert nicht. Die Tatsache, dass das Interesse des Gläubigers an der rechtzeitigen Absendung wegen der Unwägbarkeiten des Transportverlaufs nicht so groß ist wie an der rechtzeitigen Ankunft[54], darf nicht unberücksichtigt bleiben. Der Gläubiger muss daher besondere Gründe für sein Interesse an rechtzeitiger Absendung vortragen. Es genügt hierfür, dass der Schuldner einen fixen Ankunftstermin nicht zusagen wollte, weil er das Risiko der Transportdauer nicht übernehmen wollte.

17 Für eine Fixschuldvereinbarung spricht ferner, dass für eine pünktliche Belieferung ein **höherer Preis** ausgehandelt wurde,[55] dass der **Gläubiger klar** darauf **hingewiesen** hat, der Liefertermin müsse unter allen Umständen eingehalten werden (BGH DB 1983, 385, 386). Der Umstand, dass der Gläubiger ein **großes Interesse an rechtzeitiger Leistung** hat und dies auch deutlich zu erkennen gibt, ist zwar ein Indiz[56] für die Vereinbarung einer Fixschuld. Gleiches gilt, wenn der Gläubiger ersichtlich daran interessiert ist, sich **sofort Ersatz** beschaffen zu können.[57] In jedem Fall muss aber auch dargetan werden, dass sich der **Schuldner darauf eingelassen** hat, diesem Interesse des Gläubigers Rechnung zu tragen.[58] So genügt es für sich allein weder, dass die Ware für die Anfertigung eines **saisongebundenen**[59] **Modeartikels**[60] bestimmt ist, noch, dass der Gläubiger die Ware zur **Aufrechterhaltung der Produktion** benötigt.[61] Auch die Klausel **„ohne Nachfrist“** begründet isoliert gesehen keine Fixschuld.[62]

18 Für die Vereinbarung einer Fixschuld kann der spekulative Charakter eines Geschäfts ins Feld geführt werden.[63] Allerdings reicht der Umstand allein, dass die Ware **starken Preisschwankungen** unterworfen ist, nicht aus, um von einem Fixgeschäft auszugehen.[64] Anders ist es, wenn das Geschäft in Hinblick auf den **Börsenhandel** abgeschlossen wurde.[65] Börsentermingeschäfte fallen regelmäßig ohne Rücksicht auf AGB des Börsenhandels in die Kategorie der Fixschulden.[66] Aus der Vereinbarung einer **Vertragsstrafe**

[54] RGZ 36, 83, 85; RG WarnRspr. 1922, Nr. 49; OLG Hamburg HansGZ 1900, Hptbl. 278 Nr. 125; LZ 1917, 288; OLGE 44, 244.

[55] BGH DB 1983, 385, 386; Baumbach/*Hopt* § 376 Rn 7; Koller/Roth/Morck/*Roth* § 376 Rn 5; MünchKomm/*Grunewald* § 376 Rn 7.

[56] So wohl auch MünchKomm/*Grunewald* § 376 Rn 7. Zurückhaltend Baumbach/*Hopt* § 376 Rn 7.

[57] MünchKomm/*Grunewald* § 376 Rn 12, die zutr. darauf hinweist, dass eine Fixschuld auch dort bejaht werden kann, wo dieses Interesse fehlt (**aA** *Canaris* FS Konzen, 2006, 43, 49).

[58] OLG Köln MDR 1954, 422; OLG München BB 1956, 94.

[59] Oetker/*Koch* § 376 Rn 15; Heymann/*Emmerich/Hoffmann* § 376 Rn 9; Ebenroth/Boujong/Joost/Strohn/*Müller* § 376 Rn 14 (nur Indiz).

[60] Oetker/*Koch* § 376 Rn 15; Baumbach/*Hopt* § 376 Rn 8. Auf etwaige Gebräuche weist Ebenroth/Boujong/Joost/Strohn/*Müller* § 376 Rn 17 hin.

[61] Kauf eines Mähdreschers mit der Vereinbarung „Liefertermin Ernte eines bestimmten Jahres“ (OLG Hamm, NJW-RR 1995, 350, 351); abw. MünchKomm/*Grunewald* § 376 Rn 7.

[62] BGH NJW 1959, 933; Ebenroth/Boujong/Joost/Strohn/*Müller* § 376 Rn 15; Baumbach/*Hopt* § 376 Rn 8; Oetker/*Koch* § 376 Rn 13.

[63] RGZ 101, 361, 363; OLG Hamburg RIW 1981, 262, 264; Oetker/*Koch* § 376 Rn 16.

[64] RGZ 36, 83, 85; Ebenroth/Boujong/Joost/Strohn/*Müller* § 376 Rn 14; Baumbach/*Hopt* § 376 Rn 8, Oetker/*Koch* § 376 Rn 16; so wohl auch MünchKomm/*Grunewald* § 376 Rn 7.

[65] RGZ 44, 115; 101, 361, 363.

[66] RGZ 101, 361, 363; 108, 158; LZ 1917, 976; Ebenroth/Boujong/Joost/Strohn/*Müller* § 376 Rn 16; Baumbach/*Hopt* § 376 Rn 7; MünchKomm/*Grunewald* § 376 Rn 7; Oetker/*Koch* § 376 Rn 16.

oder Verfallklausel kann ebenfalls ein Indiz für eine Fixschuldabrede abgeleitet werden.[67] Schließlich kann sich der Fixschuldcharakter aus **Handelsbräuchen**, sogar aus bloßen Gebräuchen ergeben.[68] Bei örtlich verschiedenen Bräuchen ist der Brauch desjenigen Ortes maßgeblich, an dem der Schuldner seine Niederlassung hat, seine Erklärung abgegeben oder in Erfüllung tätig zu werden hat.[69]

(4) **Indizien ohne Aussagekraft.** Weder in die eine noch in die andere Richtung weist der Umstand, dass der Schuldner bei der Abwicklung früher abgeschlossener Verträge trotz Säumnis nicht die Rechte aus § 376 Abs. 1 S. 1 HGB geltend gemacht hat;[70] denn dem Gläubiger steht ja auch uneingeschränkt das Recht zu, trotz Verspätung Erfüllung zu verlangen.[71] Kommt dem nach der Säumnis neu vereinbarten Liefertermin (Rn 21) erkennbar die gleiche Bedeutung wie dem ursprünglichen Termin zu, so hat sich am Fixschuldcharakter der Lieferpflicht nichts geändert[72]. Ferner ist es unerheblich, dass der Gläubiger den Vertrag – für den Schuldner unerkennbar – ohne Einhaltung der Lieferfrist nicht abgeschlossen hätte.[73] **19**

(5) **Indizien gegen Fixschuldcharakter.** Unvereinbar mit dem Wesen einer Fixschuld ist eine Vertragsbestimmung, der zufolge der Schuldner die Gewährung einer angemessenen **Nachfrist verlangen** kann. Das gilt auch dann, wenn die Dauer der Nachfrist exakt bestimmt ist, es sei denn, dass der Vertrag mit der Lieferung innerhalb der Nachfrist stehen oder fallen soll. Ergibt sich aus einer Individualabrede[74] hinreichend klar[75], dass das Geschäft mit der Einhaltung des Termins oder der Frist stehen oder fallen soll, so kann dieses Ergebnis, unabhängig davon, ob die Abrede ausdrücklich oder konkludent getroffen worden ist,[76] nicht durch eine **AGB-Klausel** in Frage gestellt werden (§ 305b BGB). Anders ist die Situation, wenn Zweifel daran bestehen, ob eine Fixgeschäftsabrede zustande gekommen ist.[77] **20**

c) **Aufhebung der Fixschuldabrede, Setzung einer Nachfrist.** Eine die Fixschuld begründende Abrede kann durch eine spätere Vereinbarung jederzeit wieder aufgehoben werden. Eine solche Vereinbarung liegt in einer einvernehmlichen Verlängerung der Lieferfrist. Eine andere Frage ist, ob die neue Frist wiederum Fixschuldcharakter trägt.[78] Dies ist beispielsweise zu verneinen, wenn vereinbart wird, dass die Ware einige Tage später auf Abruf liefern ist.[79] Die Entgegennahme von Teillieferungen bedeutet regelmäßig nur einen Verzicht auf Schadensersatz wegen Nichterfüllung gerade in Hinblick auf diese Teile, es sei denn, dass sie einen erheblichen Teil der Gesamtlieferung aus- **21**

---

67 Schlegelberger/*Hefermehl* § 376 Rn 5; Ebenroth/Boujong/Joost/Strohn/*Müller* § 376 Rn 12; Oetker/*Koch* § 376 Rn 15.

68 BGH DB 1983, 385, 386; OLG Köln MDR 1955, 422; Ebenroth/Boujong/Joost/Strohn/*Müller* § 376 Rn 13.

69 OLG Hamburg MDR 1975, 845.

70 BGH DB 1983, 385, 386; Baumbach/*Hopt* § 376 Rn 7; MünchKomm/*Grunewald* § 376 Rn 8; Oetker/*Koch* § 376 Rn 13.

71 Z.B., wenn sein Abnehmer mit der Verlängerung der Lieferzeit einverstanden ist.

72 RG JR 1927, 646 Nr. 1103; OLG Hamburg BB 1954 613; OLG Köln JR 1959 302; vgl. auch BGH DB 1983, 385, 386.

73 BGH WM 1984, 639, 641; NJW 1991, 1292, 1294; Oetker/*Koch* § 376 Rn 12.

74 Hierauf stellt auch der BGH NJW 1990, 2065, 2067 ab.

75 Siehe Rn 23.

76 Siehe dazu unten Rn 22.

77 Nur diesen Fall hat der BGH, DB 1983, 385, 386, im Auge.

78 BGH NJW-RR 1998, 1489, 1491; Oetker/*Koch* § 376 Rn 18; MünchKomm/*Grunewald* § 376 Rn 8. Im Zweifel verneinend Ebenroth/Boujong/Joost/Strohn/*Müller* § 376 Rn 18.

79 OLG Celle, OLGR 2000, 199; Oetker/*Koch* § 376 Rn 18.

machen.[80] Der Gläubiger der Leistung, der eine Nachfrist setzt, begibt sich seiner Rechte auf Rücktritt und Schadensersatz gemäß § 376 Abs. 1 S. 1 und kann nur noch Erfüllung sowie Schadensersatz gemäß den § 280 ff BGB fordern; weil, wie regelmäßig,[81] mit der Nachfristsetzung Erfüllung gemäß § 376 Abs. 1 S. 2 verlangt wird. Die Rechte aus § 376 Abs. 1 S. 1 bleiben dem Gläubiger allerdings erhalten, wenn er nicht innerhalb der Frist des § 376 Abs. 1 S. 2 (sofort) die Nachfrist gesetzt und der andere Teil ein etwaiges in der Nachfristsetzung liegendes Angebot zur Vertragsänderung nicht angenommen hat.[82] In dem Schweigen des Gläubigers auf die Anzeige verspäteter Abladung liegt kein Verzicht. Der Gläubiger darf die Vorlage des Konnossements abwarten und muss sich erst dann entscheiden, ob er das Konnossement aufnehmen will.

22 **3. Allgemeine Geschäftsbedingungen.** Auch bei beiderseitigen Handelsgeschäften ist eine in AGB enthaltene Fixgeschäftsklausel im Zweifel überraschend (§ 305c Abs. 1 BGB).[83] Daran ändert nichts der Umstand, dass die Klausel in unmittelbarer Nähe zu einer auf die Lieferfrist bezogenen Klausel steht.[84] Selbst wenn in der Branche mit einer solchen Klausel gerechnet wird, so hat man sie bei beiderseitigen Handelsgeschäften an § 307 BGB zu messen und grundsätzlich zu verwerfen, da sie den Gläubiger des Schutzes der Nachfrist beraubt.[85] Anders ist die Situation, wenn bei Vertragsschluss ein besonderes Interesse des Schuldners an einer beschleunigten Abwicklung des Vertrages erkennbar geworden ist.[86] Für die Angemessenheit spricht auch die Branchenüblichkeit der Klausel (§ 310 Abs. 1 S. 2 BGB).[87] Soll durch eine vom Schuldner gestellte Klausel einer individualvertraglichen[88] Fixgeschäftsabrede die Wirkung genommen werden, so verstößt dies gegen § 305b BGB.[89] Klauseln, die Handelsbrauch geworden sind, werden nicht über § 305 BGB, sondern gemäß § 346 Vertragsinhalt.[90]

23 **4. Beweislast.** Die volle Beweislast für die Vereinbarung eines Fixgeschäftes trägt derjenige, der für sich aus § 376 HGB Rechte herleiten will.[91] Es gibt keine besondere gegen ein Fixgeschäft sprechende Vermutung.[92]

---

[80] RG Recht 1923, 96.

[81] BGH NJW-RR 1998, 1489, 1490. Dies setzt voraus, dass die Nachfrist sofort nach Ablauf der Fixfrist gesetzt wird. Dem BGH folgend MünchKomm/*Grunewald* § 376 Rn 26: Zutr. einschr. Ebenroth/Boujong/Joost/Strohn/*Müller* § 376 Rn 29.

[82] BGH NJW-RR 1998, 1489, 1491.

[83] BGH NJW 1990, 2065, 2067; MünchKomm/*Grunewald* § 376 Rn 14.

[84] MünchKomm/*Grunewald* § 376 Rn 14; Ebenroth/Boujong/Joost/Strohn/*Müller* § 376 Rn 19; **aA** Baumbach/*Hopt* § 376 Rn 15; offen BGH NJW 1990, 2065, 2067.

[85] BGH NJW 1990, 2065, 2067; MünchKomm/*Grunewald* § 376 Rn 14; Ebenroth/Boujong/Joost/Strohn/*Müller* § 376 Rn 17.

[86] Ähnlich Ebenroth/Boujong/Joost/Strohn/*Müller* § 376 Rn 20 f; MünchKomm/*Grunewald* § 376 Rn 14; Heymann/*Emmerich/Hoffmann* § 376 Rn 1.

[87] MünchKomm/*Grunewald* § 376 Rn 14; Heymann/*Emmerich/Hoffmann* § 376 Rn 1; **aA** Oetker/*Koch* § 376 Rn 20; offen BGH NJW 1990, 2065, 2067.

[88] Individualvertraglich bedeutet in diesem Zusammenhang, dass nach den Erklärungen bei Vertragsschluss, die auch konkludenter Natur sein können (BGH NJW 1986, 1807), unter Ausblendung der AGB eine Fixgeschäftsabrede getroffen worden ist.

[89] Oetker/*Koch* § 376 Rn 20; abw. MünchKomm/*Grunewald* § 376 Rn 15 (nur bei ausdrücklichen Fixgeschäftsabreden). Entgegen *Grunewald* (aaO) und dem BGH (ZIP BB 1983, 305, 386) können AGB bei der Interpretation individueller Vertragsabreden nicht berücksichtigt werden.

[90] Dies verkennt Oetker/*Koch* § 376 Rn 21, der nicht berücksichtigt, dass ein Handelsbrauch von den beteiligten Verkehrskreisen gebilligt worden sein muss.

[91] Heymann/*Emmerich/Hoffmann* § 376 Rn 8.

[92] Zutr. MünchKomm/*Grunewald* § 376 Rn 9 gegen BGHZ 110, 88, 96 f; BGH, NJW-RR 1989, 1373; ZIP 1984, 603, 605.

III. Die Rechtsfolgen des Fixhandelsgeschäfts

Leistet der Schuldner nicht an dem festbestimmten Termin oder innerhalb der festbestimmten Frist, so kann der Gläubiger zwischen Erfüllung, Rücktritt vom Vertrag und Schadensersatz wegen Nichterfüllung (Schadensersatz statt der Leistung) **wählen.** 24

1. Der Anspruch auf Erfüllung. Beim Fixhandelsgeschäft geht das Gesetz davon aus, dass der Vertrag, wenn die Leistung zum festgesetzten Stichtag ausbleibt, regelmäßig nicht mehr zur Abwicklung gelangt. Aus diesem Grunde **erlischt der Erfüllungsanspruch,** es sei denn, dass sich der Gläubiger die Forderung durch eine besondere Anzeige erhält (§ 376 Abs. 1 S. 2 HGB). 25

Die **Anzeige,** in der der Gläubiger dem Schuldner mitteilt, dass er auf Erfüllung bestehe, ist eine einseitige, empfangsbedürftige **Willenserklärung** (§§ 130 ff BGB).[93] Sie bedarf keiner Form.[94] Eine bloße Anzeige des Ausbleibens der Leistung,[95] der bloße Vorbehalt der Rechte oder ein Protest gegen die Nichterfüllung[96] genügt nicht;[97] vielmehr muss der Gläubiger deutlich[98] zu erkennen geben, dass er weiterhin Erfüllung erwarte. Zur Bedeutung des Setzens einer Nachfrist sowie zur Vereinbarung einer Fristverlängerung s. oben Rn 21. 26

Die Anzeige muss sofort nach Ablauf der festbestimmten Leistungszeit oder -frist erfolgen. **Sofort** bedeutet, dass die Anzeige so schnell als möglich erfolgen muss.[99] Anders als dort, wo der Gläubiger „unverzüglich" handeln muss, kann sich der Gläubiger nicht darauf berufen, dass er eine Verzögerung der Anzeige nicht verschuldet habe.[100] Die Anzeige kann nicht nachgeholt werden, da der Schuldner binnen kürzester Frist Gewissheit erlangen soll, ob er noch liefern muss.[101] Die Anzeige hat nach Ablauf der Leistungszeit oder -frist zu erfolgen. Eine vorher gemachte Anzeige reicht nicht aus. Eine Ausnahme gilt dort, wo der Anzeige eindeutig zu entnehmen ist, dass der Gläubiger auf jeden Fall auf Erfüllung bestehen werde. Unter diesen Umständen ist eine Anzeige entbehrlich, weil dem Schuldner nicht noch etwas angezeigt werden muss, was er ohnehin weiß.[102] Besonderheiten kraft Handelsbrauchs gelten auch beim überseeischen Abladegeschäft. Anders als im Rahmen des § 376 Abs. 1 S. 2 HGB ist hier der Gläubiger nicht gezwungen, sein Erfüllungsverlangen sofort nach Terminversäumnis geltend zu machen; denn er wird häufig erst geraume Zeit, nachdem im überseeischen Hafen der Termin zur 27

---

93 Oetker/*Koch* § 376 Rn 24; MünchKomm/*Grunewald* § 376 Rn 26.

94 Heymann/*Emmerich/Hoffmann* § 376 Rn 11; allg. M.

95 BGH NJW-RR 1998, 1489, 1490; Oetker/*Koch* § 376 Rn 24.

96 Oetker/*Koch* § 376 Rn 24.

97 Heymann/*Emmerich/Hoffmann* § 376 Rn 11; MünchKomm/*Grunewald* § 376 Rn 26.

98 BGH NJW-RR 1998, 1489, 1490 (klar); ebenso Heymann/*Emmerich/Hoffmann* § 376 Rn 11; Koller/Roth/Morck/*Roth* § 376 Rn 7; Oetker/*Koch* § 376 Rn 24 (eindeutig); Ebenroth/Boujong/Joost/Strohn/*Müller* § 376 Rn 57 (eindeutig); abw. Baumbach/*Hopt* § 376 Rn 9 (auch konkludent).

99 BGH DB 1983, 385, 386; NJW-RR 1998, 1489, 1490.

100 Koller/Roth/Morck/*Roth* § 376 Rn 7; Oetker/*Koch* § 376 Rn 23; Baumbach/*Hopt* § 376 Rn 9.

101 Oetker/*Koch* § 376 Rn 23; Ebenroth/Boujong/Joost/Strohn/*Müller* § 376 Rn 58.

102 Heymann/*Emmerich/Hoffmann* § 376 Rn 11; Ebenroth/Boujong/Joost/Strohn/*Müller* § 376 Rn 60; weitergehend MünchKomm/*Grunewald* § 376 Rn 26 (Anzeige vor Ablauf der Frist ist immer zulässig). **AA** Schlegelberger/*Hefermehl* § 376 Rn 16; Oetker/*Koch* § 376 Rn 25.

Abladung bzw. Verschiffung verstrichen ist, von der Säumnis des Schuldners erfahren. Es genügt daher, dass der Gläubiger unverzüglich erklärt, welche Ansprüche er erheben oder ob er vom Vertrag zurücktreten will.[103]

28 Der Gläubiger trägt die **Beweislast**, dass die Anzeige rechtzeitig und in richtiger Form bewirkt worden ist oder ausnahmsweise entbehrlich war.

29 Hat der Gläubiger sein Erfüllungsverlangen angezeigt, so besteht sein **Anspruch auf Erfüllung** fort. Daneben kann der Gläubiger Ersatz seines **Verzugsschadens** verlangen (§§ 280, 286 BGB).[104] Der Betrag des vom Schuldner zu leistenden Schadensersatzes besteht beim Handelskauf mindestens in dem Unterschied zwischen dem Markt- oder Börsenpreis zur Zeit des Verzugseintritts und dem niedrigeren Markt- oder Börsenpreis zur Zeit der tatsächlichen Lieferung.[105] In diesem Fall nähert sich der Verzögerungsschaden dem Schadensersatz wegen Nichterfüllung (Rn 33 ff).[106] An das Erfüllungsverlangen ist der Gläubiger gebunden. Das **Rücktrittsrecht und der Anspruch auf Schadensersatz gem. § 376 Abs. 1 S. 1 erlöschen.**[107] Das Fixhandelsgeschäft ist nunmehr zu einem gewöhnlichen Handelsgeschäft geworden.[108] Leistet der Schuldner weiterhin nicht, so kann der Gläubiger nur noch nach den allgemeinen Regeln der §§ 280 ff, 323 ff BGB vorgehen.[109] Hat der Gläubiger die **Anzeige unterlassen**, so ist sein Anspruch auf Erfüllung untergegangen. Er ist nunmehr endgültig auf das Rücktrittsrecht bzw. wahlweise auf einen Anspruch auf Schadensersatz beschränkt. Der Schuldner ist nicht berechtigt, dem Gläubiger seine Leistung als Erfüllung aufzudrängen.

30 2. **Der Rücktritt.** Der Gläubiger ist zum **Rücktritt berechtigt**, wenn objektiv die Leistung im Zeitpunkt der Fälligkeit ausbleibt. Sonstige Voraussetzungen bestehen nicht. Insbesondere ist es nicht notwendig, dass der Schuldner das Ausbleiben der Leistung zu vertreten hat oder dass der Gläubiger eine Nachfrist gesetzt hat.[110] Bei Zug um Zug zu erfüllenden Kaufverträgen entsteht vielmehr das Rücktrittsrecht schon dann, wenn der Gläubiger darlegt, dass die ihm zustehende Leistung nicht zum Fälligkeitszeitpunkt erfolgt ist. Es ist dann Sache des Schuldners einzuwenden, dass der Gläubiger zur Erbringung der Gegenleistung nicht bereit gewesen sei.[111] Auf verzögerte Teilleistungen ist § 323 Abs. 5 BGB heranzuziehen.[112]

31 **Ausnahmen:** Der Rücktritt ist unter dem Gesichtspunkt des **Rechtsmissbrauchs** ausgeschlossen, wenn die Verspätung der Leistung als geringfügig und auch unter Würdigung der Interessen des Gläubigers an der Einhaltung der Frist so unwesentlich ist, dass die

---

103 RGZ 30, 59, 60 f; Oetker/*Koch* § 376 Rn 23; Ebenroth/Boujong/Joost/Strohn/*Müller* § 376 Rn 58.

104 Oetker/*Koch* § 376 Rn 27; MünchKomm/*Grunewald* § 376 Rn 26; Koller/Roth/Morck/*Roth* § 376 Rn 7; Baumbach/*Hopt* § 376 Rn 9.

105 Oetker/*Koch* § 376 Rn 27.

106 Ebenroth/Boujong/Joost/Strohn/*Müller* § 376 Rn 61.

107 Ebenroth/Boujong/Joost/Strohn/*Müller* § 376 Rn 62; Oetker/*Koch* § 376 Rn 24; Koller/Roth/Morck/*Roth* § 376 Rn 7.

108 Ebenroth/Boujong/Joost/Strohn/*Müller* § 376 Rn 61; Oetker/*Koch* § 376 Rn 26; Heymann/*Emmerich*/*Hoffmann* § 376 Rn 12; MünchKomm/*Grunewald* § 376 Rn 26; Baumbach/*Hopt* § 376 Rn 9.

109 Oetker/*Koch* § 376 Rn 26; Ebenroth/Boujong/Joost/Strohn/*Müller* § 376 Rn 61.

110 Koller/Roth/Morck/*Roth* § 376 Rn 8; Baumbach/*Hopt* § 376 Rn 10; MünchKomm/*Grunewald* § 376 Rn 16; Ebenroth/Boujong/Joost/Strohn/*Müller* § 376 Rn 28; Oetker/*Koch* § 376 Rn 28.

111 RGZ 108, 159; MünchKomm/*Grunewald* § 376 Rn 18; Ebenroth/Boujong/Joost/Strohn/*Müller* § 376 Rn 30; Oetker/*Koch* § 376 Rn 28.

112 Baumbach/*Hopt* § 376 Rn 10; Oetker/*Koch* § 376 Rn 30.

Berücksichtigung der Säumnis mit den Anforderungen an Treu und Glauben schlechthin unvereinbar wäre.[113] Dafür genügt nicht, dass der Schuldner die Leistung nach dem Verstreichen der Frist noch vor der Rücktrittserklärung angeboten[114] oder dass der Gläubiger keinen aktuellen Bedarf an der geschuldeten Leistung hat.[115] Das Rücktrittsrecht des **Gläubigers** entfällt ferner, wenn dieser seinerseits die Säumnis des Schuldners **zu vertreten** hat, z.B. eine ihm obliegende **Vorleistung** nicht erbracht hat, oder wenn dem Schuldner ein **Leistungsverweigerungsrecht** zustand[116]. Dabei ist es unerheblich, ob der Gläubiger schuldhaft gehandelt hat.[117] Zu Fällen, in denen der Gläubiger eine Nachfrist gesetzt hat, s. oben Rn 21.

Der **Rücktritt erfolgt** durch eine formlose, einseitige, zugangsbedürftige (§§ 130 ff **32**
BGB) und grundsätzlich unwiderrufliche Erklärung des Gläubigers an den Schuldner.[118] Die Stornierung eines Auftrags ist nicht ohne weiteres als Rücktrittserklärung zu interpretieren.[119] Es gelten die Regeln, die auf den Rücktritt gemäß § 323 BGB anzuwenden sind. Hat der Gläubiger nach der Fristversäumnis den Rücktritt vom Vertrag erklärt, so kann er im Licht des § 325 BGB den Rücktritt mit dem **Schadensersatzverlangen kombinieren.**[120] Ob ein Rücktritt vorliegt, ist aus der Sicht des Empfängers zu beurteilen. Ein Zeitpunkt für die Rücktrittserklärung ist nicht bestimmt. Der Rücktritt kann grds. frühestens im Moment der Fälligkeit erfolgen. Stellt sich schon davor heraus, dass der Schuldner den Termin unmöglich einhalten kann oder will, so ist jedoch die Rücktrittserklärung bereits früher zulässig.[121] § 376 Abs. 1 S. 1 HGB setzt dem Gläubiger für den Rücktritt keine **Frist.**[122] Dadurch entsteht eine untragbare Schwebelage; denn der Schuldner weiß nicht, ob der Gläubiger zurücktreten und/oder Schadensersatz verlangen wird. Man hat daher im Rahmen des Fixgeschäfts § 350 BGB analog anzuwenden[123]. Der Schuldner kann dem Gläubiger eine angemessene Frist zur Ausübung des Rücktrittsrechts mit der Folge setzen, dass mit dem Fristablauf das Rücktrittsrecht erlischt. Die

---

[113] RGZ 117, 354, 356 f; *Hirsch* JR 1960, 16; MünchKomm/*Grunewald* § 376 Rn 18; Baumbach/*Hopt* § 376 Rn 10; Ebenroth/Boujong/Joost/Strohn/*Müller* § 376 Rn 31.

[114] MünchKomm/*Grunewald* § 376 Rn 18; Baumbach/*Hopt* § 376 Rn 10.

[115] Ebenroth/Boujong/Joost/Strohn/*Müller* § 376 Rn 31; Oetker/*Koch* § 376 Rn 31; **aA** MünchKomm/*Grunewald* § 376 Rn 18.

[116] RG Recht 1927 Nr. 2441; BGH MDR 1965, 377; KG NJW 1960, 632; Oetker/*Koch* § 376 Rn 31; Ebenroth/Boujong/Joost/Strohn/*Müller* § 376 Rn 31; Koller/Roth/Morck/*Roth* § 376 Rn 8; Wertung des § 323 Abs. 6 BGB.

[117] MünchKomm/*Grunewald* § 376 Rn 18; **aA** wohl BGH MDR 1965, 377; KG NJW 1960, 632.

[118] Koller/Roth/Morck/*Roth* § 376 Rn 8; Baumbach/*Hopt* § 376 Rn 10; Ebenroth/Boujong/Joost/Strohn/*Müller* § 376 Rn 32.

[119] MünchKomm/*Grunewald* § 376 Rn 17.

[120] Koller/Roth/Morck/*Roth* § 376 Rn 8; Baumbach/*Hopt* § 376 Rn 10; Ebenroth/Boujong/Joost/Strohn/*Müller* § 376 Rn 32; Oetker/*Koch* § 376 Rn 36. Anders noch vor der Schuldrechtsreform BGH DB 1983, 385, 386.

[121] OLG Köln JR 1959, 302; ebenso Ebenroth/Boujong/Joost/Strohn/*Müller* § 376 Rn 34; MünchKomm/*Grunewald* § 376 Rn 17; Baumbach/*Hopt* § 376 Rn 10; Heymann/*Emmerich/Hoffmann* § 376 Rn 14; Koller/Roth/Morck/*Roth* § 376 Rn 8; Oetker/*Koch* § 376 Rn 29; unter Hinweis auf § 323 Abs. 4 BGB.

[122] Koller/Roth/Morck/*Roth* § 376 Rn 8; Baumbach/*Hopt* § 376 Rn 10; Ebenroth/Boujong/Joost/Strohn/*Müller* § 376 Rn 33; Heymann/*Emmerich/Hoffmann* § 376 Rn 14. BGH NJW 1991, 1292, 1294 lässt offen, ob der Rücktritt vom Fixgeschäft sofort erfolgen muss.

[123] MünchKomm/*Grunewald* § 376 Rn 17; wohl auch Baumbach/*Hopt* § 376 Rn 10; **aA** *Canaris* Handelsrecht § 29 Rn 41; Koller/Roth/Morck/*Roth* § 376 Rn 8; Ebenroth/Boujong/Joost/Strohn/*Müller* § 376 Rn 33: Heymann/*Emmerich/Hoffmann* § 376 Rn 14; Oetker/*Koch* § 376 Rn 34.

Rechte des Gläubigers beschränken sich dann auf den Schadensersatzanspruch wegen Nichterfüllung. Dies gilt auch dort, wo der Gläubiger im konkreten Fall keinen Schadensersatzanspruch geltend machen kann, weil der Schuldner z. B. nicht im Verzug geraten war. Das Interesse an schneller und klarer Beendigung von Schwebesituationen hat den Vorrang[124]. Angesichts der Möglichkeit einer Analogie ist es nicht notwendig, in freier Rechtsfindung eine Frist einzuführen[125] oder auf § 242 BGB[126] zu rekurrieren. Wurde bei einem Überseekauf der fix vereinbarte Abladetermin versäumt, aber die vereinbarte Lieferfrist (Ankunft im Bestimmungshafen) gewahrt, so kann der Rücktritt nicht mehr auf die Überschreitung des Abladetermins gestützt werden.[127]

3. Der Anspruch auf Schadensersatz wegen Nichterfüllung

33 a) **Nachfrist.** Der Schadensersatzanspruch hängt nicht davon ab, dass eine Nachfrist gesetzt worden und diese fruchtlos abgelaufen ist.[128] Dies ergibt sich nicht nur aus dem Wortlaut der Vorschrift, sondern auch daraus, dass eine vom Gläubiger gesetzten Nachfrist vielfach als Erfüllungsverlangen zu interpretieren ist (siehe oben Rn 21).[129]

34 b) **Verzug.** In der Literatur wird verbreitet die Ansicht vertreten, dass das Erfordernis eines Verzuges, wie es sich aus dem Wortlaut des § 376 Abs. 1 S. 1 ergibt, zu restringieren sei.[130] Nach der Schuldrechtsreform mache nämlich § 281 Abs. 1, 2 BGB den Schadensersatzanspruch statt der Leistung nicht mehr von einem Verzug des Schuldners abhängig. Vielmehr genüge es, dass der Schuldner die Leistungsstörung zu vertreten habe (§ 280 Abs. 1 S. 2 BGB). Bei der Angleichung des HGB an das neugefasste BGB habe man vergessen, den § 376 ins Auge zu fassen. Dies sei ein Redaktionsversehen, das es zu korrigieren gelte. Es gehe nicht an, dass Gläubiger im Rahmen des § 376 schlechter gestellt würden als Gläubiger im Rahmen des BGB. Für eine Restriktion des § 376 besteht indessen kein Anlass.[131] Das Verzugserfordernis benachteiligt nämlich den Gläubiger eines Fixgeschäfts nicht im Vergleich zu den §§ 280 f BGB, weil sich der Schuldner sowohl nach § 280 Abs. 1 S. 2 BGB als auch nach § 376 Abs. 1 S. 1 HGB in Verbindung mit § 286 Abs. 4 BGB entlasten kann und der Gläubiger gemäß § 286 Abs. 2 Nr. 1, 2 BGB nicht zu mahnen braucht.[132] Man sollte deshalb beim Wortlaut der Vorschrift stehen bleiben.

c) Berechnung der Schadenshöhe

aa) Waren, Wertpapiere *mit* Börsen- oder Marktpreis

(1) Abstrakte Schadensberechnung (§ 376 Abs. 2)

---

[124] Vgl. Art. 26 Abs. 1 S. 2, Abs. 2 EKG; Art. 49 Abs. 2a Wiener UN-Kaufrecht; **aA** RG Recht 1930, 365 Nr. 1245, demzufolge die Rücktrittserklärung alsbald abgegeben werden muss.

[125] Ebenso MünchKomm/*Grunewald* § 376 Rn 17.

[126] Oetker/*Koch* § 376 Rn 34.

[127] BGH NJW 1991, 1292, 1294.

[128] Ebenroth/Boujong/Joost/Strohn/*Müller* § 376 Rn 35.

[129] Oetker/*Koch* § 376 Rn 37.

[130] *Canaris* Handelsrecht § 29 Rn 30; *Canaris* FS Konzen, 2006, S. 43, 47; MünchKomm/*Grunewald* § 376 Rn 20 (die Verweisung auf den Verzug ist nunmehr gegenstandslos); sympathisierend Koller/Roth/Morck/*Roth* § 376 Rn 9.

[131] Oetker/*Koch* § 376 Rn 38.

[132] *Canaris* FS Konzen (2006), S. 43, 47; Oetker/*Koch* § 376 Rn 38; Ebenroth/Boujong/Joost/Strohn/*Müller* § 376 Rn 36 f.

(a) **Schaden des Käufers.** Der Käufer kann ohne zeitliche Beschränkung[133] den Unterschied zwischen dem vereinbarten Kaufpreis und dem Börsen- oder Marktpreis (§ 373 Rn 40) zum Ende der vereinbarten Frist bzw. zur vereinbarten Zeit (Rn 12) am Erfüllungsort (§ 269 BGB) fordern. Der Börsen- oder Marktpreis kann auf den Absatzmarkt des Käufers[134] oder auf dessen Beschaffungsmarkt (hypothetischer Deckungskauf)[135] bezogen sein. Voraussetzung des Schadensersatzanspruchs ist natürlich, dass sich eine Differenz zugunsten des Käufers ergibt. Der Verkäufer darf nicht geltend machen, dass dem Käufer ein geringerer Schaden entstanden sei;[136] denn § 376 Abs. 2 soll die schnelle Abwicklung von Geschäften begünstigen. Die Zulassung jeden Einwands baut jedoch Drohpotential auf und führt zu Verzögerungen, zumal wenn man bedenkt, dass den Käufer die sekundäre Darlegungslast treffen könnte. § 376 Abs. 2 normiert mithin den Mindestschaden des Käufers.[137] Das gilt auch zu Gunsten von Verbrauchern. **35**

(b) **Schaden des Verkäufers.** Ist bei einem Warenkauf zum Beispiel die Abnahmepflicht oder die Pflicht zur Stellung eines Akkreditivs (Rn 11) fix vereinbart worden, so kann der Verkäufer seinen Schaden gemäß § 376 Abs. 2 als Mindestschaden (Rn 35) berechnen. Voraussetzung ist, dass der Börsen- oder Marktpreis eines hypothetischer Deckungsverkaufs zur vereinbarten Zeit oder Frist (Rn 12) am Erfüllungsort der Warenlieferung (§ 269 BGB) niedriger ist als der Kaufpreis. **36**

(2) **Konkrete Schadensberechnung (§ 376 Abs. 3, 4)**

(a) **Schaden des Käufers.** § 376 Abs. 3 erlaubt eine Schadensberechnung auf der Basis eines realen Deckungskaufes nur, wenn der Kauf „sofort“ nach dem Ablauf der vereinbarten Frist oder Zeit (Rn 12) vorgenommen worden ist. Außerdem muss der Deckungskauf entweder im Rahmen einer öffentlichen Versteigerung (§§ 373, 374 Rn 38) oder durch einen ermächtigten Handelsmakler oder durch eine zur Vornahme öffentlicher Versteigerungen befugte Person (§§ 373, 374 Rn 39) zum laufenden Preis getätigt worden sein. Der Begriff „sofort“ ist in diesem Zusammenhang wie im Rahmen des § 376 Abs. 1 S. 2 zu interpretieren (oben Rn 27). Auch geringfügige Zeitüberschreitungen schaden. Fällt die Verzögerung einem ermächtigten Handelsmakler oder einer zur öffentlichen Versteigerung befugten Person zur Last, so kann dies dem Käufer nicht zugerechnet werden, weil er sich dieser Personen bedienen muss und die rechtzeitige Einschaltung dieser Personen keine Spekulationsgefahr aufkommen lässt. Der Schaden besteht in der Differenz zwischen dem Vertragspreis und dem höheren Preis samt Nebenkosten, zu dem das Deckungsgeschäft zu Stande gekommen ist. **37**

(b) **Schaden des Verkäufers.** Auch der nichtkaufmännische Verkäufer kann die Differenz zwischen dem Kaufpreis und dem niedrigeren Betrag verlangen, zu dem er unter Abzug der Nebenkosten einen Deckungsverkauf getätigt hatte. Dies setzt voraus, dass der Verkauf „sofort“ (Rn 27) nach Überschreitung des vereinbarten Termins bzw. Zeit erfolgt ist. Von Bedeutung sind nur Deckungsverkäufe durch öffentlich ermächtigte Handelsmakler (§§ 373, 374 Rn 45) oder durch zur öffentlichen Versteigerung befugte Personen (§§ 373, 374 Rn 39, 45) zum laufenden Preis oder im Rahmen von öffentlichen Ver- **38**

---

133 *Huber* FS Schmidt, 2009, 725, 726.
134 *Huber* FS Schmidt, 2009, 725, 740.
135 So die hM.
136 Baumbach/*Hopt* § 376 Rn 13; Heymann/*Emmerich/Hoffmann* § 376 Rn 17; **aA** MünchKomm/*Grunewald* § 376 Rn 22 f.
137 *Huber* FS Schmidt, 2009, 725, 726; Oetker/*Koch* § 376 Rn 45.

steigerungen (§§ 373 Rn 38). Im Fall einer Versteigerung ist § 376 Abs. 4 beachten, der auf § 373 Abs. 4 verweist (dazu §§ 373, 374 Rn 38). Das Deckungsgeschäft erfolgt auf Rechnung des Verkäufers. Auch die Abs. 2, 5 des § 373 sind nicht zu beachten. Ein Verstoß gegen die Informationspflicht gemäß § 376 Abs. 4 S. 2 zieht nur eine Schadensersatzpflicht nach sich.

39 bb) **Werklieferungen im Sinn des § 381 *mit* Börsen- oder Marktpreis.** Es ist denkbar, dass sich Verträge über Werklieferungen auf vertretbare Sachen (§ 91 BGB) beziehen, die einen Börsen- oder Marktpreis aufweisen. In solchen Fällen gelten die oben Rn 35 ff dargelegten Regeln.

40 cc) **Waren, Wertpapiere, Werklieferungen *ohne* Börsen- oder Marktpreis.** Der Schadensersatzgläubiger kann seinen Schaden **konkret oder „abstrakt"** berechnen. Es steht ihm frei, von der konkreten zur abstrakten Schadensberechnung und umgekehrt überzugehen.[138]

(1) Abstrakte Schadensberechnung

41 (a) **Schaden des Käufers, Bestellers.** Zählt der Käufer/Besteller zum Kreis der Kaufleute (§§ 1 ff), so darf er nach ständiger Rechtsprechung[139] seinen Schaden abstrakt berechnen, weil es dem gewöhnlichen Lauf der Dinge (§ 252 S. 2 BGB)[140] entspricht, dass ein Kaufmann im Rahmen seines Gewerbes die an ihn veräußerten Sachen weiterveräußert und sich zum Marktpreis anderweitig eindecken kann. Der abstrakte Schaden des Käufers etc. beläuft sich demnach auf den Betrag, um den der Preis einer mit gewisser Wahrscheinlichkeit[141] offen stehenden Deckungsbeschaffung höher ist als der mit dem Verkäufer bzw. Werklieferanten vereinbarte Vertragspreis.[142] Ersparte Aufwendungen sind zu berücksichtigen. Der Verkäufer kann den Nachweis führen, dass sich der Käufer etc. günstiger hätte eindecken können[143] oder dass er die Ware nicht mehr benötigt hat.

Bei marktgängiger Ware ist ferner eine abstrakte Schadensberechnung auf der Basis möglich, dass der Käufer bzw. Besteller die zu liefernde Ware jederzeit zum Marktpreis hätte absetzen können, so dass sich der Schaden auf die Differenz zwischen dem Vertragspreis und dem auf den Abnehmereinkaufsmärkten geltenden höheren Marktpreis beläuft.[144] Der Käufer braucht nicht nachzuweisen, dass er einen konkreten Abnehmer für die Ware gehabt hat.[145] Er muss auch keinen Deckungskauf vornehmen.[146]

---

138 BGH WM 1998, 931.

139 BGHZ 2, 310, 313; BGH NJW 1988, 2234, 2236; WM 1998, 931; NJW-RR 2006, 244, 245.

140 Krit. *C. Knütel* AcP 202 (2002), 555, 564 ff m. Nachw.

141 Oetker/*Koch* § 376 Rn 41.

142 BGH WM 1998, 931; MünchKomm/*Grunewald* § 376 Rn 21.

143 Diff. BGH WM 1998, 931 f.

144 BGHZ 2, 310, 313; 62, 103, 105 f; BGH NJW-RR 2006, 244, 245; MünchKomm/*Oetker* § 252 Rn 46, 48; MünchKomm/*Grunewald* § 376 Rn 21. Ausschließlich für diesen Wert *Huber* FS Schmidt, 2009, 725, 742, 744 (§ 376 Abs. 2 analog).

145 BGHZ 62, 103, 105. Insoweit steht dem Käufer/Besteller der Gegenbeweis offen, dass es im konkreten Fall zu dem vom Schadensersatzgläubiger zugrunde gelegten Preis keine Abnehmer gegeben habe.

146 BGHZ 2, 310, 313; **aA** MünchKomm/*Oetker* § 252 Rn 48; Ebenroth/Boujong/Joost/Strohn/*Müller* § 376 Rn 53 unter Hinweis auf BGH ZIP 1997, 646, 647 f.

(b) **Schaden des Verkäufers, Werklieferanten.** Es wird vermutet, dass der kaufmännische Verkäufer bzw. Werklieferant marktgängige Ware jederzeit zum Marktpreis hätte absetzen können.[147] Es wird deshalb vermutet, dass der Verkäufer/Werklieferant einen Schaden in Höhe der Differenz zwischen dem auf seinem Einkaufsmarkt geltenden Einkaufspreis bzw. seinen Selbstkosten[148] und dem mit dem Schuldner vereinbarten höheren Vertragspreis erleidet.[149] Der Schuldner darf nicht vorbringen, dass der Verkäufer bzw. Werklieferant die marktgängige Ware zum selben Preis hätte anderweit veräußern können oder veräußert habe,[150] nur ausnahmsweise, dass sich der Verkäufer etc. Generalsunkosten (Fixkosten) erspart habe.[151] **42**

(2) **Konkrete Schadensberechnung.** Der *Käufer/Besteller* kann seinen Schaden immer anhand eines zu höheren Preisen abgeschlossenen Deckungsgeschäfts sowie sonstiger Aufwendungen berechnen.[152] Dieses Deckungsgeschäft muss nicht „sofort" (Rn 27) abgeschlossen worden sein. Ferner kann er seinen Schaden daran bemessen, was er seinen Abnehmern an Schadensersatzleistungen zu erbringen hat (§ 249 BGB). Der *Verkäufer/Werklieferant*, dessen Waren etc. sein Vertragspartner nicht abgenommen hat, darf seinen Schaden ebenfalls anhand der Differenz zwischen dem Kaufpreis und dem niedrigeren Preis veranschlagen, zu dem er die nicht abgenommene Ware anderweit abgesetzt hat.[153] **43**

d) **Pflicht zur Schadensminderung.** Dort, wo für die Ware oder Werkleistung ein Börsen- oder Marktpreis besteht, kann der Schuldner nicht einwenden, dass sich der Vertragsbruch abgezeichnet habe und der Gläubiger deshalb verpflichtet gewesen sei, den Schaden durch ein alsbaldiges Deckungsgeschäft gering zu halten.[154] Eine derartige Pflicht bringt Rechtsunsicherheit in das Fixgeschäft und läuft dessen Beschleunigungsintentionen (Rn 1) zuwider. Zu bedenken ist auch, dass der Gesetzgeber mit § 376 Abs. 3 nur in begrenztem Umfang dafür gesorgt hat, Spekulationen zulasten des Schuldners zu verhindern. In Fällen, in denen eine an § 252 S. 2 BGB orientierte abstrakte Schadensberechnung möglich ist (Rn 41 f), kann dagegen mit einer verbreiteten Meinung[155] und Rechtsprechung[156] dem Gläubiger ein Mitverschulden vorgeworfen werden, wenn er nicht alsbald, jedoch der Rechtsnatur des Fixgeschäfts entsprechend nicht vor Ablauf des Termins bzw. der Frist, ein Deckungsgeschäft vorgenommen hat. Die Beweislast hierfür trägt der Schadensersatzschuldner. **44**

---

147 BGHZ 126, 305, 308; BGH NJW 2000, 1409, 1410.
148 BGH NJW-RR 2001, 985, 986.
149 MünchKomm/*Oetker* § 252 Rn 46; Ebenroth/Boujong/Joost/Strohn/*Müller* § 376 Rn 41, 43.
150 BGHZ 126, 305, 308; BGH NJW 2000, 1409, 1410; Ebenroth/Boujong/Joost/Strohn/*Müller* § 376 Rn 43.
151 BGH NJW-RR 2001, 985, 986.
152 RGZ 90, 160, 161; BGH NJW-RR 2006, 244, 245; Ebenroth/Boujong/Joost/Strohn/*Müller* § 376 Rn 50; einschr. MünchKomm/*Grunewald* § 376 Rn 22.
153 Dem BGH (NJW 1997, 2378 [str.]) zufolge ist nach den Regeln der Vorteilsausgleichung zu prüfen, inwieweit der Verkäufer einen über dem Verkehrswert der Sache hinausgehenden Gewinn erzielt hat.
154 RG JW 1910, 613, 614; Ebenroth/Boujong/Joost/Strohn/*Müller* § 376 Rn 53; **aA** MünchKomm/*Grunewald* § 376 Rn 22 f.
155 Ebenroth/Boujong/Joost/Strohn/*Müller* § 376 Rn 53, 55.
156 BGH ZIP 1997, 646, 647 f.

Die Kommentierung der §§ 377 bis 382 erfolgt in Band 12.

DRITTER ABSCHNITT

Kommissionsgeschäft

§ 383

Kommissionär ist, wer es gewerbsmäßig übernimmt, Waren oder Wertpapiere für Rechnung eines anderen (des Kommittenten) in eigenem Namen zu kaufen oder zu verkaufen.

Die Vorschriften dieses Abschnittes finden auch Anwendung, wenn das Unternehmen des Kommissionärs nach Art oder Umfang einen in kaufmännischer Weise eingerichteten Geschäftsbetrieb nicht erfordert und die Firma des Unternehmens nicht nach § 2 in das Handelsregister eingetragen ist. In diesem Fall finden in Ansehung des Kommissionsgeschäfts auch die Vorschriften des Ersten Abschnittes des Vierten Buches mit Ausnahme der §§ 348 bis 350 Anwendung.

Schrifttum

Adler ZHR **1961** 456 ff; *Ahlert* Vertragliche Vertriebssysteme zwischen Industrie und Handel (1981); *Altmeppen*, Provisionsansprüche bei Vertragsauflösung (1987); *Assmann*, Interessenkonflikte aufgrund von Zuwendungen, ZBB 2008, 21; *Assmann/Schneider* (Hrsg.), WpHG (6. Aufl. 2012); *Assmann/Schütze* (Hrsg.), Kapitalanlagerecht (3. Aufl. 2007); *Avancini* Ist § 392 Abs. 2 HGB auf die vom Kommissionär in Durchführung eines Kommissionsgeschäftes erworbenen Sachenrechte analog anwendbar? Festschrift Kastner (1972) S. 5 ff; *Baumbach/Hopt* HGB (34. Aufl. 2010); *Bette* Das Factoring-Geschäft (1973); *Beuthien* Zweckerreichung und Zweckstörung im Schuldverhältnis (1969); *Böhm* Auslegung und systematische Einordnung des § 392 Abs. 2 HGB (1971); *Börsen-Enquête-Kommission* Bericht der ..., (1892/98); *Bracht*, Die Pflicht von Wertpapierdienstleistungsunternehmen zur bestmöglichen Ausführung von Kundenaufträgen (Best Execution) (2009), (zit. Best execution); *Breit* Kommentar zum Börsengesetz (1909); *Bremer* Grundzüge des deutschen und ausländischen Börsenrechts (1969); *Canaris* Ansprüche wegen „positiver Vertragsverletzung" und „Schutzwirkung für Dritte" bei nichtigen Verträgen, JZ 1965, 475 ff; *Canaris* Die Vermutung „aufklärungsrichtigen Verhaltens" und ihre Grundlagen, FS Hadding (2004), S. 3 ff; *Canaris*, Handelsrecht (24. Aufl. 2006); *Canaris* Die Verdinglichung obligatorischer Rechte, Festschrift Flume (1978), S. 414; *Canaris* Großkommentar HGB, 3. Aufl., 2. Bearbeitung (1981), Bd. III/3; *Canaris* Vertrauenshaftung im Deutschen Privatrecht (1971), S. 212; *Capelle* Das Außenverhältnis der Vertretung fremder Interessen nach skandinavischem Recht, Festschrift Raape (1948), S. 332; *Capelle* Handelsrecht, 18. Aufl. (1977); *Coing* Die Treuhand kraft privaten Rechtsgeschäfts (1973); *v. Dalwigk zu Lichtenfels* Das Effektenkommissionsgeschäft (1975); *Diekmann* Die Vermutung aufklärungsrichtigen Verhaltens bei Beratungsfehlern, WM 2011, 1153; *Dobmann* Rechtsfragen der Anzeigenmittlung, MA 1953, 363; *Düringer/Hachenburg* HGB (3. Aufl. 1930–1935); *Ebenroth* Kollisionsrechtliche Anknüpfung der Vertragsverhältnisse von Handelsvertretern, Kommissionsagenten, RIW **1984** 165; *Ebenroth/Obermann* Absatzmittlungsverträge im Spannungsverhältnis von Kartell- und Zivilrecht (1980); Ebenroth/Boujong/Joost Strohn, HGB (2. Aufl. 2009); *Ehling* Zivilrechtliche Probleme der vertraglichen Ausgestaltung des Inland-Factoring Geschäftes in Deutschland (1977); Entwurf eines HGB nebst Denkschrift (1896) *Fleckner* Aufhebung nicht marktgerechter Wertpapiergeschäfte (Mistrades), WM 2011, 585; *Fleckner* Schadensausgleich beim Handeln im eigenen Namen für fremde Rechnung, in: Perspektiven des Wirtschaftsrechts (2008), S. 3 ff; *Gierke/Sandrock* Handels-

und Wirtschaftsrecht (9. Aufl., 1975), Bd. I; *Grünhut* Das Recht des Kommissionshandels (1879); *Hadding* Sind Vertriebsvergütungen von Emittenten an Kreditinstitute geschäftsbesorgungsrechtlich an den Kunden herauszugeben?, ZIP 2008, 529; *Hadding* Zu einer „Behaltensklausel" betreffend Vertriebsvergütungen an Wertpapierdienstleistungsunternehmen, FS Nobbe (2009), S. 566 ff; *Hadding/Wagner* Börsentermingeschäfte an ausländischen Börsen und in ausländischen Wertpapieren, WM 1976, 310; *Hager* Die Prinzipien der mittelbaren Stellvertretung, AcP 180 (1980) 239; *Hager* Entwicklungsstadien der bereicherungsrechtlichen Durchgriffshaftung, in: Ungerechtfertigte Bereicherung – Grundlagen, Tendenzen, Perspektiven (1984), S. 151; *Heymann* HGB, Bd. IV (2. Aufl. 2005); *Hopt* Der Kapitalanlegerschutz im Recht der Banken (1975); *Hopt* Das Vertragsverhältnis zwischen Verlag und Pressegrossisten – Ein Beispiel für einen Kommissionsagentenvertrag –, FS Hadding (2004), S. 443 ff; *Hopt/Will* Europäisches Insiderrecht (1973), *Isele* Geschäftsbesorgung (1935); *Jenny* Die Außenseite der Warenkommission in der Rechtsvereinheitlichung unter Berücksichtigung des deutschen, schweizerischen, englischen und amerikanischen Rechts (1962); *Knütel* Weisungen bei Geschäftsbesorgungsverhältnissen, insbesondere bei Kommission und Spedition, ZHR 137 (1973), 285 ff; *Knütel* Zur Frage der sog. Dilligenzpflichten des Gläubigers gegenüber dem Bürgen, Festschrift Flume (1978) Bd. I, S. 559 ff; *Köndgen* Preis- und Vergütungsgestaltung im Wertpapierhandel – Zur Obsoleszenz des Kommissionsrechts –,FS Canaris, Bd. 2 (2007), S. 183 ff; *Koller* Interessenkonflikte im Kommissionsverhältnis, BB 1978, 1733; *Koller* Das Provisions- und Aufwendungsrisiko bei der Kommission, BB 1979, 1725; *Koller* Risikozurechnung bei Vertragsstörungen in Austauschverträgen (1979); *Koller*, Interessenkonflikte bei der Ausführung von Geschäftsbesorgungsverträgen, FS Piper (1996); *Koller/Roth/Morck*, HGB (7. Aufl. 2011); *Kümpel/Wittig*, Bank- und Kapitalmarktrecht (4. Aufl. 2011); *Kumpan,* Vorteilsabschöpfung bei Interessenkonflikten, in: Perspektiven des Wirtschaftsrechts (2008); *Leser* Zum Entwurf eines einheitlichen Kommissionsgesetzes für den internationalen Handelsverkehr, ZHR 126, 118; *Locher* Die Auskunfts- und Rechenschaftspflicht des Architekten und Baubetreuers, NJW 1968, 2324; *v. Lübtow* Das Geschäft „für den es angeht" und sogenannte „antizipierte" Besitzkonstitut, ZHR 112, 262 f; *Modest* Über den Selbsteintritt des Bankkommissionärs NJW 1950, 53; *Mülbert* Auswirkungen der MiFID-Rechtsakte für Vertriebsvergütungen im Effektengeschäft der Kreditinstitute, ZHR 172 (2008), 169 ff; *Mülbert* Behaltensklauseln für Vertriebsvergütungen in der institutsinternen Vermögensverwaltung, WM 2009, 481; *Müller-Erzbach* Die Grundsätze der mittelbaren Stellvertretung aus der Interessenlage entwickelt (1905); *Müller-Graff* Rechtliche Auswirkungen einer laufenden Geschäftsverbindung im amerikanischen und deutschen Recht (1974); Münchener Kommentar zum HGB (2. Aufl. 2007 ff); *Musielak* Haftung für Rat, Auskunft und Gutachten (1974); *Nußbaum* Kommentar zum Börsengesetz (1910); *Nußbaum* Tatsachen und Begriffe im deutschen Kommissionsrecht (1917); *Nußbaum* Die Börsengeschäfte, in: Ehrenbergs Handbuch des gesamten Handelsrechts (1918), Bd. IV 2. Abt., S. 613; Oetker, HGB (2. Aufl. 2010); *Palandt* Bürgerliches Gesetzbuch (70. Aufl. 2011); *Pickart* Maklervertrag und Kommissionsgeschäft in der neueren höchstrichterlichen Rechtsprechung, WM 1956, 110 ff; *Prellberg* Der Selbsteintritt der Banken im Wertpapierhandel, Diss. Göttingen 1962; *Protokolle* der Commission zur Berathung eines ADHGB (1858); *Rasmus* Das Selbsteintrittsrecht des Effektenkommissionärs (1968); Reichsgerichtsrätekommentar zum HGB, Bd. V (Bearbeiter: *Ratz*) (1969); *Rothenhöfer* Interaktion zwischen Aufsichts- und Zivilrecht, in: Perspektiven des Wirtschaftsrechts (2008), S. 55 ff; *Schilken* Wissenszurechnung im Zivilrecht (1983); *Schlegelberger/Hefermehl* HGB Bd. VI (5. Aufl. 1977); *Schmidt* Börsenorganisation zum Schutz der Anleger (1970); *K. Schmidt* Handelsrecht (5. Aufl. 1999); *K. Schmidt* Die Kommission: Treuhand am Rechtsverhältnis – ein Versuch über die Dogmatik der mittelbaren Stellvertretung –, Perspektiven des Privatrechts am Anfang des 21. Jahrhunderts, Festschrift Medicus zum 80. Geburtstag (2009), S. 467 ff; Schmidt-*Rimpler* Das Kommissionsgeschäft, in: Ehrenbergs Handbuch des gesamten Handelsrechts (1928) Bd. V 1. Abt. 2. Hälfte; *Schneiders* Anlegerschutz im Recht der Effektenkommission (1977); *Schwark* Anlegerschutz durch Wirtschaftsrecht (1979); *Schwark* Rechtsprobleme bei der mittelbaren Stellvertretung, JuS 1980, 777; *Schwarz* § 392 Abs. 2 HGB als Aufrechnungshindernis, NJW 1969, 1942; *Staub* ADHGB (1893); *Spindler* Aufklärungspflichten im Bankrecht, NJW 2011, 1920 *Steindorff* Festschrift Dölle (1963) Bd. I, S. 283; *Stoll* Kollisionsrechtliche Fragen beim Kommissionsgeschäft, RabelsZ 24 (1959) 601; *Ulmer* Vertragshändler (1969); Weller Die Dogmatik des Anlageberatungsvertrages: Legitimation der strengen Rechtsprechung von Bond bis Ille ./. Deutsche Bank, BKR 2011, 191; *Wermert* Hirths Annalen 1908, S. 1 (37); *Wolf* Der mittelbare Stellvertreter als nichtberechtigt Verfügender, JZ 1968, 414; *Wolter* Effektenkommission und Eigentumserwerb (1979).

Übersicht

A. Vorbemerkung

I. Wirtschaftliche Bedeutung des Kommissionshandels

1 Bis zur Mitte des 19. Jahrhunderts war der Kommissionshandel in Waren vornehmlich in der Form des Export- und Importhandels verbreitet.[1] Seit dieser Zeit ist die Warenkommission stark zurückgegangen. Ursache hierfür dürfte zum einen die Fortentwicklung der Verkehrs- und Nachrichtentechnik gewesen sein, die es dem Kommittenten erleichterte, die Stufe des Kommissionärs zu überspringen und unmittelbar mit entfernteren Anbietern und Abnehmern in Kontakt zu treten.[2] Zum anderen nahmen auf dem Gebiet der Warenkommission die Lieferanten ein immer größeres Interesse an der Entwicklung des good will ihrer Firma und ihrer Produkte.[3] Dieses Interesse läßt sich im Rahmen eines Kommissionsverhältnisses nur schwer wahren. Die Mittlerfunktionen des Handels verlagerten sich daher auf den Handelsvertreter und in neuerer Zeit auf den Vertragshändler. Parallel dazu verlief eine Stärkung der Position des Eigenhandels, dessen Kapitalbasis breiter und der dadurch fähig geworden war, in größerem Umfang die mit dem Eigenhandel verbundenen Risiken auf sich zu nehmen.

2 Über die **heutige Verbreitung** der Warenkommission lassen sich nur schwer sichere Aussagen machen, da Kommissionsgeschäfte in der Regel mit Eigengeschäften sowie Vermittlungsgeschäften verknüpft sind, und im Handelsverkehr der Begriff „Kommission" vielfach für Konditionsgeschäfte, die eine Form des Eigenhandels darstellen (Rn 76), verwandt wird.[4] Soweit ersichtlich findet sich im Binnenhandel die Warenkommission im wesentlichen beim Kunst-, Antiquitäten-, Briefmarkenhandel sowie im Versteigerungsgewerbe.[5] Im Im- und Export hat die Kommission nur noch geringe praktische Bedeutung.[6] Größere Relevanz hat das Kommissionsgeschäft im Rahmen der Effektenkommission erlangt,[7] da nur die Banken, nicht aber das Anbieter- und Nachfragerpublikum Zutritt zu den maßgeblichen Handelsplätzen, den Börsen und sonstigen Märkten für Finanzinstrumente, besitzen.[8] Neben der Kommission im engeren Sinn, die nur Aufträge zum Kauf bzw. Verkauf von Waren oder Wertpapieren umfaßt, steht die atypische, in § 406

---

[1] *Schmidt-Rimpler*, Das Kommissionsgeschäft, in: Ehrenbergs Handbuch des gesamten Handelsrechts (1928) Bd. V 1. Abt. 2. Hälfte, S. 549 f.

[2] Oetker/*Martinek*, HGB, § 383 Rn 21; *K. Schmidt*, Handelsrecht, § 31 II.

[3] *Schmidt-Rimpler* (Fn 1), S. 551 ff.

[4] *Gierke/Sandrock*, Handels- und Wirtschaftsrecht, S. 457

[5] MünchKommHGB/*Häuser*, § 383 Rn 6.

[6] *Krüger*, in Ebenroth/Boujong/Joost Strohn, HGB (2. Aufl.), § 383 Rz. 3; Oetker/ *Martinek*, HGB, § 383 Rn 21.

[7] Baumbach/*Hopt*, HGB, § 383 Rn 4; Oetker/ *Martinek*, HGB, § 383 Rn 19.

[8] MünchKommHGB/*Häuser*, § 383 Rn 5 mit Hinweis zur Betreuung von Wertpapierekommissionen.

geregelte Kommission. Als wirtschaftlich relevante Formen der atypischen Kommission sind die Inkassokommission und der Kommissionsverlag, als Mischform die Kommissionsagentur (Rn 58), zu nennen.

II. Die wirtschaftlichen Funktionen der Kommission

Der Kommissionär ist wie der Eigenhändler, Makler oder Handelsvertreter im wirtschaftlichen Sinne **Mittler zwischen Angebot und Nachfrage**. Er wird wie jeder Mittler wegen seiner besonderen Marktkenntnisse sowie seines Marktzuganges – Faktoren, die unter Umständen auf besonderen organisatorischen Vorkehrungen beruhen – eingeschaltet. Daß die Mittlerfunktionen gerade im Rahmen des Typus „Kommissionsvertrag" erfüllt werden sollen, kann auf verschiedenen Faktoren beruhen. Aus der Sicht des Kommissionärs kann es Kapitalmangel sein; denn der Kommissionär braucht im Vergleich zu einem Eigenhändler bedeutend geringere Marktrisiken auf sich zu nehmen[9]. Dies spielt vor allem auf Märkten eine erhebliche Rolle, deren Erschließung mit großen Schwierigkeiten verbunden ist, oder bei Waren, deren Preise stark schwanken. Aus der Sicht der Kommissionäre spricht hier gegen die Übernahme der Handelsvertreterfunktion, daß die Aufträge bestimmter Kunden entweder nicht kontinuierlich eingehen oder daß sie sich nicht so stark an den good will ihres Auftraggebers binden wollen. Der Kommissionär mag auch ein Interesse daran haben, seine Geschäftsverbindungen geheimzuhalten.[10] Zwischen der Figur des Kommissions- und des Handelsvertretervertrages steht die Kommissionsagentur (dazu Rn 58). 3

Der Kommittent, der ein Kommissionsverhältnis vereinbart, obwohl er einen typischen Kaufvertrag abschließen könnte, wird sich das Ziel gesetzt haben, nicht nur einen Durchschnittspreis, sondern den besten Preis zu erlösen, den er erlangen könnte, wenn er selbst über den Marktzugang[11] und die nötige Geschäftsgewandtheit verfügen würde. Er schaltet daher den Kommissionär als seine Vertrauensperson ein.[12] Gleiches gilt in Fällen, in denen der Kommittent aus irgendwelchen Gründen im Dunkeln bleiben will.[13] Die Möglichkeiten des Kommissionsgeschäfts wird er freilich regelmäßig nur dann für sich nutzen können, wenn er wirtschaftlich so mächtig ist, daß er ein „Aufsteigen" des Kommissionärs in die Position des Eigenhändlers zu verhindern vermag, oder die Rechtsordnung dafür sorgt, daß sein Wunsch, eine Vertrauensperson mit Transaktionen zu beauftragen, respektiert wird. Ein weiterer Grund für die Beauftragung von Kommissionären kann in Steuerersparnissen liegen. Schließlich ist daran zu denken, daß der Auftraggeber keinen Handelsmittler findet, der bereit wäre, das volle Handelsrisiko auf sich zu nehmen,[14] weil die Marktchancen des Gutes zu schlecht sind oder weil die in Betracht kommenden Handelsmittler über zu wenig Kapital verfügen. Allerdings wird hier vielfach anstatt eines Kommissionsgeschäfts ein sog. Konditionsgeschäft (dazu Rn 76) getätigt. 4

---

9 *Schmidt-Rimpler* (Fn 1), S. 508, 553, 566; MünchKommHGB/*Häuser*, § 383 Rn 4.
10 MünchKommHGB/*Häuser*, § 383 Rn 4.
11 MünchKommHGB/*Häuser*, § 383 Rn 4.
12 *Schmidt-Rimpler* (Fn 1), S. 508 f, 538 ff.
13 *Schmidt-Rimpler* (Fn 1), S. 564, 590; MünchKommHGB/*Häuser*, § 383 Rn 4.
14 *Schmidt-Rimpler* (Fn 1), S. 553.

B. Der Typus „Kommissionsgeschäft“ und der Begriff des Kommissionärs

I. Einleitung

5 Das HGB geht im § **383** nicht von der Eigenart des konkret vereinbarten Geschäfts aus, sondern von der **Art und Weise, in der sich üblicherweise einer der Vertragspartner betätigt.** Im § 383 Abs. 1 heißt es nämlich, **Kommissionär** sei, wer es gewerbsmäßig übernehme, Waren (vor § 373 Rn 11) oder Wertpapiere (§ 381) für Rechnung eines anderen (des Kommittenten) im eigenen Namen zu kaufen oder zu verkaufen. Den Waren und Wertpapieren werden in § 406 Abs. 2 (praktisch völlig unbedeutend) Werklieferungsverträge über unvertretbare bewegliche Sachen gleichgestellt.

6 Der Kreis der in der Überschrift zum dritten Abschnitt des dritten Buches angesprochenen **„Kommissionsgeschäfte“** ist **erheblich weiter.** Er umfaßt darüber hinaus alle Geschäfte, die im eigenen Namen für fremde Rechnung ausgeführt werden, sofern der Ausführende Gewerbetreibender ist (§§ 383, 406 Abs. 1).[15] In diesem Zusammenhang wird gelegentlich – um den Unterschied zu den in § 383 genannten Formen des Kommissionsgeschäfts[16] hervorzuheben – von der „unechten“, „uneigentlichen“ oder „unregelmäßigen“ Kommission gesprochen.[17] Von juristischer Relevanz ist diese Differenzierung kaum. Auf beide Formen des Kommissionsgeschäfts finden die §§ 383 ff in nahezu vollem Umfang Anwendung. Eine Ausnahme gilt z.B. nur für die Ausführung der Kommission durch Selbsteintritt, die dem Wortlaut des § 400 Abs. 1 zufolge nur bei der Kommission über Waren oder Wertpapiere zulässig ist (zur Analogiefähigkeit des § 400 Abs. 1 s. § 406 Rn 9 f). *Zur Klarstellung* sei angemerkt, daß zu Kommissionsgeschäften nicht nur diejenigen Vereinbarungen gehören, denen zufolge die Kommission durch ein Ausführungsgeschäft mit einem Dritten ausgeführt werden muß, sondern auch Kommissionen, die es dem Kommissionär erlauben, selbst als Verkäufer oder Käufer einzutreten (§ 400 Abs. 1). Der Selbsteintritt ist nämlich eine gesetzlich anerkannte Variante der Kommissionsausführung (§ 400 Rn 26). Deshalb kann man auch hier von Kommissionsgeschäften sprechen.

7 In der Literatur ist häufig vom **Begriff** des Kommissionsgeschäfts oder vom Kommissionsbegriff die Rede[18]. Wie die gesetzlich geregelten schuldrechtlichen Austauschverträge, einseitig verpflichtenden Verträge und Gesellschaftsverträge des BGB wird man aber auch das Kommissionsgeschäft als **Vertragstypus**[19] bezeichnen müssen.[20] Der Ausdruck „Typus“ meint im Gegensatz zu „Begriff“ ein Merkmalganzes, dessen einzelne Züge in gewissem Grade ersetzbar oder verschieden stark ausgeprägt sind. Der Typus kann deshalb in den einzelnen Erscheinungsformen durchaus unterschiedliche Züge aufweisen; er kann Abwandlungen erfahren (so z.B. durch die Aufnahme einer ständigen Geschäftsverbindung bei der Kommissionsagentur; dazu Rn 58) oder in einen anderen Typus umschlagen. – Die maßgeblichen Züge des Kommissionsgeschäfts dürfen nicht allein dem § 383 entnommen werden. Zur näheren Kennzeichnung des Kommissionsgeschäfts ist es darüber hinaus notwendig, diejenigen „Merkmale“ mit einzubringen, die

[15] Zur Frage, ob § 406 nur auf Kaufleute anwendbar ist s. § 406 Rn 2, 5. Enger Oetker/*Martinek*, HGB, § 383 Rz. 1.

[16] *Schmidt-Rimpler* (Fn 1), S. 481.

[17] Oetker/*Martinek*, HGB, § 383 Rn 4; MünchKommHGB/*Häuser*, § 383 Rn 2; Baumbach/*Hopt*, HGB, § 383 Rn 2.

[18] *Schmidt-Rimpler* (Fn 1), S. 478 ff; Schlegelberger/*Hefermehl*, HGB, § 383 Rn 7 ff.

[19] *Canaris*, Handelsrecht, § 30 Rn 8; Leenen Typus und Rechtsfindung (1971), S. 118 ff; kritisch Kuhlen Typuskonzeptionen in der Rechtstheorie (1977).

[20] *K. Schmidt*, Handelsrecht, § 31 I 2a.

sich mittelbar aus den §§ 384 ff ergeben. Dabei sind diese Merkmale ihrerseits in ihrer Gesamtheit wieder daran zu kontrollieren, ob die so gewonnene Typenbeschreibung und -zuordnung zu angemessenen Ergebnissen führt.[21] Dieser Ansatz liegt auch der Rechtsprechung zugrunde, die im Einzelfall die jeweiligen Verträge lediglich anhand von Indizien den Kommissionsgeschäften zuordnet (näher dazu Rn 34 ff).

II. Der Kommissionär

Kommissionär ist gemäß § 383, wer **Kommissionsgeschäfte** (Rn 5 f) **gewerbsmäßig** tätigt, und zwar in der Form des Kaufens/Verkaufens von Waren (vor § 373 Rn 11) oder Wertpapieren (§ 381). Gegenstand des zwischen einem Kommissionär und einem Kommittenten abgeschlossenen Vertrages muß also ein Kommissionsgeschäft sein, das auf eine bestimmte Art von Ausführungsgeschäften gerichtet ist; das Kommissionsgeschäft muß gewerbsmäßig betrieben werden. – **8**

Im einzelnen ist dazu zu bemerken: Die Eigenschaft als Kommissionär hängt davon ab, daß das Ausführungsgeschäft auf einen **Kauf oder Verkauf** gerichtet ist. Dem Kauf steht der Tausch gleich.[22] Gemäß § 406 Abs. 2 wird der Werklieferungsvertrag über unvertretbare bewegliche Sachen wie ein Kaufvertrag behandelt. Werklieferungsverträge über vertretbare Sachen gelten schon gemäß § 651 Abs. 1 BGB als Kaufverträge.[23] Bei anderen Typen von Ausführungsgeschäften kann § 406 Abs. 1 eingreifen. – Das Ausführungsgeschäft muß ferner auf **Waren oder Wertpapiere** gerichtet sein. Zu den Begriffen Waren und Wertpapiere s. vor § 373 Rn 11; Erl. zu § 381). Forderungen[24], dingliche Rechte oder Grundstücke fallen nicht unter den Begriff „Waren" bzw. „Wertpapiere".[25] Gleiches gilt für Gesellschaftsanteile.[26] Auch Auszahlungen sind keine Wertpapiere[27]. In derartigen Fällen ist allerdings immer zu prüfen, ob nicht § 406 Abs. 1 S. 2 eingreift. **9**

Der Kommissionär muß die Käufe bzw. Verkäufe **im eigenen Namen für fremde Rechnung** tätigen.[28] **10**

Die Kommissionsgeschäfte müssen schließlich **gewerbsmäßig** abgeschlossen werden.[29] Nicht Voraussetzung ist, daß der Kommissionär zum Kreis der Kaufleute i.S. der §§ 1, 2 zählt (§ 383 Abs. 2).[30] Gewerbsmäßigkeit[31] heißt zum einen, daß die gelegentliche Übernahme von Kommissionsgeschäften nicht genügt.[32] Die Tätigkeit als Kommissionär muß zum anderen auf ständige Wiederholung gerichtet sein;[33] nicht notwendig ist es hingegen, daß der Mittler schon als Kommissionär tätig geworden ist; es genügt der erstmalige Abschluß eines Kommissionsgeschäfts, wenn dies den Beginn einer laufenden gewerb- **11**

---

[21] *Leenen*, Typus und Rechtsfindung, S. 149 ff.

[22] *Krüger* (Fn 6), § 383 Rn 5; Oetker/*Martinek*, HGB, § 383 Rn 1.

[23] *Krüger* (Fn 6), § 383 Rn 5.

[24] Mit Ausnahme von in Inhaber- oder Orderpapieren verbrieften Forderungen.

[25] MünchKommHGB/*Häuser*, § 383 Rn 10; *Krüger* (Fn 6), § 383 Rn 6; Oetker/*Martinek*, HGB, § 383 Rn 1.

[26] BGH, NJW 1960, 1852; *Krüger* (Fn 6), § 383 Rn 6.

[27] Schlegelberger/*Hefermehl*, HGB, § 383 Rn 12; **aA** *Schmidt-Rimpler* (Fn 1) S. 489 f.

[28] Dazu unten Rn 13, 15, 123.

[29] MünchKommHGB/*Häuser*, § 383 Rn 13; Oetker/*Martinek*, HGB, § 383 Rn 3.

[30] Baumbach/*Hopt*, HGB, § 383 Rn 2; Oetker/*Martinek*, HGB, § 383 Rn 3; MünchKommHGB/*Häuser*, § 383 Rn 15 f.

[31] Siehe dazu auch § 1 Rn 14 ff.

[32] BGH, NJW 1960 1852; *Krüger* (Fn 6), § 383 Rn 10; Oetker/*Martinek*, HGB, § 383 Rn 3.

[33] MünchKommHGB/*Häuser*, § 383 Rn 14.

lichen Berufsausübung darstellt oder nach der Willensrichtung des Kommissionärs darstellen soll. Die Tätigkeit muß der Gewinnerzielung durch Einnahme von Provisionen oder sonstigen Vergütungen dienen.[34] Wird gelegentlich ein Kommissionsgeschäft unentgeltlich getätigt, so nimmt dies nicht ohne weiteres die Eigenschaft als Kommissionär.[35] Ein Mittler, der im eigenen Namen Kaufverträge über Waren oder Wertpapiere für fremde Rechnung abschließt, handelt nämlich auch dann gewerbsmäßig, wenn sich zwar der Vertragspartner zu keiner Gegenleistung verpflichtet, das Geschäft aber in einem weiteren Sinne seinem Gewerbebetrieb zugute kommen soll (RGZ 33, 110). Anders ist die Situation dort, wo das Geschäft auf reiner Gefälligkeit beruht[36]. Es liegt dann ein Auftrag vor, auf den gegebenenfalls ergänzend Kommissionsrecht anzuwenden ist.[37] Andererseits rechtfertigt die in einem Einzelfall gewährte, besonders hohe Provision noch keinen Schluß auf die Gewerbsmäßigkeit.[38]

12 Die Tätigkeit des Kommissionärs darf **nicht** im Rahmen eines **persönlichen**[39] **Abhängigkeitsverhältnisses** als Arbeitnehmer oder als Organ einer Kapitalgesellschaft erfolgen.[40] Der Kommissionär muß mithin selbständig tätig sein, unbeschadet seiner Weisungsgebundenheit gegenüber dem Kommittenten (§ 384 Rn 53 ff). Dagegen ist es ohne weiteres denkbar, daß jemand zugleich Angestellter ist und daneben selbständig gewerbsmäßig Kommissionsgeschäfte betreibt.[41]

III. Der Typus des Kommissionsgeschäfts

13 **1. Leitende Züge.** Das Kommissionsgeschäft, das zwischen dem Kommissionär und dem Kommittenten abgeschlossen wird, ist grundsätzlich auf einen **Drittmarkt bezogen,** auf dem ein „Ausführungsgeschäft" (Rn 123) abgeschlossen werden soll. Dieser Bezug ist spezifischer Art: Zum einen sollen die auf dem Drittmarkt erzielten Vorteile durch Zession oder Übereignung auf den Kommittenten überführt werden.[42] Die Überführung kann auch im Wege eines Vertrages zugunsten Dritter ohne förmlichen Transfer geschehen.[43] Es geht hier also um ein **Handeln auf fremde Rechnung im engeren Sinn,** d.h. um die Pflicht zum Transfer der erzielten Vorteile „in natura". Für ein Handeln auf fremde Rechnung genügt es , daß der Geschäftsbesorger den Vertragspartner so zu stellen hat, als habe er die im Rahmen der Geschäftsbesorgung erreichbaren Vorteile auf Rechnung des Partners erlangt und herauszugeben (vgl. § 401 Abs. 1).[44] Das ist auch dann der Fall, wenn zwischen Mittler und Partner ein Preis für eine Ware festgesetzt wird, der sich danach bemißt, was der Mittler abzüglich seiner Handelsspanne faktisch auf dem Drittmarkt erzielt hat, und der Mittler nahezu alle Handelsrisiken auf seinen Partner abwälzt, – etwa dadurch, daß der Kauf unter eine Bedingung gestellt wird. Zum anderen ergibt sich der Bezug zum Drittmarkt daraus, daß der Kommissionär dort ein Geschäft „besonderer Art" abzuschließen hat. Art und Inhalt dieses Geschäfts sind nämlich regelmäßig

---

[34] *Krüger* (Fn 6), § 383 Rn 10 f; MünchKommHGB/*Häuser*, § 383 Rn 13.

[35] MünchKommHGB/*Häuser*, § 383 Rn 14; *Krüger* (Fn 6), § 383 Rn 11.

[36] So auch ROHG 9, 425 ff; **aA** wohl *Schmidt-Rimpler* (Fn 1), S. 502; Schlegelberger/*Hefermehl*, HGB, § 383 14.

[37] **AA** *Krüger* (Fn 6), § 383 Rn 11.

[38] BGH, NJW 1960, 1852.

[39] Unerheblich ist eine etwaige wirtschaftliche Abhängigkeit; *Krüger* (Fn 6), § 383 Rn 12.

[40] *Krüger* (Fn 6), § 383 Rn 12; Oetker/*Martinek*, HGB, § 383 Rn 16.

[41] *Schmidt-Rimpler* (Fn 1), S. 500.

[42] Beachte § 392.

[43] Oetker/*Martinek*, HGB, § 383 Rn 7.

[44] MünchKommHGB/*Häuser*, § 383 Rn 12, 45.

nicht exakt festgelegt. Vielmehr steht es normalerweise im pflichtgemäßen Ermessen des Kommissionärs, welches Ergebnis er erzielt. Der Kommissionär hat diesen Spielraum unter Berücksichtigung der besonderen Interessen des Kommittenten auszufüllen. Der Kommissionär nimmt deshalb in den Augen des Kommittenten eine Vertrauensposition ein. Er wird **fremdnützig tätig,** weil seine Bemühungen auf dem Drittmarkt maßgeblich an den Interessen des Kommittenten orientiert sind, d.h. daran, wie den Interessen des Kommittenten am besten zum Erfolg verholfen werden kann.

Der Pflicht des Kommissionärs, die Interessen des Kommittenten auf den Drittmärk- **14**
ten optimal zu wahren und ihm die daraus resultierenden Vorteile zu verschaffen, entspricht typischerweise die Pflicht des Kommittenten, dem Kommissionär die mit diesen Bemühungen zusammenhängenden **Aufwendungen zu ersetzen und ihm die daraus resultierenden Risiken abzunehmen.**[45] Wirtschaftliche Vor- und Nachteile der Tätigkeit auf dem Drittmarkt sollen sich beim Kommittenten konzentrieren.

Der Kommissionär wird im Unterschied zum Handelsvertreter auf den Drittmärkten **15**
im **eigenen Namen tätig.**[46] Der durch einen Kommissionsvertrag verpflichtete Kommissionär hat – mit anderen Worten – das Ausführungsgeschäft im eigenen Namen abzuschließen.[47] Anders als der Makler (§ 93) hat er das Ausführungsgeschäft auch nicht lediglich vorzubereiten oder zu vermitteln, sondern den Dritten mit Hilfe des Ausführungsgeschäfts rechtlich zu binden und sich hierzu gegebenenfalls selbst zu verpflichten. Ob nun im konkreten Einzelfall der Mittler im eigenen oder fremden Namen abzuschließen hat, ist durch Auslegung des Vertrages zu ermitteln (§ 157 BGB). Die Bezeichnung des Vertrages allein ist hierfür nicht maßgeblich. Ebensowenig kann es entscheidend darauf ankommen, ob es im Vertrag „für Rechnung“, „im Auftrag“, „für mich“ heißt (näher Rn 39, 124).

Die Art und Weise, wie der Mittler **im Einzelfall tatsächlich auf den Drittmärkten** **16**
tätig geworden ist, ob er im konkreten Fall im eigenen oder im fremden Namen abgeschlossen hat, ist grundsätzlich für die Qualifikation des zugrunde liegenden Vertragsverhältnisses **unerheblich**. Maßgeblich ist allein, wie der Mittler vertragsgemäß auf den Drittmärkten auftreten sollte. Die Tatsache, daß der Mittler in einer bestimmten Weise auftrat, kann allerdings für die Auslegung des Vertrages unter dem Gesichtspunkt des verkehrsüblichen Verhaltens eine Rolle spielen.

Im Unterschied zu § 84 Abs. 1 fordert § 383 **nicht**, daß der Kommissionär vom Kom- **17**
mittenten **ständig** mit dem Abschluß von Verträgen betraut wird. Die Struktur der auf das Kommissionsgeschäft zugeschnittenen Normen zeigt vielmehr, daß der Typus „Kommissionsgeschäft“ auf eine Person zugeschnitten ist, die für ständig wechselnde Vertragspartner tätig wird.

Die Kommissionsgeschäfte werden von Personen ausgeführt, die **selbständig als Ge-** **18**
werbetreibende tätig sind und in keinem sozialen Abhängigkeitsverhältnis stehen (Rn 11).

Ihre Tätigkeit ist **entgeltlich,** und zwar unmittelbar entgeltlich. Die Vergütung stammt **19**
also z.B. nicht aus dem Gewinn einer mit dem „Auftraggeber“ eingegangenen Gesellschaft, die die Tätigkeit auf den Drittmärkten zum Gegenstand hat (Rn 53).[48]

---

45 *Koller,* BB 1979, 1725 (1726 ff); *Krüger* (Fn 6), § 383 Rn 7.

46 BGH, WM 1976, 182; MünchKommHGB/*Häuser*, § 383 Rn 12; unzutreffend BGH, WM 1980, 1010 (1011).

47 Beachte § 392 Abs. 1.

48 Vgl. auch *Roth,* in Koller/Roth/Morck, HGB § 383 Rn 4.

20 Der Warenkommissionär, auf den die gesetzlichen Regelungen zugeschnitten wurden, gehörte tendenziell zum Kreis der **kapitalschwachen** Mittler oder zum Kreis von Personen, die **keine starke Stellung** auf dem Markt haben und sich daher nicht die Chancen eines Eigenhändlers sichern können).[49] Das hat sich in einer starken Risikoentlastung der Kommissionäre niedergeschlagen.

21 Der wirtschaftlich wesentliche Teil des gesamten Kommissionsgeschäfts, das **Effektenkommissionsgeschäft,**[50] wird heute allerdings durch im Vergleich zu ihren Kunden besonders marktstarke und kapitalkräftige Kommissionäre, vornehmlich Kreditinstitute, abgewickelt. Das hängt damit zusammen, daß der Effektenmarkt durch starke Schwankungen gekennzeichnet ist und den Kommittenten typischerweise nur unzulängliche Informationen über die Marktentwicklung zur Verfügung stehen. Die Kommittenten haben daher ein besonders starkes Interesse daran, Mittler einzuschalten, die nicht eigennützig handeln, sondern ihre Interessen bestmöglich wahrnehmen. Darüber hinaus sollen die Kommissionäre den Kommittenten mittelbar Zugang zu einem Markt (Börse) verschaffen, auf dem ein großes Angebot bzw. Nachfrage zusammenkommt, einem Markt, an dem sich auf breiter Ebene die Einschätzung der Chancen und Risiken des Wertpapierengagements widerspiegelt. Allerdings ist ein starker Trend zum Eigenhandel[51] zu verzeichnen.

22 2. **Typenübergänge.** Das Kommissionsgeschäft ist als Rechtsfigur bezogen auf die Überwindung des Gefälles zwischen Angebot und Nachfrage, also auf eine Mittlertätigkeit zwischen Angebot und Nachfrage. In seiner grundlegenden wirtschaftlichen Funktion unterscheidet es sich mithin z.B. nicht wesentlich von dem mit Hilfe von Käufen und Verkäufen ausgeübten Eigenhandel einerseits und von der Tätigkeit des Handelsvertreters bzw. von dem im Rahmen einer Gesellschaft geleisteten Mittlerbeitrag andererseits. Es ist deshalb auch nicht verwunderlich, daß die **Übergänge** vom Kommissionsgeschäft **zum Kauf** und zur **Gesellschaft** sowie **sonstigen Geschäftsbesorgungsverträgen** fließend sind[52]. Dies zeigt sich vor allem an den für das Kommissionsgeschäft charakteristischen Zügen des „Handelns auf fremde Rechnung", der „Wahrnehmung fremder Interessen", der „Risikoentlastung des Mittlers", der Ausrichtung der Tätigkeit auf „wechselnde Kunden" sowie der unmittelbaren Entgeltlichkeit im Sinne einer Provision, die nicht die Folge einer Gewinnausschüttung darstellt.

23 a) **Interessenwahrung.** So nimmt die Ausrichtung der Tätigkeit auf das Interesse des Vertragspartners etwa in folgenden Stufen ab: Die Marktlage auf den Drittmärkten gibt kaum Spielraum, innerhalb dessen der „Mittler" entscheiden könnte, was am meisten im Interesse des Vertragspartners liegt. – Der Mittler darf wesentliche Vorteile, die im Zusammenhang mit dem Ausführungsgeschäft erlangt werden, für sich behalten (etwa Sammelrabatte). Das erhöht bei ihm die Neigung, das Ausführungsgeschäft nicht so abzuschließen, wie es am ehesten im Interesse seines Vertragspartners liegt, sondern wie er am besten die ihm persönlich aus dem Ausführungsgeschäft zufließenden Vorteile maximieren kann. – Der Mittler darf aus eigenen Beständen liefern, wenn er seinem Vertragspartner nur den üblichen Marktpreis in Rechnung stellt. – Er muß für den Fall, daß es zu

[49] OLG Hamburg, DB 1960, 1389; Koller, BB 1979, 1725 ff.

[50] Oetker/*Martinek*, HGB, § 383 Rn 19. Finanzkommissionsgeschäft i.S.d. § 2 Abs. 3 Nr. 1 WpHG.

[51] Vgl. auch § 2 Abs. 3 Nr. 2 WpHG.

[52] Generell zur Entscheidung fließender Übergänge zwischen den Vertragstypen *Leenen*, Typus und Rechtsfindung, S. 133 ff; abweichend im Ansatz *Weick*, NJW 1978, 14 f.

einem Ausführungsgeschäft kommt, die Vorteile nur bis zu einem bestimmten Höchstbetrag herausgeben; im übrigen kann er sie behalten. Der Mittler wird hier also nur bis zur Grenze dieses Höchstbetrages in fremdem Interesse tätig; muß also nur bis zu dieser Grenze seine Bemühungen an den Interessen seines Vertragspartners ausrichten. Dies ist allerdings nur auf den Kaufpreis bezogen, nicht auf sonstige Interessen. – Der Mittler ist zwar innerhalb der ihm vorgegebenen Spielräume zur Wahrnehmung der Interessen des Vertragspartners aufgerufen; die Möglichkeit von Sanktionen bei Verstößen ist aber eingeschränkt, weil die Rechenschaftspflicht weitgehend oder ganz abbedungen ist. Bis zu dieser Stufe überwiegen noch die **geschäftsbesorgungsvertraglichen Züge.**

Kaufrechtliche Züge gewinnen die Oberhand, falls der Mittler die Ware unter der Bedingung übernimmt, daß er sie auf dem Drittmarkt unterbringen kann und im Falle des Erfolges eine Vergütung bekommt, die sich nach dem auf dem Drittmarkt erzielten Preis abzüglich eines Rabattes richtet; denn hier braucht sich der Mittler nicht mehr an den individuellen Interessen seines Vertragspartners zu orientieren. Gleiches gilt erst recht dort, wo der Mittler die Ware unter einer Bedingung übernimmt und für den Fall des Eintrittes der Bedingung im Innenverhältnis ein fester Preis vereinbart ist. Der Vertragspartner hat keinerlei Einfluß darauf, wie der Mittler das Drittgeschäft abschließt.[53] **24**

Die Tatsache, daß der Mittler auf den Drittmärkten im eigenen Namen auftreten und die Interessen seines Partners wahrnehmen soll, heißt freilich noch nicht, daß ein Kommissionsgeschäft vorliegt. Denkbar ist auch, daß ein Mittler, der **nicht zur Herausgabe** der auf dem Drittmarkt durch Ausführungsgeschäfte erzielten Vorteile verpflichtet ist, der also insoweit auf eigene Rechnung (z. Begriff Rn 13) handelt, gleichwohl im fremden Interesse tätig werden muß. Es liegt hier ein **Geschäftsbesorgungsvertrag** (§ 675 Abs. 1 BGB) vor), der unmittelbar keinem der im HGB geregelten Typen entspricht. Dabei ist es gleichgültig, ob der Mittler, der in fremdem Interesse und auf eigene Rechnung handelt, wie ein Vertragshändler[54] die Aufwendungen und Handelsrisiken selbst zu tragen hat, oder ob er sie auf seinen Partner abwälzen kann. Die Abwälzung wäre dadurch möglich, daß sich der Partner im Rahmen des Geschäftsbesorgungsvertrages verpflichtet, alle Aufwendungen zu tragen und alle Risiken, wie etwa Lagerrisiko, Delkredererisiko, auf sich zu nehmen. Das Weiterveräußerungs- bzw. Lieferrisiko im Rahmen des mit dem Geschäftsbesorgungsvertrag gekoppelten Kaufvertrages könnte dadurch dem Partner aufgebürdet werden, daß die Konditionen des Kaufvertrages von dem auf dem Drittmarkt abgeschlossenen Ausführungsgeschäft abhängig gemacht werden. **25**

In beiden zuletzt genannten Varianten liegt **kein Kommissionsgeschäft** vor, da ein Handeln auf fremde Rechnung fehlt, obwohl sich in der zweiten Variante das Geschäft aus wirtschaftlicher Sicht weitgehend mit einem Kommissionsgeschäft decken kann.[55] Es ist daher bei derartigen, nicht unmittelbar zu einer Spezialform der Geschäftsbesorgung zählenden Geschäftsbesorgungsverträgen immer zu prüfen, inwieweit das Kommissionsrecht, und bei ständiger Verbindung das Handelsvertreterrecht, analog herangezogen werden kann oder kommissionsrechtliche Wertungen übernommen werden müssen. Zum Kommissionsvertrag zählen allerdings noch solche Vereinbarungen, in denen zwar der Geschäftsbesorger auf eigene Rechnung Deckung sucht, sich aber verpflichtet, den Vertragspartner zumindest so zu stellen, als ob er pflichtgemäß die Interessen seines Partners durch ein Geschäft mit einem Dritten auf Rechnung seines Partners wahrgenommen hätte. Diese Konstellation ist bei einer Kommission zu finden, bei der sich der Kommis- **26**

[53] Vgl. BGH, BGHZ 1, 80.
[54] *Ulmer*, Vertragshändler, S. 76 ff, 147 ff.
[55] AA *Schneiders* Anlegerschutz im Recht der Effektenkommission, S. 103 f.

sionär verpflichtet, die Kommission ausschließlich durch Selbsteintritt auszuführen (§ 401 Abs. 1).

27 **b) Die Intensität der Risikobelastung des Mittlers.** Der Mittler kann vom Eindekkungs- bzw. Wiederverkaufsrisiko dadurch entlastet werden, daß **keine Tätigkeitspflicht** begründet und die Pflicht zur Übernahme der Ware bzw. Lieferpflicht vom Abschluß am Drittmarkt abhängig gemacht wird. Hier fehlt es an einem wichtigen Geschäftsbesorgungselement. Das gleiche gilt, falls umgekehrt der Mittler von vornherein eine Abnahme- oder Lieferpflicht auf sich nimmt.

28 Für Geschäftsbesorgungsverträge ist es typisch, daß der Geschäftsbesorger **von dem erforderlichen Aufwand** (§ 670 BGB) **entlastet** wird.[56] Es kann aber durchaus auch sein, daß der Geschäftsbesorger die gewöhnlichen Aufwendungen selbst zu tragen hat (§ 87d). Gegen eine Geschäftsbesorgung spricht insbesondere nicht ohne weiteres der Umstand, daß der Mittler Gefahren, die er besser zu beherrschen vermag oder deren Folgen er besser zu absorbieren in der Lage ist[57], auf sich zu nehmen hat.

29 Ein Indiz dafür, daß der Handlungsspielraum des Mittlers nicht so auszunutzen ist, wie dies dem Interesse seines Vertragspartners entspricht, daß also kein Kommissionsvertrag vereinbart wurde, liegt freilich darin, daß der **Mittler sämtliche Aufwendungen und Risiken im Zusammenhang mit dem Ausführungsgeschäft auf sich zu nehmen** hat. Dafür genügt noch nicht eine bloße Mindestpreisgarantie.[58] Der größeren Belastung mit Kosten und Gefahren entspricht regelmäßig eine größere Freiheit, die eigenen Interessen zu realisieren[59]. Auch hier kommen Übergangsformen vor, wie z.B. die Selbsteintrittskommission (§ 403).

30 Umgekehrt darf allein aus dem Umstand, daß der **Mittler alle Risiken und Aufwendungen auf den Vertragspartner abwälzt**, nicht geschlossen werden, daß ein Kommissionsvertrag vorliegt. Eine dem Kommissionsgeschäft entsprechende Risiko- und Aufwendungsentlastung des Mittlers ist auch im Rahmen eines als Konditionsgeschäft ausgestatteten Kaufvertrages möglich. Freilich wird man im Zweifel eine Aufwands- und Risikoentlastung des Mittlers mit einer stärkeren Beschränkung seiner Freiheit, seine Interessen zu verfolgen, koppeln müssen. Wo der Mittler sich die Entlastung ausbedingt, weil er wirtschaftlich schwach ist, wird er typischerweise mit einer stärkeren Bindung an die Interessen des Auftraggebers einverstanden sein. Wo der Mittler aus einer Position wirtschaftlicher Stärke heraus die Entlastung durchsetzt, ist der Ausgleich durch eine stärkere Orientierung an den Interessen des anderen Teils nach Maßgabe zentraler kommissionsrechtlicher Vorschriften ein Gebot der Gerechtigkeit. Häufig wird sich bei einer solchen Vertragskonstellation aber aus den Umständen ergeben, daß eine „Fremdnützigkeit" nicht gewollt ist. Dann ist jedoch immer noch zu prüfen, inwieweit die Schutzfunktion des Kommissionsrechts (Rn 20) dazu zwingt, auf solche atypische Kaufverträge wesentliche kommissionsrechtliche Elemente anzuwenden.

---

[56] *Koller*, BB 1979 1725 (1726 f).

[57] *Koller,* Die Risikozurechnung bei Vertragsstörungen in Austauschverträgen (1979), S. 78 ff.

[58] OLG Frankfurt, WM 1967, 219; OLG München, BB 1960, 642.

[59] Auch *Serick,* BB 1974, 287; OLG Hamburg, DB 1960, 1389; ferner BGH, WM 1976, 181 (182 f).

c) **Übergang zum Handelsvertreterrecht.** Die Grenze zum Handelsvertreterverhältnis (§ 84) ist erst dann überschritten, wenn der Mittler auf den Drittmärkten im fremden Namen Geschäfte tätigen will.[60] Der Umstand allein, daß der Mittler ständig (und hauptsächlich) für einen bestimmten Auftraggeber im eigenen Namen Geschäfte wahrnehmen soll, führt nicht dazu, dieses Vertragsverhältnis aus dem Kreis der Kommissionsgeschäfte herauszunehmen. Allerdings findet auf diese Variante der Kommission in stärkerem Umfang Handelsvertreterrecht Anwendung, soweit dieses auf die ständigen Beziehungen zwischen Unternehmer und Handelsvertreter zugeschnitten ist (näher Rn 58 ff). 31

d) **Übergang zur Gesellschaft.** Die **partiarische Ausgestaltung** der Vergütung für die Bemühungen, auf fremde Rechnung im eigenen Namen Geschäfte zu tätigen, hindert nicht, derartige Verträge dem Kommissionsrecht zu unterstellen. Durch die Vereinbarung einer partiarischen Gewinnbeteiligung fließen zwar gesellschaftsrechtliche Elemente in das Kommissionsgeschäft ein. Dadurch wird aber der Geschäftstypus nicht in seinen Grundelementen modifiziert. Prägend bleibt die Tätigkeit des Mittlers in fremdem Interesse; das heißt, die Ausrichtung der Tätigkeit im Rahmen der vorgegebenen Spielräume an den Interessen des Vertragspartners. Der Übergang zum Gesellschaftsverhältnis findet erst dort statt, wo dem Mittler maßgeblicher Einfluß darauf eingeräumt ist, wie aus seinen Leistungen Gewinn gezogen wird, oder wo die Parteien eine Verlust- und Gewinngemeinschaft vereinbart haben.[61] Die Vereinbarung einer besonders hohen partiarischen Beteiligung oder gar nur einer besonders hohen Vergütung allein genügt für die Bejahung eines Gesellschaftsverhältnisses nicht; wenngleich bei Vereinbarung einer ungewöhnlich hohen partiarischen Beteiligung zu vermuten ist, daß dem Mittler auch ausgedehnte Kontrollrechte im Hinblick auf die Verwertung der Vermittlungsleistung eingeräumt sein sollen.[62] 32

Die Qualifikation einer Vermittlungsleistung, die im eigenen Namen auf fremde Rechnung erbracht werden soll, als **„Beitrag" im Rahmen eines Gesellschaftsverhältnisses,** verbietet es nicht, kommissionsrechtliche Normen heranzuziehen, soweit dies mit der Ausgestaltung der Gesellschaftsbeziehungen im Einzelfall in Einklang gebracht werden kann[63]. 33

IV. Auslegung der Parteivereinbarung und Zuordnung zum Typus des Kommissionsgeschäfts

1. **Auslegung.** Der Zuordnung eines konkreten Geschäfts zu einem bestimmten Typus oder zu einer der Übergangsformen hat eine Auslegung der Willenserklärungen voranzugehen. In erster Linie ist der wirkliche Wille heranzuziehen, der für den jeweiligen Vertragspartner erkennbar wurde. In diesem Zusammenhang hat man den gesamten wirtschaftlichen Inhalt der beiderseitigen Abmachungen zu erforschen und zu berücksichtigen.[64] Soweit der wahre Wille nicht hinreichend deutlich hervortritt, sind die **Erklärungen nach Treu und Glauben unter Beachtung der Verkehrssitte auszulegen.**[65] Eine 34

[60] Oetker/*Martinek*, HGB, § 383 Rn 15.
[61] Enger Schlegelberger/*Hefermehl*, HGB, § 383 83.
[62] *Schmidt-Rimpler* (Fn 1), S. 523.
[63] RGZ 97, 235; *Schmidt-Rimpler,* (Fn 1), S. 521 f; ferner § 383 Rn 53.
[64] RG, HRR 33, Nr. 1449; RGZ 114, 10; OLG Köln v. 28.5.2001 – 16 U 1/01 (zit. nach juris); *K. Schmidt,* Handelsrecht, § 31 III 2b.
[65] Schmidt-Rimpler (Fn 1), S. 512, 518.

besondere Rolle spielt hierbei die Angemessenheit der Zuordnung einer konkreten Vereinbarung zum Typus des Kommissionsgeschäfts. Dies ist besonders bei Effektengeschäften mit Kreditinstituten der Fall.[66] Die Indizien, die im einzelnen für und gegen eine Zuordnung einer Vereinbarung zum Kommissionsgeschäft sprechen, werden unten näher erörtert.

35 Festzuhalten ist hier, daß für die Zuordnung der Vereinbarung zum Typus des Kommissionsgeschäfts die **wirtschaftlichen Kräfteverhältnisse** von erheblicher Bedeutung sind. Nimmt der Mittler nur eine schwache Marktstellung ein und ist die Risikoverteilung nicht besonders geregelt, so spricht dies im Zweifel für die Vereinbarung eines Kommissionsgeschäfts.[67] Ist nur die Risikoverteilung in dem Sinne geregelt worden, daß der Mittler von wesentlichen Risiken entlastet wird und den Aufwand abwälzen darf, so ist normalerweise dort, wo der Mittler die marktstärkere Position einnimmt, im Interesse einer angemessenen Lastenverteilung ein Kommissionsverhältnis anzunehmen, falls der Vertragspartner den Mittler als seinen Vertrauensmann ansieht und er ein bedeutsames Interesse daran hat, daß seine Wünsche innerhalb eines gewissen Spielraumes vorrangig gewahrt werden.[68] Ist der Mittler in der schwächeren Marktposition und trotz dieses Kräfteverhältnisses von wesentlichen Risiken entlastet worden, so liegt im Zweifel ein Kaufvertrag in Form eines Konditionsgeschäfts vor, wenn der Vertragspartner kein besonderes Interesse daran hat, wie das Geschäft auf den nachgelagerten Märkten abgewickelt wird, weil ihm z.B. nur an der Erreichung eines bestimmten Mindestpreises gelegen ist.[69] Kann ein Eigeninteresse des Vertragspartners an der Geschäftsführung des Mittlers nicht verneint werden, so spricht die schwächere Marktposition des Mittlers für ein Kommissionsverhältnis, da nicht anzunehmen ist, daß sich der Vertragspartner zu einer Risikoentlastung bereit findet, ohne die Vorteile, die ein Handeln auf fremde Rechnung (Rn 20) mit sich bringt, in Anspruch zu nehmen.[70] Bei ausgewogenen Kräfteverhältnissen werden die Parteien, die sich zu einer Risikoentlastung des Mittlers entschlossen haben, in aller Regel ein Kommissionsverhältnis gewollt haben, falls dem Vertragspartner die Geschäftsführung des Mittlers nicht völlig gleichgültig sein konnte.

36 Der Vertrag ist nicht deshalb nichtig, weil aus der Vereinbarung und den zugrunde liegenden Umständen **nicht entnommen werden kann, ob ein Eigenhandelsgeschäft oder ein Kommissionsgeschäft** vereinbart worden ist.[71] Der Vertrag ist vielmehr den Kommissionsgeschäften zuzuordnen, da sie dem Mittler, der vom Vertragspartner eingeschaltet wird, die geringeren Risiken auferlegen und ihn mit der relativ geringsten Mittlerleistung belasten.

37 **2. Für ein Kommissionsgeschäft sprechende Indizien.** Vereinbarung des Handelns im eigenen Namen auf Rechnung des Auftraggebers.[72] – Vereinbarung, daß zum bestmöglichen Preis gekauft oder verkauft werden soll;[73] dies allerdings nur dann, wenn der Preis aus der Sicht des Kommittenten „bestmöglich" sein soll. – Vereinbarung eines Mindest-

---

66 Im Zweifel Kommissionsgeschäft; RGZ 114, 10 ff; *Roth* in Assmann/Schütze, Kapitalanlagerecht, § 10 Rn 62 f; MünchKommHGB/*Ekkenga*, Bd. 5, Effektengeschäft Rn 182 ff.

67 OLG Hamburg, DB 1960, 1389.

68 Vgl. aber auch RGZ 83, 204.

69 So wohl BGH, DB 1975, 589 f, der aber nicht auf die wirtschaftlichen Kräfteverhältnisse eingeht.

70 *Ahlert* Vertragliche Vertriebssysteme zwischen Industrie und Handel, S. 93.

71 AA *Schmidt-Rimpler* (Fn 1), S. 518.

72 BGH, ZIP 2011, 2187 (2190).

73 RGZ 94, 66; 114 11; OLG München, BB 1955, 682; *Krüger* (Fn 6), § 383 Rn 39; MünchKommHGB/*Häuser*, § 383 Rn 32; Baumbach/*Hopt*, HGB, § 383 Rn 7.

bzw. Höchstpreises.[74] – Verbleib des Mehrerlöses beim Auftraggeber.[75] – Weisungsbefugnis.[76] – Vereinbarung einer Provision.[77] – Pflicht zur Abrechnung über das Drittgeschäft.[78] – Vereinbarung von Aufwendungsersatz.[79] – Lieferung und/oder Zahlung direkt vom Kommittenten an den Dritten oder vom Dritten an den Kommittenten.[80] – Keine Übereignung der Ware an den Mittler.[81] – Abrede über Warenschwund.[82] – Eine Partei setzt besonderes Vertrauen in die Fähigkeiten des Mittlers.[83] – Es läßt sich nicht feststellen, daß der Mittler Vollmacht erhalten hat.[84]

3. Gegen ein Kommissionsgeschäft sprechende Indizien. Fester Preis[85]. – Der Preis **38**
liegt zwar bei Vertragsschluß nicht fest, ist aber anhand von Daten, die bei Vertragsschluß schon existieren, zu ermitteln.[86] In der Rechtsprechung ist hier meist schlechthin von „feststellbaren Preisen" die Rede.[87] Kein in diesem Sinne fester Preis liegt ohne weiteres dort vor, wo sich der Preis an dem vom Mittler erzielten Preis orientieren soll.[88] – Kein Rückgaberecht.[89] – Aufgrund des Vertrages keine[90] Weisungsbefugnis des Kommittenten[91]. – Nicht immer der Umstand, daß der Kommittent keine Abrechnung verlangen

---

[74] *K. Schmidt*, Handelsrecht, § 31 III 2b; *Roth* in Assmann/Schütze, Kapitalanlagerecht, § 10 Rn 64.

[75] RGZ 110, 119; MünchKommHGB/*Häuser*, § 383 Rn 32; vgl. aber BGH, BB 1981, 1670; *Roth*, in Koller/Roth/Morck, HGB § 383 Rn 4.

[76] OLG Frankfurt, MDR 1985, 849; MünchKommHGB/*Häuser*, § 383 Rn 32.

[77] BGH, NJW-RR 2002, 1344, 1345; NJW-RR 2003, 1056, 1058; ZIP 2011, 2187 (2190); OLG Frankfurt WM 2009, 1034; OLG München, BB 1955, 682; OLG Hamburg, DB 1960, 1389; OLG Köln, MDR 1973, 230; *Krüger* (Fn 6), § 383 Rn 39; einschränkend OLG Hamburg, BB 1957, 911; BGH LM Nr. 2 zu § 384 HGB; Oetker/*Martinek*, HGB, § 383 Rn 17; MünchKommHGB/*Häuser*, § 383 Rn 32; Baumbach/*Hopt*, HGB, § 383 Rn 7.

[78] BGH, NJW-RR 2003, 1056, 1058; OLG München, BB 1955, 682; Oetker/*Martinek*, HGB, § 383 Rn 17; Baumbach/*Hopt*, HGB, § 383 Rn 7; Heymann/*Herrmann*, HGB, § 383 Rn 4.

[79] Oetker/*Martinek*, HGB, § 383 Rn 17.

[80] BGH, LM § 384 HGB Nr. 2; *Krüger* (Fn 6), § 383 Rn 39; Baumbach/*Hopt*, HGB, § 383 Rn 7.

[81] BGH, NJW-RR 2003, 1056, 1058.

[82] BGH, NJW-RR 2003, 1056, 1058 (im konkreten Fall wegen der verschuldensunabhängigen Einstandspflicht zweifelhaft).

[83] RGZ 114, 11; Baumbach/*Hopt*, HGB, § 383 Rn 7 (einschr. für Effekten); allg. zw. Heymann/*Herrmann*, HGB, § 383 Rn 4.

[84] **AA** Schlegelberger/*Hefermehl* HGB, § 383 Rn 20.

[85] BGH, BGHZ 8, 222; WM 1955, 1588; DB 1975, 589; NJW-RR 1991, 994, 995 (nicht zwingend); OLG Karlsruhe, DB 1971, 1410; OLG Köln, MDR 1973, 230; OLG Frankfurt, BB 1982, 208; OLG Köln v. 28.5.2001 – 16 U 1/01 (zit. nach juris); *Krüger* (Fn 6), § 383 Rn 39; MünchKommHGB/*Häuser*, § 383 Rn 12, 32; Oetker/*Martinek*, HGB, § 383 Rn 17; Baumbach/*Hopt*, HGB, § 383 Rn 7.

[86] Oetker/*Martinek*, HGB, § 383 Rn 17; Baumbach/*Hopt*, HGB, § 383 Rn 7.

[87] RGZ 94, 66.

[88] *Schneiders* Anlegerschutz im Recht der Effektenkommission, S. 98 ff.

[89] OLG Frankfurt, BB 1982 208; MünchKommHGB/*Häuser*, § 383 Rn 32; *Roth*, in Koller/Roth/Morck, HGB § 383 Rn 4; Baumbach/*Hopt*, HGB, § 383 Rn 7.

[90] Zurückhaltend BGH, ZIP 2011, 2187 (2190), wenn der Auftraggeber den Rahmen der auszuführenden Aufträge beschränkt hat („Grundanweisung").

[91] BGH, BGHZ 1, 79 f; DB 1975, 589; OLG München, BB 1955, 682; OLG Hamburg, BB 1957, 911; OLG Frankfurt, BB 1982, 208; MünchKommHGB/*Häuser*, § 383 Rn 32; *Krüger* (Fn 6), § 383 Rn 39; Oetker/*Martinek*, HGB, § 383 Rn 17; *Roth*, in Koller/Roth/Morck, HGB § 383 Rn 4; Heymann/*Herrmann*, HGB, § 383 Rn 4.

kann[92]. – Der Mittler hat nach „festen Terminen“ zu zahlen, ohne Rücksicht darauf, ob die Ware untergebracht ist.[93] Dieses Indiz darf jedoch angesichts der Nähe zum Delkredererisiko und zur Mindesterlösgarantie (Rn 29) nicht überbewertet werden. – Verkauf von Ware, die zur Sicherung übereignet ist, im normalen Geschäftsgang, ebenso bei Ware, die unter Eigentumsvorbehalt erworben ist (Rn 44, 83).[94] – Abrede bei der Überlassung von Waren, daß der Vertragspartner berechtigt sei, die Waren bis zu einem bestimmten Zeitpunkt weiter zu veräußern oder zurückzugeben.[95] – Der Mittler soll Ware oder Wertpapiere verschaffen, die er bereits hat oder auf deren Lieferung er bereits einen Anspruch erworben hat.[96] – Der Beauftragte trägt die Transportgefahr der Ware[97] – Vertragsklausel, derzufolge der Auftragnehmer auf eigene Rechnung und Gefahr handelt[98] –.

39 **4. Indizien ohne Aussagekraft.** Nicht notwendig gegen ein Kommissionsgeschäft spricht: Eine faktische Mindestpreisgarantie.[99] – Das Fehlen einer ausdrücklichen Provisionsvereinbarung; denn die Provision kann konkludent vereinbart sein oder sich aus der Verkehrssitte ergeben.[100] – Die Bündelung von Aufträgen bei deren Ausführung.[101] – Allein der Umstand, wem das wirtschaftliche Risiko und der wirtschaftliche Erfolg zufallen sollen[102]. – Abrede, daß nur ein Mindesterlös abzuführen ist[103]. – Der isolierte Umstand, daß jemand, der Ware liefert, sich das Eigentum vorbehält.[104] – Der Mittler wählt die Ware, die er vertreibt, aus einem Sortiment aus; der Anstoß dafür, welche Ware auf Drittmärkten untergebracht werden soll, geht nicht vom angeblichen Kommittenten aus.[105] – Nicht entscheidend ist allein der Umstand, daß im Vertrag von „Kauf“, „Vertretung“ oder „Kommission“ die Rede ist[106] – Der Vorschuß des Kaufpreises durch den Auftraggeber[107] .

---

92 Schlegelberger/*Hefermehl*, HGB, § 385 Rn 25; **aA** OLG Hamburg, BB 1957, 911; OLG Köln, MDR 1973, 230; OLG Köln v. 28.5.2001 – 16 U 1/01 (zit. nach juris); *Krüger* (Fn 6), § 383 Rn 39.

93 OLG Köln, MDR 1973, 230; Oetker/*Martinek*, HGB, § 383 Rn 17; *Roth*, in Koller/Roth/Morck, HGB § 383 Rn 4; Baumbach/*Hopt*, HGB, § 383 Rn 7.

94 *Krüger* (Fn 6), § 383 Rn 39; **abw.** MünchKommHGB/*Häuser*, § 383 Rn 32.

95 OLG Karlsruhe, OLGZ 72, 278; MünchKommHGB/*Häuser*, § 383 Rn 32.

96 RGZ 101, 381; *Krüger* (Fn 6), § 383 Rn 39; MünchKommHGB/*Häuser*, § 383 Rn 32; Baumbach/*Hopt*, HGB, § 383 Rn 7.

97 BGH, BGHZ 1, 75 (79); *Krüger* (Fn 6), § 383 Rn 39.

98 BGH, NJW-RR 2003, 1056 (1058) (nicht zwingend).

99 OLG München, BB 1955, 782; MünchKommHGB/*Häuser*, § 383 Rn 32; Baumbach/*Hopt*, HGB, § 383 Rn 7; vgl. auch BGH, NJW 1981, 388; NJW-RR 2003, 1582, 1583.

100 RGZ 94, 66; 110, 121; OLG Hamburg, BB 1957, 911; Schlegelberger/*Hefermehl*, HGB, § 383 Rn 24; **aA** OLG Hamburg, DB 1960, 1389; *Schmidt-Rimpler* (Fn 1), S. 511.

101 BGH, ZIP 2011, 2187 (2190).

102 RGZ 110, 121; Baumbach/*Hopt*, HGB, § 383 Rn 7.

103 RGZ 110, 121; Baumbach/*Hopt*, HGB, § 383 Rn 7; vgl. auch BGH, NJW 1981, 388.

104 BGH, WM 1959, 1006; MünchKommHGB/*Häuser*, § 383 Rn 32; Baumbach/*Hopt*, HGB, § 383 Rn 7; vgl. aber auch RGZ 101, 381.

105 **AA** OLG Köln, MDR 1973, 230; vgl. auch BGH, DB 1975, 589.

106 RGZ 101, 380; 114, 10; Baumbach/*Hopt*, HGB, § 383 Rn 7.

107 **AA** *Krüger* (Fn 6), § 383 Rn 39.

V. Einzelfälle

1. **Arbeitsgemeinschaft** s. Gesellschaft 40

2. **Aufführungsvertretung.** Ein Kommissionsgeschäft liegt vor, wenn sich jemand verpflichtet, ein Werk, für das die Urheberrechte bei einem anderen liegen, im eigenen Namen auf Rechnung des anderen durch Abschluß eines Ausführungsgeschäfts zur Aufführung zu bringen. Die Frage, ob auf eigene oder fremde Rechnung gehandelt wird, ist nach allgemeinen Grundsätzen zu beurteilen. Wird auf fremde Rechnung gehandelt, so findet unter der Voraussetzung des § 406 Abs. 1 Kommissionsrecht Anwendung. Praktische Bedeutung erlangt die Aufführungsvertretung bei der Filmverleihkommission.[108] 41

3. **Auktion** s. Versteigerung 42

4. **Effektenkommission.** Für die Frage, ob Effekten im Rahmen eines Kommissionsgeschäfts[109] oder eines Kaufvertrages[110] gehandelt werden, kommt es mangels anderer Anhaltspunkte auf die Üblichkeit an. Hierbei sind in besonderem Maße die Erwartungen der Kommittenten zu berücksichtigen, die sich in der Vergangenheit herausgebildet haben. Im Zweifel kann bei Effektengeschäft von einem Kommissionsgeschäft ausgegangen werden.[111] Auch der Vertrag einer emittierenden Bank mit dem Effektenkunden kann ein Kommissionsgeschäft darstellen,[112] das durch wirtschaftlichen Selbsteintritt (zum Begriff § 400 Rn 2, 21) oder durch Kompensation (zum Begriff § 400 Rn 4) ausgeführt wird. Voraussetzung für letzteres ist allerdings nach dispositivem Recht die Existenz eines amtlichen Markt- oder Börsenpreises (§ 400 Abs. 1). 43

5. **Eigentumsvorbehalt.** Wird die Ware an den Händler unter verlängertem Eigentumsvorbehalt veräußert, so wird verschiedentlich von den Verkäufern versucht, für den Fall, daß die Ware vom Händler weiterveräußert wird, den Schutz des § 392 Abs. 2 zu erlangen. Dazu wird vereinbart, daß der Händler die unter Eigentumsvorbehalt erworbene Ware „auf Kommissionsbasis“ im Rahmen seines Geschäftsbetriebes veräußern müsse. Diese Abrede allein macht aus den Beziehungen zwischen „Verkäufer“ und „Käufer“ noch kein Kommissionsgeschäft. Vielmehr ist in jedem Einzelfall zu prüfen, ob die Parteien wirklich eine Kommission vereinbart haben. Maßgeblich ist, ob der Händler die Ware unter Wahrung eigener oder fremder Interessen veräußern soll. Normalerweise ist der Händler auch bei der erlaubten Weiterveräußerung von unter Eigentumsvorbehalt gekaufter Ware in seiner Geschäftspolitik auf den Drittmärkten völlig frei. Er darf seine Verkaufspolitik primär an seinen Interessen orientieren, soweit dies nicht zum Verschleudern der Ware führt. Ein Weisungsrecht des Eigentümers besteht nicht. Der Eigentümer hat hieran auch kein Interesse; denn er kann davon ausgehen, daß für die Ware im marktüblichen Rahmen Entgelte erzielt werden, die in etwa seine Kaufpreisforderung decken. Das Interesse des Eigentümers allein, in Hinblick auf die Forderungen gegen den Zweitkäufer eine Vorzugsstellung zu bekommen, führt nicht ohne weiteres dazu, daß der Händler auf fremde Rechnung handeln muß. 44

---

[108] MünchKommHGB/*Häuser*, § 406 Rn 16.
[109] Finanzkommissionsgeschäft i.S.d. § 2 Abs. 3 Nr. 1 WpHG
[110] Eigenhandel i.S.d. § 2 Abs. 3 Nr. 2 WpHG.
[111] BGH, NJW-RR 2002, 1344 (1345); OLG Frankfurt, WM 2009, 1032, 1034; OLG Köln, BKR 2011, 334 (336); *Krüger* (Fn 6), § 383 Rn 40; **aA** MünchKommHGB/*Ekkenga*, Bd. 5, Effektengeschäft Rn 183.
[112] BGH, ZIP 2003, 617 (618).

45 6. **Emission** s. Effektenkommission

46 7. **Factoring.** Verschiedentlich wird versucht, **Factoring-Geschäft und Kommission zu kombinieren.**[113] Die Vereinbarung einer Kommissionsklausel soll zum einen dazu verhelfen, Abtretungsverbote, die bei Forderungen des Kunden des Factors gegen Dritte befürchtet werden, auszumanövrieren. Eine solche Kommissionsklausel kann etwa vorsehen, daß der Factor von seinem Kunden anstelle der unübertragbaren Forderung gegen Dritte zunächst die Ware erwirbt und der Kunde dann die Ware im eigenen Namen auf Rechnung des Factors veräußert. Zum anderen wird versucht, dem Factor die Rolle eines Kommissionärs und seinem Kunden die eines Kommittenten zuzuweisen. Zu diesem Zweck veräußert der Kunde die Waren im Namen des Factors, der seinerseits auf Rechnung des Kunden agiert. Eine weitere Funktion derartiger Kommissionsklauseln kann darin liegen, Vorausabtretungen zu überspielen.

47 Diese Kommissionsklauseln können **nicht** dazu führen, daß auf derartige Verträge **Kommissionsrecht** anzuwenden ist. In der ersten Variante der Kommissionsklausel wird der Kunde faktisch und rechtlich im eigenen Interesse tätig, obwohl er nach dem Wortlaut des Vertrages nur die Funktion eines Kommissionärs wahrzunehmen hätte.[114] Seine Geschäftspolitik, seine Interessen werden dafür maßgeblich sein, mit welchen Geschäftspartnern er in Kontakt tritt und zu welchen Konditionen er die Waren vertreibt. Der Wunsch des Factors, zur Förderung seines Kreditgeschäfts möglichst alle Forderungen, die sein Kunde aus Geschäften mit Dritten erwirbt, bei sich zu konzentrieren, reicht im Interesse einer ausgewogenen Risikoverteilung nicht aus, den Kunden zu verpflichten,[115] daß er seine Geschäftspolitik an den Vorstellungen des Factors orientiert, obwohl er die vollen Gefahren seiner Geschäftspolitik zu tragen hat. Für die Qualifikation eines Vertrages als Kommissionsverhältnis kommt es aber wesentlich darauf an, daß die auf dieser Basis geschlossenen Ausführungsgeschäfte überwiegend an den Interessen des Kommittenten zu orientieren sind. Das Interesse des Factors, die gesamten Debitorenbestände seines Kunden bei sich zu konzentrieren, führt mithin nicht zu einem nach Treu und Glauben anerkennenswerten Interesse des Factors an der Ausgestaltung der konkreten „Ausführungsgeschäfte". Daran ändert auch der Umstand nichts, daß die Ware des Kunden vor der Veräußerung an Dritte an den Factor übereignet wird; denn auf das Eigentum allein kann kein überwiegendes Interesse des Factors an den Konditionen des „Ausführungsgeschäfts" gestützt werden.[116]

48 In der zweiten Variante ist es entgegen *Serick*[117] zwar vorstellbar, daß der **Kunde wirklich als Vertreter** (§ 164 BGB) **des Factors** auftreten will. Dadurch wird jedoch kein Kommissionsverhältnis begründet. Der Kunde als Vertreter des Factors wird nämlich nicht so handeln, wie der Factor handeln würde, der fremde Interessen bei Geschäften mit Dritten wahrzunehmen hat, sondern so, wie es unmittelbar seiner eigenen Geschäftspolitik entspricht.[118]

49 Eine andere Frage ist es, ob das Factoring in Hinblick auf die Tätigkeit des **Einziehens von Forderungen** eine Form der Inkasso-Kommission darstellt. Vgl. dazu bei der Inkasso-Kommission Rn 57.

---

113 Serick, BB 1974, 288 f.

114 Vgl. auch MünchKommHGB/*Häuser*, § 406 Rn 17.

115 Ehling, Zivilrechtliche Probleme der vertraglichen Ausgestaltung des Inland-Factoring in Deutschland, S. 44.

116 Ebenso im Ergebnis Serick, BB 1974, 289; **aA** Bette Das Factoring-Geschäft, 1973, S. 95 f

117 *Serick*, BB 1974, 289.

118 Ablehnend im Ergebnis auch Serick, BB 1974, 289.

8. Filmverleihkommission. Eine Filmverleihkommission ist auf den Abschluß von Aufführungsverträgen im eigenen Namen auf Rechnung Dritter gerichtet. Sie ist ein Kommissionsgeschäft im Sinne des § 406 Abs. 1 S. 2, wenn ein Gewerbetreibender im Rahmen seines Handelsgeschäfts tätig wird. Die Aufführungsagentur, bei der ein Autor einen anderen beauftragt, im eigenen Namen auf seine, des Autors, Rechnung einen Aufführungsvertrag abzuschließen, fällt desgleichen in den Kreis der Kommissionsverträge. 50

9. Frachtgeschäft. Die Besorgung von Transporten im eigenen Namen auf fremde Rechnung ist in den § 453 ff spezialgesetzlich geregelt. 51

10. Franchisenehmer. Der Franchisenehmer handelt im eigenen Namen und im Unterschied zum Kommissionär auf eigene Rechnung.[119] 52

11. Gesellschaft. Bei Personengesellschaften kann die Beitragspflicht eines oder mehrerer Gesellschafter darin bestehen, auf Rechnung der Gesellschaft im eigenen Namen Geschäfte abzuschließen. Eine ähnliche Konstellation taucht bei Innengesellschaften auf, wenn der nach außen auftretende Gesellschafter auf Rechnung der Innengesellschaft Ausführungsverträge abschließt (zur Abgrenzung Kommission – Gesellschaft s. Rn 32). In derartigen Fällen findet Kommissionsrecht keine unmittelbare Anwendung. Basis der Verpflichtungen der Gesellschafter ist der Gesellschaftsvertrag.[120] Freilich ist Kommissionsrecht analog heranzuziehen[121]. Dabei ist im Einzelfall zu prüfen, inwieweit die Berücksichtigung kommissionsrechtlicher Normen mit der besonderen Treuepflicht der Gesellschafter, mit dem Umstand, daß der Gesellschafter mit seiner Beitragsleistung mittelbar seine eigenen Interessen fördert, mit der gesellschaftsvertraglichen Gewinn- und Verlustgemeinschaft sowie mit dem auf Dauer angelegten Gesellschaftsvertrag vereinbar ist. 53

Bei **Verkaufssyndikaten und Verkaufsgemeinschaften** sind ebenfalls Vereinbarungen zu finden, denen zufolge die Gesellschaft Waren, die die Gesellschafter selbständig produzieren, in eigenem Namen auf Rechnung des jeweils liefernden Gesellschafters verkaufen sollen. Trotz dieser Abrede liegen hier in der Regel ebenfalls keine Kommissionsverhältnisse vor; denn normalerweise werden die Gesellschafter gemeinsam oder durch ein Gesellschaftsorgan bestimmen, zu welchen Konditionen und in welchem Ausmaß Waren der einzelnen Gesellschafter veräußert werden. Ein Weisungsrecht des liefernden Gesellschafters fehlt. Das allein schließt schon die Annahme eines Kommissionsverhältnisses aus[122]. Ferner ist relevant, daß die Gesellschaft regelmäßig die Konditionen der Ausführungsgeschäfte nicht so festsetzen wird, wie dies dem Interesse des jeweiligen Lieferanten am bestmöglichen Umsatz, sondern wie dies dem Interesse der Gesellschaft entspricht, Wettbewerbsaktivitäten zu unterbinden und die Kapazitäten aller Gesellschafter im Einklang mit der Politik der Gesellschaft angemessen auszulasten. Aus der gesellschaftsinternen Abstimmung darf der einzelne Lieferant nicht mehr ausbrechen; seine aktuellen Interessen beeinflussen nicht die Geschäftspolitik der Gesellschaft. Es fehlt somit die primäre 54

---

[119] BGH, NJW-RR 2003, 1056 (1058); Oetker/*Martinek*, HGB, § 383 Rn 14; *Martinek*, LMK 2003, 191.

[120] MünchKommHGB/*Häuser*, § 406 Rn 19.

[121] MünchKommHGB/*Häuser*, § 406 Rn 19; *Schmidt-Rimpler* (Fn 1), S. 521 f; Schlegelberger/*Hefermehl*, HGB, § 383 Rn 82.

[122] BGH, BGHZ 1, 80; MünchKommHGB/*Häuser*, § 406 Rn 21; Schlegelberger/*Hefermehl*, HGB, § 383 Rn 25; **aA** *Schmidt-Rimpler* (Fn 1), S. 531.

Orientierung an den Interessen des Kommittenten. Ein wesentliches Indiz für einen Gesellschaftsvertrag ist ferner z.B. der Umstand, daß die Erlöse aus den von den einzelnen Werken angelieferten Waren nicht abzüglich der konkret angefallenen Kosten weitergeleitet werden, sondern daß als „pauschalierte Aufwendungen“ Durchschnittsfrachten in Rechnung gestellt werden, um Standortvorteile einzelner Gesellschafter zu eliminieren. Gegen die Anwendung von Kommissionsrecht spricht hingegen nicht der Umstand, daß die Verkaufsgemeinschaft nur unter Deckung ihrer Unkosten tätig werden soll, weil dies letztlich eine Form der „Gewinnverteilung“ ist, ohne daß deshalb die „Gewerbsmäßigkeit“ oder „Selbständigkeit“ zu bezweifeln wäre.[123]

55 Nur ganz ausnahmsweise betreiben Verkaufsgemeinschaften Kommissionsgeschäfte, wenn der einzelne Gesellschafter die Preisbildung für seine Ware, die er liefert, zu beeinflussen vermag und die Gesellschaft im Interesse des einzelnen Gesellschafters möglichst günstige Konditionen zu erreichen und möglichst große Ausführungsgeschäfte abzuschließen sucht.[124] Ist der Kommissionscharakter zu bejahen, so liegt eine Kommissionsagentur (Rn 58 ff) vor.

56 12. **Inkasso-Kommission.** Ein Kommissionsgeschäft (§ 406 Abs. 1) kann vorliegen, wenn ein Gewerbetreibender es übernimmt, Forderungen, Wechsel oder Schecks im eigenen Namen auf fremde Rechnung einzuziehen.[125] Dabei ist es gleichgültig, ob der mit der Einziehung Beauftragte nur eine Einziehungsermächtigung erhält oder ihm das Vollrecht übertragen wird. Der Umstand, daß der Beauftragte an den Forderungen eigene Sicherungsinteressen besitzt, führt nicht dazu, daß der Beauftragte überwiegend in eigenem Interesse tätig ist. Die §§ 397 ff zeigen, daß Sicherungsinteressen mit der Rolle eines Kommissionärs vereinbar sind. Voraussetzung ist es aber immer, daß der Einziehende bei seiner Tätigkeit einen gewissen Spielraum besitzt, innerhalb dessen er entscheiden kann, wie er am besten den Interessen seines Auftraggebers Rechnung trägt,[126] daß sich seine Aufgabe also nicht in der Funktion einer Mahn- und Zahlstelle erschöpft, weil sonst lediglich ein Dienstvertrag ohne Geschäftsbesorgungscharakter vorliegt.

57 Der **Factor** wird in aller Regel nicht auf fremde Rechnung tätig, gleichgültig, ob man der Darlehenstheorie[127] oder der Kauftheorie[128] folgt; denn der Factor hat sich eine Position einräumen lassen, die es ihm gestattet, bei der Einziehung der Forderungen ausschließlich sein Interesse zu verfolgen. Er ist also z.B. nicht gehalten, den Schuldner vor Zwangsvollstreckungsmaßnahmen zu verschonen, um die Geschäftsverbindungen seines Kunden mit dem Schuldner nicht zu gefährden. Er hat seinen Kunden allenfalls über die zur Einziehung eingesetzten Mittel auf dem laufenden zu halten. Das reicht aber nicht aus, um eine Geschäftsbesorgung des Factors zu bejahen. Daran ändert auch die Tatsache nichts, daß der Factor beim sog. unechten Factoring nach der Darlehenstheorie verpflichtet ist, die Forderungen einzuziehen; denn diese Verpflichtung dient nicht dazu, die geschäftlichen Interessen des Kunden zu berücksichtigen, sondern nur dazu, dem Factor einen unbeschränkten Rückgriff auf seine Forderungen aus dem „Vorschuß“ abzuschneiden.

---

[123] So aber *Schmidt-Rimpler* (Fn 1), S. 531.
[124] MünchKommHGB/*Häuser*, § 406 Rn 21.
[125] In der Regel verneinend *K. Schmidt*, Handelsrecht, § 31 III 1c.
[126] *Koller*, BB 1979, 1725 (1726 f).
[127] Canaris Großkommentar HGB, Bd. III/3 (2. Bearb. 1981), Rn 1655.
[128] Ehling Zivilrechtliche Probleme der vertraglichen Ausgestaltung des Inland-Factoring in Deutschland, S. 51 ff mwN.

13. Kommissionsagent. Als Kommissionsagent wird der Gewerbetreibende tätig, der *ständig* mit Kommissionsgeschäften betraut ist.[129] Als Typus steht er zwischen dem gewöhnlichen Kommissionär und dem Handelsvertreter.[130] Er hebt sich vom Handelsvertreter dadurch ab, daß er die Ausführungsgeschäfte im eigenen Namen abschließt, und vom normalen Kommissionär dadurch, daß er sich verpflichtet hat, für den Kommittenten ständig tätig zu werden, insbesondere ein Kommissionslager zu unterhalten und den Vertrieb für ein bestimmtes Gebiet zu übernehmen.[131] Die Basis der ständigen Beziehungen zwischen dem Kommittenten und dem Kommissionsagenten ist ein Rahmenvertrag, kraft dessen der Kommissionsagent fortlaufend die Interessen des Kommittenten wahrzunehmen hat. **58**

Vom Kommissionsagenten ist der Vertragshändler zu unterscheiden. Auch den Vertragshändler verbindet mit seinem Lieferanten ein Rahmenvertrag; auch der Vertragshändler wird im Interesse des Lieferanten im eigenen Namen absatzfördernd tätig. Vom Kommissionsagenten unterscheidet er sich dadurch maßgeblich, daß er auf eigene Rechnung (zum Begriff s. Rn 13) tätig wird[132]. **59**

Wie allgemein anerkannt ist, findet auf die Kommissionsagenten **im Außenverhältnis Kommissionsrecht** Anwendung.[133] Im **Innenverhältnis** zwischen Kommittenten und Kommissionsagenten kann das Kommissionsrecht durch das **Handelsvertreterrecht** verdrängt werden[134]. In welchem **Umfang** dies der Fall ist, ist **strittig.** Die Antwort auf diese Frage hängt wesentlich davon ab, von welchen Faktoren man die analoge Anwendung des Handelsvertreterrechts abhängig macht. *Hefermehl*[135] statuiert als Voraussetzung einer analogen Anwendung, daß der Kommissionsagent für den Kommittenten ständig tätig ist und daraus im Einzelfall eine wirtschaftliche Abhängigkeit resultiert. Ferner müsse das Verhältnis des Kommissionsagenten zum Kommittenten im wesentlichen wie das des Handelsvertreters zum Unternehmer gestaltet sein. Schließlich sei jede Norm des Handelsvertreterrechts auf ihre Analogiefähigkeit zu überprüfen. *Sandrock*[136] legt das Schwergewicht auf die ständigen Beziehungen. Sie würden ohne weiteres die Vermutung rechtfertigen, daß der Kommissionsagent schutzbedürftig sei. Im Ergebnis wendet er Handelsvertreterrecht an, soweit dies mit dem Umstand, daß der Kommissionär im eigenen Namen handelt, vereinbar ist. *Schmidt-Rimpler*, aaO, zieht die Parallele zum Handelsvertreterrecht, soweit dies durch die Ständigkeit der Geschäftsverbindung gerechtfertigt ist oder dem Kommissionsagenten ein Bezirk zur Bearbeitung überlassen ist. **60**

Diese Sicht ist zu wenig differenziert. Bei der Prüfung, inwieweit Normen des Handelsvertreterrechts auf den Kommissionsagentenvertrag anzuwenden sind, hat man drei Elemente auseinanderzuhalten, die in den §§ 84 ff einzeln oder kumulativ auszumachen sind: (1) Das Element der „Ständigkeit“ der Beziehungen aufgrund eines Rahmenvertrages; (2) das Element der „Verschaffung oder Steigerung des „good will“ des Unterneh- **61**

---

129 BGH, NJW-RR 2003, 1056 (1058); BB 1964, 823; Baumbach/*Hopt*, HGB, § 84 Rn 19; *Krüger* (Fn 6), § 383 Rn 9; Oetker/ *Martinek*, HGB, § 383 Rn 18.

130 MünchKommHGB/*Häuser*, § 406 Rn 22.

131 Oetker/*Martinek*, HGB, § 383 Rn 18; *Nußbaum* Tatsachen und Begriffe im deutschen Kommissionsrecht, S. 41 f.

132 BGH, BGHZ 54, 340; MünchKommHGB/ *Häuser*, § 406 Rn 22; *P. Ulmer*, Vertragshändler, S. 206; s. ferner unten Rn 87.

133 MünchKommHGB/*Häuser*, § 406 Rn 23; *Krüger* (Fn 6), § 383 Rn 9; Oetker/ *Martinek*, HGB, § 383 Rn 18.

134 RGZ 69, 364 f; BGH, BGHZ 29, 83 (86); Baumbach/*Hopt*, HGB, § 84 Rn 19; *Schmidt-Rimpler* (Fn 1), S. 539; *Krüger* (Fn 6), § 383 Rn 9.

135 Schlegelberger/*Hefermehl,* HGB, § 383 Rn 96.

136 Gierke/Sandrock Handels- und Wirtschaftsrecht, Bd. I, S. 486 ff.

mers“ auf dem vom Handelsvertreter bearbeiteten Teilmarkt; (3) das Element der „Schutzbedürftigkeit“[137] des Handelsvertreters infolge seiner typischen, im Vergleich zum Kommissionär erhöhten Kapitalschwäche.[138] Die ständige Zusammenarbeit mit einem oder einigen wenigen Unternehmen, bei der das langfristige Ergebnis der Arbeit „Erhöhung des good will der Unternehmen“ tendenziell zunächst letzteren unmittelbar zugute kommt, erhöht die Abhängigkeit des Handelsvertreters.

62 Diese Elemente müssen – anders als beim Handelsvertreter – beim Kommissionsagenten typischerweise nicht kumulativ vorliegen. So fehlt dort das Element einer Förderung des good will eines anderen Unternehmens, wo sich der Kommittent regelmäßig eines wirtschaftlich potenteren Kommissionärs bedient, weil er einen Strohmann vorschieben will.[139] Auch die Schutzbedürftigkeit ist hier recht zweifelhaft. Die Schutzbedürftigkeit dürfte ferner dort nicht zu bejahen sein, wo sich ein Gewerbetreibender nur deshalb weigert, als Handelsvertreter für den Unternehmer aufzutreten, weil er auf sein Ansehen als selbständiger Händler oder Bankier, der im eigenen Namen abschließt, Wert legt.[140] In einem derartigen Fall kann es durchaus sein, daß durch ständiges Zusammenwirken, etwa die Unterhaltung eines Kommissionslagers, gerade der „good will“ des Kommissionärs maßgeblich erhöht wird. Es ist also von Fall zu Fall zu untersuchen, inwieweit einzelne Normen des Handelsvertreterrechts auf die konkrete wirtschaftliche Situation zugeschnitten sind, in der sich der Kommissionsagent befindet.[141] Man hat demnach im Einzelfall zu prüfen, ob für eine entsprechende Anwendung des Handelsvertreterrechts das Element der ständigen Beziehung ausreicht oder daneben noch eine spezifische Schutzbedürftigkeit und/oder eine Förderung fremden „good will“ erforderlich ist.

63 Dem Kommissionsagenten ist analog § 80 ein **Recht auf eine Vertragsurkunde** zuzugestehen.[142]

64 Die **Kündigungsvorschriften** der §§ 89 ff HGB sind anstatt des § 627 BGB[143] analog anzuwenden, wenn im Einzelfall[144] der Kommissionsagent schutzbedürftig ist,[145] insbesondere deshalb, weil er ohne wesentliches eigenes Kapital arbeitet. Der Einsatz von wesentlichem Eigenkapital kann zwar im Laufe der Vertragsdauer starke Abhängigkeiten schaffen[146]. Die für die analoge Anwendung der §§ 89 ff relevante Schutzbedürftigkeit muß aber schon bei Vertragsschluß bestehen.[147] Von einem mit erheblichem Eigenkapital arbeitenden Gewerbetreibenden, der bei Vertragsschluß eine wesentlich stärkere Stellung besitzt, kann erwartet werden, daß er sich gegen eine plötzliche Vertragsbeendigung durch Vereinbarung entsprechender Kündigungsfristen schützt.[148] Er bedarf normalerweise nicht des Schutzes des § 89 Abs. 1 S. 2, Abs. 2, 3. Aber auch die dispositive Norm des § 89 Abs. 1 S. 1 findet mangels besonderer Schutzbedürftigkeit keine analoge Anwendung; denn der gesamte § 89 Abs. 1 ist auf den bei Vertragsschluß typischerweise

---

137 RGZ 69, 365; BGH, NJW 1959, 145; NJW 1961, 663 f; aA Baumbach/*Hopt*, HGB, § 84 Rn 19.

138 Wüstendörfer, ZHR 58, 132.

139 Wüstendörfer ZHR 58, 133.

140 *Nußbaum* Tatsachen und Begriffe im deutschen Kommissionsrecht, S. 42

141 Zum methodischen Ansatz vgl. BGH, NJW 1961, 662.

142 *Canaris*, Handelsrecht, § 16 Rn 12; MünchKommHGB/*Häuser*, § 406 Rn 25.

143 BGH, BB 1967, 229.

144 AA *Canaris*, Handelsrecht, § 16 Rn 9: immer anwendbar.

145 RGZ 69, 365 unterstellt beim Kommissionsagenten wie beim Handelsvertreter generelle Schutzbedürftigkeit und -würdigkeit; ebenso i.E. Oetker/*Martinek*, HGB, § 383 Rn 18; MünchKommHGB/*Häuser*, § 406 Rn 27.

146 *Kreifels/Lang*, NJW 1970, 1772.

147 BT-Drucksache I/3856 S. 10 f.

148 Vgl. auch P. Ulmer Vertragshändler, S. 402 f).

schwächeren Handelsvertreter zugeschnitten[149]. Dies erhellt ein Vergleich zwischen § 621 BGB, der, wie die Bezugnahme auf die Vergütungsmodalität zeigt, ebenfalls auf Dienstverhältnisse zugeschnitten ist, die längere Zeit dauern sollen, und der Sondervorschrift des § 627 BGB, die es dem Gläubiger, der die Leistung des Schuldners nicht exakt kontrollieren kann, erlaubt, das Risiko der Unkontrollierbarkeit durch sofortige Lösung der Bindung zu minimieren, auch wenn das Austauschverhältnis an sich auf längere Zeit angelegt ist.[150] Dort, wo der Kommissionsagent im Laufe einer intensiven Zusammenarbeit immer tiefer in Abhängigkeit geraten ist und ihm infolge der Auflösung des Vertragsverhältnisses erhebliche Schwierigkeiten entstehen würden, ist es freilich Aufgabe der Rechtsprechung, im Einzelfall für die Umstellung der Betriebsorganisation angemessene Schutzfristen zu entwickeln.[151] Indizien hierfür sind: Spätere Zuführung erheblichen Eigenkapitals im Interesse des Kommittenten; vom Kommittenten gefördertes Vertrauen auf die Fortsetzung des Vertrages und dadurch hervorgerufener Verzicht, sich nach Alternativen umzusehen; vom Kommittenten unterstützte Spezialisierung im Laufe der Vertragsdauer. Diese Schutzfristen können erheblich über den Fristen des § 89 liegen.

Mit der herrschenden Meinung ist dem Kommissionsagenten wie einem Handelsver- **65** treter in analoger Anwendung des § 87 Abs. 2 ein Anspruch auf **Bezirksprovision** zuzubilligen[152]; denn die Bezirksprovision stellt eine weitere Vergütung für die Wahrnehmung der Belange des Kommittenten im Bezirk dar. Allerdings hat der BGH[153] es abgelehnt, dem alleinvertretungsberechtigten Eigenhändler einen Anspruch analog § 87 Abs. 2 zu eröffnen. Er begründet dies damit, daß dem Eigenhändler jede Absatzsteigerung in seinem Verkaufsgebiet unmittelbar zugute komme. Dies gilt aber insbesondere für Markenartikel nur solange, als das Alleinvertriebsrecht respektiert wird. Der tiefere Grund dafür, warum sich der Eigenhändler anders als der Kommissionsagent mit einem Anspruch aus § 280 BGB begnügen muß, liegt darin, daß die Handelsspanne nicht der Provision gleichzusetzen ist. Der Eigenhändler arbeitet anders als der Handelsvertreter und der Kommissionsagent auf eigene Rechnung. Dies bleibt bei der Kalkulation der Handelsspanne nicht unberücksichtigt. In Hinblick auf derartige Ansprüche bestehen Ansprüche auf Buchauszug analog § 87c Abs. 2.[154]

Die §§ 396 Abs. 2 HGB, 675, 670 BGB werden durch eine entsprechende Anwen- **66** dung des § 87d verdrängt, soweit es um **Aufwendungen** geht, die nicht unmittelbar aus dem als Ausführungsgeschäft geschlossenen Vertrag resultieren.[155] § 87d ist im Vergleich zu den §§ 396 Abs. 2 HGB, 675 Abs. 1, 670 BGB insoweit enger, als der Handelsvertreter alle im regelmäßigen Geschäftsbetrieb entstandenen Aufwendungen auf sich zu nehmen hat, während den Kommissionär nur die Kosten der allgemeinen Geschäftsorganisation treffen. Für die Parallele zu § 87d ist weniger entscheidend, daß der Kommittent von Risiken entlastet werden soll, die ihn bei einem Vertrieb mit Handlungsgehilfen unweigerlich treffen würden,[156] sondern daß der Kommissionsagent längere Zeit mit dem

---

149 BT-Drucksache I/3856 S. 10 f; ambivalent, S. 31 f; **aA** die hM: RGZ 69, 365; RG, SeuffA 82, Nr. 168; 88, Nr. 125; *Schmidt-Rimpler* (Fn 1), S. 541 f; Schlegelberger/*Hefermehl,* HGB, § 383 Rn 97; *Schuler*, NJW 1959, 649.

150 **AA** *Schmidt-Rimpler* (Fn 1),S. 541 f; *Ulmer* Vertragshändler, S. 448 f; RG, JW 1929, 1291 f.

151 **AA** *Ulmer* Vertragshändler, S. 448.

152 RG, JW 1917, 157; Oetker/*Martinek*, HGB, § 383 Rn 18; MünchKommHGB/, § 406 Rn 26; *Canaris*, Handelsrecht, § 16 Rn 7; Schmidt-Rimpler (Fn 1), S. 541.

153 BGH, NJW 1984, 2411.

154 Schlegelberger/*Hefermehl,* HGB, § 383 Rn 87.

155 *Canaris*, Handelsrecht, § 16 Rn 8.

156 Steindorff, Festschrift Dölle (1963) Bd. I, S. 285 f m. w. Nachw.

Kommittenten zusammenarbeitet und daher die durchschnittliche, gewöhnliche Aufwendungslast leichter kalkulierbar ist, als wenn sie jeweils von den Umständen des Einzelfalles abhängig ist. Außerdem ist der Kommittent bei längerfristiger Zusammenarbeit infolge der daraus resultierenden Kontroll- und Druckmittel weniger der Gefahr ausgesetzt, daß der Kommissionär zugunsten einer Minimierung seiner Geschäftskosten[157] darauf verzichtet, den Markt, auf dem die Ausführungsgeschäfte abgeschlossen werden, optimal zu bearbeiten. Der Kommittent braucht daher dieser Gefahr bei der Kommissionsagentur nicht mit vollem Aufwendungsersatz entgegensteuern.

67 Gegen eine analoge Anwendung der **§§ 86 Abs. 2, 90,** die einen Ausfluß der für jede Geschäftsbesorgung typischen Treuepflicht darstellen, bestehen keine Bedenken.[158]

68 Nach herrschender Meinung hat der Kommittent **Provision** nach den Vorschriften der §§ 87 ff zu bezahlen[159]. Dieser Ansicht ist im Grundsatz zu folgen. Dabei ist jedoch zu beachten, daß diejenigen Regelungen nicht zur Anwendung kommen, die darauf beruhen, daß der Unternehmer selbst das „Ausführungsgeschäft" abschließt. Ferner dürfen zwingende Normen als zwingende Regeln nur dann eingesetzt werden, wenn der Kommissionsagent im Einzelfall auch schutzbedürftig ist. Somit entfällt analog § 87a Abs. 3 S. 2 der Provisionsanspruch schon dann, wenn der Kommittent die Unmöglichkeit nicht zu vertreten (Abweichung von § 396 Abs. 1 S. 2).[160] Die auf Dauer angelegte Vertragsbeziehung verstärkt den partiarischen Charakter des Austauschverhältnisses. Eine **Delcredereprovision** richtet sich nach § 86b.[161]

69 Das Entstehen eines **Ausgleichsanspruches** des Kommissionsagenten in Analogie zu § **89b** ist grundsätzlich möglich. Der Kommissionsagent muß eine ähnliche Stellung wie der Handelsvertreter innehaben.[162] Nach hM[163] braucht eine besondere Schutzbedürftigkeit des Kommissionsagenten nicht dargetan werden.

70 Die entsprechende Anwendung des § **90a** hängt von der Schutzbedürftigkeit des Kommissionsagenten im Einzelfall ab.[164]

71 § **392** greift ein.[165]

72 Ebenso greifen die §§ **397 ff**[166] **sowie die** §§ **388 Abs. 2, 389, 391** ein, weil sie auf das Handeln im eigenen Namen zugeschnitten sind.

73 Die **Selbsteintrittsregeln** der §§ 400 ff sind nicht von vornherein ausgeschlossen.[167] Doch wird kaum jemals in den in § 400 Abs. 1 genannten Bereichen und Formen eine Kommissionsagentur vereinbart werden; da der Kommittent im Rahmen der ständigen Geschäftsbeziehung im Interesse der Förderung seines Absatz- bzw. Beschaffungssystems auf Weisungsrechte und Rechenschaftspflichten des Kommissionsagenten Wert legen wird.

---

157 *Koller*, BB 1979, 1725 (1726 f).
158 *Schmidt-Rimpler* (Fn 1), S. 541.
159 RG, SeuffA 94 (1940), Nr. 40; LG Wuppertal, NJW 1966, 1130; *Schmidt-Rimpler* (Fn 1), S. 541.
160 *Canaris*, Handelsrecht, § 16 Rn 8.
161 *Canaris*, Handelsrecht, § 16 Rn 12; MünchKommHGB/*Häuser*, § 406 Rn 25.
162 MünchKommHGB/*Häuser*, § 406 Rn 29.
163 *Canaris*, Handelsrecht, § 16 Rn 13; in der Tendenz auch BGH, BB 1964, 823.
164 Weitergehend *Canaris*, Handelsrecht, § 16 Rn 12; MünchKommHGB/*Häuser*, § 406 Rn 32; Oetker/*Martinek*, HGB, § 383 Rn 18 (immer anwendbar).
165 *Schmidt-Rimpler* (Fn 1), S. 542; *Nußbaum* Tatsachen und Begriffe im deutschen Kommissionsrecht, S. 43.
166 *Schmidt-Rimpler* (Fn 1), S. 542; *Nußbaum* Tatsachen und Begriffe im deutschen Kommissionsrecht, S. 43.
167 AA *Schmidt-Rimpler* (Fn 1), S. 542.

Zur **wettbewerbsrechtlichen Zulässigkeit** von Weisungen zur Preis- und sonstigen Konditionengestaltung, zur Vertriebsbindung und zu Wettbewerbsverboten s. Rn 98. 74

14. Kommissionsverlag. Der Kommissionsverleger übernimmt die Herstellung und die Vervielfältigung eines Buches im eigenen Namen auf Rechnung des Auftraggebers, in der Regel des Urhebers.[168] Dieser Vertrag fällt unter § 406 Abs. 1 und, soweit es um den Verkauf geht, unter § 383. Das Verlagsgesetz ist auf ihn nicht anzuwenden; denn gemäß § 1 VerlG vervielfältigt und verbreitet der Verleger auf eigene Rechnung[169]. 75

15. Konditionsgeschäft. Unter Konditionsgeschäft versteht man die Übergabe von Waren an einen anderen mit der Vereinbarung, daß der Empfänger befugt ist, die Ware – gegebenenfalls innerhalb eines bestimmten Zeitraumes – gegen Zahlung einer Vergütung an den Lieferanten selbst zu übernehmen bzw. weiterzuveräußern oder aber zurückzugeben[170]. Derartige Vereinbarungen gehören **nicht** zum Kreis der **Kommissionsgeschäfte.** Sie stellen Kaufverträge dar (zur Abgrenzung Kauf – Kommission siehe auch Rn 23 ff).[171] Das „Rückgaberecht" ist regelmäßig als aufschiebende oder auflösende Bedingung des Kaufvertrages zu qualifizieren[172], wobei die Annahme einer aufschiebenden Bedingung näher liegt.[173] Im Zweifel ist der Vertrag nicht als Konditionsgeschäft abgeschlossen worden,[174] da der Kommissionstypus dort, wo der Abnehmer nicht das Warenrisiko übernehmen will, Risiken und Pflichten der Parteien ausgewogener verteilt (Rn 27 ff). Hingegen hat der Lieferant, der Zahlung vor Weiterverkauf fordert, zu beweisen, daß ein unbedingter Kaufvertrag zustande gekommen war.[175] 76

Der Preis ist für den Fall, daß der Empfänger die Ware nicht zurückgeben will, fest vereinbart. Denkbar ist auch, daß er sich an dem vom Empfänger erzielten Wiederverkaufspreis orientiert, wobei der Lieferant den Wiederverkaufspreis fest oder rahmenmäßig vorgibt. Das Folgegeschäft wird vom Empfänger der Waren auf eigene Rechnung abgeschlossen. Er schuldet einen Kaufpreis und braucht das beim Weiterverkauf Erlangte allenfalls zur Sicherung herauszugeben. Er handelt im eigenen Interesse und kann beim Weiterverkauf frei seine marktpolitischen Ziele zu realisieren suchen. Die Bedingungsabhängigkeit des Konditionsgeschäfts rückt den Kauf in die Nähe des Kommissionsgeschäfts. Der Empfänger der Ware braucht nach allgemeiner Ansicht nicht die Gefahr zu tragen, daß die Ware unveräußerlich ist. Bei einer aufschiebenden Bedingung braucht er auch nicht das Risiko auf sich zu nehmen, daß die Ware vor dem Abschluß des zweiten Kaufvertrages auf dem Transport oder nach der Übergabe untergeht. Die §§ 446 f BGB gelten nicht zu Lasten des Empfängers.[176] Gleiches gilt für die auflösende Bedingung, falls sie eintritt. Entgegen der Ansicht des BGH[177] erscheint diese Risikoverteilung jedoch als unbillig, weil die Ware im Herrschaftsbereich des Empfängers untergeht und der Empfänger beim Konditionsgeschäft darüber hinaus in viel größerem Umfang seine eige- 77

---

168 RGZ 78, 298, 300; *K. Schmidt*, Handelsrecht, § 31 III 1.

169 MünchKommHGB/*Häuser*, § 406 Rn 34; Schlegelberger/*Hefermehl*, HGB, § 383 Rn 90; *Schmidt-Rimpler* (Fn 1), S. 524.

170 *Schmidt-Rimpler* (Fn 1), S. 532 ff; Schlegelberger/*Hefermehl*, HGB, § 383 Rn 85.

171 OLG Köln v. 28.5.2001 – 16 U 1/01 (zit. nach juris); MünchKommHGB/*Häuser*, § 406 Rn 35.

172 BGH, NJW 1975, 776; OLG Karlsruhe, OLGZ 1972, 277 ff; DB 1971, 1410; OLG Hamburg, DB 1960, 1389; *Schmidt-Rimpler* (Fn 1), S. 534; Schlegelberger/*Hefermehl*, HGB, § 383 Rn 85.

173 BGH, NJW 1975, 777.

174 **AA** OLG Karlsruhe, OLGZ 72, 277 ff.

175 RGZ 107, 406; BGH, BB 1981, 1732.

176 BGH, NJW 1975, 776 ff.

177 BGH, NJW 1975, 778.

nen Interessen realisieren kann als der fremdnützig arbeitende Kommissionär; zumal Konditionsgeschäfte immer von einer gewissen Marktstärke des „Käufers" zeugen. Eine Lösung des Problems ist in der Parallele zu der Interpretation der Rücktrittsvorschriften zu suchen.

78 Kommissionsrechtliche Vorschriften können vereinzelt auf das Konditionsgeschäft Anwendung finden: so § 384 Abs. 2 mit der Pflicht, den Eintritt der Bedingung durch Weiterverkauf anzuzeigen;[178] ferner die §§ 388 ff als Konkretisierung allgemeiner Schutzpflichten.[179] Entgegen OLG Hamburg[180] ist § 396 Abs. 2 nicht entsprechend heranzuziehen,[181] da der Käufer im eigenen Interesse handelt und daher selbständig seine Kosten-Nutzen-Rechnung optimal gestalten soll.[182] Außerdem ist die Entlastung von Aufwendungen angesichts der typischen wirtschaftlichen Stärke des „Käufers" nicht erforderlich. Eine Ausnahme ist bei offensichtlich kapitalschwachen Käufern zu machen, die schwer veräußerliche Ware übernehmen und wo das Konditionsgeschäft nur gewählt wurde, weil die eventuellen Weiterverkaufspreise aus der Sicht der Parteien ohnehin feststanden.

79 Zur analogen Anwendung des § 392 Abs. 2 auf das Konditionsgeschäft § 392 Rn 6.

80 **16. Konsignationsgeschäft.** Der Begriff Konsignation bezeichnet in weiterem Sinne jede Verkaufskommission; unter Umständen wird dieser Begriff aber auch bei Handeln im fremden Namen oder auf eigene Rechnung verwandt.[183] Seine rechtliche Bedeutung hat der Begriff Konsignation im Exporthandel, d.h. beim Absatz inländischer Ware in Übersee.[184]

81 In einer Grundsatzentscheidung hat das **RG**[185] **vier Formen der Konsignation** herausgearbeitet: *Erstens* kann gewollt sein, daß der Kommissionär selbst für den Absatz der Ware in Übersee sorgt. Es liegt dann eine Verkaufskommission im Sinne des § 383 vor. – *Zweitens* können zwei Kommissionsverhältnisse hintereinander geschaltet sein. Der Kommittent beauftragt einen inländischen Exporteur, im eigenen Namen auf Rechnung des Kommittenten mit einem überseeischen Importeur einen Kommissionsvertrag über den Verkauf der Waren des Kommittenten zu schließen.[186] Hier erteilt der Kommittent einen Auftrag zu einer Geschäftsbesorgungskommission (§ 406 Abs. 1 S. 2). Im Verhältnis zwischen dem inländischen Exporteur und dem Importeur in Übersee liegt eine Verkaufskommission (§ 383) vor. – *Drittens* ist es denkbar, daß drei Kommissionsgeschäfte entstehen. In dieser Variante übernimmt der erste Kommissionär eine Geschäftsbesorgungskommission, der seinerseits einen zweiten Kommissionär mit einer Geschäftsbesorgungskommission auf Abschluß einer Verkaufskommission mit einem dritten Kommissionär beauftragt. – *Viertens* kann es so sein, daß dem vom ersten Kommittenten selbst beauftragten Kommissionär die Befugnis eingeräumt wird, die ganze Kommission auf einen anderen Kommissionär als Substituten zu übertragen.[187]

---

178 MünchKommHGB/*Häuser*, § 406 Rn 36; Schlegelberger/*Hefermehl*, HGB, § 383 Rn 85.

179 MünchKommHGB/*Häuser*, § 406 Rn 36.

180 OLG Hamburg, DB 1960, 1389.

181 MünchKommHGB/*Häuser*, § 406 Rn 36; Schlegelberger/*Hefermehl*, HGB, § 383 Rn 85.

182 *Koller*, BB 1979, 1725 f.

183 *Schmidt-Rimpler* (Fn 1), S. 539. Vgl auch BGH, WM 1993, 1727 (1729).

184 Oetker/*Martinek*, HGB, § 383 Rn 20.

185 RGZ 63, 301 ff.

186 Oetker/*Martinek*, HGB, § 383 Rn 20.

187 *Schmidt-Rimpler* (Fn 1), S. 538; *Nußbaum* Tatsachen und Begriffe im deutschen Kommissionsrecht, S. 5 f; *Roth* in Assmann/Schütze, Kapitalanlagerecht, § 10 Rn 102.

Die Staffelung der Kommissionsverhältnisse wird dadurch notwendig, daß die Ware in Übersee erst vermarktet werden muß, der inländische Exporteur aber nicht über die Organisation verfügt, um mit eigenen Mitteln die Ware in Übersee an dort ansässige Händler oder Einkaufskommissionäre zu veräußern. Es ist daher von Fall zu Fall durch Auslegung festzustellen, ob der Exporteur verpflichtet werden sollte, als Verkaufskommissionär für den Absatz der Ware in Übersee zu sorgen und dazu gegebenenfalls andere selbständige Händler und Kommissionäre als seine Erfüllungsgehilfen heranzuziehen, oder ob er lediglich beauftragt ist, im eigenen Namen auf Rechnung des Kommittenten einen weiteren Kommissionär mit dem Verkauf bzw. einer Geschäftsbesorgungskommission zu betrauen. Ersteres ist dort anzunehmen, wo der Kommissionär in Übersee über eine eigene ausgebaute Absatzorganisation verfügt.[188] In der Regel wird im Exporthandel mit relativ unerschlossenen überseeischen Gebieten wegen des großen Risikos nur eine Geschäftsbesorgungskommission zwischen dem ersten Kommittenten und Kommissionär zu bejahen sein.[189] In diesem Fall ist der ausländische Verkaufskommissionär nicht Erfüllungsgehilfe. Der Geschäftsbesorgungskommissionär haftet dann nur für Sorgfalt bei der Auswahl. **82**

17. **Sicherungsübereignung.** Bei Sicherungsübereignungen von Warenlagern vereinbaren die Parteien regelmäßig, daß der Übereignende weiterhin befugt sein soll, die nun dem Treunehmer gehörenden Waren im eigenen Namen zu verkaufen, und verpflichtet sei, die daraus resultierenden Forderungen zur Sicherung an den Treunehmer abzutreten. Bei derartigen Verträgen handelt der Treugeber zwar auf Rechnung des Treunehmers, weil er die durch das Handeln im eigenen Namen erzielten Vorteile an den Treunehmer herauszugeben hat, wo sie entweder als Sicherheit gehalten oder verrechnet werden[190]. Gleichwohl liegt entgegen einer älteren Rechtsprechung[191] regelmäßig **kein Kommissionsgeschäft** vor.[192] Entscheidend ist hierfür nicht der Umstand, daß der Treugeber aus wirtschaftlicher Sicht „sein“ – fiduziarisch gebundenes Eigentum – veräußert. Ebensowenig steht der Umstand im Wege, daß die Regeln über Provision, Aufwendungsersatz und Selbsteintritt nicht passen[193]; denn es sind auch atypische Kommissionsgeschäfte denkbar[194]. Ausschlaggebend ist vielmehr, daß der Treugeber bei der Veräußerung des Sicherungseigentums seine eigenen Interessen verfolgt und sich an seiner eigenen Geschäftspolitik orientiert. Ein Weisungsrecht des Treunehmers existiert nicht. Daraus folgt, daß im Verhältnis zwischen Treugeber und Treunehmer keine Geschäftsbesorgung im Hinblick auf ein Ausführungsgeschäft vereinbart ist. Die Annahme eines Kommissionsvertrages scheidet somit aus.[195] Ganz ausnahmsweise wird der Treunehmer ein Ziel im Auge haben und vertraglich absichern können, das über sein Interesse hinausgeht, für das veräußerte Sicherungsgut ein angemessenes Äquivalent zu erlangen. Nur in solchen Fällen muß sich der Treugeber beim Verkauf der Waren derart an den Vorstellungen des Treunehmers über die beim Weiterverkauf zu erzielenden Konditionen ausrichten, daß von einem Kommissionsvertrag gesprochen werden kann (RG Recht 1917, Nr. 1422). **83**

---

[188] Schlegelberger/*Hefermehl*, HGB, § 383 Rn 99; vgl. auch MünchKommHGB/ *Häuser*, § 406 Rn 40 f.

[189] Schlegelberger/*Hefermehl*, HGB, § 383 Rn 99.

[190] *Schmidt-Rimpler* (Fn 1), S. 524; Schlegelberger/*Hefermehl*, HGB, § 383 Rn 81.

[191] RG, JW 1911, 324; 1911, 650; RG, Recht 1909, Nr. 73; OLG Braunschweig, Recht 1913, Nr. 510; vgl. auch Mauer, ZfgK 1969, 136 ff.

[192] *Serick*, BB 1974, 287.

[193] **AA** *Serick*, BB 1974, 285 ff; Schlegelberger/*Hefermehl* HGB, § 383 Rn 81.

[194] Schlegelberger/*Hefermehl*, HGB, § 383 Rn 81.

[195] **Einschr.** MünchKommHGB/*Häuser*, § 406 Rn 43 f.

84 **18. Syndikate.** Siehe Gesellschaft (Rn 53).

85 **19. Vermittlung von Rembourskrediten und Dokumentenakkreditiven.** Übernimmt es eine Bank ihrem Kunden gegenüber, eine ausländische Bank mit der Eröffnung eines Rembourskredites an den Vertragspartner ihres Kunden zu beauftragen, so liegt eine Geschäftsbesorgungskommission im Sinne des § 406 Abs. 1 S. 2 vor.[196] Die Bank wird gegenüber der anderen Bank im eigenen Namen auf fremde Rechnung tätig. Gleiches gilt, wenn eine inländische Bank im eigenen Namen auf Rechnung ihres Kunden eine andere Bank mit dem Avis oder der Bestätigung des Akkreditivs bzw. der Prüfung und Hereinnahme des Akkreditivs beauftragt.[197]

86 **20. Versteigerung.** Freiwillige Versteigerungen finden sich heute vor allem auf dem Gebiet des Kunst- und Antiquitätenhandels[198] sowie des Buch-, Münzen- und Briefmarkenhandels. Sie erfolgen teils im eigenen, teils im fremden Namen.[199] Soweit die dem Versteigerer eingelieferten Objekte im eigenen Namen versteigert werden, findet Kommissionsrecht Anwendung.[200] Wenn die Parteien nichts darüber vereinbaren, ob der Versteigerer im eigenen oder fremden Namen auftreten soll, so kann entgegen v. *Hoyningen/Huene*[201] aus den §§ 34b Abs. 6 Nr. 4 GewO, 1 VerstV[202] nicht[203] abgeleitet werden, daß der Versteigerer im fremden Namen zu handeln hat, nur weil er die Waren Dritter veräußert. Ebensowenig kann aus dem Umstand zwingend auf ein Handeln im fremden Namen geschlossen werden, daß in der Öffentlichkeit bekannt ist, daß der Versteigerer fremde Geschäfte besorgt.[204] Gerade Kommissionäre besorgen gewerbsmäßig fremde Geschäfte, und der Gesetzgeber ging bei der Schaffung des § 392 Abs. 2 auch davon aus, daß dies in der Öffentlichkeit bekannt sei.[205] Maßgeblich ist vielmehr primär die Verkehrssitte auf dem jeweiligen Markt. Dort, wo sich keine Verkehrssitte herausgebildet hat, ist im Zweifel Kommission zu bejahen; denn der Ersteigerer hat ein großes Interesse daran, daß er mit dem ihm bekannten Versteigerer kontrahiert. Der Einlieferer ist durch § 392 und eventuell durch die Vereinbarung von Vorausabtretungen hinreichend geschützt, zumal er die geschäftlichen Verhältnisse des Versteigerers leichter erforschen kann als der Ersteigerer die des Einlieferers. Zur Gültigkeit allgemeiner Versteigerungsbedingungen s. BGH WM 1985, 389; OLG Zweibrücken, NJW 1998, 1409 (1410).

87 **21. Vertragshändler.** Vertragshändler ist ein Gewerbetreibender, dessen Unternehmen in die Vertriebsorganisation eines Herstellers von Markenwaren in der Weise eingegliedert ist, daß er es durch Vertrag mit dem Hersteller oder einem von diesem eingesetzten Zwischenhändler ständig übernimmt, im eigenen Namen auf eigene Rechnung die Vertragswaren im Vertragsgebiet zu vertreiben und ihren Absatz zu fördern, die Funktionen und Risiken seiner Handelstätigkeit hieran auszurichten und im Geschäftsverkehr das Herstellerzeichen neben der eigenen Firma herauszustellen.[206] Der Vertragshändler ist

---

[196] MünchKommHGB/*Häuser*, § 406 Rn 45.
[197] MünchKommHGB/*Häuser*, § 406 Rn 46; *Schlegelberger/Hefermehl*, HGB, § 383 Rn 93.
[198] *Braun*, JZ 1998, 197.
[199] BGH, ZIP 1996, 182 (§ 675 BGB; Ausführungsgeschäft in fremden Namen).
[200] MünchKommHGB/*Häuser*, § 406 Rn 48; *v. Hoyningen/Huene,* NJW 1973, 1475.
[201] *v. Hoyningen/Huene,* NJW 1973, 1476 m. Nachw.
[202] VerstV vom. 24.4.2003, zuletzt geändert BGBl. 2010 I 264.
[203] MünchKommHGB/*Häuser*, § 406 Rn 48.
[204] MünchKommHGB/*Häuser*, § 406 Rn 48.
[205] Protokoll zum BGB, Bd. II, S. 360 ff; § 392 Rn 3.
[206] *P. Ulmer*, Der Vertragshändler, S. 206.

kein Kommissionär, da er Waren auf eigene Rechnung vertreibt.[207] Die ständige Verbindung mit einem Hersteller oder eingesetzten Zwischenhändler in einem Geschäftsbesorgungsverhältnis legt weniger die Parallele zum Kommissionsrecht als zum Handelsvertreterrecht nahe.

C. Der Kommissionsvertrag und seine rechtliche Struktur

I. Abschluß des Vertrages

„Übernehmen" im Sinne der §§ 383, 406 heißt, sich vertraglich binden. Für den Abschluß des Vertrages gelten die allgemeinen Vorschriften (§§ 145 ff BGB).[208] **88**

Der Vertrag muß – soweit nicht einer der Parteien das Recht eingeräumt ist, den Inhalt des Vertrages näher zu bestimmen (§ 315 BGB) – inhaltlich nach der Art der vom Kommissionär auszuführenden Geschäfte **hinreichend bestimmt** sein. Bestimmbarkeit durch Auslegung der Vereinbarung genügt.[209] Auch bei der Effektenkommission genügt Bestimmbarkeit nach Art des Wertpapiers, der Stückzahl oder des Nennwertes. Es ist nicht erforderlich, daß eine genaue Bezeichnung der zu kaufenden bzw. zu verkaufenden Wertpapiere erfolgt,[210] wenn diese auch regelmäßig erfolgen wird. Ebensowenig muß angegeben werden, wie lange der Auftrag gelten und zu welchen Konditionen er ausgeführt werden soll. Etwaige Lücken füllen die allgemeinen Regeln über die Interessenwahrung (§ 384 Rn 5, 37 ff). Der Kommissionär hat so schnell wie möglich auszuführen, ohne daß dies zu Lasten eines optimalen Abschlusses gehen darf. Zeitlich nicht limitierte Aufträge gelten bis zur Erledigung oder bis zur Kündigung (Rn 161 ff). Unter Umständen sind AGB zu beachten. **89**

Das **Angebot** kann konkludent **angenommen** werden, gegebenenfalls ohne daß es eines Zugangs der Annahme bedarf (§ 151 Abs. 1 BGB), wenn der Zugang nach der Verkehrssitte nicht zu erwarten ist oder hierauf verzichtet worden war.[211] Doch kann ein Vertrag auch trotz Schweigens des Kommissionärs zustande kommen, wenn der Kommittent mit dem Kommissionär in Geschäftsbeziehungen steht und der Kommissionär den Antrag nicht unverzüglich ablehnt (§ 362 Abs. 1 S. 1). Gleiches gilt, falls sich der Kommissionär dem Kommittenten gegenüber zur Besorgung eines Kommissionsgeschäfts erboten hat (§ 362 Abs. 1 S. 2). Zur Behandlung des Schweigens des Kommissionärs als Annahme vgl. ferner *Canaris* Vorauflage Anh. § 362 4 ff. Hat sich der Kommissionär lediglich öffentlich, etwa durch Anzeigen, zur Übernahme von Kommissionen erboten, so macht er sich gemäß §§ 675 Abs. 1, 663 S. 1 BGB schadensersatzpflichtig, wenn er dem Auftraggeber nicht unverzüglich die Ablehnung der Kommission anzeigt. Zu weitergehenden Wirkungen des Schweigens *Canaris* Vorauflage Anh. § 362 23 ff. **90**

---

[207] Oetker/*Martinek*, HGB, § 383 Rn 14; MünchKommHGB/*Häuser*, § 406 Rn 22, 50.

[208] *Krüger* (Fn 6), § 383 Rn 17; Oetker/*Martinek*, HGB, § 383 Rn 29; MünchKommHGB/*Häuser*, § 383 Rn 20 ff.

[209] *Krüger* (Fn 6), § 383 Rn 17.

[210] **AA** Schlegelberger/*Hefermehl*, HGB, § 406 Rn 24.

[211] *Krüger* (Fn 6), § 383 Rn 17.

II. Form

91 Der Vertrag bedarf regelmäßig keiner Form. Der Versteigerer darf gemäß § 1 VerstVO (BGBl. 2003 I 547 m. Änderungen) nur schriftliche Versteigerungsaufträge hereinnehmen. Ein Verstoß führt nicht zur Nichtigkeit, sondern löst lediglich strafrechtliche Folgen aus.[212]

92 Der Kommissionsvertrag ist grundsätzlich auch dann formlos gültig, wenn das Ausführungsgeschäft – wie beim Handel mit **Grundstücken** oder **GmbH-Anteilen** (§§ 311b Abs. 1 BGB, 15 Abs. 6 GmbHG) – der Form bedarf. Die Verpflichtung des Kommittenten, das Grundstück oder die GmbH-Anteile zu übertragen, wird bei der Verkaufskommission nicht als rechtsgeschäftliche Verpflichtung angesehen, da sie unmittelbar den §§ 396 Abs. 2 HGB, 675, 670 BGB entspringt. Gleiches gilt für die Herausgabepflicht gemäß § 384 Abs. 3.[213]

93 Allerdings gilt insbesondere bei der **Verkaufskommission** der Grundsatz, daß der Auftrag keine sofortige Bindung des Kommittenten begründen darf, nach dem Willen des Kommissionärs das Grundstück bzw. den GmbH- Anteil aus der Hand zu geben.[214] Formbedürftig ist daher die unwiderrufliche „Kommission" zur Veräußerung eines Grundstückes;[215] ferner in den Fällen, in denen der „Kommissionär" eine unwiderrufliche Auflassungsvollmacht besitzt.[216] Allerdings ist es hier ohnehin fraglich, ob noch ein Geschäftsbesorgungsvertrag in Form einer Kommission gewollt ist, da es mit diesem Vertragstypus unvereinbar ist, daß der Kommissionär seine Interessen vor die des Kommittenten setzt.

94 Bei der **Einkaufskommission** ist zu beachten, daß durch den Kommissionsvertrag eine Erwerbsverpflichtung des Kommissionärs begründet wird, die gemäß § 311b Abs. 1 S. 1 BGB bei Grundstücken zur Formbedürftigkeit führt.[217] Diese Erwerbsverpflichtung im Innenverhältnis zwischen Kommissionär und Kommittenten macht den Kommissionsvertrag formbedürftig, nicht aber die Pflicht des „Kommissionärs", das erworbene Grundstück herauszugeben.[218] Die Verpflichtung, einen GmbH-Anteile zu erwerben, führt nicht zur Formbedürftigkeit des Kommissionsgeschäfts.[219] Die Formbedürftigkeit kann auch nicht darauf gestützt werden, daß der Kommissionär gemäß § 384 Abs. 2 verpflichtet ist, den erworbenen GmbH-Anteil herauszugeben.[220]

95 Die Formbedürftigkeit eines Kommissionsvertrages über Grundstücke (Rn 93) oder GmbH-Anteile, der kraft besonderer Vereinbarung im Wege des **Selbsteintritts** ausgeführt werden darf, ist umstritten[221]. Ein Verzicht auf die Form würde bei Ausübung des

---

212 *v. Hoyningen/Huene* NJW 1973, 1476 m. Nachw.

213 BGH, BGHZ 127, 168 (171); MünchKommHGB/*Häuser*, § 383 Rn 23.

214 Baumbach/*Hopt*, HGB, § 383 Rn 9; *Krüger* (Fn 6), § 383 Rn 19 f, 21 (inkonsequent zu GmbH-Anteilen). Da Grundstücke keine Waren i.S.d. § 383 Abs. 1 darstellen, ist nur an Geschäfte i.S.d. § 406 Abs. 1 S. 2 zu denken.

215 MünchKommHGB/*Häuser*, § 383 Rn 24; *Krüger* (Fn 6), § 383 Rn 20; *Roth*, in Koller/Roth/Morck, HGB § 383 Rn 9; Baumbach/*Hopt*, HGB, § 383 Rn 9.

216 Schlegelberger/*Hefermehl*, HGB, § 383 Rn 39.

217 BGH, BGHZ 85, 245 (247 f); *Krüger* (Fn 6), § 383 Rn 19; MünchKommHGB/*Häuser*, § 383 Rn 24.

218 BGH, BGHZ 127, 168 (171).

219 Baumbach/*Hopt*, HGB, § 383 Rn 9; **aA** *Roth*, in Koller/Roth/Morck, HGB § 383 Rn 9; *Krüger* (Fn 6), § 383 Rn 21.

220 Vgl. BGH, BGHZ 127, 168 (171) zu § 311b BGB; Baumbach/*Hopt*, HGB, § 383 Rn 9.

221 Generell für Formbedürftigkeit: Schlegelberger/*Hefermehl*, HBG, § 383 Rn 39; lediglich für Formbedürftigkeit der Erklärung des Selbsteintritts: *Schmidt-Rimpler* (Fn 1), S. 647; für Formfreiheit: RGZ 80, 99 ff.

Selbsteintritts dazu führen, daß weder der Kommissionsvertrag noch das Ausführungsgeschäft beurkundet wären. Bei der widerruflichen Verkaufskommission über ein Grundstück ist das hinzunehmen, weil die Beurkundung des Ausführungsgeschäfts dafür sorgt, daß zumindest die Konditionen dieses – für das Innenverhältnis Kommittent – Kommissionär – maßgeblichen Geschäfts ohne Überstürzung ausgehandelt werden. Die §§ 400 ff bieten angesichts der starken Einschränkung der Rechenschaftspflicht dem Kommittenten keinen vergleichbaren Schutz. Daher ist ein Kommissionsvertrag über Grundstücke formbedürftig, falls der Kommissionär zum Selbsteintritt berechtigt ist.[222] Ist die Form eingehalten, so bedarf die Erklärung des Selbsteintrittes nicht mehr der Form (Analogie zu den §§ 456 Abs. 1 S. 2, 464 Abs. 1 S. 2 BGB). Zum gleichen Ergebnis muß man bei der Verkaufskommission über GmbH-Anteile kommen, da § 15 GmbHG den Handelsverkehr mit GmbH-Anteilen erschweren will, um vorschnelle, ohne reifliche Überlegung getätigte Spekulationsgeschäfte zu verhindern.[223]

III. Nichtigkeitsgründe sowie der Spieleinwand

1. Allgemeine Nichtigkeitsgründe. Es gelten die allgemeinen Nichtigkeitsgründe. Im Effektengeschäft sind von besonderer praktischer Bedeutung die Irrtümer über den Marktwert eines Gegenstands, über kursbeeinflussende Faktoren sowie die arglistige Täuschung.[224] Zum Einwand des Formmangels s. Rn 91 ff. **96**

2. Spieleinwand, Verbot von Finanztermingeschäften. Der allgemeine Spieleinwand gemäß den §§ 762 BGB kann ebenfalls gegen Kommissionsgeschäfte erhoben werden. Er macht die Ansprüche aus dem Spielgeschäft uneinklagbar (§ 762 Abs. 1 Satz 1 BGB). Allerdings kommt § 762 BGB nicht zum Tragen, wenn bei dem Spiel mindestens ein Vertragsteil ein Unternehmen ist, das gewerbsmäßig oder in einem Umfang, der einen in kaufmännischer Weise eingerichteten Geschäftsbetrieb erfordert, Finanztermingeschäfte abschließt oder deren Abschluß vermittelt oder die Anschaffung, Veräußerung oder Vermittlung von Finanztermingeschäften betreibt (§ 37e WpHG). § 37g WpHG erlaubt, durch Rechtsverordnung **Finanztermingeschäfte zu verbieten oder zu beschränken,** soweit dies zum Schutz der Anleger erforderlich ist. Ein Verstoß gegen diese Verordnung hat die Nichtigkeit von Aufträgen zum Zweck des Abschlusses von verbotenen Finanztermingeschäften zur Folge. Aufgrund eines Kommissionsgeschäfts, das auf ein verbotenes Finanztermingeschäft zielt, entsteht kein Anspruch auf Herausgabe des aus dem Ausführungsgeschäft Erlangten.[225] **97**

3. Kartellrechtliche Schranken der Preis-, Ausschließlichkeits-, Vertriebsbindungen und sonstiger Wettbewerbsverbote. Kommissionsverträge, denen zufolge der Kommissionär nicht die nach eigenem Ermessen optimalen Preise und Konditionen zu erzielen hat, sind nicht ohne weiteres gemäß § 1 GWB i.V.m. § 134 BGB nichtig, selbst wenn der Kommissionär genaue **Preis- und Konditionenvorgaben** zu beachten hat. § 1 GWB ist angesichts der institutionellen Gegebenheiten der Vertragstypen, die der GWB-Gesetz- **98**

---

222 Oetker/*Martinek*, HGB, § 383 Rn 29; MünchKommHGB/*Häuser*, § 383 Rn 25; aA Baumbach/*Hopt*, HGB, § 383 Rn 9.

223 Vgl. *Krüger* (Fn 6), § 383 Rn 21.

224 Siehe dazu *Roth* in Assmann/Schütze, Kapitalanlagerecht, § 10 Rn 112 ff; MünchKommHGB/*Ekkenga*, Bd. 5, Effektengeschäft Rn 186 ff.

225 *Krüger* (Fn 6), § 383 Rn 23.

geber nicht vollständig hat modifizieren wollen und weil Kommissionäre Hilfspersonen des Kommittenten sind, zu **restringieren.**[226] Solche Kommissionsverträge sind jedoch nichtig, in denen in erheblichem Umfang von den unter Wettbewerbsgesichtspunkten sensiblen dispositiven Vorschriften der §§ 384 ff HGB abgewichen wird.[227] Daher kann der Kommittent, ohne mit dem GWB in Konflikt zu geraten, Mindest- oder Höchstpreise festsetzen.[228] Zulässig ist auch der Verbot des Eigenhandels mit Substitutionsprodukten (§ 384 Rn 50). Andererseits wird man unter dem Aspekt der atypischen Modifikation des Kommissionsgeschäfts solche Kommissionsverträge ohne weiteres dem § 1 GWB unterwerfen dürfen, die atypisch wesentliche Absatzrisiken auf den Kommissionär verlagern. Ferner greift § 1 GWB ein, wenn mit Hilfe von Kommissionsverträgen ein einheitliches, lückenloses Preisbindungssystem errichtet wird und dadurch das Preisbindungsverbot umgangen wird.[229] Auf ein solches Preisbindungssystem zielende Abreden sind Kommissionsgeschäft nicht „immanent".[230] Weitergehend sollte man § 1 GWB auch dann anzuwenden sei, wenn der Kommissionsvertrag im konkreten Fall zu einer spürbaren Beeinträchtigung des Wettbewerbs führt, ohne daß dies durch anerkennenswerte, im Sinne der Interessenabwägung billigenswerte Interessen des Kommittenten gerechtfertigt ist[231] Demnach können insbesondere Vertriebssysteme auf Kommissionsbasis dem § 1 GWB unterfallen, wenn der Kommittent nicht vorbringen kann, daß er auf den Kommissionsvertrieb angewiesen ist.

99 Kommissionäre können durch Kommissionsverträge in vielfältiger Form auch in ihrer Wettbewerbsfreiheit beschränkt werden. So kann dem § 384 das Verbot entspringen, **Konkurrenzware** zu vertreiben oder sonst in Konkurrenzfirmen tätig zu werden (§ 384 Rn 49 f); ein **Wettbewerbsverbot** kann auch ausdrücklich zu Lasten eines Kommissionärs begründet werden. Denkbar ist ferner, daß der Kommittent den Kommissionär anweist, nur auf bestimmten Märkten tätig zu werden, oder daß die Parteien von vornherein derartige Beschränkungen vereinbaren. Darüber hinaus werden gerade bei Kommissionsagenten häufig **Ausschließlichkeitsvereinbarungen** getroffen, denen zufolge der Kommissionär nur oder in bestimmtem Umfang für den Kommittenten tätig zu werden bzw. der Kommittent den Kommissionär zu beliefern hat. Alle diese Verträge, auch soweit die Bindung dem dispositiven Recht entspringt, werden vom Wortlaut des § 1 GWB erfaßt. Das GWB ist jedoch zu restringieren. Über die **Reichweite der Restriktion** ist keine Einigkeit erzielt worden. Die sog. absolute Theorie lehnt eine Anwendung des GWB auf sämtliche Interessenwahrungsverträge und damit auch auf den Kommissionsvertrag ab.[232] Der sog. Immanenztheorie zufolge unterfallen solche Beschränkungen nicht dem § 18 GWB, die unmittelbar dem dispositiven Recht entspringen.[233] Richtigerweise sind jedoch alle Bindungsabreden einschließlich der vertragstypischen Bindungen am Maßstab des § 1 GWB zu messen. Den Besonderheiten der Interessenwahrungsverträge kann im Rahmen einer Billigkeitsprüfung Rechnung getragen werden, in der zu berücksichtigen ist, zu welch

---

226 So zum GWB a.F. BKartA WuW/E BKartA 1936 (1940); KG WuW/E OLG 2819 (2820).

227 KG, WuW/E OLG 2819 (2821); BKartA WuW/E BKartA 1936(1940); *Roth,* in Koller/Roth/Morck, HGB § 383 Rn 10.

228 BGH, NJW-RR 2003, 1056 (1059); *Roth,* in Koller/Roth/Morck, HGB § 383 Rn 10.

229 BGH, NJW-RR 2003, 1056 (1059); ähnlich *Hertz-Eichenrode,* WuW 1983 785 (786 f); *Keßler,* WRP 1982, 450 (451); *Riesenkampff,* BB 1984, 2026 (2030).

230 Für die sog. Immanenztheorie *Krüger* (Fn 6), § 383 Rn 25.

231 KG, WuW/E OLG 2819 (2822); *Keßler,* WRP 1984, 124 (126 f).

232 OLG Stuttgart, WuW/E OLG 1302 (1303).

233 KG, WuW/E OLG 1961 (1963); *Krüger* (Fn 6), § 383 Rn 25; vgl. auch BGH, NJW-RR 2003, 1056 (1059).

spürbarer Beeinträchtigung des Wettbewerbs der Kommissionsvertrag führt und welche billigenswerten Interessen des Kommittenten auf dem Spiel stehen.

IV. Rechtsnatur des Kommissionsvertrages

Der dem Kommissionsgeschäft zugrunde liegende Vertrag ist nach allgemeiner Ansicht eine Variante des **Geschäftsbesorgungsvertrages** im Sinne des § 675 Abs. 1 BGB.[234] **100**

Umstritten ist es, ob der Kommissionsvertrag einen **Dienst- oder einen Werkvertrag** darstellt, der eine Geschäftsbesorgung zum Gegenstand hat. **101**

Für **Werkvertrag** plädieren: RGZ 71, 76; *Düringer/Hachenburg/Lehmann* HGB, Vorb. zu § 383 3; *Knütel* ZHR 137 (1973) 286 f. Begründet wird diese Ansicht damit, die Tätigkeit des Kommissionärs werde nur bei Erfolg vergütet. Er habe bei der Beauftragung mit einem Ausführungsgeschäft diesen Erfolg herbeizuführen. Außerdem erscheine die Möglichkeit einer jederzeitigen Kündigung gemäß §§ 621 Nr. 5, 627 BGB als nicht sachgerecht. **102**

Dienstvertragscharakter bejahen: RGZ 110, 119 ff; RG, JW 1932, 2607; BGH, ZIP 2002, 1292; Denkschrift zum Entwurf eines HGB, S. 232; *Canaris* Großkommentar HGB, Bd. III/3 (2. Bearb. 1981), Rn 1822; Schlegelberger/*Hefermehl*, HGB, § 383 Rn 37; *Schmidt-Rimpler* (Fn 1), S. 497 ff; *v. Dalwigk zu Lichtenfels* Das Effektenkommissionsgeschäft, S. 5 f; *Bracht*, Best execution, S. 46 f. – Für die Qualifikation als Dienstvertrag wird der Umstand ins Feld geführt, daß es nicht allein von dem Bemühen des Kommissionärs abhänge, ob eine Kommission auch tatsächlich ausgeführt werden könne; maßgeblich sei vielmehr die jeweilige Marktsituation. Es komme häufig vor, daß sich ein Kommissionsauftrag nicht ausführen lasse, besonders in Fällen, in denen der Kommittent ein Limit gesetzt habe. Das zeige, daß der Kommissionär nur eine Tätigkeit (§ 611 BGB) versprochen habe. Dies gelte vor allem dort, wo sich ein Kommissionär verpflichtet habe, ständig für einen Kommittenten tätig zu werden. **103**

Die Lösung dieses Problems hat vor allem Bedeutung für die Kündigung. Geht man von einem Dienstvertrag aus, so finden die §§ 621 Nr. 5, 627 BGB Anwendung; beim Werkvertrag hingegen grundsätzlich § 649 BGB. Ein Kommissionär, der nach Dienstvertragsrecht verpflichtet ist, ein Ausführungsgeschäft abzuschließen, braucht sich lediglich mit angemessenen Mitteln und zumutbarer Sorgfalt um den Abschluß zu bemühen. Unterstellt man den Kommissionsvertrag hingegen dem Werkvertragsrecht, so schuldet der Kommissionär den Erfolg, wobei es im Rahmen der erkennbaren oder vorhersehbaren Risiken unerheblich ist, welche Anstrengungen notwendig sind, um zum Erfolg zu gelangen.[235] Die Verpflichtung ist durch § 888 Abs. 1 ZPO bewehrt. Dieser Unterschied wird durch den Umstand, daß nach der Verkehrssitte oder dem Vertrag für die Erledigung des Auftrages bestimmte Erfüllungszeiträume bestehen[236], nur gemildert, aber nicht behoben. **104**

Die Frage, ob der Kommissionsvertrag dem Dienst- oder Werkvertragsrecht unterfällt, kann **nicht einheitlich** beantwortet werden. Es kommt vielmehr auf die Umstände **105**

---

[234] MünchKommHGB/*Häuser*, § 383 Rn 28; *Krüger* (Fn 6), § 383 Rn 13; *K. Schmidt*, Handelsrecht, § 31 III 1b.

[235] *Koller* Die Risikozurechnung bei Vertragsstörungen in Austauschverträgen (1979), S. 244 f.

[236] Schlegelberger/*Hefermehl*, HGB, § 383 Rn 36.

des Einzelfalles an.[237] Ausgangspunkt der Abgrenzung von Dienst- und Werkvertrag ist gemäß den §§ 611, 631 BGB der Umstand, ob eine Tätigkeit oder ein Erfolg geschuldet ist. Dabei ist die bloße finale Ausrichtung der Tätigkeit des Schuldners auf einen Erfolg hin (das Ausführungsgeschäft) ohne Aussagekraft.[238] Entscheidend ist die gesamte Ausgestaltung des Vertrages, wobei z.B. die Unselbständigkeit der Arbeit, die Tatsache, daß der Arbeitserfolg nicht in der Macht des Schuldners liegt, sowie der Umstand, daß die Arbeitsleistung sich unter den Augen des Gläubigers vollzieht, für einen Dienstvertrag sprechen. Das Argument, der Kommissionär habe auf die Marktsituation keinen Einfluß, kann zur Lösung des Einordnungsproblems nicht ohne weiteres herangezogen werden. Zieht man z.B. die Parallele von dem Einkaufskommissionär zu dem Verkäufer von Gattungsobjekten, so sieht man, daß der Verkäufer den Erfolg „versprochen" hat. Von ihm wird erwartet, daß er die Marktverhältnisse ohne Rücksicht auf Kosten beeinflußt, gegebenenfalls neue Quellen erschließt sowie die Gefahr auf sich nimmt, daß wegen vorhersehbarer Veränderungen der Marktkonstellationen höhere Kosten als geplant notwendig werden, um die Waren zu beschaffen.[239] Diese Risiken werden als abstrakt beherrschbar oder zumindest als absorbierbar angesehen. In der gleichen Situation befindet sich grundsätzlich auch ein Einkaufskommissionär im Hinblick auf die Arbeitsleistung, die er einsetzen muß, um zum angestrebten Erfolg zu gelangen. Die Position eines Kommissionärs läßt sich auch nicht ohne weiteres mit der eines Arztes, Lehrers oder Rechtsanwaltes vergleichen, für die Dienstvertragsrecht gilt. Es liegt deshalb die Qualifikation des Kommissionsvertrages als **Werkvertrag** nahe, selbst wenn der Kommittent bei Vertragsschluß ein Limit gesetzt haben sollte.[240] Es ist nämlich grundsätzlich Sache des Kommissionärs, der über die besseren Marktkenntnisse verfügt, zu beurteilen, welche Aussichten er hat, zum Erfolg zu gelangen (zur Risikoverteilung bei nachträglicher Setzung eines Limits s. § 384 Rn 58).

106 Gleichwohl wird man häufig[241] **Dienstvertragsrecht** anzuwenden haben. Das gilt zunächst für all die Bereiche, in denen relativ kapitalschwache Kommissionäre auftreten, denen ausreichende Eigenmittel fehlen, um als Eigenhändler tätig zu werden;[242] ferner dort, wo es für den Kommittenten erkennbar ist, daß der Abschluß eines passenden Ausführungsgeschäfts sehr zweifelhaft ist[243] oder wo der Kommissionär auf Dauer tätig werden soll.[244] Des weiteren greift Dienstvertragsrecht ein, falls die Veranstaltungen des Kommissionärs zeigen, daß er lediglich gewillt ist, sich mit seinen üblichen Mitteln für ein Ausführungsgeschäft einzusetzen (z.B. Versteigerer). Der Umstand, daß das Entgelt vom Erfolg abhängig ist, steht dem nicht entgegen. Anders als etwa bei Akkordlohnverträgen, wo einem begrenzten Element der Beherrschbarkeit Rechnung getragen wird,

---

[237] Schlegelberger/*Hefermehl*, HGB, § 383 Rn 37; *Krüger* (Fn 6), § 383 Rn 15; Heymann/*Herrmann*, HGB, § 383 Rn 6; *K. Schmidt*, Handelsrecht, § 31 III 3a.

[238] *Leenen*, Typus und Rechtsfindung, S. 147.

[239] *Koller* Risikozurechnung bei Vertragsstörungen in Austauschverträgen, S. 211 ff.

[240] Heymann/*Herrmann*, HGB, § 383 Rn 6; **abw.** Oetker/*Martinek*, HGB, § 383 Rn 28; Oetker/*Martinek*, HGB, § 383 Rn 29; *Canaris*, Handelsrecht, § 30 Rn 5; Balzer, WM 2001, 1533 (1536 zur Effektenkommission); wohl auch BGH, ZIP 2002, 1292 zur Effektenkommission.

[241] **Abw.** *Krüger* (Fn 6), § 383 Rn 16, weil nicht einzusehen ist, warum nicht dem Kommissionär ebenso wie dem Kommittenten ein jederzeitiges Kündigungsrecht zustehen soll und weil die Rechte des Kommittenten durch § 627 Abs. 2 BGB hinreichend gewahrt seien.

[242] BGH, LM Nr. 21 zu § 611 BGB.

[243] BGH, ZIP 2002, 1292 (Effektenkommission); Oetker/*Martinek*, HGB, § 383 Rn 27.

[244] MünchKommHGB/*Häuser*, § 383 Rn 29; Oetker/*Martinek*, HGB, § 383 Rn 28. Zum Kommissionsagent s. oben 58.

kommt hier nämlich ein partiarischer Zug des Kommissionsrechts zur Geltung[245]. Bei der Effektenkommission oder bei der in Händen kapitalkräftiger Exporteure liegenden Einkaufskommission hat man demnach normalerweise Werkvertragsrecht heranzuziehen.[246]

V. Übersicht über die Pflichten des Kommissionärs und Kommittenten

1. Pflichten des Kommissionärs. Der Kommissionsvertrag ist ein Geschäftsbesorgungsvertrag (§ 675 Abs. 1 BGB),[247] in dessen Rahmen der Kommissionär es übernimmt, im eigenen Namen für Rechnung des Kommittenten Verträge abzuschließen. Daraus resultiert zunächst einmal – je nachdem, ob im Einzelfall ein Dienst- oder Werkvertrag vorliegt (Rn 101 ff) – die Pflicht, auf das gewünschte Ausführungsgeschäft hinzuwirken bzw. das Ausführungsgeschäft zustande zu bringen, wobei der Kommissionär primär die Interessen des Kommittenten wahrzunehmen hat.[248] Diese Pflicht zur fremdnützigen Interessenwahrung prägt nicht nur die Ausführung der Kommission (§ 384 Rn 37). Sie setzt schon vor der Beauftragung des Kommissionärs mit der Pflicht zur Aufklärung ein (§ 384 Rn 12). Die Pflicht zur Interessenwahrung geht Hand in Hand mit den Pflichten, sich nach den Weisungen des Kommittenten zu richten, dem Kommittenten die erforderlichen Nachrichten zu geben und Rechenschaft abzulegen. Das Handeln auf fremde Rechnung manifestiert sich in der Pflicht, das aus dem Ausführungsgeschäft Erlangte an den Kommittenten herauszugeben, gegebenenfalls das Ausführungsgeschäft auf Rechnung des Kommittenten abzuwickeln. Ein großer Teil dieser Pflichten ist in § 384 normiert; besondere Ausprägungen finden sich in den darauffolgenden Vorschriften sowie im BGB. **107**

2. Pflichten des Kommittenten. Im Mittelpunkt der Pflichten des Kommittenten steht die Obligation, die Leistung des Kommissionärs zu **vergüten**. Daneben ist er gehalten, die **Aufwendungen** des Kommissionärs, die nötig waren, um das Ausführungsgeschäft abzuschließen, ferner die Aufwendungen für die Abwicklung des Ausführungsgeschäfts zu ersetzen, und dem Kommissionär die Belastungen, die ihm durch das Ausführungsgeschäft selbst erwachsen, abzunehmen. Näher dazu § 396 Rn 49 ff. Gegebenenfalls hat der Vorschüsse zu leisten (§ 396 Rn 64). Bei der Verkaufskommission kann der Kommittent verpflichtet sein, dem Kommissionär vor Abschluss eines Ausführungsgeschäfts den Besitz der Ware bzw. der Wertpapiere zu verschaffen. Hierzu zählen auch Begleitdokumente wie der Kfz-Brief.[249] **108**

VI. Die Risikostruktur des Kommissionsvertrages

Der Kommissionsvertrag ist ein Geschäftsbesorgungsvertrag (§ 675 Abs. 1 BGB). Hieraus und aus der vom Gesetz für den normalen Kommissionsvertrag als typisch vorausgesetzten Marktstellung des Kommissionärs (Rn 20) resultiert eine weitgehende Risikoentlastung des Kommissionärs (*Koller,* BB 1979, 1725, 1727 ff). Sie macht sich **109**

---

[245] Protokolle der Commission zur Berathung eines ADHGB (1857), S. 716; ferner § 396 4.
[246] **AA** OLG Schleswig, WM 2004, 1280 (1282); Oetker/*Martinek*, HGB, § 383 Rn 28.
[247] Oetker/*Martinek*, HGB, § 383 Rn 27.
[248] Oetker/*Martinek*, HGB, § 383 Rn 22.
[249] OLG Oldenburg, NJW-RR 2000, 507.

besonders deutlich bei der Regelung der Aufwandsgefahr bemerkbar. Der Kommissionär ist in weitem Umfang von der Gefahr erhöhten oder nutzlosen Aufwandes befreit, soweit sie nicht den Einsatz der eigenen Arbeitskraft und der eigenen Verwaltungsorganisation betrifft. So braucht der Kommissionär nicht die Gefahr zu tragen, daß seine Investitionen nicht zu dem angestrebten Ziel führen. Dabei ist es z.B. gleichgültig, ob nur eine bestimmte Investition im konkreten Fall ohne sein Verschulden nutzlos bleibt, oder ob sich herausstellt, daß ein interessengerechtes Ausführungsgeschäft abzuschließen gänzlich unmöglich ist (§ 396 Rn 51). Den Kommissionär trifft auch nicht das Risiko, daß er, um ein Ausführungsgeschäft abzuschließen, höhere Investitionen machen muß, als er eingeplant hatte. Dies gilt nicht, wenn den Kommissionär ein Verschulden zur Last fällt, sei es, daß die von ihm gemachten Aufwendungen bei verkehrserforderlicher Sorgfalt als nicht sachgemäß angesehen werden konnten oder sei es, daß der Kommissionär nicht annehmen durfte, die konkreten Aufwendungen lägen im Interesse des Kommittenten (§ 396 Rn 56). Ferner trifft den Kommissionär das Aufwendungsrisiko bei schuldhaften Weisungsverstößen (§ 385 Rn 3, 19). Führt der Kommissionär das Geschäft durch Selbsteintritt aus, so wird er stärker mit dem Aufwendungsrisiko belastet (§ 403 Rn 7 ff; str.).

110 Der Kommissionär hat auch nicht die Gefahr zu tragen, daß die Kommissionsware in seiner Sphäre untergeht, es sei denn, daß ihn ein Verschuldensvorwurf trifft (§ 390). Für den Ausfall der aus dem Ausführungsgeschäft resultierenden Forderungen hat der Kommissionär nur einzustehen, wenn er das Delkredere übernommen hat (§ 394).

111 In großem Ausmaß ist der Kommissionär dagegen mit dem Provisionsrisiko belastet. Er hat das Risiko zu tragen, daß er ein Ausführungsgeschäft zustande bringt (§ 396 Rn 10 ff). Darüber hinaus trägt er die Gefahr, daß der Dritte, mit dem er das Ausführungsgeschäft abgeschlossen hat, die im **Ausführungsgeschäft versprochene Leistung** nicht erbringt, es sei denn, daß der Grund für die Nichtausführung des Geschäfts in der Sphäre des Kommittenten liegt (§ 396 Rn 24).

112 Der Anspruch auf Provision entfällt ferner, wenn dem Kommissionär aus Gründen, die in seiner Sphäre lagen oder sich in ihr zuerst ausgewirkt haben, die **Herausgabe** des aus dem Ausführungsgeschäft „Erlangten" unmöglich wird (**aA** die hM; § 396 Rn 33 ff). Gleiches gilt, falls der Kommittent das Ausführungsgeschäft wegen eines Weisungsverstoßes zurückweist, auch wenn die Zuwiderhandlung nicht schuldhaft erfolgte (§ 385 Rn 20).

113 Das Risiko eines **höheren als geplanten Aufwandes** an eigener Arbeitskraft und eines stärkeren Einsatzes seiner Verwaltungsorganisation trägt regelmäßig der Kommissionär.[250]

VII. Erfüllungsort und Gerichtsstand

114 Primär maßgeblich ist die Parteivereinbarung. Es ist durch Auslegung festzustellen, an welchem Ort der Schuldner die letzte Phase der Erfüllungshandlung vorzunehmen hat. Nebenpflichten sind im Zweifel am Ort der Hauptverpflichtung zu erfüllen. Soweit die Parteivereinbarungen keine Anhaltspunkte liefern, kann sich aus den Umständen ergeben, wo der Erfüllungsort liegt; hilfsweise ist gemäß § 269 BGB auf den Wohnsitz bzw. die gewerbliche Niederlassung des Schuldners zurückzugreifen.

---

[250] Ausnahme bei unvorhersehbaren, von außen kommenden Störungen, *Koller* Risikozurechnung, aaO, S. 244.

1. Erfüllungsort für Leistungen des Kommissionärs. *Schmidt-Rimpler*[251] zufolge bestimmt sich der Ort, an dem das Ausführungsgeschäft abzuschließen ist, nach den allgemeinen Auslegungsregeln. Dabei könne sich herausstellen, daß der Abschluß an einem anderen Ort als dem Niederlassungsort erfolgen soll. Durch Auslegung könne auch ermittelt werden, ob der Kommissionär selbst zum Abschlußort zu reisen habe, ob er den Abschluß durch einen Gehilfen vornehmen lassen dürfe oder ob er von seiner Niederlassung aus den Abschluß telefonisch, fernschriftlich bzw. per Brief herbeiführen könne. So könne bei der Aufkaufkommisson eine Reise zum Dritten notwendig sein; ähnliches sei bei der Versteigerungskommission denkbar. Hilfsweise greife § 269 BGB ein. *Lehmann*[252] zufolge hat die Frage, wo der Kommissionär das kommittierte Geschäft abzuschließen habe, nichts mit dem Erfüllungsort des Kommissionsgeschäfts zu tun. Über den Ort, an dem das Ausführungsgeschäft abzuschließen sei, entscheide der Vertrag. Gegebenenfalls habe der Kommissionär nach pflichtgemäßem Ermessen den Ort zu wählen, an dem der günstigste Abschluß möglich sei. Man müsse daher davon ausgehen, daß die Verpflichtungen der Parteien zwar ihren konkreten Inhalt erst durch das Ausführungsgeschäft erhalten, gleichwohl unabhängig von ihnen bestehen. **115**

Der hier vertretenen Ansicht zufolge ist die Ermittlung des Erfüllungsortes dort unproblematisch, wo sich aus dem Vertrage ergibt, daß der Kommissionär von seiner Niederlassung aus mit den Dritten in Kontakt treten oder aber bestimmte Dritte persönlich aufsuchen soll. Normalerweise wird dies jedoch im Vertrag nicht geregelt sein; denn es ist ja gerade Aufgabe des Kommissionärs zu entscheiden, an welchem Ort und auf welche Weise er die Abschlüsse tätigt, die am besten den Interessen des Kommittenten entsprechen. Der Kommissionär hat insoweit einen gewissen Ermessensspielraum. Auch wenn Kommissionsgeschäfte für auswärtige Plätze üblicherweise vom Niederlassungsort des Kommissionärs aus erledigt werden sollten, so kann es unter Umständen doch im Rahmen der Ausführung des Kommissionsgeschäfts unvorhergesehen notwendig werden, die „Dritten" zu Abschlußverhandlungen aufzusuchen. Man darf deshalb die Freiheit des Kommissionärs in der Wahl der Mittel des Abschlusses so wenig wie möglich einschränken. **116**

Andererseits muß der Erfüllungsort im Sinne des Gesetzes, an den z.B. der Gerichtsstand anknüpft (§ 29 ZPO), von vornherein feststehen und darf nicht erst ex post festgelegt werden,[253] wenn der Kommissionär seine Wahl getroffen hat, auf eine bestimmte Weise das Ausführungsgeschäft abzuschließen. Es ist daher in all den Fällen, in denen sich **nicht ex ante aus dem Vertrag oder aus den Umständen** ergibt, daß der Kommissionär an einem anderen Platz als seinem Niederlassungsort[254] mit den Dritten zu kontrahieren hat, als Erfüllungsort die Niederlassung des Kommissionärs, hilfsweise sein Wohnort anzusehen (§ 269 BGB).[255] Man kann insoweit eine Parallele zur vertraglichen Unterlassungspflicht ziehen.[256] Im Ergebnis hat man demnach davon auszugehen, daß der Erfüllungsort für die Hauptleistung „Abschluß des Ausführungsgeschäfts" grundsätzlich die Niederlassung bzw. der Wohnort des Kommissionärs ist[257]. **117**

---

[251] *Schmidt-Rimpler* (Fn 1), S. 789 f; MünchKommHGB/*Häuser*, § 384 Rn 15.

[252] *Lehmann*, in *Düringer/Hachenburg*, HGB, § 383 Rn 23.

[253] BGH, NJW 1974, 412.

[254] Nicht etwa per Telex von der Niederlassung aus; unklar *Schmidt-Rimpler* (Fn 1), S. 789; MünchKommHGB/*Häuser*, § 384 Rn 15.

[255] Ebenso Oetker/*Martinek*, HGB, § 383 Rn 30a.

[256] BGH, NJW 1974, 411 f; Palandt/*Grüneberg* BGB, § 269 Rn 12.

[257] Ebenso weitgehend i. E. *Roth*, in Koller/Roth/Morck, HGB § 383 Rn 7; Baumbach/*Hopt*, HGB, § 383 Rn 11; MünchKommHGB/*Häuser*, § 384 Rn 15.

118 Für **Nebenpflichten** (Rechenschaft; Herausgabe des Erlöses) gilt nur im Zweifel, daß sie dort zu erfüllen sind, wo die Hauptpflicht geschuldet wird. Für die **Rechenschaftspflicht** folgt daraus, daß Erfüllungsort typischerweise die Niederlassung bzw. der Wohnort des Kommissionärs ist, weil der Kommissionär regelmäßig dort die in Betracht kommenden Unterlagen aufbewahrt[258]. Die hM legt auch den Erfüllungsort für die **Herausgabe** des aus der Ausführung „Erlangten" auf die Niederlassung bzw. den Wohnort des Kommissionärs[259]. Dem ist zuzustimmen, soweit es um die Abtretung der aus dem Ausführungsgeschäft erworbenen Forderungen geht bzw. um das, was der Dritte an die Niederlassung des Kommissionärs geleistet hat.[260] Ergibt sich aus der Vereinbarung, daß der Kommissionär eine Forderung einziehen soll, so ist für den Fall, daß der Kommissionär die Forderung bereits realisiert hat, im Hinblick auf das aus der Forderung Erlangte der Erfüllungsort die Niederlassung des Kommissionärs.[261] Im übrigen verlagert sich grundsätzlich der Erfüllungsort, falls der Kommissionär die Forderung aus dem Ausführungsgeschäft einzuziehen hat, auf den Erfüllungsort des Ausführungsgeschäfts; denn das Transportrisiko hat – wie generell die Aufwandsgefahr – der Kommittent zu tragen.[262]

119 Für den Fall der Erledigung der Kommission durch **Selbsteintritt** ist regelmäßig für alle Pflichten die Niederlassung des Kommissionärs Erfüllungsort, auch wenn ein Deckungsgeschäft an auswärtigen Plätzen vorgenommen worden ist.

120 **2. Erfüllungsort für Leistungen des Kommittenten.** Als Erfüllungsort ist, sofern sich aus dem Vertrag oder den Handelsbräuchen nichts anderes ergibt, die Niederlassung bzw. der Wohnsitz des Kommittenten jedenfalls dann anzusehen[263], wenn der Kommittent ein Gewerbe betreibt. Schaltet ein Nichtkaufmann einen Kommissionär ein, so ist freilich davon auszugehen, daß der Erfüllungsort die Niederlassung des Kommissionärs ist; so im Versteigerungsgewerbe.[264]

121 **3. Gerichtsstand.** Der Erfüllungsort ist unter anderem maßgeblich für den Gerichtsstand (§ 29 Abs. 1 ZPO). Vereinbarungen über den Erfüllungsort unterliegen im Hinblick auf ihre gerichtsstandbegründende Wirkung der Beschränkung des § 29 Abs. 2 ZPO. Beachte bei Auslandesbezug die EuGVVO.

VIII. Anzuwendendes Recht

122 Das bei Auslandsbezug anzuwendende Recht bestimmt sich nach Art. 3, Art. 4 Abs. 1 lit f[265], Abs. 2, 3 Rom I-Verordnung.

---

[258] OLG Düsseldorf, NJW 1974, 2187; Oetker/*Martinek*, HGB, § 383 Rn 30a; Schlegelberger/*Hefermehl*, HGB, § 383 Rn 42.

[259] RGZ 112 81; Oetker/*Martinek*, HGB, § 383 Rn 30a; Schlegelberger/*Hefermehl*, HGB, § 383 Rn 42.

[260] Zutreffend *Schmidt-Rimpler* (Fn 1), S. 789 f.

[261] I.E. daher zutreffend RGZ 112, 81.

[262] Zutreffend *Schmidt-Rimpler* (Fn 1), S. 790; **aA** Oetker/*Martinek*, HGB, § 383 Rn 30a.

[263] OLG Düsseldorf, NJW 1974, 2185; Schlegelberger/*Hefermehl*, HGB, § 383 Rn 44.

[264] Heymann/*Herrmann*, HGB, § 383 Rn 8; **aA** Oetker/*Martinek*, HGB, § 383 Rn 30a; *Roth*, in Koller/Roth/Morck, HGB § 383 Rn 7; Baumbach/*Hopt*, HGB, § 383 Rn 11.

[265] **Abw.** Oetker/*Martinek*, HGB, § 383 Rn 30 (eher Art. 4 Abs. 1 lit. b Rom I-VO).

D. Das Ausführungsgeschäft

I. Abschluß

Der Kommissionär schließt das Ausführungsgeschäft mit dem Dritten **im eigenen Namen.**[266] Er allein wird hieraus unmittelbar berechtigt und verpflichtet.[267] Der Kommittent kann von dem Dritten nicht unmittelbar als Schuldner in Anspruch genommen werden.[268] Umgekehrt vermag auch der Kommittent erst nach einer Zession der Ansprüche, die dem Kommissionär aus dem Ausführungsgeschäft zustehen, gegen den Dritten vorzugehen (§ 392 Abs. 1).[269] Eine gewisse Durchbrechung dieses Grundsatzes bringt § 392 Abs. 2. 123

Für die Frage, ob der Kommissionär tatsächlich im eigenen oder **fremden** (§ 164 Abs. 1 BGB) **Namen** handelt, kommt es nicht allein darauf an, was der Kommissionär will oder gar soll.[270] Maßgeblich ist vielmehr der nach allgemeinen Auslegungsgrundsätzen zu ermittelnde Erklärungswert seines Verhaltens. Handeln im fremden Namen darf nicht schon deshalb bejaht werden, weil der Kommissionär erklärt, er handle „auf Rechnung eines anderen".[271] Die Formel „auf Rechnung eines anderen" ist ambivalent,[272] da sie nur das Innenverhältnis betrifft. Umgekehrt ist dadurch, daß sich der Beauftragte als „Agent" oder „Vertreter" bezeichnete, die Kommissionärseigenschaft noch nicht ausgeschlossen, selbst wenn der Name des Auftraggebers genannt worden sein sollte. 124

Die Entscheidung darüber, **ob** das Ausführungsgeschäft **im eigenen oder fremden Namen** abgeschlossen wurde, hat aufgrund aller Umstände des Einzelfalles unter Beachtung der in Betracht kommenden Verkehrssitten[273] und Handelsbräuche zu erfolgen. Dabei wird es eine erhebliche Rolle spielen, ob dem Dritten bekannt ist, in welcher Funktion der Geschäftspartner üblicherweise im Verkehr auftritt[274]; welche erkennbaren Interessen die Parteien daran besitzen, daß das Ausführungsgeschäft unmittelbar zwischen den Vertragschließenden und nicht zwischen dem Dritten und dem Vertretenen zustande kommt. Bleiben Zweifel offen, so ist auf die Auslegungsregel des § 164 BGB zurückzugreifen.[275] 125

Handelte der Kommissionär dem objektiven Erklärungswert seines Verhaltens zufolge **im fremden Namen,** obwohl er im eigenen Namen auftreten wollte, so ergeben sich die Rechtsfolgen aus § 164 Abs. 1 BGB bzw. §§ 177 ff BGB, je nachdem, ob der Kommissionär eine Vollmacht besaß oder nicht.[276] Eine Anfechtung scheidet in Anwendung des Gedankens des § 164 Abs. 2 BGB aus, da sonst der Dritte entgegen der Wertung dieser Norm Gefahr laufen würde, nur seinen Vertrauensschaden liquidieren zu können.[277] 126

---

[266] MünchKommHGB/*Häuser*, § 383 Rn 40.
[267] MünchKommHGB/*Häuser*, § 383 Rn 39; *Roth*, in Koller/Roth/Morck, HGB § 383 Rn 13.
[268] BGH, NJW 1965, 250.
[269] *Krüger* (Fn 6), § 383 Rn 35.
[270] Baumbach/*Hopt*, HGB, § 383 Rn 17.
[271] So aber RGZ 97, 261.
[272] *Krüger* (Fn 6), § 383 Rn 36; Schlegelberger/*Hefermehl*, HGB, § 383 Rn 19; vgl. auch RGZ 56, 300.
[273] MünchKommHGB/*Häuser*, § 383 Rn 43: Verkehrsauffassung.
[274] MünchKommHGB/*Häuser*, § 383 Rn 44; Heymann/*Herrmann*, HGB, § 383 Rn 12.
[275] MünchKommHGB/*Häuser*, § 383 Rn 42; *Krüger* (Fn 6), § 383 Rn 36; *Roth*, in Koller/Roth/Morck, HGB § 383 Rn 11; Baumbach/*Hopt*, HGB, § 383 Rn 17.
[276] BGH, BGHZ 36, 30 (33); WM 1970, 816; MünchKommHGB/*Häuser*, § 383 Rn 41.
[277] BGH, BGHZ 36, 30 (34); *Krüger* (Fn 6), § 383 Rn 37; **aA** MünchKommHGB/*Häuser*, § 383 Rn 42.

Dort, wo der Kommissionär keine Vertretungsmacht besaß, darf sich der Kommittent nicht ohne weiteres auf den Standpunkt stellen, das von dem Kommissionär als falsus procurator abgeschlossene Geschäft stelle kein „Ausführungsgeschäft" dar.[278] Hat der Kommittent kein besonderes Interesse daran, daß er nicht unmittelbar verpflichtet wird, so ergibt sich nach Treu und Glauben aus dem Geschäftsbesorgungsverhältnis die Pflicht, den Vertragsschluß zu genehmigen, um den Kommissionär vor Schaden zu bewahren, und die Pflicht, die aus der Ausführung resultierenden Vorteile an sich zu ziehen.[279]

127 **Kein Ausführungsgeschäft** im kommissionsrechtlichen Sinn liegt vor, wenn der **Vertrag mit dem Dritten** bereits **vor Übernahme der Kommission** geschlossen worden war; denn dann kann der Kommissionär auch nicht als Geschäftsbesorger die spezifischen Interessen des Kommittenten wahrgenommen haben. Soll der „Kommissionär" eine Ware liefern, die er zum Zeitpunkt der Vereinbarung des „Kommissionsvertrages" bereits gekauft hatte, so ist dieser Vertrag als Kaufvertrag zu qualifizieren (RGZ 101, 380), falls dies für den Kommittenten erkennbar war; andernfalls ist die versprochene Ausführung von Anfang an unmöglich. Der Kommissionär haftet vielmehr nach Maßgabe der Regeln über das anfängliche Unvermögen (§ 311a BGB), da der vorangegangene Abschluß des Kaufvertrages zu den Interna des Kommissionärs gehört. – Verwenden die Parteien in Kenntnis des Umstandes, daß sich der „Kommissionär" bereits eingedeckt hatte, kommissionsrechtliche Begriffe oder müssen sie von dem früheren Abschluß wissen, so kann aus diesem Verhalten abgeleitet werden, daß die Parteien ihre Beziehungen nicht dem Kaufrecht, sondern dem Kommissionsrecht unterstellen wollen. Hat man dies im Einzelfall zu bejahen, so ist das Geschäft mit dem Dritten als Ausführungsgeschäft zu behandeln. Die Beweislast trägt hierfür diejenige Partei, die für sich aus der Anwendung kommissionsrechtlicher Normen Rechtsvorteile herleitet.

II. Willensmängel im Hinblick auf das Ausführungsgeschäft

128 **1. Willensmängel in der Person des Kommissionärs.** Für Willensmängel in der Person des Kommissionärs gilt nichts Besonderes, da dieser in eigenem Namen handelt. Auch bei der mittelbaren Stellvertretung kommt es nur darauf an, ob Willensmängel in der Person des „Vertreters" (Kommissionärs) vorhanden sind.[280] Das gilt auch für arglistige Täuschungen des Kommissionärs durch Dritte oder in Fällen der Nötigung.

129 **2. Willensmängel in der Person des Kommittenten.** Derartige Willensmängel haben keinen unmittelbaren Einfluß auf das Ausführungsgeschäft.[281] Dem Kommittenten steht nur die Möglichkeit offen, sich auf die Nichtigkeit des Kommissionsgeschäfts und gegebenenfalls auf die Nichtigkeit der Ermächtigung zur Veräußerung der Kommissionsware zu berufen bzw. diese Verträge anzufechten[282]. Ist der Kommissionär bereits tätig geworden und war der Kommissionsvertrag nichtig bzw. wurde er ex tunc nichtig (§ 142 BGB),

---

278 So aber Schlegelberger/*Hefermehl*, HGB, § 383 Rn 19.

279 MünchKommHGB/*Häuser*, § 383 Rn 41; *Krüger* (Fn 6), § 383 Rn 37.

280 MünchKommHGB/*Häuser*, § 383 Rn 53 f; *Roth*, in Koller/Roth/Morck, HGB § 383 Rn 14; Baumbach/*Hopt*, HGB, § 383 Rn 19; **aA** *Hager* AcP 180 (1980) 239, 242).

281 MünchKommHGB/*Häuser*, § 383 Rn 52 f; *Krüger* (Fn 6), § 383 Rn 42; Oetker/*Martinek*, HGB, § 383 Rn 33; *Hager* AcP 180 (1980) 239, 240.

282 MünchKommHGB/*Häuser*, § 383 Rn 53; *Krüger* (Fn 6), § 383 Rn 42; Schlegelberger/*Hefermehl*, HGB, § 383 Rn 31; **a.M.** Schmidt-Rimpler (Fn 1), S. 613.

so werden regelmäßig die Grundsätze über die Geschäftsführung ohne Auftrag eingreifen[283]. Daneben kommt § 122 BGB in Betracht. Das Ausführungsgeschäft (Rn 68) selbst bleibt von der Nichtigkeit des Kommissionsvertrages grundsätzlich[284] unberührt.[285]

3. Willensmängel in der Person des Dritten. Der Dritte kann nach den allgemeinen Regeln der §§ 119 ff BGB das Ausführungsgeschäft mit dem Kommissionär anfechten. Er hat nach Maßgabe des § 122 BGB dem Kommissionär den Schaden und nach den Regeln der Drittschadensliquidation darüber hinaus[286] auch den Vertrauensschaden des Kommittenten zu ersetzen. **130**

III. Zurechnung von „Wissen" und „Wissen-Müssen"

Entscheidend ist in der Regel das **„Kennen" oder „Kennen-Müssen" des Kommissionärs**[287], der das Ausführungsgeschäft abschließt; z.B. im Hinblick auf Mängel des Kaufgegenstandes, auf die Absicht der Gläubigerbenachteiligung. Schließt der Kommissionär ausnahmsweise das Ausführungsgeschäft in der Form eines „echten" Vertrages zugunsten Dritter, d.h. des Kommittenten, ab, so muß sich der Kommittent das Kennen oder Kennen-Müssen des Kommissionärs auch für den in seiner Person entstandenen Anspruch zurechnen lassen, da der Kommissionär im Auftrag sowie im Interesse des Kommittenten handelt und in weisungsgebundener Position die wirtschaftliche Funktion des Kommittenten erfüllt.[288] **131**

Das **„Kennen oder Kennen-Müssen" des Kommittenten** kann sich ebenfalls auf das Ausführungsgeschäft auswirken. Zu denken ist hier an Konstellationen, in denen der Kommittent den Mangel oder die Zahlungseinstellung kennt. In solchen Konstellationen ist § 166 Abs. 2 BGB analog heranzuziehen.[289] *Hefermehl*[290] will hingegen nur den Einwand der unzulässigen Rechtsausübung gelten lassen. Er verkennt, daß sich der Kommissionär in einer ähnlichen Lage befindet wie ein Vertreter, und daß dem Kommittenten ähnlich wie dem Vertretenen die Rechtswirkungen des Geschäfts zugute kommen[291]. Der Umstand, daß die Vorteile des Geschäfts noch auf den Kommittenten übertragen werden müssen, rechtfertigt keine Entlastung des Kommittenten. Maßgebend ist allein, daß die Kommission eine Rechtsfigur darstellt, mit deren Hilfe der Kommittent die durch das Handeln eines anderen erzielten Vorteile an sich ziehen und dessen Aktionen durch Weisungen steuern kann.[292] Solange der Kommissionär nach eigenem Ermessen handelt, wird die Kenntnis des Kommittenten freilich nicht relevant, da das Ausführungsgeschäft nach Inhalt und/oder Art durch den Kommittenten beeinflußt worden sein muß oder **132**

---

283 BGH, NJW 1963, 951; VersR 1970, 422; MünchKommHGB/*Häuser*, § 383 Rn 60.

284 Ausnahmen unten Rn 136.

285 *Krüger* (Fn 6), § 383 Rn 42.

286 Canaris, NJW 1982, 305 (307); Kramer, in Münchener Kommentar, BGB, § 122 Rn 7; *Fleckner/Vollmuth*, WM 2004, 1263 (1268 ff).

287 Oetker/*Martinek*, HGB, § 383 Rn 33; *Roth*, in Koller/Roth/Morck, HGB § 383 Rn 15.

288 BGH, NJW 1964, 1277 (1279); 1971, 1703; *Richardi*, AcP 169 (1969), 397 ff.

289 MünchKommHGB/*Häuser*, § 383 Rn 52; *Roth*, in Koller/Roth/Morck, HGB § 383 Rn 15; *Schmidt-Rimpler* (Fn 1), S. 612 f; ebenso i.E. *Krüger* (Fn 6), § 383 Rn 44; Heymann/*Herrmann*, HGB, § 383 Rn 13; **aA** Baumbach/*Hopt*, HGB, § 383 Rn 20.

290 *Schlegelberger/Hefermehl* HGB^5, § 383 31.

291 Schwark JuS 1980 777, 779; Hager, Entwicklungsstadien der bereicherungsrechtlichen Durchgriffshaftung, in: Ungerechtfertigte Bereicherung – Grundlagen, Tendenzen, Perspektiven, S. 164.

292 BGH, NJW 1971, 1702 (1703).

doch nach Treu und Glauben hätte beeinflußt werden müssen. So kann dem Kommissionär die Kenntnis des Kommittenten von einem Mangel des Kaufobjekts (§ 442 Abs. 1 BGB) nur entgegengehalten werden, falls der Kommittent Weisung gegeben hatte, dieses Objekt auf seine Rechnung zu erwerben oder sich dem Kommittenten die Vermutung aufdrängen mußte, der Kommissionär werde das fehlerhafte Objekt kaufen[293].

133 Unerheblich für die Anfechtung des Ausführungsgeschäfts durch den Kommissionär ist der Umstand, daß der Kommittent alle relevanten Faktoren gekannt und sich nicht getäuscht hatte. Dem RG (RGZ 124, 115 (120)) zufolge soll der Kommittent jedoch Rückforderungsansprüche, die der Kommissionär an ihn abgetreten hatte, nachdem der Kommissionär das Ausführungsgeschäft gemäß § 119 Abs. 2 BGB angefochten hatte, nur geltend machen dürfen, wenn er ebenfalls im Irrtum war.[294] Dem kann nur dort zugestimmt werden, wo sich der Kommissionär streng an die Weisungen des Kommittenten gehalten hatte.[295] Stand dem Kommissionär dagegen ein Spielraum offen, so muß der Umstand, daß der Kommittent den Kommissionär hätte aufklären können, unbeachtlich bleiben; andernfalls würde man mit der Wertung des § 119 BGB, der eine verschuldensunabhängige Anfechtungsmöglichkeit eröffnet, in Kollision geraten.

134 Der **Kommittent**, der den Vertragspartner des Kommissionärs **arglistig täuscht**, ist hinsichtlich des Ausführungsgeschäfts nicht „Dritter" im Sinne des § 123 Abs. 2 S. 1 BGB; denn er steht nicht unbeteiligt außerhalb des Austausches, sondern ist im wirtschaftlichen Sinne Vertragspartei. Es ist hier die Wertung des § 166 Abs. 2 BGB heranzuziehen.[296]

135 Andererseits darf der Kommittent den Kommissionsauftrag nicht deshalb gemäß § 123 BGB anfechten, weil ihn der **Vertragspartner des Kommissionärs arglistig getäuscht** hat. Dieser ist für den Kommittenten „Dritter" im Sinne des § 123 Abs. 2 S. 1 BGB[297]. Der Kommissionär braucht sich nicht das Verhalten des Partners des Ausführungsgeschäfts, der nicht auf seiner Seite steht und der auch nicht auf seine Veranlassung hin maßgeblich am Zustandekommen des Kommissionsauftrages beteiligt war, zurechnen zu lassen. Der Kommissionär kann jedoch den Ansprüchen des Dritten aus dem Ausführungsgeschäft den Einwand unzulässiger Rechtsausübung entgegenhalten. Ferner kann der Kommittent nach §§ 826, 823 Abs. 2 BGB i.V.m. § 263 StGB vorgehen.[298] Der Kommissionär behält dann trotz Nichtdurchführung des Ausführungsgeschäfts gemäß § 396 Abs. 1 2. HS seinen Provisionsanspruch (§ 396 Rn 24).

IV. Relevanz persönlicher Eigenschaften des Kommittenten für die Gültigkeit des Ausführungsgeschäfts

136 Insbesondere dort, wo ein Kommissionsvertrag eingegangen wird, weil der Kommittent das Ausführungsgeschäft nicht selbst abschließen darf, stellt sich die Frage, ob derartige Geschäfte gültig sind. Sowohl der Kommissionsvertrag als auch das Ausführungs-

---

[293] *Roth,* in Koller/Roth/Morck, HGB § 383 Rn 15.

[294] Ebenso i.E. Schlegelberger/*Hefermehl,* HGB, § 383 Rn 31.

[295] Wie hier MünchKommHGB/*Häuser*, § 383 Rn 54.

[296] *Krüger* (Fn 6), § 383 Rn 44; MünchKommHGB/*Häuser*, § 383 Rn 55; Oetker/*Martinek*, HGB, § 383 Rn 33; *Roth,* in Koller/Roth/Morck, HGB § 383 Rn 14; Baumbach/*Hopt*, HGB, § 383 Rn 19.

[297] MünchKommHGB/*Häuser*, § 383 Rn 56; Schlegelberger/*Hefermehl*, HGB, § 383 Rn 32 gegen Schmidt-Rimpler (Fn 1), S. 618; Capelle Festschrift Raape S. 337.

[298] MünchKommHGB/*Häuser*, § 383 Rn 56.

geschäft sind keine **Scheingeschäfte** gem. § 117 BGB, da sie wirklich gewollt sind.[299] Derartige Geschäfte können aber nichtig sein, wenn dadurch ein Verbotsgesetz umgangen werden soll. Demnach hängt die Frage, ob eine **Umgehung** erfolgreich ist, davon ab, wie weit der „Schutzbereich" des Kommissionsgeschäfts im Verhältnis zur Verbotsnorm reicht. Da es die Funktion des Kommissionsgeschäfts ist, die wirtschaftlichen Vorteile des Ausführungsgeschäfts möglichst vollständig auf den Kommittenten zu übertragen, und der Kommissionär auch umfassend weisungsgebunden ist, fehlt es in aller Regel an einem schutzwürdigen Interesse der Parteien, sich der Figur des Kommissionsgeschäfts zu bedienen. Die Ausführungsgeschäfte sind daher in analoger Anwendung der Verbotsnorm nichtig. Nach **aA**[300] ist der § 242 BGB oder § 166 BGB analog heranzuziehen.

V. Leistungsstörungen

Im Rahmen des Austauschvertrages ist der Kommittent normalerweise nicht **Erfüllungsgehilfe.**[301] Er steht, wie ein typischer Zulieferer oder Abnehmer, isoliert neben dem Kommissionär. Der Umstand, daß die wirtschaftlichen Vorteile auf den Kommittenten übergeleitet werden sollen und daß der Kommittent weisungsberechtigt ist, rechtfertigt es nicht, dem Kommissionär ein Verhalten des Kommittenten zuzurechnen. Sonst würde der Kommissionär, der das Risiko zu tragen hätte, daß er beim Kommittenten seinen Rückgriffsanspruch durchsetzen könnte, unangemessen belastet werden. Der Dritte darf nicht begünstigt werden, nur weil der Kommissionär als Geschäftsbesorger in fremdem Interesse tätig ist. *Hager* [302] schlägt vor, die Rechtsstellung des Dritten dadurch zu verbessern, daß der Kommissionär seinen gegen den Kommittenten gerichteten Schuldbefreiungsanspruch an den Dritten abtritt. Er übersieht jedoch, daß ein Anspruch auf Schuldbefreiung nur soweit anzuerkennen ist, als der Kommissionär selbst (noch) verpflichtet ist. Es besteht auch weder eine garantieähnliche Einstandspflicht noch ein Bedürfnis, den Dritten in Umkehrung der Drittschadensliquidation davor zu schützen, daß vertragliche Ansprüche nur gegenüber dem Vertragspartner geltend gemacht werden können.[303] Der Dritte ist nicht deshalb schutzbedürftiger, weil sein Vertragspartner lediglich Kommissionär und nicht Eigenhändler ist. Soweit der Kommittent arglistig handelt, greift allerdings § 826 BGB ein.[304] Etwas anderes gilt auch, soweit sich der Kommissionär des Kommittenten bedient, um seine eigenen Pflichten erfüllen zu lassen. Andererseits darf sich der Verkaufskommissionär nicht auf **Leistungshindernisse** berufen, die nur den Kommittenten treffen.[305] 137

---

299 BGH, NJW 1959, 332 f.

300 *Krüger* (Fn 6), § 383 Rn 45: Für die Anwendung des § 242 BGB bzw. des § 166 BGB analog sollen folgende Umstände sprechen können. Der Kommissionär ist nur nach außen vorgeschoben; Ansprüche aus dem Ausführungsgeschäft oder Rechte am Kommissionsgut sind im voraus auf den Kommittenten übertragen oder werden ihm – soweit möglich – unmittelbar zugewendet, während der Kommittent den Kommissionär von der Haftung aus dem Ausführungsgeschäft freistellt. Letzteres entspringt allerdings dem dispositiven Recht (§ 396 Abs. 2) oder ist zur Sicherung des Kommittenten gebräuchlich.

301 *Roth,* in Koller/Roth/Morck, HGB § 383 Rn 16; Baumbach/*Hopt*, HGB, § 383 Rn 21; Heymann/*Herrmann*, HGB, § 383 Rn 14; *Hager* AcP 180 (1980) 239 (247).

302 *Hager*, AcP 180 (1980) 239 (245).

303 **AA** *Hager* AcP 180 (1980) 239 (247).

304 BGH, NJW 1965, 249.

305 ROHG 23, 107; *Hager,* AcP 180 (1980), 239 (241).

138 Keine Besonderheiten ergeben sich für die Frage, in welchem Umfang sich der Dritte bei der Erfüllung der ihm obliegenden Pflichten darauf **berufen** darf, der **Kommittent habe die Ursache einer Störung** gesetzt. Hier muß sich der Kommissionär das Verhalten des Kommittenten oder sonstige in dessen Sphäre liegende Störungsquellen zurechnen lassen, soweit er den Kommittenten – etwa als Empfänger der Leistung – in den Austauschprozeß einschaltet oder ihm eine Einflußmöglichkeit auf die Leistung eröffnet hat.

139 Der **Kommittent**, der außerhalb des Ausführungsvertrages steht, kann normalerweise **dem Dritten** *gegenüber* nur **nach Deliktsrecht** schadensersatzpflichtig werden – Eine *deliktische Schadensersatzpflicht des Dritten* gegenüber dem Kommittenten ist abzulehnen, wenn dessen Verhalten lediglich die ordnungsgemäße Erfüllung der Schuldnerpflichten des Kommissionärs gestört hat. Zu weitgehend BGH, NJW 1965, 250[306]: Die Umstände des Einzelfalles können aber auch erfordern, daß der Kommittent auf die Rechte, die dem Dritten gegen den Kommissionär zustehen, Rücksicht nimmt und insbesondere ihre Erfüllung nicht vereitelt.[307] Es gelten hier ausschließlich die allgemeinen, im Rahmen des § 826 BGB entwickelten Regeln zur Gläubigerbenachteiligung.[308] Im Ergebnis kann jedoch der Entscheidung des BGH zugestimmt werden. Der Kommittent, der von den finanziellen Schwierigkeiten des Einkaufskommissionärs Kenntnis hat, handelt sittenwidrig, wenn er die gegen ihn gerichteten Forderungen auf Aufwendungsersatz so begleicht, daß er vorsätzlich einer Bank die Aufrechnung ermöglicht, während der Lieferant auf die Insolvenzquote verwiesen wird.[309] Darüber hinaus besteht jedoch kein Anlaß, den Dritten, der ausschließlich auf die Solvenz des Kommissionärs vertraut und vertrauen kann, besser zu stellen als einen Lieferanten im Fall der Weiterveräußerung der Ware.[310] Dabei ist zu berücksichtigen, daß ein verlängerter Eigentumsvorbehalt gemäß § 157 BGB auch den Aufwendungsersatzanspruch des Kommissionärs ergreift.

VI. Drittschadensliquidation

140 Das „Ob" der Haftung des Dritten aus dem Ausführungsgeschäft bzw. der Haftung wegen deliktischer Handlungen richtet sich nach den allgemeinen Regeln. Die Tatsache, daß der Kommittent einen deliktischen Schadensersatzanspruch gegen den Schädiger besitzt, hindert den Kommissionär nicht daran, seine vertraglichen[311] Ansprüche im Weg der Drittschadensliquidation geltend zu machen.[312] Etwas anderes gilt, falls der Kommittent selbst aus dem Vertrag gegen den Dritten vorzugehen vermag.[313] Die Höhe des Schadensersatzanspruches bemißt sich, wie heute nahezu allgemein anerkannt ist, nach den Verhältnissen des Kommittenten[314]. Eine Beschränkung auf den typischen oder abstrak-

---

306 Zust. MünchKommHGB/*Häuser*, § 383 Rn 59.
307 Zust. *Krüger* (Fn 6), § 383 Rn 46.
308 Palandt/*Sprau*, BGB, § 826 Rn 42 ff.
309 Ebenso i.E. Schlegelberger/*Hefermehl*, HGB, § 383 Rn 33.
310 **AA** *Hager* AcP 180 (1980) 239 (243, 251 f).
311 Zur Drittschadensliquidation bei Ansprüchen aus § 122 BGB s. oben Rn 130.
312 BGH, VersR 1984, 932; *Krüger* (Fn 6), § 383 Rn 46; MünchKommHGB/*Häuser*, § 383 Rn 58; *Roth*, in Koller/Roth/Morck, HGB § 383 Rn 16; Baumbach/*Hopt*, HGB, § 383 Rn 21.
313 BGH, VersR 1984, 932; *Koller*, VersR 1982, 414 (416).
314 Drittschadensliquidation: RGZ 90, 246; 115, 425; 170, 249; BGH, BGHZ 15, 227; 49, 360 f; 57, 335; *Krüger* (Fn 6), § 383 Rn 46; abw. *Fleckner*, in Perspektiven des Wirtschaftsrechts, S. 3, 7 ff, dessen Vorschlag die Fülle der Gründe, aus denen ein Handeln im eigenen Namen für fremde Rechnung vereinbart wird, nicht abbildet.

ten Schaden ist nicht möglich, da dieser häufig mangels Marktpreises nicht zu ermitteln sein wird. Außerdem ist es nicht gerechtfertigt, in den Fällen mittelbarer Stellvertretung individuelle Gewinnchancen total zu ignorieren und auf diese Weise die Ausgleichsfunktion der Schadensersatzpflicht zu schwächen. Der Dritte ist im Falle atypischer Schäden mit Hilfe des § 254 Abs. 2 S. 1 BGB zu schützen.[315] Der Kommittent ist insoweit Erfüllungsgehilfe des Kommissionärs.[316] Der Ersatzanspruch steht nur dem Kommissionär zu, so daß der Kommittent seinen Schaden erst liquidieren kann, nachdem ihm der Kommissionär den Anspruch aufgrund seiner Herausgabepflicht abgetreten hat. Will der Kommittent den Dritten nicht in Anspruch nehmen, so entfällt das Recht zur Liquidation des Drittschadens.[317]

VII. Zuordnung des Ausführungsgeschäfts

Das Ausführungsgeschäft wird nach Abschluß des Kommissionsvertrages getätigt. Es **141** stellt sich unter Umständen die Frage, welche der vom Kommissionär in eigenem Namen mit Dritten abgeschlossenen Geschäfte auf Rechnung des Kommissionärs, welche auf Rechnung des Kommittenten gehen. Haben mehrere Kommittenten Aufträge über die gleiche Ware oder über dieselbe Gattung von Wertpapieren erteilt, so stellt sich ferner das Problem, welches Ausführungsgeschäft welchem der Kommittenten zuzuordnen ist.

1. Meinungsstand. Der reinen **Willenstheorie** zufolge ist ausschließlich der Wille des **142** Kommissionärs maßgeblich, auf Rechnung eines bestimmten Kommittenten zu handeln.[318] Der Wille muß danach zwar nicht schon bei Abschluß eines Geschäfts mit einem Dritten vorhanden sein. Es sei auch möglich, daß der Kommissionär die Frage, ob er auf eigene oder fremde Rechnung bzw. auf Rechnung eines bestimmten Kommittenten handelt, bei Abschluß des Geschäfts bewußt offen läßt und erst nachträglich das Geschäft für sich oder einen Kommittenten bestimmt. Zulässig sei es auch, das Ausführungsgeschäft erst auf eigene Rechnung zu tätigen und gegebenenfalls dann einem Kommittenten zuzuweisen. In einem solchen Fall komme es auf den Willen an, der die Zuweisung trägt. Die reine Willenstheorie ist allerdings wegen der Beweissituation, in die die Parteien gedrängt werden, mißlich; denn der innerlich gebliebene Wille kann nur selten und dann unter großen Schwierigkeiten nachgewiesen werden.

Lehmann[319] sucht das Problem dadurch zu entschärfen, daß bestimmte Indizien ins **143** Feld geführt werden können. Als derartige Indizien seien objektive Faktoren wie Warengattung, Preis, Lieferkonditionen aussagekräftig. Wenn mehrere Kommittenten Kommissionen über die gleiche Effekten- oder Warengattung aufgegeben haben, greife die Vermutung für die Gesamtheit der Kommittenten Platz, sofern das abgeschlossene Geschäft der Summe der Kommissionen entspreche (RGZ 96, 7). Ein Gegenbeweis sei möglich; so aufgrund einer entsprechenden Notiz im Orderbuch oder anderen Handelsbüchern. Lasse sich aufgrund von Indizien keine klare Antwort finden, so müsse man auf die Erklärung des Kommissionärs abzustellen;[320] solange diese nicht abgegeben worden sei, bleibe der Charakter des Geschäfts als Ausführungsgeschäft für einen konkreten Kommittenten oder als Geschäft für eigene Rechnung in der Schwebe.

---

315 *K. Schmidt,* Handelsrecht, § 31 V 1b aa.
316 BGH, NJW 1972, 289.
317 BGH, NJW 1985, 2412.
318 RGZ 18, 20; *Schmidt-Rimpler* (Fn 1), S. 889 f.
319 *Lehmann* in Düringer/Hachenburg, HGB, § 392 Rn 3 ff.
320 Schlegelberger/*Hefermehl,* HGB, § 383 Rn 29.

144 Die **„Anzeige"-Theorie** stellt sich demgegenüber auf den Standpunkt, daß nicht der Wille, sondern die Erklärung des Kommissionärs darüber entscheidet, ob das Geschäft mit dem Dritten auf fremde Rechnung und zugunsten eines bestimmten Kommittenten abgeschlossen worden sei. Erst mit der Anzeige der Ausführung eines bestimmten Geschäfts binde sich der Kommissionär endgültig; erst dann könne der Kommittent Herausgabe des Erlangten verlangen[321]. Solange keine Anzeige erfolgt sei, dürfe der Kommissionär z.B. das mit dem Willen für den Kommittenten A abgeschlossene Geschäft dem Kommittenten B zuweisen oder es auch als für eigene Rechnung geschlossen behandeln.[322]

145 Nach anderen kommt es darauf an, ob der Wille, ein Ausführungsgeschäfts i.S.d. § 383 zu schließen, durch eine nach **außen in Erscheinung tretende Handlung manifestiert** worden ist.[323] Canaris[324] qualifiziert diese Manifestation des Willens als Willenserklärung, zumindest als rechtsgeschäftsähnliche Handlung, die nicht zugangsbedürftig sei. Zugleich habe sie die Funktion einer Tilgungsbestimmung.

146 Verschiedentlich wird aber auch vertreten, daß es weder auf den inneren Willen des Kommissionärs noch auf dessen Erklärung nach dem Abschluß des Geschäfts ankomme. Der Verkauf von Kommissionsgut durch den Kommissionär dürfe nicht allein deshalb als für Rechnung des Kommissionärs erfolgt gelten, weil der Kommissionär den Willen hatte, das Geschäft für eigene Rechnung abzuschließen (RGZ 148, 190 [192]). Maßgeblich sei vielmehr, ob sich das abgeschlossene Geschäft **objektiv** mit dem decke, wozu der Kommissionär beauftragt war. Der Kommissionär habe es nicht in der Hand, sich nachträglich zu entscheiden, ob er für eigene oder fremde Rechnung handeln wolle; wenn er sich als solcher verpflichtet habe, handle er immer auf fremde Rechnung. Diese Ansicht wird von *Hefermehl*[325] dahin abgemildert, daß das Geschäft als fremdes gelte, falls der Kommissionär nicht ausdrücklich vor oder bei Abschluß des Geschäfts erklärt habe, er wolle es für eigene Rechnung tätigen.

147 **2. Stellungnahme.** Die *Anzeigentheorie* beraubt den Kommittenten in dem Zeitraum zwischen dem Abschluss des Geschäfts auf Rechnung des Kommittenten und der Anzeige des Schutzes des § 392 Abs. 2. Die *Theorie der dinglichen Wirkung* ist ebenfalls nicht haltbar. § 687 BGB zeigt deutlich, daß es in Fällen der Geschäftsführung immer entscheidend darauf ankommt, mit welchem Willen der Geschäftsführer tätig wird. Auch objektiv fremde Geschäfte, wie sie bei der Verkaufskommission über unvertretbare Waren oder Wertpapiere vorkommen, können als eigene vorgenommen werden, sofern der Kommissionär den Willen dazu hat.[326]

148 Der **subjektive Ansatz** ist letztlich sachgerecht. Der Kommissionär wird als Geschäftsbesorger tätig, dessen Handeln dadurch gekennzeichnet ist, daß er kraft seiner Treuepflicht gehalten ist, seine Aktionen an den Interessen des Geschäftsherrn auszurichten. Der Geschäftsbesorger verfügt dabei über einen gewissen Ermessensspielraum, der rechtlich nachweisbar nicht verfestigt ist. Die Zubilligung eines Ermessensspielraumes ist tragbar, weil vom Geschäftsbesorger erwartet wird, daß es seine Absicht ist, dem Geschäftsherrn dasjenige zu verschaffen, was am meisten in dessen Interesse liegt.

---

321 Düringer/Hachenburg/*Lehmann*, HGB, § 383 7; kritisch dazu Schneiders S. 102.

322 RGRKz HGB-*Ratz*, § 383 Rn 11.

323 *Canaris*, Handelsrecht, § 30 Rn 64 ff; MünchKommHGB/*Häuser*, § 383 Rn 47; *Krüger* (Fn 6), § 383 Rn 41; *Roth*, in Koller/Roth/Morck, HGB § 383 Rn 12; Baumbach/*Hopt*, HGB, § 383 Rn 16.

324 *Canaris*, Handelsrecht, § 30 Rn 64.

325 Schlegelberger/*Hefermehl*, HGB, § 383 Rn 28.

326 AA *Krüger* (Fn 6), § 383 Rn 41.

Bei der Kommission ist es Aufgabe des Kommissionärs, auf Rechnung des Kommittenten Geschäfte abzuschließen. Der Kommissionär muß sich deshalb grundsätzlich **schon bei Abschluß des Geschäfts** klar werden, ob ein bestimmtes Geschäft am optimalsten dem Interesse eines konkreten Kommittenten gerecht wird. Das verbietet es, daß der Kommissionär ein Geschäft in seinem eigenen Interesse vereinbart oder darauf achtet, daß das Geschäft auch seinen eigenen Interessen entspricht, und es erst dann einem bestimmten Kommittenten zuweist.[327] Würde man dies gestatten, so würden notwendigerweise in stärkerem Umfang eigene Interessen des Kommissionärs einfließen und das treuegebundene Handeln in fremdem Interesse in Frage stellen. Der Wille, auf fremde Rechnung zu handeln, muß daher in dem Moment gegeben sein, in dem der Kommissionär das Ausführungsgeschäft abschließt. Ebensowenig geht es an, daß der Kommissionär es sich offenhält, welchem von mehreren Kommittenten, deren Interessen auseinandergehen, er das Geschäft zuweisen soll. Das gilt auch dann, wenn die Interessen ganz gleichgelagert sind. In einem solchen Fall ist der Kommissionär kraft seiner Pflicht zur Interessenwahrung gehalten, von vornherein die Ausführungsgeschäfte in einer bestimmten Reihenfolge einzugehen (§ 384 Rn 45).[328] Er darf über die Reihenfolge nicht erst später befinden wollen. **149**

Dagegen spricht auch nicht der Umstand, daß der Kommissionär, der lediglich auf eigene Rechnung ein **Deckungsgeschäft** vereinbart, verpflichtet ist, die Interessen des Kommittenten wahrzunehmen (§ 401 Abs. 1). Diese Interessenwahrungspflicht bezieht sich nämlich nicht auf konkrete Deckungsgeschäfte.[329] Wenn § 401 Abs. 2 den Kommissionär verpflichtet, dem Kommittenten die Vorteile des Deckungsgeschäfts zukommen zu lassen, so doch nur in dem Sinne, daß der Kommittent mindestens die Vorteile des Deckungsgeschäfts verlangen kann, sofern er nicht nachweist, daß ihm der Kommissionär günstigere Konditionen hätte verschaffen können, falls er pflichtgemäß die Kommitteninteressen in den Vordergrund gestellt und gewahrt hätte (§ 401 Abs. 1; § 401 Rn 6). **150**

Das schließt freilich nicht aus, daß der Kommissionär dort, wo er verpflichtet gewesen war, auf fremde Rechnung abzuschließen, ein Geschäft für eigene Rechnung macht. Gleiches gilt dort, wo der Kommissionär z.B. für den Kommittenten A auftreten sollte, aber in Wahrheit auf Rechnung des Kommittenten B gehandelt hat. In allen diesen Konstellationen kommt es auf den Willen des Kommissionärs an.[330] Entspricht der Wille nicht dem, mit dem der Kommissionär pflichtgemäß handeln sollte, so kann der Kommittent einen Schadensersatzanspruch geltend machen.[331] Dieser Schadensersatzanspruch geht aber nicht von vornherein ausschließlich auf Geld[332]; kraft der Pflicht zur Naturalrestitution (§ 249 BGB) kann der Kommittent auch verlangen, daß der Kommissionär ihn so stellt, als ob er pflichtgemäß in seinem Interesse gehandelt hätte. Die Naturalrestitution erfolgt durch Herausgabe des Erlangten. § 392 Abs. 2 ist analog anzuwenden; dazu § 392 Rn 11. Die wirtschaftlich auf das gleiche Ziel hinauslaufende Schadensersatzpflicht entschärft regelmäßig das Problem, den innerlich gebliebenen Geschäftsbesorgerwillen zu beweisen.[333] Allerdings hat der Kommittent damit zu kämpfen, **151**

[327] Die Manifestations-Theorie verkürzt deshalb auch den Schutz des § 392 Abs. 2.

[328] Vgl. § 31c Abs. 1 Nr. 2 WpHG.

[329] Vgl. *Canaris*, Handelsrecht, § 30 Rn 65.

[330] **AA** *Krüger* (Fn 6), § 383 Rn 41.

[331] Zutr. *v. Dalwigk zu Lichtenfels*, Das Effektenkommissionsgeschäft, S. 80.

[332] So aber Schlegelberger/*Hefermehl*, HGB, § 383 Rn 28; v. Dalwigk zu Lichtenfels, Das Effektenkommissionsgeschäft, S. 80.

[333] *Canaris*, Handelsrecht, § 30 Rn 62.

daß er dem Kommissionär nachweisen muß, daß dieser ein bestimmtes Geschäft bei pflichtgemäßem Verhalten für ihn abgeschlossen hätte.[334]

152 Im übrigen müssen für den **Beweis des Geschäftsbesorgerwillens** regelmäßig **Indizien** genügen. Dabei hat man zwischen *zwei Konstellationen* zu unterscheiden: Zwischen der Variante, in der der Kommissionär nicht selbst eintreten darf und der Variante, in der ihm der Selbsteintritt erlaubt ist.

153 Besaß der Kommissionär **keine Möglichkeit, selbst einzutreten**, so greift die **Vermutung** ein, daß das Geschäft mit dem Dritten auf fremde Rechnung geschlossen wurde. Die Vermutung ist widerleglich (s. unten). Sie besteht immer bei der *Verkaufskommission*[335]. Bei der *Einkaufskommission* spricht die Vermutung für ein Fremdgeschäft zugunsten eines bestimmten Kommittenten, wenn das Ausführungsgeschäft nach Warengattung, Lieferzeit, Preis dem entspricht, das der Kommissionär abschließen sollte. Man hat hier davon auszugehen, daß der Kommissionär wahrscheinlich pflichtgemäß gehandelt und seine eigenen Interessen zurückgestellt hat[336]. Wenn *mehrere Kommittenten* Kommissionsgeschäfte über die gleiche Warengattung schließen, greift die gleiche Vermutung für die Gesamtheit der Kommittenten Platz, sofern das mit dem Dritten getätigte Geschäft der Summe der Aufträge entspricht[337]. Deckt sich das abgeschlossene Geschäft nicht mit der Summe der Aufträge, so soll nach hM keine Vermutung Platz greifen[338]. Der Kommittent müsse sich dann mit dem Geschäft zufriedengeben, das ihm der Kommissionär zuweise. *Hefermehl* [339] gestattet hier dem Kommissionär sogar, von seinem „inneren" Willen, den er bei Abschluß des Ausführungsgeschäfts hatte, abzuweichen. Dies schränkt er allerdings wieder dadurch ein, daß die Zuweisung nicht gegen die Treuepflicht des Kommissionärs verstoßen dürfe. Einer sachgerechten Lösung muß daran gelegen sein, den Spekulationsspielraum und die Möglichkeit zur Begünstigung gewisser ausgewählter Kommittenten einzuengen. Dies erfolgt dadurch, daß der Kommissionär grundsätzlich das Prioritätsprinzip zu beachten hat, soweit er nicht parallel gelagerte Aufträge auf einmal erledigen kann (§ 384 Rn 44 f).[340] Natürlich kann der Kommissionär diesen Pflichten zuwider handeln. Es existiert jedoch eine Vermutung, daß der Kommissionär pflichtgemäß gehandelt hat.[341]

154 Die **Vermutung ist widerleglich.**[342] Sie wird nicht ohne weiteres durch eine anderslautende Ausführungsanzeige entkräftet. Zur Widerlegung der Vermutung ist vielmehr er-

---

[334] Im übrigen ist es trotz des Präventionseffektes der Schadensersatzpflicht wichtig, zu betonen, daß vom Kommissionär von vornherein eine innere Einstellung, d.h. der Wille, fremdnützig zu handeln, erwartet wird, und daß es ihm nicht erlaubt ist, erst nach Abschluss des Geschäfts dieses zuzuweisen, mag er in diesem Zeitpunkt auch seine eigenen Interessen zurückstellen.

[335] Analogie zu § 1646 S. 1 BGB; *Canaris* Festschrift Flume (1978), S. 414; i.E. auch Schlegelberger/*Hefermehl*, HGB, § 383 Rn 28; einschr. MünchKommHGB/*Häuser*, § 383 Rn 48 (nur beim Verkauf bestimmter Sachen).

[336] § 384 Rn 43; ferner Düringer/Hachenburg/*Lehmann*, HGB, § 392 Rn 4; Schlegelberger/*Hefermehl*, HGB, § 383 Rn 29; *Schmidt-Rimpler* (Fn 1), S. 890.

[337] RGZ 96, 7; Düringer/Hachenburg/*Lehmann*, HGB, § 392 Rn 4; *Schmidt-Rimpler* (Fn 1), S. 890.

[338] MünchKommHGB/*Häuser*, § 383 Rn 49; Schlegelberger/*Hefermehl*, HGB, § 383 Rn 29.

[339] Schlegelberger/*Hefermehl,* HGB, § 383 Rn 29.

[340] Vgl. § 31c WpHG.

[341] Starkes Indiz: *Canaris*, Handelsrecht, § 30 Rn 65.

[342] Die Vermutung kann widerlegt werden, wenn der Kommissionär nach außen deutlich macht, daß er das Geschäft auf eigene Rechnung zu tätigen gewillt ist. Ebenso i.E. *Krüger* (Fn 6), § 383 Rn 41.

forderlich, daß der Kommissionär anhand konkreter, nicht manipulierbarer Indizien nachweist, daß er den Willen gehabt habe, auf eigene Rechnung zu handeln.

Steht dem Kommissionär die **Befugnis** zu, die Kommission durch **Selbsteintritt** auszuführen, so ist zu *differenzieren*. Dort, wo die Ausführung der Kommission durch **Selbsteintritt vereinbart** ist, spricht die Vermutung für ein Deckungsgeschäft (§ 401). Soweit der Kommissionär **nicht verpflichtet** ist, durch **Selbsteintritt** auszuführen, kann aber nicht allein aus dem Umstand, daß der Selbsteintritt *üblich* ist, abgeleitet werden, der Kommissionär habe das Geschäft mit dem Dritten auf eigene Rechnung vereinbart[343]. Man darf auch nicht ausschließlich auf die Anzeige des Kommissionärs abstellen, weil § 392 Abs. 2 nicht zur Anwendung kommt, solange der Kommissionär nicht erklärt hat, er habe auf fremde Rechnung gehandelt. Es ist daher hier ebenfalls die Vermutung aufzustellen (Rn 153), daß der Kommissionär auf fremde Rechnung tätig geworden ist.[344] Dadurch wird dem Kommissionär das Recht zum Selbsteintritt nicht abgeschnitten. Mit dem Selbsteintritt verwandelt sich das Kommissionsverhältnis: Der Herausgabeanspruch des Kommittenten weicht einer Lieferungs- bzw. Zahlungsforderung auch dann, wenn der Kommissionär ursprünglich tatsächlich auf fremde Rechnung gehandelt haben sollte. Das ist Ausfluß des im Selbsteintritt angelegten Gestaltungsrechtes (§ 400 Rn 25). Auf diese Weise wird erreicht, daß der Kommittent, soweit der Kommissionär nicht nachweisbar auf eigene Rechnung tätig geworden ist, durch § 392 Abs. 2 geschützt bleibt. Soweit in Konstellationen, in denen ein Selbsteintritt möglich ist, eine Kollision mehrerer Kommissionsgeschäfte denkbar ist, gilt das oben Rn 147 ff Gesagte. **155**

E. Ende des Kommissionsvertrages

Das Ende des Kommissionsverhältnisses richtet sich nach den allgemeinen Regeln. Es kann insbesondere durch Kündigung, Zeitablauf,[345] Bedingungseintritt, Tod eines der Vertragspartner, Unmöglichkeit (§ 275 BGB), Rücktritt (§§ 323, 326 BGB) sowie Insolvenz (§ 383 Rn 184 ff) eintreten. **156**

I. Zeitablauf, Bedingung

Der Kommissionsvertrag kann **befristet** oder auflösend bedingt abgeschlossen werden.[346] Eine Befristung findet sich häufig bei der Effektenkommission. Eine Befristung kann sich aus, Abreden (AGB), Weisungen, dem Handelsbrauch oder sonst aus den Umständen ergeben. Mit Ablauf der Frist endet der Kommissionsvertrag.[347] Der Kommissionär kann dann Ersatz seiner Aufwendungen, nicht aber (teilweise) Zahlung einer Provision verlangen. Insoweit schlägt der partiarische Charakter des § 396 Abs. 1 S. 1 durch (§ 396 Rn 8). Weder Aufwendungsersatz noch Provision darf der Kommissionär fordern, falls der Vertrag mit Eintritt einer auflösenden **Bedingung** endet (§ 158 Abs. 2 BGB). **157**

---

343 MünchKommHGB/*Häuser*, § 383 Rn 49; **aA** *Schmidt-Rimpler* (Fn 1), S. 891.

344 MünchKommHGB/*Häuser*, § 383 Rn 49.

345 *Krüger* (Fn 6), § 383 Rn 28.

346 MünchKommHGB/*Häuser*, § 383 Rn 84; MünchKommHGB/*Ekkenga*, Bd. 5, Effektengeschäft Rn Oetker/*Martinek*, HGB, § 383 Rn 31; Baumbach/*Hopt*, HGB, § 383 Rn 12.

347 BGH, ZIP 2002, 1292 (1293).

II. Tod des Kommissionärs bzw. des Kommittenten

158 **1. Tod des Kommissionärs.** Entgegen der Auslegungsregel der §§ 675 Abs. 1, 673 BGB hat man anzunehmen, daß der Tod des Kommissionärs normalerweise den Kommissionsvertrag dort nicht erlöschen läßt, wo ein Vertrag nicht mit Rücksicht auf die Person des Kommissionärs, sondern auf die vom Kommissionär aufgebaute oder geleitete Organisation abgeschlossen worden ist[348]. Beim Tod eines Kommissionsagenten wird der Kommissionsvertrag häufiger enden, da die Beziehungen vielfach stärker auf die Person des Kommissionärs ausgerichtet sein werden. Der Vertragspartner des Kommissionsagenten braucht sich daher nicht auf eine Kündigung aus wichtigem Grund zu berufen. Im übrigen kann ordentlich gekündigt werden, falls der Kommissionsvertrag nicht durch den Tod des Kommissionärs aufgelöst worden ist.

159 **2. Tod des Kommittenten.** Es gelten hier die §§ 672, 675 BGB, wonach der Kommissionsvertrag als Geschäftsbesorgungsvertrag im Zweifel nicht erlischt.[349] Dies gilt auch dort, wo der Kommittent weder Kaufmann noch Gewerbetreibender ist;[350] anders dort, wo der Kommissionär ein Geschäft besorgen soll, das ganz auf die Person des Kommittenten zugeschnitten und für dessen Erben offensichtlich ohne Interesse ist; § 672 BGB ist eine Ausprägung des Erlöschensgrundes der Zweckstörung. Der Kommissionär kann im Falle des Erlöschens der Kommission vor Abschluß des Ausführungsgeschäfts keinen Provisionsanspruch geltend machen.

III. Unmöglichkeit und Zweckstörung

160 Die Pflichten des Kommissionärs aus dem Kommissionsvertrag enden – von nachwirkenden Nebenpflichten abgesehen – ferner, wenn dem Kommissionär die von ihm versprochene Leistung aus einem Grund unmöglich wird (§ 275 BGB; z.B. Untergang der zum Zweck des Verkaufes übergebenen Ware). Gleiches gilt in Fällen der Zweckstörung; z.B. die vom Kommissionär zu besorgenden Waren dürfen auf unabsehbare Zeit nicht importiert werden. Das Provisionsrisiko trägt in einem solchen Fall der Kommissionär.[351]

IV. Kündigung (Widerruf)

161 **1. Kündigung durch den Kommittenten.** Die Zulässigkeit von Kündigungen richtet sich primär nach den vertraglichen Vereinbarungen, den Handelsbräuchen oder den allgemeinen Geschäftsbedingungen.[352] Soweit hier nichts Besonderes geregelt ist, ist danach zu differenzieren, ob im konkreten Fall der Kommissionsvertrag als Dienstvertrag oder als Werkvertrag zu qualifizieren ist (Rn 100 ff) und ob er nach dem Parteiwillen auf längere Dauer angelegt war (z.B. Kommissionsagentur).

---

348 MünchKommHGB/*Häuser*, § 383 Rn 85; *Krüger* (Fn 6), § 383 Rn 29; *Roth*, in Koller/Roth/Morck, HGB § 383 Rn 8.

349 *Krüger* (Fn 6), § 383 Rn 29.

350 **AA** MünchKommHGB/*Häuser*, § 383 Rn 86; Schlegelberger/*Hefermehl*, HGB, § 383 Rn 51.

351 *Koller*, BB 1979, 1725 (1728 ff).

352 Zum allgemeinen Geschäftsbedingungen OLG Koblenz v. 14.7.2005 – 2 U 974/04 (zit. nach juris): Der Ausschluß des Kündigungsrechts benachteiligt auch im Verkehr zwischen Kaufleuten den Auftraggeber unangemessen.

Qualifiziert man den **Kommissionsvertrag als Werkvertrag,** so kann er grundsätzlich gemäß § 649 BGB jederzeit gekündigt werden.[353] Eine Stütze findet dieses Ergebnis in § 405 Abs. 2, der inzident von der freien Kündbarkeit des Kommissionsvertrages ausgeht[354]. Allerdings hat die Anwendung des § 649 BGB nicht zur Folge, daß der Kommissionär neben seinem Aufwendungsersatzanspruch (§ 396 Rn 51) auch den vollen Provisionsanspruch behält und sich auf die Provision lediglich anderweitigen Verdienst und etwaige Einsparungen anrechnen zu lassen braucht. In der Denkschrift zum Entwurf eines HGB (1896), S. 239, wurde zwar ein § 367 Abs. 3 erwogen, der eine dem § 649 BGB entsprechende Regelung vorsah. Diese Regelung wurde jedoch nicht Gesetz. Der Gesetzgeber blieb bei der partiarischen Ausgestaltung des Provisionsanspruches stehen, derzufolge die Provisionsforderung davon abhängt, daß der Kommissionär ein den ihm erkennbaren Interessen des Kommittenten entsprechendes Ausführungsgeschäft zustande bringt[355]. Daraus ergibt sich, daß der **Provisionsanspruch entfallen muß**, sobald der Kommittent durch den Widerruf zu erkennen gibt, daß er an dem Ausführungsgeschäft kein Interesse mehr hat.[356] § 396 Abs. 1 S. 1 gilt mithin im Hinblick auf das Provisionsrisiko auch bei einer Kündigung der Kommission[357]. **162**

Problematisch ist es, ob die Befugnis des Kommittenten zur Kündigung in dem Moment endet, in dem der Kommissionär das **Ausführungsgeschäft getätigt** hat. Dies wird von der hM bejaht[358]. Das RG[359] geht wenig überzeugend[360] noch einen Schritt weiter. Es hält die Kündigung auch dann für unwirksam, wenn schon solche Handlungen vorgenommen worden sind, die bereits zur Ausführung gehören und die bewirken, daß nicht mehr res integra vorliege[361]. **163**

Nach Abschluß des Ausführungsgeschäfts[362] kann dem Kommissionär der Provisionsanspruch nicht mehr durch freie Kündigung genommen werden;[363] denn das partiarische Element des Kommissionsvertrages färbt lediglich die Phase bis zur Vereinbarung des Ausführungsgeschäfts. Insoweit ist auch zu beachten, daß die Kündigung ein in der Person des Kommittenten liegender Grund wäre (§ 396 Abs. 1 HS 2). Es stellt sich aber die Frage, ob in der Phase nach Abschluß des Ausführungsgeschäfts § 649 BGB mit der Konsequenz angewendet werden kann, daß sich der Kommissionär auf seinen Provisionsanspruch etwaige **Ersparnisse und anderweitigen Verdienst anrechnen** lassen muß. Soweit der Kommissionär nach Abschluß des Ausführungsgeschäfts lediglich verpflichtet ist, den gegen den Dritten erlangten Anspruch auf Abtretung herauszugeben (§ 384 Abs. 2), ist das zu verneinen; denn eine Kündigung könnte nie zur Folge haben, daß der **164**

---

353 OLG Koblenz v. 14.7.2005 – 2 U 974/04 (zit. nach juris); Oetker/*Martinek*, HGB, § 383 Rn 32; MünchKommHGB/*Häuser*, § 383 Rn 87.

354 Düringer/Hachenburg/*Lehmann*, HGB, § 383 Rn 17; Schlegelberger/*Hefermehl*, HBG, § 383 Rn 53; *Schmidt-Rimpler* (Fn 1), S. 1053 f.

355 Protokolle der Commission zur Berathung eines ADHGB (1858), 3. Buch, 657. Sitzung, S. 1215 f; ferner § 396 Rn 8.

356 Vgl. auch MünchKommHGB/*Ekkenga*, Bd. 5, Effektengeschäft Rn 214.

357 So auch *Krüger* (Fn 6), § 383 Rn 30; Oetker/*Martinek*, HGB, § 383 Rn 32; Schlegelberger/*Hefermehl*, HBG, § 383 Rn 53; abweichend im Ansatz Schmidt-Rimpler (Fn 1), S. 1059.

358 RGZ 107, 139; *Krüger* (Fn 6), § 383 Rn 30; MünchKommHGB/*Häuser*, § 383 Rn 89; Oetker/*Martinek*, HGB, § 383 Rn 32; **abw.** Heymann/*Herrmann*, HGB, § 396 Rn 1.

359 RGZ 107, 139.

360 Zurückhaltend auch OLG Koblenz v. 14.7. 2005 – 2 U 974/04 (zit. nach juris).

361 Ebenso Düringer/Hachenburg/*Lehmann*, HGB, § 383 Rn 17; kritisch *Schmidt-Rimpler* (Fn 1), S. 1055.

362 Zum Fall eines Selbsteintritts s. § 405 Rn 18.

363 *Roth* in Assmann/Schütze, Kapitalanlagerecht, § 10 Rn 100.

Kommissionär etwas zu ersparen oder seine Arbeitskraft anderweit einzusetzen in der Lage wäre; andererseits versteht es sich von selbst, daß der Kommissionär auch nach einer Kündigung im Sinne des § 649 BGB das Erlangte herauszugeben hat. Die Situation ändert sich jedoch, wenn der Kommissionär z.B. verpflichtet ist, die Forderung aus dem Ausführungsgeschäft einzuziehen und das hierdurch Erlangte – eventuell in besonderer Form – an den Kommittenten weiterzuleiten. Hier macht eine Anwendung des § 649 BGB durchaus Sinn; denn mit der Kündigung kann der Kommittent die Einziehung der Forderung an sich ziehen oder sie gegebenenfalls an einen anderen abtreten, um dadurch seine Vergütungspflicht zu mindern. Der Kommissionär wird hierdurch nicht übermäßig belastet. In der Durchführungsphase kommt nämlich das partiarische Element des Kommissionsgeschäfts nicht mehr zum Tragen. Der Kommissionär kann daher bei einem in der Durchführungsphase erfolgten Kündigung neben dem Aufwendungsersatz grundsätzlich weiterhin die vereinbarte Provision geltend machen.[364] Er braucht sich auf die Provisionsforderung nur ersparte Aufwendungen und anderweit erzielten Verdienst anrechnen zu lassen.

165 Qualifiziert man den konkreten **Kommissionsvertrag als Dienstvertrag,** so ist grundsätzlich ebenfalls bis zum Abschluß des Ausführungsgeschäfts die Kündigung der Kommission **unbeschränkt statthaft** (§§ 621 Nr. 5, 627 Abs. 1 BGB).[365] Anders ist die Situation nur, wenn die Parteien vereinbart haben, daß das Kommissionsverhältnis für eine bestimmte Zeit bestehen soll.[366] Für seine bisherige Tätigkeit darf der Kommissionär keine Provision verlangen. § 396 Abs. 1 S. 1 geht vor (s. oben).[367] Auch das Kündigungsrecht aus den §§ 621 Nr. 5, 627 Abs. 1 BGB **entfällt** grundsätzlich mit der Vereinbarung des Ausführungsgeschäfts.[368] Hat der Kommissionär in der Durchführungsphase Aufgaben übernommen, die über die bloße Abtretung der Forderung etc. bzw. über die Erfüllung sonstiger Herausgabepflichten aus dem Ausführungsgeschäft hinausgehen, so kann die Kommission auch nach Abschluß des Ausführungsgeschäfts gekündigt werden (§ 649 BGB). Der Kommissionär behält dann seinen Aufwendungsersatzanspruch und braucht sich auf die vereinbarte Provision nur[369] anderweitigen Verdienst sowie ersparte Aufwendungen anrechnen zu lassen.[370] Der Kommittent kann trotz der Kündigung weiterhin u.a. Herausgabe des Erlangten fordern (§ 384 Abs. 2).

166 Bei den von vornherein auf **längere Zeit angelegten Kommissionsverträgen** entfällt nicht ohne weiteres ein ordentliches Recht zur fristlosen Kündigung. Zumal bei Störung des Vertrauensverhältnisses muß sich der Kommittent sofort vom Vertrag lösen können (§ 627 BGB). Wegen der Erfolgsabhängigkeit der Provision wird man indessen in ergänzender Auslegung des Kommissionsvertrages häufiger annehmen können, daß der Kommittent den Vertrag nicht ohne wichtigen Grund vorzeitig lösen darf, da der Kommittent nicht das Risiko läuft, eine Vergütung zu bezahlen, ohne den ursprünglich gewünschten

[364] **AA** Heymann/*Herrmann*, HGB, § 396 Rn 1; Oetker/*Bergmann*, HGB, § 396 Rn 3.

[365] BGH, WM 1991, 1472 (1476); OLG Koblenz v. 14.7.2005 – 2 U 974/04 (zit. nach juris); MünchKommHGB/*Häuser*, § 383 Rn 88 f; Oetker/*Martinek*, HGB, § 383 Rn 32; Baumbach/*Hopt*, HGB, § 383 Rn 12; MünchKommHGB/*Ekkenga*, Bd. 5, Effektengeschäft Rn 215.

[366] OLG Koblenz v. 14.7.2005 – 2 U 974/0 4 (zit. nach juris); MünchKommHGB/*Häuser*, § 386 Rn 3.

[367] Oetker/*Martinek*, HGB, § 383 Rn 32; MünchKommHGB/*Ekkenga*, Bd. 5, Effektengeschäft Rn 214.

[368] MünchKommHGB/*Ekkenga*, Bd. 5, Effektengeschäft Rn 215.

[369] Insoweit ist zu beachten, daß die Kündigung ein in der Person des Kommittenten liegender Grund wäre (§ 396 Abs. 1 HS 2).

[370] **AA** Heymann/*Herrmann*, HGB, § 396 Rn 1.

Erfolg einstreichen zu können[371]. Das Kündigungsrecht bei der Kommissionsagentur orientiert sich regelmäßig an den §§ 89 ff (Rn 64).

Zum Kündigungsrecht bei der **Selbsteintrittskommission** § 405 Rn 18 ff. Bei Kommissionsaufträgen zum Kauf oder Verkauf von **Effekten** ist auch § 675b BGB zu beachten.[372] **167**

2. **Kündigung durch den Kommissionär.** Bei Annahme eines Werkvertrages (Rn 102, 105) steht dem Kommissionär kein Kündigungsrecht zu[373], es sei denn, daß es ausdrücklich oder stillschweigend vereinbart worden ist. Ist der Kommissionsvertrag als Dienstvertrag zu qualifizieren (Rn 103, 106), so kann der Kommissionär für sich ein Kündigungsrecht aus den §§ 621 Nr. 5, 627 BGB ableiten. Aus § 627 Abs. 2 BGB, der eine Konkretisierung von Treu und Glauben darstellt, ergibt sich jedoch, daß der Kommissionär nicht ohne wichtigen Grund zur Unzeit kündigen darf, wenn er einer Schadensersatzpflicht entgehen will[374]. Zur Inzahlungnahme eines Gebrauchtwagens OLG Hamm, BB 1978, 123. Eine dem Kündigungsrecht des Kommissionärs entgegenstehende Verkehrssitte oder Handelsbrauch geht vor.[375] **168**

V. Rücktritt

Zum Rücktritt vom Vertrag gemäß §§ 323 f BGB s. § 384 Rn 124 ff. Bei der Effektenkommission beachte ferner § 25 DepG. **169**

F. Die dinglichen Verhältnisse am Kommissionsgut

Die dinglichen Verhältnisse am Kommissionsgut haben keine kommissionsrechtliche Sonderregelung erfahren. Das gilt auch für die Ausführung der Kommission durch Selbsteintritt. Es finden vielmehr die allgemeinen Regeln über Eigentumsbegründung und -verlust Anwendung. Nur für den Bereich der **Effektenkommission** existieren in den §§ 18 ff DepG Spezialnormen. Zur **Drittschadensliquidation** Rn 140. **170**

1. **Verkaufskommission.** Der Kommissionär erwirbt normalerweise an den ihm zum Zwecke des Verkaufs übergebenen Waren oder Wertpapieren **kein Eigentum;** denn zur Erfüllung des Ausführungsgeschäfts genügt eine Verfügungsermächtigung des Kommittenten.[376] Es ist deshalb auch regelmäßig nicht anzunehmen, daß sich der Kommittent mit dem Kommissionär dahin geeinigt hat, daß der Kommissionär Eigentümer des Kommissionsgutes werden soll. Soweit Wertpapiere an den Kommissionär indossiert werden, liegt im Zweifel nur ein Legitimations- und Ermächtigungsindossament vor.[377] Allerdings können Kommittent und Kommissionär jederzeit vereinbaren, daß der Kommis- **171**

---

[371] Schlegelberger/*Hefermehl*, HGB, § 383 Rn 53; *Krüger* (Fn 6), § 383 Rn 31 (bei erheblichen Investitionen).

[372] Vgl. MünchKommHGB/*Ekkenga*, Bd. 5, Effektengeschäft Rn 215.

[373] *Krüger* (Fn 6), § 383 Rn 30; Schlegelberger/*Hefermehl*, HGB, § 383 Rn 54.

[374] *Krüger* (Fn 6), § 383 Rn 31; Schlegelberger/*Hefermehl*, HGB, § 383 Rn 54.

[375] *Schmidt-Rimpler* (Fn 1), S. 1060.

[376] BGH, WM 1959, 1004 (1006); *Canaris*, Handelsrecht, § 30 Rn 70; Oetker/*Martinek*, HGB, § 383 Rn 36; MünchKommHGB/*Häuser*, § 383 Rn 65; *Roth*, in Koller/Roth/Morck, HGB § 383 Rn 17; Baumbach/*Hopt*, HGB, § 383 Rn 22.

[377] MünchKommHGB/*Häuser*, § 383 Rn 65; *Schmidt-Rimpler* (Fn 1), S. 923.

sionär – z.B. sicherheitshalber – Eigentum erlangen soll.[378] Dieser Eigentumserwerb kann durch den Sicherungszweck auflösend bedingt oder mit einer Rückübertragungsverpflichtung gekoppelt sein. Ferner kommt als Erwerbsgrund Verbindung oder Vermischung in Betracht.

172 In Fällen des **Selbsteintritts** wird ein Eigentumserwerb bejaht, falls der Kommissionär selbst eintritt und die Ware auf das eigene Lager nimmt.[379] Dem ist allenfalls dann zuzustimmen, wenn die Parteien von vornherein vereinbart hatten, daß der Kommissionär durch Selbsteintritt ausführt. In anderen Situationen wird der Kommittent keinen Anlaß haben, von vornherein eine bedingte Einigung auszusprechen; auch sonst ist es zweifelhaft, ob der Kommittent, der mit einem Selbsteintritt rechnet, von vornherein gewillt ist, auf sein Recht zur Erfüllung Zug um Zug zu verzichten und vorweg unter der Bedingung des Selbsteintritts seine Einigung i.S.d. § 929 S. 2 BGB zu erklären (§ 400 Rn 58).

173 Ist der Kommittent Eigentümer geblieben und hat er das Kommissionsgut dem Kommissionär ausgehändigt, so wird er regelmäßig den Kommissionär zu Verfügungen **ermächtigt** haben (§ 185 Abs. 1 BGB; s. oben Rn 171). Darauf darf der Dritte normalerweise vertrauen (§ 366), soweit er den Kommissionär nicht ohnehin für den Eigentümer hält.[380] Die Verfügungsermächtigung des Kommissionärs ist nicht unbegrenzt. Sie ist normalerweise nur auf die Übertragung des Kommissionsguts an den Partner des Ausführungsgeschäftes bezogen.[381] Man wird den Kommissionär aber auch für ermächtigt ansehen dürfen, das Kommissionsgut sicherungshalber an einen Dritten zu übereignen, der zur Finanzierung des Kaufgeschäftes ein Darlehen gewährt hat, das dem Kommittenten wirtschaftlich zugute kommt.[382] Schließt der Kommissionär ein anderes Geschäft ab, z.B. ein Sicherungsgeschäft für eigene Schulden, und übereignet er daraufhin die Waren an den Sicherungsnehmer, so handelt er ohne Einwilligung des Kommittenten[383].

174 Ebenso fehlt es an der Einwilligung, wenn der Kommissionär das Ausführungsgeschäft unter Mißachtung von Weisungen, insbesondere von Limits vereinbart hat (Ausnahme: Fall des § 386 Abs. 2).[384] Die Fiktion der Genehmigung gemäß § 386 Abs. 1 erstreckt sich nicht auf die dingliche Genehmigung gem. § 185 Abs. 2 BGB.[385] Genehmigt der Kommittent ausdrücklich oder stillschweigend das unter Weisungsverstoß abgeschlossene Geschäft, so betrifft dies auch die dingliche Genehmigung. Umgekehrt ist bei einer Zurückweisung gem. § 385 Abs. 1 ein Widerruf der dinglichen Ermächtigung (§ 183 BGB) anzunehmen, – unabhängig davon, ob die Zurückweisung im konkreten Fall zu Recht erfolgt ist. In all diesen Situationen, in denen der Kommissionär als Nichtberechtigter verfügt hat, kann der Dritte gutgläubig erwerben[386].

175 Die Eigentumsverhältnisse an der im **Rahmen des Ausführungsgeschäfts vereinbarten Gegenleistung** richten sich nach den Regeln, die im folgenden für die Einkaufskommission entwickelt werden.

---

[378] MünchKommHGB/*Häuser*, § 383 Rn 66.

[379] MünchKommHGB/*Häuser*, § 383 Rn 66; Schlegelberger/*Hefermehl*, HGB, § 383 Rn 56; *Krüger* (Fn 6), § 383 Rn 48.

[380] *Krüger* (Fn 6), § 383 Rn 47; Oetker/*Martinek*, HGB, § 383 Rn 37.

[381] RGZ 94, 111; *Krüger* (Fn 6), § 383 Rn 47; MünchKommHGB/*Häuser*, § 383 Rn 68; Baumbach/*Hopt*, HGB, § 383 Rn 22.

[382] RGZ 132, 196 (198); *Krüger* (Fn 6), § 383 Rn 47; MünchKommHGB/*Häuser*, § 383 Rn 68.

[383] BGH, WM 1963, 1186; MünchKommHGB/*Häuser*, § 383 Rn 68.

[384] Heymann/*Herrmann*, HGB, § 383 Rn 17; **einschr.** MünchKommHGB/*Häuser*, § 383 Rn 70.

[385] **AA** *Schmidt-Rimpler* (Fn 1), S. 924.

[386] §§ 932 ff BGB, 366 HGB; vgl. BGH, WM 1963, 1186, zur Veräußerung sicherheitshalber.

176 **2. Einkaufskommission.** Erfüllt der Dritte gegenüber dem Kommissionär seine Verpflichtungen aus dem Ausführungsgeschäft, so wird in aller Regel der Kommissionär Eigentümer der Waren oder Inhaberpapiere bzw. Inhaber der geschuldeten sonstigen Wertpapiere oder Forderungen (§§ 398 ff, 929 ff BGB, 364 HGB, 11 WG, 18 ff DepG); denn der Kommissionär ist dem Dritten gegenüber im eigenen Namen aufgetreten.[387] Dem Wesen des Kommissionsgeschäftes zufolge ist es zwar nur bei Abschluß des Ausführungsgeschäftes als Kausalgeschäft erforderlich, daß im eigenen Namen gehandelt wird. In aller Regel wird aber weder der Kommissionär Anlaß haben, im Hinblick auf das dingliche Geschäft aus seiner Rolle als mittelbarer Stellvertreter herauszutreten, noch wird der Kommittent dies wollen.[388] Das gilt auch dort, wo die vom Kommissionär erworbenen Waren auf Geheiß des Kommissionärs unmittelbar an den Kommittenten übersandt werden;[389] denn das anweisungsgemäße Handeln des Dritten umfaßt nicht zugleich eine dingliche Einigung zwischen Drittem und Kommittenten.

177 Kraft seiner Pflicht zur Herausgabe des Erlangten (§ 384 Abs. 2) hat der **Kommissionär** die Waren, Wertpapiere und sonstigen Forderungen **an den Kommittenten** zu übertragen. Hierbei kommen für den Kommittenten mehrere **Wege** in Betracht, um in die dingliche Rechtsposition einzurücken. (1) die Übertragung der Rechte gemäß § 929 BGB, durch Zession oder Indossament; (2) die Übereignung durch antizipiertes Besitzkonstitut[390] sowie die nachträgliche Einigung unter Begründung eines Besitzkonstitutes;[391] (3) durch Abtretung des Herausgabeanspruches (§ 931 BGB).[392] (4) Ausnahmsweise kann der Kommissionär aber auch als Vertreter des Kommittenten handeln.[393] Das Eigentum geht dann sofort und unmittelbar mit der Übergabe des Gutes an den Kommissionär über, weil der Kommissionär Besitzmittler des Kommittenten ist. (5) Ferner ist denkbar, daß der Kommittent nach den Grundsätzen über den Erwerb dessen, „den es angeht", unmittelbar Eigentum bzw. die Inhaberposition erlangt (dazu näher Rn 182).

178 *Hager* (AcP 180 [1980] 239, 256) vertritt die Ansicht, daß der Kommittent **immer ohne Durchgangserwerb unmittelbar Eigentum** erlange. Für eine derartige Rechtsfortbildung fehlt es jedoch an dem erforderlichen dringenden Anlaß.[394]

179 Übersendet oder übergibt der Kommissionär dem Kommittenten das Kommissionsgut, so wird hierin im Zweifel die **Abgabe der dinglichen Einigungserklärung** liegen. Die gemäß § 929 BGB erforderliche Übergabe kann durch Aushändigung an den Kommittenten selbst, seinen Besitzdiener oder an seinen Besitzmittler erfolgen. Es genügt, daß der Kommissionär den Dritten anweist, das Gut dem Kommittenten auszuhändigen[395].

180 Vor Übergabe der Ware kann der Kommittent mit Hilfe eines **antizipierten Besitzkonstitutes** Eigentum erwerben (§ 930 BGB). Ihm liegt die Einigung der Parteien darüber zugrunde, daß der Kommittent Eigentümer werden soll, bevor der Kommissionär das Eigentum am Kommissionsgut erlangt hat. Gekoppelt ist diese Einigung mit der Vereinbarung eines Besitzmittlungsverhältnisses, dem zufolge der Kommissionär das vom Drit-

---

387 *Krüger* (Fn 6), § 383 Rn 49; Oetker/*Martinek*, HGB, § 383 Rn 38; MünchKommHGB/*Häuser*, § 383 Rn 73; Baumbach/*Hopt*, HGB, § 383 Rn 25; MünchKommHGB/*Häuser*, § 392 Rn 45.

388 Anders für das Effektenkommissionsgeschäft MünchKommHGB/*Ekkenga*, Bd. 5, Effektengeschäft Rn 89.

389 BGH, NJW 1973, 141; Palandt/*Bassenge,* BGB, § 929 Rn 19 m. Nachw. Zur Rechtslage, wenn der Kommissionär den Übereignungsanspruch an den Kommittenten abgetreten hatte, siehe unten Rn 183.

390 *Krüger* (Fn 6), § 383 Rn 52.

391 MünchKommHGB/*Häuser*, § 383 Rn 77.

392 MünchKommHGB/*Häuser*, § 383 Rn 76.

393 MünchKommHGB/*Häuser*, § 383 Rn 74.

394 MünchKommHGB/*Häuser*, § 392 Rn 45.

395 BGH, NJW 1973, 141; Palandt/*Bassenge*, BGB, § 929 Rn 16, 19.

ten in der Zukunft erlangte Kommissionsgut für den Kommittenten besitzen soll. Die Vereinbarung ist regelmäßig im Kommissionsverhältnis enthalten.[396] Die auf die Zukunft gerichtete Willenseinigung hat zur Konsequenz, daß der Kommittent gemäß § 930 BGB in dem Moment Eigentum erwirbt, in dem der Kommissionär den Besitz erlangt. Das antizipierte Besitzkonstitut ist heute in Lehre und Rechtsprechung allgemein anerkannt. Streitig ist lediglich seine Ausgestaltung im einzelnen. Hierbei ist für das Kommissionsverhältnis z.B. die Frage von besonderer Bedeutung, ob der Kommittent das Eigentum unmittelbar vom Dritten oder in einer logischen Sekunde durch die Person des Kommissionärs hindurch erlangt. Diese Frage ist im Sinne des Durchgangserwerbes zu entscheiden,[397] da der Kommissionär im eigenen Namen aufgetreten ist. Der Rechtsprechung zufolge muß der Übertragungswille noch bestehen, wenn der Kommissionär das Eigentum erwirbt[398]. Der Fortbestand des Willens ist jedoch zu vermuten.[399] Besondere Ausführungshandlungen, durch die der Kommissionär den Eigentumserwerb des Kommittenten für die Beteiligten deutlich macht, sind hingegen nicht notwendig. § 930 BGB stellt eine Ausnahme vom Offenkundigkeitsprinzip dar; man darf es daher auch nicht durch die Hintertür wieder einführen, indem man zumindest die Erkennbarkeit der Ausführungshandlung für den Erwerber postuliert[400]. Die Kommission bildet die Basis für ein Besitzmittlungsverhältnis; denn gemäß § 384 Abs. 2 ist der Kommissionär dem Kommittenten zur Herausgabe verpflichtet. Solange der Kommissionär nicht erkennbar gemacht hat, daß er nicht gedenkt, seiner Herausgabepflicht nachzukommen, ist zu vermuten, daß sein Besitzmittlerwille fortbesteht. Der Bestimmtheitsgrundsatz, der auch im Rahmen des antizipierten Besitzkonstituts gilt, kann jedoch gegebenenfalls Ausführungshandlungen erforderlich machen.[401] Hatte der Kommissionär individuell bestimmte Sachen zu besorgen, so kann man darauf verzichten, weil sich dann der Besitzmittlungswille selbstverständlich auf diese vom Dritten gelieferten Gegenstände erstreckt. Muß jedoch eine Aussonderung erfolgen, weil der Kommissionär z. B. mehrere parallele Kommissionen erledigt hatte, so geht das Eigentum auf die einzelnen Kommittenten erst über, wenn der Kommissionär die dem jeweiligen Kommittenten zugedachten Objekte durch Ausführungshandlungen individualisiert hat[402]. Hierfür genügt Inventarisierung, Einbringung in ein bestimmtes Lager.

181 Soweit die Einigung nicht im Rahmen eines antizipierten Besitzkonstitutes vorweg erfolgt, kann sie auch durch **Insichgeschäft** vorgenommen werden. Man wird den Kommissionär, der das von ihm erlangte Kommissionsgut an den Kommittenten zu transferieren hat, als bevollmächtigt ansehen müssen, als Vertreter des Kommittenten die dingliche Einigung zu erklären und selbst anzunehmen.[403] § 181 BGB steht dem nicht entgegen, weil der Kommissionär hierbei in Erfüllung seiner Herausgabepflicht handelt. Da das für

---

[396] *K. Schmidt* Handelsrecht, § 31 V 3a.

[397] RGZ 140, 231; *Canaris*, Handelsrecht, § 30 Rn 68; Oetker/*Martinek*, HGB, § 383 Rn 40; MünchKommHGB/*Häuser*, § 383 Rn 78; hM; **aA** *Krüger* (Fn 6), § 383 Rn 52.

[398] BGH, NJW 1952, 1169 (1170).

[399] BGH, WM 1965, 1248.

[400] Wie hier: *Canaris*, Handelsrecht, § 30 Rn 67; MünchKommHGB/*Häuser*, § 383 Rn 78; *K. Schmidt*, Handelsrecht, § 31 V 3a; Baumbach/*Hopt*, HGB, § 383 Rn 26; Heymann/*Herrmann*, HGB, § 383 Rn 15; Schlegelberger/*Hefermehl*, HGB, § 383 Rn 65 jeweils m. Nachw.; **aA** RGZ 140, 231; *Krüger* (Fn 6), § 383 Rn 52.

[401] Oetker/*Martinek*, HGB, § 383 Rn 40; MünchKommHGB/*Häuser*, § 383 Rn 78; *Roth*, in Koller/Roth/Morck, HGB § 383 Rn 20; Heymann/*Herrmann*, HGB, § 383 Rn 15.

[402] Schlegelberger/*Hefermehl*, HGB, § 383 65; Palandt/*Bassenge*, BGB, § 930 Rn 10.

[403] MünchKommHGB/*Häuser*, § 383 Rn 77; *Krüger* (Fn 6), § 383 Rn 53; krit. Heymann/*Herrmann*, HGB, § 383 Rn 15.

die Vollendung der Übereignung notwendige Besitzmittlungsverhältnis seine Grundlage im Kommissionsvertrag hat, tritt in dieser Variante der Eigentumserwerb des Kommittenten in dem Augenblick ein, in dem der Kommissionär die Einigung in Form des Insichgeschäftes erkennbar macht. Die bloße Ausführungsanzeige genügt hierfür regelmäßig nicht.[404] Auf die Manifestation des Insichgeschäfts kann man auch dann nicht[405] verzichten, wenn das Insichgeschäft eine an sich selbstverständliche Folge des Eigentumserwerbes durch den mittelbaren Stellvertreter ist. In dieser Variante kommt es ebenfalls zum Durchgangserwerb.[406]

Kein Durchgangserwerb findet statt, wenn sich die vom Dritten geschuldete Verschaffung des Eigentums nach den Grundsätzen des **„Handelns für den, den es angeht"** erfolgt.[407] Die Anerkennung dieser Rechtsfigur beruht einerseits auf dem Bedürfnis, den im Hintergrund bleibenden „Vertretenen" unmittelbar Eigentum erwerben zu lassen, und andererseits auf dem Umstand, daß dem Dritten nach der objektiven Sachlage vielfach die Person des Erwerbers gleichgültig sein kann. Die Rechtsfigur ist an sich auf Bargeschäfte des täglichen Lebens zugeschnitten (RGZ 100, 190). Sie wird aber auch im Rahmen von Kommissionsgeschäften Anwendung finden können.[408] Voraussetzung hierfür ist zum einen, daß dem Dritten die Person des Warenerwerbers gleichgültig ist.[409] Das wird immer dort der Fall sein, wo der Kommissionär nicht eigentlich Strohmann ist, wo er die Funktion eines Zwischenhändlers ausübt und der Dritte das Eigentum Zug um Zug gegen die Gegenleistung überträgt oder, wie bei der Effektenkommission, wo mit alsbaldiger Gutschrift zu rechnen ist.[410] Der innere Wille des Kommissionärs, unmittelbar für den Kommittenten zu erwerben, darf zwar nicht ohne weiteres unterstellt werden. Es müssen aber andererseits auch nicht besondere Anhaltspunkte im Einzelfall vorliegen.[411] Vielmehr hat man darauf abzustellen, ob der Kommissionär ein eigenes Interesse am Eigentumserwerb hatte. Fehlt es, wie z.B. in dem Fall, daß der Kommittent dem Kommissionär einen Vorschuß ausgehändigt hatte, der Aufwendungen und Provision deckt, so ist zu vermuten, daß der Kommissionär dem Kommittenten schnellstmöglich die optimale Rechtsposition durch unmittelbaren Rechtserwerb nach den Grundsätzen des Geschäftes „wen es angeht" verschaffen wollte.[412] Der Eigentumserwerb des Kommittenten vollendet sich somit in dieser Variante, sobald der Kommissionär Besitz erlangt, den er dem Kommittenten aufgrund des Kommissionsvertrages als Besitzmittlungsverhältnis vermittelt. Eine äußerliche Kenntlichmachung ist hierbei entbehrlich. Zum Eigentumserwerb an Effekten im Rahmen der **Effektenkommission** s. § 18 Abs. 3 sowie § 24 DepG. 182

---

404 KG, WM 1959, 1227.

405 *Canaris*, Handelsrecht, § 30 Rn 67.

406 *Canaris*, Handelsrecht, § 30 Rn 68; einschr. *Krüger* (Fn 6), § 383 Rn 53.

407 **Abl.** zu der Rechtsfigur *Krüger* (Fn 6), § 383 Rn 54.

408 So im Grundsatz auch *Roth*, in Koller/Roth/Morck, HGB § 383 Rn 19; **abl.** Heymann/*Herrmann*, HGB, § 383 Rn 16.

409 MünchKommHGB/*Häuser*, § 383 Rn 79, *Krüger* (Fn 6), § 383 Rn 54 zufolge ist diese Voraussetzung so gut wie nie gegeben. Ebenso Oetker/*Martinek*, HGB, § 383 Rn 41.

410 Enger *Canaris* Festschrift *Flume* (1978), S. 424. Vgl. auch Baumbach/*Hopt*, HGB, § 383 Rn 28 (Umtausch von Wertpapieren, Erwerb neuer Wertpapiere im Aufgebotsverfahren).

411 So aber Schlegelberger/*Hefermehl*, HGB, § 383 Rn 67.

412 **AA** *Krüger* (Fn 6), § 383 Rn 54; *Canaris*, Handelsrecht, § 30 Rn 69; MünchKommHGB/*Häuser*, § 383 Rn 79 (anders Rn 80 für den Giroeffektenverkehr).

183 Hatte der **Kommissionär die Forderungen aus dem Ausführungsgeschäft an den Kommittenten abgetreten**, und der Kommittent als Zessionar den Dritten zur Übereignung aufgefordert, so erfolgt unmittelbar die Übereignung an den Kommittenten. Wird die Ware auf Geheiß des Kommissionärs von dem Dritten dem Kommittenten übergeben (sog. „Geheißerwerb"), so folgt daraus nicht, daß zwischen dem Dritten und dem Kommittenten ein Übereignungsvertrag i. S. des § 929 BGB zustande kommt.

G. Die Kommission in der Insolvenz

I. Insolvenz des Kommittenten

184 War die **Kommission** zum Zeitpunkt der Eröffnung des Insolvenzverfahrens **noch nicht ausgeführt,** so erlischt gemäß § 115 Abs. 1 InsO grds. automatisch der Kommissionsvertrag; denn der Kommissionsvertrag gehört zur Gattung der Aufträge.[413] Voraussetzung ist, daß sich das Kommissionsgeschäft auf das zur Insolvenzmasse gehörende Vermögen bezieht. Das ist bei einem Kommissionsauftrag zum Verkauf von Gegenständen, die dem Kommittenten gehören, immer zu bejahen. Bei der Einkaufskommission kommt es darauf an, ob ein etwaiger Anspruch auf Herausgabe des aus der Ausführung Erlangten in die Insolvenzmasse fallen würde.[414] Der Insolvenzverwalter hat somit nicht[415] die ihm im Rahmen des § 103 InsO eröffnete Wahl, ob er Erfüllung verlangt oder nicht. § 115 InsO ist im Verhältnis zu § 103 InsO lex specialis. Mit dem Erlöschen der Kommission vermag der Kommissionär keine persönlichen oder dinglichen Rechte mehr gegenüber dem Kommittenten zu erwerben; z.B. kein Pfandrecht am Kommissionsgut (§ 397), das nach Insolvenzeröffnung in den Besitz des Kommissionärs gelangt ist (vgl. RGZ 71, 79). Desgleichen endet das Selbsteintrittsrecht, das lediglich eine besondere Form der Ausführung der Kommission darstellt.

185 **Ausnahmsweise** gilt das Kommissionsverhältnis gemäß § 115 Abs. 2, 3 InsO trotz der Insolvenzeröffnung als **fortbestehend.**[416] Danach hat der Kommissionär die Besorgung des ihm übertragenen Geschäftes fortzusetzen, bis der Insolvenzverwalter anderweitig Vorsorge treffen kann, falls mit dem Aufschub der Ausführung Gefahr verbunden ist oder der Kommissionär die Insolvenzeröffnung weder kennt noch kennen mußte. Eine Gefahr i.S.d. 115 Abs. 2 InsO wird man überall dort zu bejahen haben, wo dem Kommittenten aus der Verzögerung der Ausführung erhebliche Verluste drohen. Dies ist etwa bei Verkaufskommissionen in Zeiten einer starken Baisse-Tendenz der Fall.

186 **Nach Ausführung** der Kommission durch Abschluß eines weisungsgerechten Ausführungsgeschäftes wird die Wirksamkeit des Kommissionsverhältnisses durch die Insolvenz des Kommittenten nicht tangiert. § 115 InsO findet in dieser Phase des Vertrages keine Anwendung.[417]

---

[413] *Krüger* (Fn 6), § 383 Rn 32; MünchKommHGB/*Häuser*, § 383 Rn 91; Baumbach/*Hopt*, HGB, § 383 Rn 14; Heymann/*Herrmann*, HGB, § 383 Rn 11; krit. MünchKommHGB/*Ekkenga*, Bd. 5, Effektengeschäft Rn 231.

[414] *Krüger* (Fn 6), § 383 Rn 32.

[415] Baumbach/*Hopt*, HGB, § 383 Rn 14.

[416] Parallele zu den §§ 672 S. 2, 674 BGB. Vgl. MünchKommHGB/*Häuser*, § 383 Rn 92; MünchKommHGB/*Ekkenga*, Bd. 5, Effektengeschäft Rn 232 ff.

[417] *Krüger* (Fn 6), § 383 Rn 33; Baumbach/*Hopt*, HGB, § 383 Rn 14; MünchKommHGB/*Ekkenga*, Bd. 5, Effektengeschäft Rn 236 f.

Bei der **Einkaufskommission** hat der Kommissionär die Pflicht, alles herauszugeben, was er aus dem Ausführungsgeschäft erlangt hat. Eigene Vergütungs- und Aufwendungsersatzansprüche des Kommissionärs sind normale Insolvenzforderungen; doch kann der Kommissionär ein Recht auf abgesonderte Befriedigung nach Maßgabe der §§ 369, 397 ff HGB i.V.m. § 50, 51 Nr. 3 InsO geltend machen. Das gilt gemäß § 399 auch für die Forderungen des Kommissionärs gegen den Dritten aus dem Ausführungsgeschäft. **187**

Bei der **Verkaufskommission** fällt die Kaufpreisforderung aus dem Ausführungsgeschäft unter § 392 Abs. 2. Der Insolvenzverwalter des Kommittenten kann daher vom Kommissionär die Abtretung dieser Forderung verlangen; doch darf sich der Kommissionär gemäß § 399 im Hinblick auf seine Vergütungs- und Aufwendungsersatzansprüche sowie alle Forderungen aus laufender Rechnung in Kommissionsgeschäften vorweg befriedigen. Ist der Kommissionär infolge der Insolvenz des Kommittenten außerstande, die verkaufte Ware an den Dritten zu liefern, so darf er den Schadensersatzanspruch, den der Dritte aus § 280 f BGB gegen ihn geltend macht, nur als Insolvenzforderung auf den Kommittenten abwälzen; denn der Rückgriffsanspruch in Form eines Aufwendungsersatzanspruches war zur Zeit der Insolvenzeröffnung bereits bedingt entstanden (§ 38 InsO). **188**

Hat der Kommissionär den **Selbsteintritt** erklärt, so gilt die Kommission als ausgeführt; die Anwendung des § 115 InsO scheidet demnach aus. Mit dem Selbsteintritt tritt die Geschäftsbesorgungskomponente zurück und die kaufrechtliche Komponente in den Vordergrund. Der Insolvenzverwalter hat deshalb bei von keinem Teil vollständig erfüllten Austauschbeziehungen gemäß § 103 InsO das Recht zu wählen, ob er erfüllen will oder nicht.[418] **189**

II. Insolvenz des Kommissionärs

Im Falle der Kommissionär-Insolvenz bleibt nach hM der Kommissionsvertrag bestehen.[419] Es wird vor Abschluß des Ausführungsgeschäfts § 103 InsO herangezogen. Die Insolvenz soll aber für den Kommittenten einen wichtigen Grund zur Kündigung liefern.[420] *Schmidt-Rimpler*[421] hingegen leitet das Erlöschen des Vertrages daraus ab, daß das Kommissionsverhältnis durch persönliches oder finanzielles Vertrauen geprägt werde. In ergänzender Auslegung des Vertrages müsse man annehmen, daß der Vertrag mit der Insolvenz **erlöschen** solle. Dem ist in Parallele zum Tod des Kommissionärs (Rn 158) zuzustimmen, wenn im konkreten Fall der Kommittent nicht generell auf die Firma des Kommissionärs vertraute, sondern sein Vertrauen eng mit der Person des Kommissionärs verknüpft war; denn das Kündigungsrecht bietet dem Kommittenten zu wenig Schutz, da es erst ausgeübt werden kann, wenn der Kommittent von der Insolvenz des Kommissionärs Kenntnis erlangt hat.[422] Beachte bei der Effektenkommission § 32 DepG.[423] **190**

---

418 MünchKommHGB/*Häuser*, § 383 Rn 96; *Krüger* (Fn 6), § 383 Rn 33.

419 RGZ 78, 91 (93 f); *Krüger* (Fn 6), § 383 Rn 34; MünchKommHGB/*Häuser*, § 383 Rn 97; Oetker/*Martinek*, HGB, § 383 Rn 31; *Roth*, in Koller/Roth/Morck, HGB § 383 Rn 8; Baumbach/*Hopt*, HGB, § 383 Rn 15; Heymann/*Herrmann*, HGB, § 383 Rn 11; MünchKommHGB/*Ekkenga*, Bd. 5, Effektengeschäft Rn 242.

420 *Krüger* (Fn 6), § 383 Rn 34; Baumbach/*Hopt*, HGB, § 383 Rn 15.

421 *Schmidt-Rimpler* (Fn 1), S. 1061 f; **aA** *Krüger* (Fn 6), § 383 Rn 34.

422 **AA** Oetker/*Martinek*, HGB, § 383 Rn 31 (Kündigung).

423 MünchKommHGB/*Ekkenga*, Bd. 5, Effektengeschäft Rn 246.

Nach Ausführung des Kommissionsauftrages scheidet nach allgemeiner Meinung die Anwendung des § 103 InsO aus. Soweit die zu veräußernde Ware oder die erworbene Ware bzw. das Geld vor Insolvenzeröffnung im Eigentum des Kommittenten verblieben bzw. in das Eigentum des Kommittenten übergegangen ist (Rn 171 ff), steht dem Kommittenten ein Aussonderungsrecht zu (§ 47 InsO).[424] Beachte außerdem § 392 Abs. 2. Im übrigen sind die Forderungen des Kommittenten gegen den Kommissionär normale Insolvenzforderungen.

§ 384

(1) Der Kommissionär ist verpflichtet, das übernommene Geschäft mit der Sorgfalt eines ordentlichen Kaufmanns auszuführen; er hat hierbei das Interesse des Kommittenten wahrzunehmen und dessen Weisungen zu befolgen.

(2) Er hat dem Kommittenten die erforderlichen Nachrichten zu geben, insbesondere von der Ausführung der Kommission unverzüglich Anzeige zu machen; er ist verpflichtet, dem Kommittenten über das Geschäft Rechenschaft abzulegen und ihm dasjenige herauszugeben, was er aus der Geschäftsbesorgung erlangt hat.

(3) Der Kommissionär haftet dem Kommittenten für die Erfüllung des Geschäfts, wenn er ihm nicht zugleich mit der Anzeige von der Ausführung der Kommission den Dritten namhaft macht, mit dem er das Geschäft abgeschlossen hat.

Schrifttum siehe Angaben zu § 383.

Übersicht

[424] MünchKommHGB/*Ekkenga*, Bd. 5, Effektengeschäft Rn 243 ff.

A. Vorbemerkung

§ 384 zählt in den Absätzen 1 und 2 zunächst einige Pflichten auf, die der Kommissionär bei der Ausführung der Kommission und ihrer Durchführung zu beachten hat. Er nennt die Ausführungspflicht, die er durch die Pflicht näher charakterisiert, das Interesse des Kommittenten wahrzunehmen und dessen Weisungen zu befolgen. Um den Kommittenten in die Lage zu versetzen, Weisungen zu erteilen, hat der Kommissionär unverzüg- 1 lich die erforderlichen Nachrichten zu geben. Zur Abwicklungsphase gehören vor allem die Pflichten, die Ausführung der Kommission anzuzeigen, Rechenschaft abzulegen und dasjenige herauszugeben, was der Kommissionär aus der Geschäftsbesorgung erlangt hat. Als Haftungsmaßstab wird die Sorgfalt eines ordentlichen Kaufmanns[1] eingeführt.

2 Die in § 384 Abs. 1 und Abs. 2 **genannten Pflichten umreißen nicht den gesamten Pflichtenkreis** des Kommissionärs. Sie sind lediglich gesetzlich fixierte Ausprägungen der für Geschäftsbesorgungsverträge charakteristischen, allgemeinen Treue- und Interessenwahrnehmungspflicht. Sie sind deshalb durch weitere Pflichten zu ergänzen, die ebenfalls dem spezifischen Treueverhältnis zwischen Kommissionär und Kommittenten entspringen. Zu erwähnen ist hier vor allem die Pflicht zur Aufklärung und sachgerechter Beratung sowie die Pflicht, Interessenkollisionen zu vermeiden.

3 In **§ 384 Abs. 3** ist die **Selbsthaftung des Kommissionärs** für den Fall geregelt, daß der Dritte nicht zugleich mit der Ausführungsanzeige namhaft gemacht wird. Damit soll insbesondere das Risiko des Kommittenten gemindert werden, daß er seine Ansprüche gegen den Dritten nicht oder nicht vollständig durchzusetzen in der Lage ist.

B. Ausführungspflicht

I. Vorbemerkung

4 **1. Terminologie.** Gemäß § 384 Abs. 1 ist der Kommissionär verpflichtet, das „übernommene Geschäft ... auszuführen“. In Abs. 2 des § 384 ist von der „Ausführung der Kommission“ die Rede. Es stellt sich daher die Frage, ob zwischen der „Ausführung“ der „Kommission“ und des „übertragenen Geschäftes“ ein Unterschied besteht. Das ist zu bejahen. Dort, wo das Gesetz die Begriffe ***„Ausführung der Kommission“*** verwendet (§§ 384 Abs. 2, 3, 400 Abs. 1, 2, 3, 401 Abs. 1, 404, 405), bezeichnet es damit lediglich den Abschluß des Ausführungsgeschäfts.[2] Die Begriffe ***„Ausführung des Geschäftes“*** werden hingegen mehrdeutig eingesetzt. In § 386 bedeuten sie dasselbe wie Ausführung der Kommission, während sie sich in § 396 Abs. 1 auf die Abwicklung des Ausführungsgeschäfts beziehen (§ 396 Rn 17).[3] In § 384 Abs. 1 wiederum ist mit *„Ausführung des übernommenen Geschäftes“* die Vereinbarung eines interessengerechten Ausführungsgeschäfts sowie gegebenenfalls dessen Abwicklung gemeint[4]. Eine **abweichende Ansicht vertritt der BGH**[5], der unter Ausführung des Geschäfts in der Regel nur der Abschluß eines Vertrages mit einem Dritten, nicht aber auch die Erfüllung des Geschäfts selbst verstanden wissen will. Soweit der BGH hier ein Regel-Ausnahmeverhältnis ins Spiel bringt, ist ihm nicht zuzustimmen.[6] Der Begriff „Ausführung des Geschäfts“ ist offen sowohl für den isolierten Abschluß des Ausführungsgeschäfts als auch für einen Oberbegriff aus

---

[1] § 347 HGB. Dies gilt auch für Kommissionäre, die zwar gewerblich tätig sind, aber nicht zum Kreis der Kaufleute zählen. MünchKommHGB/*Häuser*, § 384 Rn 8.

[2] *Roth*, in Koller/Roth/Morck, HGB § 384 Rn 2; *Krüger* in Ebenroth/Boujong/Joost/Strohn, HGB, § 384 Rn 3.

[3] *Krüger* (Fn 2), § 384 Rn 3; *Roth*, in Koller/Roth/Morck, HGB § 384 Rn 2.

[4] *Krüger* (Fn 2), § 384 Rn 3; *Roth*, in Koller/Roth/Morck, HGB § 384 Rn 2; Baumbach/Hopt, HGB, § 384 Rn 4; *Schmidt-Rimpler*, Das Kommissionsgeschäft, in: Ehrenbergs Handbuch des gesamten Handelsrechts (1928) Bd. V 1. Abt. 2. Hälfte, S. 661 f; Schlegelberger/*Hefermehl*, HGB, § 384 Rn 4. Siehe auch unten Rn 71.

[5] BGH, LM Nr. 2 zu § 384 HGB.

[6] *Krüger* (Fn 2), § 384 Rn 3.

Abschluß sowie Abwicklung des Ausführungsgeschäfts. Beides kann „Geschäft" i.S.d. § 384 Abs. 1 sein. Was im Einzelfall gilt, kann nur durch eine Auslegung des Kommissionsvertrages nach Treu und Glauben unter Berücksichtigung aller Umstände ermittelt werden.[7] Unter Umständen kann die Verpflichtung sogar auf den Abschluß eines zweiten Ausführungsgeschäfts gehen. Eine Vermutung für eine Abwicklungspflicht des Kommissionärs existiert nicht, mag sie auch die Praxis des Kommissionsgeschäfts kennzeichnen.[8]

2. Treue- und Interessenwahrungspflicht als prägendes Element des Kommissionsvertrages. Das Kommissionsgeschäft ist ein Vertrauensgeschäft. Seine Funktion ist es, den Kommissionär dazu zu verpflichten, die **Interessen des Kommittenten** am Abschluß eines Geschäfts mit einem Dritten **optimal zu realisieren.**[9] Optimal heißt in diesem Zusammenhang, daß der Kommissionär so zu handeln hat, wie dies aus seiner Sicht der Kommittent täte, falls dieser die dem Kommissionär zur Verfügung stehenden Kenntnisse, Fähigkeiten sowie Geschäftsverbindungen besäße. Der Kommissionär hat sich somit in die Person des Kommittenten hineinzuversetzen und aus dieser Perspektive heraus im Rahmen des Vertrages und der dispositiven Normen den Interessen des Kommittenten bestmöglich Rechnung zu tragen.[10] Das impliziert, daß Weisungen bestmöglich zu beachten sind.[11] 5

Darin **unterscheiden** sich Geschäftsbesorgungsverträge von **normalen Austauschverträgen**, bei denen die Parteien als Interessengegner auftreten und als gleichwertige, selbstverantwortliche Wirtschaftssubjekte versuchen sollen, ihre eigenen Interessen möglichst weitgehend zu realisieren.[12] Eine Pflicht zur Interessenwahrung durch den jeweiligen Vertragspartner würde bei reinen Austauschverträgen nur den Antrieb erlahmen lassen, das optimale Angebot zu erkunden und Marktlücken aufzuspüren.[13] Die Rechtsordnung verpflichtet deshalb grundsätzlich den Vertragspartner, lediglich dann Risiken auf sich zu nehmen, wenn deren Ursachen in seiner Sphäre liegen oder von ihm typischerweise erheblich besser gesteuert werden können.[14] 6

Der **Kommissionär als Geschäftsbesorger** soll hingegen in dem Bereich, in dem er die Interessen des Kommittenten wahrzunehmen hat, den Kommittenten gerade davon entlasten, die optimalen Chancen für die Befriedigung der eigenen Wünsche ausfindig zu machen. In Erfüllung dieser Aufgabe hat der Kommissionär notwendigerweise einen mehr oder minder großen **Ermessensspielraum**;[15] denn vielfach wird man nicht intersubjektiv gültig behaupten können, nur eine bestimmte Handlungsvariante entspräche optimal den Bedürfnissen des Kommittenten.[16] Die Treuepflicht des Kommissionärs umschreibt mithin zum Teil ein „inneres Ausgerichtetsein". Darin erschöpft sie sich jedoch nicht. Dort, wo die mit der **Sorgfalt eines ordentlichen Kaufmannes**[17] gewählte Sichtweise des Kommissionärs intersubjektive Aussagen über die optimale Interessenwahrung zuläßt, verdichtet sie sich zur faktisch durchsetzbaren Pflicht, in einer bestimmten Weise 7

[7] *Krüger* (Fn 2), § 384 Rn 4.
[8] Näher zum Begriff der Abwicklung bzw. Durchführung s. Rn 71.
[9] BGH, ZIP 2002, 1436; *Krüger* (Fn 2), § 384 Rn 4, 9; Baumbach/Hopt, HGB, § 384 Rn 1.
[10] BGH, ZIP 2002, 1436; MünchKommHGB/*Häuser*, § 384 Rn 5, 17.
[11] Siehe unten Rn 57; ferner MünchKommHGB/*Häuser*, § 384 Rn 17.
[12] MünchKommHGB/*Häuser*, § 384 Rn 17.
[13] *Hopt* Der Kapitalanlegerschutz im Recht der Banken, S. 238 ff.
[14] *Koller* Risikozurechnung bei Vertragsstörungen in Austauschverträgen, S. 84 ff, 91 ff.
[15] *Schmidt-Rimpler* (Fn 4), S. 719.
[16] *Koller* BB 1979 1725 (1727 f).
[17] § 347 HGB. Dies gilt auch für Kommissionäre, die zwar gewerblich tätig sind, aber nicht zum Kreis der Kaufleute zählen. MünchKommHGB/*Häuser*, § 384 Rn 8.

vorzugehen. Wo mehrere Handlungsvarianten als im wohlverstandenen Interesse des Kommittenten gelegen erscheinen, ist es Pflicht des Kommissionärs, nach pflichtgemäßem Ermessen eine von ihnen auszuwählen und es zu unterlassen, ermessensmißbräuchlich die Interessen des Kommittenten zu vernachlässigen. Ermessensmißbräuchlich handelt der Kommissionär z.B. dort, wo er – ohne daß ihm dies vertraglich gestattet ist – seine eigenen Interessen vor die des Kommittenten stellt (näher dazu Rn 43 ff). Egoistische Ziele darf der Kommissionär nur beim Aushandeln der Konditionen des Kommissionsvertrages, insbesondere der Provisionshöhe, verfolgen. Bei Effektengeschäften wird die Pflicht zur Interessenwahrung nicht durch § 33a WpHG eingeschränkt.[18]

8 Die Treuepflicht wird in **allen Phasen der vertraglichen und vorvertraglichen Beziehungen** zwischen Kommissionär und Kommittenten wirksam.[19] Sie schlägt sich schon in den Pflichten des Kommissionärs bei den Vertragsverhandlungen nieder. Der Kommissionär hat den Kommittenten über das intendierte Ausführungsgeschäft aufzuklären, soweit die Aufklärung erkennbar im Interesse des Kommittenten liegt und zumutbar ist. Das Geschäft, das der Kommissionär in Ausführung der Kommission vereinbart, muß im Licht der spezifischen Interessen des Kommittenten zu möglichst günstigen Konditionen abgeschlossen werden. Der Kommissionär ist Vertrauensmann, Helfer des Kommittenten, nicht dessen Vormund.[20] Da der Kommittent am besten weiß, was in seinem Interesse liegt, ist es Pflicht des Kommissionärs, dessen Weisungen zu folgen. Um den Kommittenten instand zu setzen, sachgerechte Weisungen zu erteilen, hat er ihm die erforderlichen Nachrichten zu geben. Das gilt vor allem auch dort, wo der Kommissionär nicht genau weiß, welche Handlungsvariante am besten den Interessen des Kommittenten entspricht, es sei denn, ein Aufschub der Ausführung würde zu erheblichen Nachteilen führen, oder der zu erwartende Nutzen stünde außer Relation zu den Kosten. Die Treuepflicht formt auch den Inhalt der Abwicklungspflichten, sofern sich der Kommissionär bereit erklärt hat, die aus dem Ausführungsgeschäft resultierenden Forderungen einzuziehen und das hierbei Erlangte an den Kommittenten zu transferieren.

9 Auch wenn dem Kommissionär der **Selbsteintritt** erlaubt ist, steht er unter dem Gebot einer treuegemäßen Interessenwahrnehmung; mit der Erklärung des Selbsteintritts schwächt sich die Treuepflicht ab; sie schwindet aber nicht ganz.[21]

II. Beratungs- und Aufklärungspflichten vor Vertragsschluß

10 **1. Vorbemerkung. Aufklärung** ist die Information über Tatsachen einschließlich der Meinungen Dritter sowie über Erfahrungssätze.[22] Demgegenüber beinhaltet eine **Beratung** eine wertende Stellungnahme zu den Plänen des Kommittenten, die in einen Ratschlag bzw. in einer Empfehlung mündet. Im Unterschied zur bloßen Information macht hier der Kommissionär deutlich, wie er sich verhalten würde, wenn er an der Stelle des Kommittenten stünde. Die Grenzen zwischen Aufklärung und Beratung können ver-

[18] *Bracht*, Die Pflicht von Wertpapierdienstleistungsunternehmen zur bestmöglichen Ausführung von Kundenaufträgen (Best Execution) (2009), S. 166 ff; **abw.** MünchKommHGB/*Ekkenga*, Bd. 5, Effektengeschäft Rn 443 f; wohl auch *Köndgen*, FS Canaris, Bd. II, 183 (204 ff).

[19] *Krüger* (Fn 2), § 384 Rn 9 ff.

[20] *Schmidt-Rimpler* (Fn 4), S. 719.

[21] Näher dazu § 400 Rn 26, 64 sowie § 401 Rn 1; **aA** Düringer/Hachenburg/*Lehmann*, HGB, § 384 Rn 4.

[22] MünchKommHGB/*Ekkenga*, Bd. 5, Effektengeschäft Rn 249.

schwimmen.[23] Dies betrifft insbesondere Warnungen, die man noch zur Aufklärung rechnen sollte, wenn sich der Effekt der Warnung unmittelbar aus den mitgeteilten Informationen ergibt.

Im Ergebnis ist allgemein anerkannt, daß der Kommissionär zur Aufklärung verpflichtet ist, wenn auch die Rechtsgrundlagen dieser Aufklärungspflicht kontrovers beurteilt werden (Rn 12 f). Besonderheiten gelten bei der **Effektenkommission**, insbesondere deshalb, weil die §§ 31, 31d WpHG das Ausmaß der den Kommissionär treffenden Informationspflichten aufsichtsrechtlich vorgeben und umstritten ist, inwieweit die §§ 31, 31d WpHG die zivilrechtlichen Aufklärungspflichten beeinflussen.[24] Außerdem entnimmt die gefestigte höchstrichterliche Rechtsprechung die Aufklärungspflichten der Kreditinstitute bei der Effektenkommission einem der Effektenkommission vorgelagerten Beratungsvertrag.[25] Es wird daher zu den Aufklärungspflichten der Kreditinstitute auf den Band“ Bankvertragsrecht“ dieses Kommentars verwiesen. **11**

2. Aufklärung

a) Rechtsgrundlage der Aufklärungspflicht

aa) Auskunftsvertrag. Bei Anlagevermittlern hat der BGH angenommen, daß zwischen dem Vermittler und dem Interessenten konkludent ein Auskunftsvertrag zustande komme, wenn der Interessent deutlich macht, daß er die besonderen Kenntnisse des Vermittlers für sich in Anspruch nimmt und der Anlagevermittlern daraufhin Auskünfte gibt.[26] Von diesem Standpunkt aus hat man erst recht einen Auskunftsvertrag zu bejahen, wenn ein auf einem Gebiet sachkundiger Kommissionär einem aufklärungsbedürftigen Interessenten Informationen erteilt. Der Ansatz bei einem Auskunftsvertrag kann aber kaum erklären, warum der Kommissionär haftet, der dem Kommittenten keinerlei Auskünfte erteilt hat, obwohl dieser ersichtlich Informationen benötigt. Auch die Informationspflicht bei nichtigen Kommissionsverträgen läßt sich nicht ohne weiteres auf Auskunftsverträge stützen. Sachgerechter ist es deshalb, die Aufklärungspflicht in § 311 Abs. 2 BGB anzusiedeln. Die Aufklärungspflichten verstärken ständige Geschäftsbeziehungen zwischen Kommissionär und Kommittenten.[27] Die Geschäftsverbindung stellt zwar kein eigenständiges Institut dar,[28] doch ist zu berücksichtigen, daß die Dichte der Kontakte zum Abbau generellen Mißtrauens und zum besseren Kennenlernen der individuellen Bedürfnisse des anderen geführt haben werden. Das rechtfertigt es, dem Kommissionär, der zu dem Kommittenten in dauernder Geschäftsverbindung steht, größere Pflichten aufzuerlegen. **12**

bb) Vertragsanbahnung. Gemäß § 311 Abs. 2 Nr. 1 BGB hat der Kommissionär bei der Aufnahme der Vertragsverhandlungen Rücksicht auf die Interessen des Kommittenten zu nehmen (§ 241 Abs. 2 BGB). Da es bei dem Kommissionsgeschäft um die Wahr- **13**

[23] MünchKommHGB/*Ekkenga*, Bd. 5, Effektengeschäft Rn 250; *Roth* in Assmann/Schütze, Kapitalanlagerecht, § 11 Rn 29.

[24] Vgl. dazu *Koller*, in Assmann/Schneider, WpHG (6. Aufl.), vor § 31 Rn 4 f; *Roth* in Assmann/Schütze, Kapitalanlagerecht, § 11 Rn 11 ff.

[25] BGHZ 123, 126 (128); BGH, ZIP 1996, 667; 1997, 782 (784); 2000, 1204 (1205).

[26] BGH, NJW 2007, 1362 (1363).

[27] *Roth*, in Koller/Roth/Morck, HGB § 384 Rn 6.

[28] **AA** Palandt/Grüneberg, BGB, § 311 Rn 21.

nehmung der Interessen des Kommittenten geht,[29] **vertraut der Kommittent** bereits bei der Anbahnung des Vertrages **seine Interessen i.S. des § 311 Abs. 2 Nr. 2 BGB** dem Kommissionär an, der deshalb auch in der vorvertraglichen Phase gehalten ist, die Interessen des Kommittenten zu wahren. Ob im Einzelfall eine Aufklärungspflicht entsteht, hängt von *drei Faktoren* ab, nämlich dem erkennbaren Informationsdefizit des Kommittenten, der Zumutbarkeit der Aufklärung und der Bereitschaft des Kommittenten, Informationen entgegenzunehmen.

14 Der Kommissionär muß besser informiert sein als der Kommittent oder – anders gewendet – zwischen dem Kommissionär und dem Kommittenten muß ein **Informationsgefälle** bestehen. Dieses Informationsgefälle muß für den Kommissionär **erkennbar** geworden sein.[30] Der Kommissionär darf nicht ohne weiteres davon ausgehen, daß der Kommittent, der keine Fragen stellt, voll informiert ist. Er hat vielmehr im Zweifel anzunehmen, daß der Kommittent die für seinen Entschluß wesentlichen Tatsachen, Risikofaktoren, Alternativen und Erfahrungssätze nicht kennt. Nur das Wissen um allgemein bekannte Umstände oder Umstände, die man aufgrund des Berufs oder Gewerbes[31] oder nach den bekannten Erfahrungen bzw. der plausiblen Selbstdarstellung[32] von dem Kommittenten erwarten kann, darf der Kommissionär als bekannt unterstellen. Selbst dann sind im Einzelfall bei der Vertragsanbahnung erkennbare Informationslücken[33] und Fehlvorstellungen zu berücksichtigen.[34] Informationslücken liegen in der Regel auf der Hand, soweit es um Spezialwissen des Kommissionärs geht oder der Kommissionär typischerweise aufgrund seiner Marktnähe die jüngeren Informationen besitzt. Ist ein Informationsdefizit anzunehmen, so ist unerheblich, ob sich der Kommittent auch selbst hätte informieren können oder sogar hätte informieren müssen. Ohne Bedeutung ist ferner, daß der Kommittent spekulierend tätig wird,[35] es sei denn, die Spekulationsabsicht spricht dafür, daß der Kommittent über qualifizierte Informationen verfügt.

15 Der Kommittent muß **bereit sein, Informationen entgegenzunehmen**. Dem Kommittenten müssen mithin keine Informationen aufgedrängt werden.[36] Das heißt jedoch nicht, daß ein Kommittent, der ohne Gesprächsbereitschaft zu signalisieren, einen für ihn ersichtlich nachteiligen Auftrag erteilen will, nicht gewarnt werden will.[37]

16 Die Aufklärung muß **zumutbar** sein. Der Kommissionär muß nicht unter Einsatz aller Mittel für ausreichende Informationen des Kommittenten sorgen. Sowohl die Mittel für

---

[29] Vgl. *Herresthal,* ZBB 2009, 348; abw. *Roth* in Assmann/Schütze, Kapitalanlagerecht, § 11 Rn 14.

[30] Der Kommissionär hat sich grundsätzlich nicht zu vergewissern, wie weit der Kommittent informiert ist. Er hat auch nicht zu erkunden, welche Informationslücken nahe liegen. Anders ist die Situation bei der Effektenkommission, bei der der Kommissionär grundsätzlich verpflichtet ist, sich über Kenntnisse und Erfahrungen des Kommittenten in Bezug auf Geschäfte mit bestimmten Arten von Finanzinstrumenten zu informieren, soweit diese Informationen erforderlich sind, um die Angemessenheit der Finanzinstrumente beurteilen zu können (§ 31 Abs. 5 Satz 1 WpHG; Ausnahme § 31 Abs. 7 WpHG).

[31] Vgl. BGH, NJW 1981, 1440; WM 2004, 2205 (wenn er mit einschlägigen Geschäften befaßt ist); krit. *Fleckner*, WuB I G 1.–1.05.

[32] *Roth* in Assmann/Schütze, Kapitalanlagerecht, § 11 Rn 43.

[33] Informationslücken werden nicht nur aufgrund von Fragen des Kommittenten offenbar.

[34] BGH, WM 2004, 1774 (1776); *Roth* in Assmann/Schütze, Kapitalanlagerecht, § 11 Rn 58.

[35] Vgl. BGH, WM 2008, 725.

[36] *Roth* in Assmann/Schütze, Kapitalanlagerecht, § 11 Rn 45; BGH, WM 2004, 2205.

[37] Vgl. § 31 Abs. 5 WpHG.

die Beschaffung als auch für die Weitergabe der Information müssen zumutbar sein. Der Kommissionär muß sich mithin nur angemessen bemühen. Er braucht keine Informationen weiterzugeben, die andere seiner Kunden schädigen könnten. In einem solchen Fall hat er vielmehr vom Abschluß eines Kommissionsvertrages Abstand zu nehmen, wenn der Kommittent ohne diese Information einen Schaden erleiden würde. Anders ist die Situation dort, wo der Kommittent mit konkurrierenden Aufträgen anderer Kommittenten rechnen muß (Rn 22 f, 45).

b) Inhalt der Aufklärung

aa) Gebot der Wahrheit. Die Informationen, die der Kommissionär weiterzugeben hat, müssen zwar nicht objektiv wahr sein. Sie müssen jedoch mit verkehrserforderlicher Sorgfalt (§ 347)[38] ermittelt und aktualisiert worden sein.[39] Der Kommissionär hat demnach die Informationen, auf die er sich stützt, vor ihrer Weitergabe auf ihre Zuverlässigkeit hin zu überprüfen[40]. Diese Pflicht findet ihre Grenze in der wirtschaftlichen Tragbarkeit und Angemessenheit. Vom Kommissionär darf nicht die Überprüfung von Angaben verlangt werden, deren Verläßlichkeit erfahrungsgemäß sehr groß oder deren Überprüfung nur mit unzumutbaren Kosten möglich ist. Dabei sind die betrieblichen Möglichkeiten im Massengeschäft zu berücksichtigen; denn im Massengeschäft kann ein Informationssystem aufgebaut werden, das im Einzelfall nur geringe Kosten entstehen läßt.[41] Je entfernter die Informationsquellen sind, um so eher genügt eine Plausibilitätsprüfung, je fragwürdiger oder je gefährdeter die Informationsquellen durch Eigeninteressen sind, um so kritischer muß der Kommissionär diese Informationen auswerten.[42] Falsche Informationen durch seine Mittelsmänner muß sich der Kommissionär zurechnen lassen, soweit diese als seine Erfüllungsgehilfen tätig geworden sind. Der Kommissionär kann sich entlasten, indem er eigene Informationsdefizite offen legt.[43] Der Informationsfluß im Betrieb des Kommissionärs ist mit zumutbaren Mitteln so zu organisieren, daß auch die den Kommittenten beratenden Angestellten schnell und zuverlässig in den Besitz der relevanten Tatsachen gelangen. 17

Selbst wenn der Kommissionär mit guten Gründen der Ansicht ist, ein bestimmtes Geschäft sei **für den Kommittenten günstig**, so darf er dies doch nicht mit der falschen Behauptung begründen, er habe besondere Informationen eingezogen.[44] 18

bb) Vollständigkeit. Die Informationen müssen, soweit ein Informationsdefizit erkennbar ist, vollständig übermittelt werden. Es darf **kein täuschendes Bild** entstehen. Alle Informationen sind zu übermitteln, über die der Kommittent erkennbar nicht verfügt und die für den Kommissionär erkennbar benötigt werden, um im Licht der Interessen des Kommittenten sachgerecht zu entscheiden.[45] Der Kommissionär hat also alle ein- 19

---

38 § 347 HGB. Dies gilt auch für Kommissionäre, die zwar gewerblich tätig sind, aber nicht zum Kreis der Kaufleute zählen. MünchKommHGB/*Häuser*, § 384 Rn 8.

39 Heymann/*Herrmann*, HGB, § 384 Rn 10; *Roth* in Assmann/Schütze, Kapitalanlagerecht, § 11 Rn 80. Vgl. auch MünchKommHGB/*Ekkenga*, Bd. 5, Effektengeschäft Rn 370 ff.

40 RG, BankArch 11 62; ferner BGH, WM 1982, 862 (864); *Assmann* WM 1982 138, 141.

41 *Hopt* Der Kapitalanlegerschutz im Recht der Banken, S. 425 f.

42 MünchKommHGB/*Ekkenga*, Bd. 5, Effektengeschäft Rn 373.

43 *Roth* in Assmann/Schütze, Kapitalanlagerecht, § 11 Rn 80. Vgl. auch BGH, ZIP 1993, 997 (999).

44 RG, BankArch 11, 311.

45 BGH, NJW 1968, 589.

schlägigen, ihm bekannten Tatsachen zu erwähnen[46], selbst wenn sie dem eigenen Bild, das sich der Kommissionär von der Situation macht, widersprechen sollten.[47] Der Kommissionär muß auch Informationen offen zu legen, die bloße Risiken betreffen.[48] Unter Umständen hat er sogar Gerüchte mitzuteilen, die – fundiert oder nicht – auf die Marktentwicklung einwirken könnten.[49] Dazu gehören auch Hinweise auf die einschlägige seriöse Presse.[50] Der Kommissionär muß sich ferner mit pflichtgemäßer Sorgfalt (§ 347) darum bemühen, weitere Umstände zu ermitteln, wenn Zweifel daran bestehen, ob die von ihm mitgeteilten Tatsachen im wesentlichen vollständig sind. Wie stark er sich hierbei anzustrengen hat, hängt wesentlich davon ab, welche erkennbaren Risiken für den Kommittenten mit dem Geschäft verbunden sind. Auf das Gebot der Vollständigkeit kann nur verzichtet werden, wenn der Kommissionär dem Kommittenten hinreichend klar zu erkennen gegeben hat, daß seine Auskünfte nicht umfassend oder nicht zuverlässig sind, weil er z.B. selbst nur über unvollständige oder nicht ganz aktuelle Informationen verfüge.[51] Der Kommittent, der sich hierauf einläßt, handelt auf eigenes Risiko. Zur Aufklärung über einen Konflikt mit eigenen Interessen s. Rn 22 f, 44 ff.

20 cc) **Einzelheiten.** Über die **Konditionen des Kommissionsvertrags** braucht nur eingeschränkt aufgeklärt zu werden. Insoweit steht der Kommissionär dem Kommittenten nicht als Vertrauensperson gegenüber. Es kann deshalb vom Kommittenten im weiteren Umfang erwartet werden, daß er sein Interesse an einer möglichst günstigen Ausgestaltung des Kommissionsvertrags selbstverantwortlich sichert.[52] Ebenso braucht der Kommittent nicht darüber aufgeklärt zu werden, daß ein eventueller Aufwendungsersatzanspruch nicht durch ein Guthaben bei dem Kommissionär gedeckt ist (abw. OLG Nürnberg WM 2010, 405).

21 In der Literatur wird verschiedentlich behauptet, der Kommissionär, der selbst eintreten will, **ohne sich vorher durch ein Deckungsgeschäft gesichert zu haben**, obwohl er wirtschaftlich außerstande ist, die daraus resultierenden Kursrisiken zu tragen, sei dem Kommittenten kraft seiner Pflicht zur Interessenwahrung zur rechtzeitigen Aufklärung verpflichtet[53]. Dieser Ansicht ist zu folgen. Der aus einer Verletzung der Aufklärungspflicht entspringende Schadensersatzanspruch hilft dem Kommittenten zwar nicht weiter als die kaufrechtlichen Ansprüche und Rechtsbehelfe. Auf die Unterlassung der Aufklärung kann aber die Anfechtung wegen arglistiger Täuschung gestützt werden. Daneben kommt eine Anfechtung des Kommissionsvertrages wegen Irrtums über die Kreditwürdigkeit in Betracht (§ 119 Abs. 2 BGB). – Eine Aufklärungspflicht wird ferner bejaht, falls der Kommissionär dem Kommittenten zu einem bestimmten Geschäft rät, dabei

---

[46] RGZ 27, 124; BGH, NJW 1968, 589; 1972, 1200; 1973, 457; ferner BGHZ 71, 284 (288); 79, 337 (344); BGH, WM 1981, 374 (375); 1982, 862 (863); NJW 1983, 1730 f.

[47] BGH, NJW 1983, 1730 f.

[48] BGH, NJW 1983, 1730 f; WM 1982, 862 (865); BGHZ 72, 382 (388).

[49] *Hopt* Der Kapitalanlegerschutz im Recht der Banken, S. 434; **aA** MünchKommHGB/*Ekkenga*, Bd. 5, Effektengeschäft Rn 365.

[50] Vgl. BGH, WM 2009, 688; ZIP 2010, 526 (527 f); ZIP 2010, 2206 (2207 f) zum Beratungsvertrag.

[51] BGH, WM 1962, 1111; ZIP 1993, 997 (999); 1998, 1220 (1221); *Roth* in Assmann/Schütze, Kapitalanlagerecht, § 11 Rn 43.

[52] *Roth* in Assmann/Schütze, Kapitalanlagerecht, § 11 Rn 41. Ausnahmen: BGH, WM 1981, 374 (375); OLG Frankfurt, WM 1981, 499 (501).

[53] Canaris Großkommentar HGB, Bd. III/3 (2. Bearb. 1981), Rn 1906; Schlegelberger/*Hefermehl*, HGB, § 400 Rn 26; *Schmidt-Rimpler* (Fn 4), S. 1031 m. Nachw.; ebenso i.E. MünchKommHGB/*Häuser*, § 384 Rn 139; § 400 Rn 77; *Roth* in Assmann/Schütze, Kapitalanlagerecht, § 10 Rn 76.

jedoch von **vornherein nicht die Absicht hat, sich selbst einzudecken**, obwohl er keine Kompensationsmöglichkeiten besitzt und nicht selbst über das Kommissionsgut verfügen kann bzw. es endgültig für sich übernehmen will. Aus einem derartigen Verhalten folge nämlich, daß der Kommissionär bewußt einen falschen Rat gegeben habe oder gegen die Pflicht zur Interessenwahrung verstoße. Hätte nämlich der Kommissionär selbst an seine Empfehlungen geglaubt (z.B., daß der Kurs steigen wird), so hätte er sich auch eingedeckt, um nicht später einen Kursverlust tragen zu müssen[54]. Dem ist grundsätzlich zuzustimmen. Das Problem liegt nur darin, die Absicht des Kommissionärs festzustellen, sich im Widerspruch zu seiner Empfehlung nicht selbst einzudecken. Aus dem Umstand allein, daß er sich im konkreten Fall nicht selbst eingedeckt hat, läßt sich eine derartige Absicht nicht ohne weiteres ableiten. Es müssen schon weitere Indizien, wie regelmäßiges Handeln, ständige Praktiken[55], hinzukommen. Um den Schutz des Kommittenten zu verstärken, sollte man daher dem Kommissionär, der in Hinblick auf ein Kommissionsgut selbst einzutreten beabsichtigt, ohne sich vorher durch ein Deckungsgeschäft zu sichern, obwohl er weder zur alsbaldigen Kompensation in der Lage ist, noch das Gut selbst hat bzw. es auf längere Zeit übernehmen will, die Pflicht auferlegen, den Kommittenten hiervon rechtzeitig zu unterrichten, sofern der Aufschub der Ausführung keine unverhältnismäßigen Nachteile mit sich bringt. Der Kommittent kann dann, wenn er den Verdacht hat, daß der Kommissionär zu einem für ihn ungünstigen Zeitpunkt durch Selbsteintritt ausführen will, die Kommission entweder widerrufen oder besondere Weisungen über den Ausführungszeitpunkt erteilen. Eine Verletzung der Benachrichtigungspflicht zieht Schadensersatzsanktionen nach sich.

Kollidieren die Interessen des Kommissionärs mit denen des Kommittenten, so wird **22**
verschiedentlich eine Aufklärungspflicht des Kommissionärs erst dann bejaht, wenn der Kommissionär durch eigene Interessen gehindert ist, die Ziele des Kommittenten bestmöglich zu realisieren.[56] Begründet wird dies mit dem Argument, der Kommittent sei in der Regel dadurch ausreichend geschützt, daß der Kommissionär seine Interessen hintanstellen müsse. In der Tat bedarf es an sich dort keiner Aufklärung des Kommittenten, wo der Kommissionär die Zwecke des Kommittenten vorrangig zu wahren hat und dies auch tut, sowie dort, wo er, falls dies unmöglich ist, die Kommission ablehnt. Der Aufklärungspflicht kann in der zweiten Variante nur noch die Funktion zukommen, vom Kommittenten das Einverständnis für eine suboptimale Durchsetzung seiner Interessen einzuholen. Ob aber der Kommittent allein durch die Pflicht, ihn vorrangig zu bedienen, zumal bei der durch Selbsteintritt ausführbaren Kommission, ausreichend gesichert ist, erscheint doch als sehr zweifelhaft. Der Kommittent kann deshalb durchaus ein Interesse daran haben, für die Ausführung der Order einen Vertragspartner auszuwählen, der sich in möglichst geringe Interessenkonflikten verstrickt sieht.[57] Man denke nur an den Fall, daß der Kommittent den Auftrag erteilt, ein Objekt von einem bestimmten Dritten zu erwerben, an dem der Kommissionär, ohne daß dies der Kommittent weiß oder wissen muß, wirtschaftlich beteiligt ist. Wenn man mit der Rede vom Vertrauensverhältnis, das

---

[54] Canaris Großkommentar HGB, aaO, Rn 1906; *Schmidt-Rimpler* (Fn 4), S. 1031; Schlegelberger/*Hefermehl*, HGB, § 400 Rn 26.

[55] *Krüger* (Fn 2), § 384 Rn 11; *Schmidt-Rimpler* (Fn 4), S. 1031.

[56] Canaris Großkommentar HGB, Bd. III/3 (2. Bearb. 1981), Rn 1890; Schlegelberger/*Hefermehl*, HGB, § 384 Rn 12, Anh. § 406 Rn 36; **aA** z.T. BGHZ 79, 337 (345).

[57] BGHZ 79, 337 (345). Allein das generelle, für jeden Anbieter wirtschaftlicher Leistungen am Markt typische Gewinnerzielungsinteresse begründet für sich genommen keine Aufklärungspflicht (BGH ZIP 2012, 1650, 1655).

zwischen Kommissionär und Kommittent bestehen soll, ernst macht, so muß auch das Vertrauen des Kommittenten darauf geschützt sein, daß der Kommissionär nicht durch eigene Interessen in Versuchung geführt werden kann, die Interessen des Kommittenten hintanzusetzen. Das gilt jedenfalls dort, wo eine Benachteiligung des Kommittenten nicht bloß ganz abstrakt zu besorgen ist, sondern der praktischen Erfahrung nach eine gewisse Wahrscheinlichkeit für sich hat. Das rechtfertigt es, eine Pflicht des Kommissionärs zu statuieren, die eigenen Interessen an dem Ausführungsgeschäft aufzudecken, falls eine Vernachlässigung der Ziele des Kommittenten konkret zu befürchten ist[58]. Es ist dann Sache des Kommittenten, ob er gleichwohl dem Kommissionär vertrauen will oder ob er sich an einen anderen Kommissionär wendet.

23 Eine **Ausnahme** von dieser Regel ist in Situationen zuzulassen, in denen der Kommittent mit Interessenkonflikten rechnen kann und muß oder dem Kommittenten ohnehin keine Ausweichmöglichkeit offensteht. Kann nämlich der Kommissionär davon ausgehen[59], daß der Kommittent um die Eigengeschäfte oder sonstige Interessenkonflikte begründenden Umstände weiß, so ist eine besondere Aufklärung überflüssig.[60] Ebenso müßte z.B. eine Aufklärung ins Leere stoßen, falls angesichts der Struktur des Marktes kein Kommissionär vorhanden ist, der keine Eigengeschäfte abwickelt; denn die Aufklärungspflicht kann natürlich nicht so weit gehen, daß der Kommissionär offenlegt, welche Eigengeschäfte er im einzelnen geplant hat. Andernfalls würde man die Chancen des Kommissionärs für Eigengeschäfte unzumutbar verschlechtern, manchmal sogar die Realisierung des Eigengeschäfts gänzlich blockieren[61]. Hier kann die Gefahr von Interessenkonflikten nur durch einen totalen Verzicht auf Eigengeschäfte nachhaltig gebannt werden, mag dies unter dem Druck des Wettbewerbs oder aufgrund hoheitlicher Anordnung erfolgen. Siehe auch Rn 47 zu dem aus der Pflicht zur Interessenwahrung abgeleiteten Verbot bestimmter Eigengeschäfte. Eine Aufklärungspflicht entfällt auch dort, wo der Kommittent sein Verhältnis zum Kommissionär wirtschaftlich als dessen Eigengeschäft gestaltet, weil ein bestimmter Preis des Wertpapiers vereinbart wird, für dessen Beschaffung weder eine Kommissionsgebühr noch sonstige Aufschläge an den Kommissionär zu entrichten sind (BGH ZIP 2012, 1650, 1655).

24 **Kollidieren die Interessen mehrerer Kommittenten**, so hat der Kommissionär an sich das Interesse eines jeden der Kommittenten optimal zu verfolgen, es sei denn, daß es üblich ist, daß der Kommissionär regelmäßig von einer Vielzahl von Kommittenten Aufträge mit potentiell widerstreitenden Zielen entgegennimmt. Dann hat der Kommissionär grundsätzlich den Auftrag desjenigen Kommittenten, der zuerst den Auftrag erteilt hatte, bevorzugt zu erledigen.[62] Wird hierdurch die bestmögliche Wahrnehmung der Interessen des späteren Kommittenten auf eine Weise gefährdet oder mit Sicherheit vereitelt, mit der üblicherweise oder im Einzelfall erkennbar nicht[63] gerechnet wird, so hat der Kommissionär den späteren Kommittenten vor dieser Gefahr zu warnen.[64] Es ist dann Sache des

---

58 OLG Frankfurt v. 28.3.2012 – 17 U 153/11 (Tz. 24 f; zit. nach juris); OLG Düsseldorf v. 2.12.2010 – I 6 U 167/09 (zit. nach juris); *Krüger* (Fn 2), § 384 Rn 11; *Roth*, in Koller/Roth/Morck, HGB § 384 Rn 7; *Herresthal*, ZBB 2010, 305 (308). Vgl. auch BGHZ 79, 337, 345.

59 Düringer/Hachenburg/*Lehmann*, HGB, § 384 Rn 5; Schlegelberger/*Hefermehl*, HGB, Anh. § 406 Rn 36 sprechen davon, daß der Kommittent „hiermit rechnen muß".

60 Anders § 31 Abs. 1 Nr. 2 WpHG.

61 Canaris Großkommentar HGB, Bd. III/3 (2. Bearb. 1981), Rn 1899.

62 Dazu und zu den Ausnahmen von dieser Regel s. Rn 45.

63 *Krüger* (Fn 2), § 384 Rn 11.

64 MünchKommHGB/*Häuser*, § 384 Rn 21; *Krüger* (Fn 2), § 384 Rn 11.

späteren Kommittenten, sich mit einer suboptimalen Durchsetzung seiner Interessen zu begnügen oder auf den Vertragsschluß zu verzichten. Scheitert eine Aufklärung an dem Gebot zur Verschwiegenheit, so muß der Kommissionär die Vertragsverhandlungen abbrechen. Eine Ausnahme gilt grds. bei Kurspflegeaktionen[65]. Der Kommissionär muß den Kommittenten, der zuerst Order erteilt hatte, nicht über spätere Aufträge informieren, selbst wenn diese ausnahmsweise nicht zurückgestellt zu werden brauchen.

dd) **Deliktische Ansprüche.** Konkurrierend können deliktische Ansprüche wegen unterlassener Aufklärung in Betracht kommen. 25

c) **Art und Weise der Aufklärung.** Die Aufklärung hat sachlich[66] und für den (potentiellen) Kommittenten **verständlich**[67] zu erfolgen, ohne daß die Information mit überflüssigen Hinweisen überfrachtet wird.[68] Dabei hat sich der Kommissionär an den erkennbaren Kommunikationsfähigkeiten des Kommittenten zu orientieren. Will er dies nicht, so mag er sofort die Anbahnung eines Vertrages beenden. Die Aufklärung muß **redlich** erfolgen und darf insbesondere **nicht irreführend** sein.[69] 26

d) **Pflicht zu Berichtigung der Informationen.** Tauchen Umstände auf, die den früher mitgeteilten Tatsachen widersprechen, oder sieht der Kommissionär seinen früher erteilte Auskunft in einem anderen Licht, so hat sich der Kommissionär **unverzüglich zu berichtigen**[70]. Voraussetzung ist, daß die Berichtigung mit zumutbaren Kosten möglich ist. Diese Pflicht entspringt dem Kommissionsvertrag, wenn der Kommittent bereits einen Auftrag erteilt hat.[71] Ist es (noch) nicht zu einer Order gekommen, so resultiert die Pflicht aus dem gesetzlichen Schuldverhältnis. Der Kommissionär hat sich nach Abschluß des Kommissionsvertrages selbst dann zu berichtigen, wenn die Auskunft ursprünglich richtig war, sofern die Berichtigung der Auskunft den Kommittenten noch in die Lage versetzt, sachgerechte Weisungen zu erteilen.[72] Mit dem Abschluß des Ausführungsgeschäfts erlischt die Berichtigungspflicht,[73] es sei denn, daß eine Geschäftsverbindung die Position des Kommittenten in Hinblick auf spätere Geschäfte und sonstige Dispositionen verstärkt. Ist kein Vertrag zustande gekommen, so fordert das vorvertragliche Vertrauensverhältnis nur, daß der Kommissionär seine ex ante objektiv falschen Auskunft berichtigt. Spätere Veränderungen muß der potentielle Vertragspartner selbstverantwortlich 27

---

[65] *Hopt* Der Kapitalanlegerschutz im Recht der Banken, S. 489; **einschr.** MünchKommHGB/*Ekkenga*, Bd. 5, Effektengeschäft Rn 330. Beachte § 20a WpHG i.V.m. § 5 MaKonV, Art. 9 DurchführungsVO (EG) N. 2273/2003, die zwar in großen Umfang Pflegemaßnahmen erlauben, aber weitgehende Publizitätsmaßnahmen vorschreiben.

[66] Ohne Übertreibung, Dramatisierung oder Beschönigung.

[67] Im Unterschied zu § 31 Abs. 2, 3 WpHG (dazu *Koller* in Assmann/Schneider, WpHG, § 31 Rn 62) kommt es nicht auf die Fähigkeiten eines durchschnittlichen Kommittenten zur Aufnahme von Informationen, sondern auf die für den Kommissionär erkennbaren Fähigkeiten an. Im Zweifel darf er typische Fähigkeiten des Kommittenten unterstellen. Es ist Sache des Kommittenten, die ihm erteilten Informationen sorgfältig zur Kenntnis zu nehmen und gegebenenfalls zurückzufragen.

[68] *Roth* in Assmann/Schütze, Kapitalanlagerecht, § 11 Rn 81 f; vgl. auch *Koller* in Assmann/Schneider, WpHG, § 31 Rn 63.

[69] Vgl. § 31 Abs. 2 WpHG.

[70] RG, JW 1917, 286; BGHZ 71, 285 (291); 72, 382 (387); BGH, WM 1962, 1111; 1985, 450 (452); Canaris Großkommentar HGB, Bd. III/3 (2. Bearb. 1981), Rn 81.

[71] *Roth* in Assmann/Schütze, Kapitalanlagerecht, § 11 Rn 83.

[72] BGHZ 71, 285 (291).

[73] *Roth* in Assmann/Schütze, Kapitalanlagerecht, § 11 Rn 83.

beobachten. Ausnahmen gelten auch hier bei länger dauernden Geschäftsverbindungen und insbesondere im Verkehr der Banken mit ihren Dauerkunden. Das heißt nicht, daß der Kommissionär den potentiellen Kommittenten auf unabsehbare Dauer informieren müßte.

28 e) **Rechtsfolgen unzulänglicher Aufklärung.** Der Kommittent kann verlangen, so gestellt zu werden, wie er stünde, wenn er pflichtgemäß informiert worden wäre.[74] Der Anspruch geht in der Regel auf Ersatz des Vertrauensschadens,[75] d.h. auf Ersatz desjenigen Schadens, der ihm durch den Abschluß des Kommissionsvertrages entstanden ist. Der Kommittent kann danach gegebenenfalls fordern, daß der Kommissionsvertrag rückgängig gemacht wird.[76] Der Kommittent kann ferner verlangen, so gestellt zu werden, als habe er aufgrund pflichtgemäßer Information einen anderen Vertrag mit dem Kommissionär oder einem Dritten abgeschlossen.[77]

29 Für die Kausalität der Aufklärungspflichtverletzung und den Vertragsschluß sowie den daraus resultierenden Schaden ist der Kommittent beweispflichtig. Allerdings spricht eine durch Lebenserfahrung begründete tatsächliche Vermutung für den Ursachenzusammenhang zwischen der Aufklärungspflichtverletzung und dem Vertragsschluß sowie dafür, daß der Kommittent bei richtiger Aufklärung anders entschieden hätte, falls sie der Kommissionär nicht durch konkreten Vortrag entkräftet.[78] Diese Kausalitätsvermutung wird in der Rechtsprechung verschiedentlich[79] relativiert, wenn sie nur anerkannt wird, falls es nur eine bestimmte Form aufklärungsrichtigen Verhaltens gibt.[80]

30 3. **Pflicht zur Beratung.** Eine generelle Pflicht zur Beratung einer Person, die mit dem Kommissionär einen Kommissionsvertrag abschließen will, existiert nicht. Der Kommissionär muß nicht von sich aus beraten.[81] Das gilt auch dann, wenn den Kommissionär in Hinblick auf den Kommissionsvertrag ein Kontrahierungszwang trifft. Davon ist die Frage zu unterscheiden, ob der Kommissionär dort, wo er freiwillig berät, einen Beratungsvertrag abschließt oder jedenfalls gemäß § 311 II BGB für die Unrichtigkeit oder die Unvollständigkeit seines Rates einzustehen hat.

31 4. **Haftung für falschen Empfehlung.** Erteilt der Kommissionär im Rahmen der vertragsanbahnenden Verhandlungen Ratschläge oder Empfehlungen, so müssen sie richtig und vollständig sein. Der Kommissionär mag zu den von ihm im Einzelfall gegebenen Ratschlägen und Empfehlungen nicht verpflichtet gewesen sein. Gleichwohl darf er sich nicht auf § 675 Abs. 2 BGB berufen. Wenn er sich entschließt, den potentiellen Kommittenten zu beraten, so verlangt es das zwischen den Parteien schon in der Phase der Ver-

---

74 MünchKommHGB/*Ekkenga*, Bd. 5, Effektengeschäft Rn 406.

75 BGH, NJW 2001, 2875.

76 BGH, NJW 1962, 1196; 2006, 845 (847); 2006, 2042 (2043); MünchKommHGB/*Ekkenga*, Bd. 5, Effektengeschäft Rn 413.

77 BGH, NJW 1965, 812; 1998, 2900; 2001, 2875.

78 BGH, NJW 2010, 3292 (3294); vgl. auch BGH, NJW-RR 2009, 689 (690); ferner *Canaris*, FS Hadding (2004), 3 ff; *Diekmann*, WM 2011, 1153.

79 Ausnahme z.B. in Fällen, in denen nicht über Interessenkonflikte aufgeklärt wurde (BGH, NJW 2009, 2298, 2300; krit. *Herresthal*, ZBB 2009, 348 [358 ff] m. Nachw.).

80 BGHZ 123, 311 (314); 124, 151 (161); BGH, ZIP 1998, 1306 (1307); NJW 2004, 2967 (2969); *Herresthal*, ZBB 2009, 348 (358 ff).

81 Baumbach/*Hopt*, HGB, § 384 Rn 2; *Krüger* (Fn 2), § 384 Rn 10; *Häuser* (MünchKommHGB/*Häuser*, § 384 Rn 20) zufolge setzt eine Beratungspflicht den Abschluß eines selbstständigen Beratungsvertrages voraus. Zur Effektenkommission vgl. MünchKommHGB/*Ekkenga*, Bd. 5, Effektengeschäft Rn 251 ff.

tragsverhandlungen objektiv typisierte Vertrauensverhältnis, daß die Ratschläge und Empfehlungen richtig und vollständig gehalten sind (§ 311 Abs. 2 BGB). Die ständige Rechtsprechung des BGH stützt dagegen die Haftung auf einen Beratungsvertrag.[82] Der Rat muß nicht objektiv richtig sein; geschuldet wird vielmehr nur pflichtgemäße **Richtigkeit.** Sie ist an dem erkennbaren Informationsbedürfnis des Kommittenten, an dessen Verständnishorizont sowie an den von einem Kommissionär zu erwartenden Fähigkeiten zu messen. Dem Kommissionär ist ein angemessener Beurteilungsspielraum zuzugestehen (Rn 33, 38).

Es gilt das Prinzip der **Klarheit.** Der Kommissionär hat schon im vorvertraglichen Sta- **32**
dium dafür zu sorgen, daß die Interessen des Kommittenten optimal wahrgenommen werden können. Nur wenn dem Kommittenten die Empfehlungen voll verständlich mitgeteilt werden, ist der Kommittent in der Lage, seine Interessen ausreichend zu artikulieren, sachgerechte Entschlüsse zu fassen und Weisungen zu erteilen, die die eigenen Wünsche präzisieren. Die kommissionsrechtliche Treuepflicht verbietet es daher, daß sich der Kommissionär ohne besondere Anhaltspunkte darauf verläßt, der Kommittent vertraue nicht blind auf den Rat[83]. Der Kommissionär hat deshalb seinen Verhandlungspartner je nach dessen erkennbarem Informationsstand und Fähigkeiten verschieden anzusprechen und sicherzustellen, daß im Einzelfall kein täuschendes Gesamtbild[84] entsteht[85].

Wertungen, die der Kommissionär einfließen läßt, dürfen nicht schuldhaft einen **33**
falschen Eindruck entstehen lassen.[86] Ein Rat muß also mit Blick auf die Interessen des Kommittenten[87] nach bestem Wissen und Gewissen erteilt werden. Ist er von der Richtigkeit seines Rates selbst nicht überzeugt, so muß er dies offenbaren.[88] Daß die Wertung mit dem subjektiv besten Gewissen des Kommissionärs im Einklang steht, genügt nicht. Der Kommissionär hat auch dafür zu sorgen, daß die von ihm getroffenen Wertungen auf richtigen und vollständigen Tatsachen basieren[89] und nach den verkehrserforderlichen Standards als ausgewogen und fachmännisch erscheinen[90]. Einen verhältnismäßig breiten Raum für Irrtum darf man deshalb dem Kommissionär nur dort einräumen, wo die Bewertung von Chancen und Risiken eine Rolle spielt, für die kaum objektive Anhaltspunkte vorhanden sind, so daß die Prognose wesentlich von der Persönlichkeit des Prognostizierenden abhängt.[91] Der Kommissionär muß dann jedoch offenbaren, daß seine Prognose eine persönliche Einschätzung darstellt und mit erheblichen Risiken behaftet ist.[92] Hierauf kann verzichtet werden, wenn zu erwarten ist, daß dem Kommittenten das Prognoserisiko bekannt ist oder wenn das Risiko einer falschen Wertung sehr gering ist. Im Zweifel hat der Kommissionär Zurückhaltung zu üben[93]. Zu einer sachgemäßen Beratung gehört auch, daß der Kommissionär, soweit erforderlich, die seine Empfehlung tragenden **Gründe klar** herausstellt. Nur dann läßt sich kontrollieren, ob der konkrete Rat fachmännisch zustande kam.

---

[82] BGHZ 123, 126 (128); BGH, ZIP 1996, 667; 1997, 782 (784); 2000, 1204 (1205); WM 2009, 688; ZIP 2010, 526 (527 f); ZIP 2010, 2206 (2207 f). Siehe auch Rn 12.

[83] Ebenso im Ergebnis *Hopt,* Der Kapitalanlegerschutz im Recht der Banken, S. 434; ferner BGH, WM 1982, 862 (863).

[84] BGH, WM 1982, 862; BGHZ 77, 172 (178).

[85] BGH, NJW 1983, 1730 f; WM 1982, 862 (863); 1981, 374 (375); 1980, 284 (287).

[86] BGH, WM 1982, 862.

[87] Im Bereich der Effektenkommission spricht man hier von anlegergerechter Beratung; BGH, WM 1993, 1455.

[88] RG, Warn 1915 Nr. 110; SeuffA 87 Nr. 2.

[89] *Kübler,* ZHR 145 (1981) 204 (208).

[90] BGH, WM 1982, 862 (865).

[91] Vgl. BGH, WM 2006, 851; *Kübler,* ZHR 145 (1981) 204, 208 (213).

[92] BGH, WM 1982, 862 (865).

[93] BGH, WM 1982, 862 (865).

34 Anders als bei normalen Austauschverträgen[94] hat der Kommissionär die Interessen des Kommittenten als vorrangig zu behandeln. Der Kommissionär darf keine Empfehlungen aussprechen, die durch nicht auf der Hand liegende Eigeninteressen beeinflußt sind.[95] Das gilt auch für Eigeninteressen, die nur möglicherweise die Ausführung der Kommission tangieren.[96] Deshalb sind in Fällen, in denen der Kommissionär selbst an einer bestimmten Marktentwicklung oder an dem Ausführungsgeschäft interessiert ist, besonders strenge Maßstäbe an die Richtigkeit des Rates zu stellen. Die Treuepflicht verlangt dann von dem Kommissionär, daß er den eigenen Erwartungen kritisch gegenübersteht. Dem Kommittenten mögen dadurch Chancen entgehen; dies wird aber dadurch aufgewogen, daß die Gefahr einer Vernachlässigung seiner Interessen gemindert ist. Erhöhte Anforderungen an die Richtigkeit der Ratschläge sind erst recht dort zu stellen, wo der Rat zum Kommissionsauftrag animieren soll[97].Der Kommissionär muß bei seinen Empfehlungen außerdem berücksichtigen, daß er Aufträge von Kommittenten, die ihre Orders früher erteilt haben, in einer bestimmten Reihenfolge abzuwickeln hat (Rn 45) und daraus Nachteile für den Beratenen resultieren können. Zumindest hat der Kommissionär die Interessenkonflikte offen zu legen, um dem Kommittenten Gelegenheit zu geben, zu entscheiden, ob er sich darauf verlassen will, daß seine eigenen Interessen ausreichend wahrgenommen werden Es ist dann Sache des Kommittenten, ob er darauf vertraut, daß der Kommissionär primär die Kommittenten-Interessen wahrnimmt oder ob er vom Geschäft Abstand nimmt.

35 Zu den **Rechtsfolgen einer Pflichtverletzung** s. Rn 28.

36 Neben den vorvertraglichen und vertraglichen Ansprüchen kommen **deliktische Ansprüche** in Betracht.

III. Ausführungspflicht, Interessenwahrung

37 **1. Vorbemerkung.** Die Ausrichtung des Kommissionsvertrages an den Interessen des Kommittenten[98] bestimmt auch den Umfang der Pflichten des Kommissionärs bei der Ausführung der Kommission bzw. den Inhalt des geschuldeten Ausführungsgeschäfts (§ 384 Abs. 1). Die kommissionsrechtliche Treuepflicht gebietet ferner dem Kommissionär, alle wesentlichen Umstände mitzuteilen, die den Kommittenten dazu bewegen könnten, Weisungen (Rn 62) zu geben oder den Vertrag zu kündigen (näher dazu Rn 62). Die Mitteilungspflicht impliziert daher das Gebot, den Kommittenten, soweit erkennbar notwendig, fortlaufend zu informieren. Zu denken ist hier vor allem daran, daß sich unvorhergesehen neue Entwicklungen ergeben oder wichtige Tatsachen bekannt werden, wie z.B. Ausreißerkurse oder ein neuer Börsentrend.[99]

---

[94] Vgl. aber BGH, WM 1981, 374.

[95] Vgl. auch BGHZ 79, 337 (345); NJW 1980, 1162; OLG Frankfurt, WM 1981, 499 (501).

[96] BGHZ 79, 337 (345); BGH, WM 1982, 862 (865); aber RG, BankArch 1935, 493; *Canaris* Großkommentar HGB, Bd. III/3 (2. Bearb. 1981), Rn 1890; Schlegelberger/*Hefermehl,* HGB, § 384 Rn 12.

[97] RG, LZ 1908, 539; Düringer/Hachenburg/*Lehmann*, HGB, § 384 Rn 8.

[98] BGH, ZIP 2002, 1436 (1438); *Canaris*, Handelsrecht, § 30 Rn 14; *Krüger* (Fn 2), § 384 Rn 12; *Roth*, in Koller/Roth/Morck, HGB § 384 Rn 8; Oetker/*Martinek*, HGB, § 384 Rn 16; *Roth* in Assmann/Schütze, Kapitalanlagerecht, § 11 Rn 4. Siehe ferner oben Rn 5.

[99] OLG Schleswig, WM 2004, 1280, 1282; *Roth*, in Koller/Roth/Morck, HGB § 384 Rn 9; Heymann/*Herrmann*, HGB, § 384 Rn 8.

2. Ausführungspflicht. Der **Inhalt der geschuldeten Leistung** bestimmt sich im einzelnen zunächst danach, ob der konkrete Kommissionsvertrag den **Dienst- oder Werkverträgen** zuzurechnen ist (§ 383 Rn 100 ff).[100] In der ersten Variante wird lediglich die Erfüllung von Dienstpflichten mit zumutbarem[101] Arbeits- und Organisationsaufwand geschuldet;[102] in der zweiten Variante schuldet der Kommissionär den Erfolg „Ausführungsgeschäft" grundsätzlich unabhängig von dem hierzu nötigen eigenen Aufwand[103]. In beiden Varianten sind die geschuldeten Bemühungspflichten bzw. der Inhalt des Erfolges regelmäßig im Vertrag mehr oder weniger rahmenartig umrissen[104]. Ziel der Bemühungen bzw. Inhalt des Erfolges ist die *optimale Wahrnehmung der Interessen* des Kommittenten durch ein **Ausführungsgeschäft** (Vertrag mit einem Dritten),[105] – gegebenenfalls[106] einschließlich der **Abwicklung des Ausführungsgeschäfts** (*Durchführung*).[107] Hierbei hat der Kommissionär, soweit dies mit der Sorgfalt eines ordentlichen Kaufmannes (§ 384 Abs. 1)[108] vereinbar ist, nach seinem **pflichtgemäßen Ermessen**[109] festzulegen, welches Ausführungsgeschäft am besten den durch den Vertrag fixierten oder ihm sonst erkennbaren **Interessen des Kommittenten** entspricht.[110] Der Rahmen des Ausführungsgeschäfts kann vom Kommittenten auch nachträglich durch Weisungen jedenfalls dort festgelegt werden, wo dem Kommissionär hieraus keine größeren Lasten entstehen.[111] **38**

Am meisten wird regelmäßig dasjenige Ausführungsgeschäft den Interessen des Kommittenten entsprechen, das die **günstigsten Konditionen** bietet. Die Konditionen sind gegebenenfalls durch Verhandlungen auszuloten. Bezogen auf die Verkaufskommission heißt dies z.B. die relativ höchsten Preise; doch kann es dem Kommittenten durchaus daran gelegen sein, lediglich durchschnittliche Preise zu erzielen, um seinen Waren einen Markt zu erschließen. Der Kommissionär hat die Günstigkeit des Geschäfts immer in einer alle Konditionen umfassenden Äquivalenzbetrachtung zu beurteilen. So kann ein Geschäft trotz niedrigerer Preise günstiger sein, weil der Dritte **kreditwürdiger**[112] ist oder sich bereit erklärt hat, **höhere Risiken zu übernehmen**, die dem Kommittenten unangenehm sind. In der Regel wird der Kommissionär die Ware auch zur Sicherheit an einen Geldgeber übereignen dürfen, der dem Käufer den Kaufpreis finanziert.[113] Hat der Kommissionär Zweifel daran, welches Geschäft den Interessen des Kommittenten am meisten dient, so hat er rückzufragen.[114] Würden dadurch wertvolle Chancen verloren gehen, so **39**

---

[100] Oetker/*Martinek*, HGB, § 384 Rn 4. Undifferenziert Heymann/*Herrmann*, HGB, § 384 Rn 8.

[101] *Schmidt-Rimpler* (Fn 4), S. 666.

[102] BGH, ZIP 2002, 1292.

[103] Grenze: §§ 275, 313 BGB. **AA** MünchKommHGB/*Häuser*, § 384 Rn 4 f; *Canaris*, Handelsrecht, § 30 Rn 12 (§ 384 hat nur den Kommissionsvertrag als Dienstvertrag im Auge).

[104] Z.B. Kauf von Waren einer bestimmten Gattung bis zu einem bestimmten Limit; *Schmidt-Rimpler* (Fn 4), S. 664.

[105] BGH, ZIP 2002, 1436 (1438); *Roth*, in Koller/Roth/Morck, HGB § 384 Rn 9. Siehe dazu auch § 383 Rn 123, § 384 Rn 37 ff.

[106] Siehe dazu Rn 71 ff.

[107] Siehe zum Begriff der Ausführung oben Rn 4 sowie zur Abwicklung des Ausführungsgeschäfts unten Rn 71 f.

[108] § 347 HGB. Dies gilt auch für Kommissionäre, die zwar gewerblich tätig sind, aber nicht zum Kreis der Kaufleute zählen.

[109] Es ist der verkehrserforderlichen Sorgfalt i.S.d. § 347 verwandt, jedoch nicht gleichzusetzen (**aA** *Bracht*, Best Execution, S. 48). Die Unterscheidung ist deshalb von Bedeutung, weil das Ermessen auf der Ebene der Pflichten angesiedelt ist.

[110] MünchKommHGB/*Häuser*, § 384 Rn 5; *Koller* BB 1979 1725 (1727 ff).

[111] *Schmidt-Rimpler* (Fn 4), S. 667; s. ferner unten Rn § 384 Rn 58.

[112] Die Zuverlässigkeit des Dritten betonen Baumbach/*Hopt*, HGB, § 384 Rn 3; *Bracht*, Best Execution, S. 53.

[113] RGZ 132, 198.

[114] OLG Hamm, OLGZ 1994, 196.

muß er nach bestem Gewissen selbst entscheiden. Kann ein Geschäft, das den **Interessen** des Kommittenten **entspricht, nicht abgeschlossen** werden, so muß der Kommissionär von einem Ausführungsgeschäft Abstand nehmen.[115]

40 **Wann und wo** der Kommissionär die Kommission auszuführen hat, richtet sich ebenfalls primär nach Vertrag und Weisungen; sekundär nach dem pflichtgemäßen Ermessen des Kommissionärs.[116] Unter Umständen kann sich aus der Art der Benachrichtigung ergeben, daß der Auftrag möglichst schnell ausgeführt werden soll. Gleiches ist im Zweifel bei Aufträgen in Effektenkommissionsgeschäften anzunehmen.[117] Wo keine derartigen Anhaltspunkte existieren, muß der Kommissionär die Vorteile, die seinen Informationen zufolge eine sofortige Erledigung der Kommission dem Kommittenten bringen würde, gegen die Vorteile abwägen, die bei einigem Zuwarten infolge einer Verbesserung der Marktlage erwartet werden können. Ebenso hat der Kommissionär die Chancen einer Ausführung an einem auswärtigen Ort gegen die hierdurch entstehenden Aufwendungen abzuwägen und die für den Kommittenten günstigere Variante zu wählen. Jedenfalls darf er die Ausführung nicht schuldhaft verzögern.[118]

41 Grundsätzlich hat der Kommissionär die Kommission selbst auszuführen oder durch seine Leute ausführen zu lassen.[119] Die Übertragung der ganzen Kommission an einen **Unter- bzw. Zwischenkommissionär** ist ihm regelmäßig nicht gestattet.[120] Doch kann ausdrücklich eine Substitutionsbefugnis vereinbart sein; sie kann sich auch aus den Umständen ergeben; z.B. wenn von vornherein erkennbar ist, daß die Kommission nur unter Einschaltung der auswärtigen Verbindungen des Kommissionärs ausgeführt werden kann.[121] Diese Situation ist etwa dort gegeben, wo der Kommissionär an der Börse, an der ausgeführt werden soll, nicht selbst handeln kann.[122] Die Substitution kann auch dem Handelsbrauch oder der Verkehrssitte entsprechen. Hat der Kommissionär zulässigerweise die Ausführung an einen Unterkommissionär übertragen, so haftet er nur noch für culpa in eligendo.[123] Außerdem hat er dafür einzustehen, daß er den Unterkommissionär durch Weisungen dazu anhält, die Interessen des Kommittenten sachgemäß zu wahren.[124] Hat der Unterkommissionär pflichtwidrig gehandelt, so finden die Grundsätze der Drittschadensliquidation (dazu § 383 Rn 140) Anwendung. Die an die Unter-

---

[115] Der BGH (ZIP 2002, 1436 [1438]) nimmt bei Effektengeschäften an, daß ein Ausführungsgeschäft mit einem Rücktrittsrecht des Dritten nur eingegangen werden darf, wenn das Geschäft den Ersatz des Vertrauensschadens des Kommittenten vorsieht.

[116] MünchKommHGB/*Häuser*, § 384 Rn 13.

[117] OLG Oldenburg, WM 1993, 1879 (1881); *Bracht*, Best Execution, S. 51. Vgl. auch § 31c Abs. 1 Nr. 1 WpHG.

[118] BGH, ZIP 202, 1292 (1293); OLG Oldenburg, WM 1993, 1879.

[119] *Krüger* (Fn 2), § 384 Rn 6; *Roth*, in Koller/Roth/Morck, HGB § 384 Rn 3; Baumbach/*Hopt*, HGB, § 384 Rn 3; Heymann/*Herrmann*, HGB, § 384 Rn 3; Oetker/*Martinek*, HGB, § 384 Rn 8.

[120] § 664 Abs. 1 S. 1 BGB; RGZ 63, 304; MünchKommHGB/*Häuser*, § 384 Rn 10; Baumbach/*Hopt*, HGB, § 384 Rn 3.

[121] RG, BankA 21, 357; *Roth*, in Koller/Roth/Morck, HGB § 384 Rn 3; *Krüger* (Fn 2), § 384 Rn 7; MünchKommHGB/*Häuser*, § 384 Rn 10; Schlegelberger/*Hefermehl*, HGB, § 384 Rn 7.

[122] Heymann/*Herrmann*, HGB, § 384 Rn 3.

[123] § 664 Abs. 1 S. 2 BGB; RGZ 63, 304; 78, 312; 109, 302; Baumbach/*Hopt*, HGB, § 384 Rn 3; MünchKommHGB/*Häuser*, § 384 Rn 12; *Krüger* (Fn 2), § 384 Rn 7; Heymann/*Herrmann*, HGB, § 384 Rn 3; Oetker/*Martinek*, HGB, § 384 Rn 10; **aA** *Roth* in Assmann/Schütze, Kapitalanlagerecht, § 10 Rn 102 (der Kommissionär haftet gemäß § 384 Abs. 3, wenn der Kommissionär mit einer Nichtbenennung des Dritten rechnen mußte).

[124] *Bracht*, Best Execution, S. 54 (Überwachung).

kommissionäre gezahlten Provisionen darf er dem Kommittenten, der die Herausgabe des vom Unterkommissionär erzielten Erlöses verlangt, nicht entgegenhalten,[125] da die Provisionen keine[126] Aufwendungen i.S.d. § 670 BGB darstellen.

Zur Ausführung bei der **Selbsteintrittskommission** § 400 Rn 21. Zu sog. **mistrade-Abreden** s. BGH, ZIP 2002, 1436, 1438; OLG Schleswig, ZIP 2004, 1845; OLG Frankfurt, WM 2009, 1032; *Fleckner*, WM 2011, 585; *Fleckner/Vollmuth*, WM 2004, 1263; *Koch*, ZBB 2005, 265; *Friedrich/Seidel*, BKR 2008, 497. **42**

3. **Interessenkonflikte.** Interessenkonflikte können auf zwei Ebenen auftauchen: zum einen auf der Ebene zwischen *Kommissionär und Kommittenten*; zum anderen auf der Ebene der *Kommittenten untereinander*, die dem gleichen Kommissionär einen Auftrag erteilt haben, der nur unter Vernachlässigung der Interessen eines der Kommittenten ausgeführt werden kann. Bei der Lösung des Interessenkonfliktes hat man zwischen *zwei Fallgruppen* zu unterscheiden: In der ersten Fallgruppe geht es um homogene Waren und Wertpapiere. Hier ist der Interessenkonflikt besonders scharf. In der zweiten Variante bezieht sich der Auftrag auf Waren oder Wertpapiere, die zueinander nur in einem mehr oder minder starken Substitutionswettbewerb stehen (heterogene Güter, z.B. Waren verschiedener Marken, Gebrauchtwaren unterschiedlicher Abnützung). In dieser Fallgruppe fällt vor allem ins Gewicht, daß diese Güter typischerweise im Rahmen eines Sortiments vertrieben werden. **43**

a) **Homogene Waren und Wertpapiere.** Die Übernahme entgegengesetzter Aufträge **verschiedener Kommittenten** wird für allgemein zulässig angesehen, falls sich die Konditionen für die Ausführung objektiven Faktoren, wie dem Börsenpreis, entnehmen lassen. In Fällen, in denen die Kommittenten sich widersprechende Nebenabsichten verfolgen, soll der Kommissionär freilich gehalten sein, die Interessen desjenigen Kommittenten vorrangig zu behandeln, der zuerst den Auftrag erteilt hatte.[127] Die anderen Kommittenten seien darüber zu informieren; wo dies untunlich sei, müsse der Kommissionär die später erteilten Orders ablehnen[128]. In gewissem Widerspruch dazu wird bei der Zuteilung von Ausführungsgeschäften behauptet, der Kommissionär sei frei, welchem der Kommittenten er ein besonders vorteilhaftes Ausführungsgeschäft zuweise.[129] Ferner wird zur Lösung der Interessenkollision die für nicht voll erfüllbare Gattungsschulden entwickelte Gleichbehandlungspflicht herangezogen.[130] **44**

Der **hier vertretenen Ansicht** zufolge hat man den Konflikt zwischen mehreren Kommittenten, die nicht absolut gleichzeitig ihre Orders abgegeben haben, nach dem Prinzip der Priorität aufzulösen;[131] denn jeder Kommittent muß damit rechnen, daß schon vor **45**

---

[125] BGH WM 1961 750; Heymann/Herrmann, HGB, § 384 Rn 3.

[126] *Roth*, in Koller/Roth/Morck, HGB § 396 Rn 8. Einschr. Oetker/*Martinek*, HGB, § 384 Rn 12.

[127] MünchKommHGB/*Häuser*, § 384 Rn 25.

[128] Schlegelberger/*Hefermehl*, HGB, Anh. § 406 Rn 35.

[129] Düringer/Hachenburg/*Lehmann*, HGB, § 392 Rn 3.

[130] *Schneiders*, Anlegerschutz im Recht der Effektenkommission, S. 50; einschränkend *v. Dalwigk zu Lichtenfels*, Das Effektenkommissionsgeschäft, S. 35 ff); krit. *Bracht*, Best Execution, S. 58 f.

[131] *Canaris*, Handelsrecht, § 30 Rn 16; *K. Schmidt* Handelsrecht, § 31 IV 1a; Heymann/*Herrmann*, HGB, § 384 Rn 11; Baumbach/*Hopt*, HGB, § 384 Rn 1 (grundsätzlich); vgl. auch § 31c WpHG; **aA** MünchKommHGB/*Häuser*, § 384 Rn 24; *Roth*, in Koller/Roth/Morck, HGB § 384 Rn 11.

ihm ein anderer Kommittent geordert hat. Bei außergewöhnlichen Kollisionen, mit denen nicht gerechnet wird, hat der Kommissionär den spätere hinzukommenden Kommittenten aufzuklären;[132] bei Verletzung der Pflicht zur Verschwiegenheit muß er den Auftrag ausschlagen.[133] Selbst im Massengeschäft dürfen, wenn durch die Art der Ausführung die Kurse erheblich beeinflußt werden könnten, Aufträge verschiedener Kommittenten nicht gemeinsam erledigt werden.[134] Dies gilt z.B. dort, wo Aufträge zur interessenwahrenden Beschaffung eines größeren Postens oder mit dem Ziel der Kursbeeinflussung mit den üblichen Aufträgen zusammenstoßen. Jedenfalls gilt das Prioritätsprinzip, falls Aufträge mit entgegengesetzter kursbeeinflussender Tendenz kollidieren.[135] Eine Ausnahme gilt grds. bei Kurspflegeaktionen[136].

46 Kollidieren **Interessen des Kommittenten** für diesen nicht erkennbar **mit denen des Kommissionärs**, so hat der Kommissionär kraft seiner Treuepflicht jedenfalls solange den **Interessen des Kommittenten den Vorrang** einzuräumen,[137] als er den Kommittenten nicht über den Interessenkonflikt hinreichend konkret[138] informiert hat[139] oder es für den Kommittenten klar auf der Hand lag, daß der Kommissionär seine Interessen nicht hinter die des Kommittenten zurücktreten lassen wolle.[140] Er darf nicht für den Kommittenten deshalb schlechtere Geschäfte abschließen, weil er an eigenen Geschäften interessiert ist.[141] So ist ihm ein **„Vorlaufen"** mit vergleichbaren Geschäften untersagt.[142] Verboten ist dem Kommissionär auch, aus Anlaß der Order durch **Gegendispositionen** Vorteile für sich herauszuschlagen[143].

47 Der Kommissionär soll aber verbreiteter Ansicht zufolge unbeschränkt **Eigenhandel** betreiben dürfen, sofern dies nicht gerade aufgrund des Kommittentenauftrages geschieht und der Kommissionär dazu den Entschluß gefaßt hatte, bevor er die Order erhielt[144]. Dadurch wird der Kommittent jedoch nur unzureichend vor der Gefahr einer Benachtei-

---

[132] MünchKommHGB/*Häuser*, § 384 Rn 18. Siehe auch Rn 24.

[133] Näher dazu *Koller,* BB 1978, 1735; ebenso i.E. Heymann/*Herrmann*, HGB, § 384 Rn 11. Siehe auch Rn 24.

[134] Vgl. § 31c Abs. 1 Nr. 4 WpHG. Werden die Kurse nicht erheblich beeinflußt, so müssen die Vorteile des gemeinsamen Ausführungsgeschäfts allen Kommittenten anteilig zugute kommen.

[135] Näher dazu *Koller,* BB 1978, 1735 f.

[136] *Hopt* Der Kapitalanlegerschutz im Recht der Banken, S. 489; **einschr.** MünchKommHGB/*Ekkenga*, Bd. 5, Effektengeschäft Rn 330. Beachte § 20a WpHG i.V.m. § 5 MaKonV, Art. 9 DurchführungsVO (EG) N. 2273/2003, die zwar in großen Umfang Pflegemaßnahmen erlauben, aber weitgehende Publizitätsmaßnahmen vorschreiben.

[137] *Koller,* BB 1978, 1736; *Canaris*, Handelsrecht, § 30 Rn 15; Baumbach/*Hopt*, HGB, § 384 Rn 1; MünchKommHGB/*Häuser*, § 384 Rn 18; *Roth*, in Koller/Roth/Morck, HGB § 384 Rn 11; Kumpan, in: Perspektiven des Wirtschaftsrechts, S. 33, 37; *Koller*, FS Piper, 899 (909).

[138] BGH, ZIP 1996, 180 (182) zu § 675 BGB: klar und eindeutig aufgedeckt. Zu undifferenziert Heymann/*Herrmann*, HGB, § 384 Rn 11.

[139] MünchKommHGB/*Häuser*, § 384 Rn 18; einschr. *Kumpan*, in: Perspektiven des Wirtschaftsrechts, S. 33, 47 ff.

[140] Enger *Canaris*, Handelsrecht, § 30 Rn 15 (erkennbar); *Roth*, in Koller/Roth/Morck, HGB § 384 Rn 7 (Ausnahme bei geschäftstypischen Interessenkonflikten).

[141] BGH, NJW 1982, 1752.

[142] Vgl. § 31c WpHG.

[143] *Hopt,* Der Kapitalanlegerschutz im Recht der Banken, S. 484 ff; *v. Dalwigk zu Lichtenfels,* Das Effektenkommissionsgeschäft, S. 39 ff; *Canaris* Großkommentar HGB^3, Bd. III/3 (2. Bearb. 1981), Rn 1937 ff. Vgl. ferner § 31c WpHG.

[144] *Hopt,* Der Kapitalanlegerschutz im Recht der Banken, S. 498; weiter: *Canaris* Großkommentar HGB, Bd. III/3 (2. Bearb. 1981), 1937 f; enger: Schlegelberger/*Hefermehl,* HGB, Anh. § 406 Rn 36 f; MünchKommHGB/*Häuser*, § 384 Rn 24.

ligung geschützt. Aus dem kommissionsrechtlichen Treueverhältnis ist deshalb ein begrenztes **Wettbewerbsverbot** abzuleiten.[145] Aus ihm folgt, daß der Kommissionär, der die Orders der Kommittenten kennt,[146] die Erledigung gleichlaufender Eigengeschäfte[147] zurückzustellen hat, bis er die Kommission ausgeführt hat.[148] Der Kommissionär, der sich schuldhaft nicht an diese Regel hält, hat dem Kommittenten Schadensersatz zu leisten. Dabei kann der Kommittent auch verlangen, daß das pflichtwidrig abgeschlossene Geschäft auf ihn überführt wird.[149] Eine *Bündelung* von eigenen mit fremden Orders kann man dem Kommissionär aber dort *gestatten,* wo die Aufträge an Börsen zum Einheitskurs ausgeführt werden oder die Bündelung nicht zu wesentlichen Kursänderungen führt. Stoßen Kommittenten-Aufträge mit gegenläufigen Eigengeschäften zusammen, so muß man sich mit dem Verbot der Gegendispositionen und dem Verbot, Kundeninformationen interessenschädigend für sich fruchtbar zu machen, begnügen. Im übrigen hat man darauf zu vertrauen, daß die Börsenpreise, zu denen abgerechnet wird, nicht manipuliert sind, sondern die wahre Marktlage wiedergeben.[150]

Nach verbreiteter Ansicht darf der Kommissionär von dem Dritten auch **Bonifikationen** für den Abschluß des Ausführungsgeschäfts in Empfang nehmen. Allerdings könne die ungewöhnliche Höhe einer Bonifikation ein Indiz dafür sein, daß der Kommissionär die Interessen des Kommittenten nicht pflichtgemäß wahrgenommen habe[151]. Von anderen wird eine konkrete Gefahr der Benachteiligung durch den Kommissionär, dem Bonifikationen versprochen worden sind, gefordert.[152] Mit der Vertrauensposition, die der Kommissionär einnimmt, ist jedoch angesichts des dem Kommissionär offenstehenden Ermessensspielraums die Annahme einer Vergütung von dritter Seite für den Abschluß des Ausführungsgeschäfts unvereinbar; denn der Kommittent müßte sonst immer damit rechnen, daß der Kommissionär seine Ermessensentscheidung im Zweifel zu seinen eigenen Gunsten trifft.[153] Auf die abstrakte Gefahr hebt auch der BGH[154] ab, der zumindest eine Aufklärung der Kommittenten fordert. Beachte § 31d WpHG. **48**

b) **Heterogene Waren und Wertpapiere. Betreibt** der Kommissionär **im Moment der Erteilung des Kommissionsauftrags** einen auf ein Sortiment angelegten **Eigenhandel**, so unterliegt der Kommissionär nur geminderten Interessenwahrungspflichten. Der Kommittent konnte nämlich erkennen, daß der Betrieb des Kommissionärs das Angebot eines Sortiments mit sich bringt und es deshalb nicht möglich ist, daß die Kommissionsware vorrangig vertrieben wird. Der Kommittent kann vom Kommissionär nicht erwarten, daß er den Vertrieb des gesamten Sortiments zeitweise aussetzt; er darf auch nicht erwarten, daß der Kommissionär seine Kunden zum schnelleren Absatz der Kommissionsware falsch berät, indem er z.B. die Kommissionsware übermäßig anpreist oder die sonstige Sortimentsware herabsetzt.[155] Gemäß § 157 BGB ist daher der Kommissionsvertrag da- **49**

---

145 Näher dazu *Koller,* BB 1978, 1736 f; **aA** MünchKommHGB/*Häuser*, § 384 Rn 24; Heymann/*Herrmann*, HGB, § 384 Rn 11.

146 Dagegen spricht die Abschottung des Eigenhandels. Vgl. *Koller*, in Assmann/Schneider, WpHG, § 33 Rn 11 (chinese walls).

147 Dazu zählen nicht Deckungsgeschäfte im Rahmen des Selbsteintritts; insoweit zutr. MünchKommHGB/*Häuser*, § 384 Rn 24.

148 *Canaris*, Handelsrecht, § 30 Rn 15.

149 *Koller,* BB 1978, 1737.

150 Näher dazu *Koller* BB 1978, 1738.

151 *Canaris* Großkommentar HGB, Bd. III/3 (2. Bearb. 1981), Rn 1891; Schlegelberger/*Hefermehl,* HGB, § 384 Rn 15; Düringer/Hachenburg/*Lehmann*, HGB, § 387 Rn 5; *v. Dalwigk zu Lichtenfels,* Das Effektenkommissionsgeschäft, S. 57 mwN.

152 MünchKommHGB/*Häuser*, § 384 Rn 26.

153 *Koller,* BB 1978, 1738 f.

154 BGH, NJW 1982, 1752.

155 Unzutreffend daher BKartA, WuW/E BKartA 1935, 1941.

hin auszulegen, daß der Kommissionär seine Kunden sowohl über die Kommissionsware als auch über die im Eigenhandel vertriebene Sortimentsware objektiv und sachlich zu beraten hat. Der Umstand, daß der Kommissionär die eine oder die andere Warengattung mit mehr unterschwelligem Nachdruck vertreibt, ist nicht nachprüfbar und muß daher außer Betracht bleiben. Dem Kommissionär kann daher auch nicht mit dem Argument, das Kommissionsgeschäft sei besonders lukrativ und verleite zur wettbewerbswidrigen Absatzförderung der Kommissionsware, ein Verstoß gegen § 1 UWG vorgeworfen werden;[156] denn alle Absatzmittler werden unterschwellig immer diejenigen Produkte ihres Sortiments besonders intensiv vertreiben, bei denen ihre Gewinnchancen überdurchschnittlich groß sind.

50 **Anders** ist die Situation, wenn der Kommissionär erst **nach Übernahme des Kommissionsauftrages** den Eigenvertrieb von Substitutionsprodukten aufnehmen will. Besteht zwischen der Kommissionsware und den Substitutionsprodukten ein relativ enges Wettbewerbsverhältnis, so hat der Kommissionär zuerst den Kommissionsauftrag abzuwickeln und, wo dies bei auf Dauer angelegten Geschäftsbeziehungen nicht möglich ist, den Eigenvertrieb zu unterlassen. Er unterliegt insoweit einem Wettbewerbsverbot. § 1 GWB steht dem nicht entgegen.[157] Will der Kommissionär hingegen ein **Substitutionsprodukt** vertreiben, das nicht eng mit der Kommissionsware konkurriert und bei dem deshalb allenfalls geringfügige Interessenkonflikte zu erwarten sind (z.B. Motorrad – Fahrrad), besteht kein Anlaß, schon im Vorfeld sicherzustellen, daß die Interessen des Kommittenten wahrgenommen werden. Der Kommissionär darf beide Warenarten nebeneinander vertreiben. Er ist nur gehalten, die Kommissionsware sachlich und objektiv sowie mit gleicher Intensität wie die anderen Waren anzupreisen.

51 Die gleichen Regeln gelten, wenn **verschiedene Kommissionsaufträge aufeinandertreffen.** Dies wird insbesondere im Gebrauchtwarenhandel der Fall sein. Es ist aber auch denkbar, daß ein Kommissionsagent eine Zweitvertretung übernehmen will.[158]

52 Zu vertraglichen **Vertriebsbindungen und Ausschließlichkeitsvereinbarungen** § 383 Rn 98.

IV. Weisungen

53 **1. Vorbemerkung.** Gemäß § 384 Abs. 1 2. HS hat der Kommissionär Weisungen zu befolgen. Über die Reichweite des **Begriffs „Weisung"** konnte bislang keine Einigkeit erzielt werden. Zum Teil rechnet man zu den „Weisungen" ausschließlich die vom Kommittenten nach Vertragsschluß getroffenen Bestimmungen.[159] *Hefermehl* dehnt den so verstandenen Begriff auf Anordnungen aus, die bei Abschluß des Kommissionsvertrags vom Kommittenten getroffen werden.[160] Eine dritte Gruppe zählt auch die zum Vertragsschluß gehörenden Erklärungen, ja sogar das dispositive Recht, zu den „Weisungen"[161]. Die weite Fassung des „Weisungs"-Begriffs wird vor allem damit begründet, aus der Entstehungsgeschichte des § 385 Abs. 1, der ebenfalls von Weisungen spricht, ergebe sich,

---

156 **AA** *Vollmer* BB 1984, 226 (228).

157 BGH, NJW-RR 2003, 1056 (1059); BGH, WuW/E BGH 1624 f; ferner § 383 Rn 98.

158 *Ebenroth/Obermann*, DB 1981, 829 ff.

159 RG, Warn 1940 Nr. 20, S. 38 f; *Krüger* (Fn 2), § 384 Rn 13; Baumbach/*Hopt*, HGB, § 384 Rn 1.

160 Schlegelberger/*Hefermehl*, HGB, § 384 Rn 18, ebenso BGH, ZIP 2011, 2187 (2190 [„Grundanweisung"]); s. auch § 385 Rn 5.

161 *Schmidt-Rimpler* (Fn 4), S. 664 ff; *Knütel* ZHR 137 (1973), 287 ff; *Bracht*, Best Execution, S. 64.

daß weisungswidriges Handeln schlechthin mit vertragswidrigem Handeln gleichzusetzen sei.[162] Außerdem sei nicht recht einzusehen, warum der Kommissionär besser gestellt sein soll, wenn er Pflichten verletze, die bei Vertragsschluß vereinbart worden seien, als wenn er gegen nachträgliche Anordnungen verstoße. Schließlich sei es unangebracht, daß der Kommissionär aufgrund der §§ 385 Abs. 2 HGB, 665 BGB nur von nachträglichen Weisungen, nicht aber von sonstigen Vertragsbestimmungen abweichen dürfe, falls dies im Interesse des Kommittenten läge. Der Begriff der „Weisung" müsse daher weit gefaßt werden[163]. Dem wird entgegengehalten, daß dem allgemeinen Sprachgebrauch zufolge eine „Weisung" etwas Einseitiges sei, zumal der Anspruch auf Erfüllung der bereits im Vertrag enthaltenen Verpflichtungen, und bei Nichterfüllung ihre Sanktionen, nach den Regeln über die Leistungsstörungen selbstverständlich seien[164].

Richtiger Ansicht nach verwendet das Gesetz den **Begriff „Weisung"** in den §§ 384 **54** Abs. 1, 385 Abs. 1 HGB, 665 BGB in **unterschiedlichem Sinne**. Für den Bereich des § 384 Abs. 1 wäre es in der Tat widersinnig, den Begriff weit zu fassen und auf alle, auch dem dispositiven Recht entspringenden Pflichten auszudehnen, soweit diese Pflichten den Abschluß des Ausführungsgeschäfts betreffen. Sonst wäre nämlich die in § 384 Abs. 1 ebenfalls ausdrücklich erwähnte Pflicht, das übernommene Geschäft auszuführen und dabei die Interessen des Kommittenten wahrzunehmen, überflüssig. Daraus folgt, daß im Bereich des § 384 Abs. 1 der Begriff „Weisung" im Sinne „nachträglicher Anordnungen" des Kommittenten zu interpretieren ist.[165] Im Rahmen der §§ 385 HGB, 665 BGB hat man hingegen grundsätzlich sämtliche Vertragspflichten zum Kreis der Weisungen zu zählen, um zu einer effizienten Sanktion für Pflichtverstöße zu gelangen (näher dazu § 385 Rn 5 ff). Funktion des § 384 Abs. 1 HS 2 ist es mithin, klarzustellen, daß der Kommittent normalerweise auch dann, wenn der Vertrag bereits abgeschlossen ist und die Pflichten dadurch festgelegt sind, nachträglich gegebene Weisungen zu befolgen hat. Weisungen können auch in der Abwicklungsphase erteilt werden.[166]

2. Rechtsnatur der Weisung. Die vom Kommittenten erteilten Weisungen binden den **55** Kommissionär.[167] Sie sind demnach keine bloßen Empfehlungen. Vielmehr müssen sie von einem rechtsgeschäftlichen Geltungswillen getragen werden. Sie dienen dem Kommittenten dazu, auch nach Abschluß des Vertrages das Verhalten des Kommissionärs zu steuern und diesen dazu anzuhalten, die Kommittenten- Interessen entsprechend den jeweiligen Gegebenheiten optimal zu verfolgen. Zu diesem Zweck gibt § 384 Abs. 1 dem Kommittenten das Recht, die aufgrund des Vertrages geschuldete Leistung durch Weisungen näher auszuformen oder umzugestalten. Die Weisung i.S.d. § 384 Abs. 1 ist somit ein ausfüllendes Gestaltungsrecht[168] des Kommittenten, durch das der Vertragsinhalt näher bestimmt wird.[169] Fehlt ein Weisungsrecht gänzlich, so liegt jedenfalls in aller Regel kein Kommissionsvertrag vor.[170]

---

[162] *Knütel*, ZHR 137 (1973), 289 f; ähnlich *Bracht*, Best Execution, S. 64.

[163] *Schmidt-Rimpler* (Fn 4), S. 860 ff; Knütel ZHR 137 (1973), 290 f mwN.

[164] Schlegelberger/*Hefermehl*, HGB, § 385 Rn 3.

[165] MünchKommHGB/*Häuser*, § 384 Rn 31; *Canaris*, Handelsrecht, § 30 Rn 21.

[166] Oetker/*Martinek*, HGB, § 384 Rn 2, 19.

[167] *Krüger* (Fn 2), § 384 Rn 13.

[168] *Canaris*, Handelsrecht, § 30 Rn 17; Baumbach/*Hopt*, HGB, § 384 Rn 1; *Krüger* (Fn 2), § 384 Rn 13.

[169] Zutreffend insoweit *Knütel*, ZHR 137 (1973), 288)

[170] BGHZ 1, 80; zurückhaltend BGH, ZIP 2011, 2187 (2190); vgl. ferner § 383 Rn 38.

56 **3. Arten der Weisung.** Die Weisung muß nicht ausdrücklich erteilt werden; sie kann auch konkludent ergehen.[171] So kann in der Erklärung, mit dem angegebenen Preis des Ausführungsgeschäfts einverstanden zu sein, die Weisung liegen, sofort abzuschließen. Besonders häufig beziehen sich Weisungen auf die Preisgestaltung des Ausführungsgeschäfts, auf die Ausführungszeit und die Art der Abwicklung. Die den Preis betreffenden Weisungen können einen bestimmten Preis vorschreiben (z.B. zum Zweck der Kursbeeinflussung) oder – wie in der Regel – einen Höchstpreis für den Ankauf bzw. einen Mindestpreis für den Verkauf. Man spricht dann von Limitierung, Setzung eines Limits. Die bloße Kursangabe gilt bei Börsengeschäften im Zweifel als Limit. Andererseits darf bei einer Verkaufskommission die bloße Angabe der Selbstkosten nicht ohne nähere Anhaltspunkte als Limitierung gewertet werden.[172] Die Weisungen können auch in der Abwicklungsphase ergehen; sie können z.B. die Lagerung, Versendung oder Prozeßführung betreffen. Sie sind widerruflich (Gegenweisung).[173]

57 **4. Ausmaß der Bindung.** Das Ausmaß der Pflicht, Weisungen des Kommittenten zu befolgen, richtet sich zunächst nach dem Inhalt der Weisungen, der durch **Auslegung der Weisung** nach Treu und Glauben unter Berücksichtigung der Verkehrssitte (§ 157 BGB) zu ermitteln ist.[174] Besteht die Weisung darin, daß der Kommissionär das Ausführungsgeschäft mit bestimmten Konditionen abschließen soll, so hat eine solche Weisung im Zweifel den Sinn, daß damit die Mindestkonditionen genannt sind. Der Kommissionär ist also regelmäßig nicht gehindert, sondern kraft seiner Pflicht zur Interessenwahrung gehalten, die Interessen des Kommittenten optimal wahrzunehmen.[175] Soweit tunlich, hat der Kommissionär etwaige Zweifel durch **Rückfragen** auszuräumen.[176] Ist für den Kommissionär erkennbar, daß dem Kommittenten an der exakten Einhaltung der von diesem mitgeteilten Konditionen gelegen ist, so hat sie der Kommissionär zu beachten. Er darf von ihnen **nicht abweichen,** weil er die Weisungen des Kommittenten für falsch oder unzweckmäßig oder nicht von Bedeutung hält.[177] Es ist Sache des Kommittenten zu definieren, was richtig und was falsch ist. Das ergibt sich aus § 683 BGB, wonach primär der wirkliche Wille maßgebend ist, mag dieser auch nach objektiven Standards als unsinnig erscheinen.[178] So darf der Kommissionär nicht weisungswidrig Effekten verkaufen, weil er annimmt, der Kommittent werde angesichts der Geschäftslage doch verkaufen müssen.[179] Soll der Kommissionär die Kommission „bestens" ausführen, so hat der Kommissionär den Auftrag im Zweifel auch dann so schnell wie möglich auszuführen, wenn dadurch die Kurse stärker belastet werden, als dies bei „interessenwahrender" Aus-

---

171 MünchKommHGB/*Häuser*, § 384 Rn 34; *Schmidt-Rimpler* (Fn 4), S. 668 f mwN.

172 *Schmidt-Rimpler* (Fn 4), S. 670.

173 Oetker/*Martinek*, HGB, § 385 Rn 13.

174 MünchKommHGB/*Häuser*, § 384 Rn 37; Oetker/*Martinek*, HGB, § 385 Rn 14.

175 MünchKommHGB/*Häuser*, § 384 Rn 17.

176 *Krüger* (Fn 2), § 384 Rn 15; MünchKommHGB/*Häuser*, § 384 Rn 37; Oetker/*Martinek*, HGB, § 385 Rn 14 f.

177 BGH, WM 1976, 630 (632); MünchKommHGB/*Häuser*, § 384 Rn 36; *Krüger* (Fn 2), § 384 Rn 15.

178 MünchKommHGB/*Häuser*, § 384 Rn 36; *Schmidt-Rimpler* (Fn 4), S. 669; Schlegelberger/*Hefermehl*, HGB, § 384 Rn 19. **AA** OLG Frankfurt, WM 1989, 711 mit dem Argument, daß der Kommissionär letztlich interessenkonform gehandelt habe, weil er mit seiner weisungswidrigen Ausführung das gleiche Ergebnis erzielt habe wie er es bei einer weisungsgemäßen Ausführung hätte erreichen können. Richtig ist vielmehr, daß in einem solchem Fall der Kommittent keinen Schaden erlitten hat und eine Zurückweisung des Ausführungsgeschäfts entfällt, weil der Weisungsverstoß nur geringfügig ins Gewicht fällt.

179 RGZ 6, 52 f.

führung der Fall wäre.[180] Bei unerfahrenen Kunden muß „bestens" aber nicht notwendig „schnellstens" heißen; denn diese wissen häufig nicht um die Gefahr der Kursbeeinflussung. Gleiches gilt im Hinblick auf das Risiko von Ausreißerkursen[181]. Der Kommissionär darf es niemals ohne weiteres dabei bewenden lassen, daß er die Weisungen respektiert. Die kommissionsrechtliche Treuepflicht gebietet zumindest, den Kommittenten auf **drohende Nachteile hinzuweisen** und auf die Entscheidung des Kommittenten zu warten, sofern mit dem Aufschub keine unverhältnismäßigen Risiken verbunden sind.[182] **Abweichen darf** und gegebenenfalls muß der Kommissionär von Weisungen des Kommittenten unter den Voraussetzungen des § 665 BGB (§ 385 Rn 23 ff).

5. **Grenzen der Weisungsberechtigung.** Der Kommittent ist nicht unbegrenzt berechtigt, durch einseitige Weisungen auf den Vertragsinhalt einzuwirken. Zunächst kann sich aus der Vereinbarung selbst ergeben, in welchem Umfang der Kommittent Weisungen erteilen darf. Dabei kann der Kreis der zulässigen Weisungen sowohl ausgedehnt als auch eingeschränkt werden. Auch dort, wo die Befugnis, Weisungen zu geben, dem dispositiven Recht entspringt, ist sie nicht umfassend. Die Weisungen müssen sich nämlich im Rahmen des Auftrages halten. So kann der Kommittent den Kommissionär bei einer Einkaufskommission nicht anweisen, nunmehr etwas zu verkaufen. Andererseits ist die Weisung durch den Auftrag gedeckt, wenn der Kommittent lediglich seine dem Kommissionär von vornherein erkennbaren Interessen näher konkretisiert und dadurch den Ermessensspielraum des Kommissionärs einengt. Was zum Rahmen des Auftrages gehört, läßt sich nicht danach bestimmen, ob die Weisung einen Haupt- oder Nebenpunkt tangiert[183] oder ob die geschuldete Leistung aufgrund besonderer Sachkunde und Befähigung zu erbringen ist. Maßgeblich ist vielmehr zum einen das Kriterium der **unangemessenen Erschwerung.**[184] Die Weisung darf im Zweifel den Kommissionär nicht mit unangemessenen zusätzlichen Risiken oder sonstigen Lasten beschweren. Als Risiko gilt hierbei insbesondere die Minderung der Chance[185], die Kommission auszuführen und dadurch die Provision zu verdienen, da dem Kommissionär nicht der Schutz des § 645 Abs. 1 BGB zugute kommt.[186] Ob im Einzelfall eine zusätzliche Belastung des Kommissionärs angemessen ist, hat man vor allem anhand der Geschäftsüblichkeit und Vorhersehbarkeit von Weisungen[187] zu bestimmen. Zum anderen darf der Kommittent nicht mit Hilfe von Weisungen die Position des Kommissionärs aushöhlen.[188] Weisungen, die den 58

---

180 *Schmidt-Rimpler* (Fn 4), S. 669.

181 RG, BankArch 26, 303 f; *Schmidt-Rimpler* (Fn 4), S. 676.

182 BGH, WM 1976, 630 (632); VersR 1984, 658; *Krüger* (Fn 2), § 384 Rn 15; MünchKommHGB/*Häuser*, § 384 Rn 36.

183 So aber *Knütel,* ZHR 137 (1973), 293.

184 MünchKommHGB/*Häuser*, § 384 Rn 32 (unzumutbare Lasten).

185 Unerheblich ist, daß der Kommittent dem Kommissionär diese Chance gänzlich entziehen kann, indem er den Kommissionsvertrag kündigt.

186 *Schmidt-Rimpler* (Fn 4), S. 668; Oetker/*Martinek*, HGB, § 385 Rn 12. Der Umstand, daß die Minderung der Chance, eine Provision zu verdienen, ein Risiko darstellt, bedeutet nicht, daß die Weisung unwirksam ist, weil der Kommissionär angemessene Nachteile hinnehmen muß. **Abw.** Heymann/*Herrmann*, HGB, § 385 Rn 5; wohl auch MünchKommHGB/*Häuser*, § 384 Rn 35; *K. Schmidt*, Handelsrecht, § 31 IV. Vgl. ferner *Canaris*, Handelsrecht, § 30 Rn 18, der Weisungen, die die Chancen zum Abschluß des Ausführungsgeschäfts verringern, immer für wirksam erklärt, weil dem Kommissionär der Provisionsanspruch erhalten bleibe (s. dazu aber § 396 Rn 10).

187 *Knütel,* ZHR 137 (1973), 294.

188 MünchKommHGB/*Häuser*, § 384 Rn 32; *Krüger* (Fn 2), § 384 Rn 14; *Knütel,* ZHR 137 (1973), 292.

vom Kommissionär erworbenen Rechten zuwiderlaufen, vermögen nicht zu binden.[189] So kann der Kommittent den Kommissionär nicht anweisen, von seinem Pfandrecht am Kommissionsgut keinen Gebrauch zu machen.[190] Daraus folgt freilich nicht, daß der Kommissionär sich zur Sicherung des Pfandrechtes nicht um den Verkauf bemühen müßte. Die Weisung ist auch dann unerheblich, falls sie rechtlich gesicherte Chancen des Kommissionärs gefährdet. Eine solche Konstellation ist z.B. dort zu bejahen, wo der Kommissionär bei einer Verkaufskommission eine Mindestpreisgarantie gegeben hat und der Kommittent dann Weisung gibt, mit dem Verkauf zuzuwarten, obwohl der Verderb der Ware droht.[191] Die für das Kommissionsverhältnis atypische Mindestpreisgarantie führt dazu, daß das Eigeninteresse des Kommissionärs, das Geschäft ausführen zu können, stärker geschützt werden muß. Daraus folgt, daß es dem Kommittenten verwehrt sein muß, die Chancen, die sich der Kommissionär bei Vertragsschluß ausrechnen konnte, durch Weisungen zu schmälern, nur um – gedeckt durch die Mindestpreisgarantie – auf Kosten des Kommissionärs spekulieren zu können.[192]

59 Ist die **Weisung unzulässig**, so kann sie als **Kündigung** des Kommissionsvertrages (§ 383 Rn 161 ff), verbunden mit dem Antrag zum Abschluß eines neuen Kommissionsvertrages, interpretiert werden.[193] Dazu sind alle Umstände des Einzelfalles heranzuziehen. Es besteht jedoch keine Vermutung dafür, daß die unzulässige Weisung als Kündigung zu verstehen ist. Eher wird der Kommittent dort, wo die Weisung den Vertrag nicht total umgestalten sollte, damit einverstanden sein, daß die Kommission notfalls, wie früher vereinbart, ausgeführt werden soll.[194] Die unzulässige Weisung ist dann lediglich als **Offerte zum Abschluß eines Abänderungsvertrages** zu verstehen, deren Ablehnung den ursprünglichen Kommissionsvertrag weiter bestehen läßt.[195] Jedenfalls hat der Kommissionär im Falle unzulässiger Weisungen den Kommittenten unverzüglich davon zu unterrichten, daß er die Weisung nicht zu befolgen gedenkt. Tut er dies nicht, so greift § 362 Abs. 1 ein, und der Vertrag ist im Sinne der Weisungen abgeändert.[196]

60 Die **Beweislast** für die Erteilung von Weisungen trägt der Kommittent. Der Kommissionär hat zu beweisen, daß er die Weisungen befolgt hat.[197] Zu den **Rechtsfolgen** einer Weisungsverletzung s. § 385.

C. Benachrichtigungspflicht

I. Vorbemerkung

61 Gemäß § 384 Abs. 2 ist der Kommissionär verpflichtet, dem Kommittenten die erforderlichen Nachrichten zu geben. Damit wird lediglich die für Geschäftsbesorgungsverhältnisse selbstverständliche Benachrichtigungspflicht wiederholt, die in den §§ 675 Abs. 1, 666 BGB normiert ist, und dahin präzisiert, daß der Kommissionär von der Ausführung der Kommission unverzüglich Anzeige zu machen hat. Die Pflicht zur Benachrichtigung wird auch im Kommissionsverhältnis nicht nur in der Phase nach Abschluß

---

189 MünchKommHGB/*Häuser*, § 384 Rn 35.
190 *Krüger* (Fn 2), § 384 Rn 14.
191 OLG München, BB 1955, 682; MünchKommHGB/*Häuser*, § 384 Rn 35.
192 Vgl. auch RG, Recht 1907 Nr. 1359.
193 *Schmidt-Rimpler* (Fn 4), S. 668; Heymann/*Herrmann*, HGB, § 385 Rn 5.
194 Heymann/*Herrmann*, HGB, § 385 Rn 5.
195 Schlegelberger/*Hefermehl*, HGB, § 384 Rn 18.
196 BAG, DB 2003, 1386; MünchKommHGB/*Häuser*, § 384 Rn 32.
197 BGH, NJW-RR 2004, 927.

des Ausführungsgeschäfts wirksam, sondern existiert auch schon in der Phase der Ausführungsbemühungen.

II. Benachrichtigungspflicht vor Abschluß des Ausführungsgeschäfts mit dem Dritten

Vor Abschluß des Ausführungsgeschäfts hat der Kommissionär dem Kommittenten ohne schuldhaftes Zögern sämtliche Umstände mitzuteilen, die erkennbar den Kommittenten zu Weisungen in Hinblick auf das Ausführungsgeschäft, dessen Abwicklung oder zur Kündigung des Kommissionsvertrages veranlassen könnten.[198] Insbesondere hat er beim Kommittenten anzufragen, bevor er sich zur gerichtlichen Durchsetzung der Ansprüche aus den auf Rechnung des Kommittenten getätigten Geschäften entschließt.[199] Umstände, die nicht für sich selbst sprechen, hat der Kommissionär dem Kommittenten, soweit dies als erforderlich angesehen werden muß, unaufgefordert zu erläutern. Ob eine Aufklärung notwendig ist, ist anhand der Kriterien zu entscheiden, die für die vorvertragliche Aufklärungspflicht entwickelt worden sind (Rn 14 ff). Unbedeutende und nebensächliche Vorgänge, die aus der Sicht des Kommissionärs die Entschließungen des Kommittenten mit größter Wahrscheinlichkeit nicht berühren dürften, braucht der Kommissionär nicht mitzuteilen. Über den Stand des Geschäfts muß der Kommissionär ohne einen oben näher umschriebenen Anlaß nicht zu unterrichten; auf Verlangen des Kommittenten hat der Kommissionär jedoch unverzüglich Auskunft zu geben (§§ 675 Abs. 1, 666 BGB). **62**

Die **Pflicht zur Benachrichtigung entfällt** dort, wo der Kommittent nicht mehr rechtzeitig reagieren könnte. Gleiches gilt, falls der Kommissionär aus der Sicht der ihm erkennbaren Wünsche des Kommittenten zu dem Ergebnis kommen muß, daß die Nachteile, die voraussichtlich eine Verzögerung der Ausführung mit sich bringen würde, durch die Vorteile einer zuverlässigen Abstimmung des Ausführungsgeschäfts mit den Wünschen des Kommittenten nicht aufgewogen werden. Stillschweigende Verzichtsvereinbarungen sind nur ausnahmsweise zu bejahen.[200] Ein genereller Verzicht auf Benachrichtigung ist in AGB nicht möglich.[201] Erfüllungsort ist der Wohnsitz des Kommissionärs.[202] Der Kommissionär braucht den Zugang der Benachrichtigung nicht zu beweisen.[203] **63**

---

198 BGH, ZIP 2002, 1436 (1438); LM, Nr. 2 zu § 384 HGB; OLG Nürnberg, BKR 2009, 518 (erkennbar fehlerhafter Doppelauftrag); MünchKommHGB/*Häuser*, § 384 Rn 39; Baumbach/*Hopt*, HGB, § 384 Rn 7; Heymann/*Herrmann*, HGB, § 384 Rn 12; Oetker/*Martinek*, HGB, § 384 Rn 18, 23, 25; *Schmidt-Rimpler* (Fn 4), S. 724.

199 Vgl. OLG Celle, WM 1974, 736.

200 Oetker/*Martinek*, HGB, § 384 Rn 22.

201 So in der Tendenz auch Oetker/*Martinek*, HGB, § 384 Rn 21.

202 Vgl. BGH, NJW 2002, 2703.

203 Vgl. BGH, NJW 2002, 2703; *Krüger* (Fn 2), § 384 Rn 16 ; *Roth*, in Koller/Roth/Morck, HGB § 384 Rn 12; Heymann/*Herrmann*, HGB, § 384 Rn 12 (Benachrichtigung ist Schickschuld).

III. Benachrichtigungspflicht nach Abschluß des Ausführungsgeschäfts mit dem Dritten

64 Nach[204] dem Abschluß des Ausführungsgeschäfts hat der Kommissionär, von der Anzeige über die Ausführung abgesehen, unaufgefordert all die Nachrichten zu geben, die der Kommittent aus der Perspektive des Kommissionärs heraus für weitere geschäftliche Dispositionen brauchen könnte.[205] So hat der Kommissionär beispielsweise den Zustand der gekauften Ware,[206] Änderungen der Kreditwürdigkeit des Dritten,[207] die Absendung der Ware, die Einziehung der Forderung, unter Umständen die Aufnahme der Ware beim Publikum mitzuteilen. Den selbsteintretenden Kommissionär trifft nach „Erklärung des Selbsteintritts" und der Ausführungsanzeige (dazu § 405 Rn 6 f) ebenfalls eine Benachrichtigungspflicht, wenn er besondere Abwicklungspflichten übernommen hat und dafür Provision erhält.

65 1. **Ausführungsanzeige.** Als „erforderliche Nachricht" hebt das Gesetz die Anzeige der Ausführung hervor (§ 384 Abs. 2). Die Kommission ist im Sinne des § 384 Abs. 2 ausgeführt, sobald der Kommissionär den Vertrag mit dem Dritten geschlossen hat. Tritt der Kommissionär erlaubterweise selbst ein, so enthält regelmäßig die Selbsteintrittsanzeige die Ausführungsanzeige (näher § 405 Rn 6). Zeigt der Kommissionär die Ausführung an, ohne zugleich mitzuteilen, daß er selbst eingetreten ist[208] und ergibt sich das auch nicht aus den Umständen, so gilt dies als Erklärung, daß die Kommission durch Vereinbarung mit einem Dritten ausgeführt worden ist (§§ 405 Abs. 1; näher dazu § 405 Rn 10). Die Ausführungsanzeige ist die Vollzugsmeldung. Zu ihr gehören regelmäßig alle wichtigen Angaben über den Inhalt des Ausführungsgeschäfts, wie die Zeit des Abschlusses,[209] die Konditionen der Vereinbarung sowie grundsätzlich auch der Name des Dritten.[210]

66 2. **Name des Dritten.** Aus § 384 Abs. 3 kann gegen diesen weiten Umfang der Ausführungsanzeige (Rn 65) kein Einwand hergeleitet werden. Freilich wird manchmal ausdrücklich, öfter auch stillschweigend, auf die Nennung des Namens des Dritten verzichtet.[211] Ferner kann Verkehrssitte bzw. Handelsbrauch den Kommissionär von der Pflicht befreien, den Namen des Dritten anzuzeigen. Mit der Annahme einer konkludenten Abbedingung der auf den Namen des Dritten bezogenen Anzeigepflicht bzw. mit der Bejahung eines dahin gehenden Handelsbrauches sollte man indessen vorsichtig sein. Der praktische Wert der Pflicht zur Rechenschaftslegung hängt nämlich weitgehend davon ab, ob der Kommittent den Namen des Dritten erfährt und ihm die Belege vorgelegt wer-

---

204 MünchKommHGB/*Häuser*, § 384 Rn 41.
205 *Schmidt-Rimpler* (Fn 4), S. 724 ff.
206 MünchKommHGB/*Häuser*, § 384 Rn 39.
207 ROHG 22, 83; RGZ 27, 124; MünchKommHGB/*Häuser*, § 384 Rn 39.
208 Voraussetzung ist allerdings, daß der Kommissionär die Erklärung des Selbsteintritts bereits abgegeben hat oder daß diese vereinbarungsgemäß durch bestimmte, bereits erfolgte Tathandlungen (Buchung, Deckungsgeschäft) ersetzt wird (§ 405 Rn 21).
209 BGH, ZIP 1988, 699 (700).
210 BGH, WM 1984, 930 (931); MünchKommHGB/*Häuser*, § 384 Rn 42; *Roth*, in Koller/Roth/Morck, HGB § 384 Rn 14; *Schmidt-Rimpler* (Fn 4), S. 727 f; Heymann/*Herrmann*, HGB, § 384 Rn 13 f; **aA** Röhricht/v. Westphalen/*Lenz*, HGB, § 384 Rn 7; Schlegelberger/*Hefermehl*, HGB, § 384 Rn 25.
211 *Roth*, in Koller/Roth/Morck, HGB § 384 Rn 14.

den, die den Namen des Dritten tragen.[212] Eine Befreiung von der Pflicht, den Namen des Dritten namhaft zu machen, ist daher im Zweifel nur dort zu bejahen, wo üblicherweise oder im Einzelfall eine sehr große Wahrscheinlichkeit dafür spricht, daß der Kommittent bei weiteren Geschäften nicht mehr die Dienste des Kommissionärs in Anspruch nehmen, sondern die Geschäftsverbindungen des Kommissionärs unmittelbar für sich ausnutzen würde.[213]

Verfehlt wäre es, aus dem Umstand, daß der Kommittent, der sich faktisch zunächst auf eine Abwicklung des Kommissionsverhältnisses ohne Benennung des Dritten eingelassen hatte, weil es ihm lediglich auf den wirtschaftlichen Erfolg ankam, zu folgern, daß der Kommittent konkludent auf seinen Anspruch, den Namen des Dritten kennenzulernen, verzichtet habe.[214] Der Kommittent, der zunächst kein Interesse an der Benennung des Dritten besitzt, hat keinerlei endgültigen Verzichtswillen. Der Kommissionär darf das Verhalten des Kommittenten nicht anders verstehen; denn im Zusammenhang mit einer späteren Überprüfung der Belege kann immer noch ein Interesse des Kommittenten entstehen, doch noch den Namen des Dritten kennenzulernen. Allerdings kann der Anspruch des Kommittenten auf Namhaftmachung des Dritten verwirkt werden. Davon ist die Frage zu unterscheiden, ob der Kommissionär unverzüglich, insbesondere zugleich mit der Ausführungsanzeige, den Dritten benennen muß. Hier wird die Verkehrssitte häufig dahin gehen, daß zunächst die bloße Anzeige über die Ausführung ohne Angabe näherer Einzelheiten genügt; denn vielfach ist dem Kommittenten lediglich an der sofortigen Nachricht über den Vollzug ohne die zeitraubende Aufnahme weiterer Daten gelegen. Auf Anforderung des Kommittenten hat der Kommissionär jedoch seine Anzeige zu vervollständigen und den Dritten namhaft zu machen. Spätestens im Rahmen der Rechenschaftslegung sind die Belege mit dem Namen des Dritten vorzuweisen. **67**

3. **Absendung, Zugang der Ausführungsanzeige, Haftung.** Die Ausführungsanzeige ist unverzüglich, d.h. ohne schuldhaftes Zögern (§ 121 BGB), abzusenden; gegebenenfalls auch nach einer Teilausführung.[215] Unter Umständen muß der schnellste Weg zur Benachrichtigung gewählt werden.[216] Die Gefahr der Beförderung trägt der Kommittent[217]; doch hat der Kommissionär mit pflichtgemäßer Sorgfalt (§ 347) ein angemessen sicheres Transportmittel einzusetzen. Stellen sich Zweifel über den Zugang der Nachricht ein, so muß der Kommissionär nachfragen und die Nachricht gegebenenfalls, jedenfalls auf Wunsch des Kommittenten wiederholen. Die schuldhafte Unterlassung oder Verzögerung der ordnungsgemäßen Anzeige macht den Kommissionär schadensersatzpflichtig;[218] sie gibt dem Kommittenten jedoch nicht das Recht, das Ausführungsgeschäft zurückzuweisen[219]. § 386 Abs. 1 HS 2 Ist bei verspäteter Anzeige des Ausführungsgeschäfts nicht analog anwendbar, weil ein Zurückweisungsrecht nicht in Betracht kommt.[220] **68**

---

212 MünchKommHGB/*Häuser*, § 384 Rn 42; *Schmidt-Rimpler* (Fn 4), S. 712 f.

213 Heymann/*Herrmann*, HGB, § 384 Rn 14.

214 So aber Schlegelberger/*Hefermehl*, HGB, § 384 Rn 37.

215 MünchKommHGB/*Häuser*, § 384 Rn 42.

216 *Krüger* (Fn 2), § 384 Rn 16.

217 *Schmidt-Rimpler* (Fn 4), S. 727; vgl. auch BGH, NJW 2002, 2703; **aA** Schlegelberger/*Hefermehl*, HGB, § 384 Rn 26; MünchKommHGB/*Häuser*, § 384 Rn 40; *Krüger* (Fn 2), § 384 Rn 16; *Roth*, in Koller/Roth/Morck, HGB § 384 Rn 13; Heymann/*Herrmann*, HGB, § 384 Rn 15; Baumbach/*Hopt*, HGB, § 384 Rn 7.

218 MünchKommHGB/*Häuser*, § 384 Rn 49.

219 MünchKommHGB/*Häuser*, § 384 Rn 51; *Schmidt-Rimpler* (Fn 4), S. 729; Schlegelberger/*Hefermehl*, HGB, § 384 Rn 27; **aA** *Canaris*, Handelsrecht, § 30 Rn 23.

220 **AA** *Canaris*, Handelsrecht, § 30 Rn 36.

69 **4. Rechtsnatur der Ausführungsanzeige.** Die Ausführungsanzeige wirkt lediglich deklaratorisch, sie ist keine empfangsbedürftige Willenserklärung[221]. Insbesondere hat die Anzeige keine unmittelbar gestaltenden Auswirkungen auf die Zuordnung des Ausführungsgeschäfts (§ 383 Rn 141 ff). Sie erlangt auch nicht dadurch rechtsgeschäftlichen Charakter, daß § 384 Abs. 3 an eine Anzeige ohne gleichzeitige Namhaftmachung des Dritten die Selbsthaftung des Kommissionärs knüpft. Die Selbsthaftung wird nämlich durch ein Unterlassen ausgelöst, das von keinerlei Geltungswillen getragen sein muß.[222] Daraus folgt jedoch nicht, daß die Ausführungsanzeige nicht angefochten werden könnte, wenn die Anzeige durch einen i.S.d. §§ 119 ff BGB relevanten Irrtum beeinflußt worden war. Die Regeln über die Anfechtung von Willenserklärungen können grundsätzlich auch auf deklaratorische Erklärungen, die das Gesetz zum Ausgangspunkt für gewisse Rechtsfolgen macht, analog angewandt werden[223]. Das gilt auch hier, da das Vertrauen des Kommittenten auf die durch die unvollständige Anzeige ausgelöste Selbsthaftung nicht größer sein kann, wenn sich der Kommissionär ausdrücklich zur Übernahme der Haftung verpflichtet hätte[224]. Ficht der Kommissionär wirksam an, so hat er das negative Interesse zu ersetzen (§ 122 BGB analog).[225] Jenseits des Regelungsbereiches der §§ 384 Abs. 3, 405 Abs. 1 kann die Ausführungsanzeige jederzeit formlos berichtigt werden[226]; der inzwischen entstandene Schaden ist vom Kommissionär, der schuldhaft eine falsche Anzeige gemacht hat, zu erstatten. Eingehender zur Anfechtung s. Rn 157 ff.

D. Abwicklung des Ausführungsgeschäfts (Durchführung) und Herausgabe des Erlangten

I. Vorbemerkung

70 § 384 Abs. 2 2. HS statuiert die für das Kommissionsverhältnis selbstverständliche Pflicht, dasjenige herauszugeben, was durch die Geschäftsbesorgung erlangt worden ist. Da der Kommissionär in erster Linie gehalten ist, ein Ausführungsgeschäft zustande zu bringen, bezieht sich die Herausgabepflicht zunächst auf die dem Ausführungsgeschäft entspringenden Ansprüche; sie hat der Kommissionär an den Kommittenten abzutreten (Rn 71).

---

[221] MünchKommHGB/*Häuser*, § 384 Rn 43; *Krüger* (Fn 2), § 384 Rn 17 (keine Willenserklärung, aber Zugang erforderlich); *Roth*, in Koller/Roth/Morck, HGB § 384 Rn 13; *Schmidt-Rimpler* (Fn 4), S. 960.

[222] **AA** MünchKommHGB/*Häuser*, § 384 Rn 45.

[223] *Canaris* Die Vertrauenshaftung im deutschen Privatrecht (1971), S. 453 ff, der aber keine besondere Anfechtungserklärung verlangt, sondern eo ipso beim Vorliegen von Anfechtungsgründen die Zurechnung der deklaratorischen Erklärung verneint und die rechtzeitige Aufdeckung des Irrtums genügen läßt. Ebenso i.E. *Roth*, in Koller/Roth/Morck, HGB § 384 Rn 13; Baumbach/*Hopt*, HGB, § 384 Rn 7; ferner MünchKommHGB/*Häuser*, § 384 Rn 43 (zu Angaben in der Ausführungsanzeige, die keine Rechtswirkungen entfalten).

[224] Ebenso i.E. RGZ 94, 67; *Schmidt-Rimpler* (Fn 4), S. 970; Schlegelberger/*Hefermehl*, HGB, § 384 Rn 26 mwN.

[225] *Roth*, in Koller/Roth/Morck, HGB § 384 Rn 13. Wer auf dem Standpunkt steht, daß der Kommissionär berechtigt ist, die Ausführungsanzeige zu berichtigen, muß prüfen, ob die Absendung der fehlerhaften Ausführungsanzeige eine Haftung gemäß den §§ 280, 311 Abs. 2 BGB begründet.

[226] *Schmidt-Rimpler* (Fn 4), S. 972; Schlegelberger/*Hefermehl*, HGB, § 384 Rn 65 **aA** RGZ 94, 67.

II. Abwicklung des Ausführungsgeschäfts

§ 383 sieht die charakteristische Hauptpflicht des Kommissionärs auf den Abschluß eines Ausführungsgeschäfts gerichtet. Dies impliziert die Pflicht zur Abtretung bzw. Übereignung der erworbenen Gegenstände. Durch Vertrag kann jedoch ohne weiteres ein Mehr an Tätigkeit übernommen werden.[227] Dazu gehört vor allem die Abwicklung (Durchführung) des abgeschlossenen Geschäfts, wie die Abnahme der Ware, Versendung des Gutes an den Kommittenten bei der Einkaufskommission sowie die Übereignung des Kommissionsgutes an den Dritten, Einziehung des Kaufpreises bei der Verkaufskommission. Diese Erweiterung der Kommissionärspflichten prägt die meisten Kommissionsverhältnisse; denn der Kommittent will in der Regel wegen seiner Marktferne[228] oder geschäftlichen Unerfahrenheit nicht die Mühe auf sich nehmen, sich selbst um die Abwicklung des Ausführungsgeschäfts zu kümmern.[229] Besonders deutlich wird dies bei der Kommissionsagentur (§ 383 Rn 58 ff). Eine ähnliche Interessenkonstellation findet sich dort, wo der Kommissionär die Rolle eines Strohmannes spielt. Andererseits möchte auch der Kommissionär vielfach dem Dritten nicht seine Position aufdecken oder dem Kommittenten seine Geschäftsverbindungen verraten. Daraus ergibt sich, daß der Kommissionsvertrag normalerweise selbst dann, wenn in ihm nicht von Abwicklung die Rede ist, dahin ausgelegt werden muß, daß der Kommissionär das Ausführungsgeschäft abzuwickeln hat.[230] Dies impliziert nur ausnahmsweise[231] eine gerichtliche Durchsetzung der Ansprüche aus dem Ausführungsgeschäft. Ist der Kommissionär nicht zur gerichtlichen Durchsetzung der Ansprüche aus dem Ausführungsgeschäft verpflichtet, so braucht er auch nicht zu untersuchen, ob der Dritte die Erfüllung zu Recht verweigert.[232] Er kann sich darauf beschränken, den Kommittenten über die Weigerung zu unterrichten und ihm die für die Durchsetzung des Anspruchs erforderlichen Informationen zu geben. Anders ist die Situation, wenn der Kommissionär keine Detailinformationen erteilt und sich darauf beschränkt, mitzuteilen, daß der Dritte das Ausführungsgeschäft storniert hat. Dann ist der Kommissionär gehalten, den Anspruch in angemessenem Umfang[233] zu prüfen[234] und bei hinreichenden Erfolgsaussichten gerichtlich zu verfolgen. **71**

Das Ausmaß der Abwicklungspflichten orientiert sich am Maßstab eines ordentlichen Kaufmannes und den erkennbaren Interessen des Kommittenten. Auch im Abwicklungsstadium unterliegt der Kommissionär der **Treuepflicht** (Rn 5).[235] Manchmal kann die dem Kommissionär nach Abschluß des Ausführungsgeschäfts obliegende Tätigkeit Gegenstand eines **besonderen Vertrages** sein; z.B. eines Speditionsvertrages oder Lagergeschäfts, insbesondere eines Depotgeschäfts.[236] **72**

---

[227] *Roth*, in Koller/Roth/Morck, HGB § 384 Rn 2; Baumbach/*Hopt*, HGB, § 384 Rn 4.

[228] Z.B. Effektenkommission; MünchKomm-HGB/*Häuser*, § 384 Rn 6.

[229] MünchKommHGB/*Häuser*, § 384 Rn 6.

[230] MünchKommHGB/*Häuser*, § 384 Rn 6; Heymann/*Herrmann*, HGB, § 384 Rn 2; *Schmidt-Rimpler* (Fn 4), S. 662.

[231] Generell ablehnend Heymann/*Herrmann*, HGB, § 384 Rn 2.

[232] **Abw.** *Fleckner*, WM 2011, 585 (594) zur Effektenkommission.

[233] Das LG Nürnberg-Fürth, WM 2007, 2374 hält bei „Mistrades" allenfalls eine Plausibilitätsprüfung für geboten; krit. *Fleckner*, WM 2011, 585 (594).

[234] OLG Frankfurt, WM 2009, 1032, das prüft, ob die Stornierung der Aufträge des Kommittenten als „Mistrades" schuldhaft erfolgten.

[235] Heymann/*Herrmann*, HGB, § 384 Rn 2.

[236] MünchKommHGB/*Häuser*, § 384 Rn 6; *Schmidt-Rimpler* (Fn 4), S. 663.

73 Auch dort, wo die Abwicklung **dem Kommittenten obliegt,** darf sich der Kommissionär nach Abschluß des Ausführungsgeschäfts nicht immer darauf beschränken, lediglich die erlangten Ansprüche abzutreten (Rn 71). Er hat unter Umständen die Gestaltungsrechte auszuüben, die nicht an den Kommittenten abgetreten werden können. Dazu zählt das Anfechtungsrecht. Das Recht auf Minderung sowie gesetzliche Rücktrittsrechte können hingegen zusammen mit der Forderung aus dem Ausführungsgeschäft auf den Kommittenten übertragen werden[237] und brauchen deshalb in der Abwicklungsphase nicht notwendig vom Kommissionär wahrgenommen zu werden.

III. Herausgabe des Erlangten

74 **1. Anwendungsbereich.** § 384 Abs. 2 2. HS, demzufolge der Kommissionär dasjenige herauszugeben hat, was er aus der Geschäftsführung erlangt hat, wiederholt letztlich für das Kommissionsrecht die für sämtliche Geschäftsbesorgungsverträge gültige Regelung der §§ 675 Abs. 1, 667 BGB. Sie spiegelt wider, daß der Kommissionär interessenwahrend auf Rechnung des Kommittenten handelt.[238] Die Herausgabepflicht ist somit wesentlicher Bestandteil eines jeden Geschäftsbesorgungsverhältnisses; sie prägt daher die spezifische Treuepflicht des Geschäftsbesorgers[239] und ist entgegen verbreiteter Ansicht Teil der im Synallagma stehenden Pflichten (Rn 119 f). Die Herausgabepflicht trifft in erster Linie den normalen Kommissionär, der ein Ausführungsgeschäft abzuschließen hat; sie kann aber auch bei Kommissionen, die durch Selbsteintritt ausgeführt worden sind, relevant werden; z.B. im Hinblick auf den vom Kommittenten gewährten Vorschuß.

75 **2. Inhalt und Umfang der Herausgabepflicht.** Herauszugeben ist zunächst alles, was der Kommissionär unmittelbar „aus“[240] dem Ausführungsgeschäft[241] sowie aus den auf Rechnung des Kommittenten getätigten Nebengeschäften erlangt hat. Das heißt, daß der Kommissionär die **durch das Ausführungsgeschäft begründeten Forderungen** auf den Kommittenten zu übertragen hat. Dabei ist es unerheblich, ob diese Forderungen zu den Leistungsansprüchen oder zu den Schadensersatzforderungen, Ansprüchen auf Zahlung einer Vertragsstrafe, etc. gehören. Das Ausführungsgeschäft kann nichtig sein, ohne daß dies den Herausgabeanspruch berührt.[242] Sind die Ansprüche durch Vertragsänderungen modifiziert worden, so sind die modifizierten Forderungen herauszugeben. Gleiches gilt für die einem Vergleich entstammenden Forderungen. Gestaltungsrechte sind ebenfalls, soweit sie übertragbar sind, an den Kommittenten zu transferieren.[243] Auch die für die Durchsetzung der Forderungen und Rechte notwendigen Beweisurkunden muß der Kommissionär an den Kommittenten herausgeben. Dagegen ertreckt sich die Herausgabepflicht nicht auf die vom Kommissionär hinsichtlich seiner Beziehungen zum Kommittenten angefertigten Geschäftsunterlagen, mag der Kommittent darauf auch eine Unterschrift geleistet haben (**a.A.** LG Berlin v. 6.11.2009 – 4 O 56/09 [zit. nach juris]). Keiner Herausgabepflicht unterliegen Informationen, die der Kommittent dem Kommis-

---

[237] BGH, NJW 1973, 1793; 1985, 2640.
[238] Oetker/*Martinek*, HGB, § 384 Rn 30; *Kumpan*, in: Perspektiven des Wirtschaftsrechts, S. 33, 37.
[239] MünchKommHGB/*Häuser*, § 384 Rn 65.
[240] Wortlaut des § 384 Abs. 2, HS 2, Alt. 2.
[241] Zur Frage der Zuordnung von Ausführungsgeschäften, § 383 Rn 141 ff.
[242] Schlegelberger/*Hefermehl*, HGB, § 384 Rn 37.
[243] MünchKommHGB/*Häuser*, § 384 Rn 68; *Roth*, in Koller/Roth/Morck, HGB § 384 Rn 17; *Krüger* (Fn 2), § 384 Rn 24.

sionär gegeben hat. Zur Herausgabepflicht von Entschädigungsleistungen einer Versicherung s. OLG Koblenz MDR 1967, 770.

Die Herausgabepflicht aus § 384 Abs. 2 2. HS bezieht sich ferner auf das **Kommissionsgut**, das der Kommissionär im Rahmen einer Verkaufskommission **nicht veräußern konnte**, sowie auf nicht verbrauchte **Vorschüsse**.[244] Eine Ausnahme von dieser Regel gilt dort, wo der Kommissionär ein noch nicht verbrauchtes Recht auf Ausführung der Kommission besitzt.[245] **Bereicherungsansprüche**, die dem Kommissionär im Rahmen des Ausführungsgeschäfts gegen den Dritten erwachsen sind, braucht er dann nicht herauszugeben, wenn die rechtsgrundlose Zahlung an den Dritten aus der Perspektive des Kommissionsverhältnisses schuldhaft erfolgt ist und die Zahlung deshalb nicht als Aufwendung anzusehen ist.[246] **Nutzungen** (§ 100 BGB)[247] des Kommissionsgutes, der Vorschüsse oder sonstiger im Rahmen der Kommission erlangter Gegenstände sind gleichfalls an den Kommittenten abzuführen, unabhängig davon, ob sie mit dem Willen des Kommittenten oder gegen seinen Willen gezogen worden sind. Haben Kommissionär und Kommittent **Mindestpreise** vereinbart, so entspringt der Anspruch, soweit er das tatsächlich Erlangte übersteigt, unmittelbar dieser Vereinbarung.[248] Lieferte der Kommittent mangelhafte Ware, so stehen dem Kommissionär in Hinblick auf die Mindestpreisgarantie analog §§ 434 ff BGB die Rechte zum Rücktritt oder zur Minderung, gegebenenfalls auch auf Lieferung mangelfreien Kommissionsgutes zu. Hingegen braucht sich der Kommittent, der mangelhafte Ware geliefert hat, nicht den Einwand unzulässiger Rechtsausübung entgegenhalten und auf die tatsächlich beim Verkauf erzielten Erlöse verweisen zu lassen.[249] 76

Im übrigen soll der Kommissionär nach verbreiteter Ansicht jede Zuwendung oder sonstigen Vorteil herausgeben müssen, der mit der Geschäftsbesorgung **in innerem Zusammenhang** steht[250]. Dabei soll es für die Frage des „inneren Zusammenhanges" keine Rolle spielen, ob die Zuwendung nur dem Kommissionär persönlich zufließen sollte, sofern die Besorgnis bestand, der Kommissionär könnte durch die Zuwendung veranlaßt werden, die Interessen des Kommittenten außer acht zu lassen.[251] Unerheblich sei es auch, ob dem Kommittenten als Auftraggeber ein Schaden als Folge schlechter Geschäftsbesorgung entstanden sei. 77

Das Kriterium des „inneren Zusammenhanges" ist allerdings recht **konturenlos**.[252] Es besteht die Gefahr, daß es beliebig ausgefüllt wird. So wird denn auch vertreten, daß der Kommissionär Schmiergelder, die ein Dritter dem Kommissionär zuwendet, um einen für 78

---

244 **AA** MünchKommHGB/*Häuser*, § 384 Rn 67 (§§ 675 Abs. 1, 667 BGB).

245 *Schmidt-Rimpler* (Fn 4), S. 691.

246 **Abw.** MünchKommHGB/*Häuser*, § 384 Rn 69; *Schmidt-Rimpler* (Fn 4), S. 684.

247 MünchKommHGB/*Häuser*, § 384 Rn 68; *Roth*, in Koller/Roth/Morck, HGB § 384 Rn 17.

248 OLG Frankfurt, WM 1967, 219.

249 **AA** OLG München, BB 1960, 642.

250 RGZ 99, 31; 164, 98; BGH NJW 1963, 649 f; 1982, 1752; 2000, 2669 (2672); NJW-RR 1992, 560 (561); OLG Koblenz MDR 1967, 770; *Canaris*, Handelsrecht, § 30 Rn 31; MünchKommHGB/*Häuser*, § 384 Rn 68, 70, § 387 Rn 4 ff; *Krüger* (Fn 2), § 384 Rn 25; Heymann/*Herrmann*, HGB, § 384 Rn 18; Oetker/*Martinek*, HGB, § 384 Rn 35; Schlegelberger/*Hefermehl* HGB, § 384 Rn 36.

251 BGH, NJW 1991, 1224; 2000, 2669 (2672); NJW-RR 1987, 1830; MünchKommHGB/*Häuser*, § 384 Rn 70; *Krüger* (Fn 2), § 384 Rn 25.

252 *Hadding*, ZIP 2008, 529 (531). Für eine weite Interpretation des Kriteriums des „inneren Zusammenhangs", *Kumpan*, in: Perspektiven des Wirtschaftsrechts, S. 33, 39. In diese Richtung auch BGH, 2000, 2669 (2672).

sich vorteilhafteren Kontrakt zu erzielen, gemäß § 384 Abs. 2 herausgeben soll, während etwa eine Bank als Kommissionärin Bonifikationen soll behalten dürfen, die ihr vom Emittenten für die Emission und den Vertrieb von Wertpapieren ausgezahlt werden (Rn 48).

79 *Schmidt-Rimpler*[253] sucht die Reichweite der Herausgabepflicht gemäß § 384 Abs. 2 dadurch schärfer zu umreißen, daß er zwischen Herausgabe des dem Kommissionär als Geschäftsbesorger Zugewandten und dem Problemkreis „interessenschädigendes Verhalten" des Kommissionärs trennt. Die Frage, ob dem Kommissionär etwas zugeflossen sei, das die **Besorgnis einer Vernachlässigung** der Kommittenteninteressen begründe, sei im Rahmen des § 384 Abs. 2 völlig **irrelevant**. Sie sei vielmehr schadensersatzrechtlich in dem Sinne zu beantworten, daß der Kommissionär überall dort, wo er sich mit schlechteren Konditionen des Ausführungsgeschäfts zufrieden gegeben habe, Schadensersatz leisten müsse.[254] Der Anspruch des Kommittenten belaufe sich hierbei der Höhe nach in der Regel mindestens auf die dem Kommissionär zugeflossenen Zuwendungen.[255] Wo der Kommissionär trotz der Annahme eines Vorteils bei der Ausführung der Kommission die Interessen des Kommittenten optimal wahrgenommen habe, hänge die Herausgabepflicht aus § 384 Abs. 2 davon ab, ob der Kommissionär die Zuwendung „in Ausführung" oder lediglich „persönlich anläßlich der Ausführung" erhalten habe. Ersteres sei immer dann zu bejahen, wenn der wesentliche Rechtfertigungsgrund der Zuwendung objektiv darin liege, daß der Kommissionär das Geschäft so abgeschlossen oder durchgeführt habe, wie er es tatsächlich im Hinblick auf Gegenleistung, Umfang, Zeitpunkt, Tatsache des Abschlusses getan habe. Derartige Zuwendungen müsse der Kommissionär gemäß § 384 Abs. 2 herausgeben. Zuwendungen, deren wesentlicher Rechtfertigungsgrund ein auf die Person des Kommissionärs bezogener Umstand bilde, der außerhalb des bloßen Abschlusses oder der bloßen Durchführung liege, dürfe der Kommissionär hingegen behalten. Diese Theorie hat jedoch die Schwäche, daß nicht ganz klar ist, was im Rahmen einer von subjektiven Äquivalenzerwägungen getragenen Vereinbarung mit Rechtfertigungsgrund gemeint ist. Interpretiert man ihn mit „causa", so hat das etwa zur Folge, daß der Kommissionär einen Gesamtumsatzbonus oder einen Großhandelsfunktions-Bonus, mit dem der Dritte die Ausübung von Großhandelsfunktionen belohnt, nicht abzuführen bräuchte.

80 Im Ansatz ist *Schmidt-Rimpler* zuzustimmen, daß zwischen den normalen Herausgabepflichten, die dem § 384 Abs. 2 entspringen, und den Fällen, in denen der Kommissionär durch Handeln auf eigene Rechnung seine Pflichten verletzt, zu unterscheiden ist. Man hat diesen Ansatz jedoch dadurch zu modifizieren, daß man die **Pflicht des Kommissionärs, die Interessen des Kommittenten zu wahren, ins Vorfeld der Interessengefährdung** verlagert und bei Pflichtverstößen dem Kommittenten einen Herausgabeanspruch in Analogie zu den §§ 61 Abs. 1 2. Alt., 113 Abs. 1 2. Alt. HGB, 88 Abs. 2 S. 2 AktG eröffnet.[256] Diese Interessengefährdung entfällt, wenn der Kommissionär den Kommitten-

---

[253] *Schmidt-Rimpler* (Fn 4), S. 685 ff.

[254] So auch *Hadding*, ZIP 2008, 529 (538).

[255] Ähnlich *Assmann*, ZBB 2008, 21 (31): Schadensersatzansprüche wegen der Verletzung von Aufklärungspflichten über Interessenkonflikte schließen die Ansprüche auf Herausgabe der den Interessenkonflikt auslösenden Zuwendungen aus, falls ein Schadensersatzanspruch auf Rückabwicklung des Vertrages geltend gemacht wird.

[256] OLG Stuttgart, ZIP 2011, 803 (805); MünchKommHGB/*Häuser*, § 384 Rn 70; *Kumpan*, in: Perspektiven des Wirtschaftsrechts, S. 33, 39; Oetker/*Martinek*, HGB, § 384 Rn 35. Vgl. ferner *Mülbert*, ZHR 172 (2008), 170 (199 [Analogie zu § 384 Abs. 2]; WM 2009, 481, (484) m. Nachw.

ten bei Vertragsschluß über die ihm zufließenden Zuwendungen nach Art *und* Höhe tatsächlich[257] ausreichend aufgeklärt hat[258], dieser die Zuwendungen kennen mußte oder mit dem Kommittenten vereinbart hat, daß die interessengefährdenden Zuwendungen beim Kommissionär verbleiben sollen.[259] Etwaige Einschränkungen der Aufklärungspflicht, sei es vertraglicher oder gesetzlicher Natur, lassen allerdings die Herausgabepflicht nicht ohne weiteres entfallen.

Fehlt es an einer Interessengefährdung, so hat der Kommissionär die Vorteile an den Kommittenten zu transferieren, deren **causa in dem Ausführungsgeschäft** liegt. Dies ist überall dort zu vermuten, wo der Kommittent die gleichen Zuwendungen erhalten hätte, wenn er mit den Marktkenntnissen und Fähigkeiten, die der Kommissionär besitzt, das Geschäft getätigt hätte.[260] **81**

Schwieriger sind die Fälle zu entscheiden, in denen der **Dritte ein eigenes Interesse daran hatte, daß der Kommissionär bestimmte Mittlerfunktionen** erfüllt (z.B. Großhandels-Bonus). Zur Lösung dieses Problems hat man davon auszugehen, daß der Kommissionär, soweit dies zur Ausführung der Order erforderlich ist, seine gesamten Mittlerfunktionen in den Dienst des Kommittenten zu stellen hat.[261] *Schmidt-Rimpler* (S. 686) spricht hier zu Recht davon, daß dem Kommittenten die geschäftlichen Beziehungen des Kommissionärs zugute kommen sollen. Für die Bereitstellung der Mittlerfunktionen erhält der Kommissionär Provision und Aufwendungsersatz. Wenn nun der Kommissionär alle seine Mittlerfunktionen zur Förderung der Interessen des Kommittenten einsetzen soll, so spricht auch die Vermutung dafür, daß der Kommissionär in Fällen, in denen der Partner des Ausführungsgeschäfts die dem Kommittenten geschuldeten Mittlerdienste belohnt, die Zuwendungen auf Rechnung des Kommittenten in Empfang nimmt.[262] Daraus folgt, daß der Kommissionär normalerweise die ihm von Dritten gewährten Funktionsrabatten gleichwertigen Funktions-Boni an den Kommittenten (anteilig) abzuführen hat. Sollte der Kommissionär in Einzelfällen nachweisen können, daß ihm die Boni auf eigene Rechnung zufließen sollten,[263] so entfällt damit nicht immer die Herausgabepflicht. Boni, durch die eine bestimmte Ausübung von Mittlerfunktionen belohnt wird und die ausschließlich dem Kommissionär zufließen sollen, begründen häu- **82**

---

[257] *Assmann*, ZBB 2008, 21 (31). Die Existenz einer Aufklärungspflicht genügt nicht (*Rothenhöfer*, in: Perspektiven des Wirtschaftsrechts, S. 55, 79; **abw.** *Mülbert*, ZHR 172 [2008], 170 (201 f); WM 2009, 481, [485 ff]).

[258] *Hadding*, ZIP 2008, 529 (534 ff; *Mülbert*, WM 2009, 481, (485); **aA** Baumbach/*Hopt*, HGB, § 384 Rn 9; *Rothenhöfer*, in: Perspektiven des Wirtschaftsrechts, S. 55, 80; *Kumpan*, in: Perspektiven des Wirtschaftsrechts, S. 33, 47, die im Widerspruch zu den allgemeinen Regeln des Vertragsschlusses eine ausdrückliche Abbedingung des dispositiven Rechts fordern. Die entscheidende Frage ist, ob mit der Aufklärung die Interessengefährdung des Kommittenten entfällt (dazu oben Rn 46).

[259] Damit wird eine Einschränkung der Interessenwahrungspflicht vereinbart. Vgl. BGH, NJW-RR 1991, 483 (484); *Hadding*, FS Nobbe, S. 565 (571).

[260] MünchKommHGB/*Häuser*, § 384 Rn 73; **abw.** wohl *Mülbert*, ZHR 172 (1978), 170 (195).

[261] *Canaris*, Handelsrecht, § 30 Rn 31; MünchKommHGB/*Häuser*, § 384 Rn 73; *Krüger* (Fn 2), § 384 Rn 25; **aA** *Roth*, in Koller/Roth/Morck, HGB § 384 Rn 17; Mülbert, ZHR 172 (2008), 170 (196).

[262] Unerheblich ist es deshalb, daß der Kommissionär die Leistungen des Dritten mit Rechtsgrund erhält und im Verhältnis zum Dritten behalten darf. So zutr. *Kumpan*, in: Perspektiven des Wirtschaftsrechts, S. 33, 43; **aA** *Mülbert*, ZHR 172 (1978), 170 (196 f).

[263] Davon geht *Hadding*, ZIP 2008, 529 (537) aus.

fig den Verdacht interessenwidrigen Verhaltens. Es gehört zu den Pflichten des Kommissionärs, einen derartigen Verdacht durch Weiterleitung der empfangenen Vorteile nicht entstehen zu lassen.[264] Handelt der Kommissionär dem zuwider, so kann der Kommittent – mangelnde Aufklärung unterstellt - mit einem Schadensersatzanspruch vorgehen oder in Analogie zu den §§ 61 Abs. 1 2. Alt., 113 Abs. 1 2. Alt. HGB, 88 Abs. 2 S. 2 AktG die Überführung des Erlangten an sich fordern[265]. Demnach darf der Kommissionär eine Zuwendung, die mit seiner Tätigkeit als Handelsmittler in Zusammenhang steht, nur dann für sich behalten, wenn augenscheinlich jeder Bezug zu konkreten gegenwärtigen oder zukünftigen Ausführungsgeschäften fehlt.

83 3. **Einzelfälle.** Macht der Partner des Ausführungsgeschäfts an den Kommissionär Zuwendungen, so hat dieser sie regelmäßig aufgrund § 384 Abs. 2 oder in Analogie zu der Regelung des Wettbewerbsverbotes herauszugeben (Rn 80). Eindeutig dem § 384 Abs. 2 unterfällt der Mengen-Bonus, der für die Abnahme einer größeren Menge gewährt wird. Dies gilt auch dann, wenn der Kommissionär die Aufträge mehrerer Kommittenten zusammengefaßt hatte; denn zu den Mittlerfunktionen des Kommissionärs gehört die Bündelung von Aufträgen ebenso wie bei einem Großhändler die Verteilerfunktion.[266] Daraus folgt, daß der Kommissionär auch Großhandels-Boni herauszugeben hat (Rn 82). Gleiches gilt für Gesamtumsatz-Boni, die einerseits die Machtposition des Kommissionärs auf dem Markt belohnen, andererseits einen Anreiz für die Konzentration der Aufträge bei dem Geschäftspartner, der den Bonus in Aussicht stellt, schaffen sollen. Hier wird die Mittlerposition des Kommissionärs ebenso angesprochen wie bei Zuwendungen, die dem Kommissionär als „gutem Kunden" gewährt werden.[267] Nicht anders liegt es, wenn, wie in dem vom KG entschiedenen Fall, gerade Hamburger Kaufleuten die Kaigelder vergütet werden; denn es fiele völlig aus dem Rahmen der Geschäftsgepflogenheiten, wenn Kaufleute anderen Kaufleuten Zuwendungen ausschließlich wegen deren Herkunft machen würden. Es kann dahinstehen, warum gerade Hamburger Kaufleute bevorzugt werden sollten; jedenfalls geschah dies sicherlich auch deshalb, weil die Geschäftspartner gerade als Mittler in Hamburg ansässig waren.[268]

84 Ferner wird die Mittlerposition des Kommissionärs tangiert, wenn er vom Emittenten **Bonifikationen, Vertriebs- oder Bestandsprovisionen** für den Vertrieb von Wertpapieren erhält.[269] Eine Ausnahme ist nur dort zuzulassen, wo mit Hilfe von Bonifikationen der Kommissionär motiviert werden soll, mit einer bestimmten Schicht von Kommittenten (z.B. Spekulanten) nicht zu kontrahieren. Allerdings muß dann die Bonifikation nach Art und Höhe mit diesem Ziel im Einklang stehen[270]. Herauszugeben hat der Kommissionär ferner **Zugaben** sowie die durch die Eröffnung eines Kassakontos entstehenden Vorteile.[271]

---

[264] *Koller* BB 1978, 1737; *Kumpan*, in: Perspektiven des Wirtschaftsrechts, S. 33, 43; ebenso in der Tendenz Oetker/*Martinek*, HGB, § 384 Rn 35; einschr. MünchKommHGB/*Häuser*, § 387 Rn 7. Vgl. auch BGH, NJW 2000, 2669, 2672 m. Nachw. zu § 667 BGB.

[265] So i.E. auch RGZ 99, 31; 164, 98; BGH, NJW 1963, 649 f; 1982, 1752.

[266] Vgl. § 31c HGB.

[267] Vgl. *Schmidt-Rimpler* (Fn 4), S. 686.

[268] **AA** KG, LZ 1909, 330; *Schmidt-Rimpler* (Fn 4), S. 686.

[269] *Krüger* (Fn 2), § 384 Rn 26; *Roth*, in Koller/Roth/Morck, HGB § 384 Rn 17 (unter Umständen); in: Perspektiven des Wirtschaftsrechts, S. 33, 39; Oetker, HGB, § 384 Rn 35; **aA** MünchKommHGB/*Häuser*, § 384 Rn 73, § 387 Rn 6.

[270] *Koller*, BB 1978, 1739; **aA** die hM, Schlegelberger/*Hefermehl*, HGB, § 384 Rn 36 m. Nachw.

[271] *Schmidt-Rimpler* (Fn 4), S. 689.

Schmiergelder hat der Kommissionär in Analogie zu den §§ 61 Abs. 1 2. Alt., 113 Abs. 1 2. Alt. HGB, 88 Abs. 2 S. 2 AktG an den Kommittenten zu überführen[272]. Der Kommittent ist hierbei als Verletzter im Sinne des § 73 Abs. 1 S. 2 StGB anzusehen, so daß das Schmiergeld nicht zugunsten des Staates für verfallen erklärt werden darf.[273] 85

Hat der Kommissionär Zuwendungen erhalten, die ihm der Dritte z.B. aus **persönlicher Freundschaft** gewährt hat, so braucht er sie nicht herauszugeben.[274] Derartige Konstellationen werden freilich nur selten auftauchen; denn in aller Regel hat der Dritte ein eigenes Interesse an der Mittlerposition des Kommissionärs und an der daraus resultierenden Chance, günstige Aufträge zu erhalten. Großzügiger kann man sein, falls ein **Vierter dem Kommissionär Zuwendungen** macht. Zu denken ist etwa an Subventionen, die dem Kommissionär die Fortführung seines Geschäfts ermöglichen sollen. Hier fehlt der Bezug auf konkrete Ausführungsgeschäfte mit bestimmten Geschäftspartnern zu bestimmten Konditionen. 86

Immer können die **Parteien vereinbaren**, daß der Kommissionär Zuwendungen behalten darf, die ihm mit Rücksicht auf seine besonderen Geschäftsbeziehungen zum Dritten zufließen, selbst wenn sie die Interessenwahrung gefährden.[275] 87

Aus § 31d WpHG kann man die Wertung ableiten, daß der Kommissionär bei Wertpapierdienstleistungen Zuwendungen, die er nach dieser Vorschrift entgegennehmen darf und über die er pflichtgemäß aufgeklärt hat, behalten darf, weil § 31d WpHG den Schutz der Kommittenten im Effektengeschäft auf eine rudimentäre Aufklärung verkürzt, sofern im übrigen die Voraussetzungen dieser Vorschrift erfüllt sind.[276] 88

4. **Art und Weise der Herausgabe.** Der Kommissionär hat das Erlangte so herauszugeben, wie er es erhalten hat.[277] Hat er für den Kommittenten Gattungsobjekte besorgt, so hat er die ihm vom Dritten gelieferten Sachen – gegebenenfalls nach Aussonderung – an den Kommittenten zu übereignen. Er besitzt kein Austauschrecht[278]. Dies gilt grundsätzlich auch bei vertretbaren Sachen, so daß ein sog. Depotfixen schadensersatzpflichtig macht. Hierbei sollte man auch in den Fällen keine Ausnahme zulassen, in denen der Kommissionär jederzeit zur Lieferung anderer Stücke in der Lage ist; denn durch die Verwendung des Kommissionsgutes zu eigenen Zwecken steigt immer das Risiko einer Veruntreuung[279]. – Bei dem für Effektenkommissionen typischen Selbsteintritt 89

---

[272] So i.E. auch BGH, NJW 2001, 2476 (2477); NJW-RR 1992, 560 (561); WM 1988, 1320 (1321); NJW 1963, 649 f; 1982, 1752; Baumbach/*Hopt*, HGB, § 384 Rn 9; MünchKommHGB/*Häuser*, § 384 Rn 70; *Roth*, in Koller/Roth/Morck, HGB § 384 Rn 17; Heymann/*Herrmann*, HGB, § 384 Rn 18; Oetker/*Martinek*, HGB, § 384 Rn 35.

[273] MünchKommHGB/*Häuser*, § 384 Rn 71; Schlegelberger/*Hefermehl*, HGB, § 384 Rn 36; **aA** BGHZ 39, 1.

[274] *Krüger* (Fn 2), § 384 Rn 25.

[275] *Krüger* (Fn 2), § 384 Rn 26; *Hadding*, FS Nobbe, S. 565 (572 [auch zu § 307 BGB]).

[276] Zum Streitstand vgl. LG Kiel, WM 2011, 1228; *Mülbert*, ZHR 172 (2008), 170 ff; WM 2009, 481, (485); *Kumpan*, in: Perspektiven des Wirtschaftsrechts, S. 33, 50 f; *Assmann*, ZBB 2008, 21 (31); *Rothenhöfer*, in: Perspektiven des Wirtschaftsrechts, S. 55, 78 ff; *Starke*, in Kümpel/Wittig, Bank- und Kapitalmarktrecht, Rn 17.60.

[277] MünchKommHGB/*Häuser*, § 384 Rn 74; Oetker/*Martinek*, HGB, § 384 Rn 37; Baumbach/*Hopt*, HGB, § 384 Rn 10.

[278] RGZ 53, 363 (369 f); Baumbach/*Hopt*, HGB, § 384 Rn 10; Schlegelberger/*Hefermehl*, HGB, § 384 Rn 39 m. Nachw.

[279] **AA** RGZ 73, 244; MünchKommHGB/*Häuser*, § 384 Rn 75; *Schmidt-Rimpler* (Fn 4), S. 678 m. Nachw.

besteht freilich im Hinblick auf das Deckungsgeschäft keine Herausgabepflicht, sondern nur eine normale Lieferpflicht.

90 Ist **Buch- oder Bargeld** herauszugeben, so wird es jedoch meist im Sinne des Vertrages liegen, daß nur ein entsprechender Geldbetrag – zumeist im Wege des bargeldlosen Zahlungsverkehrs – geleistet werden muß. Die eingezogenen Geldbeträge dürfen dann aber nicht mit eigenem Geld vermischt oder auf ein eigenes, allgemeines Konto eingezahlt werden, wenn dadurch der Herausgabeanspruch des Kommittenten gefährdet wird.[280] Sind Waren oder Effekten im Ausland verkauft worden und sind die Erlöse in ausländischer Währung angefallen, so hängt es von den Umständen des Einzelfalles ab, ob der Kommissionär seine Herausgabepflicht in deutscher oder in ausländischer Währung zu erfüllen hat.[281] Dort, wo mit erheblichen Schwankungen der Wertrelationen zwischen den Währungen zu rechnen ist, ist angesichts des Umstandes, daß der Kommissionär auf Rechnung des Kommittenten handeln soll, davon auszugehen, daß im Zweifel die Fremdwährung herauszugeben ist. Das schließt nicht aus, daß zu den Abwicklungspflichten des Kommissionärs auch der Umtausch der Fremdwährung in deutsche Währung nach Weisung des Kommittenten gehört. Kraft der allgemeinen Pflicht zur Interessenwahrung kann der Kommissionär gehalten sein, den Kommittenten vor einer Entwertung des Erlöses zu bewahren.

91 **Forderungen** hat der Kommissionär so herauszugeben, wie er sie erlangt hat, es sei denn, es gehört zu seinen Aufgaben, die Forderungen einzuziehen. Hat sich die ursprüngliche Forderung in eine Schadensersatzforderung verwandelt, so ist diese an den Kommittenten zu übertragen.[282] Gleiches gilt, wenn das Ausführungsgeschäft nachträglich, z.B. durch Vergleich, Gleitklausel, abgeändert worden ist. Die Herausgabepflicht darf der Kommissionär nicht dadurch vereiteln, daß er über die Forderungen ohne Zustimmung des Kommittenten verfügt.[283] Zu den Folgen einer rechtswidrigen Verfügung s. § 392 Rn 26 f.

92 Die Herausgabepflicht wird, je nachdem, was herauszugeben ist, durch bloße Übertragung des Besitzes, Übereignung (§ 383 Rn 170 ff), Zession, Indossament erfüllt. Bei der **Effektenkommission** sind ferner die Vorschriften der §§ 18 ff DepG zu beachten.

93 **5. Zeitpunkt der Herausgabe und Erfüllungsort.** Die Herausgabe hat **unverzüglich** zu erfolgen, sofern die Parteien nichts Besonderes vereinbart haben.[284] Der Kommissionär braucht seiner Pflicht nur Zug um Zug gegen Erstattung der Aufwendungen sowie Zahlung der Provision nachzukommen (§ 273 BGB; gegebenenfalls § 320 BGB). Von einer vorherigen Rechnungslegung hängt der Herausgabeanspruch nicht ab; er kann deshalb zusammen mit der Klage auf Rechnungslegung insbesondere im Weg der Stufenklage geltend gemacht werden (§ 254 ZPO). Sondervorschriften über den Zeitpunkt der Herausgabe enthalten für die Effektenkommission die §§ 18 ff DepG. Kommt der Kommittent in Annahmeverzug, so greift § 389 unmittelbar bzw. entsprechend ein.

94 **Erfüllungsort** für die Herausgabepflicht ist mangels besonderer Anhaltspunkte der Geschäftssitz des Kommissionärs (§ 269 BGB).[285] Hat der Kommissionär das Ausführungsgeschäft abzuwickeln, so bestimmt sich der Erfüllungsort danach, wo der Kommis-

---

280 BGH, NJW 1963, 486; Oetker/*Martinek*, HGB, § 384 Rn 39.

281 *Schmidt-Rimpler* (Fn 4), S. 681 f.

282 MünchKommHGB/*Häuser*, § 384 Rn 236.

283 BGH LM Nr. 1 zu § 392 HGB.

284 *Roth*, in Koller/Roth/Morck, HGB § 384 Rn 19.

285 *Krüger* (Fn 2), § 384 Rn 5; *Roth*, in Koller/Roth/Morck, HGB § 384 Rn 19; Oetker/*Martinek*, HGB, § 384 Rn 39.

sionär die vom Dritten geschuldeten Gegenstände erhält. Sendet der Dritte z.B. Ware an den Niederlassungsort des Kommissionärs, so ist dort der Erfüllungsort.[286] Damit ist nicht gesagt, daß die Ware zum Kommissionär auf dessen Gefahr reist; denn das Transportrisiko hat letztlich der Kommittent zu tragen, wenn im Verhältnis Kommissionär – Dritter der § 447 BGB eingreift. Hat der Kommissionär seinerseits die Ware an den Kommittenten weiterzusenden, so gilt im Verhältnis Kommissionär – Kommittent ebenfalls der Rechtsgedanke des § 447 BGB.[287] Weist der Kommissionär den Dritten an, unmittelbar an den Kommittenten zu versenden, so ist im Verhältnis zum Kommissionär als Erfüllungsort dessen Geschäftssitz, nicht die Niederlassung des Dritten.[288] § 270 BGB kann nicht herangezogen werden.[289]

6. Beweislast. Die Beweislast für die Existenz des Herausgabeanspruchs trifft den Kommissionär (nur) insoweit, als es um die Frage geht, ob der Kommissionär überhaupt etwas erlangt hat.[290] **95**

7. Schadensersatzverpflichtung, Rücktrittsrecht. Bei schuldhaften Verletzungen der Herausgabepflicht haftet der Kommissionär auf Schadensersatz (§§ 280 ff BGB). Dies gilt sowohl für den Verzug als auch für die Unmöglichkeit der Herausgabe (Rn 130, 136). Ist ihm die Herausgabe des zunächst Erlangten unmöglich geworden, so kann der Kommittent auch die Herausgabe des als Ersatz Empfangenen oder des Ersatzanspruches fordern (§ 285 BGB). Eine schuldhafte Verletzung der Herausgabepflicht ist z.B. regelmäßig dort zu bejahen, wo der Kommissionär ohne Weisung des Kommittenten einzuholen vom Ausführungsgeschäft zurücktritt oder eine Nachfrist im Sinne des § 281 BGB setzt. Gleiches gilt für eine Anfechtung gemäß §§ 119 ff BGB. Zur Frage, ob der Kommittent wegen Unmöglichkeit der Herausgabe oder der Verletzung von Herausgabepflichten das Ausführungsgeschäft zurückweisen kann, s. § 385 Rn 6 f. Bei der Effektenkommission beachte die §§ 25 ff DepG. Zur Einordnung der Herausgabepflicht ins Synallagma s. Rn 74, 119 f. Ein Rücktrittsrecht steht dem Kommittenten gemäß § 323 BGB selbst dann zu, wenn man die Herausgabepflicht nicht in das Synallagma stellt.[291] **96**

8. Verjährung. Die Verjährung des Herausgabeanspruchs ergibt sich aus den §§ 195, 199 BGB.[292] Das gilt auch für den Kommissionsagenten (§ 383 Rn 58). **97**

9. Verfügungen als Nichtberechtigter. Hat der Verkaufskommissionär eine dem Kommittenten nicht gehörende Sache rechtswirksam veräußert, so kann der frühere Eigentümer den Erlös vom Kommissionär insoweit nicht herausverlangen, als dieser ihn an den Kommittenten abgeführt hatte[293]. Der Kommittent haftet analog § 822 BGB. **98**

---

286 *Schmidt-Rimpler* (Fn 4), S. 789 f.

287 *Schmidt-Rimpler* (Fn 4), S. 690; ebenso i.E. Oetker/*Martinek*, HGB, § 384 Rn 39; Baumbach/*Hopt*, HGB, § 384 Rn 11.

288 MünchKommHGB/*Häuser*, § 384 Rn 15. Im Verhältnis zu dem Dritten ergibt sich der Erfüllungsort aus dem Ausführungsgeschäft.

289 Oetker/Martinek, HGB, § 384 Rn 39.

290 MünchKommHGB/*Häuser*, § 387 Rn 8; *Schmidt-Rimpler* (Fn 4), S. 691 m. Nachw.

291 *Roth*, in Koller/Roth/Morck, HGB § 384 Rn 18.

292 **Abw.** *Canaris*, Handelsrecht, § 30 Rn 40 ff für Ansprüche des Kommittenten bei der Einkaufskommission(§ 438 I Nr. 3 BGB analog), jedenfalls bei der Einkaufskommission mit Werkvertragscharakter (§ 634a Nr. 1 BGB analog).

293 BGH, WM 1967, 394.

E. Die Pflicht, Rechenschaft abzulegen

I. Vorbemerkung

99 Als Geschäftsbesorger hat der Kommissionär gemäß den §§ 675 Abs. 1, 666 BGB über das Geschäft Rechenschaft abzulegen.[294] § 384 Abs. 2 wiederholt dies ausdrücklich. Die Pflicht zur Rechenschaftslegung erstreckt sich dem Wortlaut des § 384 Abs. 2 zufolge auf das Geschäft schlechthin.[295] Darunter ist nicht nur die bis zum Abschluß eines Ausführungsgeschäfts reichende Tätigkeit des Kommissionärs zu zählen, sondern die gesamte Tätigkeit einschließlich der Durchführung der Kommission, der Beförderung des Gutes, der Rückgabe des zum Verkauf überlassenen Guts usw.[296] Auch der Kommissionär, der Delkredere steht oder gemäß § 384 Abs. 2 in Anspruch genommen werden kann, hat grundsätzlich umfassend Rechenschaft abzulegen.[297] Im Falle des Selbsteintritts entfällt die Pflicht zur Rechenschaftslegung nicht ganz; sie wird aber durch den § 400 eingeschränkt (§ 400 Rn 66 ff). Die Pflicht zur Rechenschaftslegung hängt nicht davon ab, ob ein Ausführungsgeschäft zustande kam. Sie setzt auch kein „Verlangen" des Kommittenten voraus, es sei denn, daß ein abweichender Handelsbrauch existiert[298] oder etwas anderes vereinbart worden ist.

II. Die Rechenschaftslegung

100 **1. Umfang der Pflicht.** Der Begriff Rechenschaft umfaßt zum einen die Rechnungslegung und zum anderen die sonstige Rechtfertigung des Verhaltens als Geschäftsbesorger.

101 **2. Die Rechnungslegung.** Die Rechnungslegung wird in § 259 BGB behandelt. Dieser Vorschrift zufolge hat der Kommissionär zunächst eine **geordnete Zusammenstellung der Geschäfte sowie der Einnahmen und Ausgaben** vorzulegen (OLG München v. 13.6.2012 – 7 U 3031/11 [Tz. 14; zit. nach juris]). Die Zusammenstellung muß schriftlich erfolgen[299] und den vollen Betrag jeder Einnahme und jeder Aufwendung enthalten. Die einzelnen Posten dürfen nicht saldiert werden, damit der Kommittent die Berechtigung der einzelnen Aufwendungen und die Vollständigkeit der Einnahmen nachprüfen kann.[300] Die Rechnung muß in sich verständlich und übersichtlich sein. Die Rechnungslegung erfolgt pflichtwidrig, wenn sich der Kommittent die Posten erst aus Büchern oder Belegen zusammensuchen muß bzw. wenn wichtige Belege fehlen.[301]

102 Für die in der Zusammenstellung eingesetzten Posten hat der Kommissionär **Belege** vorzulegen, soweit sie verkehrsüblich erteilt werden (§ 259 Abs. 1 BGB).[302] Notfalls hat

[294] MünchKommHGB/*Häuser*, § 384 Rn 52.
[295] *Roth*, in Koller/Roth/Morck, HGB § 384 Rn 15; Oetker/*Martinek*, HGB, § 384 Rn 26.
[296] OLG München v. 18.9.2007 – 5 U 2012/07 (zit. nach juris); MünchKommHGB/*Häuser*, § 384 Rn 52.
[297] MünchKommHGB/*Häuser*, § 384 Rn 53.
[298] MünchKommHGB/*Häuser*, § 384 Rn 52, 55; *Schmidt-Rimpler* (Fn 4), S. 705 f; Schlegelberger/*Hefermehl*, HGB, § 384 Rn 32; **aA** Baumbach/*Hopt*, HGB, § 384 Rn 8.
[299] MünchKommHGB/*Häuser*, § 384 Rn 56.
[300] BGH, LM Nr. 6 zu § 254 ZPO; BGH, WM 1961, 750; *Krüger* (Fn 2), § 384 Rn 20; MünchKommHGB/*Häuser*, § 384 Rn 56; Heymann/*Herrmann*, HGB, § 384 Rn 17.
[301] RGZ 100, 150.
[302] MünchKommHGB/*Häuser*, § 384 Rn 56 f; *Krüger* (Fn 2), § 384 Rn 20.

sich der Kommissionär die Belege nachträglich zu beschaffen. Auch hier gilt der Grundsatz von Treu und Glauben. Unbedeutende oder offensichtlich notwendige Ausgaben braucht der Kommissionär nicht zu belegen. Nach verbreiteter Ansicht muß der Kommissionär die Belege in der Urschrift nur vorlegen, nicht aber an den Kommittenten **herausgeben,** weil der Kommissionär die Urkunden als eigene Beweismittel gegenüber dem Dritten benötige[303]. Dem kann nicht gefolgt werden. Soweit der Kommissionär die Belege nicht mehr als Beweismittel benötigt, bedarf dies keiner Begründung. Eine Herausgabepflicht ist aber auch darüber hinaus zu bejahen. Der Kommissionär ist dadurch zu schützen, daß der Kommittent die Belege aufzubewahren hat, solange der Kommissionär hieran ein Interesse hat. Im übrigen müßte der Kommittent Lasten, die dem Kommissionär infolge Beweisschwierigkeiten entstehen, ohnehin als Aufwendungen ersetzen. Allerdings kann ein Handelsbrauch bestehen, demzufolge der Kommissionär die Belege gar nicht vorzulegen oder jedenfalls nicht herauszugeben braucht. Eine Herausgabepflicht entfällt auch dort, wo der Kommittent an der Herausgabe augenscheinlich kein Interesse hat.

Zur besonderen **Aufbewahrung** der Belege, an deren Herausgabe der Kommittent kein Interesse kundtut, ist der Kommissionär nach deren Vorlage nicht verpflichtet.[304] Hat er sie aber noch im Besitz, so muß er auch später noch dem Kommittenten Einsicht gestatten bzw. sie herausgeben.[305] **103**

Ein genereller Anspruch auf **Einsicht in die Handelsbücher** kann nicht auf die §§ 384 Abs. 2 HGB, 666, 259 BGB gestützt werden.[306] Er kann sich aber ausnahmsweise aus § 810 BGB ergeben, – so, wenn aufgrund bestimmter Tatsachen zu vermuten ist, daß die Rechnungslegung falsch gewesen ist.[307] **104**

War die Rechnungslegung über die Einnahmen formell ordnungsgemäß, waren also die Einnahmen in der richtigen Form zusammengestellt und alle wichtigen Belege vorgelegt worden, so kann der Kommittent keinen Anspruch auf **Ergänzung der Rechnungslegung** mit der Behauptung geltend machen, die Rechnungslegung sei materiell unvollständig oder unrichtig. In dieser Konstellation greift vielmehr § 259 Abs. 2 BGB ein, der den Kommissionär verpflichtet, eine **eidesstattliche Versicherung** abzugeben, wenn Grund zur Annahme besteht, daß die in der Rechnung enthaltenen Angaben nicht mit der erforderlichen Sorgfalt (§ 347) gemacht worden sind.[308] Der Verdacht fahrlässiger Unrichtigkeit kann auch auf die Unvollständigkeit der Rechnungslegung gestützt werden.[309] In Angelegenheiten von geringer Bedeutung besteht diese Pflicht nicht (§ 259 Abs. 3 BGB). In Hinblick auf die Ausgaben kann der Kommittent den Kommissionär nicht zur Abgabe einer eidesstattlichen Versicherung zwingen; denn insoweit trifft den Kommissionär ohnehin die Beweislast für seinen Aufwendungsersatzanspruch. Das gilt dort nicht, wo der Kommissionär Einnahmeposten anführt, von denen bereits – im Verhältnis zum Kommittenten – unberechtigt Ausgaben abgezogen worden sind.[310] **105**

---

303 MünchKommHGB/*Häuser*, § 384 Rn 57; *Roth*, in Koller/Roth/Morck, HGB § 384 Rn 16; Schlegelberger/*Hefermehl*, HGB, § 384 Rn 30; *Schmidt-Rimpler* (Fn 4), S. 707 m. Nachw.

304 *Schmidt-Rimpler* (Fn 4), S. 707.

305 MünchKommHGB/*Häuser*, § 384 Rn 57.

306 *Krüger* (Fn 2), § 384 Rn 20; MünchKommHGB/*Häuser*, § 384 Rn 58; *Roth*, in Koller/Roth/Morck, HGB § 384 Rn 16.

307 MünchKommHGB/*Häuser*, § 384 Rn 57; Heymann/*Herrmann*, HGB, § 384 Rn 17; Schlegelberger/*Hefermehl*, HGB, § 384 Rn 30; i.E. auch Baumbach/*Hopt*, HGB, § 384 Rn 8.

308 BGH, LM Nr. 3, 6 zu § 254 ZPO.

309 BGH, WM 1961, 750.

310 BGH, WM 1961, 750.

106 Die Rechnungslegung durch den Kommissionär enthält in der Regel kein **Schuldanerkenntnis** i.S.d. 781 BGB.[311]

107 Nicht zur Rechnungslegung zählt der **Nachweis über die Erfüllung der Herausgabepflichten** etc.; denn insoweit bedarf der Kommittent keines besonderen Schutzes, weil es Sache des Kommissionärs ist, die Erfüllung seiner Pflichten zu beweisen. Der Kommissionär braucht deshalb keine Quittungen über zurückgegebene Kommissionsware oder über die Abführung der aus dem Verkauf der Kommissionsware erzielten Erlöse vorzulegen.[312]

108 3. **Rechtfertigung des Verhaltens.** Im übrigen hat der Kommissionär alle Umstände offenzulegen, aus denen sich ergibt, wie er die Kommission ausgeführt, wie er das Ausführungsgeschäft abgewickelt hat und gegebenenfalls, warum das Geschäft gescheitert ist.[313] Dazu gehört die genaue Kennzeichnung der abgeschlossenen Verträge nach Vertragspartner(Rn 65), Inhalt und Zeitpunkt sowie die Rechtfertigung, warum der Kommissionär die Vereinbarungen, so wie es geschehen ist, getroffen hat. Freilich ist häufig zur Einsparung von Geschäftsunkosten üblich, daß der Kommissionär zunächst von sich aus nur Rechnung zu legen braucht und erst auf Verlangen des Kommittenten weitere Angaben über die Art und Weise zu machen hat, in der das Geschäft geführt wurde.[314] Eine derartige Verkehrssitte ist öfter auch dort zu finden, wo die Parteien in laufenden Geschäftsbeziehungen stehen. Zum Verzicht auf Rechenschaftslegung s. Rn 113. Ein Zurückbehaltungsrecht wegen eines Gegenanspruchs kann der Kommissionär nicht geltend machen. Er muß selbst dann Rechenschaft ablegen, wenn er dadurch aufdeckt, daß er sich strafbar gemacht hat.[315]

109 Der Kommissionär hat der Pflicht, Rechenschaft abzulegen, persönlich nachzukommen, selbst wenn er in Insolvenz gefallen ist. Nach dem Tod des Kommissionärs trifft die Pflicht seine Erben.[316]

110 4. **Zeitpunkt des Entstehens der Pflicht zur Rechenschaftslegung.** Die Pflicht, Rechenschaft abzulegen, entsteht grundsätzlich in dem Moment, in dem der Kommissionär seine Tätigkeit beendet hat und einen Gesamtüberblick über seine Tätigkeit sowie eine Gesamtzusammenstellung seiner Einnahmen und Ausgaben anfertigen kann.[317] Von einem besonderen Verlangen des Kommittenten ist sie vorbehaltlich einer anderslautenden Vereinbarung oder eines abweichenden Handelsbrauchs nicht abhängig.[318] Stehen die Parteien in laufenden Geschäftsverbindungen, so kann sich aus den Umständen ergeben, daß nur in periodischen Abständen Rechenschaft zu legen ist[319].

111 5. **Erfüllung der Pflicht zu Rechenschaftslegung.** Die Pflicht zur Rechenschaftslegung ist erfüllt, sobald der Kommissionär die Art und Weise seiner Geschäftsführung geschildert und eine Abrechnung vorgelegt hat, die eine Aufstellung der Einnahmen und Ausgaben enthält, mögen auch die Posten saldiert sein.[320] An der Erfüllung fehlt es insbeson-

---

311 OLG Frankfurt, WM 1972, 1474 (1475).
312 AA OLG München v. 18.9.2007 – 5 U 2012/07 (zit. nach juris). Beachte § 390 HGB, 368 BGB.
313 OLG Celle, WM 1974, 736; Baumbach/*Hopt*, HGB, § 384 Rn 8.
314 MünchKommHGB/*Häuser*, § 384 Rn 56.
315 BGHZ 41, 318 (322).
316 MünchKommHGB/*Häuser*, § 384 Rn 54.
317 MünchKommHGB/*Häuser*, § 384 Rn 55.
318 Siehe oben Rn 99.
319 MünchKommHGB/*Häuser*, § 384 Rn 55; *Schmidt-Rimpler* (Fn 4), S. 706; vgl. auch BGH, WM 1976, 868; 1984, 1161 (1165).
320 BGH, LM Nr. 6 zu § 254 ZPO.

dere, falls wichtige Belege fehlen oder die Rechnung augenscheinlich aufgrund falscher Unterlagen aufgemacht worden ist.[321] Bestehen berechtigte Zweifel daran, daß der Kommissionär die Angaben über die Einnahmen mit der erforderlichen Sorgfalt (§ 347) gemacht hat, so kann der Kommittent trotz Erfüllung der Pflicht zur Rechnungslegung eine eidesstattliche Versicherung fordern (Rn 105). Die Angaben über die Aufwendungen hat immer der Kommissionär zu beweisen (Rn 105). Die Erfüllung der Pflicht zur Rechenschaftslegung darf nicht davon abhängig gemacht werden, daß zuvor oder Zug um Zug Provision und Aufwendungsersatz gezahlt werden.[322]

6. **Pflichtverletzung.** Kommt der Kommissionär schuldhaft seinen Pflichten zur Rechenschaftslegung nicht nach, so ist er zum Schadensersatz verpflichtet.[323] Zur Frage, ob die Pflicht zur Rechenschaftslegung im Synallagma steht, s. Rn 119, 121. Außerdem kann sich die Darlegungs- und Beweislast zu seinen Lasten verschieben.[324] **112**

7. **Verzicht.** Die Pflicht zur Rechenschaftslegung kann abbedungen oder eingeschränkt werden.[325] In einem solchen Fall ist freilich eine Analogie zu § 384 Abs. 3 geboten, wenn der Kommissionär zwar den Namen des Dritten offen legt, nicht jedoch die zur Durchsetzung der Ansprüche aus dem Ausführungsgeschäft erforderlichen Informationen erteilt. Ist während jahrelanger Geschäftsbeziehungen keine Rechenschaft verlangt worden, so stellt ein plötzliches Verlangen nach Rechenschaftslegung unter Umständen ein venire contra factum proprium dar. Der Verzicht ist unwirksam, falls er gegen die guten Sitten verstößt oder falls sich nachträglich Zweifel an der Zuverlässigkeit des Kommissionärs ergeben[326]. **113**

8. **Anerkennung der Rechnungslegung, Entlastung.** Der Geschäftsbesorger hat nach verbreiteter Ansicht einen Anspruch auf Entlastung durch Anerkennung seiner Rechenschaftslegung als vollständig und richtig[327]. Dem Kommissionär wird man als Geschäftsbesorger, der in aller Regel von Fall zu Fall tätig wird, einen derartigen Anspruch nicht[328] zubilligen dürfen, es sei denn, daß sich der Anspruch unmittelbar aus der Vereinbarung ergibt. Doch kann der Kommittent im Einzelfall freiwillig die Rechenschaftslegung ausdrücklich oder konkludent anerkennen. Hingegen darf man nicht einmal in Hinblick auf die Rechnungslegung sagen, daß die Rechnung als anerkannt gilt, wenn der Kommittent die Rechnung nicht binnen angemessener Frist bemängelt hat[329]. Hier kann man allenfalls die Grundsätze über das kaufmännische Bestätigungsschreiben fruchtbar machen.[330] Das hat zur Folge, daß die Rechnung nur dann als anerkannt gilt, wenn sie nicht augenscheinlich falsch bzw. unvollständig ist und der Kommittent (grundsätzlich) Kaufmann ist[331]. In der Anerkennung liegt regelmäßig eine bloße Quittung i.S.d. § 368 BGB. Sie kann hinsichtlich der Pflicht, weiter Rechenschaft ablegen, eine eidesstattliche **114**

---

[321] RGZ 100, 153; RG SeuffA 86 Nr. 193.
[322] Baumbach/*Hopt*, HGB, § 384 Rn 8; Oetker/*Martinek*, HGB, § 384 Rn 26.
[323] MünchKommHGB/*Häuser*, § 384 Rn 57, 64.
[324] OLG Celle, WM 1974, 736.
[325] MünchKommHGB/*Häuser*, § 384 Rn 56.
[326] BGH, LM Nr. 19 zu § 242 BGB Be; OLG Stuttgart, NJW 1968, 2338.
[327] Vgl. Isele Geschäftsbesorgung (1935), S. 131 ff.
[328] MünchKommHGB/*Häuser*, § 384 Rn 63.
[329] So aber Schlegelberger/*Hefermehl*, HGB, § 384 Rn 33; *Schmidt-Rimpler* (Fn 4), S. 716; wohl auch Baumbach/*Hopt*, HGB, § 384 Rn 8.
[330] *Krüger* (Fn 2), § 384 Rn 22; *Roth*, in Koller/Roth/Morck, HGB § 384 Rn 16.
[331] BGH, WM 1981, 991; *Canaris* Vertrauenshaftung im deutschen Privatrecht (1971), S. 212.

Versicherung abgeben zu müssen, sowie in Hinblick auf Ansprüche, die sich nicht aus der Rechnung ergeben, ein negatives Schuldanerkenntnis[332] enthalten,[333] das kondizierbar (§ 812 BGB) ist.

F. Haftungsmaßstab

115 Gemäß § 384 Abs. 1 hat der Kommissionär für die Sorgfalt eines ordentlichen Kaufmannes[334] einzustehen. § 384 Abs. 1 wiederholt damit letztlich nur die §§ 347 Abs. 1 HGB[335], 276 BGB. Der Kommissionär hat mithin bei der Aus- und Durchführung der Kommission die Sorgfalt eines ordentlichen Kaufmannes seines Berufskreises aufzuwenden. Daraus folgt, daß die Sorgfalt eines Kommissionärs, und zwar derjenigen Schicht von Kommissionären maßgeblich ist, der der Kommissionär nach der Art der von ihm übernommenen Tätigkeit zuzurechnen ist. Der Exportkommissionär hat demnach unter Umständen höhere Sorgfalt aufzuwenden als etwa ein Gebrauchtwagenhändler, der nebenbei Kommissionsgeschäfte betreibt.[336]

116 Den Kommissionär trifft grundsätzlich die **Beweislast** dafür, daß er mit der Sorgfalt eines ordentlichen Kaufmannes seines Tätigkeitsbereiches gehandelt hat.[337]

117 Bei einer Änderung des Haftungsmaßstabes durch **Allgemeine Geschäftsbedingungen** sind vor allem die §§ 307, 309 Nr. 11, 310 BGB zu beachten.

G. Die Zurechnung des Aufwands- und Schadensrisikos an den Kommissionär bei Verzug sowie Unmöglichwerden der Aus- oder Durchführung des Kommissionsgeschäfts

I. Der Kommissionsvertrag als gegenseitiger Vertrag

118 Der Kommissionsvertrag ist als Geschäftsbesorgungsvertrag, der auf eine Dienst- oder Werkleistung gerichtet ist, ein, wenn auch mit **partiarischen Elementen**[338] angereicherter, **gegenseitiger Vertrag.** Damit ist nicht gesagt, daß alle[339] dem Kommissionsvertrag entspringenden Pflichten, wie etwa die Pflicht zur Ausführung, Herausgabe, Rechenschaftslegung, Benachrichtigung einerseits und die Pflicht zum Aufwendungsersatz und zur Provisionszahlung andererseits, im Synallagma stehen.

119 Nach hM stehen **nur**[340] die Pflicht zur **Ausführung der Kommission** und die Pflicht zur Zahlung der **Provision** im **Gegenseitigkeitsverhältnis.** Gestützt wird diese These vor

[332] Palandt/*Grüneberg*, BGB, § 397 Rn 10.

[333] MünchKommHGB/*Häuser*, § 384 Rn 63; *Schmidt-Rimpler* (Fn 4), S. 715.

[334] Dies gilt auch für Kommissionäre, die zwar gewerblich tätig sind, aber nicht zum Kreis der Kaufleute zählen. MünchKommHGB/*Häuser*, § 384 Rn 8.

[335] MünchKommHGB/*Häuser*, § 384 Rn 8.

[336] *Schmidt-Rimpler* (Fn 4), S. 766.

[337] *Schmidt-Rimpler* (Fn 4), S. 768 m. Nachw.

[338] *Koller,* BB 1979, 1725 (1728).

[339] BGHZ 79, 89 (93 f) zur Pflicht des Kommittenten bei der Verkaufskommission, die zu verkaufenden Waren an den Kommissionär zu liefern (zum BGB a.F.).

[340] BGHZ 79, 89, 93; MünchKommHGB/*Häuser*, § 384 Rn 84 f; § 396 Rn 35; *Krüger* (Fn 2), § 384 Rn 28; *Roth*, in Koller/Roth/Morck, HGB § 384 Rn 4, 18; Heymann/*Herrmann*, HGB, § 384 Rn 4; Oetker/*Martinek*, HGB, § 384 Rn 3; *Kumpan*, in: Perspektiven des Wirtschaftsrechts, S. 33, 37. Zum BGB a.F. *Knütel* ZHR 137 (1973), 310 ff.

allem auf einen Umkehrschluß aus § 396 Abs. 1 sowie darauf, daß der Kommissionär nur die Ausführung der Kommission als Entgelt für die Provision versprochen habe. Dem wird entgegengehalten, daß der Kommittent weniger an dem Ausführungsgeschäft als solchem als vielmehr an dem an ihn **herauszugebenden** Ergebnis interessiert sei und nur hierfür Provision aufopfern wolle[341]. Auch die Frage, ob der Anspruch auf **Aufwendungsersatz** im Synallagma steht, ist umstritten. Zum Teil wird dies mit dem Argument verneint, der Kommissionär wolle das Geschäft nicht ausführen, um Aufwendungsersatz zu erhalten. Die Leistung des Aufwendungsersatzes bilde daher nicht das Entgelt für die Ausführung oder gar die Durchführung der Kommission[342]. Eine ältere RG-Entscheidung hatte jedoch ohne nähere Begründung den Aufwendungsersatz- und den Herausgabeanspruch als „gegenseitige" Ansprüche qualifiziert[343]. *Schmidt-Rimpler* (S. 848 f) kommt weitgehend zum gleichen Ergebnis, indem er zwar das Gegenseitigkeitsverhältnis verneint, dem Kommissionär jedoch den Aufwendungsersatzanspruch als „Modalität der Herausgabe" nur Zug um Zug gegen die Herausgabe des im Rahmen der Geschäftsbesorgung Erlangten zugesteht.

Zu folgen ist derjenigen Meinung, die die Pflicht zur **Ausführung der Kommission** **120** sowie die **Herausgabepflicht ins Synallagma** zum Provisionsanspruch stellt.[344] Entscheidend ist, daß der Kommittent den Kommissionär beauftragt, um von ihm etwas zu erhalten. Dadurch, daß die Herausgabepflicht in das Synallagma gestellt wird, kann außerdem der Einsatz des Kommissionärs für eine sichere Aufbewahrung und Transfer des Gutes über das verkehrserforderliche Ausmaß hinaus bis zum wirtschaftlichen Optimum erhöht werden.[345] Zugleich wird demjenigen der Vertragspartner das Provisionsrisiko aufgebürdet, der über die besseren Möglichkeiten verfügt, sich über die Wahrscheinlichkeit einer Störung zu informieren und auf dieser Basis das Risiko einzukalkulieren[346]. Diese Qualifikation der beiderseitigen Pflichten trägt auch dem Ziel Rechnung, den Kommissionär nicht durch eine allzu große Risikobelastung (Aufwandsgefahr) davon abzuhalten, das für den Kommittenten optimale Ausführungsgeschäft anzusteuern.[347]

Außerhalb des Gegenseitigkeitsverhältnisses sind somit die Ansprüche auf **Aufwen-** **121** **dungsersatz**, aber auch auf **Rechenschaftslegung** und **Benachrichtigung**, angesiedelt.[348]

Zur Frage der Reichweite des Synallagmas bei der durch **Selbsteintritt** ausgeführten **122** Kommission s. § 400 Rn 28, 51.

---

341 *Canaris*, Handelsrecht, § 30 Rn 45; Baumbach/*Hopt*, HGB, § 384 Rn 11; *Hadding*, FS Nobbe, S. 565 (569 f), soweit es um Gegenstände geht, die der Kommissionär erwerben soll; *Schmidt-Rimpler* (Fn 4), S. 848 f m. Nachw. Zum BGB a.F. RGZ 53, 371.

342 MünchKommHGB/*Häuser*, § 384 Rn 85; Baumbach/*Hopt*, HGB, § 384 Rn 11. Zum BGB a.F. RGZ 82, 403; *Knütel* ZHR 137 (1973), 285, 311; Schlegelberger/*Hefermehl*, HGB, § 384 Rn 46 jeweils m. Nachw.; wohl auch BGHZ 79, 89 (93 f).

343 RGZ 53, 371.

344 Siehe Nachw. oben Rn 119; ferner vgl. Rn 74.

345 *Koller*, BB 1979, 1725 (1728 ff); krit. *Canaris*, Handelsrecht, § 30 Rn 45.

346 *Koller*, BB 1979, 1725 (1728 f); ebenso i.E.; **aA** MünchKommHGB/*Häuser*, § 384 Rn 84.

347 *Koller*, BB 1979, 1725 (1727).

348 Canaris, Handelsrecht, § 30 Rn 52 f; *Krüger* (Fn 2), § 384 Rn 28; *Roth*, in Koller/Roth/Morck, HGB § 396 Rn 7, 10; Heymann/*Herrmann*, HGB, § 384 Rn 4; Baumbach/*Hopt*, HGB, § 384 Rn 11.

II. Die Ansprüche gegen den Kommissionär bei einem Unmöglichwerden des Abschlusses eines Ausführungsgeschäfts

123 Die Rechtsfolgen bei Unmöglichkeit der Ausführung der Kommission hängen davon ab, ob eine der Parteien und gegebenenfalls welche die Unmöglichkeit zu vertreten hat.

124 **1. Beiderseits nicht zu vertretende Unmöglichkeit.** Brauchen sich weder der Kommissionär noch der Kommittent das Unmöglichwerden der Ausführung vorwerfen zu lassen, so wird der Kommissionär von seiner Leistungspflicht frei (§ 275 BGB). Er muß auch keinen Schadensersatz zu zahlen. Der Kommittent hingegen hat keine Provision zu entrichten (§ 396 Rn 10 ff), muß jedoch die Aufwendungen des Kommissionärs ersetzen (§ 396 Rn 51).[349] Letzteres gilt auch im Fall des Rücktritts gemäß den §§ 323, 326 Abs. 5 BGB.[350]

125 **2. Vom Kommissionär zu vertretende Unmöglichkeit.** Der Provisionsanspruch entsteht nicht mehr (§ 396 Abs. 1 HGB, § 326 Abs. 1 Satz 1 BGB). Der Anspruch auf Aufwendungsersatz bleibt jedoch grundsätzlich erhalten.[351] Der Kommissionär, der die Unmöglichkeit zu vertreten (§ 347) hat, ist unabhängig davon zum **Schadensersatz** verpflichtet (§§ 280 ff BGB), ob der Kommittent vom Vertrag zurücktritt (§ 325 BGB). Mit diesem Schadensersatzanspruch kann der Kommittent gegen den Aufwendungsersatzanspruch aufrechnen.

126 Das **Rücktrittsrecht** aus den §§ 323, 326 Abs. 5 BGB kann neben der Kündigung (§ 383 Rn 161) geltend gemacht werden.[352] Der Provisionsanspruch kommt nicht mehr zum Entstehen. Entgegen der hM[353] erlischt jedoch im Falle des Rücktritts gemäß den §§ 326 Abs. 5, 323 BGB nicht der Aufwendungsersatzanspruch.[354]

127 **3. Vom Kommittenten zu vertretende Unmöglichkeit.** Der Kommissionär wird ebenfalls von seiner Leistungspflicht frei und braucht keinen Schadensersatz zu entrichten (§ 275 BGB). Andererseits kann er den Ersatz seiner Aufwendungen, nicht aber Provision fordern.[355] Bei Verschulden des Kommittenten kann der Kommissionär allerdings Schadensersatz mit der Konsequenz der Erstattung des nachweislich entgangenen Gewinnes verlangen (§ 280 BGB).

---

349 MünchKommHGB/*Häuser*, § 384 Rn 89: *Krüger* (Fn 2), § 384 Rn 29.

350 *Canaris*, Handelsrecht, § 30 Rn 54. Str.; s. dazu Rn 126.

351 Der Aufwendungsersatzanspruch steht nicht im Synallagma; dazu oben Rn 119, 121.

352 MünchKommHGB/*Häuser*, § 384 Rn 91. Zum BGB a.F. RGZ 158, 326.

353 MünchKommHGB/*Häuser*, § 384 Rn 90; weitergehend *Krüger* (Fn 2), § 384 Rn 30 (auch ohne Rücktritt). Zum BGB a.F. Schlegelberger/*Hefermehl* HGB, § 384 50; Düringer/Hachenburg/Lehmann HGB³, § 383 17; Knütel ZHR 137 (1973), 285, 330.

354 *Canaris*, Handelsrecht, § 30 Rn 54 f; **aA** MünchKommHGB/*Häuser*, § 384 Rn 90; weitergehend *Krüger* (Fn 2), § 384 Rn 30 (auch ohne Rücktritt die Unmöglichkeit der Ausführung). Zum BGB a.F. Schlegelberger/*Hefermehl*, HGB, § 384 Rn 50; Düringer/Hachenburg/*Lehmann* HGB, § 383 Rn 17; *Knütel* ZHR 137 (1973), 285, 330.

355 Näher dazu § 396 Rn 10, 51.

III. Unmöglichwerden der Durchführung der Kommission

128 Hat der Kommissionär das **Ausführungsgeschäft abgeschlossen** und wird ihm anschließend dessen **Abwicklung unmöglich**, weil beispielsweise die von ihm aus dem Ausführungsgeschäft erlangten Gegenstände untergegangen sind, so ist gleichfalls danach zu differenzieren, wer die Unmöglichkeit zu vertreten hat.

129 **1. Vom Kommissionär zu vertretende Unmöglichkeit.** Muß sich der Kommissionär die **Unmöglichkeit der Herausgabe** des Erlangten vorwerfen lassen (§ 347), so findet entgegen der hM[356] § 326 Abs. 1 Satz 1 BGB Anwendung,[357] so daß der Anspruch auf Provision entfällt. Gleiches ergibt sich aus § 396 Abs. 1 Satz 1, wenn man entgegen der hier vertretenen Auffassung[358] die Abwicklung zur Ausführung i.S.d. § 396 Abs. 1 Satz 1 zählt. Hingegen bleibt danach grundsätzlich der Anspruch auf Aufwendungsersatz im gleichen Umfang bestehen wie im Falle einer vom Kommissionär zu vertretenden Unmöglichkeit der Ausführung (Rn 125).[359]

130 Gemäß den §§ 280, 281 BGB ist der Kommissionär im Falle schuldhaften Verhaltens zum **Schadensersatz** verpflichtet[360], unabhängig davon, ob der Kommittent von seinem Rücktrittsrecht (§ 323 BGB) Gebrauch macht (§ 325 BGB). Der Maßstab für das „vertreten müssen" des Kommissionärs ist hierbei den §§ 347 Abs. 1, 384 Abs. 1 zu entnehmen. Gegen den Aufwendungsersatzanspruch kann der Kommittent mit seinem Schadensersatzanspruch aufzurechnen.[361]

131 **Tritt** der Kommittent gemäß den §§ 323, 326 Abs. 5 BGB vom Vertrag **zurück,** weil der Kommissionär seine Herausgabepflicht nicht erfüllt, so entfällt ebenfalls der Provisionsanspruch.[362] Der Aufwendungsersatzanspruch bleibt dagegen bestehen.[363] Diesem gegenüber kann ein Schadensersatzanspruch (§§ 280 ff BGB) aufrechnungsweise geltend gemacht werden (§ 325 BGB).[364]

132 Wird die Erfüllung einer **Nebenpflicht**, wie die der Rechenschaftslegung, schuldhaft unmöglich, so ist der Kommittent auf einen Schadensersatzanspruch (§§ 280 ff BGB) und den Rücktritt (§ 323 BGB)[365] beschränkt.

133 **2. Vom Kommittenten zu vertretende Unmöglichkeit.** Die Unmöglichkeit hat der Kommittent nach Maßgabe des § 326 Abs. 2 Satz 1 zu vertreten. Ist dies zu bejahen, so wird der Kommissionär gemäß § 275 BGB von seiner Leistungspflicht frei. Der Anspruch auf **Provision** bleibt ihm erhalten (§ 396 Abs. 1 S. 2 HGB).[366]

---

356 Siehe zur hM, derzufolge der Herausgabeanspruch kein gegenseitiger Anspruch i.S.d. § 326 Abs. 1 Satz 1 BGB ist, Nachw. in Rn 119.

357 *Canaris*, Handelsrecht, § 30 Rn 45; Baumbach/*Hopt*, HGB, § 384 Rn 11; MünchKommHGB/*Häuser*, § 384 Rn 92 (jedenfalls §§ 323 Abs. 1, 326 Abs. 5 BGB). **AA** die hM zum Umfang des Synallagmas (oben Rn 119).

358 Siehe dazu § 396 Rn 22, 33.

359 MünchKommHGB/*Häuser*, § 384 Rn 93; *Krüger* (Fn 2), § 384 Rn 30.

360 MünchKommHGB/*Häuser*, § 384 Rn 93; Heymann/*Herrmann*, HGB, § 384 Rn 5; Oetker/*Martinek*, HGB, § 384 Rn 41.

361 MünchKommHGB/*Häuser*, § 384 Rn 93; Heymann/*Herrmann*, HGB, § 384 Rn 5. Zum BGB a.F. Schlegelberger/*Hefermehl*, HGB, § 384 Rn 53.

362 *Canaris*, Handelsrecht, § 30 Rn 46; Oetker/*Bergmann*, HGB, § 396 Rn 8.

363 *Canaris*, Handelsrecht, § 30 Rn 54 f. Siehe auch oben Rn 126.

364 *Canaris*, Handelsrecht, § 30 Rn 55 (auch § 284 BGB analog).

365 Siehe dazu oben Rn 126.

366 *Krüger* (Fn 2), § 384 Rn 31.

134 Der **Aufwendungsersatzanspruch** bleibt auch nach der hier vertretenen Ansicht, daß der Herausgabeanspruch im Synallagma steht,[367] gemäß § 326 Abs. 2 Satz 1 BGB unberührt.[368] Werden Nebenpflichten des Kommissionärs unerfüllbar, so hat der Kommittent den ihm daraus resultierenden **Schaden** zu tragen.

135 **3. Beiderseits nicht zu vertretende Unmöglichkeit.** Haben weder der Kommissionär noch der Kommittent die Unmöglichkeit der Herausgabe zu vertreten, so braucht der Kommissionär keinen Schadensersatz zu leisten. Der Kommissionär geht allerdings entgegen der hM[369] gemäß § 326 Abs. 1 Satz 1 BGB seines Provisionsanspruches verlustig[370]. Gleiches ergibt sich aus § 396 Abs. 1 Satz 1, wenn man die Abwicklung zur Ausführung i.S.d. § 396 Abs. 1 Satz 1 zählt.[371] Er behält jedoch seinen Aufwendungsersatzanspruch, der nicht im Synallagma steht,[372] auch im Fall des Rücktritts gemäß den §§ 323, 326 Abs. 5 BGB,[373] während der Provisionsanspruch untergeht.[374]

IV. Verzug

136 **1. Verzug des Kommissionärs.** Gerät der Kommissionär mit dem Abschluß des Ausführungsgeschäfts in Verzug, so erwirbt der Kommittent die Rechte aus den §§ 280, 286 BGB.[375] Der Aufwendungsersatzanspruch bleibt unberührt; gegen ihn kann allerdings aufgerechnet werden.[376] Daneben kann der Kommittent von seinem Zurückweisungsrecht Gebrauch machen (§ 385 Rn 5 ff).[377] Dieselben Rechte kann der Kommittent geltend machen, falls der Kommissionär die Herausgabe des aus dem Ausführungsgeschäft Erlangten schuldhaft verzögert (§§ 280, 286 BGB).[378] In Betracht kommt ferner ein Rücktritt (§ 323)[379], der allerdings nur den Provisionsanspruch, nicht aber den Anspruch auf Aufwendungsersatz entfallen läßt.[380] Ein Verzug im Hinblick auf Nebenpflichten, wie die Rechenschaftspflicht, zieht ebenfalls Schadensersatzforderungen nach sich (§§ 280, 286 BGB) und eröffnet nach Maßgabe des § 323 BGB ein Recht zum Rücktritt.

137 **2. Gläubigerverzug des Kommittenten.** Gerät der Kommittent in Gläubigerverzug, weil er die vom Kommissionär zur Erfüllung seines Auftrages benötigten Mitwirkungshandlungen nicht tätigt oder Leistungssubstrate nicht bereitstellt (§§ 293 ff BGB), so vermag der Kommissionär unabhängig davon, ob der konkrete Kommissionsvertrag zu den Dienst- oder Werkverträgen zu rechnen ist, keinen Anspruch auf angemessene Entschädi-

---

367 Siehe oben Rn 74, 120.
368 *Krüger* (Fn 2), § 384 Rn 31.
369 Dazu oben Rn 74, 120 zur Frage, ob der Herausgabeanspruch im Synallagma steht.
370 *Canaris*, Handelsrecht, § 30 Rn 45; Baumbach/*Hopt*, HGB, § 384 Rn 11; MünchKommHGB/*Häuser*, § 384 Rn 92 (jedenfalls §§ 323 Abs. 1, 326 Abs. 5 BGB); **aA** *Krüger* (Fn 2), § 384 Rn 29; *Koller*, BB 1979, 1725 (1728).
371 Siehe dazu § 396 Rn 33.
372 *Canaris*, Handelsrecht, § 30 Rn 53. Siehe dazu auch oben Rn 121.
373 *Canaris*, Handelsrecht, § 30 Rn 54. Siehe dazu auch oben Rn 126.
374 *Canaris*, Handelsrecht, § 30 Rn 46.
375 *Canaris*, Handelsrecht, § 30 Rn 32; MünchKommHGB/*Häuser*, § 384 Rn 95; *Krüger* (Fn 2), § 384 Rn 32; Heymann/*Herrmann*, HGB, § 384 Rn 7.
376 MünchKommHGB/*Häuser*, § 384 Rn 95.
377 MünchKommHGB/*Häuser*, § 384 Rn 95.
378 Canaris, Handelsrecht, § 30 Rn 32; Oetker/*Martinek*, HGB, § 384 Rn 41.
379 § 323 BGB setzt nicht voraus, daß die Herausgabepflicht im Synallagma steht (hM).
380 *Canaris*, Handelsrecht, § 30 Rn 54, 56; **aA** Heymann/*Herrmann*, HGB, § 384 Rn 7. Zum BGB a.F. vgl. *Koller*, BB 1979, 1725 (1730 f).

gung gemäß § 642 BGB bzw. in analoger Anwendung dieser Vorschrift geltend zu machen.[381] Auch § 615 BGB paßt nicht bei Kommissionsgeschäften, da bei ihnen das Entgelt partiarischer Natur ist (§ 396 Rn 10).[382] Der Kommittent hat jedoch die vollen Aufwendungen zu ersetzen.[383] Bei schuldhaftem Verhalten des Kommittenten kommt darüber hinaus ein Schadensersatzanspruch in Betracht (§ 280 BGB).[384]

Nur ganz ausnahmsweise wird man annehmen dürfen, daß der Kommissionsvertrag **138** als solcher durch die rechtzeitige Vornahme der Mitwirkungshandlung auflösend **bedingt** ist.[385] Ebenso selten dürfte die Vereinbarung der Mitwirkung des Kommittenten als **Fixschuld** i.S.d. § 361 BGB erfolgen. Richtiger erscheint es hier, mit dem Kriterium des Erfüllungszeitraumes zu arbeiten, dessen Überschreitung die Leistung unmöglich macht.

Ereignet sich hingegen der **Gläubigerverzug in der Durchführungsphase**, so finden die **139** §§ 642, 615, 293 ff BGB Anwendung.

3. **Schuldnerverzug des Kommittenten.** Läßt der Kommittent die ihm für die Provi- **140** sionszahlung gesetzte Nachfrist verstreichen, so kann der Kommissionär die Rechte aus den §§ 280, 281 BGB ausüben (§ 398 5). Außerdem kann der Kommissionär gemäß § 323 BGB vom Vertrag zurücktreten. Das gilt auch, wenn Pflichten mißachtet werden, die nicht im Synallagma stehen. Gehört der Kommissionsvertrag zu den Dienstverträgen, so braucht sich der Kommissionär nicht auf eine Kündigung aus wichtigem Grundes verweisen zu lassen, da hier nicht das Element des Dauerschuldverhältnisses im Vordergrund steht.

V. Gewährleistung

Bei der Verkaufskommission soll der Kommissionär, der mangelhafte Ware erhalten **141** und veräußert hat, Gewährleistungsrechte geltend machen können.[386] Hat der Kommissionär das Gut bereits an einen Dritten veräußert, so wäre es jedoch verfehlt, dem Kommissionär *kraft dispositiven Rechts* ohne Rücksicht auf die Gewährleistungsrechte des Dritten eigene Gewährleistungsrechte zuzugestehen. Es muß verhindert werden, daß der Kommissionär in Fällen, in denen der Dritte Gewährleistungsrechte nicht (mehr) geltend machen darf, seinerseits gemäß den §§ 437, 440, 323, 326 Abs. 5 vom Kommissionsvertrag zurücktreten und auf diese Weise den erzielten Kaufpreis behalten kann. Gleiches gilt hinsichtlich des Rechts zur Minderung gemäß den §§ 437, 441 BGB. Vielmehr genügt es, dem Kommissionär, der die Ware noch nicht veräußert hat, ein verschuldensunabhängiges Rücktrittsrecht gemäß § 323 BGB zu eröffnen. Hat der Kommissionär die Ware bereits veräußert und ist der Käufer gemäß den §§ 437, 440, 326 Abs. 5 BGB vom Kaufvertrag zurückgetreten, so kann der Kommissionär den Ersatz des zu erstattenden Kaufpreises als Aufwendung (§ 396) verlangen.[387] Ebenso ist der als Minderungsbetrag zu erstattende Kaufpreis zu behandeln. Hatte der Dritte den Kaufpreis noch nicht bezahlt, so entfällt bei einem Rücktritt des Dritten der Herausgabeanspruch des Kommittenten; bei einer Minderung mindert sich der Betrag der herauszugebenden Kaufpreisforderung. Die Möglichkeit, im Verhältnis zum Kommittenten die Anwendung des Ge-

381 *Krüger* (Fn 2), § 384 Rn 32; MünchKommHGB/*Häuser*, § 384 Rn 96.
382 MünchKommHGB/*Häuser*, § 384 Rn 96.
383 MünchKommHGB/*Häuser*, § 384 Rn 96.
384 MünchKommHGB/*Häuser*, § 384 Rn 97.
385 Vgl. aber BGH, LM Nr. 2 zu § 384 HGB.
386 OLG Frankfurt, NJW 1993, 1477.
387 Vgl. LG Baden-Baden, NJW 2003, 3714 f.

währleistungsrechts *zu vereinbaren*, bleibt unberührt.[388] Ist eine derartige Vereinbarung getroffen, so kann der Kommissionär den Dritten, der eine mangelhafte Sache erworben hat, aus dem Kaufvertrag entlassen und muß nicht die Weisung des Kommittenten befolgen, das Rücktrittsbegehren des Dritten zurückzuweisen. Zum Gewährleistungsrecht bei Versteigerungen durch einen Kommissionär s. OLG München NJW **2012**, 2891.

VI. Zurückbehaltungsrecht

142 Der Kommittent braucht gemäß den §§ 320, 322 BGB die Provision nur Zug um Zug gegen Herausgabe des Erlangten zu bezahlen.[389] Umgekehrt kann der Kommissionär regelmäßig die Ausführung verweigern, solange ihm nicht die geschuldeten Vorschüsse gezahlt sind (§ 273 BGB). Gleiches gilt für die Herausgabe, falls die Aufwendungen des Kommissionärs nicht Zug um Zug ersetzt werden. Im Hinblick auf die Pflicht zur Rechenschaftslegung ist der Kommissionär vorleistungspflichtig. Der Kommittent darf daher die Zahlung der Provision und die Erstattung der Aufwendungen verweigern, bis der Kommissionär formal vollständig Rechenschaft abgelegt hat (§ 273 BGB).

H. Selbsthaftung des Kommissionärs

I. Vorbemerkung

143 Gemäß § 384 Abs. 3 haftet der Kommissionär dem Kommittenten für die Erfüllung des Ausführungsgeschäfts, wenn er nicht zugleich mit der Anzeige von der Ausführung der Kommission den Dritten namhaft macht, mit dem er ein Ausführungsgeschäft (nicht Deckungsgeschäft[390]) abgeschlossen hatte. Grundsätzlich hat der Kommissionär zusammen mit der Ausführungsanzeige den Dritten zu benennen (§ 384 Abs. 2 2. HS). Vielfach wird diese Pflicht aber ausdrücklich oder stillschweigend ausgeschlossen. Auch eine Verkehrssitte bzw. ein Handelsbrauch kann den Umfang der Anzeigepflichten einschränken (Rn 66). Für die Frage der Selbsthaftung gemäß § 384 Abs. 3 ist es jedoch **unerheblich**, ob der Kommissionär den Namen des Dritten **berechtigterweise oder pflichtwidrig verschweigt.**[391] Die Selbsthaftung knüpft ausschließlich an der Tatsache an, daß der Dritte nicht zugleich mit der Ausführungsanzeige benannt worden ist.

144 Der § 384 Abs. 3 greift in Verbindung mit § 405 Abs. 1 grundsätzlich auch dann ein, wenn der **Kommissionär überhaupt kein Ausführungsgeschäft** auf Rechnung des Kommittenten getätigt hat, gleichwohl aber die Ausführung anzeigt, ohne dabei ausdrücklich wirksam den Selbsteintritt zu erklären[392].

145 Der **Anwendungsbereich** des § 384 Abs. 3 beschränkt sich nicht auf die Waren- und Wertpapierkommission im Sinne des § 383. Er umfaßt vielmehr **jegliche Kommissionsform.** § 384 Abs. 3 ist **entsprechend auf Geschäftsbesorgungsverträge** anzuwenden, bei denen der Geschäftsbesorger im Namen des Auftraggebers tätig werden soll, falls der

[388] OLG Zweibrücken, NJW 1998, 1409.
[389] **AA** MünchKommHGB/*Häuser*, § 384 Rn 87 (§ 273 BGB); ebenso zum BGB a.F. Schlegelberger/*Hefermehl*, HGB, § 384 Rn 47; §§ 273 f BGB.
[390] MünchKommHGB/*Häuser*, § 384 Rn 99.
[391] MünchKommHGB/*Häuser*, § 384 Rn 98; *Roth*, in Koller/Roth/Morck, HGB § 384 Rn 22; Heymann/*Herrmann*, HGB, § 384 Rn 15; Baumbach/*Hopt*, HGB, § 384 Rn 12; *Fleckner*, WM 2011, 585 (595).
[392] Siehe unten Rn 148.

Geschäftsbesorger im Vertrag mit dem Dritten nicht offenlegt, für wen er als Vertreter tätig wird. Die zulässige Einschränkung des vertretungsrechtlichen Offenkundigkeitsprinzips rechtfertigt eine Analogie zu § 384 Abs. 3.[393]

Die **ratio der Selbsthaftung** des Kommissionärs liegt zunächst darin, daß der Kommittent vor Spekulationen des Kommissionärs geschützt werden soll. Es besteht nämlich in Fällen, in denen dem Kommittenten lediglich die Ausführung angezeigt wird, die Gefahr, daß dem Kommittenten später ein weniger leistungsfähiger Dritter untergeschoben wird[394] und der Kommissionär das Geschäft mit dem leistungsfähigen Partner für sich oder für einen anderen Kommittenten in Anspruch nimmt. Ferner soll der Kommittent in seinem Vertrauen geschützt werden, daß er rechtzeitig in den Genuß der Vorteile kommt, die er nach dem ihm angezeigten Geschäft erwarten kann. Mangels einer Benennung des Dritten muß sich sein Vertrauen notwendigerweise voll auf den Kommissionär konzentrieren; denn er selbst vermag weder eigenverantwortlich die Leistungsfähigkeit des Dritten zu überprüfen, noch kann er mit dem Dritten Verbindung aufnehmen, um festzustellen, ob tatsächlich ein Ausführungsgeschäft zu den angezeigten Konditionen abgeschlossen worden ist. Hat der Kommissionär dem Kommittenten zugleich mit der Ausführungsanzeige den Namen einer Person mitgeteilt, mit der er nach seinen späteren Behauptungen zwar ein Geschäft, aber kein Ausführungsgeschäft auf Rechnung des Kommittenten abgeschlossen hatte, so besteht gleichfalls immer die Gefahr, daß dem Kommittenten ein weniger leistungsfähiger Dritter unterschoben wird.[395] Gegen die Gefahr allein, daß der Kommissionär fälschlicherweise zu günstige Konditionen des Ausführungsgeschäfts anzeigt, bietet § 384 Abs. 3 keinen Schutz. **146**

II. Voraussetzungen der Selbsthaftung

1. **Anzeige.** Der Kommissionär muß zunächst die Ausführung der Kommission angezeigt haben. Ohne Anzeige entsteht kein schutzwürdiges Vertrauen auf ein bestimmtes Ausführungsgeschäft. Ein schuldhaftes Unterlassen der rechtzeitigen Ausführungsanzeige zieht deshalb nur Schadensersatzpflichten nach sich.[396] **147**

2. **Keine Namhaftmachung des Dritten, fehlerhafte Namhaftmachung.** Ferner muß es der Kommissionär versäumt haben, dem Kommittenten **zugleich** mit der Nachricht von der Ausführung den Dritten namhaft zu machen, mit dem er das Ausführungsgeschäft abgeschlossen hatte. Gleich zu behandeln sind die Fälle, in denen der Kommissionär – ohne wirksam selbst einzutreten – **ohne Nennung irgendeines Namens** die Ausführung anzeigt, obwohl er überhaupt kein wirksames Ausführungsgeschäft oder das Geschäft jedenfalls nicht auf Rechnung des Kommittenten getätigt hatte.[397] **148**

---

[393] OLG Celle, WM 1974, 736.

[394] MünchKommHGB/*Häuser*, § 384 Rn 98; *Krüger* (Fn 2), § 384 Rn 34; *Roth*, in Koller/Roth/Morck, HGB § 384 Rn 21.

[395] Siehe unten Rn 149.

[396] MünchKommHGB/*Häuser*, § 384 Rn 104; *Roth*, in Koller/Roth/Morck, HGB § 384 Rn 22; Schlegelberger/*Hefermehl*, HGB, § 384, 60 m. Nachw.; **aA** *Canaris*, Handelsrecht, § 30 Rn 23 (§ 385 Abs. 1 HS 2 analog.

[397] BGH, LM Nr. 3 zu § 675 BGB; OLG Frankfurt MDR 2012, 44; MünchKommHGB/*Häuser*, § 384 Rn 105; *Krüger* (Fn 2), § 384 Rn 18; *Schmidt-Rimpler* (Fn 4), S. 957; Schlegelberger/*Hefermehl*, HGB, § 384 Rn 57; vgl. auch § 405 Rn 10.

149 Nach ganz hM haftet der Kommissionär darüber hinaus dann selbst, wenn er **zwar eine Person als Dritten benannt** hatte, mit ihr jedoch **überhaupt nicht oder nicht auf Rechnung des Kommittenten kontrahiert** hatte[398]. Ihr ist eingeschränkt zuzustimmen. Angesichts des Umstandes, daß es sich vielfach ex post nur sehr schwer nachweisen läßt, ob ein bestimmtes Geschäft auf Rechnung des Kommittenten gemacht worden ist, besteht auch hier die Gefahr, daß der Kommissionär nachträglich einen bedeutend leistungsschwächeren Dritten als den „wahren" Partner des Ausführungsgeschäfts hinstellt oder gar das Geschäft ganz an sich zu ziehen sucht. Dem schiebt § 384 Abs. 3 von vornherein einen Riegel vor. **Im einzelnen heißt das:**

150 Macht der Kommissionär zugleich mit der **Ausführungsanzeige den wahren Partner** des Geschäfts namhaft, teilt er dabei aber **fälschlicherweise zu günstige Konditionen** mit, so braucht er nicht in Höhe der von ihm angezeigten Konditionen selbst zu haften. § 384 Abs. 3 greift nicht ein,[399] wohl aber unter Umständen §§ 280 BGB, 347 HGB. Der tiefere Grund hierfür kann darin gesehen werden, daß der Kommittent in der Lage war, sich selbst beim Dritten über die Konditionen zu vergewissern und einen Irrtum alsbald aufzudecken[400]. Genau so ist die Situation, wenn ein Ausführungsgeschäft getätigt worden ist, dieses aber **rückwirkend erloschen** ist (z.B. § 142 BGB) oder infolge eines Rücktritts rückabgewickelt wurde.

151 Hatte der Kommissionär **mit dem benannten Dritten überhaupt kein auch nur entfernt passendes Geschäft getätigt,** so vermag sich der Kommittent ebenfalls jederzeit zuverlässig beim Dritten darüber zu erkundigen, ob ein Geschäft zustande gekommen ist, und darauf seine Dispositionen zu gründen. Für einen absoluten, von den Informationsmöglichkeiten des Kommittenten unabhängigen Schutz des Vertrauens, das der Kommittent in die Existenz eines Ausführungsgeschäfts gesetzt hat, spricht im Handelsverkehr sicherlich das erhöhte Bedürfnis nach Verkehrssicherheit. Wie in Fällen, in denen dem Kommittenten zu günstige Konditionen des Ausführungsgeschäfts mitgeteilt worden sind (s. oben), muß auch hier eine Haftung gemäß dem § 280 BGB genügen. Allein diese Deutung des § 384 Abs. 3 vermeidet Wertungswidersprüche.

152 Eine **Namhaftmachung** im Sinne des § 384 Abs. 3 liegt nur dann vor, wenn **der Dritte für den Kommittenten** hinreichend **exakt bestimmt** ist.[401] Dieser Anforderung ist Genüge getan, falls dem Kommittenten die Identifizierung des Dritten ohne größere Schwierigkeiten und Rückfragen möglich ist, so daß er sich unmittelbar mit dem Dritten in Verbindung zu setzen oder über dessen Solvenz Erkundigungen einzuziehen in der Lage ist.[402] Die Bezeichnung mit dem Vornamen oder mit der Verwandtschaftsbeziehung (z.B. „mein Sohn") reicht in aller Regel nicht[403] aus, es sei denn, der Kommittent konnte aus den Umständen ohne weiteres entnehmen, wer gemeint war. Im allgemeinen wird sogar die Mitteilung der Adresse des Dritten erfolgen müssen.[404] Nicht nötig ist sie in Fällen, in denen die Adresse bestimmter Kaufleute in den Verkehrskreisen, denen der Kommittent zuzurechnen ist, allgemein bekannt ist. Unter Umständen reicht sogar eine Ausführungsanzeige ohne jegliche Namensnennung aus, wenn aus den Umständen hervorgeht, wer

---

398 Baumbach/*Hopt*, HGB, § 384 Rn 13; *Krüger* (Fn 2), § 384 Rn 36; *Schmidt-Rimpler* (Fn 4), S. 958; Schlegelberger/*Hefermehl*, HGB, § 384 Rn 61 mwN.

399 *Krüger* (Fn 2), § 384 Rn 34.

400 Zur Abschwächung der Risikozurechnung bei beiderseitiger Beherrschbarkeit, Koller, Risikozurechnung, aaO, S. 100 ff.

401 Oetker/*Martinek*, HGB, § 384 Rn 43; Baumbach/Hopt, HGB, § 384 Rn 13.

402 RGZ 101, 413 (415); ROHG 23, 103; *Krüger* (Fn 2), § 384 Rn 36; *Roth*, in Koller/Roth/Morck, HGB § 384 Rn 22.

403 MünchKommHGB/*Häuser*, § 384 Rn 105.

404 MünchKommHGB/*Häuser*, § 384 Rn 105.

Vertragspartner ist. Als ein solcher Umstand ist jedoch nicht allein die Tatsache anzusehen, daß der Kommissionär mit einem bestimmten Dritten abschließen sollte;[405] denn der Kommissionär kann auch pflichtwidrig gehandelt haben. In einer solchen Konstellation ist z.B. der Zusatz „vereinbarungsgemäß" erforderlich, um die Haftung aus § 384 Abs. 3 zu vermeiden.

3. Zeitpunkt der Namhaftmachung. Nach hM muß der Dritte spätestens beim Zugang der Ausführungsanzeige benannt sein[406]. Es kann daher dieser Ansicht zufolge der Name des Dritten noch nachträglich angegeben werden, sofern diese Mitteilung dem Kommittenten spätestens zusammen mit der Ausführungsanzeige zugeht. Stellt man in dieser Weise auf den Zugang ab, so birgt dies die – sicherlich nicht allzu große – Gefahr in sich, daß dem Kommittenten nachträglich ein weniger solventer Geschäftspartner unterschoben wird. Um dies zu verhindern, ist generell auf die Absendung der Ausführungsanzeige abzustellen.[407] Zugleich mit ihr, nicht notwendig im gleichen Brief, muß der Dritte namhaft gemacht werden, wenn der Kommissionär die Selbsthaftung nicht in Kauf nehmen will. Die Parteien können indessen auch vereinbaren, daß der Dritte erst nach der Ausführungsanzeige benannt werden muß. Ist dies nicht geschehen, so erlischt die durch die Ausführungsanzeige ohne Benennung des Dritten ausgelöste Selbsthaftung natürlich nicht dadurch, daß der Name nachträglich bekannt gegeben wird, da dies das Risiko einer Unterschiebung nicht beseitigt.[408] – Die Beweislast für die rechtzeitige Benennung trägt der Kommissionär.[409] **153**

4. Kein Verschulden. Die Selbsthaftung hängt nicht vom Verschulden des Kommissionärs ab.[410] Dem Kommissionär wird nach den Grundsätzen „abstrakter Beherrschbarkeit" ein Umstand zugerechnet, der in seiner Sphäre liegt, – nämlich die Tatsache, daß er den Namen des Dritten nicht vollständig angibt. War der Kommissionär berechtigt, den Namen des Dritten zu verschweigen, so stellt die Selbsthaftung einen Ausgleich für dieses Recht dar. Die Selbsthaftung wird auch dort wirksam, wo der Name erst auf dem Weg zum Kommittenten aus der Ausführungsanzeige verschwindet (z.B. Telegramm).[411] Es findet allerdings § 120 BGB analog Anwendung. Aus Gründen der Verkehrssicherheit haftet der Kommissionär, ohne daß der Kommittent nachweisen müßte, er habe Fehldispositionen getroffen, oder daß der Kommissionär vortragen könnte, die Gefahr einer Unterschiebung eines anderen „Dritten" sei im konkreten Fall mit an Sicherheit grenzender Wahrscheinlichkeit auszuschließen gewesen. Zum Problem der Anfechtbarkeit bzw. Berichtigung einer unbewußt unvollständigen oder falschen Ausführungsanzeige s. Rn 157 ff. **154**

---

[405] So aber Schlegelberger/*Hefermehl*, HGB, § 384 Rn 61; in der Tendenz auch MünchKommHGB/*Häuser*, § 384 Rn 105.

[406] MünchKommHGB/*Häuser*, § 384 Rn 106; Oetker/*Martinek*, HGB, § 384 Rn 43; Baumbach/*Hopt*, HGB, § 384 Rn 12 f; *Schmidt-Rimpler* (Fn 4), S. 959.

[407] *Roth*, in Koller/Roth/Morck, HGB § 384 Rn 22; Heymann/Herrmann, HGB, § 384 Rn 15.

[408] MünchKommHGB/*Häuser*, § 384 Rn 108; *Roth*, in Koller/Roth/Morck, HGB § 384 Rn 22.

[409] BGH, WM 1984, 930 (931); MünchKommHGB/*Häuser*, § 384 Rn 109.

[410] *Canaris*, Handelsrecht, § 30 Rn 24; *Krüger* (Fn 2), § 384 Rn 35; *Roth*, in Koller/Roth/Morck, HGB § 384 Rn 22; Baumbach/*Hopt*, HGB, § 384 Rn 7.

[411] MünchKommHGB/*Häuser*, § 384 Rn 103, 105.

155 5. **Selbsteintritt.** § 384 Abs. 3 findet keine Anwendung, falls der Kommissionär rechtswirksam und rechtzeitig (§ 405 Abs. 1) den Selbsteintritt erklärt hat.[412] Die unwirksame Erklärung eines Selbsteintritts führt regelmäßig zur Selbsthaftung, da der Kommissionär dann weder den Namen eines Dritten mitgeteilt noch ein Geschäft auf Rechnung des Kommittenten abgeschlossen haben wird.[413] Die bloße Zulässigkeit einer Ausführung der Kommission durch Selbsteintritt schließt die Selbsthaftung gemäß § 384 Abs. 3 nicht von vornherein aus (arg. e. § 405 Abs. 1).

156 6. **Ausschluß der Selbsthaftung.** Die Selbsthaftung entfällt, wenn der Kommittent die **Person des Dritten kennt** und der Kommissionär die zur Durchsetzung der Ansprüche gegen den Dritten erforderlichen Informationen erteilt.[414] Die Selbsthaftung des Kommissionärs kann ferner **vereinbarungsgemäß** oder kraft **Handelsbrauches** ausgeschlossen sein.[415] Die Tatsache, daß der Kommittent auf die Benennung des Dritten verzichtet hat, beinhaltet keinen Ausschluß der Selbsthaftung (Rn 143). Man wird im Gegenteil davon ausgehen müssen, daß für den Kommittenten der Verzicht auf die Namhaftmachung nur tragbar ist, weil der Kommissionär selbst haftet.

157 7. **Anfechtbarkeit/Berichtigung der Anzeige.** Verschiedentlich wird angenommen, daß die Ausführungsanzeige als bloße Mitteilung über den Abschluß des Ausführungsgeschäfts auch im Hinblick auf die Namhaftmachung jederzeit berichtigt werden kann[416]. Diese Ansicht verkennt, daß § 384 Abs. 3 eine Vertrauenshaftung bzw. einen Ausgleichsanspruch statuiert, die nicht nachträglich durch eine bloße Berichtigung wieder aus der Welt geschafft werden können.[417] Auf die Frage, ob man die Ausführungsanzeige als rechtsgeschäftsähnliche Handlung qualifizieren kann, kommt es hierbei nicht an. Auch die eine Vertrauenshaftung auslösenden Handlungen können jedoch grundsätzlich angefochten werden.[418] Dies gilt auch hier; denn der Verkehrsschutz erfordert nicht, daß der Kommissionär unter allen Umständen selbst haftet, wenn er den Dritten nicht rechtzeitig benannt hatte. Die Gefahr des Unterschiebens eines leistungsunfähigen „Dritten" steigt durch die Zulassung der Anfechtung nur unwesentlich, da der Kommissionär einen relevanten Irrtum nachzuweisen und immer zumindest das Vertrauensinteresse zu ersetzen hat. Die §§ 119 ff BGB sind somit analog heranzuziehen.[419]

158 Problematisch ist freilich die **Reichweite der Anfechtung.** Sicher ist zunächst, daß der Kommissionär analog § 119 Abs. 1 BGB anfechten kann, wenn er versehentlich in die

---

412 MünchKommHGB/*Häuser*, § 384 Rn 110; *Krüger* (Fn 2), § 384 Rn 34.

413 BGH, LM Nr. 3 zu § 675 BGB; *Krüger* (Fn 2), § 384 Rn 34; MünchKommHGB/*Häuser*, § 384 Rn 110.

414 Nur auf Kenntnis abstellend MünchKommHGB/*Häuser*, § 384 Rn 105; Baumbach/*Hopt*, HGB, § 384 Rn 12; *Fleckner*, WM 2011, 585 (595).

415 BGH, LM Nr. 3 zu § 675 BGB; MünchKommHGB/*Häuser*, § 384 Rn 111; Baumbach/*Hopt*, HGB, § 384 Rn 7; *Fleckner*, WM 2011, 585 (595).

416 RG, Warn 16 Nr. 145; RG JW 1926 1961; *Krüger* (Fn 2), § 384 Rn 18 (nur in Fällen, in denen kein Ausführungsgeschäft zustande gekommen, aber angezeigt worden ist); Baumbach/*Hopt*, HGB, § 384 Rn 7. Diff. MünchKommHGB/*Häuser*, § 384 Rn 45. Jedenfalls kommt in den Fällen der Berichtigung eine Haftung gemäß den §§ 280, 311 Abs. 2 BGB in Betracht.

417 Ebenso i.E. *Schmidt-Rimpler* (Fn 4), S. 970; Schlegelberger/*Hefermehl*, HGB, § 384 Rn 65 mwN.

418 *Canaris* Vertrauenshaftung im Deutschen Privatrecht (1971), S. 453 f; **aA** *Krüger* (Fn 2), § 384 Rn 18.

419 **Abl.** Oetker/*Martinek*, HGB, § 384 Rn 43.

Ausführungsanzeige gar keinen oder den falschen Namen aufgenommen hatte.[420] Beruht der Irrtum darauf, daß der Kommissionär sich in seinen Unterlagen falsch orientiert hatte, so ist das ein „Motivirrtum" i.S.d. § 119 Abs. 2 BGB. Wollte er bewußt den Namen des Dritten nicht mitteilen, so scheidet die Anfechtung grundsätzlich[421] aus. Gleiches gilt dort, wo der Kommissionär bloß nicht wußte, daß die Anzeige ohne Namhaftmachung des Dritten die Selbsthaftung nach sich zieht.[422] Dort, wo der Kommissionär ein Ausführungsgeschäft unter Namensnennung anzeigt, obwohl er gar kein Geschäft getätigt hatte, greift nach der hier vertretenen Ansicht § 384 Abs. 3 nicht ein (Rn 151; **aA** die hM).

Auf einer anderen Ebene liegt der Fall, daß der Kommissionär **bewußt ohne Namhaftmachung** anzeigt, weil er davon ausgeht, daß er ein Deckungsgeschäft abgeschlossen habe. Stellt sich dies später als falsch heraus, so erhebt sich die Frage, ob der Kommissionär auch hier anfechten darf. Dies wird zum Teil bejaht; denn die Anzeige ohne Benennung des Dritten erfolge meist bewußt, um die Selbsthaftung gemäß § 384 Abs. 3 zu übernehmen. In der namenslosen Ausführungsanzeige liege daher konkludent die Erklärung über den Abschluß eines Ausführungsgeschäfts bzw. Deckungsgeschäfts. Demnach gehöre der Abschluß des Deckungsgeschäfts zum Inhalt der Erklärung. Habe also der Kommissionär, um die Selbsthaftung zu übernehmen, dem Kommittenten die Ausführung ohne Namensnennung angezeigt, so könne er anfechten, wenn er irrtümlich davon ausgegangen sei, daß er ein Deckungsgeschäft getätigt habe.[423] Gleiches gelte für einen Irrtum über den Abschluß eines Ausführungsgeschäfts[424]. Dem ist i.E. zu folgen, auch wenn man die Konturen des „Inhaltsirrtums" nicht so weit ziehen will. Der Irrtum über die Existenz eines der Anzeige zugrunde liegenden Ausführungs- bzw. Deckungsgeschäfts entspricht nämlich dem Irrtum über eine verkehrswesentliche Eigenschaft i.S.d. § 119 Abs. 2 BGB; denn dieser Faktor stellt typischerweise bei jedem Kommissionär ein zentrales Motiv für die Abgabe einer Anzeige dar. Dies ist für den Kommittenten auch erkennbar. **159**

Die zulässige Anfechtung muß unverzüglich erfolgen (§ 121 BGB; OLG Frankfurt, MDR 2012, 44). Sie läßt die Selbsthaftung des Kommissionärs mit rückwirkender Kraft entfallen (§ 142 BGB analog); nach wirksamer Anfechtung haftet der Kommissionär nur noch auf das negative Interesse (§ 122 BGB analog).[425] Muß sich der Kommissionär den Vorwurf schuldhaften Verhaltens gefallen lassen, so ist er dem Kommittenten zum Ersatz des vollen Schadens verpflichtet (§§ 280, 311 Abs. 2 BGB). **160**

III. Ausmaß der Selbsthaftung

Gemäß § 384 Abs. 3 haftet der Kommissionär „für die Erfüllung des Geschäfts". Die Selbsthaftung bezieht sich somit in erster Linie auf das Geschäft, das der Kommissionär in Ausführung der Kommission mit einem von ihm nicht genannten Dritten abgeschlossen hat. Insoweit ähnelt § 384 Abs. 3 der Delkrederehaftung (§ 394). Da § 384 Abs. 3 aber auch dann eingreift, wenn der Kommissionär überhaupt kein Ausführungsgeschäft **161**

[420] Baumbach/*Hopt*, HGB, § 384 Rn 13. **AA** MünchKommHGB/*Häuser*, § 384 Rn 45 (einfache Berichtigung bei falschem Namen, Mitteilung des Selbsteintritts).
[421] Näher dazu Rn 159.
[422] MünchKommHGB/*Häuser*, § 384 Rn 47.
[423] MünchKommHGB/*Häuser*, § 384 Rn 46.
[424] *Schmidt-Rimpler* (Fn 4), S. 971; Schlegelberger/*Hefermehl,* HGB, § 384 Rn 65 m. Nachw.
[425] Baumbach/*Hopt*, HGB, § 384 Rn 13; **krit.** *Krüger* (Fn 2), § 384 Rn 18.

getätigt hatte, trotzdem aber die Ausführung angezeigt hat, ist in dieser Fallgruppe das Ausmaß der Selbsthaftung an einem hypothetischen Geschäft zu orientieren. Es sind demnach *zwei Fallgruppen* zu unterscheiden: Die eine Fallgruppe ist dadurch gekennzeichnet, daß die Kommission ausgeführt wurde; in der anderen Fallgruppe wurde die Kommission nicht durch ein Ausführungsgeschäft ausgeführt.

162 **1. Die Kommission wurde ausgeführt.** Selbsthaftung des Kommissionärs heißt hier grundsätzlich, daß der Kommittent den Kommissionär auf Erfüllung zu den Konditionen des tatsächlich abgeschlossenen Ausführungsgeschäfts in Anspruch nehmen darf. Der Kommittent kann mithin, gestützt auf § 384 Abs. 3, nicht[426] fordern, daß der Kommissionär so zu leisten hat, als ob er das Geschäft interesse- und weisungsgemäß getätigt hätte; denn der Zweck des § 384 Abs. 3 zielt ausschließlich darauf ab, den Kommittenten vor Nachteilen zu schützen, die ihm aus der Unkenntnis des Namens des Dritten entstehen könnten. Gegen das Risiko des Unterschiebens eines insolventen Dritten und die Unüberprüfbarkeit des Abschlusses schützt die Selbsthaftung zu den angezeigten Konditionen des tatsächlich abgeschlossenen Geschäfts[427]. Im Ergebnis wird der Kommittent durch diese Deutung des § 384 Abs. 3 an der angemessenen Realisierung seiner Interessen nicht gehindert. Er kann nämlich das weisungswidrige Geschäft zurückweisen oder Schadensersatz (positives Interesse) verlangen (§ 385 Abs. 1). Hat der Kommittent das Geschäft zurückgewiesen, so erlischt auch die Selbsthaftung.

163 Das Ausmaß der Selbsthaftung weicht jedoch von dem tatsächlich abgeschlossenen Ausführungsgeschäft ab, falls der Kommissionär in seiner Anzeige **günstigere Konditionen** mitgeteilt hat, als er tatsächlich erzielt hatte. Da in dieser Konstellation der Kommittent ebenfalls außerstande ist, die Richtigkeit der Angaben selbständig zu überprüfen, haftet der Kommissionär auf die Erfüllung des Geschäfts zu den von ihm gemachten Angaben[428].

164 Der Kommissionär haftet gemäß § 384 Abs. 3 **unmittelbar und persönlich** auf die Erfüllung „des Ausführungsgeschäfts". Die Haftung deckt sich somit ihrer Struktur nach mit der Delkredere-Haftung, so daß in Hinblick auf Einzelheiten auf die Erläuterungen zu § 394 verwiesen werden kann. Leistet der Kommissionär in Erfüllung der Selbsthaftung, so kann er keine Delkredere-Provision verlangen, – jedenfalls dann nicht, wenn er berechtigt war, den Namen des Dritten zu verschweigen, da dem Kommittenten der Zugriff auf den Dritten abgeschnitten ist.[429] Er darf auch nur in dem Umfang Aufwendungsersatz fordern, in dem Aufwendungen tatsächlich angefallen sind. Zu diesem Zweck hat der Kommissionär die realen Aufwendungen nachzuweisen. Auch im übrigen bleibt der Kommissionär zur vollen Rechenschaft verpflichtet,[430] es sei denn, dem Kommissionär war vereinbarungsgemäß erlaubt, den Namen des Dritten zu verschweigen. Dann braucht der Kommissionär Belege, die den Namen des Dritten tragen, nicht vorzulegen.

---

426 MünchKommHGB/*Häuser*, § 384 Rn 117; *Krüger* (Fn 2), § 384 Rn 39; **abw.** *Roth*, in Koller/Roth/Morck, HGB § 384 Rn 23 (mitgeteilte Konditionen des Ausführungsgeschäfts).

427 MünchKommHGB/*Häuser*, § 384 Rn 114 ff; *Schmidt-Rimpler* (Fn 4), S. 961; Schlegelberger/*Hefermehl*, HGB, § 384 Rn 70.

428 *Krüger* (Fn 2), § 384 Rn 39; MünchKommHGB/*Häuser*, § 384 Rn 118; *Schmidt-Rimpler* (Fn 4), S. 961 f.

429 § 394 Rn 18; **aA** Schlegelberger/*Hefermehl*, HGB, § 394 Rn 20 m. Nachw.

430 *Roth* in Assmann/Schütze, Kapitalanlagerecht, § 10 Rn 53.

Der Kommittent muß den Kommissionär nicht auf Erfüllung in Anspruch nehmen. Er kann auch die **Übertragung der Rechte aus dem Ausführungsgeschäft** und gegebenenfalls interessenwahrende Abwicklung fordern.[431] Kommt der Kommissionär dem nicht nach, so darf der Kommittent das Geschäft nach Fristsetzung zurückweisen oder Schadensersatz verlangen (§ 385 Rn 5). Überträgt der Kommissionär dem Kommittenten die Rechte gegen den Dritten, so haften Kommissionär und Dritter dem Kommittenten als Gesamtschuldner.[432] Der Kommittent kann nach seiner Wahl gegen einen von beiden vorgehen. Erbringt der Dritte seine Leistung, so wird die Selbsthaftung in diesem Ausmaß gegenstandslos. Leistet hingegen der Kommissionär aufgrund seiner Selbsthaftung, so braucht er das nur Zug um Zug gegen Abtretung der Ansprüche aus dem Ausführungsgeschäft zu tun, falls diese bereits auf den Kommittenten übertragen worden waren[433]. Das Recht des Kommittenten zu wählen, ob er den Dritten oder den Kommissionär in Anspruch nimmt, stellt keine Wahlschuld im Sinne des § 262 BGB dar.[434] Der Kommittent geht somit durch die Erklärung, die Abtretung der Ansprüche aus dem Ausführungsgeschäft zu verlangen, nicht seines Rechts verlustig, vom Kommissionär persönlich Erfüllung zu fordern. Die Annahme einer Wahlschuld würde dem Ziel, dem Kommittenten Schutz vor dem Insolvenzrisiko zu bieten, zuwiderlaufen; denn erst nach der Erfüllung läßt sich absehen, ob der Dritte ausreichend leistungsfähig war. Umgekehrt besteht kein Anlaß, die ursprünglichen Pflichten des Kommissionärs, der sich durch zurechenbares Verhalten eine Selbsthaftung aufgebürdet hat, einzuengen[435]. Man wird deshalb dem Kommissionär auch nicht das Recht zubilligen können, dem Kommittenten eine Frist zu setzen, binnen deren dieser zu erklären hat, ob er Ansprüche aus § 384 Abs. 3 geltend mache[436]. Die Interessen des Kommissionärs sind durch die Vorschriften über den Annahmeverzug, die auch für die Selbsthaftung gelten, ausreichend geschützt[437]. Hat der Kommissionär nach Maßgabe des § 384 Abs. 3 geleistet, so muß sich der Kommittent jedoch daran festhalten lassen,[438] so daß es ihm verwehrt ist, die Übertragung der Rechte aus dem Ausführungsgeschäft zu fordern. 165

2. **Nicht ausgeführte Kommission.** Hat der Kommissionär kein Ausführungsgeschäft auf Rechnung des Kommittenten getätigt, und bestehen deshalb keine Herausgabepflichten, so kann der Kommittent letztlich nur gegen den Kommissionär vorgehen. 166

a) **Selbsthaftung.** Er kann in erster Linie vom Kommissionär die Erfüllung des als abgeschlossen angezeigten Geschäfts verlangen[439]. Vielfach wird der Kommissionär in der Ausführungsanzeige die Konditionen des angeblichen Ausführungsgeschäfts überhaupt nicht oder nur partiell mitgeteilt haben. Die Lücken sind in diesen Fällen mit Hilfe 167

---

[431] Baumbach/*Hopt*, HGB, § 384 Rn 12; MünchKommHGB/*Häuser*, § 384 Rn 114; *Krüger* (Fn 2), § 384 Rn 19; *Roth*, in Koller/Roth/Morck, HGB § 384 Rn 23; **aA** *Canaris*, Handelsrecht, § 30 Rn 25.

[432] MünchKommHGB/*Häuser*, § 384 Rn 116.

[433] Analogie zu § 255 BGB; **aA** MünchKommHGB/*Häuser*, § 384 Rn 116; Schlegelberger/*Hefermehl*, HGB, § 384 Rn 69: § 426 Abs. 2 BGB.

[434] MünchKommHGB/*Häuser*, § 384 Rn 121.

[435] *Schmidt-Rimpler* (Fn 4), S. 972; Schlegelberger/*Hefermehl*, HGB, § 384 Rn 72.

[436] **AA** *Schmidt-Rimpler* (Fn 4), S. 973 m. Nachw.; Schlegelberger/*Hefermehl*, HGB, § 384 Rn 72.

[437] MünchKommHGB/*Häuser*, § 384 Rn 121.

[438] Vgl. *Roth* in Assmann/Schütze, Kapitalanlagerecht, § 10 Rn 53.

[439] MünchKommHGB/*Häuser*, § 384 Rn 123; *Schmidt-Rimpler* (Fn 4), S. 962; Schlegelberger/*Hefermehl*, HGB, § 384 Rn 75 m. Nachw.

des Maßstabes eines konkret weisungsgemäßen und auch im übrigen ordnungsgemäßen fiktiven Ausführungsgeschäfts zu füllen.[440] In Hinblick auf ein Deckungsgeschäft findet § 401 Abs. 2 entsprechende Anwendung.[441] Sind die in der Ausführungsanzeige mitgeteilten (angeblichen) Konditionen so, daß der Kommittent ein reales Ausführungsgeschäft zurückweisen oder Schadensersatz fordern dürfte (§ 385), so kann er dies auch im Rahmen des § 384 Abs. 3 tun.

168 Aus dem Umstand, daß es in der hier behandelten Variante an einem realen Ausführungsgeschäft fehlt, ergibt sich, daß sich der Kommissionär grundsätzlich nicht auf fiktive **Einwendungen** Dritter berufen darf.[442] Wo dem Kommissionär eine Berufung auf eine Stundung gestattet ist, weil sie handelsüblich ist[443], ist dem nur dann zuzustimmen, wenn die anderen Konditionen des fiktiven Geschäfts mit der fiktiven Stundung in Einklang stehen. Es geht nicht an, daß der Kommissionär Konditionen anzeigt, die üblicherweise bei sofortiger Erfüllung vereinbart werden und sich darüber hinaus auf das Recht zur Gewährung einer Stundung (§ 393 Abs. 2) beruft.

169 Als **Aufwendungen** kann der Kommissionär zunächst die real auf Rechnung des Kommittenten angefallenen Kosten ersetzt verlangen. Darüber hinaus darf er Kosten geltend machen, die bei weisungs- und interessengemäßer Ausführung entstanden wären[444]. Das ist insbesondere für den Fall bedeutsam, daß der Kommissionär anstelle des Ausführungsgeschäfts lediglich ein Deckungsgeschäft oder ein Ausführungsgeschäft für einen anderen Kommittenten getätigt hatte. Die in diesem Zusammenhang eingegangenen Verpflichtungen sind keine Aufwendungen im Rahmen des konkreten Kommissionsverhältnisses, da sie nicht zum Zwecke der Ausführung des Auftrages gemacht wurden. Eine Ausnahme gilt dort, wo der Umfang der Selbsthaftung analog § 401 Abs. 2 bestimmt wird. Erst recht sind keine realen Aufwendungen entstanden, wenn der Kommissionär nachträglich zur Abdeckung seiner Selbsthaftung ein Geschäft mit einem Dritten schließt. Wenn nun dem Kommittenten schon die Vorteile aus einem fiktiven Ausführungsgeschäft zugewiesen werden, so muß er auch die Lasten tragen, die mit größter Wahrscheinlichkeit bei pflichtgemäßem Verhalten entstanden wären;[445] insoweit trägt der Kommissionär die Beweislast. § 403 findet keine Anwendung, da kein Fall des Selbsteintritts vorliegt.[446] Zur Rechenschaft ist auch der Kommissionär verpflichtet, der den Abschluß eines nicht existenten Ausführungsgeschäfts angezeigt hat. Die Rechenschaft erstreckt sich dann auf die Darlegung, daß das angezeigte (fiktive) Geschäft interessengemäß ist.[447] Bei der Verkaufskommission kann der Kommissionär, der gemäß § 384 Abs. 3 auf den Kaufpreis in Anspruch genommen wird, Lieferung der Ware verlangen. Ist diese mangelhaft, so kann er die Gewährleistungsrechte geltend machen,[448] – muß dabei aber als Kaufmann die Rügeobliegenheiten (§ 377) beachten[449], es sei denn, daß der Kommissionär verpflichtet war, mit einem Nichtkaufmann abzuschließen.[450] Bei

---

[440] MünchKommHGB/*Häuser*, § 384 Rn 123; *Schmidt-Rimpler* (Fn 4), S. 963.

[441] Ebenso i.E. *Canaris*, Handelsrecht, § 30 Rn 99.

[442] MünchKommHGB/*Häuser*, § 384 Rn 124.

[443] Schlegelberger/*Hefermehl*, HGB, § 384 Rn 76; *Schmidt-Rimpler* (Fn 4), S. 964.

[444] **AA** *Schmidt-Rimpler* (Fn 4), S. 965 f; Schlegelberger/*Hefermehl*, HGB, § 384 Rn 76.

[445] **AA** MünchKommHGB/*Häuser*, § 384 Rn 125.

[446] MünchKommHGB/*Häuser*, § 384 Rn 125; Schlegelberger/*Hefermehl*, HGB, § 384 Rn 76.

[447] *Schmidt-Rimpler* (Fn 4), S. 968.

[448] MünchKommHGB/*Häuser*, § 384 Rn 124.

[449] MünchKommHGB/*Häuser*, § 384 Rn 124; Schlegelberger/*Hefermehl*, HGB, § 384 Rn 76.

[450] *Schmidt-Rimpler* (Fn 4), S. 967; **abw.** MünchKommHGB/*Häuser*, § 384 Rn 124.

der Einkaufskommission trägt der Kommissionär das volle Risiko der von ihm mangelhaft gelieferten Waren.[451]

Erfüllt der Kommissionär seine der Selbsthaftung entspringenden Pflichten, so kann er **Provision** in gleichem Umfang beanspruchen, wie wenn er ein Ausführungsgeschäft abgeschlossen hätte, das seitens des Dritten erfüllt worden ist.[452] Im übrigen stehen ihm die kommissionsrechtlichen **Sicherungsrechte** in gleichem Umfang zu wie einem Kommissionär, der ein auf Rechnung des Kommittenten abgeschlossenes Ausführungsgeschäft angezeigt hat. **170**

b) **Berufung auf die Pflicht zur Ausführung.** Dem Kommittenten, dem der Abschluß eines Geschäfts angezeigt worden ist, das in Wahrheit gar nicht auf seine Rechnung abgeschlossen worden war, ist, sofern man eine Haftung bejaht,[453] außerdem berechtigt, weiterhin die reale Ausführung der Kommission zu verlangen. Daneben kann er Schadensersatz wegen der Verzögerung der Ausführung geltend machen[454]. Ist die Ausführung der Kommission aus einem vom Kommissionär zu vertretenden Grund unmöglich geworden, so stehen dem Kommittenten die oben genannten Rechte zu (Rn 125 f). Die Verzögerung oder das Unmöglichwerden der Ausführung hat dabei der Kommissionär nicht zu vertreten, falls er sich nicht rechtzeitig um die reale Ausführung bemüht hat, weil ihn der Kommittent ersichtlich ausschließlich gemäß § 384 Abs. 3 auf der Basis der in der Ausführungsanzeige mitgeteilten Konditionen bzw. der Konditionen eines ordnungsgemäßen (fiktiven) Ausführungsgeschäfts in Anspruch nehmen wollte. Voraussetzung hierfür ist immer, daß der Kommissionär ohne schuldhaftes Zögern aufgedeckt hat, daß der Anzeige kein auf Rechnung des Kommittenten abgeschlossenes Ausführungsgeschäft zugrunde lag. Hatte der Kommissionär den Kommittenten auf der Basis der fiktiven Konditionen befriedigt, so hat er das aus einem späteren Ausführungsgeschäft Erlangte ebenfalls an den Kommittenten herauszugeben. **171**

§ 385

(1) Handelt der Kommissionär nicht gemäß den Weisungen des Kommittenten, so ist er diesem zum Ersatze des Schadens verpflichtet; der Kommittent braucht das Geschäft nicht für seine Rechnung gelten zu lassen.

(2) Die Vorschrift des § 665 des Bürgerlichen Gesetzbuches bleiben unberührt.

Schrifttum siehe Angaben zu § 383.

---

[451] RGZ 101, 415.
[452] MünchKommHGB/*Häuser*, § 384 Rn 126.
[453] Siehe dazu Rn 143 ff.
[454] Siehe oben Rn 136 zum Verzug; ferner *Schmidt-Rimpler* (Fn 4), S. 964; Schlegelberger/*Hefermehl*, HGB, § 384 Rn 74.

Übersicht

A. Vorbemerkung

1 Gemäß § 384 Abs. 1 2. HS hat der Kommissionär Weisungen des Kommittenten zu befolgen (zum Ausmaß dieser Pflicht und zum Begriff der Weisung im Rahmen des § 384 HGB s. § 384 Rn 53). § 385 Abs. 1 knüpft an einen vergleichsweise **weiter gefaßten Weisungsbegriff** an. Er bestimmt die Rechtsfolgen, die sich aus einem Verstoß gegen die Pflicht ergeben, die Interessen des Kommittenten zu wahren und insbesondere Weisungen i.S.d. § 384 nachzukommen (Rn 5). Die Regelung des § 385 Abs. 1 ist entgegen einer vielfach geäußerten Ansicht[1] nur insoweit überflüssig, als sie eine Schadensersatzpflicht statuiert. Das Recht, das weisungswidrige Geschäft zurückzuweisen (§ 385 Abs. 1 2. HS), besitzt hingegen durchaus eigenständigen Charakter.[2] Eine Spezialvorschrift für einen bestimmten Typus des Weisungsverstoßes (Nichteinhaltung des Limits) enthält § 386.

2 § 385 Abs. 2 gehört ebenfalls in den Kontext des § 384 Abs. 1 2. HS. Er schränkt die Pflicht ein, Weisungen des Kommittenten zu befolgen, wenn der Kommissionär den Umständen nach annehmen darf, daß der Kommittent die Abweichung von der Weisung bei Kenntnis der Sachlage billigen würde. In § 665 BGB, auf den § 385 Abs. 2 verweist, ist von „berechtigt" die Rede. Daneben kann durchaus eine Pflicht entstehen, den Weisungen zuwiderzuhandeln. Schon aus dem Wortlaut des § 385 Abs. 2 („unberührt") ergibt sich, daß § 385 Abs. 2 keine eigenständige Regelung schaffen wollte. Es wird lediglich der Klarheit wegen auf die für den Kommissionsvertrag als Geschäftsbesorgungsvertrag (§ 675 Abs. 1 BGB) ohnehin geltende Vorschrift verwiesen.

B. Nichtbefolgung von Weisungen; Voraussetzungen der Zurückweisung und des Schadensersatzes

I. Rechtsnatur des Zurückweisungsrechtes und Schadensersatzanspruches

3 **1. Zurückweisungsrecht.** Das Recht[3], das Geschäft bei einem Weisungsverstoß mit der Folge zurückzuweisen, daß der Kommittent das Geschäft nicht als für seine Rech-

---

[1] *Schmidt-Rimpler*, Das Kommissionsgeschäft, in: Ehrenbergs Handbuch des gesamten Handelsrechts (1928) Bd. V 1. Abt. 2. Hälfte, S. 860 ff; Schlegelberger/Hefermehl, HGB, § 385 Rn 1.

[2] *Koller* BB 1979, 1725 (1730 ff); MünchKommHGB/*Häuser*, § 385 Rn 1; *Krüger*, in Ebenroth/Boujong/Joost/Strohn, HGB, § 385 Rn 1.

[3] Krit. zur Terminologie des Gesetzes *Canaris*, Handelsrecht, § 30 Rn 20.

nung geschlossen gelten lassen muß, wird verschiedentlich als Reaktion auf einen untauglichen Erfüllungsversuch bezeichnet. Ein weisungswidrig getätigtes Ausführungsgeschäft sei keine Erfüllung des Vertrages und könne daher auch im Hinblick auf den Aufwendungsersatzanspruch vom Kommittenten jederzeit zurückgewiesen werden, ohne daß der Kommittent in Annahmeverzug gerate[4]. Diese Einordnung des § 385 Abs. 1 2. HS geht von dem Standpunkt aus, daß das Zurückweisungsrecht immer ohne Rücksicht auf **Verschulden** geltend gemacht werden könne. Richtigerweise greift das Zurückweisungsrecht mit der Konsequenz, daß der Kommittent die mit dem Ausführungsgeschäft im Zusammenhang stehenden Aufwendungen nicht für seine Rechnung gelten lassen muß, nur ein, falls der Weisungsverstoß verschuldet war.[5] Lediglich im Hinblick auf das Provisionsrisiko und die Gefahr, sich nochmals um die Ausführung der Kommission bemühen zu müssen, kann die Zurückweisung gemäß § 385 Abs. 1 2. HS verschuldensunabhängig ausgeübt werden, weil die geschuldete Leistung nicht erbracht ist.[6] Das rechtfertigt es, das Zurückweisungsrecht als eigenständigen kommissionsrechtlichen Rechtsbehelf zu charakterisieren, der freilich weitgehend auf andere Geschäftsbesorgungsverträge übertragen werden kann.

2. Schadensersatzanspruch. Der Schadensersatzanspruch fügt sich hingegen ohne weiteres in das allgemeine System ein. Man ist sich einig, daß entgegen dem Wortlaut der Norm auch bei Weisungsverstößen Schadensersatz nur geleistet werden muß, falls der Kommissionär schuldhaft gehandelt hat. Somit wiederholt § 385 Abs. 1 1. HS letztlich nur die allgemeinen Sanktionen einer schuldhaften Verletzung der Leistungspflichten (§ 280 BGB).[7] 4

II. Weisungswidrige Handlung

Die Interpretation des **Begriffes „Weisung"** ist umstritten (§ 384 Rn 53). Im Rahmen des § 385 Abs. 1 ist der Begriff „Weisung" weit zu fassen. Unter Weisung fallen demnach nicht nur konkret formulierte Handlungs- oder Unterlassungsprogramme, sondern auch[8] Erklärungen, die zum Abschluß des Vertrages selbst gehören. Darüber hinaus stellt z.B. auch die im dispositiven Recht angesiedelte Pflicht zur Interessenwahrung eine Weisung im Sinne des § 385 Abs. 1 dar[9]; denn der Kommissionär muß seine allgemeinen Pflichten genauso gut kennen und beachten wie die vom Kommittenten konkret formulierten Handlungs- oder Unterlassungsprogramme. Unerheblich ist es deshalb auch, ob die „Weisung" bei Vertragsschluß oder erst später einseitig erging. 5

---

4 *Canaris*, Handelsrecht, § 30 Rn 20; *Knütel*, ZHR **137** (1973), 285, 297; *Schmidt-Rimpler* (Fn 1), S. 860 f.

5 *Koller,* BB 1979, 1725 (1730 f); **aA** *Canaris*, Handelsrecht, § 30 Rn 20.

6 *Koller,* BB 1979, 1725.

7 Krüger (Fn 2), § 385 Rn 3; Baumbach/*Hopt*, HGB, § 385 Rn 3; Heymann/*Herrmann*, HGB, § 385 Rn 9; Oetker/*Martinek*, HGB, § 385 Rn 28.

8 Oetker/*Martinek*, HGB, § 385 Rn 4 f; *Schmidt-Rimpler* (Fn 1), S. 664 ff; wohl auch *Canaris*, Handelsrecht, § 30 Rn 21; **aA** RG, Warn 40 Nr. 20; Krüger (Fn 2), § 385 Rn 2; Baumbach/*Hopt*, HGB, § 385 Rn 1; *Roth*, in Koller/Roth/Morck, HGB § 385 Rn 2; MünchKommHGB/*Häuser*, § 385 Rn (§ 385 allenfalls analog); Heymann/*Herrmann*, HGB, § 385 Rn 2.

9 *Canaris*, Handelsrecht, § 30 Rn 21; *Knütel* ZHR 137 (1973), 285, 287 ff; *Schmidt-Rimpler* (Fn 1), S. 863; *Koller,* BB 1979, 1725 (1731); **aA** MünchKommHGB/*Häuser*, § 385 Rn 5. **Offen** gelassen BGH, ZIP 2002, 1292.

6 Nach herrschender Meinung ist § 385 Abs. 1 in der Phase der **Durchführung**, wenn das Ausführungsgeschäft bereits ordnungsgemäß abgeschlossen worden war, nicht anwendbar. Zwar könne der Kommittent auch im Rahmen der Durchführung des Ausführungsgeschäfts Anordnungen erteilen, von der Pflicht des Kommissionärs, in diesem Stadium die Interessen des Kommittenten zu wahren, ganz zu schweigen. Ein Verstoß gegen diese Anordnungen bzw. die Pflichten sei jedoch kein Weisungsverstoß im Sinne des § 385 Abs. 1[10]. Es sei nämlich unangemessen, dem Kommittenten das Recht zu geben, ein weisungsgemäß auf Rechnung des Kommittenten abgeschlossenes Geschäft deshalb zurückzuweisen, weil sich der Kommissionär bei der späteren Abwicklung weisungswidrig verhalten habe. Dadurch würde man dem Kommittenten lediglich eine ungerechtfertigte Spekulationschance eröffnen und letztlich mit der Wertung des § 396 Abs. 1 S. 1 in Konflikt geraten.[11]

7 Richtiger Ansicht nach greift § 385 Abs. 1 auch[12] in der Phase der Abwicklung des Ausführungsgeschäfts ein; denn letztlich ist der Kommittent nur daran interessiert, das aus einem weisungsgemäßen Abschluß Erlangte ordnungsgemäß zu erhalten. Eine Schadensersatzpflicht trägt hierbei seinen Interessen nur unzureichend Rechnung, da sie immer zum Nachweis des Schadens nötigt, während § 385 Abs. 1 es erlaubt, sich bei schuldhaftem Verhalten des Kommissionärs ohne Rücksicht auf einen Schaden von Aufwendungslasten zu befreien. Im Falle schuldloser Pflichtverletzungen vermag der Kommittent immerhin nach Zurückweisung nochmals Ausführung zu den alten Vertragsbedingungen zu fordern.[13] Allerdings darf der Kommittent von seinem Zurückweisungsrecht in Fällen, in denen sich der Kommissionär lediglich eine weisungswidrige Verzögerung der Durchführung zuschulden kommen läßt, erst nach Ablauf einer angemessenen Nachfrist Gebrauch machen[14] Jedenfalls darf der Kommittent in der Phase der Durchführung bei Mißachtung von Weisungen des Kommissionsgeschäfts vom Vertrag zurücktreten (§ 323 BGB). Bei der Effektenkommission kann § 25 DepG zum Tragen kommen.

8 Die Verletzung von **Nebenpflichten** rechtfertigt in der Durchführungsphase keine Zurückweisung.[15]

9 Zur **berechtigten Abweichung** von Weisungen des Kommittenten s. Rn 23 ff.

III. Intensität des Weisungsverstoßes

10 Ein **Weisungsverstoß ist irrelevant**, wenn der wirtschaftliche und gegebenenfalls ideelle Erfolg des Geschäfts trotz des weisungswidrigen Verhaltens des Kommissionärs den Interessen des Kommittenten entspricht[16], da dann eine Berufung auf § 385 Abs. 1 Treu und Glauben zuwiderlaufen würde (s. auch die Wertung des § 665 BGB). Hat der Kommittent durch den Weisungsverstoß nur einen geringfügigen Nachteil erlitten, so ist er

---

[10] *Canaris*, Handelsrecht, § 30 Rn 21; *Roth,* in Koller/Roth/Morck, HGB § 385 Rn 2; *Schmidt-Rimpler* (Fn 1), S. 861; MünchKommHGB/*Häuser*, § 385 Rn 8; Heymann/*Herrmann*, HGB, § 385 Rn 3; Schlegelberger/*Hefermehl,* HGB, § 385 Rn 5; *Knütel* ZHR 137 (1973), 285, 309 ff; **aA** Düringer/Hachenburg/*Lehmann,* HGB, § 385 Rn 2; *Koller*, BB 1979, 1725 (1731).

[11] Kritisch dazu *Koller,* BB 1979, 1725 (1731).

[12] Oetker/*Martinek*, HGB, § 385 Rn 3.

[13] *Koller,* BB 1979, 1725, 1731.

[14] *Koller,* BB 1979, 1725 (1731).

[15] *Koller,* BB 1979, 1725 (1731).

[16] RG, SeuffA 85 Nr. 52; *Canaris*, Handelsrecht, § 30 Rn 39; Krüger (Fn 2), § 385 Rn 7; MünchKommHGB/*Häuser*, § 385 Rn 19; Schlegelberger/*Hefermehl,* HGB, § 385 Rn 9 mN. Vgl. ferner OLG Frankfurt, NJW-RR 1989, 997.

auf den Schadensersatzanspruch zu verweisen.[17] Es sind auch immaterielle Nachteile, nicht nur wirtschaftliche Schäden[18] zu berücksichtigen. Entgegen dem BGH[19] kann man nicht ohne weiteres all die Interessen für unerheblich erklären, die von einem objektiven Beobachter für wirtschaftlich unvernünftig erachtet werden. Entscheidend sind immer die individuellen Interessen des Kommittenten und die Intensität, mit der sie der Weisungsverstoß tangiert. Daß in der Zurückweisung des Geschäfts ein Verstoß gegen Treu und Glauben liegt, hat der Kommissionär darzutun.[20]

IV. Anerbieten des Ausgleichs

Das **Zurückweisungsrecht entfällt** gemäß § 386 Abs. 2, wenn sich der Kommissionär, **11**
der von einem Limit abgewichen ist, zugleich mit der Ausführungsanzeige zur Deckung des Preisunterschiedes erbietet. Diese Regelung ist analogiefähig[21]. Voraussetzung für eine entsprechende Anwendung ist aber immer, daß sich der Kommissionär erbietet, den Kommittenten in die gleiche Lage zu versetzen, in der er stünde, wenn sich der Kommissionär an die Weisungen gehalten hätte. Die „Differenz", zu deren Ausgleich sich der Kommissionär erbietet, muß darüber hinaus mit Sicherheit feststellbar sein. Sie ist es z.B. nicht bei Qualitätsunterschieden (§ 386 Rn 15), wohl aber bei einer weisungswidrigen Stundung oder bei der weisungswidrigen Vereinbarung einer Risikoübernahme.[22] Bei letzteren ist zwar ein Weisungsverstoß in aller Regel nicht so evident wie eine Mißachtung einer Preisvorgabe. Entscheidend ist jedoch, ob der angebotene Ausgleich vom Kommittenten ebenso leicht und eindeutig bewertet werden kann wie das Anerbieten der Preisdifferenz.[23] Unter Umständen wird der Kommissionär sein Ausgleichsversprechen auch noch nach der Ausführungsanzeige abgeben können, wenn er damit rechnen durfte, daß der Kommittent den Weisungsverstoß genehmigen werde. In einem solchen Fall ist die sofortige Erklärung des Kommittenten, zurückzuweisen, ohne dem Kommissionär vorher Gelegenheit zu geben, sich über einen eventuellen Ausgleich zu erklären, treuewidrig. Bietet der Kommissionär alsbald nach Zugang der Zurückweisung den Ausgleich an, so tritt die Erfüllungswirkung ein; die Zurückweisung wird unwirksam[24]. Der Schadensersatzanspruch bleibt dem Kommittenten jedoch erhalten (§ 386 Rn 23).

---

[17] *Canaris*, Handelsrecht, § 30 Rn 39; MünchKommHGB/*Häuser*, § 385 Rn 16; Baumbach/*Hopt*, HGB, § 385 Rn 4; Oetker/*Martinek*, HGB, § 385 Rn 33; *Koller*, BB, 1979, 1725 (1731).

[18] BGH, WM 1976, 630 (632); **aA** wohl Schlegelberger/*Hefermehl*, HGB, § 385 Rn 9.

[19] BGH, WM 1976, 630 (632).

[20] BGH, WM 1976, 630 (632).

[21] RGZ 57, 392; RG, SeuffA 85, Nr. 52; MünchKommHGB/*Häuser*, § 385 Rn 21; Krüger (Fn 2), § 385 Rn 7; *Roth*, in Koller/Roth/Morck, HGB § 385 Rn 3; Heymann/*Herrmann*, HGB, § 385 Rn 6.

[22] Der Kommissionär verpflichtet sich zur sofortigen Leistung bzw. Risikoübernahme.

[23] Zu bejahen bei einer Verpflichtung zur Barzahlung, wenn weisungswidrig gestundet worden ist, oder bei der Übernahme des Risikos durch den Kommissionär, wenn im Rahmen des Ausführungsgeschäfts weisungswidrig eine Risikoentlastungen des Dritten vereinbart worden ist.

[24] RG, SeuffA 85, Nr. 52; Krüger (Fn 2), § 385 Rn 7; *Roth*, in Koller/Roth/Morck, HGB § 385 Rn 5; Schlegelberger/*Hefermehl*, HGB, § 385 Rn 10 m. Nachw.; **aA** MünchKommHGB/*Häuser*, § 385 Rn 22.

V. Keine Genehmigung des Weisungsverstoßes

12 Der Verstoß gegen die Weisung wird ferner geheilt, falls der Kommittent das weisungswidrige Geschäft genehmigt. Diese Genehmigung stellt ein Angebot zur Vertragsänderung bzw. die Annahme des Angebotes dar.[25] Eine mit der vorbehaltlosen Genehmigung verbundene Vertragsänderung läßt ex post das weisungswidrige Verhalten des Kommissionärs zu einem vertragsgemäßen werden. Freilich kann die Vertragsänderung auch die durch den Weisungsverstoß entstandenen Schadensersatzansprüche ausklammern[26].

13 Die Genehmigung kann **ausdrücklich oder konkludent** erteilt werden. Äußert sich der Kommittent nicht binnen angemessener Frist auf die Anzeige eines weisungswidrigen Geschäfts, so kann dort, wo § 386 Abs. 1 nicht eingreift, nicht ohne weiteres eine Analogie zu § 386 Abs. 1 gezogen werden. § 386 Abs. 1 beruht nämlich auf dem Gedanken, daß die Abweichungen von einem Preislimit leichter als andere Weisungsverstöße zu erkennen und zu bewerten ist. Wenn der Kommissionär z.B. den weisungswidrigen Abschluß über ein anderes Gut anzeigt, eröffnet dies nicht notwendig die Analogie zu § 386 Abs. 1, da ein derartiger Weisungsverstoß zwar typischerweise leicht zu erkennen, aber vielfach nicht ohne Schwierigkeiten zu bewerten ist. Daraus folgt nicht, daß Schweigen auf eine Anzeige nur unter den Voraussetzungen des § 362 als Genehmigung anzusehen ist.[27] Auch sonst kann das Schweigen als Genehmigung zu qualifizieren sein. Dies ist zum einen in Fallgruppen anzunehmen, bei denen die Abweichung von der Weisung ohne weiteres zu erkennen und deren Konsequenzen zu gewichten sind (Analogie zu § 386 Abs. 1; dazu näher § 386 Rn 2).[28] Ferner können die Geschäftsverbindungen zwischen den Parteien so eng sein, daß die Berufung darauf, man habe das angezeigte Geschäft nicht stillschweigend genehmigt, ein venire contra factum proprium darstellt.

14 Da die Heilung durch Genehmigung eine Vertragsänderung darstellt, braucht sich der Kommissionär die **Genehmigung nicht aufdrängen** zu lassen.[29] Davor ist er durch das Erfordernis eines vertraglichen Konsenses geschützt. Allerdings wird man in der Regel überall dort, wo der Kommissionär erkennen konnte, daß er von der Weisung abgewichen war, in der Anzeige des weisungswidrigen Geschäfts ein Angebot zur Vertragsänderung erblicken müssen. An dieses Angebot ist der Kommissionär im Rahmen des § 145 BGB gebunden. Gegebenenfalls hat der Kommissionär nachzuweisen, daß die Anzeige nicht von einem rechtsgeschäftlichen Erklärungsbewußtsein getragen war. Ferner sind in diesem Zusammenhang die Grundsätze der Vertrauenshaftung zu beachten.

---

[25] *Canaris*, Handelsrecht, § 30 Rn 33; MünchKommHGB/*Häuser*, § 385 Rn 18; *Knütel* ZHR 137 (1973) 285, 332 f m. Nachw.; **aA** Oetker/*Martinek*, HGB, § 385 Rn 34.

[26] Düringer/Hachenburg/*Lehmann*, HGB, § 385 Rn 10; Schmidt-Rimpler (Fn 1), S. 896 f; Schlegelberger/*Hefermehl*, HGB, § 385 Rn 13.

[27] So Schmidt-Rimpler (Fn 1), S. 867 f; **aA** MünchKommHGB/*Häuser*, § 385 Rn 18; *Roth*, in Koller/Roth/Morck, HGB § 385 Rn 3; Oetker/*Martinek*, HGB, § 385 Rn 34.

[28] **AA** MünchKommHGB/*Häuser*, § 385 Rn 18 (nur in Fällen, in denen die Konditionen des Ausführungsgeschäfts erheblichen Schwankungen unterliegen); Oetker/*Martinek*, HGB, § 385 Rn 34 (rügelose Entgegennahme von Erfüllungsleistungen des Kommissionärs).

[29] MünchKommHGB/*Häuser*, § 385 Rn 18; Schmidt-Rimpler (Fn 1), S. 870).

VI. Das Ausführungsgeschäft

In § 385 Abs. 1 ist schlechthin davon die Rede, daß der Kommissionär nicht gemäß den Weisungen des Kommittenten handelt. Entgegen dem Wortlaut greift § 385 Abs. 1 aber erst ein, wenn der Kommissionär ein weisungswidriges Ausführungsgeschäft abgeschlossen hat[30]. Weisungsverstöße vor Abschluß des Ausführungsgeschäfts werden zum einen dadurch sanktioniert, daß konkrete Aufwendungen, die zu den Weisungen im Widerspruch stehen, nicht ersatzfähig sind. Sollte der Kommissionär weisungsgemäß sofort ein Ausführungsgeschäft tätigen, verzögert er aber die Ausführung, so kann der Kommittent ohnehin den Verzugsschaden geltend machen (§ 384 Rn 136). Der Anspruch auf Ersatz von Aufwendungen wird damit freilich nicht ohne weiteres gänzlich hinfällig; denn auch die mit Verzögerung gemachten Aufwendungen können vielfach vom Kommissionär durchaus den Umständen nach für erforderlich gehalten werden. Diese Aufwendungen sind daher erstattungsfähig. Anders ist die Situation, falls der Kommissionär entgegen der Weisung, an einem bestimmten Tag oder spätestens zu einem bestimmten Datum abzuschließen, das Ausführungsgeschäft an einem anderen Tag bzw. danach getätigt hat.[31] **15**

VII. Sonstige Voraussetzungen des Zurückweisungsrechtes

§ 385 Abs. 1 macht das Zurückweisungsrecht mit der Konsequenz, daß der Kommittent das Geschäft nicht für seine Rechnung gelten zu lassen braucht, nicht von einem **Verschulden des Kommissionärs** abhängig. In der Literatur wird das mit einer Parallele zum Werkvertrag gerechtfertigt. Der weisungswidrige Abschluß sei keine Erfüllung des Kommissionsvertrages und die Frage, ob erfüllt sei oder nicht, sei von der Frage des Verschuldens unabhängig[32]. Dem kann nicht gefolgt werden; denn es sind z.B. durchaus Fälle denkbar, in denen dem Kommissionär eine Weisung zugegangen, ihm aber ohne sein Verschulden nicht zur Kenntnis gelangt ist. Würde man das Zurückweisungsrecht ohne Rücksicht auf ein Verschulden des Kommissionärs eröffnen, so würde man mit der Wertung des § 670 BGB in Konflikt geraten, der zufolge der Kommittent das Risiko von Aufwendungen zu tragen hat, soweit der Kommissionär bei Einsatz pflichtgemäßen Ermessens annehmen durfte, daß sie erforderlich seien.[33] Man hat daher § 385 Abs. 1 zu restringieren und seine Anwendbarkeit von einem Verschulden des Kommissionärs abhängig zu machen, soweit er dem Kommittenten das Recht gibt, die Aufwendungen nicht für seine Rechnung gelten zu lassen.[34] Im Hinblick auf die Provisions- und Leistungsgefahr (Rn 3) findet das Zurückweisungsrecht indessen ohne Rücksicht auf ein Verschulden Anwendung. Macht der Kommittent in der zweiten Variante von ihm Gebrauch, so muß er die Aufwendungen ersetzen, kann aber zu den alten Konditionen nochmalige Ausführung verlangen. **16**

---

[30] RG, JW 1932, 2607; Schmidt-Rimpler (Fn 1), S. 868; Schlegelberger/*Hefermehl,* HGB, § 385 Rn 4; *Knütel*, ZHR 137 (1973), 285 (326) für das Zurückweisungsrecht; **aA** Düringer/Hachenburg/*Lehmann*, HGB, § 385 Rn 2.

[31] RGZ 53, 372; *Schlegelberger/Hefermehl* HGB, § 385 Rn 4 m. Nachw.

[32] MünchKommHGB/*Häuser*, § 385 Rn 13; *Krüger* (Fn 2), § 385 Rn 4; *Roth,* in Koller/Roth/Morck, HGB § 385 Rn 5; Baumbach/*Hopt*, HGB, § 385 Rn 4; *Knütel* ZHR 137 (1973), 285 (297 f); Schlegelberger/*Hefermehl,* HGB, § 385 Rn 12; Schmidt-Rimpler (Fn 1), S. 864.

[33] **AA** MünchKommHGB/*Häuser*, § 385 Rn 13.

[34] *Koller,* BB 1979, 1725 (1730 f). Siehe auch oben Rn 3.

17 Die Zurückweisung als Hinweis darauf, daß noch nicht erfüllt worden ist, bedarf keiner besonderen **Form**; sie kann auch konkludent erfolgen. **Bloße Untätigkeit** kann freilich Heilung durch Genehmigung bedeuten (Rn 13).

VIII. Sonstige Voraussetzungen des Schadensersatzrechtes

18 Entgegen dem Wortlaut des § 385 Abs. 1 schuldet der Kommissionär ausschließlich bei schuldhaften Weisungsverstößen Schadensersatz. Die Restriktion des § 385 Abs. 1 ergibt sich aus allgemeinen schadensersatzrechtlichen Grundsätzen[35]. Der Anspruch steht kumulativ neben dem Zurückweisungsrecht[36]. Er hängt nicht davon ab, ob der Kommittent das Geschäft zurückweist.[37] Zurückweisung und Schadensersatzverlangen können miteinander verbunden werden.[38]

C. Rechtsfolgen

I. Zurückweisungsrecht

19 Nach der hier vertretenen Ansicht braucht der Kommittent nur[39] bei schuldhaften Weisungsverstößen die aus dem weisungswidrigen Ausführungsgeschäft stammenden Verpflichtungen nicht auf sich zu nehmen. Gleiches gilt für Aufwendungen, die unter Verstoß gegen Weisungen getätigt wurden, um zum Abschluß eines Ausführungsgeschäfts zu gelangen.[40] Im übrigen bleibt das Kommissionsverhältnis bestehen.[41]

20 *Ohne Rücksicht auf ein Verschulden* kommt der Provisionsanspruch immer dort nicht zum Entstehen, wo der Kommittent das weisungswidrige Geschäft ablehnt. Die Zurückweisung läßt die Leistungspflichten des Kommissionärs entgegen der hM[42] nicht erlöschen (Rn 19). Der Kommissionär muß sich vielmehr erneut um ein Ausführungsgeschäft bemühen, falls ein weisungsgemäßes Geschäft noch im Rahmen des Möglichen liegt. Der Kommissionär trägt also die Leistungsgefahr.[43] Der Kommittent kann mit der Zurückweisung die Kündigung des Kommissionsvertrages (§ 383 Rn 161) verbinden, wenn er nicht wünscht, daß der Kommissionär erneut für ihn tätig wird.

21 In jedem Fall hat der Kommissionär das, was er im Rahmen der Geschäftsbesorgung erlangt hat und worauf sich nicht die Zurückweisung bezieht, an den Kommittenten herauszugeben;[44] die Vorteile aus dem weisungswidrigen Geschäft insoweit, als der Kom-

---

[35] RGZ 56 151; MünchKommHGB/*Häuser*, § 385 Rn 19; Schmidt-Rimpler (Fn 1), S. 864; Schlegelberger/*Hefermehl*, HGB, § 385 Rn 6.

[36] RG, JW 1914, 102; Schmidt-Rimpler (Fn 1), S. 868; Schlegelberger/*Hefermehl* HGB, § 385 Rn 15 m. Nachw.

[37] MünchKommHGB/*Häuser*, § 385 Rn 11.

[38] MünchKommHGB/*Häuser*, § 385 Rn 15; *Krüger* (Fn 2), § 385 Rn 5; *Roth*, in Koller/Roth/Morck, HGB § 385 Rn 5; Heymann/*Herrmann*, HGB, § 385 Rn 8.

[39] Siehe oben Rn 3, 16.

[40] *Koller*, BB 1979, 1725 (1730 f).

[41] MünchKommHGB/*Häuser*, § 385 Rn 24; Baumbach/*Hopt*, HGB, § 385 Rn 4; *Roth*, in Koller/Roth/Morck, HGB § 385 Rn 5; Heymann/*Herrmann*, HGB, § 385 Rn 8.

[42] *Canaris*, Handelsrecht, § 30 Rn 20; MünchKommHGB/*Häuser*, § 385 Rn 13, 23; *Krüger* (Fn 2), § 385 Rn 4; *Roth*, in Koller/Roth/Morck, HGB § 385 Rn 5.

[43] RG, JW 1932, 2607.

[44] *Krüger* (Fn 2), § 385 Rn 4; *Schlegelberger/Hefermehl*, HGB, § 385 Rn 12; zu weit MünchKommHGB/*Häuser*, § 385 Rn 24.

missionär berechtigt ist, mangels Verschuldens Aufwendungsersatz zu fordern.[45] Unter Umständen kann der Kommittent auch gemäß § 323 BGB vom Kommissionsvertrag zurücktreten.[46]

II. Schadensersatzanspruch

Für die Bemessung des Schadensersatzanspruches aus § 385 Abs. 1, der auf das positive Interesse geht,[47] gelten die allgemeinen Vorschriften. § 284 ist anwendbar.[48] Der kausale[49] Schaden muß durch die Pflichtverletzung verursacht worden sein.[50] Bei verzögerter Ausführung hängt der Schadensersatzanspruch nicht davon ab, daß dem Kommissionär das verzögert angeschaffte Gut zur Verwertung angeboten worden ist. Die Höhe des Schadensersatzanspruchs[51] bestimmt sich außerdem danach, ob der Kommittent das Geschäft zurückgewiesen hat. Bejahendenfalls kann er den Schaden geltend machen, der ihm durch die Nichtausführung, z.B. durch die Verzögerung der Ausführung infolge eines Steigens des Kurses entstanden ist.[52] Hat er genehmigt und sich konkludent den Ersatz seines Schadens vorbehalten (Rn 12), so kann er den Ersatz eines Nachteils beanspruchen, der durch das genehmigte Ausführungsgeschäft nicht ausgeglichen wird. § 254 BGB ist zu beachten.[53] Der Schadensersatzanspruch wird nicht durch den Betrag begrenzt, der im Zeitpunkt der erstmaligen Kenntnis der Schadensersatzberechtigung für die Beschaffung der Waren oder Wertpapiere durch Vornahme eines Deckungskaufs hätte aufgebracht werden müssen.[54] Der Schadensersatzanspruch ist nicht schon dann verwirkt, wenn nicht unverzüglich auf das Schadensersatzbegehren hingewiesen wird.[55] Der Kommittent kann abwarten, ob ihm durch das Verhalten des Kommissionärs ein Schaden entsteht. Es ist dem Kommittenten allerdings als Mitverschulden entgegenzuhalten, wenn eine verzögerte Vornahme eines Deckungskaufs den Schaden nach oben treibt oder wenn eine verzögerte Anmeldungen des Schadens dem Kommissionär die Chance nimmt, durch ein Deckungsgeschäft den Schaden niedrig zu halten.[56] Die Beweislast für die Höhe des Schadens trägt der Kommittent; der Kommissionär hat die Wahrung der Sorgfalt eines ordentlichen Kaufmannes (§ 347) nachzuweisen[57]. **22**

---

45 *Koller,* BB 1979, 1725 (1730 f).

46 *Krüger* (Fn 2), § 385 Rn 5. Vgl auch § 384 Rn 126.

47 So i.E. auch BGH, ZIP 2002, 1292 (1293). Differenzierend Oetker/*Martinek*, HGB, § 385 Rn 29.

48 Vgl. auch Oetker/*Martinek*, HGB, § 385 Rn 30.

49 Zum rechtmäßigen Alternativverhalten s. Oetker/*Martinek*, HGB, § 385 Rn 30.

50 BGH, ZIP 2002, 1436 (1438). Ein Schadensersatzanspruch entfällt, wenn der Kommittent trotz weisungswidriger Ausführung dasjenige erhalten hat, was er erhalten wollte (OLG Frankfurt, NJW-RR 1989, 997).

51 OLG Oldenburg, WM 1993, 1879 (1880 f).

52 BGH, ZIP 2002, 1292 (1293); i.E. ebenso *Schmidt-Rimpler* (Fn 1), S. 869.

53 BGH, ZIP 1981, 1624 (1625 f); 2002, 1292 (1293).

54 So aber OLG Nürnberg, NJW-RR 2002, 47, das zu Unrecht von einer abstrakten Schadensberechnung ausgeht, für die das Gesetz keine Grundlage bietet, die dem Kommittenten jedenfalls nicht aufgezwungen werden kann; ebenso Balzer, WM 2001, 1533 (1537 f). Es ist allgemein anerkannt, daß für die Bemessung des Schadens der Zeitpunkt der Erfüllung bzw. der Zeitpunkt der letzten mündlichen Verhandlung maßgeblich ist (Palandt/*Grüneberg*, BGB § 249 Rz. 127 mN).

55 AA LG Frankfurt, WM 1988, 1366 (1367).

56 Vgl. BGH, ZIP 2002, 1292 (1293); OLG Nürnberg, ZIP 2004, 846 (848 f).

57 MünchKommHGB/*Häuser*, § 385 Rn 12; Schmidt-Rimpler (Fn 1), S. 868; Schlegelberger/*Hefermehl,* HGB, § 385 Rn 7.

D. Berechtigte Abweichung

23 Das oberste Ziel bei der Ausführung und Durchführung der Kommission ist die optimale Wahrnehmung der dem Kommissionär erkennbaren bzw. der mutmaßlichen Interessen des Kommittenten. § 385 Abs. 2 verweist daher auf § 665 BGB. Danach **darf der Kommissionär von wirksamen**[58] **Weisungen** (im allgemeinsten Sinn; Rn 5)[59] **abweichen,** wenn er den Umständen nach als ordentlicher Kaufmann annehmen durfte, daß der Kommittent die Abweichung billigen würde und die rechtzeitige Einholung neuer Weisungen nicht sachdienlich war.[60] Dies ist vor allem dort der Fall, wo der Kommittent bei der Weisung ersichtlich von falschen Vorstellungen ausgegangen ist oder sich später die Umstände geändert haben. Eine derartige Konstellation darf der Kommissionär nicht leichtfertig bejahen. Vor allem im Hinblick auf Limits hat der Kommissionär zu unterstellen, daß sich der Kommittent im Zweifel seine Sache reiflich überlegt hat. Gleiches gilt regelmäßig für Bankaufträge, weil der Kommissionär hier vielfach nicht zu überschauen vermag, welche Gründe den Kommittenten bewogen haben, bestimmte Weisungen zu geben, und ob nicht geringfügige Abweichungen den Auftraggeber beträchtlich schädigen können.[61] Die Beweislast für das Vorliegen der eine berechtigte Abweichung tragenden Umstände liegt beim Kommissionär.[62]

24 **Bevor**[63] der Kommissionär aus eigener Verantwortung **von Weisungen des Kommittenten abweicht**, hat er dem Kommittenten von seiner Absicht Anzeige zu machen und dessen Entschließung abzuwarten, sofern damit nicht unverhältnismäßige Risiken verbunden sind (Gefahr in Verzug). Im Rahmen dieser Anzeige hat der Kommissionär kraft seiner kommissionsrechtlichen Treuepflicht auch auf die Konsequenzen hinzuweisen, die sich aus einem Festhalten an der Weisung ergeben könnten.[64] Das Ausmaß der Aufklärungs- und Beratungspflicht bestimmt sich nach den allgemeinen Regeln (§ 384 Rn 62). Gleiches gilt, wenn Zweifel an der Zweckmäßigkeit der Weisung auftauchen und eine Rückfrage keine unverhältnismäßigen Risiken mit sich bringt.[65]

25 **Besteht der Kommittent auf seiner Weisung**, so muß sie der Kommissionär befolgen; denn der Kommissionär ist nicht der Vormund des Kommittenten. Den Schaden trägt dann der Kommittent.

26 Kann der Kommissionär nicht mehr rechtzeitig neue Weisungen einholen, so ist er nicht nur berechtigt abzuweichen. Er ist hierzu kraft seiner Pflicht, die erkennbaren oder mutmaßlichen Interessen des Kommittenten optimal zu verfolgen, auch verpflichtet[66]. Die **Pflicht zur Abweichung** besteht nur im Rahmen des pflichtgemäßen Ermessens. Es kann also durchaus sein, daß der Kommissionär zwar in der gleichen Situation als berechtigt angesehen werden kann, von den Weisungen abzuweichen, hierzu aber nicht verpflichtet ist; denn die Pflicht hängt wesentlich von seiner Einschätzung der Risiken

[58] Unwirksame Weisungen, zum Beispiel solche, die gegen Treu und Glauben verstoßen, braucht der Kommissionär ohnehin nicht zu beachten.

[59] *Bracht*, Best Execution, S. 64, 66 f.

[60] BGH, VersR 1977, 421.

[61] BGH, WM 1976, 631.

[62] Heymann/*Herrmann*, HGB, § 385 Rn 10; *Schlegelberger/Hefermehl*, HGB, § 385 Rn 14; ferner KG, OLGZ 73, 18.

[63] *Krüger* (Fn 2), § 385 Rn 6; *Roth*, in Koller/Roth/Morck, HGB § 385 Rn 3; Heymann/*Herrmann*, HGB, § 385 Rn 10; Oetker/*Martinek*, HGB, § 385 Rn 7, 18.

[64] MünchKommHGB/*Häuser*, § 385 Rn 26; Oetker/*Martinek*, HGB, § 385 Rn 16.

[65] BGH, WM 1976, 630 (632).

[66] MünchKommHGB/*Häuser*, § 385 Rn 26; *Krüger* (Fn 2), § 385 Rn 6; Oetker/*Martinek*, HGB, § 385 Rn 10, 20; Heymann/*Herrmann*, HGB, § 385 Rn 10. Zurückhaltender Schlegelberger/*Hefermehl*, HGB, § 385 Rn 14.

und Chancen des sich bietenden Geschäfts ab.[67] Voraussetzung hierfür ist freilich, daß der Kommissionär nicht davon ausgehen mußte, daß die Weisung „unter allen Umständen" Bestand haben sollte oder daß der Kommittent vor einer Abweichung immer gehört sein wollte. Ist dies zu bejahen, so fehlt es auch am Recht zur Abweichung.

Weicht der Kommissionär unberechtigt von Weisungen ab, so ist er zum **Ersatz des dadurch entstehenden Schadens** verpflichtet. Das Ausführungsgeschäft kann der Kommittent gegebenenfalls zurückweisen (§ 385 Abs. 1). Eine Verletzung der Pflicht zur Abweichung macht den Kommissionär ebenfalls schadensersatzpflichtig. **27**

§ 386

(1) Hat der Kommissionär unter dem ihm gesetzten Preise verkauft oder hat er den ihm für den Einkauf gesetzten Preis überschritten, so muß der Kommittent, falls er das Geschäft als nicht für seine Rechnung abgeschlossen zurückweisen will, dies unverzüglich auf die Anzeige von der Ausführung des Geschäfts erklären; anderenfalls gilt die Abweichung von der Preisbestimmung als genehmigt.

(2) Erbietet sich der Kommissionär zugleich mit der Anzeige von der Ausführung des Geschäfts zur Deckung des Preisunterschieds, so ist der Kommittent zur Zurückweisung nicht berechtigt. Der Anspruch des Kommittenten auf den Ersatz eines den Preisunterschied übersteigenden Schadens bleibt unberührt.

Schrifttum siehe Angaben zu § 383.

Übersicht

[67] **AA** Heymann/*Herrmann*, HGB, § 385 Rn 10.

A. Vorbemerkung

1 § 386 modifiziert den § 385 für den Fall, daß der Einkaufskommissionär einen ihm gesetzten Höchstpreis überschreitet oder daß der Verkaufskommissionär den ihm gesetzten Mindestverkaufspreis nicht einhält. Im Unterschied zu sonstigen Weisungsverstößen steht es nicht weitgehend im Belieben des Kommittenten, wie lange er sich Zeit läßt, das Geschäft zurückzuweisen oder zu genehmigen. Übt der Kommittent sein Zurückweisungsrecht nicht unverzüglich aus, so gilt die Abweichung vom gesetzten Preis als genehmigt. Das Zurückweisungsrecht entfällt ferner, wenn sich der Kommissionär zum Ausgleich der Preisdifferenz erbietet. Durch diese Regelung soll vor allem verhindert werden, daß der Kommittent mit der Zurückweisung wartet, um zu sehen, ob sich die Marktverhältnisse doch noch zu seinen Gunsten ändern, und zurückweist, falls sich die Marktverhältnisse zu seinen Ungunsten verschoben haben. Derartige Spekulationen sollen durch die Obliegenheit zur unverzüglichen Zurückweisung unterbunden werden (Entwurf eines HGB nebst Denkschrift (1896), S. 234). Dem Kommittenten kann andererseits die unverzügliche Entscheidung über die Zurückweisung zugemutet werden, da er sofort feststellen kann, ob der Preis dem Limit entspricht, und er auch die aus einer Mißachtung des Limits resultierenden wirtschaftlichen oder sonstigen Nachteile leicht abzuschätzen vermag.[1] Erbietet sich der Kommissionär zugleich mit der Ausführungsanzeige zur Deckung des Preisunterschiedes, so bekommt der Kommittent in aller Regel letztlich das, was er als Minimum erwarten konnte. Ein Zurückweisungsrecht wäre dann unbillig. § 386 Abs. 2 schneidet es ihm deshalb ab.

2 Die Regelung des § 386 Abs. 1 kann auf solche Elemente des Ausführungsgeschäfts ausgedehnt werden, bei denen Weisungsverstöße ebenso einfach festgestellt werden können und der Kommittent eventuelle Verluste zuverlässig zu bewerten in der Lage ist (Rn 5 und § 385 Rn 11). Dazu zählt nicht die Behauptung des Kommissionärs, bestimmte Aufwendungen getätigt zu haben.[2]

B. Abweichung von der Preissetzung

I. Preissetzung

3 Der Kommittent hat im Sinne des § 386 Abs. 1 dann „einen Preis gesetzt", wenn das Ermessen des Kommissionärs in Hinblick auf den Mindestverkaufspreis oder den höchsten Einkaufspreis auf Null reduziert war. Die Preissetzung muß für den Kommissionär bindend gewesen sein.[3] Sie ist das immer dann, wenn sie von den Parteien schon bei Vertragsschluß vereinbart worden ist. Bei börsengängigen Waren und Wertpapieren gilt die Kursangabe als Limit.[4] Die Preisfestsetzung muß nicht ausdrücklich erfolgen. Für die Auslegung von Preisfestsetzungen gelten die allgemeinen Regeln (§§ 133, 157 BGB).[5] Eine Preissetzung liegt auch dort vor, wo dem Verkaufskommissionär ein bestimmter Mindestpreis mit der Maßgabe vorgeschrieben ist, daß er den höheren Verkaufspreis als

---

[1] MünchKommHGB/*Häuser*, § 386 Rn 1; Schlegelberger/*Hefermehl*, HGB, § 386 Rn 1.
[2] BGH, ZIP 1988, 699 (700).
[3] MünchKommHGB/*Häuser*, § 386 Rn 2
[4] RGZ 114, 11; *Krüger* in Ebenroth/Boujong/Joost/Strohn, HGB, § 386 Rn 2; Oetker/*Bergmann*, HGB, § 386 Rn 2.
[5] **Abw.** OLG Köln, WM 1989, 402; *Roth* in Assmann/Schütze, Kapitalanlagerecht, § 10 Rn 89, der eine klare und zweifelsfreie Bestimmung fordert.

Vergütung behalten darf.[6] Eine andere Frage ist es, ob der Kommissionär abweichen darf (dazu Rn 7). **Keine bindende Preissetzung** kann man jedoch ohne das Vorliegen besonderer Umstände in der Tatsache sehen, daß der Einkaufskommissionär einen bestimmten Vorschuß erhalten hat oder daß bei der Verkaufskommission an den Kommissionär zusammen mit dem Kommissionsgut Rechnungen mit bestimmten Preisangaben ausgeliefert wurden.[7] Im Zweifel wird nämlich das Kommissionsverhältnis dadurch geprägt, daß der Kommissionär nach pflichtgemäßem Ermessen das den jeweiligen Marktverhältnissen entsprechende Optimum anzustreben hat. Das gilt insbesondere in Konstellationen, in denen vom Kommittenten nicht die gleiche Marktübersicht wie vom Kommissionär erwartet werden kann. Der Preis wird auch dann nicht i.S.d. § 386 festgesetzt, wenn der Kommissionär einen angegebenen Kurs geringfügig über- bzw. unterschreiten darf.[8]

Nachträgliche, einseitige Weisungen des Kommittenten, durch die dem Kommissionär Preise gesetzt werden, sind ebenfalls bindend, wenn sich der Kommittent vertraglich die spätere Anordnung von Limits vorbehalten hat.[9] Im übrigen sind nachträgliche Weisungen zulässig, sofern durch die Beachtung der Weisung die Ausführbarkeit der Kommission nicht erheblich erschwert wird (§ 384 Rn 57), da der Kommittent nicht einseitig die Lasten und Risiken des Kommissionärs erhöhen darf. Setzt der Kommittent nachträglich die Preise so fest, daß dadurch die Ausführung der Kommission auf absehbare Zeit (Erfüllungszeitraum) objektiv unmöglich wird,[10] so ist diese Preissetzung ebenfalls unwirksam.[11] Man wird aber unter Umständen in einer vertragswidrigen Preissetzung zugleich eine Kündigung des Kommissionsvertrages (§ 621 Nr. 7[12], § 649 BGB) zu sehen haben, falls aus der Weisung hervorgeht, daß der Kommittent ausschließlich an einer Ausführung zu den „weisungswidrigen" Konditionen interessiert ist (§ 384 Rn 59).[13] Jedenfalls hat sich der Kommissionär sofort mit dem Kommittenten in Verbindung zu setzen, wenn ihm eine Weisung des Kommittenten als nicht bindend erscheint und ein Aufschub der Ausführung nicht mit unverhältnismäßigen Gefahren verbunden ist (§ 384 Rn 62). **4**

II. Festsetzung anderer Konditionen

§ 386 Abs. 1 spricht ausdrücklich nur von dem Höchstpreis bei der Einkaufskommission und dem Mindestpreis bei der Verkaufskommission. Auch der Vorgänger des § 386 Abs. 1, der Art. 384 Abs. 1 ADHGB, hatte ausschließlich das Preislimit im Auge. Beide Vorschriften sind jedoch zu eng gefaßt. Sieht man die Funktion des § 386 Abs. 1 in der Unterbindung der Spekulation anläßlich von Weisungsverstößen, die vom Kommittenten einfach und zuverlässig ermittelt werden können, so muß diese Vorschrift analog auf gleichgelagerte Fälle Anwendung finden, bei denen es nicht um bestimmte Formen der Preisabweichung geht.[14] Dazu können z.B. Abweichungen von der Art und Menge der zu **5**

---

6 RGZ 94, 289; 110, 121; MünchKommHGB/*Häuser*, § 386 Rn 2; *Krüger* (Fn 4), § 386 Rn 2.

7 KG, MDR 1984, 143; Heymann/*Herrmann*, HGB, § 386 Rn 1.

8 Sog. „Circa-Limit" (*Roth* in Assmann/Schütze, Kapitalanlagerecht, § 10 Rn 89).

9 MünchKommHGB/*Häuser*, § 386 Rn 3.

10 Ausnahme: Es sind Abreden über die Dauer des Kommissionsverhältnisses getroffen worden (§ 383 Rn 156).

11 Siehe dazu § 384 Rn 57.

12 MünchKommHGB/*Häuser*, § 386 Rn 3.

13 MünchKommHGB/*Häuser*, § 386 Rn 3.

14 So schon *Staub*, ADHGB (1893), § 364 Anm. § 4 Zus. 1; **aA** MünchKommHGB/*Häuser*, § 386 Rn 9; *Krüger* (Fn 4), § 386 Rn 4; *Roth*, in Koller/Roth/Morck, HGB § 386 Rn 1.

besorgenden Ware oder Wertpapiere gehören.[15] Es ist auch kein Grund ersichtlich, warum § **386 Abs. 1** nicht entsprechend in dem Fall eingreifen sollte, in dem der Verkaufskommissionär einen Höchstpreis mißachtete, den der Kommittent zur Marktpflege gesetzt hatte.[16] Der Tatbestand des § 386 Abs. 1 ist aber weder unmittelbar noch mittelbar erfüllt, wenn sich der Verstoß gegen eine Weisung richtet, die nicht so stark wie der Preis im Vordergrund steht, und wo der Verstoß nicht so leicht gewichtet werden kann, selbst wenn dies mittelbar Auswirkungen auf die Preisgestaltung gehabt haben sollte; z.B. Zahlungsziele.[17] Allerdings kann § **386 Abs. 2** eingreifen, falls sich der Kommissionär verpflichtet, den Kommittenten so zu stellen, als ob er die Nebenbedingungen des Ausführungsgeschäfts betreffenden Weisungen eingehalten hätte und der Kommittent leicht feststellen kann, ob dadurch seine Erwartungen voll erfüllt werden (§ 385 Rn 11). Nach der ratio des § 386 Abs. 1 braucht der Kommittent nur dort Schutz davor, daß er ein Zurückweisungsrecht nicht rechtzeitig ausübt, wo ihm kein ausreichender, leicht zu bewertender Ausgleich angeboten worden ist.

III. Verstoß gegen die Preissetzung oder eine gleich zu behandelnde Kondition

6 Ein relevanter Verstoß liegt grundsätzlich immer dann vor, wenn die Konditionen des Ausführungsgeschäfts die dem Einkaufskommissionär gesetzten Höchstpreise überschreiten, bei der Verkaufskommission die Mindestpreise unterschreiten oder dem Preis gleich zu behandelnde Konditionen nicht gewahrt wurden. Der Kommissionär ist verpflichtet, die Weisungen des Kommittenten zu beachten. Dies gilt insbesondere für die Preislimits. Er darf sich regelmäßig nicht darauf berufen, daß der limitierte Preis nicht zu erzielen war. Er hätte unter diesen Umständen das Geschäft nicht ausführen dürfen.

7 Allerdings kann **in Einzelfällen eine Abweichung** von Preissetzungen oder sonstigen vorgegebenen Konditionen gemäß §§ 385 Abs. 2 HGB, 665 BGB **gerechtfertigt** sein[18]. Dies darf jedoch nicht schon dann bejaht werden, wenn der Kommissionär glaubte, eine Unter- bzw. Überschreitung des Limits liege im wohlverstandenen Interesse des Kommittenten, weil der Markt nicht mehr hergebe. Der Kommittent, der ein Limit setzt, gibt damit zu erkennen, daß er sich insoweit selbst ausreichende Kenntnisse in Hinblick auf die längerfristige Marktentwicklung zutraut. Das hat der Kommissionär ebenso zu respektieren[19] wie die Tatsache, daß sich der Kommittent von einem Gegenstand nur zu einem bestimmten Preis trennen will. Eine Abweichung von Preissetzungen wird man daher normalerweise lediglich dort als berechtigt anerkennen dürfen, wo dies unvorhersehbare Marktentwicklungen als im erkennbaren oder mutmaßlichen Interesse des Kommittenten gelegen erscheinen lassen und der Kommittent nicht mehr rechtzeitig erreicht werden konnte. Ist das Limit nicht eingehalten, weil das Kommissionsgut in derart beschädigtem Zustand beim Kommissionär eingetroffen ist, daß der limitierte Preis offensichtlich unter keinen Umständen erreichbar ist, so wird man im Zweifel eine Abweichung für zulässig halten müssen.

[15] AA *Schlegelberger/Hefermehl,* HGB, § 386 Rn 5.

[16] AA *Schlegelberger/Hefermehl,* HGB, § 386 Rn 7.

[17] MünchKommHGB/*Häuser*, § 386 Rn 9.

[18] § 385 Rn 23; ferner MünchKommHGB/*Häuser*, § 386 Rn 7; *Schmidt-Rimpler*, Das Kommissionsgeschäft, in: Ehrenbergs Handbuch des gesamten Handelsrechts (1928) Bd. V 1. Abt. 2. Hälfte, S. 871; *Schlegelberger/Hefermehl,* HGB, § 386 Rn 6 mN.

[19] Protokolle der Commission zur Berathung eines ADHGB (1858), Bd. III S. 1188.

Immer hat der Kommissionär jedoch zu versuchen, vor einer Abweichung die Zustimmung des Kommittenten einzuholen, sofern nicht mit dem Aufschub der Ausführung unverhältnismäßige Gefahren verbunden sind (§ 385 Rn 24).

Schweigt der Kommittent auf die Ankündigung des Kommissionärs, daß er vom Limit abgehen werde, so kann dies grundsätzlich nur dort als Zustimmung gewertet werden, wo der Kommittent als Kaufmann tätig ist oder in größerem Umfang am Geschäftsverkehr teilnimmt.[20] Liegt im Schweigen keine Zustimmung, so kann der Kommissionär nach pflichtgemäßem Ermessen entscheiden, welche Art der Ausführung am besten den Interessen des Kommittenten entspricht. **8**

Kein Verstoß im Sinne des § 386 gegen eine Preissetzung liegt vor, wenn der **Kommissionär** einen bestimmten **Preis derart garantiert hat**, daß er sich von vornherein zur Deckung des Preisunterschiedes erboten hat, falls die Kommission nicht zu einem bestimmten Mindest- oder Höchstpreis ausgeführt werden kann. Von derartigen Preissetzungen darf der Kommissionär abweichen, sofern er damit nicht die Pflicht zur Interessenwahrung verletzt.[21] **9**

IV. Zurückweisungsrecht

1. **Vorbemerkung.** Gemäß § 385 Abs. 1 darf der Kommissionär das Geschäft bei Weisungsverstößen ohne weiteres zurückweisen. Zur Situation bei schuldlosen Weisungsverstößen s. § 385 Rn 20. § 386 schränkt dieses Recht ein. Er macht es davon abhängig, daß der Kommittent unverzüglich zurückweist und daß der Kommissionär sich nicht zur Deckung des Unterschiedsbetrages erboten hat. **10**

2. Voraussetzungen der Zurückweisung

a) **Anzeige der Ausführung.** Der Kommissionär muß die Ausführung des Geschäfts angezeigt haben. Die Ausführungsanzeige muß zugegangen sein.[22] Die Ausführungsanzeige muß eindeutig die Abweichung von der Preissetzung bzw. von den gleichzustellenden Konditionen erkennen lassen. Dies allein genügt aber regelmäßig nicht, da z.B. die Abweichung im Preis durch andere überaus günstige Konditionen voll kompensiert sein kann. Die Erklärungsfrist fängt daher erst dann zu laufen an, wenn dem Kommittenten sämtliche Bedingungen des Ausführungsgeschäfts mitgeteilt worden sind.[23] **11**

b) **Kein Anerbieten der Deckung des Preisunterschiedes.** Das **Zurückweisungsrecht entfällt** gemäß § 386 Abs. 2, wenn sich der Kommissionär zugleich mit der Anzeige zur Deckung des Preisunterschiedes erbietet. **12**

aa) **Zeitpunkt.** Das Anerbieten zur Deckung muß **zugleich** mit der Ausführungsanzeige erfolgen. Der maßgebliche Zeitpunkt für die Beurteilung des „zugleich" orientiert sich dabei nicht an der Absendung der Ausführungsanzeige, sondern an deren Zugang[24]. **13**

---

[20] Weiter *Schmidt-Rimpler* (Fn 18); S. 871.

[21] MünchKommHGB/*Häuser*, § 386 Rn 5; *Krüger* (Fn 4), § 386 Rn 2; Schlegelberger/*Hefermehl*, HGB, § 386 Rn 3.

[22] MünchKommHGB/*Häuser*, § 386 Rn 13.

[23] Schlegelberger/*Hefermehl*, HGB, § 386 Rn 9; MünchKommHGB/*Häuser*, § 386 Rn 11; Heymann/*Herrmann*, HGB, § 386 Rn 3; **abw.** Oetker/*Bergmann*, HGB, § 386 Rn 7 (für Entschließung wesentlichen Informationen).

[24] Wertung des § 130 Abs. 1 S. 2 BGB; MünchKommHGB/*Häuser*, § 386 Rn 19; *Krüger* (Fn 4), § 386 Rn 8.

Hat der Kommissionär angezeigt, ohne die erzielten Preise mitzuteilen, so kann das Deckungserbieten noch nachträglich bis zu dem Moment geschehen, in dem dem Kommittenten die Mitteilung des Kommissionärs über die Preise des Ausführungsgeschäfts zugeht; denn erst in diesem Moment muß sich der Kommittent entscheiden, ob er zurückweisen will oder nicht[25]. Hat der Kommittent aus anderen Quellen von der weisungswidrigen Ausführung erfahren, weil Anzeige und Anerbietenserklärung verloren gegangen sind, so muß er mit der Zurückweisung warten, bis der Kommissionär Gelegenheit gehabt hat, erneut die Ausführung anzuzeigen und Deckung anzubieten. Vor diesem Zeitpunkt verstößt eine Zurückweisung gegen Treu und Glauben. Der Kommittent muß auch dann eine nachträgliche Anzeige hinnehmen, wenn der Kommissionär ohne sein Verschulden der Meinung war, er habe sich innerhalb des Limits gehalten.

14 bb) **Preisdifferenz.** Das Anerbieten der Deckung, das das Zurückweisungsrecht erlöschen läßt, muß auf die **volle Preisdifferenz** gerichtet sein.[26] Es darf nicht bedingt sein.[27] Ob dies der Fall ist, ist vom Horizont des Kommittenten aus zu beurteilen. Es wird mit der Konsequenz, daß der Kommittent in dem Moment das Zurückweisungsrecht verliert, wirksam, in dem die Erklärung dem Kommittenten zugegangen ist. Das spielt dort eine Rolle, wo zwar die Deckungserklärung, nicht aber die Anzeige, die in getrennten Briefen abgesandt worden sind, verloren gegangen ist. Dem Wortlaut des § 386 Abs. 2 zufolge braucht der Kommissionär für sein Erbieten keine Sicherheit zu leisten.[28] Das Gesetz geht augenscheinlich davon aus, daß der Kommissionär hinreichend zahlungskräftig ist. Ist der Kommissionär jedoch augenscheinlich **zahlungsunfähig** oder ist seine Liquidität offensichtlich stark gefährdet, so paßt die Regelung des § 386 Abs. 2 nicht, da der Kommittent dann nicht erwarten kann, daß er im wesentlichen das erhält, was er bei Beachtung des Limits erhalten hätte. § 386 Abs. 2 ist daher für die Verkaufskommission zu weit gefaßt und ist zu restringieren[29]. Der Kommittent kann deshalb in solchen Situationen ungeachtet des Anerbietens der Deckung zurückweisen. Bei der Einkaufskommission ist der Kommittent durch die Möglichkeit der Aufrechnung gesichert.

15 cc) **Deckung des Qualitäts- oder Quantitätsunterschiedes.** Hat der Kommissionär weisungswidrig eine zu geringe Menge ge- oder verkauft, obwohl der Kommittent zu erkennen gegeben hat, daß ihm nur an einem Ausführungsgeschäft über die in Auftrag gegebene Menge gelegen ist, so kann § 386 Abs. 2 nicht analog herangezogen werden.[30] Es fehlen nämlich Daten für den Preis der gewünschten Menge. Die tatsächlich vereinbarten Preise können nicht ohne weiteres herangezogen werden; denn z.B. bei der Abnahme einer größeren Menge hätte der Kommissionär unter Umständen einen Mengenrabatt erhalten können. Bei Qualitätsunterschieden scheidet eine Deckung der Divergenz zur Order von vornherein aus. Dort, wo der Kommissionär im Widerspruch zur Weisung

---

[25] RG, Recht 1926 Nr. 2156; MünchKommHGB/*Häuser*, § 386 Rn 19; Oetker/*Bergmann*, HGB, § 386 Rn 14; Schlegelberger/*Hefermehl*, HGB, § 386 Rn 14 mN; **aA** *Schmidt-Rimpler* (Fn 18), S. 872.

[26] MünchKommHGB/*Häuser*, § 386 Rn 20; *Krüger* (Fn 4), § 386 Rn 8; Oetker/ *Bergmann*, HGB, § 386 Rn 12.

[27] MünchKommHGB/*Häuser*, § 386 Rn 20.

[28] Weiter: *Schmidt-Rimpler* (Fn 18), S. 875.

[29] Ebenso i.E. MünchKommHGB/*Häuser*, § 386 Rn 20; Baumbach/*Hopt*, HGB, § 386 Rn 2; *Roth,* in Koller/Roth/Morck, HGB § 386 Rn 3; Oetker/*Martinek*, HGB, § 385 Rn 12; *Schmidt-Rimpler* (Fn 18), S. 874 f; Schlegelberger/*Hefermehl,* HGB, § 386 Rn 15 mN

[30] MünchKommHGB/*Häuser*, § 386 Rn 18.

Stundung gewährt hat, kann zwar ein Ausgleich leicht und präzise angeboten werden. Die Analogie scheitert in diesem Fall nicht daran, daß ein derartiger Weisungsverstoß anders als die Mißachtung eines Preislimits nicht so stark ins Auge fällt (oben Rz. 5), falls das Anerbieten des Kommissionärs zur Deckung des Unterschieds vergleichbar auffällig ist (§ 385 Rn 11).

c) **Frist für die Zurückweisung.** Die Zurückweisung ist nur wirksam, wenn sie nach vollständiger Information über die Konditionen unverzüglich, d.h. ohne schuldhaftes Zögern (§ 121 BGB), erfolgte. Dabei kann der Kommittent eine angemessene Überlegungsfrist für sich in Anspruch nehmen.[31] Der vom Kommittenten einzuschlagende Kommunikationsweg hängt von den Umständen ab. Ist mit häufigen oder heftigen Marktschwankungen zu rechnen, so muß sich der Kommittent zur Zurückweisung des Telefons, des Fax, der E-Mail etc. bedienen.[32] Das Interesse des Kommittenten, einen Beweis für die Erklärung der Zurückweisung zu sichern, ist zu respektieren. Hätte ein Brief genügt, so erfolgt die Zurückweisung auch dann noch unverzüglich, falls der Kommittent den Zeitverlust ausgleicht, indem er telefoniert. Geht die rechtzeitig erklärte Zurückweisung verspätet zu, so kann dies dem Kommittenten nicht entgegengehalten werden (Rn 19). **16**

Unter Umständen kann sich der Kommittent sein verfristetes Zurückweisungsrecht mit Hilfe einer **Anfechtung** erhalten. Die §§ 119 ff BGB greifen zwar nicht unmittelbar ein, wenn es der Kommittent infolge eines Irrtums versäumt hat, rechtzeitig zurückzuweisen. Sie finden jedoch analoge Anwendung[33]. Nicht erforderlich ist, daß der Kommittent mit seinem Schweigen eine Genehmigung zum Ausdruck bringen wollte,[34] was er häufig deshalb nicht getan haben wird, weil er dazu infolge seines Irrtums keinen Anlaß gesehen hat. Vielmehr hat man für die analoge Anwendung der §§ 119 ff BGB lediglich zu unterstellen, daß durch das Schweigen eine Erklärung des Inhalts abgegeben wird, es werde das angezeigte Geschäft genehmigt.[35] Eine Anfechtung ist demnach z.B. dort zuzulassen, wo der Kommittent die Ausführungsanzeige mißverstanden hatte;[36] ferner dort, wo er glaubte, zurückgewiesen zu haben, aber die Zurückweisung so formuliert hatte, daß sie lediglich als Beanstandung interpretiert werden konnte;[37] weiter in Fällen, in denen er vom Kommissionär arglistig getäuscht worden war. Dagegen besteht keine Anfechtungsmöglichkeit, falls der Kommittent davon ausging, das angezeigte Geschäft stehe im Einklang mit der Preissetzung etc.[38] Unerheblich ist auch ein Irrtum über die gesetzliche Bedeutung des Schweigens.[39] **17**

3. **Form der Zurückweisung.** Die Erklärung über die Zurückweisung muß entgegen einer vielfach vertretenen Ansicht[40] nicht eindeutig sein. Insbesondere braucht der Kom- **18**

---

[31] MünchKommHGB/*Häuser*, § 386 Rn 12; Heymann/*Herrmann*, HGB, § 386 Rn 3.

[32] MünchKommHGB/*Häuser*, § 386 Rn 12.

[33] Baumbach/*Hopt*, HGB, § 386 Rn 1; Schlegelberger/*Hefermehl*, HGB, § 386 Rn 12; Heymann/*Herrmann*, HGB, § 386 Rn 4; ferner allgemein *Canaris*, Die Vertrauenshaftung im deutschen Privatrecht (1971), S. 453; **diff.** *Roth*, in Koller/Roth/Morck, HGB § 386 Rn 2; **aA** *Krüger* (Fn 4), § 386 Rn 6; Oetker/*Bergmann*, HGB, § 386 Rn 8.

[34] So aber MünchKommHGB/*Häuser*, § 386 Rn 16; *Schmidt-Rimpler* (Fn 18), S. 878; Schlegelberger/*Hefermehl*, HGB, § 386 Rn 12.

[35] **AA** MünchKommHGB/*Häuser*, § 386 Rn 16.

[36] *Canaris*, Vertrauenshaftung, aaO, S. 211.

[37] *Canaris*, Vertrauenshaftung, aaO, S. 211.

[38] *Canaris*, Vertrauenshaftung, aaO, S. 211; str.

[39] MünchKommHGB/*Häuser*, § 386 Rn 16; Baumbach/*Hopt*, HGB, § 386 Rn 1.

[40] MünchKommHGB/*Häuser*, § 386 Rn 14; Oetker/*Bergmann*, HGB, § 386 Rn 7; Schlegelberger/*Hefermehl, HGB*, § 386 Rn 11.

mittent nicht das Wort „Zurückweisung" verwenden. Maßgeblich sind auch hier die allgemeinen Auslegungsregeln für empfangsbedürftige Willenserklärungen. Der Kommissionär muß also erkennen können, daß der Kommittent das angezeigte Geschäft nicht auf seine Rechnung gelten lassen will. Das vermag er nicht, wenn der Kommittent das Geschäft lediglich beanstandet, da hieraus nicht hervorgeht, wie der Kommittent weiter vorzugehen gedenkt. Ebensowenig sind grundsätzlich Bedingungen zulässig, es sei denn, der Eintritt der Bedingung stünde in der Willkür des Kommissionärs, da dem Kommittenten dann keinerlei Spekulationsmöglichkeiten offenstehen.[41]

19 **4. Zugang der Erklärung über die Zurückweisung.** Die Erklärung über die Zurückweisung „reist" auf Gefahr des Kommissionärs. **Geht die Zurückweisungserklärung** ohne Verschulden[42] des Kommittenten dem Kommissionär **nicht zu**, so tritt die Genehmigungsfiktion nicht ein.[43] Der Kommittent muß die Zurückweisung aber unverzüglich wiederholen, sobald er vom Verlust der Erklärung erfährt.[44] Dadurch erlangt der Kommittent zwar eine Spekulationsmöglichkeit; denn er braucht nun nicht mehr zurückzuweisen, falls sich herausgestellt hat, daß das weisungswidrige Geschäft doch günstiger als gedacht war. Diese Konsequenz kann aber hingenommen werden. Hat nämlich der Kommissionär binnen angemessener Frist nichts vom Kommittenten gehört, so wird er davon ausgehen, daß das Geschäft genehmigt sei. Eine spätere Genehmigung, sei es ausdrücklich, sei es stillschweigend, kann daher seine Dispositionen nicht stören. Es besteht deshalb kein Anlaß, den Kommittenten an seiner früheren, nicht wirksam gewordenen Erklärung festzuhalten. Weist nun andererseits der Kommittent erneut zurück, nachdem er vom Verlust seiner Erklärung Kenntnis erlangt hat, so wird hierdurch zwar vielfach den Dispositionen des Kommissionärs der Boden entzogen. Dieses Risiko muß aber der Kommissionär tragen; denn die Abweichung von der Preissetzung etc. beruht auf Gründen, die in seiner Sphäre lagen. Will sich der Kommissionär gegen dieses Risiko absichern, so muß er beim Kommittenten rückfragen, ob dieser zurückgewiesen hat. Verspätet zugehende Zurückweisungen werden wirksam, sobald sie in den Machtbereich des Kommissionärs gelangen.[45]

20 **5. Rechtsfolge einer rechtzeitigen Zurückweisung.** Hat der Kommittent unverzüglich die Zurückweisung erklärt, so braucht er keine Provision zu zahlen. Der Kommissionär muß sich nochmals um Ausführung bemühen. Nach der hier entgegen der hM[46] vertretenen Auffassung hat der Kommissionär die Aufwendungen nur zu tragen, wenn er schuldhaft die Preissetzung etc. mißachtet hatte. Daneben muß er im Falle schuldhaften Verhaltens Schadensersatz leisten (näher dazu § 385 Rn 18).[47]

21 **6. Rechtsfolge einer verspäteten oder unterlassenen Ausübung des Zurückweisungsrechts.** Erfolgt keine oder eine verspätete Zurückweisung, so gilt das Geschäft mit den angezeigten Preisabweichungen etc. als genehmigt. Das Recht zur Zurückweisung er-

---

[41] MünchKommHGB/*Häuser*, § 386 Rn 14; *Schlegelberger/Hefermehl*, HGB, § 386 Rn 11.

[42] *Krüger* (Fn 4), § 386 Rn 5.

[43] MünchKommHGB/*Häuser*, § 386 Rn 13; *Krüger* (Fn 4), § 386 Rn 5; *Roth*, in Koller/Roth/Morck, HGB § 386 Rn 2; **aA** Baumbach/*Hopt*, HGB, § 386 Rn 1.

[44] MünchKommHGB/*Häuser*, § 386 Rn 13; Heymann/*Herrmann*, HGB, § 386 Rn 3; Schlegelberger/*Hefermehl*, HGB, § 386 Rn 10.

[45] MünchKommHGB/*Häuser*, § 386 Rn 13.

[46] Siehe dazu § 385 Rn 3, 16.

[47] *Krüger* (Fn 4), § 386 Rn 7.

lischt unabhängig davon, ob die Ausführung so erheblich von der Weisung abweicht, daß der Kommissionär die Genehmigung des Kommittenten als ausgeschlossen erachten mußte. Die Zurechnung des Schweigens beruht auf keinem realen Willen des Kommittenten, sondern unmittelbar auf dem Gesetz. Durch die fiktive Genehmigung werden dem Kommittenten auch Schadensersatzansprüche wegen Mißachtung des Limits abgeschnitten[48]. Will der Kommittent ausschließlich Schadensersatz geltend machen, so muß er sich den Anspruch auf Ersatz des Schadens rechtzeitig (unverzüglich) vorbehalten.[49] Damit ist die Spekulationsgefahr ebenfalls gebannt. Zugleich hat der Kommissionär die nötige Gewißheit erlangt. Durch den Zwang zu einer derartigen Initiative wird der Kommittent auch nicht allzu sehr belastet. § 386 Abs. 1 2. HS kann deshalb in dieser Konstellation restringiert werden.[50] Ist der Kommissionär nicht nur von Limits, sondern auch von anderen Weisungen abgewichen, so bleiben dem Kommittenten im Hinblick auf diese Weisungen das Zurückweisungsrecht und Schadensersatzansprüche (§ 385) trotz Schweigens erhalten[51].

V. Ausschluß des Zurückweisungsrechts infolge des Anerbietens der Deckung des Preisunterschiedes

Das Zurückweisungsrecht wegen Nichtbeachtung des gesetzten Preises entfällt[52] gemäß § 386 Abs. 2, wenn sich der Kommissionär zugleich mit der Anzeige zur Deckung des Preisunterschiedes erbietet (Rn 13). **22**

Der **Kommissionär**, der sich wirksam zur Deckung des vollen Preisunterschiedes erboten hat, **haftet** auf diesen Betrag. Mit dem Anerbieten wird ein Gestaltungsrecht ausgeübt, das den Kommissionsvertrag umformt.[53] Demnach kann sich der Kommissionär auch später nicht mehr darauf berufen, der Kommittent hätte keinesfalls seine Preisvorstellungen realisieren können und das Geschäft zwangsläufig zu unter bzw. über dem Limit liegenden Konditionen abschließen müssen. Das zu beurteilen ist – vorbehaltlich des § 665 BGB – Sache des Kommittenten.[54] Der Kommittent braucht sich deshalb sein Zurückweisungsrecht nur dort aus der Hand schlagen zu lassen, wo ihm zum Ausgleich das an Ansprüchen erwächst, was er bei weisungsgemäßer Ausführung erzielt hätte. Glaubt der Kommissionär, daß die weisungswidrige Ausführung marktgerecht war, so braucht er keine Deckung zu offerieren.

Mit dem wirksamen Deckungsanerbieten geht der Kommittent ohne Rücksicht darauf, welcher Schuldvorwurf den Kommissionär trifft, (lediglich) seines **Zurückweisungsrechts verlustig.** Der Anspruch auf Ersatz eines überschießenden **Schadens bleibt ihm erhalten** (§ 386 Abs. 2 S. 2).[55] Ein solcher Schaden kann bei der Einkaufskommission **23**

[48] MünchKommHGB/*Häuser*, § 386 Rn 16 f; Schlegelberger/*Hefermehl*, HGB, § 386 Rn 12; *K. Schmidt* Handelsrecht, § 31 IV 1b; **aA** *Schmidt-Rimpler* (Fn 18), S. 879.

[49] MünchKommHGB/*Häuser*, § 386 Rn 17; *Krüger* (Fn 4), § 386 Rn 7; Heymann/*Herrmann*, HGB, § 386 Rn 4.

[50] Schlegelberger/*Hefermehl*, HGB, § 386 Rn 12.

[51] *Schmidt-Rimpler* (Fn 18), S. 878; Schlegelberger/*Hefermehl*, HGB, § 386 Rn 16.

[52] MünchKommHGB/*Häuser*, § 386 Rn 21.

[53] MünchKommHGB/*Häuser*, § 386 Rn 21; **aA** *Schmidt-Rimpler* (Fn 18), S. 873: Schuldversprechen.

[54] MünchKommHGB/*Häuser*, § 386 Rn 22; *Schlegelberger/Hefermehl* HGB, § 386 Rn 16.

[55] MünchKommHGB/*Häuser*, § 386 Rn 22; Heymann/*Herrmann*, HGB, § 386 Rn 5.

etwa dort entstehen, wo der Kauf über dem gesetzten Höchstpreis nachweisbar die Kurse nach oben getrieben hat und dem Kommittenten bei weiteren Käufen höhere Kosten entstehen. Erst recht bleibt natürlich die Forderung auf Erstattung des Schadens unberührt, der daraus resultiert, daß der Kommissionär den Einkauf bei pflichtgemäßer Sorgfalt zu einem Preis unter dem Höchstpreis hätte tätigen können.

§ 387

(1) Schließt der Kommissionär zu vorteilhafteren Bedingungen ab, als sie ihm von dem Kommittenten gesetzt worden sind, so kommt dies dem Kommittenten zustatten.

(2) Dies gilt insbesondere, wenn der Preis, für welchen der Kommissionär verkauft, den von dem Kommittenten bestimmten niedrigsten Preis übersteigt oder wenn der Preis, für welchen er einkauft, den von dem Kommittenten bestimmten höchsten Preis nicht erreicht.

Schrifttum siehe Angaben zu § 383.

Übersicht

I. Vorbemerkung

1 Der Kommissionär hat als Geschäftsbesorger die Interessen des Kommittenten bestmöglich wahrzunehmen. Dazu gehört es z.B. auch, daß er in Fällen, in denen der Kommittent bestimmte Bedingungen gesetzt hat, versucht, zu günstigeren Konditionen abzuschließen und daß er das Erlangte an den Kommittenten herausgibt (§ 384 Abs. 2). § 387 regelt mithin etwas, das sich schon aus dem Wesen des Kommissionsvertrages ableiten läßt[1]. Der Kommissionär soll nicht am Ausführungsgeschäft, sondern an der Provision verdienen.[2] § 387 gilt nur für die Kommission, die durch ein Geschäft mit einem Dritten auszuführen ist. Wird die Kommission durch Selbsteintritt ausgeführt, so ist § 401 zu beachten (§ 387 Rn 6). Zur Auslegung einer Limitierungsabrede kann die Wertung des § 387 herangezogen werden.

---

[1] *Krüger* in Ebenroth/Boujong/Joost/Strohn, HGB, § 387 Rn 1; MünchKommHGB/*Häuser*, § 387 Rn 1; Heymann/*Herrmann*, HGB, § 387 Rn 1; *Schmidt-Rimpler*, Das Kommissionsgeschäft, in: Ehrenbergs Handbuch des gesamten Handelsrechts (1928) Bd. V 1. Abt. 2. Hälfte, S. 698; *Schlegelberger/Hefermehl*, HGB, § 387 Rn 1.

[2] MünchKommHGB/*Häuser*, § 387 Rn 1

II. Vorteilhaftere Bedingungen

1. Preis. § 387 Abs. 2 stellt klar, daß zu den Bedingungen im Sinne des § 387 Abs. 1 vor allem der Preis gehört. Preislimitierungen wirken grundsätzlich nur zugunsten des Kommittenten. § 387 enthält also inzident eine Auslegungsregel, der zufolge im Zweifel Bedingungen so „gesetzt" werden, daß eine Abweichung zugunsten des Kommittenten zulässig ist.[3] Der Kommissionär ist sogar verpflichtet, im Interesse des Kommittenten auf günstigere Bedingungen hinzuarbeiten, als sie gesetzt sind.[4] Das Interesse des Kommittenten hat, wie § 387 signalisiert, absoluten Vorrang. Unter Umständen kann bei der Einkaufskommission der höchste Preis und bei der Verkaufskommission der niedrigste Preis auch so gesetzt sein, daß der Kommissionär die ihm gesetzten Preise weder über- noch unterschreiten darf, weil dem Kommittenten an einer bestimmten Verkaufspolitik gelegen ist (absolutes Limit). Weicht der Kommissionär von einer derartigen Weisung ab, so kann der Kommittent das Geschäft zurückweisen (§§ 385 f). Außerdem darf der Kommittent bei schuldhaftem Verhalten des Kommissionärs Schadensersatz verlangen. Genehmigt der Kommittent das Geschäft (§ 385 Rn 12), so erstreckt sich sein Herausgabeanspruch auch auf das Entgelt, das z.B. bei der Verkaufskommission über dem absolut gesetzten Preis liegt.[5] Der Begriff „vorteilhaft" im Sinne des § 387 Abs. 1 ist mithin generell – typisch zu interpretieren[6]. 2

2. Sonstige Bedingungen. § 387 Abs. 1 umfaßt sämtliche Bedingungen, die vom Standpunkt des Kommittenten aus von Interesse sind, deren causa im Ausführungsgeschäft liegt, oder Vorteile, die vom Kommissionär auf Rechnung des Kommittenten in Empfang genommen werden[7]. Dazu gehören etwa vorteilhaftere Zahlungsziele[8] bei der Einkaufskommission oder Barzahlung bei der Verkaufskommission; ferner alle Arten von Rabatten oder Boni.[9] Auch eine bessere Qualität der einzukaufenden Ware oder eine stabilere Währung ist eine „vorteilhafte Bedingung". In den zuletzt erwähnten Fällen kann es dem Kommittenten freilich häufig daran gelegen sein, daß die Kommission exakt zu den von ihm genannten Konditionen ausgeführt wird (**absolute Weisung**). Sofern der Kommittent aber auf eine Mißachtung der Weisung nicht mit Zurückweisung (§ 385 Abs. 1) reagiert, sondern genehmigt, kommt ihm der „vorteilhaftere" Abschluß zustatten (§ 387 Abs. 1). Die Wertung des § 387 spielt auch dort eine Rolle, wo der Kommissionär die vom Kommittenten gesetzten Bedingungen einhält, daneben aber im Zusammenhang mit dem Ausführungsgeschäft auf Rechnung des Kommittenten sonstige Vorteile erzielt, die das Verhältnis „Aufwendungen/Vorteile" der Geschäfte zugunsten des Kommissionärs verschieben. Soweit der Kommissionär sich persönlich aus Anlaß des Ausführungsgeschäfts Vorteile versprechen läßt, die den Verdacht einer Vernachlässigung der Kommitteninteressen begründen, sind die §§ 61 Abs. 1 2. Alt., 113 Abs. 1 2. Alt. HGB, 88 Abs. 2 S. 2 AktG analog heranzuziehen (näher dazu § 384 Rn 80). 3

---

[3] Heymann/*Herrmann*, HGB, § 387 Rn 1.

[4] MünchKommHGB/*Häuser*, § 387 Rn 3; zur Ausdrucksweise des Gesetzes: Schmidt-Rimpler (Fn 1), S. 699.

[5] MünchKommHGB/*Häuser*, § 387 Rn 3; Oetker/*Bergmann*, HGB, § 387 Rn 3.

[6] *Schmidt-Rimpler* (Fn 1), S. 699; Schlegelberger/*Hefermehl*, HGB, § 387 Rn 3.

[7] § 384 Rn 74 ff; dort auch zu den dem Kommissionär persönlich zugewandten Vergütungen. So auch die Vertreter der Ansicht, daß der Begriff der Weisung i.S.d. §§ 384, 385 eng zu interpretieren ist (MünchKommHGB/*Häuser*, § 387 Rn 4).

[8] MünchKommHGB/*Häuser*, § 387 Rn 4; Baumbach/*Hopt*, HGB, § 387 Rn 1; Oetker/*Bergmann*, HGB, § 387 Rn 4.

[9] MünchKommHGB/*Häuser*, § 387 Rn 4; *Krüger* (Fn 1), § 387 Rn 2; *Roth*, in Koller/Roth/Morck, HGB § 387 Rn 1.

4 **3. Zeitpunkt des Abschlusses.** Die günstigeren Bedingungen im Sinne des § 387 müssen nicht zum Zeitpunkt des Abschlusses des Ausführungsgeschäfts vereinbart worden sein. § 387 greift auch dann ein, wenn durch eine nachträgliche Änderung des Ausführungsgeschäfts dessen Konditionen vorteilhafter gestaltet worden sind[10].

5 **4. Beweislast.** Der Kommissionär hat auch im Hinblick auf etwaige vorteilhaftere Bedingungen Rechenschaft abzulegen. Es gelten hierfür die allgemeinen Regeln (§ 384 Rn 99 ff). Die Beweislast für die Erzielung vorteilhafterer Bedingungen trägt der Kommittent.[11]

6 **5. Abschluß.** Unter Abschluß im Sinne des § 387 Abs. 1 fallen nur das Ausführungsgeschäft und sonstige auf Rechnung des Kommittenten getätigten Geschäfte[12]. Hat sich der Kommissionär irrtümlich zum Selbsteintritt für berechtigt gehalten und verkauft er beispielsweise das Kommissionsgut zu einem höheren als dem gesetzten Preis an einen Dritten, so kann der Kommittent unter Umständen ebenfalls das höhere Entgelt (faktisch) für sich in Anspruch nehmen. Der Kommissionär, der der Ansicht ist, er habe ein Selbsteintrittsrecht, wird zwar regelmäßig ein Deckungsgeschäft auf eigene Rechnung vereinbart haben. Daran scheitert die Anwendung des § 387. Der Kommittent kann jedoch, wenn ihm gegenüber der Selbsteintritt erklärt wird, den Selbsteintritt genehmigen.[13] Dadurch wird nachträglich der Selbsteintritt zulässig. Die Verpflichtung des Kommissionärs bestimmt sich dann nach § 401 Abs. 2, so daß der Kommittent gegen den Kommissionär einen Anspruch nach Maßgabe der vorteilhafteren Bedingungen erlangt. Genehmigt der Kommittent den Selbsteintritt nicht, so muß der Kommissionär gegebenenfalls nochmals ausführen. Hat der Kommissionär das Kommissionsgut schon an den Dritten übereignet, so kann dies gemäß § 366 wirksam sein. Der Kommissionär ist dann zur Herausgabe des Erlangten gemäß § 816 BGB verpflichtet. Daneben kann immer eine Schadensersatzpflicht wegen pflichtwidriger Geschäfte auf eigene Rechnung in Betracht kommen (§ 384 Rn 43 ff), in deren Zusammenhang der Wertung des § 387 Abs. 1 Rechnung zu tragen ist.

III. Rechtsfolgen

7 § 387 Abs. 1 spricht farblos von „zustatten kommen". Für die Verkaufskommission bedeutet das, daß der Kommissionär die aus dem Ausführungsgeschäft stammenden Forderungen auch insoweit herauszugeben hat (§ 384 Abs. 2), als sie von den gesetzten Bedingungen zum Vorteil des Kommittenten abweichen. Bei der Einkaufskommission orientiert sich die Pflicht zur Erstattung der Aufwendungen nicht an den gesetzten Bedingungen, sondern an den realen (günstigeren) Konditionen des Ausführungsgeschäfts (§§ 396 Abs. 2 HGB, 675, 670 BGB). Einen höheren Vorschuß kann der Kommittent zurückfordern (§§ 675, 667 BGB). Hat der Kommittent zu hohe Aufwendungen ersetzt, so beruht sein Zurückforderungsrecht auf §§ 812 ff BGB; gegebenenfalls kommt auch ein Schadensersatzanspruch wegen Verletzung der Rechenschaftspflicht in Betracht.

---

[10] MünchKommHGB/*Häuser*, § 387 Rn 4; *Schmidt-Rimpler* (Fn 1), S. 700; Schlegelberger/*Hefermehl*, HGB, § 387 Rn 4.

[11] MünchKommHGB/*Häuser*, § 387 Rn 8; Baumbach/*Hopt*, HGB, § 387 Rn 1.

[12] *Schmidt-Rimpler* (Fn 1), S. 700; **aA** wohl Schlegelberger/*Hefermehl*, HGB, § 387 Rn 4 mN.

[13] Ebenso i.E. MünchKommHGB/*Häuser*, § 387 Rn 2.

IV. Abdingbarkeit des § 387

§ 387 kann vertraglich abbedungen werden. So können die Parteien vereinbaren, daß der Kommissionär das, was er an Mehrerlös erzielt hat, für sich behalten darf. Denkbar ist auch eine Vereinbarung, der zufolge sich der Kommittent bei der Einkaufskommission verpflichtet, unter allen Umständen Aufwendungen in Höhe eines bestimmten Preises zu vergüten. Der Sinn dieser Vereinbarung besteht darin, daß der Kommissionär zwar auf Rechnung des Kommittenten die optimalen Konditionen zu erzielen hat, daß er aber den Mehrerlös bzw. die Differenz zwischen realen Aufwendungen und gesetztem Einkaufspreis als Entgelt für seine Bemühungen behalten darf[14]. Gleiches gilt für Rabatte. Dagegen ist eine solche Vereinbarung im Hinblick auf die Qualität der Ware undenkbar. Haben die Parteien eine solche Abrede getroffen, so kann die Kommission nur aus wichtigem Grund gekündigt werden. Eine Kündigungsmöglichkeit entfällt völlig, falls die Abrede zeigt, daß trotz Verwendung des Wortes „Kommission“ in Wahrheit kein Kommissionsvertrag, sondern z.B. ein sog. Konditionsgeschäft geschlossen wurde (§ 383 Rn 76).[15] **8**

Der Kommissionär hat den Kommittenten bei den Vertragsverhandlungen auch dann, **9** wenn die Parteien beabsichtigen, den § 387 abzubedingen, unter Hintanstellung der eigenen Interessen **aufzuklären** (§ 384 Rn 10 ff).[16] Insbesondere hat er den Kommittenten nach pflichtgemäß bestem Wissen und Gewissen über die Wahrscheinlichkeit aufzuklären, mit der bestimmte Preise und sonstige Konditionen auf dem Markt zu erzielen sind. Die Situation ist hier anders als bei der Vereinbarung einer Provision, wo dem Kommittenten die Provisionshöhe von vornherein zumindest in Prozentsätzen bekannt ist.[17] Tut er dies nicht oder unrichtig, so kann er sich schadensersatzpflichtig machen. Daneben kann der Kommittent den Vertrag gemäß § 123 BGB anfechten, falls der Kommissionär den Kommittenten veranlaßt hatte, ein relativ ungünstiges Limit zu setzen, obwohl er wußte oder damit rechnete, daß er zu günstigeren Bedingungen ausführen kann.[18] Gleiches gilt, falls der Kommissionär arglistig eine günstigere Möglichkeit verschwiegen hatte[19]. Die Arglist muß sich auf Konditionen beziehen, die beim normalen Kommissionsgeschäft dem Kommittenten zugute kommen. Ein Recht zur Anfechtung scheidet indessen dort aus, wo feststeht, daß der Kommittent den Auftrag auch dann wie vereinbart erteilt hätte, wenn ihm die wahre Marktlage bekannt gewesen wäre. Die Beweislast trägt hierfür der Kommissionär.

---

[14] *Schmidt-Rimpler* (Fn 1), S. 701; Schlegelberger/*Hefermehl*, HGB, § 387 Rn 7.

[15] MünchKommHGB/*Häuser*, § 387 Rn 10.

[16] *Roth*, in Koller/Roth/Morck, HGB § 387 Rn 2; Heymann/*Herrmann*, HGB, § 387 Rn 1; Oetker/*Bergmann*, HGB, § 387 Rn 7.

[17] AA *Schmidt-Rimpler* (Fn 1), S. 703.

[18] MünchKommHGB/*Häuser*, § 387 Rn 11.

[19] Schlegelberger/*Hefermehl*, HGB, § 387 Rn 7 mN; enger *Schmidt-Rimpler* (Fn 1), S. 703 f.

§ 388

(1) Befindet sich das Gut, welches dem Kommissionär zugesendet ist, bei der Ablieferung in einem beschädigten oder mangelhaften Zustande, der äußerlich erkennbar ist, so hat der Kommissionär die Rechte gegen den Frachtführer oder Schiffer zu wahren, für den Beweis des Zustandes zu sorgen und dem Kommittenten unverzüglich Nachricht zu geben; im Falle der Unterlassung ist er zum Schadensersatze verpflichtet.

(2) Ist das Gut dem Verderb ausgesetzt oder treten später Veränderungen an dem Gute ein, die dessen Entwertung befürchten lassen, und ist keine Zeit vorhanden, die Verfügung des Kommittenten einzuholen, oder ist der Kommittent in der Erteilung der Verfügung säumig, so kann der Kommissionär den Verkauf des Gutes nach Maßgabe der Vorschriften des § 373 bewirken.

Schrifttum siehe Angaben zu § 383.

Übersicht

I. Vorbemerkung

1 § 388 konkretisiert die allgemeine Pflicht des Kommissionärs, mit pflichtgemäßer Sorgfalt die Interessen des Kommittenten bestmöglich zu wahren[1]. Danach ist der Kommissionär insbesondere gehalten, bei Ankunft von erkennbar beschädigten oder mangelhaften Gütern Beweise zu sichern, die Rechte gegen Frachtführer und Schiffer zu wahren, den Kommittenten zu benachrichtigen und notfalls der gänzlichen Entwertung durch Selbsthilfeverkauf vorzubeugen. Die Konkretisierung der dem § 384 Abs. 1 2. HS entspringenden Interessenwahrungspflicht in Fällen, in denen der Kommissionär Güter in die Hand bekommt, die nicht voll den Wünschen des Kommittenten entsprechen, ist nicht abschließend.[2] In Situationen, die den in § 388 genannten Konstellationen vergleichbar sind, greift deshalb diese Vorschrift analog ein. Im übrigen ist immer die Reichweite der allgemeinen Pflicht zur Interessenwahrung zu prüfen.[3] Dabei kann man § 388 als Leitlinie nutzen.

---

[1] *Schmidt-Rimpler*, Das Kommissionsgeschäft, in: Ehrenbergs Handbuch des gesamten Handelsrechts (1928) Bd. V 1. Abt. 2. Hälfte, S. 752 ff; Schlegelberger/*Hefermehl*, HGB, § 388 Rn 1 mN; vgl. auch OLG Düsseldorf, DB 1973, 1943.

[2] MünchKommHGB/*Häuser*, § 388 Rn 1.

[3] Schlegelberger/*Hefermehl*, HGB, § 388 Rn 1.

II. Absatz 1

1. Gut. Gut im Sinne des § 388 Abs. 1 sind Waren oder Wertpapiere, aber auch sonstige Sachen. Sie müssen dem Kommissionär in innerem Zusammenhang mit dem Ausführungsgeschäft zugesandt worden sein. Dabei ist es gleichgültig, ob es sich um Kommissionsgut handelt, das erst verkauft werden soll, oder um Güter, die der Dritte aus Anlaß einer Einkaufskommission geliefert hat.[4] Auch als Vorschuß gelieferte Güter sowie z.B. Werbematerial fallen unter § 388 Abs. 1. Die Eigentumslage ist unerheblich.[5] Eine dem Kommissionär als Sicherheit zugesandte Sache ist ebenfalls ein „Gut“, wenn die Zusendung zur Förderung der Aus- bzw. Durchführung der Kommission erfolgte.[6] **2**

2. Zugesandt. Das Gut darf dem Kommissionär nicht unmittelbar vom Kommittenten ausgehändigt worden sein[7]; denn dann hatte der Kommittent selbst Gelegenheit, sich von dessen Zustand bei der Ankunft zu überzeugen. Entdeckt der Kommissionär später Schäden, so hat er gemäß § 384 Abs. 2 1. HS den Kommittenten zu benachrichtigen. § 388 greift ferner nicht ein, falls der Dritte selbst dem Kommissionär das verkaufte Gut übergeben hat[8]. Es muß mithin das Gut dem Kommissionär durch eine Zwischenperson (Frachtführer, Schiffer)[9] übergeben worden sein. Freilich hat in der zweiten Variante der Kommissionär dem Dritten gegenüber die Rügeobliegenheit des Handelskaufs zu erfüllen (§ 377) und dem Kommittenten unverzüglich die erforderlichen Nachrichten zu geben.[10] Bei einer Kommission mit Mindestpreisgarantie treffen den Kommissionär die Rügeobliegenheiten aus dem § 377 auch dann, wenn ihm das Gut vom Kommittenten übergeben worden war.[11] **3**

Der **Ort, von dem aus dem Kommissionär das Gut zugesandt** wurde, spielt keine Rolle. Es kann eine Niederlassung in der gleichen Gemeinde sein.[12] Das Gut muß auch nicht in der Niederlassung des Kommissionärs abgeliefert worden sein. Es genügt, daß der Kommissionär das Gut bei der Mittelsperson in Empfang nimmt[13]. **4**

Dem Gesetzeswortlaut zufolge hat der Kommissionär nur dem Frachtführer oder Schiffer gegenüber die Rechte zu wahren. Der Begriff des Schiffers spielt heute für die Wahrung der Rechte gegen Transportpersonen keine Rolle mehr.[14] Auch Schiffer sind nach HGB **Frachtführer** (§ 407 HGB). Als Zwischenpersonen kommen jedoch z.B. **auch Spediteure, Verfrachter, Eisenbahnen** i.S.d. CIM, carrier i.S.d. CMR und des MÜ sowie **Lagerhalter** in Betracht. Da kein Grund ersichtlich ist, warum § 388 Abs. 1 lediglich die Frachtführer und Schiffer nennt, ist diese Vorschrift analog anzuwenden, soweit es um die Wahrung der Rechte gegen andere Zwischenpersonen geht. Nicht zu ihnen zählen eigene Leute des Kommittenten oder Vertragspartner des Kommittenten, die das Gut unmittelbar beim Kommissionär anliefern.[15] In Hinblick auf die Feststellung des Zustan- **5**

4 MünchKommHGB/*Häuser*, § 388 Rn 3.
5 MünchKommHGB/*Häuser*, § 388 Rn 3.
6 Heymann/*Herrmann*, HGB, § 388 Rn 1; **aA** Schlegelberger/*Hefermehl*, HGB, § 388 Rn 5.
7 *Schmidt-Rimpler* (Fn 1), S. 753; Schlegelberger/*Hefermehl*, HGB, § 388 Rn 4 mN.
8 MünchKommHGB/*Häuser*, § 388 Rn 4; *Schmidt-Rimpler* (Fn 1), S. 753; Schlegelberger/*Hefermehl*, HGB, § 388 Rn 4.
9 Zu sonstigen Arten von Transportunternehmen s. unten 8.
10 *Schmidt-Rimpler* (Fn 1), S. 754.
11 OLG München, BB 1960, 642.
12 MünchKommHGB/*Häuser*, § 388 Rn 4; Heymann/*Herrmann*, HGB, § 388 Rn 1.
13 Schlegelberger/*Hefermehl*, HGB, § 388 Rn 4.
14 Vgl. §§ 1 ff BSchiffG.
15 **AA** *Krüger* in Ebenroth/Boujong/Joost/Strohn, HGB, § 388 Rn 3; Heymann/*Herrmann*, HGB, § 388 Rn 1; Oetker/*Bergmann*, HGB, § 388 Rn 5.

des, die Beweissicherung und Benachrichtigung setzt der Wortlaut des § 388 Abs. 1 keine Schranken, so daß diese Norm unmittelbar bei durch Zwischenpersonen aller Art bewirkten Zusendungen relevant werden kann[16].

6 **3. Beschädigtes oder mangelhaftes Gut.** Wenn § 388 Abs. 1 den Ausdruck „beschädigt oder mangelhaft" gebraucht, so erfaßt er hiermit auch Quantitätsmängel.[17] Es muß sich hierbei um Transportschäden zu handeln; denn nur insoweit kann der Kommissionär Rechte gegenüber dem Frachtführer etc. wahren (unten Rn 8). Kommen die Güter beim Kommissionär kommen mit Verzögerung an, so ist § 388 Abs. 1 analog heranzuziehen, sofern die Transportrechte auch insoweit Rügeobliegenheit vorsehen. Aus § 388 Abs. 1 HS 1 (analog)[18] ist die Pflicht abzuleiten, für den Beweis des Zustandes zu sorgen und dem Kommittenten unverzüglich Nachricht zu geben, wenn beim Kommissionär gänzlich andere Güter oder erkennbar ohne Transportverlust Güter in geringerer Zahl als er erwarten durfte, ankommen.

7 **4. Erkennbarkeit der Mängel.** Die Qualitäts- bzw. Quantitätsmängel müssen **äußerlich erkennbar** sein.[19] Das sind sie, wenn sie vom Kommissionär bei einer mit zumutbarem Aufwand vorgenommenen Untersuchung[20] ohne Beschädigung der Verpackung wahrgenommen werden können. Fachleute müssen hierfür regelmäßig nicht herangezogen werden. Besteht aufgrund bestimmter Umstände dringender Verdacht dafür, daß das Gut beschädigt ist, ohne daß hierfür äußerliche Anhaltspunkte vorhanden sind, so ist der Kommissionär analog § 388 Abs. 1 ebenfalls gehalten, das Gut mit zumutbaren Mitteln auf verdeckte Schäden etc. hin zu untersuchen.[21] Maßgeblich ist der **Zeitpunkt**, in dem das Gut in den Herrschaftsbereich des Kommissionärs gelangt ist. Wird der Schaden (etc.) später äußerlich sichtbar und statuieren die Transportrechte eine Rügeobliegenheit, so ist § 388 Abs. 1 analog heranzuziehen.[22] Im übrigen hat der Kommissionär gemäß § 384 Abs. 1 HS 2 den Kommittenten unverzüglich von Schäden oder Verlusten zu berichten und Beweise zu sichern.

5. Pflicht zur Rechtswahrung, Beweissicherung, Benachrichtigung

8 a) **Wahrung der Rechte.** Bei den in § 388 Abs. 1 genannten Rechten gegen Frachtführer etc. handelt es sich um Rechte, die dem Kommissionär als Empfänger im eigenen Namen zustehen, wie die Rechte aus §§ 425 ff HGB. In analoger Anwendung des § 388 Abs. 1 kommen ferner die Rechte aus §§ 461, 475, 606 ff HGB, Art. 17 CMR, 18 MÜ, 23 CIM, 16 CMNI in Betracht. Zu wahren hat der Kommissionär die Rechte mit pflichtgemäßer Sorgfalt. Die Rügeobliegenheiten ergeben sich aus den §§ 438, Art. 30 CMR, 31 MÜ, 23 CMNI. Unter Umständen hat der Kommissionär einen Arrest oder eine einstweilige Verfügung zu erwirken.[23]

---

16 *Schmidt-Rimpler* (Fn 1), S. 754; Schlegelberger/*Hefermehl*, HGB, § 388 Rn 4.

17 MünchKommHGB/*Häuser*, § 388 Rn 6; *Roth*, in Koller/Roth/Morck, HGB § 388 Rn 2; *Krüger* (Fn 15), § 388 Rn 3; Heymann/*Herrmann*, HGB, § 388 Rn 2; Oetker/*Bergmann*, HGB, § 386 Rn 6.

18 **AA** MünchKommHGB/*Häuser*, § 388 Rn 6, der von unmittelbarer Anwendbarkeit des § 388 Abs. 1 auszugehen scheint.

19 Vgl. Erl zu § 438 HGB, Art. 30 CMR.

20 Vgl. Erl. zu § 438 HGB.

21 Ebenso i.E. MünchKommHGB/*Häuser*, § 388 Rn 7.

22 Ebenso wohl auch Heymann/*Herrmann*, HGB, § 388 Rn 2; **aA** MünchKommHGB/*Häuser*, § 388 Rn 7: § 384 Abs. 1.

23 RGZ 47 121; MünchKommHGB/*Häuser*, § 388 Rn 11.

Darüber hinaus ist der **Einkaufskommissionär** dem Kommittenten gegenüber verpflichtet, sich die Gewährleistungsrechte durch rechtzeitige Rüge (§§ 377) zu erhalten.[24] 9

b) **Beweissicherung.** In der Wahl der Mittel zur Sicherung des Beweises ist der Kommissionär frei. Er muß sie nur mit pflichtgemäßer Sorgfalt so auswählen, daß die Rechte, an deren Wahrung der Kommittent ein Interesse besitzt, mit an Sicherheit grenzender Wahrscheinlichkeit durchgesetzt werden können. Im Hinblick auf Ansprüche gegen Frachtführer etc. genügt die Heranziehung eines Havariekommissars oder die Feststellung des Schadens durch die Zwischenperson.[25] Für eine gerichtliche Beweissicherung (§ 485 ZPO) muß der Kommissionär nur sorgen, falls der Frachtführer nicht zu einer Bestätigung des Schadens bereit ist und eine neutrale Person (z.B. Havariekommissar) nicht so schnell herangezogen werden kann.[26] Ist mit einem Aufschub keine Gefahr verbunden, so hat der Kommissionär vor Beantragung einer gerichtlichen Beweissicherung die Weisungen des Kommittenten einzuholen.[27] 10

c) **Benachrichtigung.** Der Kommissionär hat den Kommittenten, wie sich schon aus § 384 Abs. 2 ergibt, unverzüglich (§ 121 BGB) zu benachrichtigen und vor weiteren Maßnahmen dessen Weisungen abzuwarten, es sei denn, daß damit unverhältnismäßige Gefahren verbunden sind[28]. Letzterenfalls hat er sofort nach pflichtgemäßem Ermessen für die Interessen des Kommittenten zu sorgen. 11

6. **Sonstige Pflichten.** Hat der Kommissionär selbst das Gut beim Dritten abgeholt, so hat er die Rügeobliegenheit des § 377 zu erfüllen, den Beweis zu sichern und den Kommittenten baldmöglichst zu informieren. Letzteres gilt auch dann, wenn er selbst den Schaden verursacht hat (§ 390). In jedem Fall ist er aber gehalten, sich nach den Weisungen des Kommittenten zu richten, sofern nicht eine sofortige Abweichung von den Weisungen im erkennbaren oder mutmaßlichen Interesse des Kommittenten liegt (§ 665 BGB). 12

7. **Pflichtverstoß.** Verstößt der Kommissionär schuldhaft[29] gegen die in § 388 Abs. 1 niedergelegten Pflichten, so ist er zum **Schadensersatz** verpflichtet[30]. Der Schaden des Kommittenten besteht in dem Verlust, der daraus resultiert, daß die Rechte nicht rechtzeitig gewahrt und gesichert worden sind oder daß der Kommittent nicht rechtzeitig mit Weisungen reagieren konnte. War die Zwischenperson, die den Schaden verursacht hatte, von Anfang an zahlungsunfähig, so entsteht ein Schadensersatzanspruch des Kommittenten gegen den Kommissionär wegen Untergangs der zu sichernden Rechte erst, wenn die 13

---

[24] § 388 Abs. 1 analog. Ebenso i.E. *Roth,* in Koller/Roth/Morck, HGB § 388 Rn 2; MünchKommHGB/*Häuser*, § 388 Rn 12; Heymann/*Herrmann*, HGB, § 388 Rn 1; Schlegelberger/*Hefermehl,* HGB, § 388 Rn 10.

[25] Vgl. Art. 30 Abs. 2 CMR. Es genügt auch, daß der Frachtführer den Zustand des Gutes bestätigt; Indiz für Güterschaden).

[26] Wie hier in der Tendenz Oetker/*Bergmann*, HGB, § 386 Rn 9 f. **Abw.** *Krüger* (Fn 15), § 388 Rn 4 (in der Regel).

[27] Schlegelberger/*Hefermehl,* HGB, § 388 Rn 12.

[28] MünchKommHGB/*Häuser*, § 388 Rn 14; *Schmidt-Rimpler* (Fn 1), S. 757; Schlegelberger/*Hefermehl,* HGB, § 388 Rn 12 mN.

[29] *Krüger* (Fn 15), § 388 Rn 5; Heymann/*Herrmann*, HGB, § 388 Rn 4; Oetker/*Bergmann*, HGB, § 386 Rn 12.

[30] MünchKommHGB/*Häuser*, § 388 Rn 15; *Schmidt-Rimpler* (Fn 1), S. 757; Schlegelberger/*Hefermehl,* HGB, § 388 Rn 13.

Zwischenperson wieder liquide wird.[31] Im übrigen entfällt durch den Pflichtverstoß nicht das Recht des Verkaufskommissionärs, sich in Hinblick auf die Ausführung der Kommission auf die Mangelhaftigkeit des Gutes zu berufen[32].

14 Hat der Kommissionär bei der Einkaufskommission nicht pflichtgemäß die Rechte gegen die Zwischenperson gewahrt, so darf der Kommittent das Geschäft **nicht zurückweisen**; denn es wurde nur eine Nebenpflicht verletzt (§ 385 Rn 8).[33]

15 Bei einer **Kommission mit Mindestpreisgarantie** treffen den Kommissionär, der nicht rechtzeitig rügt, die Rechtsfolgen des § 377.[34]

III. Absatz 2

16 § 388 Abs. 2 berechtigt den Kommissionär unter bestimmten Umständen zum **Selbsthilfeverkauf** des Gutes. Eine korrelierende Pflicht kann sich aus den allgemeinen Grundsätzen über die Interessenwahrung ergeben.

17 **1. Dem Verderb oder der Entwertung ausgesetztes Gut.** Der Begriff Gut wird hier wie in § 388 Abs. 1 verwandt (§ 388 2). Das Gut muß entweder schon bei Ablieferung an den Kommissionär dem Verderb ausgesetzt gewesen sein (vgl. Erl. zu § 373), oder es müssen nach der Ablieferung Veränderungen eingetreten sein, die dessen Entwertung befürchten lassen. Bei dem aus einem Ausführungsgeschäft Erlangten oder zur Erfüllung eines Ausführungsgeschäftes bestimmten Gut sind nur solche Veränderungen relevant, die einen Mangel im Sinne des Gewährleistungsrechtes begründen. Die hM, die gestützt auf den Wortlaut des § 388 ausschließlich stoffliche Veränderungen anerkennt[35], ist zu eng. Richtig ist es, daß bloße Marktschwankungen oder Modeänderungen nicht unter § 388 Abs. 2 fallen.[36] Derartigen Veränderungen kann und muß der Kommissionär im Rahmen des Abschlusses eines normalen Ausführungsgeschäftes Rechnung tragen. Dieser Weg liegt auch eher im mutmaßlichen Interesse des Kommittenten, da der Kommittent im allgemeinen mit Kursstürzen oder Modeveränderungen gerechnet haben wird und gleichwohl für diesen Fall keine besonderen Weisungen gegeben hat. In Einzelfällen kann es aber in derartigen Konstellationen durchaus den Interessen des Kommittenten entsprechen, das Gut im Wege des Selbsthilfeverkaufs sobald wie möglich loszuschlagen.[37] Anders liegt aber der Fall, wenn z.B. der Vertrieb von Fleisch zum menschlichen Verzehr unmöglich wird, weil der Verdacht eines Befalles mit Salmonellen entsteht.[38] Die Veränderung braucht noch nicht abgeschlossen zu sein. Sie muß nur mit so großer Wahrscheinlichkeit bevorstehen, daß ein sorgfältiger Kaufmann die Aussichten des Notverkaufes für günstiger hält als eine normale Ausführung.[39] – Das Gut muß zugesandt

---

[31] MünchKommHGB/*Häuser*, § 388 Rn 15; Schlegelberger/*Hefermehl*, HGB, § 388 12.

[32] *Schmidt-Rimpler* (Fn 1), S. 758; OLG München, MDR 1957, 678; OLG Stuttgart, MDR 1958, 774.

[33] Ebenso i.E. MünchKommHGB/*Häuser*, § 388 Rn 17; *Roth*, in Koller/Roth/Morck, HGB § 388 Rn 4; *Krüger* (Fn 15), § 388 Rn 5.

[34] OLG München, BB **1960**, 642.

[35] MünchKommHGB/*Häuser*, § 388 Rn 20; *Schmidt-Rimpler* (Fn 1), S. 759; Schlegelberger/*Hefermehl*, HGB, § 388 Rn 15.

[36] *Roth*, in Koller/Roth/Morck, HGB § 388 Rn 5; *Krüger* (Fn 15), § 388 Rn 6; Heymann/*Herrmann*, HGB, § 388 Rn 5; **aA** Oetker/*Bergmann*, HGB, § 386 Rn 15.

[37] *Schmidt-Rimpler* (Fn 1), S. 759.

[38] Ebenso i.E. MünchKommHGB/*Häuser*, § 388 Rn 20.

[39] *Schmidt-Rimpler* S. 759.

sein[40]; doch findet § 388 Abs. 2 analog Anwendung, falls der Kommissionär das Gut unmittelbar vom Dritten oder vom Kommittenten selbst erhalten hatte.

2. Weisung des Kommittenten. Als weitere Voraussetzung des Rechtes zum Selbsthilfeverkauf nennt § 388 Abs. 2, daß entweder keine Zeit vorhanden war, die Weisung des Kommittenten einzuholen, oder daß der Kommittent mit der Weisung säumig war. Daraus ergibt sich, daß eine Situation vorliegen muß, in der jeder Aufschub des Selbsthilfeverkaufes vom Standpunkt eines ordentlichen Kaufmannes aus unverhältnismäßige Verluste befürchten läßt (Parallele zu § 665 BGB). Säumig ist der Kommittent mit einer Weisung, wenn bis zu dem Zeitpunkt, in dem die Entscheidung des Kommissionärs fallen muß, keine Weisung in den Machtbereich des Kommissionärs gelangt ist.[41] Ein Verschulden des Kommittenten an der Verzögerung der Weisungserteilung ist irrelevant. Trifft eine Weisung des Kommittenten noch rechtzeitig ein, so hat sich der Kommissionär danach zu richten. **18**

3. Recht zum Selbsthilfeverkauf. § 388 Abs. 2 eröffnet dem Kommissionär uneingeschränkt die Möglichkeit des Selbsthilfeverkaufs, falls Verderb oder Entwertung zu befürchten und Weisungen des Kommittenten nicht rechtzeitig zu erlangen sind. § 388 Abs. 2 darf jedoch nicht isoliert gesehen werden, sondern muß in den Gesamtzusammenhang der kommissionsrechtlichen Pflichten gestellt werden. Daraus ergibt sich, daß der Kommissionär trotz Erfüllung der Tatbestandsmerkmale des § 388 Abs. 2 nicht zum Selbsthilfeverkauf schreiten darf, wenn hierdurch erkennbar die Interessen des Kommittenten verletzt werden[42]. Sein eigenes Interesse muß der Kommissionär völlig aus dem Spiel lassen. Die Funktion des § 388 Abs. 2 liegt mithin darin, das „mutmaßliche" Interesse des Kommittenten gesetzlich zu konkretisieren, um die Verkehrssicherheit zu erhöhen. Der Kommittent hat daher zu beweisen, daß der Kommissionär die Kollision zwischen Selbsthilfeverkauf und seinen Belangen zu erkennen in der Lage war.[43] **19**

Der Kommissionär hat den **Selbsthilfeverkauf nach den Regeln des § 373** vorzunehmen. Die „Androhung" im Sinne des § 373 ist hierbei durch die Einholung von Weisungen ersetzt, zu der der Kommissionär verpflichtet ist, sofern mit dem Aufschub des Selbsthilfeverkaufs keine übermäßigen Gefahren verbunden sind. Ist der Kommittent mit der Erteilung der Weisung säumig (§ 388 Rn 18), so braucht der Kommissionär den Selbsthilfeverkauf nicht noch besonders anzudrohen.[44] Er hat aber dem Kommittenten den beabsichtigten oder später den vollzogenen Selbsthilfeverkauf anzuzeigen. **20**

§ 388 Abs. 2 konkretisiert zwar das „mutmaßliche" Interesse des Kommittenten, aber nicht in der einzig vertretbaren Weise. Es ist auch durchaus denkbar, daß der Kommissionär vom Standpunkt eines ordentlichen Kaufmannes davon ausgehen kann, ein anderer Weg der Verwertung liege eher im mutmaßlichen Interesse des Kommittenten.[45] Deshalb darf der Kommissionär das Gut auch **freihändig verwerten.**[46] Da § 388 Abs. 2 im **21**

---

[40] *Schmidt-Rimpler* (Fn 1), S. 758; *Düringer/Hachenburg*/Lehmann HGB, § 388 Rn 11; **aA** Schlegelberger/*Hefermehl,* HGB, § 388 Rn 15 mN.

[41] Vgl. § 419 Abs. 3; **aA** *Schlegelberger/Hefermehl,* HGB, § 388 Rn 16, der aber zusätzlich eine Androhung des Selbsthilfeverkaufes verlangt.

[42] *Schmidt-Rimpler* (Fn 1), S. 760; *Schlegelberger/Hefermehl,* HGB, § 388 Rn 19 mN.

[43] Schlegelberger/*Hefermehl,* HGB, § 388 Rn 1.

[44] *Krüger* (Fn 15), § 388 Rn 9; **aA** Oetker/*Bergmann,* HGB, § 386 Rn 18; Schlegelberger/*Hefermehl,* HGB, § 388 Rn 21.

[45] *Schmidt-Rimpler* (Fn 1), S. 760; Schlegelberger/*Hefermehl,* HGB, § 388 Rn 18.

[46] MünchKommHGB/*Häuser,* § 388 Rn 23; *Roth,* in Koller/Roth/Morck, HGB § 388 Rn 6.

Interesse der Verkehrssicherheit das typische mutmaßliche Interesse des Kommittenten fixiert, hat der Kommissionär im Streitfall zu beweisen, daß eine andere Form der Verwertung zumindest ebenso sehr dem Interesse des Kommittenten entsprach wie ein Selbsthilfeverkauf.[47]

22 4. **Pflicht zum Selbsthilfeverkauf.** Der Kommissionär ist nicht immer schon dann zum Selbsthilfeverkauf verpflichtet, wenn die Voraussetzungen des § 388 Abs. 2 vorliegen. Andererseits steht der Selbsthilfeverkauf nicht im Belieben des Kommissionärs. Wählt der Kommissionär keinen anderen Weg zur sachgerechten Verwertung, so hat er grundsätzlich zum Selbsthilfeverkauf zu schreiten, ohne daß er bei Gefahr im Verzug eine entsprechende Weisung abwarten darf[48]. Dabei spielt es keine Rolle, ob sich der Kommittent bei der Einkaufskommission im Annahmeverzug befindet; denn der Annahmeverzug mildert nur den Haftungsmaßstab, nicht aber die Pflichten[49].

V. Rechtsfolgen

23 Hat der Kommissionär **rechtswidrig den Selbsthilfeverkauf** durchgeführt, so kann der Kommittent bei der Einkaufskommission hieraus entgegen der hM das Recht ableiten, das Ausführungsgeschäft zurückzuweisen (§ 385 Rn 5 ff). Bei der Verkaufskommission braucht der Kommittent entgegen der hM in analoger Anwendung des § 385 Abs. 1 den Selbsthilfeverkauf nicht auf seine Rechnung gelten zu lassen.[50] Allerdings kann auf die Nichtbeachtung der in §§ 373 f erwähnten Formvorschriften oder auf die Verletzung der Pflicht zur Benachrichtigung eine Zurückweisung nicht gegründet werden.[51] Gleiches gilt für andere Formen der Verwertung. Unabhängig von einem Zurückweisungsrecht kann der Kommittent immer **Ersatz des Schadens** fordern, der ihm durch schuldhafte Pflichtverletzung entstanden ist. Der Kommissionär hat hierbei zu beweisen, daß ihm kein Verschulden vorzuwerfen ist. Ebenso trifft ihn die Beweislast für die Höhe eines etwaigen Schadens, wenn der Kommissionär durch sein Verhalten den Kommittenten der Möglichkeit beraubt hat, selbst den Wert des mangelhaften Gutes und damit die Höhe des Schadens zu beweisen.[52]

---

[47] OLG München, MDR 1957, 679; Schlegelberger/*Hefermehl,* HGB, § 388 Rn 18.

[48] MünchKommHGB/*Häuser*, § 388 Rn 25; *Krüger* (Fn 15), § 388 Rn 8; Schlegelberger/*Hefermehl,* HGB, § 388 Rn 20 mN.

[49] Schlegelberger/*Hefermehl,* HGB, § 388 Rn 20; **aA** *Schmidt-Rimpler* (Fn 1), S. 761.

[50] *Schmidt-Rimpler* (Fn 1), S. 761; **aA** Schlegelberger/*Hefermehl,* HGB, § 388 Rn 22.

[51] *Krüger* (Fn 15), § 388 Rn 10.

[52] OLG München, MDR 1957, 678 f; Schlegelberger/*Hefermehl,* HGB, § 388 Rn 22.

§ 389

Unterläßt der Kommittent über das Gut zu verfügen, obwohl er dazu nach Lage der Sache verpflichtet ist, so hat der Kommissionär die nach § 373 dem Verkäufer zustehenden Rechte.

Schrifttum siehe Angaben zu § 383.

Übersicht

I. Vorbemerkung

§ 389 gibt dem Kommissionär, wie einem Verkäufer bei Annahmeverzug des Käufers, 1 das Recht zur Hinterlegung und zum Selbsthilfeverkauf. Ebenso wie § 373 stellt § 389 eine Norm dar, die auf einen Fall des Gläubigerverzuges zugeschnitten ist.[1] Der Begriff „verpflichtet" in § 389 ist daher im uneigentlichen Sinne zu verstehen[2]. Die Funktion dieser Vorschrift ist es, den Kommissionär so schnell wie möglich von der Pflicht zur Aufbewahrung zu befreien. Auf eine derartige Pflicht ist nämlich der Kommissionär, der in erster Linie Geschäfte mit Dritten tätigen soll, – jedenfalls auf längere Sicht – typischerweise nicht vorbereitet. Freilich gibt die Vorschrift des § 389 dem Kommissionär nicht das Recht, ausschließlich die eigenen Belange in den Vordergrund zu stellen. Vielmehr hat er in angemessenem Umfang auch die Interessen des Kommittenten zu wahren.[3] – Mit dem Wirksamwerden des Selbsteintritts endet die Anwendbarkeit des § 389.[4]

II. Verpflichtung zur Verfügung

Bei der „Verpflichtung" zu einer Verfügung über das Gut handelt es sich um sonstige 2 **Mitwirkungshandlungen** (§ 296 BGB), die vom Kommittenten programmgemäß vorgenommen werden sollen. Derartige Mitwirkungshandlungen können ausdrücklich im Vertrag erwähnt sein[5]. Auch eine ergänzende Auslegung des Vertrages (§ 157 BGB) kann die Notwendigkeit solcher Mitwirkungshandlungen ergeben.[6] Besteht kein Anlaß mehr, daß

---

[1] Heymann/*Herrmann*, HGB, § 389 Rn 1; **aA** MünchKommHGB/*Häuser*, § 389 Rn 4; *Roth*, in Koller/Roth/Morck, HGB § 389 Rn 1.

[2] *Schmidt-Rimpler*, Das Kommissionsgeschäft, in: Ehrenbergs Handbuch des gesamten Handelsrechts (1928) Bd. V 1. Abt. 2. Hälfte, S. 824; Schlegelberger/*Hefermehl*, HGB, § 389 Rn 6; **aA** wohl MünchKommHGB/*Häuser*, § 389 Rn 3; *Krüger* in Ebenroth/Boujong/Joost/Strohn, HGB, § 389 Rn 1.

[3] MünchKommHGB/*Häuser*, § 389 Rn 5.

[4] MünchKommHGB/*Häuser*, § 400 Rn 64. **AA** *Schmidt-Rimpler* (Fn 2), S. 825; Schlegelberger/*Hefermehl*, HGB, § 400 Rn 54.

[5] Abruf der eingekauften Güter innerhalb einer gewissen Frist; Weisung, mit welcher Käufergruppe der Kommissionär in Verhandlungen einzutreten hat.

[6] Ebenso i.E MünchKommHGB/*Häuser*, § 389 Rn 3 (§ 242 BGB).

das Kommissionsgut weiter beim Kommissionär verbleibt, weil beispielsweise die Ausführung unmöglich geworden oder die Kommission widerrufen worden ist, so kann § 389 zwar nicht unmittelbar angewandt werden[7]. Es entsteht jedoch eine Pflicht des Kommissionärs zur Herausgabe des Gutes, mit der die Annahme des Gutes durch den Kommittenten korreliert. Nimmt der Kommittent das ihm angebotene Gut nicht an, so ist eine Analogie zu § 389 zu ziehen. Gleiches gilt bei der Einkaufskommission, wenn der Kommittent das ihm angebotene Gut nicht entgegennimmt.

3 Sofern sich der Zeitpunkt der Mitwirkungshandlung bzw. der Annahme nicht als festes Datum unmittelbar oder mittelbar aus dem Vertrag herleiten läßt, hat der Kommissionär dem Kommittenten seine **Leistungsbereitschaft anzuzeigen**[8], damit eine „Verpflichtung“ zur Verfügung entsteht. Diese Anzeige ist bei der Einkaufskommission in der Ausführungsanzeige und, wenn dem Kommissionär die Abwicklung der Kommission obliegt, in der Nachricht zu erblicken, daß er das Gut empfangen habe. Als eine solche Anzeige ist auch die Nachricht zu qualifizieren, daß sich die Ausführung im Erfüllungszeitraum als unmöglich erwiesen habe. Die Anzeigen reisen auf Gefahr des Kommissionärs, da der Kommissionär das Kommunikationsmittel auszuwählt.[9]

4 Das „Unterlassen der Verfügung“ wird dem Kommittenten **ohne Rücksicht auf Verschulden** zugerechnet[10]. Beruht das Unterlassen auf Hindernissen, die außerhalb des Herrschaftsbereiches des Kommittenten liegen, so ist das unerheblich. Es wird ihm deshalb auch der Verlust einer Nachricht, die die vertragsgemäße Verfügung enthält, angelastet.

III. Rechtsfolgen

5 Hat der Kommittent die vertragsgemäße Annahme oder Mitwirkungshandlung nicht rechtzeitig vorgenommen, so hat der Kommissionär das Recht zur **Hinterlegung oder zum Selbsthilfeverkauf** (§ 373). Bei der Ausübung dieses Rechtes muß der Kommissionär nach Maßgabe des § 373 verfahren. Die in dieser Vorschrift genannten Rechte erlöschen, falls der Kommittent die erforderlichen Verfügungen nachholt, bevor das Gut hinterlegt oder verkauft ist.[11] Hat der Kommissionär zu Unrecht hinterlegt oder verkauft, so ist er bei Verschulden zum Schadensersatz verpflichtet.[12]

6 Obwohl der § 389 dem Kommissionär nur die Rechte aus § 373 eröffnet, wird man den Kommissionär für berechtigt[13] und sogar für verpflichtet halten müssen,[14] das Gut auf **andere Weise als durch Selbsthilfeverkauf** zu verwerten, falls dadurch die Interessen des Kommittenten besser gewahrt werden und der Kommissionär nicht wesentlich stär-

---

[7] So aber *Schmidt-Rimpler* (Fn 2), S. 822; Schlegelberger/*Hefermehl,* HGB, § 389 Rn 2 mN.

[8] Analogie zu § 295 BGB; **aA** MünchKommHGB/*Häuser*, § 389 Rn 4; Schlegelberger/*Hefermehl,* HGB, § 389 Rn 2; differenzierend: *Schmidt-Rimpler* (Fn 2), S. 823.

[9] So i.E. auch Schlegelberger/*Hefermehl,* HGB, § 389 Rn 2.

[10] MünchKommHGB/*Häuser*, § 389 Rn 4; *Krüger* in Ebenroth/Boujong/Joost/Strohn, HGB, § 389 Rn 2; *Schmidt-Rimpler* (Fn 2), S. 823; Schlegelberger/*Hefermehl,* HGB, § 389 Rn 3 mNw.

[11] *Schmidt-Rimpler* (Fn 2), S. 823; Schlegelberger/*Hefermehl,* HGB, § 389 Rn 4.

[12] Zum Haftungsmaßstab § 384 Rn 115.

[13] So *Schmidt-Rimpler* (Fn 2), S. 823; Schlegelberger/*Hefermehl,* HGB, § 389 Rn 5.

[14] MünchKommHGB/*Häuser*, § 389 Rn 5 f; *Krüger* in Ebenroth/Boujong/Joost/Strohn, HGB, § 389 Rn 3; Heymann/*Herrmann*, HGB, § 389 Rn 1.

ker belastet wird. Geht der Kommissionär so vor, so hat er auch Anspruch auf Provision. Den Beweis für die „besseren" Verwertungsmöglichkeiten hat für den Fall, daß der Kommissionär nach § 373 verfahren hat, der Kommittent zu führen, andernfalls der Kommissionär.[15]

IV. Konkurrenz mit anderen Vorschriften

Der Kommittent wird sich regelmäßig zugleich im **Gläubigerverzug** befinden. Es kommen daher auch die §§ 293 ff, 383 ff BGB zur Anwendung, insbesondere der Haftungsmaßstab des § 300 Abs. 1 BGB. Hingegen wird der Kommittent in aller Regel nicht im eigentlichen Sinne zu einer Annahme oder Mitwirkungshandlung verpflichtet gewesen sein. Damit scheiden normalerweise die Regeln über den Schuldnerverzug aus.[16] Eine Konkurrenz mit den Vorschriften über den Schuldnerverzug kommt dagegen dort in Betracht, wo sich eine echte Schuldnerpflicht des Kommittenten aus dem Vertrag ergibt, weil der Kommissionär z.B. erkennbar ein besonders großes Interesse an der rechtzeitigen Vornahme der Mitwirkungshandlung besaß.[17] 7

§ 390

(1) Der Kommissionär ist für den Verlust und die Beschädigung des in seiner Verwahrung befindlichen Gutes verantwortlich, es sei denn, daß der Verlust oder die Beschädigung auf Umständen beruht, die durch die Sorgfalt eines ordentlichen Kaufmanns nicht abgewendet werden konnten.

(2) Der Kommissionär ist wegen der Unterlassung der Versicherung des Gutes nur verantwortlich, wenn er von dem Kommittenten angewiesen war, die Versicherung zu bewirken.

Schrifttum siehe Angaben zu § 383.

Übersicht

[15] MünchKommHGB/*Häuser*, § 389 Rn 6.

[16] MünchKommHGB/*Häuser*, § 389 Rn 7; Schlegelberger/*Hefermehl*, HGB, § 389 Rn 6 mN.

[17] MünchKommHGB/*Häuser*, § 389 Rn 7.

I. Vorbemerkung

1 Die Ausführung und vor allem die Durchführung der Kommission bringt es häufig mit sich, daß das zu verkaufende oder eingekaufte Gut in den Herrschaftsbereich des Kommissionärs gelangt und vom Kommissionär vorübergehend verwahrt werden muß. **§ 390 Abs. 1** statuiert für diese Konstellation eine Schadensersatzpflicht, falls die Sachen infolge eines Verschuldens des Kommissionärs beschädigt werden oder verloren gehen. Als Anspruchsgrundlage ist § 390 Abs. 1 überflüssig; denn die Schadensersatzpflicht ergibt sich schon aus den §§ 385 Abs. 1 HGB,[1] 280, 282 BGB. Gleichwohl ist § 390 Abs. 1 nicht völlig bedeutungslos. Seine Relevanz liegt zum einen auf beweisrechtlichem Gebiet. Die Formulierung der Vorschrift zeigt nämlich, daß sich der Kommissionär zu entlasten hat.[2] Zum anderen hält § 390 Abs. 1 fest, daß der Kommissionär nur für Verschulden und nicht, wie manche Transportunternehmer[3] verschuldensunabhängig haftet. Handelsbräuche können eine abweichende Risikoverteilung vorsehen.[4]

2 **§ 390 Abs. 2** konkretisiert die Pflichten des Kommissionärs, die Interessen des Kommittenten wahrzunehmen, dahin, daß der Kommissionär nicht gehalten ist, von sich aus das Gut zu versichern. Allerdings kann sich aus einem Handelsbrauch Abweichendes ergeben (Rn 19).

3 Nach wirksamer Erklärung des **Selbsteintritts** ist § 390 nicht mehr anwendbar.[5] Das gilt auch dann, wenn der durch Selbsteintritt zustande gekommene Kaufvertrag rückgängig gemacht wird[6].

II. Schadensersatzpflicht bei Verlust oder Beschädigung (Abs. 1)

4 **1. Gut.** Der Begriff „Gut" deckt sich mit dem in § 389 verwandten Terminus. Unter diesen Begriff fallen also nicht nur alle Sachen, die Gegenstand eines Ausführungsgeschäftes sind bzw. sein sollen, sondern auch andere Sachen, die aus Anlaß der Kommission in den Machtbereich des Kommissionärs gelangt sind.[7] Die Eigentumslage ist irrelevant.[8] Nicht zum Gut gehören Rechte. Gehen sie „verloren", so greift ausschließlich § 280 BGB ein; für eine analoge Anwendung des § 390 Abs. 1 fehlt es unter dem Aspekt der Beweislastverteilung an einem so aussagekräftigen Kriterium wie der Sachherrschaft.

5 **2. Bestehen eines Kommissionsvertrages.** § 390 Abs. 1 setzt seinem Wortlaut nach das Zustandekommen eines Kommissionsvertrages voraus[9], der einschließlich der Durchführung noch nicht erfüllt sein darf. Das in Erwartung des Abschlusses eines Kommissionsvertrages dem Kommissionär zugesandte Gut begründet eine Haftung des Kommissionärs gemäß § 362 Abs. 2.[10] Ist der Kommissionsvertrag aus irgendeinem Grunde

---

[1] Streitig; siehe dazu § 385 Rn 4.

[2] MünchKommHGB/*Häuser*, § 390 Rn 1; *Krüger* in Ebenroth/Boujong/Joost/Strohn, HGB, § 390 Rn 1.

[3] Zum Beispiel §§ 425, 426, 461 HGB, Art. 17 CMR, 18 MÜ.

[4] OLG Karlsruhe, BB 1982, 704.

[5] MünchKommHGB/*Häuser*, § 390 Rn 1.

[6] § 400 Rn 82; **aA** *Schmidt-Rimpler*, Das Kommissionsgeschäft, in: Ehrenbergs Handbuch des gesamten Handelsrechts (1928) Bd. V 1. Abt. 2. Hälfte, S. 755; *Schlegelberger/Hefermehl*, HGB, § 400 Rn 55.

[7] MünchKommHGB/*Häuser*, § 390 Rn 6; *Schmidt-Rimpler* (Fn 6), S. 769.

[8] MünchKommHGB/*Häuser*, § 390 Rn 6.

[9] *Krüger* (Fn 2), § 390 Rn 2; *Schmidt-Rimpler* (Fn 6), S. 770; *Schlegelberger/Hefermehl*, HGB, § 390 Rn 3 mN.

[10] MünchKommHGB/*Häuser*, § 390 Rn 3; *Krüger* (Fn 2), § 390 Rn 2.

nichtig, so kann die Haftung des Kommissionärs auf § 311 Abs. 2 gestützt werden.[11] Für die Beweislastverteilung ist im Rahmen des § 311 Abs. 2 BGB die Wertung des § 390 Abs. 1 heranzuziehen.[12] Darüber hinaus kommt eine Haftung gemäß § 823 BGB und im Falle der Nichtigkeit des Kommissionsvertrages gemäß den §§ 990, 989 BGB in Betracht.

3. Verwahrung. Der Kommissionär muß das Gut aufgrund des Kommissionsvertrages aufbewahren.[13] Daran fehlt es, wenn das Kommissionsverhältnis abgewickelt ist und der Kommissionär das Gut aufgrund eines besonderen Lagergeschäftes aufbewahrt. So erfolgt bei der Effektenkommission die Verwahrung der von der Bank eingekauften Papiere im Zweifel aufgrund eines Depot-Vertrages[14], wenn der Kommittent bei der Bank ein Depot unterhält[15]. Hat der Kommissionär für mehrere Kommittenten ein Ausführungsgeschäft über Gattungsobjekte getätigt, so greift § 390 ein, auch wenn die Objekte noch nicht ausgesondert und den einzelnen Kommittenten zugewiesen sind; denn die Kommittenten tragen etwaige Verluste gemeinsam nach den Regeln der Interessengemeinschaft. 6

Der Kommissionär muß grundsätzlich das Gut **selbst verwahren.** Er muß also in der Lage sein, jederzeit selbst auf das Gut einwirken und die Einwirkung anderer ausschließen zu können[16]. Mittelbarer Besitz genügt regelmäßig nicht.[17] Hat der Kommissionär befugt das Gut an einen selbständigen Lagerhalter, Spediteur oder eine selbständige Transportperson weitergegeben, so verwahrt er nicht mehr selbst.[18] Er haftet dann nur noch für die sorgfältige Auswahl und sachgerechte Weisung (§§ 675 Abs. 1, 664 Abs. 1 S. 2 BGB).[19] Denkbar ist es aber auch, daß der Kommissionär das Gut in fremde Verwahrung geben durfte, ohne daß dadurch die eigenen Verwahrungspflichten erlöschen. Es greift dann § 390 Abs. 1 in Verbindung mit § 278 BGB ein. War der Kommissionär nicht berechtigt, die Verwahrung anderen selbständigen Unternehmen zu übertragen, so liegt bereits hierin eine Pflichtverletzung. Der Kommissionär ist dann für jeden kausal verursachten Schaden verantwortlich[20]. 7

4. Verlust, Beschädigung. Das vom Kommissionär verwahrte Gut ist **verlorengegangen,** wenn der Kommissionär dem Kommittenten auf unübersehbare Zeit nicht mehr den Besitz verschaffen kann.[21] Dagegen kann nicht von einem Verlust des Gutes gesprochen werden, wenn es lediglich seinen Wert völlig verloren hat. Hierfür haftet der Kommissionär lediglich auf der Grundlage seiner allgemeinen Verpflichtung zur Interessenwahrung[22]. 8

Eine **Beschädigung** des Gutes liegt vor, wenn durch ein Ereignis die Substanz des Gutes verändert worden ist. Eine solche Veränderung erfährt das Gut auch durch die Annahme eines schlechten Geruchs.[23] Der nicht oder nur schwer ausräumbare Verdacht einer Beschädigung reicht aus.[24] Eine Wertminderung ist nur als Voraussetzung eines 9

---

[11] Vgl. *Canaris,* JZ 1965, 475 ff; **aA** wohl MünchKommHGB/*Häuser,* § 390 Rn 3.

[12] *Krüger* (Fn 2), § 390 Rn 2; Heymann/*Herrmann,* HGB, § 390 Rn 1.

[13] MünchKommHGB/*Häuser,* § 390 Rn 3.

[14] MünchKommHGB/*Häuser,* § 390 Rn 4.

[15] *Schlegelberger/Hefermehl,* HGB, § 390 Rn 4.

[16] MünchKommHGB/*Häuser,* § 390 Rn 5; *Schmidt-Rimpler* (Fn 6), S. 770; *Schlegelberger/Hefermehl,* HGB, § 390 Rn 5.

[17] **AA** *Krüger* (Fn 2), § 390 Rn 3.

[18] MünchKommHGB/*Häuser,* § 390 Rn 5; Oetker/*Bergmann,* HGB, § 390 Rn 4.

[19] MünchKommHGB/*Häuser,* § 390 Rn 5.

[20] *Schlegelberger/Hefermehl,* HGB, § 390 Rn 5.

[21] MünchKommHGB/*Häuser,* § 390 Rn 7.

[22] MünchKommHGB/*Häuser,* § 390 Rn 8; *Schlegelberger/Hefermehl,* HGB, § 390 Rn 6.

[23] RGZ 60, 45; 66, 39.

[24] Vgl. BGH, VersR 2001, 127; TranspR 2002, 440 (441).

Schadensersatzanspruches erforderlich[25]; sie genügt aber nicht für sich allein.[26] Bei Wertminderung ohne Substanzänderung bzw. ohne Verdacht der Substanzänderung haftet der Kommissionär nach den allgemeinen Regeln über die Verletzung der Interessenwahrungspflicht.

10 Verlust oder Beschädigung müssen **während der Zeit**, in der das Gut beim Kommissionär verwahrt worden war, verursacht worden sein. Nicht erforderlich ist es, daß der Schaden schon zu diesem Zeitpunkt erkennbar war. Der Kommittent muß aber nach Treu und Glauben dem Kommissionär binnen angemessener Frist den Schaden mitteilen, damit dieser rechtzeitig Beweise zu sichern vermag[27]. Siehe auch § 391.

11 5. **Verschulden.** Gemäß § 390 Abs. 1 wird vermutet, daß Verluste oder Beschädigungen, die während der Aufbewahrung des Gutes beim Kommissionär eingetreten sind, vom Kommissionär verschuldet (§ 347) worden sind.[28] Diese Vermutung kann der Kommissionär widerlegen. Er muß hierzu **nachweisen**, daß der Verlust oder die Beschädigung auf Umständen beruht, die er bzw. seine Erfüllungsgehilfen (§ 278 BGB) nicht mit der Sorgfalt eines ordentlichen Kaufmannes seiner Sparte (§ 347) abzuwenden in der Lage waren[29]. Trägt der Kommissionär vor, er habe sich um seine eigenen Güter kümmern müssen, so entlastet ihn das nicht.[30] Für den Entlastungsbeweis des Kommissionärs muß es in der Regel genügen, daß der Kommissionär nachweist, er und seine Leute hätten die verkehrserforderlichen Vorkehrungen für das in Frage stehende Schadensereignis getroffen.[31] Der Kommittent hat seinerseits darzutun und zu beweisen, daß der Verlust bzw. die Beschädigung während der Verwahrung beim Kommissionär erfolgt ist.[32] Hierfür muß er darlegen und beweisen, daß er dem Kommissionär das Gut in einem bestimmten Zustand übergeben hat und daß ihm das Gut in beschädigtem Zustand zurückgegeben worden ist.[33] Ist ihm überhaupt kein Gut zurückgegeben worden, so hat der Kommissionär die Rückgabe zu beweisen.[34] Befand sich der Kommittent zum Zeitpunkt der Schadensverursachung im **Annahmeverzug**, so mildert sich gemäß § 300 Abs. 1 BGB der Grad der Verantwortlichkeit des Kommissionärs auf Vorsatz und grobe Fahrlässigkeit.

12 6. **Verantwortung.** § 390 Abs. 1 spricht schlechthin von „zu verantworten", ohne eine konkrete Rechtsfolge anzugeben. Verantwortung heißt grundsätzlich **Ersatz des Schadens.** Es ist der Schaden i.S.d. §§ 249 ff, 284 BGB zu ersetzen.[35] Die Schadenssumme ist nicht um den Betrag einer „ersparten" Provision zu kürzen;[36] denn die Provision ist die Vergütung für die Veräußerung des Guts zu möglicherweise über dem Markt-

---

[25] Weiter *Schmidt-Rimpler* (Fn 6), S. 771 f; Schlegelberger/*Hefermehl,* HGB, § 390 Rn 6.

[26] MünchKommHGB/*Häuser*, § 390 Rn 9; *Krüger* (Fn 2), § 390 Rn 3; **aA** Heymann/*Herrmann*, HGB, § 390 Rn 1 (erhebliche wirtschaftliche Wertminderungen, die der Sache nicht als normales wirtschaftliches Risiko drohen).

[27] OLG Stuttgart, MDR 1958 774; **aA** *Schlegelberger/Hefermehl,* HGB, § 391 Rn 15.

[28] MünchKommHGB/*Häuser*, § 390 Rn 11.

[29] BGH, NJW-RR 2007, 1177 (1178); OLG Brandenburg, NJW-RR 1996, 358; MünchKommHGB/*Häuser*, § 390 Rn 11; *Krüger* (Fn 2), § 390 Rn 5; *Roth*, in Koller/Roth/Morck, HGB § 388 Rn 2; Heymann/*Herrmann*, HGB, § 390 Rn 1; Oetker/*Bergmann*, HGB, § 390 Rn 6.

[30] **AA** *Schmidt-Rimpler* (Fn 6), S. 774.

[31] *Schmidt-Rimpler* (Fn 6), S. 773.

[32] BGH, NJW-RR 2007, 1177 (1178); ferner BGHZ 41, 153.

[33] BGH, NJW-RR 2007, 1177 (1178).

[34] Vgl. BGH, TranspR 2000, 459 (460); 2001, 298 (299).

[35] *Krüger* (Fn 2), § 390 Rn 6; MünchKommHGB/*Häuser*, § 390 Rn 12; Oetker/*Bergmann*, HGB, § 390 Rn 8.

[36] OLG Stuttgart VersR 1983 644; OLG Frankfurt, NJW-RR 2004, 835 (836).

wert liegenden Preisen, während der Schadensersatzanspruch nur den Zeitwert der Ware deckt.

Verantworten heißt ferner „vertreten müssen“ im Sinne des § 280 Abs. 1 BGB. Werden im Rahmen der Einkaufskommission beschaffte Güter beschädigt und hat der Kommissionär dies zu vertreten, so kann daher der Kommittent entgegen der hM von seinem **Zurückweisungsrecht** (§ 385 Abs. 1) Gebrauch machen und den Ersatz der Aufwendungen ablehnen (§ 385 Rn 7). 13

7. **Vertragliche Haftungsbeschränkungen, -erweiterungen.** Durch einzelvertragliche Vereinbarungen kann grundsätzlich die Verantwortung des Kommissionärs bis zur Grenze des eigenen Vorsatzes abgeschwächt werden (§§ 276 Abs. 3 BGB). Nimmt der Kommissionär eine marktbeherrschende Stellung ein, so kann dies jedoch mißbräuchlich sein (§§ 826 BGB). Normalerweise werden Haftungsbeschränkungen aber nur auf dem Wege über Allgemeine Geschäftsbedingungen Aufnahme in den Vertrag finden. Es sind dann die §§ 305 ff BGB zu beachten. 14

Ist der **Kommittent Verbraucher** (13 BGB) oder gehört das Kommissionsgeschäft für einen Unternehmer (§ 14 BGB) nicht zu seiner gewerblichen oder selbstständigen beruflichen Tätigkeit, so ist unter allen Umständen eine Beschränkung der Haftung des Kommissionärs für eigenes grobes Verschulden oder das von Erfüllungsgehilfen unwirksam (§ 309 Nr. 7 b BGB). Hinsichtlich leicht fahrlässiger Pflichtverstöße des Kommissionärs oder seiner Erfüllungsgehilfen darf die Haftung nur ausgeschlossen werden, wenn die Haftung für die vorhersehbaren, typischen Schäden bestehen bleibt (§ 307 Abs. 2 Satz 2 BGB).[37] Die Beweislast darf nicht zum Nachteil des Kommittenten verschoben werden (§ 309 Nr. 12 BGB). 15

Ist der **Kommittent Unternehmer** (§ 13 BGB), so sind jedenfalls Haftungsfreizeichnungen für eigenes grobes Verschulden und das leitender Angestellter, unwirksam, auch wenn sich der Kommittent durch eine Versicherung schützen konnte. Im übrigen sind Haftungsbeschränkungen wegen eigener einfacher Fahrlässigkeit des Kommissionärs und wegen Verschuldens einfacher Erfüllungsgehilfen nur soweit zulässig, als der Schaden den vorhersehbaren, typischen Schaden übersteigt.[38] Die Höhe des Schadensersatzanspruch es darf nicht in der Art pauschaliert werden, daß dem Kommissionär der Nachweis eines wesentlich niedrigeren Schadens abgeschnitten wird.[39] Die Beweislastverteilung kann auch gegenüber dem Unternehmer nicht zu dessen Nachteil abgeändert werden (§ 307 BGB); denn § 390 Abs. 1 trägt einem grundlegenden Gerechtigkeitsgebot[40] Rechnung.[41] Anders ist die Situation etwa bei der Exportkommission, falls der Kommissionär selbst typischerweise Schwierigkeiten hat, den Beweis zu sichern. 16

AGB-Klauseln, die dem Kommissionär eine **verschuldensunabhängige Einstandspflicht** für Verluste und Beschädigungen auferlegen, sind gemäß § 307 BGB unwirksam.[42] 17

---

[37] Vgl. BGH, NJW-RR 1998, 1426 (1427 f); TranspR 2006, 38 (41).

[38] Vgl. BGH, NJW-RR 1998, 1426 (1427 f); 2007, 3774; TranspR 2006, 38 (41).

[39] BGH, NJW- RR 2003, 1056 (1059).

[40] BGH, NJW 1964, 1123; BB 1984, 939.

[41] Schlegelberger/*Hefermehl*, HGB, § 390 Rn 10.

[42] BGH, NJW-RR 2003, 1056 (1060).

III. Versicherung des Gutes (Abs. 2)

18 **1. Pflicht zur Versicherung.** § 390 Abs. 2 konkretisiert die Pflichten des Kommissionärs dahin, daß er unabhängig von dem konkret erkennbaren Interesse des Kommittenten ohne Weisung keine Sachversicherung zu nehmen braucht.

19 Die **Weisung, das Gut zu versichern**, kann ausdrücklich oder konkludent, bei Vertragsschluß oder später erfolgen.[43] Weist der Kommittent den Kommissionär nach Abschluß des Kommissionsvertrages zur Versicherung an, so wird dadurch zulässigerweise einseitig das Vertragsverhältnis umgestaltet. Es entsteht die Pflicht, zu versichern. Diese Pflicht kann sich aus der Auslegung der Vereinbarung nach Treu und Glauben ergeben. Hatte bislang der Kommittent immer auf einer Versicherung bestanden, so ist sie auch bei einer neuen Order zu bewirken, falls für den Kommissionär kein Grund ersichtlich ist, warum der Kommittent nun auf eine Versicherung verzichten sollte.[44] Er hat jedenfalls anzufragen, falls ihm nach bestem Wissen und Gewissen eine Versicherung als angebracht erscheinen muß[45]. Die Versicherungspflicht kann sich auch aus der Verkehrssitte ergeben, da die Vereinbarung unter Berücksichtigung der Verkehrssitte auszulegen ist (§ 157 BGB). Auch der Handelsbrauch kann eine Versicherungspflicht begründen[46].

20 Ist der Kommissionär zur Versicherung verpflichtet, so hat er sich in Hinblick auf **Wahl des Versicherungsunternehmens, der Versicherungsart und -höhe** primär von den Weisungen des Kommittenten leiten zu lassen. Sind diese nicht näher konkretisiert oder fehlen sie ganz, so muß er so verfahren, wie dies aus seiner Sicht am besten im Interesse des Kommittenten liegt.[47] Bei Kommissionsverhältnissen, die auf der Seite des Kommittenten zu den Handelsgeschäften zählen, ist im Zweifel auch der imaginäre Gewinn[48] zu versichern[49]. Unerheblich ist es, ob der Kommissionär die Versicherung auf Rechnung des Kommittenten nimmt (§ 43 ff VVG) oder sich selbst versichert; denn in der zweiten Variante ist der Kommittent durch § 392 Abs. 2 geschützt. Eine Versicherung derart, daß der Kommissionär selbst das Risiko übernimmt, wird regelmäßig nicht gewollt sein, da der Kommittent einen von einfachem Verschulden unabhängigen Anspruch gegen einen Versicherungsträger erwarten darf, dessen Solvenz durch Staatsaufsicht überwacht wird[50]. Das Versicherungsunternehmen ist kein Erfüllungsgehilfe des Kommissionärs.

21 Nimmt der Kommissionär **pflichtwidrig keine Versicherung**, so ist er dem Kommittenten zum Schadensersatz verpflichtet. Ein Recht, das Geschäft zurückzuweisen (§ 385 Abs. 1), kann aus diesem Verstoß gegen eine Nebenpflicht nicht hergeleitet werden (§ 385 Rn 7).[51] Die Versicherungsentschädigung hat der Kommissionär gemäß § 384 Abs. 2 **herauszugeben.**[52]

---

[43] *Krüger* (Fn 2), § 390 Rn 7; MünchKommHGB/*Häuser*, § 390 Rn 20; Heymann/*Herrmann*, HGB, § 390 Rn 2.

[44] MünchKommHGB/*Häuser*, § 390 Rn 20.

[45] *Schlegelberger/Hefermehl*, HGB, § 390 Rn 15.

[46] *Schmidt-Rimpler* (Fn 6), S. 762; *Schlegelberger/Hefermehl*, HGB, § 390 Rn 12.

[47] MünchKommHGB/*Häuser*, § 390 Rn 22.

[48] Vgl. Ziff. 1.1.3 DTV-Güterversicherungsbedingungen (volle Deckung); dazu Koller in Prölss/Martin, VVG, Teil III Transportversicherung Ziff. 1 DTV-Güter (2000/2008), Rn 2.

[49] AA MünchKommHGB/*Häuser*, § 390 Rn 22; Heymann/*Herrmann*, HGB, § 390 Rn 2; Schlegelberger/*Hefermehl*, HGB, § 390 Rn 13.

[50] Ebenso MünchKommHGB/*Häuser*, § 390 Rn 24.

[51] MünchKommHGB/*Häuser*, § 390 Rn 26.

[52] OLG Koblenz MDR 1967 770.

2. Versicherung nach pflichtgemäßem Ermessen. § 390 Abs. 2 stellt lediglich klar, daß den Kommissionär eine Pflicht zur Versicherung nur auf „Anweisung" trifft, der z.B. ein abweichender Handelsbrauch gleichzustellen ist.[53] Dadurch wird jedoch der **Kommissionär nicht gehindert**, von sich aus das Gut **zu versichern**, wenn er bei Anwendung pflichtgemäßer Sorgfalt annehmen kann, daß dies im Interesse des Kommittenten gelegen ist. Es wäre sinnlos, wenn § 390 Abs. 2, der den Kommissionär vor den Folgen von Ermessensfehlern schützen soll, zur Folge hätte, daß der Kommissionär die Interessen des Kommittenten vernachlässigen müßte.[54] Eine Pflicht zur Versicherung kann hieraus nicht abgeleitet werden; denn insoweit entlastet § 390 Abs. 2 im Interesse der Rechtssicherheit den Kommissionär von dem Risiko, selbstständig zu beurteilen, ob eine Versicherung im Interesse des Kommittenten liegt.[55] Entgegenstehende Weisungen des Kommittenten hat der Kommissionär jedoch immer zu respektieren. 22

§ 391

Ist eine Einkaufskommission erteilt, die für beide Teile ein Handelsgeschäft ist, so finden in bezug auf die Verpflichtung des Kommittenten, das Gut zu untersuchen und dem Kommissionär von den entdeckten Mängeln Anzeige zu machen, sowie in bezug auf die Sorge für die Aufbewahrung des beanstandeten Gutes und auf den Verkauf bei drohendem Verderbe die für den Käufer geltenden Vorschriften der §§ 377 bis 379 entsprechende Anwendung. Der Anspruch des Kommittenten auf Abtretung der Rechte, die dem Kommissionär gegen den Dritten zustehen, von welchem er das Gut für Rechnung des Kommittenten gekauft hat, wird durch eine verspätete Anzeige des Mangels nicht berührt.

Schrifttum siehe Angaben zu § 383.

Übersicht

[53] MünchKommHGB/*Häuser*, § 390 Rn 21.
[54] MünchKommHGB/*Häuser*, § 390 Rn 27; Heymann/*Herrmann*, HGB, § 390 Rn 3; *Schmidt-Rimpler* (Fn 6), S. 763.
[55] *Roth*, in Koller/Roth/Morck, HGB § 388 Rn 3; Baumbach/*Hopt*, HGB, § 390 Rn 5; **aA** *Krüger* (Fn 2), § 390 Rn 8; Oetker/*Bergmann*, HGB, § 390 Rn 10.

I. Vorbemerkung

1 § 391 Satz 1 stellt den Kommittenten, *für den*[1] die Abrede über eine Einkaufskommission ein Handelsgeschäft (§§ 343 ff) ist, einem Käufer gleich, der als Kaufmann Ware erwirbt. Dies gilt auch in Fällen, in denen der Kommissionär kein Kaufmann, aber selbstständiger Gewerbetreibender ist (§ 383 Abs. 2).[2] Der kaufmännisch tätige Einkaufskommittent hat mithin in gewissem Umfang für die Wahrnehmung der eigenen Interessen zu sorgen und darf vom Kommissionär nicht erwarten, daß dieser ihm das völlig abnimmt. Die ratio dieser Regelung besteht darin, daß auch der Kommissionär ein großes Interesse daran hat, möglichst schnell Gewißheit zu haben, ob der Kommittent die ihm gelieferte Ware als vertragsgemäß anerkennt oder beanstandet und damit den Kommissionär mit Ansprüchen wegen einer Verletzung der Pflicht zur Interessenwahrung konfrontiert. Der Einkaufskommissionär hat nämlich selbst die Untersuchungs- und Rügeobliegenheiten (§ 377) gegenüber seinem Verkäufer zu erfüllen. Tut er dies nicht rechtzeitig, so gilt die Ware als genehmigt. Der Einkaufskommissionär geht als Käufer seiner Gewährleistungsrechte verlustig. Die Konsequenz ist nicht ohne weiteres, daß der Kommissionär ungeachtet des Verlustes seiner Gewährleistungsrechte den Ersatz des für mangelfreie Ware vereinbarten Kaufpreises verlangen darf (§§ 396 Abs. 2 HGB, 670 BGB), der Kommittent aber nur einen Anspruch auf Herausgabe der mangelhaften Ware erwirbt, ohne z.B. mindern oder im Verhältnis zum Dritten zurücktreten zu können. Die Unterlassung der rechtzeitigen Untersuchung und Rüge stellt nämlich eine Verletzung der Pflicht zur Interessenwahrung dar und verpflichtet den Kommissionär im Falle des Verschuldens zum Schadensersatz. Außerdem könnte der Kommittent das Geschäft zurückweisen (§ 385 Rn 7). Gleiches gilt für die Fälle, in denen der Kommissionär den Fehler bei Abschluß des Kaufvertrages mit dem Dritten kannte oder infolge grober Fahrlässigkeit nicht erkannte (§ 442 BGB). Eine Haftung des Kommissionärs kommt ferner in Betracht, wenn der Kommissionär die Beschädigung des Kommissionsgutes zu vertreten hat (§ 390 Abs. 1). In allen diesen Konstellationen soll der Kommissionär so bald wie möglich Gewißheit über die auf ihn eventuell zukommenden Belastungen erlangen. Dem Kommittenten, der als Kaufmann eine Order zum Einkauf gegeben hat, ist es im Rahmen der §§ 377 f zuzumuten, dem Kommissionär diese Gewißheit zu verschaffen.

2 § 391 gilt nur für die Kommission zum **Einkauf** von **Waren**, wie sich aus dem Wortlaut des § 391 einerseits und dem des § 377 andererseits ergibt[3]. Hatte der Kommissionär **Wertpapiere** zu beschaffen oder ein **sonstiges Geschäft** zu besorgen (z.B. Werklieferung; § 406 Abs. 2), so hat allerdings der Kommittent, für den die Kommission ein Handelsgeschäft (§§ 343 f) ist, binnen angemessener Frist den Kommissionär über etwaige Mängeln zu unterrichten[4]. Eine Verletzung der Benachrichtigungspflicht zieht freilich nur einen Schadensersatzanspruch nach sich. Verschulden ist Voraussetzung.

3 Eine analoge Anwendung des § 391 auf die **Verkaufskommission** in der Form, daß den Kommissionär gegenüber dem Dritten die Rügelast mit der Folge trifft, daß sich die

---

[1] MünchKommHGB/*Häuser*, § 391 Rn 4; *Krüger* in Ebenroth/Boujong/Joost/Strohn, HGB, § 391 Rn 1.

[2] *Roth*, in Koller/Roth/Morck, HGB § 391 Rn 2.

[3] MünchKommHGB/*Häuser*, § 391 Rn 3; *Krüger* (Fn 1), § 391 Rn 2; *Schmidt-Rimpler*, Das Kommissionsgeschäft, in: Ehrenbergs Handbuch des gesamten Handelsrechts (1928) Bd. V 1. Abt. 2. Hälfte, S. 1070; Schlegelberger/*Hefermehl* HGB, § 391 Rn 4 mN. Auf § 381 wird in § 391 Abs. 1 Satz 1 nicht verwiesen.

[4] Rechtsgedanke der §§ 377, 391 in Verbindung mit dem allgemeinen Grundsatz von Treu und Glauben.

Konditionen des Ausführungsgeschäftes an mangelfreien Waren orientieren, scheidet aus, da der Kommittent nicht erwarten kann, unabhängig von etwaigen Mängeln einen bestimmten Preis zu erzielen[5]. Die Informationspflicht des Kommissionärs aus den §§ 384 Abs. 2 1. HS, 388 Abs. 1 wird davon nicht berührt; ihre schuldhafte Verletzung zieht freilich nur eine Schadensersatzpflicht nach sich. Hat der Kommissionär dagegen eine Mindestpreisgarantie abgegeben, ohne daß ein Konditionsgeschäft (§ 383 Rn 76) vorliegt, so ist § 391 analog heranzuziehen[6].

Hat der Einkaufskommissionär den **Selbsteintritt** erklärt, so kommen die §§ 377 ff zu Lasten des Kommittenten unmittelbar zur Anwendung.[7] Im Falle der Selbsthaftung (§ 384 Abs. 3) des Einkaufskommissionärs sind die §§ 377 ff gleichfalls unmittelbar heranzuziehen, falls der Kommissionär selbst erfüllt[8]. 4

II. Untersuchungs- und Rügeobliegenheit

1. Der Kommittent ist Kaufmann. Bei der Einkaufskommission muß nur der Kommittent Kaufmann sein, sofern der Kommissionär selbstständiger Gewerbetreibende ist (§ 383 Abs. 2).[9] Das Kommissionsgeschäft muß auch zum Betrieb des Kommittenten gehören (§ 343). Dafür spricht die Vermutung des § 344. Ist der Kommittent Nichtkaufmann oder ist er das Kommissionsverhältnis zur Deckung privater Bedürfnisse eingegangen, so greift § 391 nicht ein. Es entsteht dann auch keine Verpflichtung zur alsbaldigen Rüge. Der Kommissionär muß nicht besser gestellt werden als ein Händler, der mit einem Nichtkaufmann kontrahiert. 5

2. Ablieferung. Gemäß § 377 Abs. 1, auf den § 391 S. 1 verweist, ist Voraussetzung der Untersuchungspflicht die Ablieferung. Zum Begriff vgl. Erl. zu § 377. Dabei ist es im Rahmen des § 391 irrelevant, ob der Kommittent das Gut vom Kommissionär oder unmittelbar von dem Partner des Ausführungsgeschäfts oder dessen Lieferanten erhält.[10] In der zweiten Variante erfolgt die Ablieferung des Gutes beim Kommittenten auch in Hinblick auf den Kaufvertrag zwischen Kommissionär und dem Dritten. Man wird daher vom Kommittenten verlangen können, daß er nicht nur gegenüber dem Kommissionär rügt, sondern auch gegenüber dem Dritten, wenn anders die Fristen des § 377 Abs. 1 nicht eingehalten werden können.[11] Die Tatsache, daß bis zur Abtretung die Gewährleistungsrechte dem Kommissionär zustehen, stellt kein Hindernis dar. § 391 greift auch dann ein, wenn der Dritte mangelfreies Gut an den Kommissionär geliefert hat, bei dem es sich vor Weiterleitung an den Kommittenten verschlechtert.[12] 6

[5] MünchKommHGB/*Häuser*, § 391 Rn 2, 13; *Krüger* (Fn 1), § 391 Rn 2; Schlegelberger/*Hefermehl*, HGB, § 391 Rn 14 f; *Schmidt-Rimpler* (Fn 3) S. 882.

[6] OLG München, BB 1955, 682; 1960, 642; Heymann/*Herrmann*, HGB, § 391 Rn 3; Schlegelberger/*Hefermehl*, HGB, § 391 Rn 14.

[7] *Krüger* (Fn 1), § 391 Rn 5; MünchKommHGB/*Häuser*, § 391 Rn 2.

[8] MünchKommHGB/*Häuser*, § 391 Rn 2; *Schmidt-Rimpler* (Fn 3) S. 881; Schlegelberger/*Hefermehl*, HGB, § 391 Rn 4; **aA** Düringer/Hachenburg/*Lehmann* HGB, § 391 Rn 2.

[9] *Canaris*, Handelsrecht, § 30 Rn 37. **AA** Heymann/*Herrmann*, HGB, § 391 Rn 1; Oetker/*Bergmann*, HGB, § 391 Rn 5.

[10] MünchKommHGB/*Häuser*, § 391 Rn 5; *Krüger* (Fn 1), § 391 Rn 2.

[11] MünchKommHGB/*Häuser*, § 391 Rn 5; *Roth*, in Koller/Roth/Morck, HGB § 388 Rn 2.

[12] *Krüger* (Fn 1), § 391 Rn 3; MünchKommHGB/*Häuser*, § 391 Rn 7, anders Rn 2.

7 **3. Untersuchung und Rüge.** Die Untersuchung hat unverzüglich (§ 121 BGB) nach der Ablieferung zu geschehen, soweit dies im ordnungsgemäßen Geschäftsgang tunlich ist. Vergleiche dazu die Erl. zu § 377. Zeigt sich ein Mangel, so ist dem Kommissionär unverzüglich Anzeige zu machen (§ 377). Im Sinne des § 391 relevante Mängel sind nicht nur Sachmängel (§ 434 BGB) des Gutes, sondern auch die Ablieferung einer anderen als der im Kommissionsvertrag vereinbarten Ware bzw. einer anderen als der vereinbarten Menge.[13] Dabei spielt es keine Rolle, ob der Kommissionär mit dem Dritten über die gelieferte Ware und Menge in Mißachtung seines Auftrages kontrahiert hatte. § 391 schützt den Kommissionär auch insoweit, als eine Verletzung der Interessenwahrungspflicht nicht gerade auf dem Verlust der eigenen Gewährleistungsrechte beruht[14].

8 **4. Rechtsfolgen bei rechtzeitiger Rüge.** Untersucht und rügt der Kommittent rechtzeitig (oben Rz. 7), so kann er gegen den Kommissionär **Schadensersatzansprüche** geltend machten, falls dieser die Gewährleistungsrechte schuldhaft verloren hat[15] oder das Gut bei ihm durch sein Verschulden beschädigt worden ist (§ 390 Abs. 1). Trifft den Kommissionär ein Verschulden, so kann der Kommittent nach der hier vertretenen Ansicht (§ 385 Rn 3, 7) das Geschäft auch mit der Folge zurückweisen, daß er keine Aufwendungen zu erstatten braucht.[16] Kann dem Kommissionär kein Schuldvorwurf gemacht werden, so steht dem Kommittenten wenigstens das Recht der **Zurückweisung** mit der Maßgabe offen, daß er keine Provision zu zahlen und der Kommissionär nochmals auszuführen hat.[17] Vermag der Kommissionär noch die Gewährleistungsrechte gegen den Dritten geltend zu machen, so hat er sie dem Kommittenten abzutreten; gegebenenfalls hat er sie nach Weisung des Kommittenten bzw. nach dessen erkennbaren oder mutmaßlichen Interessen auszuüben.

9 Der Kommittent hat für die **einstweilige Aufbewahrung** des Gutes zu sorgen (§ 379). Verderbliche Ware kann er bei Gefahr im Verzug im Wege des Selbsthilfeverkaufes veräußern (§ 379 Abs. 2; näher dazu die Kommentierung zu § 379).

10 **5. Rechtsfolgen der verspäteten Untersuchung bzw. Rüge.** Hat der Kommittent nicht ordentlich und fristgerecht untersucht sowie gerügt, so gilt die mangelhafte bzw. die nach Art oder Quantität falsche Ware als genehmigt. Eine Ausnahme gilt bei arglistigem Verschweigen des Fehlers etc. (§ 377 Abs. 5).[18] Die Genehmigung wirkt nur soweit, als eine Untersuchungs- und Rügepflicht bestand.[19] In Hinblick auf sonstige Pflichtverletzungen und Weisungsverstöße wird der Kommittent nicht gehindert, Schadensersatz zu verlangen und gegebenenfalls das Ausführungsgeschäft zurückzuweisen (§ 385 Abs. 1). Durch die verspätete Rüge wird der Kommittent ferner nicht gehindert, den Kommissionär anzuweisen, von den Gewährleistungsrechten Gebrauch zu machen oder sie ihm abzutreten, soweit sie diesem noch zustehen (§ 391 S. 2), weil der Kommissionär seinerseits rechtzeitig gerügt hatte. Die Genehmigung im Sinne des § 391 S. 1 deckt nur Verletzun-

---

[13] *Canaris*, Handelsrecht, § 30 Rn 37; weitergehend MünchKommHGB/*Häuser*, § 391 Rn 7; *Krüger* (Fn 1), § 391 Rn 3; *Roth*, in Koller/Roth/Morck, HGB § 388 Rn 2; Oetker/*Bergmann*, HGB, § 391 Rn 7.

[14] *Schmidt-Rimpler* (Fn 3) S. 882; Schlegelberger/*Hefermehl*, HGB, § 391 Rn 8.

[15] MünchKommHGB/*Häuser*, § 391 Rn 9.

[16] Enger. MünchKommHGB/*Häuser*, § 391 Rn 10; *Krüger* (Fn 1), § 391 Rn 6; Heymann/*Herrmann*, HGB, § 391 Rn 1.

[17] **Abw.** *Krüger* in Ebenroth/Boujong/Joost/Strohn, HGB, § 388 Rn 6.

[18] *Krüger* (Fn 1), § 391 Rn 7.

[19] MünchKommHGB/*Häuser*, § 391 Rn 11; *Roth*, in Koller/Roth/Morck, HGB § 388 Rn 3.

gen des Kommissionsvertrages und blockiert das Zurückweisungsrecht sowie Schadensersatzansprüche des Kommittenten gegen den Kommissionär; sie gilt nicht im Verhältnis zwischen Kommissionär und dem Dritten.[20] Der Kommissionär soll keine Vorteile auf Kosten des Kommittenten erlangen. Der Kommissionär kann daher nicht vollen Ersatz des Kaufpreises fordern, falls er im Verhältnis zum Dritten wirksam die Minderung erklärt hatte.[21] Gleiches gilt für die Fälle des Rücktritts vom Kaufvertrag.

§ 392

(1) Forderungen aus einem Geschäfte, das der Kommissionär abgeschlossen hat, kann der Kommittent dem Schuldner gegenüber erst nach der Abtretung geltend machen.

(2) Jedoch gelten solche Forderungen, auch wenn sie nicht abgetreten sind, im Verhältnisse zwischen dem Kommittenten und dem Kommissionär oder dessen Gläubigern als Forderungen des Kommittenten.

Schrifttum siehe Angaben zu § 383.

Übersicht

[20] MünchKommHGB/*Häuser*, § 391 Rn 12. Krit. *Canaris*, Handelsrecht, § 30 Rn 38.

[21] *Krüger* (Fn 1), § 391 Rn 8; Heymann/*Herrmann*, HGB, § 391 Rn 2.

A. Vorbemerkung

1 **In § 392 Abs. 1** formuliert das Gesetz die rechtlichen Konsequenzen aus der Tatsache, daß der Kommissionär die Verträge mit dem Dritten im eigenen Namen eingeht.[1] Nur der Kommissionär wird unmittelbar durch das Ausführungsgeschäft berechtigt und verpflichtet.[2] Selbst wenn dem Dritten mitgeteilt worden ist, daß der Kommissionär auf fremde Rechnung tätig werde, ändert sich hieran nichts.[3] Da durch das Ausführungsgeschäft ein vertragliches Band ausschließlich zwischen dem Kommissionär und dem Dritten geknüpft wird und das Gesetz dem Kommittenten lediglich einen Herausgabeanspruch zugestanden hat (§ 384 Abs. 2), kann der Kommittent die Ansprüche gegen den Dritten aus dem Geschäft erst nach deren Abtretung geltend machen (§ 392 Abs. 1). Die Rechtsstellung des Kommittenten ist mithin grundsätzlich schuldrechtlich ausgeformt.

2 Dieser **Grundsatz wird durch § 392 Abs. 2 eingeschränkt**, der in mehrfacher Hinsicht eine **Verdinglichung** der Rechtsstellung des Kommittenten bewirkt. Im Verhältnis des Kommittenten zum Kommissionär und dessen Gläubigern wird die Forderung dem Kommittenten absolut zugeordnet. Hierdurch wird der Kommittent davor gesichert, daß sich Gläubiger des Kommissionärs aus dieser Forderung befriedigen, obwohl diese Forderung aus einem Geschäft stammt, das auf Rechnung des Kommittenten abgeschlossen worden ist.

3 Die **ratio dieser Verdinglichung** beruht zum einen darauf, daß der Kommissionär das Ausführungsgeschäft auf Rechnung des Kommittenten abschließt und auch sonst auf Rechnung des Kommittenten tätig wird. Chancen und Risiken, Vorteile und Lasten des Geschäfts sollen sich in der Person des Kommittenten niederschlagen.[4] Ferner spielt, wie *Canaris*[5] unter Hinweis auf die Materialien zu den §§ 662 ff BGB und zum ADHGB herausgearbeitet hat, der Umstand eine entscheidende Rolle, daß die Gläubiger eines gewerbsmäßigen Kommissionärs typischerweise wissen, daß dieser auf fremde Rechnung handelt.[6] Eine Täuschung über die Kreditverhältnisse sei daher kaum zu besorgen. Dieser Deutung der ratio legis kann man nicht § 406 Abs. 1 S. 2 entgegenhalten, demzufolge das Kommissionsrecht auch auf den Gelegenheitskommissionär Anwendung findet;[7] denn durch eine solche pauschale Verweisung, wie sie sich in § 406 Abs. 1 S. 2 findet, können nicht die Grundwertungen einer Regelung außer Kraft gesetzt werden, die auf die für typisch angesehenen Konstellationen (§ 383) zugeschnitten ist. Die Auflösung dieses Widerspruchs hat vielmehr dadurch zu erfolgen, daß man die in § 406 Abs. 1 S. 2 enthaltene Verweisung im Wege der Restriktion enger faßt.[8] Allerdings darf man die ratio legis nicht ohne weiteres ausschließlich auf die Faktoren „Handeln auf fremde Rechnung" in Verbindung mit „Offenkundigkeit kraft Gewerbes" gründen. Nicht um-

---

1 *Krüger* in Ebenroth/Boujong/Joost/Strohn, HGB, § 388 Rn 1; Heymann/*Herrmann*, HGB, § 392 Rn 1.

2 BGHZ 104, 123 (127).

3 Denkbar ist jedoch, daß der Kommissionär mit dem Dritten einen echten Vertrag zugunsten des Kommittenten (§ 328 BGB) schließt.

4 BGH, NJW 1981, 918 (919); *Hager* AcP 180 (1980), 239 (249 f); *Krüger* (Fn 1), § 392 Rn 2.

5 *Canaris*, Festschrift Flume (1978), S. 406 f; *Canaris*, Handelsrecht, § 30 Rn 74.

6 **AA** MünchKommHGB/*Häuser*, § 392 Rn 2.

7 So *Schlegelberger/Hefermehl*, HGB, § 392 Rn 1.

8 *Canaris*, Festschrift Flume (1978), S. 408; *Canaris*, Handelsrecht, § 30 Rn 74; **aA** MünchKommHGB/*Häuser*, § 392 Rn 2; Heymann/*Herrmann*, HGB, § 392 Rn 5; *K. Schmidt*, FS Medicus zum 80. Geburtstag, S. 467, 477 f (maßgeblich ist der Treuhandgedanke).

sonst ist § 392 Abs. 2 nur auf Ansprüche bezogen, die dem Kommissionär im Rahmen der Kommissionsausführung und -durchführung erwachsen. Auf diese Forderungen hat der Kommittent keinen unmittelbaren Zugriff. Er könnte sich nur mit Hilfe einer antizipierten Zession schützen. Diese Sicherheit ist jedoch unzulänglich, da diese Forderungen nicht insolvenzfest[9] und durch ältere Pfändungen aller künftigen Forderungen des Kommissionärs gegen einen bestimmten Dritten bedroht sind. Die Gefahr wird erst durch § 392 Abs. 2 gebannt.

Anders ist die Situation in Hinblick auf **das in Erfüllung dieser Forderungen Geleistete.** Hier könnte der Kommittent der Gefahr, daß ein Gläubiger das an den Kommissionär Geleistete für sich mit Beschlag belegt, oder daß der Kommissionär in Insolvenz fällt, dadurch ausweichen, daß er die Forderungen selbst einzieht oder den Kommissionär anweist, mit dem Dritten zu vereinbaren, daß durch Leistung an den Kommittenten zu erfüllen ist[10]. Wenn man § 392 Abs. 2 ausschließlich auf Forderungen aus dem Ausführungsgeschäft anwendet, kann man das damit rechtfertigen, daß der Kommittent seine Interessen in Hinblick auf das in Erfüllung dieser Forderungen Geleistete selbst zu wahren vermag, daß die Gefährdung seiner Interessen nicht unausweichlich ist. Die heutige Praxis des Kommissionsgeschäfts, der zufolge in aller Regel dem Kommissionär der Einzug der Forderungen obliegt, weil der Kommittent dies nicht mit angemessenem Aufwand erledigen kann oder der Kommissionär den Namen des Dritten nicht nennen will, zeigt jedoch, daß sich der Kommittent nicht ausreichend zu schützen vermag; denn der Kommittent wird nur mit großen Schwierigkeiten den Namen des Dritten zu erfahren in der Lage sein und selbst auf den Dritten zur Erfüllung der Forderung, insbesondere durch Leistung Zug um Zug, nur unwesentlichen wirtschaftlichen Druck ausüben können, – von dem Umstand ganz zu schweigen, daß der Kommissionär kraft seiner Spezialisierung besser darauf eingerichtet ist, derartige Forderungen zu realisieren. Gänzlich ungeschützt ist der Kommittent, wenn die Forderung, wie häufig, einem Abtretungsverbot unterliegt. Im Ergebnis ist somit *Canaris*[11] darin zuzustimmen, daß die Vorschrift des § 392 Abs. 2 vorrangig auf den beiden Faktoren „Handeln auf fremde Rechnung" und „Offenkundigkeit kraft Gewerbes" beruht. Hierfür spricht auch[12], daß die §§ 422 Abs. 2, 457 Abs. 2 ausdrücklich den Absender bzw. den Versender hinsichtlich des aufgrund der Einziehung Erlangten schützen wollen, weil man verhindern wollte, daß sich die enge Interpretation des § 392 durchsetzt.[13] Nur durch eine Auslegung des § 392 Abs. 2 im Sinn der §§ 422, 457 lassen sich gravierende Wertungswidersprüche vermeiden.[14] Das hat 4

9 BGH, NJW 1955, 544.

10 Schlegelberger/*Hefermehl,* HGB, § 392 Rn 2.

11 *Canaris,* Festschrift Flume, aaO, S. 407.

12 *Canaris,* Handelsrecht, § 30 Rn 83; *K. Schmidt*, FS Medicus zum 80. Geburtstag, S. 467, 480.

13 Das Speditionsrecht a.F. hatte auf das Kommissionsrecht verwiesen. Da die Haftung für Güterschäden nach dem Speditionsrecht und im Frachtrecht gleichgeschaltet werden sollte und deshalb das Speditionsrecht vom Kommissionsrecht abgelöst wurde, war zunächst eine dem § 392 Abs. 2 entsprechende Regelung im Fracht- und Speditionsrecht geplant. Sie wurde in den Beratungen der Transportrechtsreformkommission (Kommissionsbericht, Beilage Nr. 228a zum BundesAnz v. 5.12.1996) durch die Gesetz gewordene Regelung des § 457 Satz 2 ersetzt.

14 Der Umstand, daß mit der Neufassung der §§ 422, 457 nicht auch der § 392 Abs. 2 entsprechend neu gefaßt worden ist, resultiert ausschließlich daraus, daß die Transportrechtsreformkommission nur zur Überarbeitung des Transportrechts berufen war. Dies hindert de lege lata nicht, etwaige aufgrund der beschränkten Tragweite des Transportrechtsreformgesetzes entstehende Wertungswidersprüche zu beheben (**aA** OLG Hamm, ZIP 2003, 2262 [2263]; Heymann/ *Herrmann*, HGB, § 392 Rn 8).

zur Konsequenz, daß man den § 392 Abs. 2 analog auch auf Gegenstände anzuwenden hat, die in Erfüllung der in § 392 Abs. 2 genannten Forderungen geleistet worden sind[15]. Die Gegenstände müssen sich allerdings noch „unterscheidbar" im Vermögen des Kommissionärs befinden.[16]

5 Der **Dritte als Vertragspartei** des Ausführungsgeschäfts kann immer jedoch uneingeschränkt geltend machen, daß die von ihm in Erfüllung des Ausführungsgeschäfts gelieferten Gegenstände dem Kommissionär zustehen. Es gelten hier die für die Aufrechnung entwickelten Regeln (Rn 36). Voraussetzung ist nur, daß die geleisteten Gegenstände noch nicht rechtsgeschäftlich an den Kommittenten übertragen worden sind.

6 Im Falle des **Selbsteintritts** ist § 392 unanwendbar (allg. M.). Dies gilt insbesondere für das auf eigene Rechnung des Kommissionär getätigte Deckungsgeschäft.[17] Auch auf sonstige auf **eigene Rechnung** abgeschlossene Geschäfte, z.B. Konditionsgeschäfte (§ 383 Rn 76), kann § 392 Abs. 2 weder unmittelbar noch mittelbar angewandt werden. Anders ist die Rechtslage in den Fällen der **Selbsthaftung** (§ 384 Abs. 3) oder der **Delkrederehaftung** (§ 394).[18]

B. Das Verhältnis des Kommittenten zu dritten Schuldnern (Abs. 1)

I. Vom Kommissionär abgeschlossenes Geschäft

7 § 392 Abs. 1 spricht von Forderungen aus Geschäften, die der Kommissionär abgeschlossen hat. Damit sind Geschäfte gemeint, die der Kommissionär im eigenen Namen auf Rechnung des Kommittenten getätigt hatte.[19] Demnach fallen z.B. Hilfsgeschäfte, die der Kommittent selbst vereinbart hatte, nicht unter § 392. Das gilt auch dort, wo der Kommissionär berechtigt ist, die aus dem vom Kommittenten abgeschlossenen Geschäft entspringenden Ansprüche auf Rechnung des Kommittenten geltend zu machen (Beispiele: § 421 oder sonstige Verträge zugunsten Dritter). Ist der Kommittent Vertragspartner des Dritten, so kann der Kommittent jederzeit selbst gegen diesen vorgehen oder sich ausreichende Sicherheit verschaffen, indem er verhindert, daß der Kommissionär im eigenen Namen Ansprüche realisieren kann[20]. – Nicht unter § 392 fallen auch Forderungen, die aus **Geschäften des Dritten mit einem Vierten** stammen und die vom Dritten an den Kommissionär abgetreten worden sind (näher Rn 10).

---

[15] *Canaris,* Festschrift Flume (1978), S. 424; ferner *Roth,* in Koller/Roth/Morck, HGB § 392 Rn 5; Baumbach/*Hopt*, HGB, § 392 Rn 7; Oetker/*Bergmann*, HGB, § 392 Rn 7; *K. Schmidt*, FS Medicus zum 80. Geburtstag, S. 467, 478; *K. Schmidt* Handelsrecht, § 31 V 4c; *Ganter*, NZI 2008, 585; *Bitter*, Rechtsträgerschaft für fremde Rechnung (2006), S. 189 ff; *Schmidt-Rimpler*, Das Kommissionsgeschäft, in: Ehrenbergs Handbuch des gesamten Handelsrechts (1928) Bd. V 1. Abt. 2. Hälfte, S. 938 ff; *Avancini* Festschrift *Kastner* (1972), S. 5 ff; **aA** BGH, WM 1974, 156 f; NJW 1981, 918 (919); OLG Hamm, ZIP 2003, 2262 (2263); OLG Hamburg, VersR 1988; 288 (289); OLG Düsseldorf, TranspR 1987, 238; MünchKommHGB/*Häuser*, § 392 Rn 37, 43; MünchKommHGB/ *Ekkenga*, Bd. 5, Effektengeschäft Rn 243; *Krüger* (Fn 1), § 392 Rn 7 Heymann/*Herrmann*, HGB, § 392 Rn 8 jew. mN.

[16] OLG Köln, NZI 2005, 37; OLG Rostock v. 25.8.2004, 2 U 91/04 (zit. nach juris); *Bitter*, WuB IV E § 392 HGB 1.05; vgl. ferner *K. Schmidt*, FS Medicus zum 80. Geburtstag, S. 467, 481.

[17] MünchKommHGB/*Häuser*, § 400 Rn 80.

[18] Oetker/*Bergmann*, HGB, § 392 Rn 3.

[19] MünchKommHGB/*Häuser*, § 392 Rn 5; *Krüger* (Fn 1), § 392 Rn 3; Oetker/*Bergmann*, HGB, § 392 Rn 4.

[20] *Düringer/Hachenburg/Lehmann* HGB, § 392 Rn 18; Schmidt-Rimpler, (Fn 15), S. 909; Schlegelberger/*Hefermehl,* HGB, § 392 Rn 4.

II. Auf Rechnung des Kommittenten

8 Das Geschäft muß auf fremde Rechnung abgeschlossen worden sein.[21] Maßgeblich ist hierbei der Wille des Kommissionärs. Die Vermutung spricht in diesem Zusammenhang dafür, daß der Kommissionär pflichtgemäß gehandelt hat. Es geht aber nicht an, daß etwa bei der Verkaufskommission der wahre Wille entgegen der Wertung des § 687 BGB für unbeachtlich erklärt wird.[22] Näher dazu und zu den Konstellationen, in denen der Kommissionär zum Selbsteintritt berechtigt ist, § 383 Rn 141 ff.[23]

9 Der Kommissionär, der **pflichtwidrig auf eigene Rechnung** handelt oder sich pflichtwidrig einen Vorteil verschafft (§ 384 Rn 43 ff), macht sich schadensersatzpflichtig. Der Anspruch des Kommittenten geht dann auf Abtretung der Forderung, die durch das auf eigene Rechnung getätigte Geschäft erlangt worden ist, hilfsweise auf Herausgabe des in Erfüllung dieser Forderung Erlangten (§ 384 Rn 85). § 392 ist analog anzuwenden, da der Schadensersatzanspruch letztlich auf das Gleiche geht wie der Anspruch auf Herausgabe der im Rahmen des Handelns auf fremde Rechnung erlangten Forderung und sonstiger Gegenstände.[24] Ferner ist zu berücksichtigen, daß diese Schadensersatzpflichten die Funktion haben, das Handeln auf fremde Rechnung abzusichern. Der Kommittent soll mit anderen Worten so gestellt werden, als ob der Kommissionär pflichtgemäß auf dessen Rechnung agiert hätte.

III. Forderung ist kein Gegenstand der Kommission

10 Die Forderung selbst darf nicht Gegenstand der Kommission sein.[25] Deshalb ist § 392 in einem Fall, in dem der Kommissionär eine Forderung zu verkaufen hat, nicht anzuwenden.[26] Unmittelbar greift § 392 auch *nicht* bei Forderungen ein, die der Dritte dem Kommissionär in Erfüllung des Ausführungsgeschäfts abtritt[27]. Gleiches gilt an sich auch für Forderungen, die an **Erfüllungs Statt oder erfüllungshalber** (§ 364 BGB) an den Kommissionär zediert werden[28]. Allerdings ist in diesen Fällen § 392 analog heranzuziehen (Rn 4).[29] Hat der Dritte an den Kommissionär ein Orderpapier indossiert, aus dem er haftet, oder hat er nicht-akzessorische Sicherheiten bestellt, so ist ebenfalls nur eine Analogie zu § 392 möglich[30].

---

[21] MünchKommHGB/*Häuser*, § 392 Rn 6.

[22] So aber RGZ 148, 190; *Schlegelberger/Hefermehl,* HGB, § 392 Rn 5.

[23] **Abw.** MünchKommHGB/*Häuser*, § 392 Rn 6.

[24] MünchKommHGB/*Häuser*, § 392 Rn 6, 8; **aA** *Krüger* (Fn 1), § 392 Rn 3.

[25] MünchKommHGB/*Häuser*, § 392 Rn 12; Heymann/*Herrmann*, HGB, § 392 Rn 2.

[26] Baumbach/*Hopt*, HGB, § 392 Rn 10.

[27] *Canaris*, Handelsrecht, § 30 Rn 76; *Schlegelberger/Hefermehl,* HGB, § 392 Rn 7. Vgl. dazu auch Rn 4.

[28] KG, OLG 34, 380; Schmidt-Rimpler, (Fn 15), S. 910; *Schlegelberger/Hefermehl,* HGB, § 392 Rn 7.

[29] MünchKommHGB/*Häuser*, § 392 Rn 8 f; Oetker/*Bergmann*, HGB, § 392 Rn 8; **einschr.** *Krüger* (Fn 1), § 392 Rn 8 für Leistungen an Erfüllungs Statt.

[30] Für eine unmittelbare Anwendung des § 392 im Falle des Erwerbs eines Orderpapiers RGZ 41, 1; *Düringer/Hachenburg/Lehmann* HGB, § 392 Rn 13, 18; **aA** Schmidt-Rimpler, (Fn 15), S. 910; *Schlegelberger/Hefermehl,* HGB, § 392 Rn 7 mN; Gegen unmittelbare Anwendung auf Sicherheiten *Schlegelberger/Hefermehl,* HGB, § 392 Rn 7.

IV. Forderungen

11 **1. Forderungen aus dem Ausführungsgeschäft.** Als Forderungen im Sinne des § 392 kommen in erster Linie Ansprüche des Kommissionärs gegen den Dritten in Betracht. Darunter fallen sämtliche Ansprüche: nicht nur die im Synallagma stehenden Forderungen, wie der Anspruch auf Lieferung von Ware oder auf Zahlung des Kaufpreises, sondern auch der Anspruch auf Gewährung einer Sicherheit oder auf eine besondere Zuwendung (z.B. Bonus), die im Zusammenhang mit dem Vertragsschluß (§ 384 Rn 81 ff und oben Rn 8 f) ausgeschüttet wurden.[31] Gleichgültig ist die Anspruchsgrundlage. „Forderungen" stellen demnach sowohl vertragliche Leistungsansprüche als auch Gewährleistungs-, Schadensersatz- und Rückgewähransprüche dar.[32] Bereicherungsansprüche, die auf einer auf fremde Rechnung getätigten Leistung sine causa beruhen, stammen ebenfalls aus einem Geschäft mit dem Schuldner[33]. Desgleichen wendet die hM den § 392 auf deliktische Ansprüche unmittelbar an, falls der Kommittent die Abtretung verlangen konnte[34]. Da hier die Forderung nicht aus einem Geschäft mit einem Dritten stammt, kommt nur eine Analogie zu § 392 in Frage, es sei denn, daß der deliktische Schadensersatzanspruch mit vertraglichen Ansprüchen konkurriert[35]. Ebenso hat man Kondiktionsansprüche aus sonstigem Grund (§ 812 Abs. 1 S. 1 2. Alt. BGB) zu behandeln.[36]

12 **2. Forderungen aus Nebengeschäften.** § 392 erfaßt nicht nur die mit dem Ausführungsgeschäft zusammenhängenden Forderungen, sondern auch solche aus Hilfs- und Nebengeschäften. Voraussetzung ist nur, daß die Geschäfte vom Kommissionär auf Rechnung des Kommittenten abgeschlossen worden sind (Rn 8). Zu diesen Hilfs- und Nebengeschäften zählen insbesondere Speditions-, Lager- und Frachtverträge, aber auch Versicherungsverträge sowie Dienst- und Werkverträge aller Art[37].

13 **3. Sicherheiten.** § 392 bezieht sich nur auf Forderungen. Sicherheiten fallen zum Teil darunter; so der akzessorische Anspruch gegen den Bürgen oder sonstige akzessorische Sicherheiten, da diese nicht von der Forderung aus dem Haupt- bzw. Nebengeschäft getrennt werden können[38]. Werden Sicherheiten gestellt, die nicht-akzessorischer Natur sind, so ist die gleiche Situation gegeben, wie wenn in Erfüllung des im Ausführungsgeschäft gegebenen Leistungsversprechens an den Kommissionär geleistet worden wäre. In dieser Konstellation kann § 392 nur analog herangezogen werden (Rn 4, 10).[39]

---

[31] Heymann/*Herrmann*, HGB, § 392 Rn 2; *Schlegelberger/Hefermehl*, HGB, § 392 Rn 6.

[32] *Roth*, in Koller/Roth/Morck, HGB § 392 Rn 2; Baumbach/*Hopt*, HGB, § 392 Rn 3.

[33] MünchKommHGB/*Häuser*, § 392 Rn 7; *Krüger* (Fn 1), § 392 Rn 5; Schlegelberger/*Hefermehl*, HGB, § 392 Rn 6 mwN.

[34] Statt aller: Schlegelberger/*Hefermehl*, HGB, § 392 Rn 6 mwN.

[35] MünchKommHGB/*Häuser*, § 392 Rn 7; *Krüger* (Fn 1), § 392 Rn 5; Baumbach/*Hopt*, HGB, § 392 Rn 3; Oetker/*Bergmann*, HGB, § 392 Rn 5.

[36] MünchKommHGB/*Häuser*, § 392 Rn 7; *Krüger* (Fn 1), § 392 Rn 5.

[37] MünchKommHGB/*Häuser*, § 392 Rn 10; *Krüger* (Fn 1), § 392 Rn 6; Baumbach/*Hopt*, HGB, § 392 Rn 3; Heymann/*Herrmann*, HGB, § 392 Rn 2; Schmidt-Rimpler, (Fn 15), S. 909; Schlegelberger/*Hefermehl*, HGB, § 392 Rn 3.

[38] MünchKommHGB/*Häuser*, § 392 Rn 8; Schmidt-Rimpler, (Fn 15), S. 910; *Schlegelberger/Hefermehl*, HGB, § 392 Rn 6.

[39] Ebenso i.E. MünchKommHGB/*Häuser*, § 392 Rn 8; *Krüger* (Fn 1), § 392 Rn 8; Heymann/*Herrmann*, HGB, § 392 Rn 2; Oetker/*Bergmann*, HGB, § 392 Rn 8.

4. Gestaltungsrechte. Lediglich eine entsprechende Anwendung des § 392 kommt bei Gestaltungsrechten in Frage, die ihre Grundlage in den auf Rechnung des Kommittenten abgeschlossenen Geschäften haben. 14

5. Übertragbarkeit der Forderungen. Die Forderung muß übertragbar sein. Ist sie das nicht, so stößt § 392 Abs. 1 ins Leere. Die Übertragbarkeit kann kraft Gesetzes oder kraft Vereinbarung fehlen; so z.B. aufgrund einer Kontokorrentabrede[40]. Dagegen wird man im Rahmen des § 392 Abs. 2 auf das Erfordernis der Abtretbarkeit verzichten können[41]; denn der Kommittent muß zumindest dann geschützt werden, wenn die Forderung gepfändet werden kann (§ 851 Abs. 2 ZPO). Ist die Forderung nicht auf den Kommittenten übertragbar, so heißt das noch nicht, daß der wirtschaftliche Nutzen nicht in irgendeiner Form dem Kommittenten zufließen könnte. Falls die Forderung nicht übertragbar ist, weil der geschuldete Gegenstand der Pfändung nicht unterworfen ist, bedarf der Kommittent keines Schutzes durch den § 392 Abs. 2. 15

6. Das aufgrund der Forderung Erlangte. Siehe dazu Rn 4, 29, 33. 16

V. Recht, die Forderung geltend zu machen

1. Nach Abtretung. Der Kommissionär ist gemäß § 384 Abs. 2 zur Herausgabe der Forderung an den Kommittenten verpflichtet,[42] obgleich der Kommittent diesen Anspruch vielfach nicht geltend machen wird, weil er dem Kommissionär die Durchführung der Kommission übertragen hatte (Rn 4; § 384 Rn 71). Die Herausgabe der Forderung erfolgt durch Abtretung gemäß den §§ 398 ff BGB. Soweit § 392 auf Orderpapiere etc. analoge Anwendung findet (Rn 10), sind die für diese Gegenstände geltenden Übertragungsregeln zu beachten. Nach der Abtretung ist der Dritte durch die §§ 404 ff BGB geschützt. Er kann mithin so lange an den Kommissionär befreiend leisten, solange er von der Abtretung keine Kenntnis erlangt hat.[43] Gleiches gilt für die Aufrechnung.[44] Im übrigen behält der Dritte trotz der Abtretung sein Recht zur Aufrechnung (dazu Rn 41) nach Maßgabe des § 406 BGB.[45] 17

Denkbar ist, daß der Kommissionär schon vor Abschluß des Ausführungsgeschäfts oder sonstiger Hilfs- und Nebengeschäfte **alle künftig auf Rechnung des Kommittenten begründeten Forderungen** an den Kommittenten **zediert** hatte.[46] Die Zulässigkeit derartiger Vorausabtretungen ist allgemein anerkannt. Da in den hier zur Diskussion stehenden Fällen die Rechtsgrundlage für die Forderung im Zeitpunkt ihrer Vorausabtretung noch nicht gelegt ist, findet nach hM[47] ein Durchgangserwerb statt. Die abgetretene Forderung entsteht mithin nicht unmittelbar in der Person des Kommittenten, sondern eine logische Sekunde lang in der Person des Kommissionärs[48]. Während dieser logischen 18

---

[40] OLG Stuttgart, JW 1932, 2639; Schlegelberger/*Hefermehl,* HGB, § 392 Rn 8.

[41] **AA** MünchKommHGB/*Häuser*, § 392 Rn 11; *Krüger* (Fn 1), § 392 Rn 9; Oetker/*Bergmann*, HGB, § 392 Rn 5; *Schmidt-Rimpler* (Fn 15), S. 911; Schlegelberger/*Hefermehl,* HGB, § 392 Rn 8.

[42] Baumbach/*Hopt*, HGB, § 392 Rn 6.

[43] MünchKommHGB/*Häuser*, § 392 Rn 15; *Roth,* in Koller/Roth/Morck, HGB § 388 Rn 4; Baumbach/*Hopt*, HGB, § 392 Rn 5.

[44] BGH, NJW 1976, 276.

[45] BGH, NJW 1976, 276.

[46] MünchKommHGB/*Häuser*, § 392 Rn 16.

[47] Palandt/Grüneberg, BGB, § 398 Rn 12 mN.

[48] Offen gelassen BGH NJW 1976, 276; **aA** OLG Hamburg MDR 1956 227; Schlegelberger/*Hefermehl*, HGB, § 392 Rn 12.

Sekunde und im Falle der Insolvenz wird der Kommittent durch § 392 Abs. 2 geschützt. Gleiches gilt, wenn der Kommissionär die zukünftigen Forderungen bereits vorher, z.B. im Rahmen einer Globalzession, an einen seiner Gläubiger abgetreten hatte[49]. Der Dritte, der nach der Abtretung an den Kommissionär leistet oder ihm gegenüber aufrechnet[50], wird im Rahmen der §§ 406 ff BGB geschützt.[51]

19 2. **Vor Abtretung.** Solange die Forderung nicht abgetreten ist, kann nur der Kommissionär gegen den Dritten vorgehen.[52] Das gilt unabhängig davon, ob der Kommissionär nach seinem Vertrag mit dem Kommittenten berechtigt ist, die Forderung, statt sie abzutreten (§ 384 Rn 91), selbst durchzusetzen. Der Dritte kann an den Kommissionär befreiend leisten,[53] ihm gegenüber aufrechnen (näher dazu Rn 36 ff) etc. An die Stelle des Kommissionärs tritt im Insolvenzfall der Insolvenzverwalter, an den der Dritte befreiend leisten kann.[54] Der Kommittent wird nicht automatisch mit der Insolvenz Inhaber der Forderung. Der Kommittent vermag Art und Weise, wie die Forderung eingezogen wird, nur mit Hilfe von Weisungen an den Kommissionär zu bestimmen; denn nach außen ist grundsätzlich allein der Kommissionär der Inhaber der Forderung, weil er sie im eigenen Namen begründet hatte. Der Kommissionär ist daher auch *grundsätzlich*[55] in der Lage, wirksam in beliebiger Weise über die Forderung zu verfügen; sie z.B. an eine andere Person zu übertragen.[56] Der Umstand, daß er hierzu dem Kommittenten gegenüber nicht berechtigt ist, zieht normalerweise lediglich Schadensersatzpflichten und gegebenenfalls die Zurückweisung des Ausführungsgeschäfts (§ 385 Abs. 1; dazu § 385 Rn 5 ff) nach sich.[57] Die Regeln über den Mißbrauch der Vollmacht können nicht analog herangezogen werden, weil der Erwerber der Forderung nicht in unmittelbaren Kontakt zum Kommittenten tritt und der Erwerber dem Kommittenten gegenüber nicht nach Treu und Glauben (§ 242 BGB) erhöhte Rücksicht nehmen muß.[58] Der Kommittent kann sich auch nicht auf das Verbot treuwidrigen Handelns stützen.[59] Schranken für die Wirksamkeit der Verfügung ergeben sich lediglich aus § 138 Abs. 1 BGB.[60] Im Falle vorsätzlicher, sittenwidriger Schädigung, wie Verleitung zum Vertragsbruch oder Handeln mit Benachteiligungsabsicht, kann der Erwerber der Forderung gemäß § 826 BGB zu deren Abtretung verpflichtet sein[61].

20 Eine wichtige **Ausnahme** von diesem Grundsatz ist in den Konstellationen zu machen, in denen der **Kommissionär** die Forderung **an einen seiner Gläubiger** mit Rücksicht auf dessen Eigenschaft als Gläubiger **abtritt** oder mit ihm ein **anderes Verfügungsgeschäft,**

---

[49] BGHZ 104, 123 (127 f); *Canaris*, Festschrift Flume (1978), S. 407 Fn 170.

[50] Siehe dazu auch unten Rn 36 ff.

[51] BGH NJW 1976, 276; MünchKommHGB/*Häuser*, § 392 Rn 16.

[52] *Canaris*, Handelsrecht, § 30 Rn 72; MünchKommHGB/*Häuser*, § 392 Rn 13; *Roth*, in Koller/Roth/Morck, HGB § 388 Rn 3; Heymann/*Herrmann*, HGB, § 392 Rn 3.

[53] Baumbach/*Hopt*, HGB, § 392 Rn 4.

[54] Der Kommittent wird dadurch geschützt, daß ihm das Recht zur Ersatzaussonderung (§ 48 InsO) eröffnet wird. Voraussetzung ist, daß sich die Leistung des Dritten noch unterscheidbar in der Masse befindet (MünchKommHGB/*Häuser*, § 392 Rn 38).

[55] Zur Ausnahme s. unten Rn 20.

[56] *Canaris*, Handelsrecht, § 30 Rn 72; Oetker/*Bergmann*, HGB, § 392 Rn 9.

[57] *Canaris*, Handelsrecht, § 30 Rn 72.

[58] *Canaris*, Handelsrecht, § 30 Rn 72; MünchKommHGB/*Häuser*, § 392 Rn 1; Baumbach/*Hopt*, HGB, § 392 Rn 4.

[59] MünchKommHGB/*Häuser*, § 392 Rn 21.

[60] Heymann/*Herrmann*, HGB, § 392 Rn 3; Oetker/*Bergmann*, HGB, § 392 Rn 10.

[61] BGH, LM 1, 2 zu § 392 HGB; *Canaris*, Festschrift Flume (1978), S. 408; *Canaris*, Handelsrecht, § 30 Rn 75; MünchKommHGB/*Häuser*, § 392 Rn 17; Schmidt-Rimpler, (Fn 15), S. 913.

z.B. Verpfändung, abschließt[62]. Die Unwirksamkeit der Abtretung an den Gläubiger des Kommissionärs hat zur Folge, daß eine spätere Abtretung der Forderung durch den Kommissionär an den Kommittenten wirksam ist.[63] Erfolgt dagegen die Abtretung an den Gläubiger des Kommissionärs *ohne Rücksicht auf dessen Gläubigereigenschaft*, so ist die Abtretung unabhängig davon wirksam, ob der Dritte gewußt hat, daß sein Vertragspartner die Forderung als Kommissionär begründet hat.[64]

§ 392 Abs. 2 verbietet es ferner, daß der Kommissionär seinen **Gläubiger bevollmächtigt oder ermächtigt, die Forderung einzuziehen** und sich auf diese Weise zu sichern bzw. zu befriedigen.[65] 21

Daraus, daß der Kommissionär das vom Dritten in Erfüllung Geleistete entgegennehmen darf (§ 362 BGB), darf *nicht* ohne weiteres abgeleitet werden, daß der **Kommissionär** immer berechtigt wäre, gegen **Forderungen des Dritten aufzurechnen**[66]. Der hier vertretenen Ansicht zufolge erstreckt sich nämlich der Schutz des § 392 Abs. 2 auch auf das in Erfüllung der Forderung Geleistete (Rn 4). Diesen Schutz würde der Kommittent verlieren, wenn es dem Kommissionär erlaubt wäre, gegen Forderungen des Dritten aufzurechnen, die nicht aus auf Rechnung des Kommittenten abgeschlossenen Geschäften stammen.[67] *Indessen* ist zu berücksichtigen, daß der Dritte jederzeit berechtigt ist, seinerseits gegen den Kommissionär aufzurechnen (Rn 40). Außerdem kann die Aufrechnung im Falle der Zahlungsunfähigkeit des Dritten der einzige Weg sein, Befriedigung zu erlangen. Die vom Kommissionär dem Dritten gegenüber erklärte Aufrechnung ist mithin im allgemeinen wirksam. Es ist allerdings immer zu beachten, daß der Kommissionär kraft seiner Pflicht zur Interessenwahrung grundsätzlich gehalten ist, darauf hinzuwirken, daß die auf Rechnung des Kommittenten begründeten Ansprüche i.S.d. §§ 362 f BGB erfüllt werden, um dem Kommittenten den Schutz des § 392 Abs. 2 zu sichern[68]. 22

C. Die Forderung im Verhältnis zwischen Kommissionär und Kommittenten (Abs. 2)

I. Forderung

Zum Begriff der Forderung und zur analogen Anwendung des § 392 Abs. 2 auf das aus der Forderung Erlangte sowie Sicherheiten s. Rn 4, 11 ff. 23

---

62 BGHZ 104, 123 (127 f); BGH, NJW 1959, 1678; 1972, 2044; *Krüger* (Fn 1), § 392 Rn 10; *Roth*, in Koller/Roth/Morck, HGB § 388 Rn 6; MünchKommHGB/*Häuser*, § 392 Rn 18 f; Baumbach/*Hopt*, HGB, § 392 Rn 10; ebenso weitgehend i.E. Heymann/*Herrmann*, HGB, § 392 Rn 3; **aA** *Böhm* Auslegung und systematische Einordnung des § 392 Abs. 2 HGB (1971), S. 81 f mN.

63 BGHZ 104, 123 (128); MünchKommHGB/*Häuser*, § 392 Rn 16.

64 *Canaris*, Handelsrecht, § 30 Rn 76, der auf den Fall verweist, daß der Kommissionär die Forderung aus dem Ausführungsgeschäft an einen Dritten veräußert und in Erfüllung der Veräußerung an ihn abtritt (ebenso MünchKommHGB/*Häuser*, § 392 Rn 18). Gleiches soll in Fällen der Abtretung der Forderung aus dem Ausführungsgeschäft zur Sicherung einer anderen Forderung gelten, die erst nach dem Ausführungsgeschäft begründet worden ist (MünchKommHGB/*Häuser*, § 392 Rn 18; Oetker/*Bergmann*, HGB, § 392 Rn 11; zw.).

65 BGH NJW 1959, 1678; 1972, 2044; *Canaris*, Handelsrecht, § 30 Rn 75; MünchKommHGB/*Häuser*, § 392 Rn 22; *Roth*, in Koller/Roth/Morck, HGB § 388 Rn 6.

66 Zu dieser Frage s. unten Rn 44.

67 *K. Schmidt* Handelsrecht, § 31 V 4b.

68 Schlegelberger/*Hefermehl*, HGB, § 392 Rn 25.

II. Verhältnis Kommissionär – Kommittent

24 Die Forderungen aus den auf Rechnung des Kommittenten geschlossenen Geschäften gelten im Verhältnis zwischen dem Kommissionär und dem Kommittenten als **Forderungen des Kommittenten**[69]. Dabei kommt es nicht darauf an, ob der Kommissionsvertrag wirksam oder etwa infolge der Geschäftsunfähigkeit des Kommittenten nichtig war[70].

25 Die Fiktion des § 392 Abs. 2 ist im Verhältnis Kommissionär – Kommittent von geringer Relevanz. Aus der Pflicht zur **Interessenwahrung und Herausgabe** (§ 384) folgt bereits, daß es dem Kommissionär – obligatorisch – verboten ist, mit der Forderung nach Belieben zu verfahren. Er darf also nicht entgegen der Vertragsabrede oder den erkennbaren bzw. mutmaßlichen Interessen des Kommittenten die Forderung einziehen, abtreten, erlassen, aufrechnen oder durch Ausübung eines sonstigen Gestaltungsrechtes ganz oder teilweise umgestalten.[71] Ein schuldhafter Verstoß gegen diese Pflichten macht den Kommissionär schadensersatzpflichtig und gibt eventuell dem Kommittenten das Recht zur Zurückweisung des Ausführungsgeschäfts (§ 385; dazu § 385 Rn 5 ff). Erfolgt der Verstoß vorsätzlich, so begeht der Kommissionär unter Umständen eine Straftat (§ 266 StGB), deren Gehilfe oder Anstifter jemand sein kann, der durch die pflichtwidrige Verfügung begünstigt wird.[72] Der Zedent kann sich daher ebenfalls gemäß § 823 Abs. 2 BGB schadensersatzpflichtig machen. Ferner ist immer § 826 BGB zu beachten.

26 Die Fiktion des § 392 Abs. 2 hat grundsätzlich **nicht zur Folge**, daß pflichtwidrige Verfügungen **nach außen hin unwirksam** sind (Ausnahme: Rn 20 f; 27). § 392 Abs. 2 bietet demnach dem Kommittenten nur einen *äußerst geringen Verfügungs- und Sukzessionsschutz.*

27 Eine **Ausnahme** gilt dort, wo eine **Verfügung zugunsten eines Gläubigers** des Kommissionärs **mit Rücksicht auf dessen Gläubigerposition** geschieht.[73] Für diese Einschränkung der Verfügungsmacht des Kommissionärs spricht nicht nur der Wortlaut des § 392 Abs. 2, sondern auch das Argument, daß der Gläubiger des Kommissionärs nicht das soll erlangen können, was mit den Mitteln der Zwangsvollstreckung oder im Insolvenz außerhalb seines Zugriffs bleibt. Die Interessen der Gläubiger werden durch diese Regelung nicht unangemessen beeinträchtigt, da die Gläubiger normalerweise wissen können, daß sie es mit einem Kommissionär zu tun haben, der Forderungen auf fremde Rechnung begründet (Rn 3). Gehört der Kommissionär zum Kreis der *Gelegenheitskommissionäre* (§ 406 Abs. 1 S. 2), so greift nach der hier vertretenen Ansicht der Verfügungsschutz aus § 392 Abs. 2 nur ein, falls der Gläubiger aus den Umständen erkennen konnte, daß die Forderung von einem Kommissionär auf fremde Rechnung begründet worden war (näher dazu Rn 3). – Zur Situation, in der der Dritte als Gläubiger gegen den Kommissionär *aufrechnet,* s. Rn 36 ff.

28 Die Verfügungsmacht des Kommissionärs ist ferner faktisch durch das Gesetz betreffend die Anfechtung von Rechtshandlungen eines Schuldners außerhalb des Insolvenzverfahrens (**AnfG**) eingeschränkt. Hat der Kommissionär die Forderung an eine andere Person als den Kommittenten abgetreten, so kann der Kommittent die Rückgewähr (§ 11

---

[69] Zu den pflichtwidrig auf eigene Rechnung getätigten Geschäften s. Rn 9.

[70] Schlegelberger/*Hefermehl,* HGB, § 392 Rn 13.

[71] Ausnahme: § 399, dem zufolge sich der Kommissionär aus den Forderungen in gewissem Umfang befriedigen darf.

[72] BGH, LM Nr. 1 zu § 392 HGB.

[73] Beispiele: Abtretung von Forderungen erfüllungshalber oder zur Sicherheit. Siehe auch Rn 20 f.

AnfG) verlangen, sofern die Voraussetzungen der §§ 2 ff AnfG gegeben sind.[74] Diese Möglichkeit steht nur dem Kommittenten zur Verfügung. Den anderen Gläubigern des Kommissionärs bleibt sie durch § 392 Abs. 2 verschlossen; denn sie dürfen sich grundsätzlich nicht aus der Forderung befriedigen.[75] Auch die Gläubiger des Kommittenten sollen nach hM die Abtretung nicht anfechten können, weil es sich nicht um eine Forderung des Kommittenten handle und die anfechtbare Verfügung nicht von dem Kommittenten vorgenommen worden sei[76]. Dem kann jedoch nicht gefolgt werden, falls ein Gläubiger des Kommittenten die Herausgabeforderung gepfändet hat und sie ihm zur Einziehung überwiesen worden ist. Dann ist nämlich der Gläubiger in die Rechtsposition des Kommittenten eingerückt.

D. Das Verhältnis des Kommittenten zu Gläubigern des Kommissionärs (Abs. 2)

Auch im Verhältnis Kommittent einerseits und den Gläubigern des Kommissionärs andererseits gelten die **Forderungen** aus dem Ausführungsgeschäft sowie Hilfsgeschäften (näher dazu Rn 11 ff) als solche des Kommittenten. Unerheblich ist, wann die Forderung des Gläubigers entstanden ist.[77] Zur analogen Anwendung auf das **in Erfüllung der Forderung Geleistete** sowie auf **Sicherheiten** s. Rn 4, 13. § 392 Abs. 2 bringt mithin zugunsten des Kommittenten eine gewisse Verdinglichung seiner Rechtsposition, indem er einen Insolvenz- und Zwangsvollstreckungsschutz gewährt. Dieser Schutz des Kommittenten wird durch einen begrenzten Verfügungsschutz (dazu Rn 20 ff; 27) ergänzt. 29

Der Umstand, daß sich der Kommissionär der **Delkrederehaftung** unterworfen hat, steht der Anwendung des § 392 Abs. 2 nicht entgegen, da der Kommittent auch gegen Zahlungsschwierigkeiten des Kommissionärs gesichert werden soll. 30

I. Zwangsvollstreckung, Anfechtung

Der Kommittent kann gegen einen Gläubiger des Kommissionärs, der die Forderung (zum Begriff Rn 11 ff) im Wege der Zwangsvollstreckung gepfändet hat, die Drittwiderspruchsklage (§ 771 ZPO) erheben.[78] Im Verhältnis zum Gläubiger gilt nämlich der Kommittent als Inhaber der Forderung, der sich eine Verwertung „seiner“ Forderung zugunsten des Gläubigers eines anderen nicht gefallen zu lassen braucht.[79] Auf eine Kenntnis des Gläubigers von der Existenz des Kommissionsverhältnisses oder der Tätigkeit seines Schuldners als Kommissionär kommt es nicht an. Sie ist aufgrund seines Gewerbes (§ 383) hinreichend offenkundig (Rn 3). Gehört der Kommissionär zum Kreis der Gelegenheitskommissionäre (§ 406 Abs. 1 S. 2), so ist darauf abzuheben, ob der Gläubiger die Tätigkeit seines Schuldners als Gelegenheitskommissionär aus den Um- 31

[74] MünchKommHGB/*Häuser*, § 392 Rn 35; Schlegelberger/*Hefermehl*, HGB, § 392 Rn 18.
[75] Schmidt-Rimpler, (Fn 15), S. 914.
[76] MünchKommHGB/*Häuser*, § 392 Rn 34; Schmidt-Rimpler, (Fn 15), S. 914; Schlegelberger/*Hefermehl*, HGB, § 392 Rn 14.
[77] *Canaris*, Handelsrecht, § 30 Rn 76.
[78] BGHZ 104, 123 (127); *Krüger* (Fn 1), § 392 Rn 12; MünchKommHGB/*Häuser*, § 392 Rn 32; *Roth*, in Koller/Roth/Morck, HGB § 388 Rn 6; Heymann/*Herrmann*, HGB, § 392 Rn 5.
[79] RGZ 148, 190; BGH, LM Nr. 1 zu § 392 HGB.

ständen erkennen konnte[80]. § 392 Abs. 2 ist auch auf das vom Dritten auf die Forderung aus dem auf Ausführungsgeschäft Geleistete anzuwenden (näher Rn 4). Die **Anfechtung** der Zession der Forderung an den Kommittenten nach dem AnfG ist den Gläubigern des Kommissionärs versagt (Rn 28). Gleiches gilt für die Herausgabe des aufgrund der Forderung Erlangten an den Kommittenten (Rn 4). Auch die Zession der Forderung aus dem Ausführungsgeschäft an eine andere Person als den Kommittenten kann von Gläubigern des Kommissionärs nicht gemäß § 3 AnfG angefochten werden.[81]

II. Insolvenz

32 In der Insolvenz des Kommissionärs kann der Kommittent die Forderungen (zu anderen Gegenständen s. Rn 4, 13 f) **aussondern.**[82] Da die Forderungen im Verhältnis zu den übrigen Gläubigern als Forderungen des Kommittenten gelten, sind sie als dem Kommissionär nicht gehörende Gegenstände zu qualifizieren. Es greift somit § 47 InsO ein. Eine Stundung steht der Aussonderung nicht entgegen, wohl aber eine Kontokorrentabrede, da dann zuerst zu saldieren ist. Gegenüber dem Dritten wird der Kommittent freilich Anspruchsinhaber, sobald die Aussonderung durch Abtretung der Forderung an den Kommittenten erfolgt ist.

33 Nach hM eröffnet § 392 Abs. 2 dem Kommittenten ein Aussonderungsrecht nur unter der Voraussetzung, daß die Forderung aus dem Ausführungsgeschäft noch existiert und nicht etwa durch Erfüllung erloschen ist (Rn 4). Auf das vor Insolvenzeröffnung **auf die Forderung Geleistete** sei § 392 Abs. 2 nicht, auch nicht analog, anzuwenden[83]. Nach der *hier vertretenen Ansicht* ist die Frage, ob die in § 392 Abs. 2 enthaltene insolvenzrechtliche Privilegierung auf Gegenstände, die dem Kommissionär in Erfüllung der Forderung oder erfüllungshalber übertragen worden sind, ausgedehnt werden kann, **grundsätzlich zu bejahen** (Rn 4). Gleiches gilt für Sicherheiten. Beim Kommissionär im Sinne des § 383 greift mithin in Analogie zu den §§ 392, 422 Abs. 2, 457 Satz 2 Abs. 2 das Aussonderungsrecht immer ein; beim Gelegenheitskommissionär (§ 406 Abs. 1 S. 2) dort, wo das Handeln auf fremde Rechnung aufgrund besonderer Umstände des Einzelfalles offenkundig ist[84].

34 Die Möglichkeit, eine vom Kommissionär vorgenommene Vermögensverschiebung gemäß den §§ **129 ff InsO anzufechten**, bleibt dem Insolvenzverwalter verschlossen, da die Forderung und die aus der Forderung erlangten Gegenstände nicht zur Befriedigung der Gläubiger des Kommissionärs dienen sollen[85]. Eine Ausnahme gilt dann, wenn sich der Kommissionär dem Kommittenten gegenüber auf § 399 zu berufen vermag. Ist er dazu nicht in der Lage, so kann nur der Kommittent eine Vermögensverschiebung anfechten (Rn 28).[86]

35 Bei der **Effektenkommission** beachte § 32 Abs. 3 DepG.

---

[80] *Canaris,* Festschrift Flume (1978), S. 424; str. Siehe auch § 392 Rn 3 f.

[81] MünchKommHGB/*Häuser*, § 392 Rn 33.

[82] BGHZ 104, 123 (127); *Krüger* (Fn 1), § 392 Rn 11; MünchKommHGB/*Häuser*, § 392 Rn 36; *Roth,* in Koller/Roth/Morck, HGB § 388 Rn 6; Heymann/*Herrmann*, HGB, § 392 Rn 5.

[83] OLG Hamm, ZIP 2003, 2262 (2263); MünchKommHGB/*Häuser*, § 392 Rn 37, 43; *Krüger* (Fn 1), § 392 Rn 7 jew. mN. Vgl. ferner BGH, ZIP 1993, 213 (214).

[84] *Canaris,* Festschrift Flume (1978), S. 424.

[85] MünchKommHGB/*Häuser*, § 392 Rn 40; Schmidt-Rimpler, (Fn 15), S. 914; Schlegelberger/*Hefermehl,* HGB, § 392 Rn 22.

[86] MünchKommHGB/*Häuser*, § 392 Rn 40.

III. Aufrechnung, Zurückbehaltung

Die Frage, inwieweit der **Dritte als Gläubiger des Kommissionärs** ***gegen diesen*** **aufrechnen** oder ein Zurückbehaltungsrecht ausüben kann, wird *nicht einheitlich* beantwortet. **36**

In der *Literatur* wird vielfach dafür plädiert, den § 392 Abs. 2 auch auf die Aufrechnung mit inkonnexen Forderungen des Dritten anzuwenden. Es wird argumentiert, daß der Wortlaut der Norm keinerlei Einschränkungen enthalte. Deshalb gelte im Fall einer vom Dritten auf inkonnexe Ansprüche gestützten Aufrechnung die Gegenforderung des Kommissionärs als eine Forderung des Kommittenten, so daß mangels Gegenseitigkeit Aufrechnung und Zurückbehaltung scheitern[87]. **37**

Eine *vermittelnde Ansicht*[88] stellt darauf ab, ob der Dritte wußte, daß er mit einem Kommissionär abschließt. Bejahendenfalls sei der Dritte nicht schutzbedürftig, da er sich hinreichend absichern könnte. **38**

Die *ständige Rechtsprechung* hat hingegen die Anwendbarkeit des § 392 Abs. 2 auf die Aufrechnung verneint[89]. Die Sicherheit und die Rechte des Drittkontrahenten dürften durch das Innenverhältnis zwischen Kommissionär und Kommittenten nicht beeinträchtigt werden. Eine Ausnahme sei nur dort zuzulassen, wo sich der Dritte die Aufrechnungsgrundlage verschafft habe, um sich wegen einer Forderung gegen den Kommissionär materiell zu Lasten des Kommittenten zu befriedigen.[90] Auch könne es rechtsmißbräuchlich sein, wenn der Dritte den Kommissionär in den Glauben versetzt habe, er werde nicht aufrechnen. **39**

Stellungnahme: Der Rechtsprechung ist mit Canaris[91] *zu folgen*. Der Dritte muß nämlich von vornherein volle Klarheit über die Person seines Vertragspartners und die daraus resultierenden Rechte haben. Vertragspartner ist nun allein der Kommissionär. Daran ändert auch der Umstand nichts, daß der Dritte weiß, daß der Kommissionär das konkrete Geschäft auf Rechnung des Kommittenten getätigt hatte;[92] denn möglicherweise hat ja der Dritte nur deshalb ein Geschäft mit dem Kommissionär vereinbart, weil er durch die Aufrechnungs- und Zurückbehaltungsmöglichkeit Sicherung erhielt. Der Kommittent muß dann auch das daraus resultierende Risiko tragen. Im übrigen verfügt hier der Kommittent – anders als gegenüber anderen Gläubigern – über ausreichende Schutzmöglichkeiten. Er braucht nämlich den Kommissionär lediglich anzuweisen, mit dem Dritten einen totalen oder partiellen Verzicht auf die Aufrechnung und das Zurückbehaltungsrecht zu vereinbaren. Gegebenenfalls ist der Kommissionär von sich aus hierzu verpflichtet. Konkludent erfolgt ein solcher Verzicht seitens des Dritten nicht schon dann, wenn er weiß, daß er mit einem Kommissionär kontrahiert; denn möglicherweise hätte er ohne die Sicherheit, sich auf die §§ 387 ff, 273 BGB, 369 HGB stützen zu können, mit **40**

---

87 MünchKommHGB/*Häuser*, § 392 Rn 24 f; Heymann/*Herrmann*, HGB, § 392 Rn 7; Schmidt-Rimpler, (Fn 15*)*, S. 911 f; *K. Schmidt,* Handelsrecht, § 31 V 4b; Schlegelberger/*Hefermehl,* HGB, § 392 Rn 24 mwN.

88 *Capelle* Festschrift *Raape* (1948) S. 332; ebenso *Schwarz,* NJW 1969, 1942; *Schwark,* JuS 1980, 777 (781).

89 BGH, NJW 1969, 276; RGZ 32, 39; 121, 177; OLG Düsseldorf, TranspR 1987, 238; ebenso *Krüger* (Fn 1), § 392 Rn 11; Baumbach/*Hopt*, HGB, § 392 Rn 12; *Roth,* in Koller/Roth/Morck, HGB § 388 Rn 6; Oetker/*Bergmann*, HGB, § 392 Rn 12; *Böhm* Auslegung, aaO, S. 82 ff; *Hager* AcP 180 (1980) 239, 261 f.

90 MünchKommHGB/*Häuser*, § 392 Rn 26; Baumbach/*Hopt*, HGB, § 392 Rn 12.

91 *Canaris,* Festschrift Flume (1978), S. 409; *Canaris*, Handelsrecht, § 30 Rn 78 ff.

92 BGH, NJW 1976, 276.

dem Kommissionär gar nicht oder nicht zu den vereinbarten Konditionen kontrahiert. Bei einer Aufrechnung mit inkonnexen Forderungen haftet der Kommissionär gemäß den §§ 385 Abs. 1 HGB bzw. 280, 283 BGB wegen Verletzung der Pflicht zur Herausgabe des Erlangten auf Schadensersatz sowie gemäß den §§ 285, 275 BGB auf Herausgabe der Schuldbefreiung.[93] Zu denken ist auch an einen Anspruch aus § 816 Abs. 2 BGB.[94]

41 Die Aufrechnung und Ausübung des Zurückbehaltungsrechtes ist auch noch **nach Abtretung** der Forderung im Rahmen der §§ 404, 406 f BGB zulässig.

42 Bei der **Effektenkommission** beachte § 4 DepG.

43 Der **Kommissionär kann** grundsätzlich seinerseits **gegen konnexe und inkonnexe Forderungen des Dritten** uneingeschränkt **aufrechnen** (Rn 22).[95] Der Kommissionär ist dann zum Wertersatz verpflichtet.

44 Zur **Aufrechnung** des Kommissionärs gegen einen Gläubiger, mit dem er **kein Ausführungsgeschäft** geschlossen hat, siehe oben Rn 19 f.

IV. Sonstige Verfügungen

45 Der Kommittent braucht nicht die Abtretung der Forderung etc.[96] an einen Gläubiger zur Sicherheit oder zur Deckung einer Forderung des Gläubigers gegen den Kommissionär hinzunehmen (Rn 20, 27). Gleiches gilt für andere Formen der Sicherheit, wie Verpfändung. Ebenso verhindert § 392 Abs. 2, daß der Kommissionär einem seiner Gläubiger eine Einziehungsermächtigung erteilt, so daß dieser in die Lage kommt, mit seiner Forderung gegen den Herausgabeanspruch des Kommissionärs aufzurechnen oder sich auf ein Zurückbehaltungsrecht zu berufen; denn auch insoweit genießt der Gedanke Vorrang, daß den Gläubigern grundsätzlich der Zugriff auf die auf fremde Rechnung erworbenen Forderungen verwehrt ist.

E. Abdingbarkeit des § 392

I. Absatz 1

46 § 392 Abs. 1 ist zwingendes Recht. Er kann von den Parteien nicht abbedungen werden.[97] Denkbar ist nur, daß der Kommittent in einem Fall, in dem die Forderung aus dem Ausführungsgeschäft einem Abtretungsverbot unterworfen ist (§ 399 BGB), eine Einziehungsermächtigung erhält[98].

---

93 *Canaris*, Handelsrecht, § 30 Rn 80.

94 *Canaris*, Handelsrecht, § 30 Rn 81.

95 MünchKommHGB/*Häuser*, § 392 Rn 27; *Roth*, in Koller/Roth/Morck, HGB § 388 Rn 3; Baumbach/*Hopt*, HGB, § 392 Rn 4; Oetker/*Bergmann*, HGB, § 392 Rn 12; i.E. auch *K. Schmidt*, Handelsrecht, § 31 V 4b.

96 Zur analogen Anwendung des § 392 bei anderen Gegenständen s. § 392 Rn 4, 13 ff.

97 MünchKommHGB/*Häuser*, § 392 Rn 49; Heymann/*Herrmann*, HGB, § 392 Rn 1.

98 **Abl.** BGH, NJW 1969, 1100 für gesetzliche Abtretungsverbote.

II. Absatz 2

§ 392 Abs. 2 enthält hingegen kein zwingendes Recht. Kommittent und Kommissionär können daher die Anwendbarkeit des § 392 Abs. 2 abbedingen[99]. Der Geltungsbereich des § 392 Abs. 2 kann jedoch nicht erweitert werden[100]. Es gilt hier das Prinzip des „numerus clausus“ verdinglichter obligatorischer Rechte[101]. 47

§ 393

(1) Wird von dem Kommissionär ohne Zustimmung des Kommittenten einem Dritten ein Vorschuß geleistet oder Kredit gewährt, so handelt der Kommissionär auf eigene Gefahr.

(2) Insoweit jedoch der Handelsgebrauch am Orte des Geschäfts die Stundung des Kaufpreises mit sich bringt, ist in Ermangelung einer anderen Bestimmung des Kommittenten auch der Kommissionär dazu berechtigt.

(3) Verkauft der Kommissionär unbefugt auf Kredit, so ist er verpflichtet, dem Kommittenten sofort als Schuldner des Kaufpreises die Zahlung zu leisten. Wäre beim Verkaufe gegen bar der Preis geringer gewesen, so hat der Kommissionär nur den geringeren Preis und, wenn dieser niedriger ist als der ihm gesetzte Preis, auch den Unterschied nach § 386 zu vergüten.

Schrifttum siehe Angaben zu § 383.

Übersicht

I. Vorbemerkung

§ 393 konkretisiert die Pflicht zur Interessenwahrung. An sich darf der Kommissionär nach allgemeinen Regeln (§ 384 Rn 5 ff) anderen Personen auf Rechnung des Kommittenten insoweit Kredit gewähren und damit den Kommittenten mit dem Risiko eines Verlustes konfrontieren, als dies durch einen überwiegenden Nutzen gedeckt ist. Wie hoch 1

[99] MünchKommHGB/*Häuser*, § 392 Rn 49; *Krüger* (Fn 1), § 392 Rn 14; Schmidt-Rimpler, (Fn 15), S. 917; Schlegelberger/*Hefermehl*, HGB, § 392 Rn 27.

[100] MünchKommHGB/*Häuser*, § 392 Rn 50; Schlegelberger/*Hefermehl*, HGB, § 392 Rn 28.

[101] *Canaris*, Festschrift Flume (1978), S. 376.

im Einzelfall der Nutzen anzusetzen ist, hängt entscheidend davon ab, wie groß die Gefahr einer Zahlungsunfähigkeit des Kreditnehmers einzuschätzen ist. Da hierfür kaum intersubjektiv verbindliche Kriterien greifbar sind, müßte dem Kommissionär ein großer Ermessensspielraum zugestanden werden. Um Streitigkeiten darüber vorzubeugen, ob der Kommissionär sein Ermessen sachgerecht ausgeübt hat, schaltet § 393 Abs. 1 das Ermessen des Kommissionärs weitgehend aus.[1] Der Kommittent hat im konkreten Fall selbst zu entscheiden, ob er den Dritten für kreditwürdig hält oder ob er dem Rat des Kommissionärs vertraut. Nur mit seinem Willen darf also dem Kommittenten das Risiko eines Kredits auferlegt werden. Hat der Kommittent nicht zugestimmt, so handelt der Kommissionär auf eigenes Risiko (§ 393 Abs. 1), es sei denn, daß eine Stundung des Kaufpreises handelsüblich ist (§ 393 Abs. 2). § 393 betrifft mithin nicht die Gewährung eines Kredits an den Kommittenten; denn diese Form des Kredits geht ohnehin auf Risiko des Kommissionärs. In dieser Konstellation gelten die allgemeinen Vorschriften über Darlehen, Stundung etc.

II. Unbefugte Gewährung eines Vorschusses oder Kredits

2 **1. Dritter.** § 393 Abs. 1 spricht von der Gewährung eines Vorschusses oder Kredits an einen Dritten. „Dritter" ist in erster Linie der Partner des Ausführungsgeschäftes. Ferner gehören zum Kreis der „Dritten" i.S. des § 393 Personen, mit denen Hilfsgeschäfte abgeschlossen werden, die die Ausführung fördern sollen[2]. Zu denken ist hier z.B. an den Frachtführer, der das Kommissionsgut befördern soll; ferner an die Übernahme einer Bürgschaft gegenüber einem Kreditgeber des Partners des Ausführungsgeschäfts. Auch in der Durchführungsphase findet § 393 Abs. 1 Anwendung.

3 **2. Vorschuß, Kredit.** Kredit ist der weitere Begriff. Er umfaßt jede Form der Vorleistung durch Bereitstellung finanzieller oder sonstiger Mittel ohne gleichzeitige, äquivalente Gegenleistung.[3] In erster Linie ist § 393 jedoch auf die Stundung des Kaufpreises bei der Verkaufskommission zugeschnitten, während bei „Vorschuß" an die Bezahlung des Kaufpreises im Rahmen der Einkaufskommission ohne gleichzeitige Lieferung oder an ein Darlehen an den Verkäufer gedacht ist, der sich mit Hilfe der darlehensweise gewährten Mittel erst selbst eindecken muß.[4] Auf diese Varianten der Kreditgewährung ist § 393 Abs. 1 jedoch nicht beschränkt. Er umfaßt seinem Sinne nach ebenso Warenkredite wie z.B. die Stellung eines Akkreditivs zugunsten eines Dritten[5]. Auch die Übernahme eines Risikos zugunsten eines Dritten ohne gleichzeitige, volle Deckung stellt eine Variante der Kreditgewährung dar.

---

[1] *Krüger* in Ebenroth/Boujong/Joost/Strohn, HGB, § 393 Rn 1.

[2] MünchKommHGB/*Häuser*, § 392 Rn 3; Baumbach/*Hopt*, HGB, § 393 Rn 1; *Roth*, in Koller/Roth/Morck, HGB § 393 Rn 2; *Schmidt-Rimpler*, Das Kommissionsgeschäft, in: Ehrenbergs Handbuch des gesamten Handelsrechts (1928) Bd. V 1. Abt. 2. Hälfte, S. 742; Schlegelberger/*Hefermehl*, HGB, § 393 Rn 4 mN.

[3] MünchKommHGB/*Häuser*, § 393 Rn 4; *Krüger* (Fn 1), § 393 Rn 2; Oetker/*Bergmann*, HGB, § 393 Rn 2; **abw.** Heymann/*Herrmann*, HGB, § 393 Rn 5.

[4] MünchKommHGB/*Häuser*, § 393 Rn 4; weiter *Krüger* (Fn 1), § 393 Rn 2 (z.B. auch Bezahlung der Fracht vor Ablieferung des Guts).

[5] BGH, LM Nr. 2 zu § 384 HGB; Oetker/*Bergmann*, HGB, § 393 Rn 2; Schlegelberger/*Hefermehl*, HGB, § 393 Rn 3.

3. Zustimmung des Kommittenten. Die Kreditgewährung geht auf Rechnung des Kommittenten, falls dieser zugestimmt hat. Als Zustimmung gilt sowohl die anfängliche Einwilligung als auch die nachträgliche Genehmigung (§§ 183 f BGB).[6] Sie ist eine empfangsbedürftige Willenserklärung. Sie kann auch konkludent erteilt werden. Ist – wie der Kommissionär weiß oder annehmen darf – dem Kommittenten bekannt, daß das Geschäft nur unter Kreditgewährung abgeschlossen werden kann und erteilt der Kommittent gleichwohl Order, so liegt darin eine Zustimmung.[7] Dies ist häufig dort der Fall, wo handelsüblich Akkreditive gestellt werden müssen.[8] Ferner wird man in der Vereinbarung des Delkredere eine Zustimmung zur Kreditgewährung sehen müssen, da sich der Kommittent dann hinreichend gegen das Insolvenzrisiko abgesichert hat.[9] Eine Ausnahme gilt dort, wo auch der Kommissionär – erkennbar – nicht besonders zahlungskräftig ist. Wird die Zustimmung nicht wirksam, obwohl sie der Kommittent abgegeben hatte, weil die Erklärung verloren gegangen ist, so kann sich der Kommittent nicht auf § 393 berufen.[10] Es steht dann nämlich fest, daß der Kommissionär interessengemäß gehandelt hatte. Auch Übermittlungsfehler, die einer ablehnenden Erklärung des Kommittenten den Anschein der Zustimmung verleihen, gehen zu Lasten des Kommittenten (§ 120 BGB). Die Zustimmung kann beschränkt und unter Auflagen erteilt werden. Zur Frage der durch falschen Rat des Kommissionärs ausgelösten Zustimmung s. Rn 8. 4

4. Ausnahme vom Zustimmungserfordernis. Auch ohne Zustimmung des Kommittenten steht es normalerweise im pflichtgemäßen Ermessen des Kommissionärs, ob er **Stundung** des Kaufpreises gewährt, falls diese handelsüblich ist (§ 393 Abs. 2). Es muß ein auf derartige Kreditierung gerichteter Handelsbrauch am Ort des Geschäftes mit dem Dritten existieren. Die Vergabe eines Vorschusses wird durch einen entsprechenden Handelsbrauch nicht gedeckt.[11] Gleiches gilt für andere Kreditformen, durch die eine Forderung nicht gestundet wird.[12] Will der Kommissionär nicht auf eigenes Risiko handeln, so bedarf er mangels besonderer Vereinbarung der Zustimmung. Der Begriff Geschäft bezieht sich, wie sich aus dem Wortlaut des § 393 Abs. 2 ergibt, auf das Ausführungsgeschäft im Rahmen einer Verkaufskommission[13]. Nur bei derartigen Geschäften ist nämlich häufiger mit solchen Handelsbräuchen zu rechnen, an denen sich der Kommissionär schnell ohne Rückfrage beim Kommittenten orientieren kann. Der Handelsbrauch muß am Ort des Geschäftes bestehen. Hierunter fällt in erster Linie der Abschlußort.[14] Auch der Erfüllungsort färbt das Geschäft und ist deshalb maßgeblich.[15] 5

Die Parteien können, wie sich aus § 393 Abs. 2 ableiten läßt, die Kreditgewährung ohne weiteres mehr oder minder stark von der **Zustimmung des Kommittenten abhängig** machen. Einseitige **Weisungen** sind nur zulässig, wenn dadurch die Ausführung nicht 6

---

6 MünchKommHGB/*Häuser*, § 393 Rn 6.

7 MünchKommHGB/*Häuser*, § 393 Rn 7; *Krüger* (Fn 1), § 393 Rn 3; Oetker/*Bergmann*, HGB, § 393 Rn 3; weiter Schlegelberger/*Hefermehl*, HGB, § 393 Rn 5.

8 Schlegelberger/*Hefermehl*, HGB, § 393 Rn 3.

9 MünchKommHGB/*Häuser*, § 393 Rn 7; *Krüger* (Fn 1), § 393 Rn 3.

10 **AA** Heymann/*Herrmann*, HGB, § 393 Rn 2.

11 MünchKommHGB/*Häuser*, § 393 Rn 9; *Krüger* (Fn 1), § 393 Rn 3.

12 **Abw.** Heymann/*Herrmann*, HGB, § 393 Rn 4.

13 MünchKommHGB/*Häuser*, § 393 Rn 8; Schlegelberger/*Hefermehl*, HGB, § 393 Rn 6 mN.

14 MünchKommHGB/*Häuser*, § 393 Rn 8; *Krüger* (Fn 1), § 393 Rn 3.

15 MünchKommHGB/*Häuser*, § 393 Rn 8; *Krüger* (Fn 1), § 393 Rn 3; Heymann/*Herrmann*, HGB, § 393 Rn 3; *Schmidt-Rimpler* (Fn 2) S. 745; Schlegelberger/*Hefermehl* HGB[5], § 393 Rn 6).

wesentlich erschwert oder unmöglich gemacht wird (§ 384 Rn 58), es sei denn, daß sich der Kommittent derartige Weisungen vorbehalten hatte.[16]

7 **5. Art der Kreditgewährung, Aufklärung des Kommittenten.** Ist eine Kreditierung gemäß § 393 Abs. 2 statthaft, so ist der Kommissionär dadurch nicht der Pflicht entbunden, mit pflichtgemäßer Sorgfalt zu prüfen, ob das mit der Kreditierung verbundene Risiko im Interesse des Kommittenten liegt. Insbesondere hat er sich sorgfältig der Kreditwürdigkeit des Dritten zu vergewissern. Tut er das nicht, so ist er schadensersatzpflichtig.[17]

8 Hat der Kommittent zugestimmt, so ist der Kommissionär damit noch nicht eines jeden Risikos ledig. Er ist dies nur, falls er den Kommittenten pflichtgemäß **über die Kreditwürdigkeit** des in Aussicht genommenen Vertragspartners **aufgeklärt** hatte. Außerdem muß er trotz Zustimmung des Kommittenten auch **später** noch von einer Kreditvergabe Abstand nehmen, falls **Umstände auftauchen**, die die Zahlungsfähigkeit als zweifelhaft erscheinen lassen. Verstößt der Kommissionär schuldhaft gegen diese Regeln, so erwirbt der Kommittent einen Schadensersatzanspruch.

III. Rechtsfolgen unbefugter Kreditgewährung

9 **1. Handeln auf eigene Gefahr.** Liegt kein Fall des § 393 Abs. 2 vor und hat der Kommittent der Kreditvergabe auch nicht zugestimmt, so handelt der Kommissionär auf eigene Gefahr. Er hat das Risiko zu tragen, daß der Dritte zahlungsunfähig ist und muß den Kommittenten so stellen, als ob kein Kredit vergeben worden wäre (§ 393 Abs. 3).[18]

10 Nach hM geht die Kreditierung auf eigene Gefahr des Kommissionärs, *ohne* daß der Kommissionär **schuldhaft** gehandelt haben muß[19]. In aller Regel wird der Kommissionär zwar schuldhaft handeln, wenn er Kredit gewährt, weil er glaubt, der Kommittent habe zugestimmt oder es existiere ein Handelsbrauch. Es sind aber durchaus Fälle denkbar, in denen den Kommissionär kein Schuldvorwurf trifft; so z.B., wenn ihn zuverlässige Personen falsch über den Handelsbrauch informiert haben oder er durch Versagen eines seiner Sphäre angehörenden technischen Apparates falsch über die Zustimmung informiert worden war. In solchen Fällen besteht kein Anlaß, von der grundlegenden Wertung des § 670 BGB abzugehen und den Kommissionär über das Provisionsrisiko hinaus mit einem Aufwandsrisiko zu belasten (vgl. in diesem Zusammenhang oben § 385 Rn 16). Der Kommissionär kann mithin nur dann keine Aufwendungserstattung fordern, wenn er schuldhaft gehandelt hat. Freilich entfällt ein Verschulden des Kommissionärs nicht schon deshalb, weil er an sich auch ohne Zustimmung des Kommittenten den Umständen zufolge annehmen durfte, der Kommittent würde eine Kreditierung billigen und eine rechtzeitige **Rückfrage beim Kommittenten** nicht sachdienlich war (§ 665 BGB). § 393 konkretisiert aus Gründen der Verkehrssicherheit die Pflicht zur Interessenwahrung dahin, daß es grundsätzlich nicht darauf ankommen soll, wie der Kommissionär aus seiner Perspektive heraus die Interessen des Kommittenten beurteilt, sondern daß der Kommis-

---

16 Heymann/*Herrmann*, HGB, § 393 Rn 3.

17 BGH, LM Nr. 2 zu § 384 HGB; Heymann/*Herrmann*, HGB, § 393 Rn 1.

18 MünchKommHGB/*Häuser*, § 393 Rn 12.

19 MünchKommHGB/*Häuser*, § 393 Rn 12; *Krüger* in Ebenroth/Boujong/Joost/Strohn, HGB, § 388 Rn 5; Baumbach/*Hopt*, HGB, § 393 Rn 2; *Roth*, in Koller/Roth/Morck, HGB § 393 Rn 4; Heymann/*Herrmann*, HGB, § 393 Rn 6; Schmidt-Rimpler (Fn 2), S. 746; Schlegelberger/*Hefermehl* HGB[5], § 393 Rn 9.

sionär auf die vom Kommittenten offenbarten Interessen abzuheben hat. Das verbietet es, dem Kommissionär die Berufung auf § 665 BGB zu erlauben[20]. Will der Kommittent nicht Gefahr laufen, daß er ein günstiges Geschäft versäumt, weil der Kommissionär nicht rechtzeitig die Zustimmung einzuholen vermag, so mag er eine Einschränkung des Zustimmungserfordernisses vereinbaren.

Ein Zurückweisungsrecht besteht nicht[21], wohl aber ein Anspruch auf **Ersatz des überschießenden Schadens.**[22] Ist der Verkaufskommissionär nicht zahlungsfähig, so kann der Kommittent jedoch regelmäßig zurückweisen[23]. Das Zurückweisungsrecht bei Mißachtung konkreter Weisungen bleibt unberührt.[24] Ein besonderes Erbieten bzw. Verzicht ist im Unterschied zu § 386 Abs. 2 nicht erforderlich, da sich die Rechtsfolge einer Verpflichtung des Kommissionärs, sofort zu bezahlen bzw. keinen Aufwendungsersatz zu fordern, bereits aus dem Gesetz ergibt. **11**

2. Haftung des Verkaufskommissionärs. Wenn der Verkaufskommissionär unbefugt und nach der hier vertretenen Ansicht (Rn 10) schuldhaft auf Kredit verkauft, so ist er gemäß § 393 Abs. 3 verpflichtet, dem Kommittenten „sofort" den Kaufpreis zu bezahlen.[25] Durfte der Kommissionär innerhalb eines bestimmten Rahmens Stundung gewähren, so bedeutet „sofort" den Tag, an dem mit der tatsächlich vereinbarten Stundung der Rahmen überschritten worden ist. Von der vereinbarten Summe darf er den Betrag abziehen und behalten, um den der Kaufpreis gerade wegen der Kreditgewährung erhöht worden ist. § 386 ist zu beachten.[26] Gleiches gilt, falls der Kommissionär faktisch unbefugt vorgeleistet oder nachträglich Stundung vereinbart hat. **12**

Der Kommittent braucht also nicht abzuwarten, ob der Dritte vertragsgemäß zahlt. Andererseits wird der Kommittent durch die unbefugte Kreditierung nicht besser gestellt, als wenn der Kommissionär bar verkauft hätte. Daraus folgt, daß der **Kommissionär erst zahlen muß**, wenn ein Anspruch gegen den Dritten im Falle einer Leistung Zug um Zug entstanden wäre.[27] Der Anspruch gegen den Kommissionär entsteht somit in dem Moment, in dem dieser die Ware dem Dritten übergibt oder an ihn absendet. Die Tatsache, daß der Kommissionär die Ware schon früher vom Kommittenten erhalten hat, ist hingegen irrelevant;[28] denn es ist durchaus vorstellbar, daß die Parteien des Ausführungsgeschäftes eine spätere Lieferung vereinbart haben, ohne daß darin eine Vernachlässigung der Kommittenten-Interessen läge. Zur Frage der Zurückweisung des Ausführungsgeschäftes s. Rn 11. **13**

Der Kommissionär kann als Schuldner alle Einreden und Einwendungen erheben, die auch der Dritte geltend machen kann. Eine Ausnahme gilt natürlich für die Stundung.

Trotz der eigenen Zahlungsverpflichtung ist der Kommissionär zur Herausgabe der Kaufpreisforderung abzüglich des in § 393 Abs. 3 S. 2 genannten Betrages verpflichtet, **14**

---

[20] **AA** *Schmidt-Rimpler* (Fn 2), S. 746; Schlegelberger/*Hefermehl,* HGB, § 393 Rn 8.

[21] Wertung des § 386 Abs. 2; MünchKommHGB/*Häuser*, § 393 Rn 21; *Schmidt-Rimpler* (Fn 2), S. 747; **aA** Baumbach/*Hopt*, HGB, § 393 Rn 2; *Roth,* in Koller/Roth/Morck, HGB § 393 Rn 4.

[22] MünchKommHGB/*Häuser*, § 393 Rn 21; *Krüger* (Fn 1), § 393 Rn 6; *Roth,* in Koller/Roth/Morck, HGB § 393 Rn 4.

[23] § 386 Rn 14; **aA** Schlegelberger/*Hefermehl,* HGB, § 393 Rn 14.

[24] MünchKommHGB/*Häuser*, § 393 Rn 22; *Krüger* (Fn 1), § 393 Rn 6.

[25] *Roth,* in Koller/Roth/Morck, HGB § 393 Rn 4; Heymann/*Herrmann*, HGB, § 393 Rn 7; Oetker/*Bergmann*, HGB, § 393 Rn 7.

[26] MünchKommHGB/*Häuser*, § 393 Rn 17.

[27] MünchKommHGB/*Häuser*, § 393 Rn 14.

[28] MünchKommHGB/*Häuser*, § 393 Rn 14; **aA** *Schmidt-Rimpler* (Fn 2), S. 747 f; Schlegelberger/*Hefermehl,* HGB, § 393 Rn 11.

solange er nicht selbst gezahlt hat. Hat der Kommissionär die Forderung abgetreten, so haften der Dritte und der Kommissionär als Gesamtschuldner (näher dazu § 384 Rn 161 ff).

15 **3. Haftung des Einkaufskommissionärs.** Der Einkaufskommissionär darf den Vorschuß nicht ersetzt verlangen darf, wenn ihm hierfür keine Gegenleistung zufließt oder der Dritte gegen ihn einen Anspruch ohne Gegenleistung erwirbt (z.B. § 326 Abs. 2 BGB). Der Aufwendungsersatzanspruch (§ 396 Abs. 2 BGB) wird erst bei Lieferung des Guts fällig.[29] § 393 Abs. 3 Satz 2 ist analog anzuwenden, wenn der Einkaufskommissionär das Gut wegen der Vergabe eines Vorschusses billiger erhalten hat.[30] Der Aufwendungsersatzanspruch des Einkaufkommissionärs erhöht sich um den Differenzbetrag.

16 **4. Beweislast.** Der Kommittent braucht grds. nicht zu beweisen, daß die Kreditvergabe unbefugt war. Es ist Sache des Kommissionärs nachzuweisen, daß der Kommittent zugestimmt hatte, daß ein entsprechender Handelsbrauch bestand,[31] oder daß ihn kein Verschulden[32] an der Kreditvergabe ohne Zustimmung bzw. ohne Deckung durch einen Handelsbrauch traf. Ferner hat der Kommissionär zu beweisen, welche Preise bei einer Barzahlungsvereinbarung zu erzielen gewesen wären. Der Kommittent muß andererseits nachzuweisen, daß der Kommissionär ihn falsch aufgeklärt hatte oder trotz seiner Zustimmung bzw. eines entsprechenden Handelsbrauches im konkreten Fall eine Kreditvergabe hätte unterlassen müssen.[33] Die Beweislast für den niedrigeren Barpreis gemäß § 393 Abs. 3 Satz 2 (Rn 12) trägt der Kommissionär.[34]

§ 394

(1) Der Kommissionär hat für die Erfüllung der Verbindlichkeit des Dritten, mit dem er das Geschäft für Rechnung des Kommittenten abschließt, einzustehen, wenn dies von ihm übernommen oder am Orte seiner Niederlassung Handelsgebrauch ist.

(2) Der Kommissionär, der für den Dritten einzustehen hat, ist dem Kommittenten für die Erfüllung im Zeitpunkte des Verfalls unmittelbar insoweit verhaftet, als die Erfüllung aus dem Vertragsverhältnisse gefordert werden kann. Er kann eine besondere Vergütung (Delkredereprovision) beanspruchen.

Schrifttum siehe Angaben zu § 383.

---

[29] *Roth,* in Koller/Roth/Morck, HGB § 393 Rn 4; Heymann/*Herrmann*, HGB, § 393 Rn 7; Oetker/*Bergmann*, HGB, § 393 Rn 6.

[30] **AA** Heymann/*Herrmann*, HGB, § 393 Rn 8.

[31] MünchKommHGB/*Häuser*, § 393 Rn 19.

[32] Dieser Nachweis ist irrelevant, wenn man mit der hM (dazu Rn 7) annimmt, daß es auf ein Verschulden des Kommissionärs nicht ankommt.

[33] *Krüger* (Fn 1), § 393 Rn 3.

[34] MünchKommHGB/*Häuser*, § 393 Rn 20.

Übersicht

A. Vorbemerkung

1 Der Kommissionär handelt auf Rechnung des Kommittenten. Daraus folgt, daß normalerweise dem Kommittenten nicht nur die Chancen des auf seine Rechnung getätigten Geschäfts zugute kommen, sondern daß der Kommittent auch das Risiko der Kreditwürdigkeit des Dritten auf sich zu nehmen hat. Der Kommissionär haftet also grundsätzlich dem Kommittenten nicht für die Schulden des Dritten. Eine Ausnahme besteht zunächst in den Fällen der §§ 384 Abs. 3, 393. Ferner kann der Kommissionär dort faktisch für die Verbindlichkeit des Dritten haften, wo er schuldhaft einen kreditunwürdigen Vertragspartner ausgesucht und sich daher schadensersatzpflichtig gemacht hat (§ 385 HGB, 280 BGB). Eine weitere Ausnahme statuiert schließlich die hier geregelte Delkrederehaftung. Diese Ausnahmesituation entsteht nur dann, wenn der Kommissionär sich zur Delkrederehaftung bereit erklärt hatte oder ein hierauf gerichteter Handelsbrauch existiert. Von praktischer Relevanz ist die Delkrederehaftung in erster Linie bei der auf Waren bezogenen Verkaufskommission. Sie kann aber auch bei der Einkaufskommission vorkommen.[1] Primär zielt sie auf das Risiko der Uneinbringlichkeit der vom Dritten versprochenen Gegenleistung; sie bürdet dem Kommissionär aber auch das Risiko der Ansprüche aus Gewährleistung und Leistungsstörungen auf, falls der Dritte seine Hauptleistung vorweg oder Zug um Zug erfüllt hat.[2]

2 Die **Rechtsnatur** der Delkrederehaftung ist umstritten. Zum Teil wird sie als Garantiehaftung qualifiziert, da der Kommissionär bis zur Abtretung der Forderung gegen den Dritten an den Kommittenten selbst Gläubiger des Dritten sei[3]. Andere halten dieser Meinung den § 392 Abs. 2 entgegen, wonach im Verhältnis Kommissionär-Kommittent die Forderung als solche des Kommittenten gelte. Das rechtfertige es, in der Delkrederehaftung ein bürgschaftsähnliches Verhältnis zu erblicken[4]. Richtiger Ansicht nach normiert § 394 eine eigenständige Form der Haftung.[5] Damit ist aber noch nicht die Frage gelöst, ob man die Vorschriften des § 394 mit Hilfe von Regelungen aus dem Bereich des Garantievertrages oder aus dem Bereich des Bürgschaftsvertrages zu ergänzen hat. Gegen eine Anlehnung an den Garantievertrag spricht, daß der Kommissionär an der Erfüllung der Verpflichtung durch den Dritten kein ins Gewicht fallendes Eigeninteresse hat.[6] Ferner ist die Delkrederehaftung von dem Bestand der Verpflichtung des

---

[1] MünchKommHGB/*Häuser*, § 394 Rn 2.
[2] MünchKommHGB/*Häuser*, § 394 Rn 2.
[3] Düringer/Hachenburg/*Lehmann*, HGB, § 394 Rn 2.
[4] MünchKommHGB/*Häuser*, § 394 Rn 4; *Schmidt-Rimpler*, Das Kommissionsgeschäft, in: Ehrenbergs Handbuch des gesamten Handelsrechts (1928) Bd. V 1. Abt. 2. Hälfte, S. 781; Schlegelberger/*Hefermehl*, HGB, § 394 Rn 3 m. Nachw.
[5] Baumbach/*Hopt*, HGB, § 394 Rn 2; *Roth*, in Koller/Roth/Morck, HGB § 394 Rn 2; Oetker/*Bergmann*, HGB, § 394 Rn 2.
[6] BGH, WM 1975, 348; 1982, 632.

Dritten abhängig, während die Schuld des Garanten von der gesicherten Schuld losgelöst ist.[7] Zur Garantiehaftung wird die Delkrederehaftung erst dann, wenn dies gesondert vereinbart ist, z.B. in Form einer Mindestpreisgarantie[8]. Mithin kann nur eine Parallele zur Bürgschaft gezogen werden, wobei von Fall zu Fall zu prüfen ist, inwieweit Bürgschaftsregeln analog herangezogen werden können.[9]

3 Hat der Kommissionär den **Selbsteintritt** erklärt, so entfällt automatisch eine Delkrederehaftung.[10]

B. Die Delkrederehaftung

I. Voraussetzungen

4 Als Voraussetzung der Delkrederehaftung nennt § 394 eine entsprechende Vereinbarung oder den Handelsbrauch am Ort der Niederlassung des Kommissionärs.

5 **1. Vereinbarung.** Eine die Delkrederehaftung auslösende, nicht formbedürftige[11] Vereinbarung kann ausdrücklich oder konkludent getroffen werden. Sie erfolgt im Rahmen des Kommissionsvertrages und ist somit von der Existenz des Kommissionsvertrages abhängig. Das gilt im Zweifel auch dann, wenn die Vereinbarung erst nachträglich erfolgt[12]. Ob der Kommissionär im Einzelfall die Delkrederehaftung übernommen hat, ist durch Auslegung seiner Erklärungen und Handlungen nach Treu und Glauben unter Berücksichtigung der Verkehrssitte (§ 157 BGB) zu ermitteln.[13] Die Ankündigung des Kommissionärs „ich reguliere" u.ä. wird man als Übernahme der Delkrederehaftung zu interpretieren haben,[14] nicht jedoch, wenn der Kommissionär lediglich die Solvenz des Dritten betont[15] oder verspricht, sich um die Durchsetzung der Forderung zu bemühen[16]. Aus der Vereinbarung einer Delkredereprovision kann man ohne weiteres die Delkrederehaftung ableiten[17]. Dagegen liefert die Vereinbarung einer sehr hohen Provision für sich allein noch keine Anhaltspunkte für eine Delkrederehaftung[18]. Auch der Ausschluß einer Delkredereprovision spricht nicht notwendig gegen eine Delkredereübernahme.

6 **2. Handelsbrauch.** Die Delkrederehaftung greift ferner dann ein, wenn sie am Ort der Niederlassung des Kommissionärs Handelsbrauch[19] ist. Die Funktion dieser Regelung liegt darin, daß sie den Kommittenten auch dann schützt, wenn dieser kein Kauf-

---

[7] BGH, NJW 1967, 1020.

[8] Schlegelberger/*Hefermehl,* HGB, § 394 Rn 18.

[9] Baumbach/*Hopt*, HGB, § 394 Rn 2.

[10] MünchKommHGB/*Häuser*, § 394 Rn 3.

[11] MünchKommHGB/*Häuser*, § 394 Rn 7; *Krüger* in Ebenroth/Boujong/Joost/Strohn, HGB, § 394 Rn 3; Baumbach/*Hopt*, HGB, § 394 Rn 3; *Roth,* in Koller/Roth/Morck, HGB § 394 Rn 4; Oetker/*Bergmann*, HGB, § 394 Rn 5.

[12] **AA** Schlegelberger/*Hefermehl,* HGB, § 394 Rn 5.

[13] MünchKommHGB/*Häuser*, § 394 Rn 6. Im Zweifel gegen die Annahme einer Delcredere-Haftung, KG, KGR Berlin 1994, 29.

[14] OLG Hamburg, OLGZ 44 244.

[15] MünchKommHGB/*Häuser*, § 394 Rn 6.

[16] MünchKommHGB/*Häuser*, § 394 Rn 6; Schlegelberger/*Hefermehl,* HGB, § 394 Rn 6.

[17] *Krüger* (Fn 11), § 394 Rn 3; *Schmidt-Rimpler* (Fn 4), S. 778; Schlegelberger/*Hefermehl,* HGB, § 394 Rn 6 mN.

[18] MünchKommHGB/*Häuser*, § 394 Rn 6; Baumbach/*Hopt*, HGB, § 394 Rn 1; **aA** *Schmidt-Rimpler* (Fn 4), S. 778; Schlegelberger/*Hefermehl*, HGB, § 394 Rn 6.

[19] § 346 greift auch in Fällen des § 383 Abs. 2 ein.

mann ist und der Handelsbrauch deshalb nicht über § 346 zum Tragen kommt.[20] Maßgeblich ist allein der Handelsbrauch am Ort der Niederlassung, nicht der am Abschlußort oder Erfüllungsort;[21] denn von einem Kommissionär kann nur erwartet werden, daß er mit größter Wahrscheinlichkeit die Handelsbräuche an seinem Niederlassungsort kennt und deren Auswirkungen einkalkuliert, – nicht aber die Handelsbräuche anderer Orte.

II. Umfang der Haftung

1. Persönliche und unmittelbare Haftung. Gemäß § 394 Abs. 1 hat der Kommissionär für die Erfüllung der Verbindlichkeit des Dritten (unten Rn 8) einzustehen. In Abs. 2 wird der Umfang dieser Einstandspflicht näher bestimmt. Die Haftung richtet sich unmittelbar auf Erfüllung. Der Kommissionär haftet also unmittelbar und persönlich.[22] Die Haftung hängt nicht davon ab, ob der Kommissionär noch Inhaber der Ansprüche aus dem Ausführungsgeschäft ist. Hatte der Kommissionär diese Forderungen bereits an den Kommittenten zediert, so steht es dem Kommittenten frei, zu wählen, ob er gegen den Dritten oder gegen den Kommissionär vorgehen will.[23] Vor Abtretung kann der Kommittent vom Kommissionär Herausgabe der Forderungen gegen den Dritten und Erfüllung oder nach Belieben eines von beiden geltend machen.[24] Der Kommissionär haftet dem Kommittenten also nicht bloß subsidiär.[25] 7

Eine Parallele zur Einrede der Vorausklage (§ 771 BGB) scheidet nach hM auch beim Kommissionär aus, der kein Kaufmann (§ 383 Abs. 2) ist[26]. Die unmittelbare Haftung des Kommissionärs findet ihre Grenze in den Erfüllungsmöglichkeiten des Kommissionärs. Hatte sich der Dritte zur Unterlassung verpflichtet, so kann der Kommittent nicht vom Kommissionär **Unterlassung** fordern[27]. Der Kommissionär hat dann nur für den Ersatz des Schadens oder eventuell für eine vereinbarte oder gerichtlich auferlegte Strafe einzustehen.

2. Verbindlichkeiten des Dritten. Normalerweise erstreckt sich die Delkrederehaftung nur auf Verbindlichkeiten aus dem **Ausführungsgeschäft.** Nach hM erfaßt die Delkrederehaftung keine Ansprüche aus **Hilfs- und Nebengeschäften**, die die Ausführung sowie Durchführung der Kommission fördern sollen, es sei denn, daß zwischen den Parteien etwas anderes vereinbart wurde[28]. Dem kann nicht gefolgt werden; denn es ist kein 8

---

[20] MünchKommHGB/*Häuser*, § 394 Rn 6; Oetker/*Bergmann*, HGB, § 394 Rn 6.

[21] MünchKommHGB/*Häuser*, § 394 Rn 9; *Krüger* (Fn 11), § 394 Rn 3; Schlegelberger/*Hefermehl*, HGB, § 394 Rn 8.

[22] Baumbach/*Hopt*, HGB, § 394 Rn 3; *Krüger* (Fn 11), § 394 Rn 4; MünchKommHGB/*Häuser*, § 394 Rn 12; Oetker/*Bergmann*, HGB, § 394 Rn 8.

[23] MünchKommHGB/*Häuser*, § 394 Rn 12.

[24] *Krüger* (Fn 11), § 394 Rn 4; Oetker/*Bergmann*, HGB, § 394 Rn 7.

[25] MünchKommHGB/*Häuser*, § 394 Rn 12; *Roth*, in Koller/Roth/Morck, HGB § 394 Rn 5; Heymann/*Herrmann*, HGB, § 394 Rn 5.

[26] *K. Schmidt*, Handelsrecht, § 31 IV 2b; vgl. auch Schlegelberger/*Hefermehl* HGB, § 394 14; Schmidt-Rimpler S. 783.

[27] Schlegelberger/*Hefermehl*, HGB, § 394 Rn 11.

[28] *Krüger* (Fn 11), § 394 Rn 5; Baumbach/*Hopt*, HGB, § 394 Rn 4; MünchKommHGB/*Häuser*, § 394 Rn 17; Oetker/*Bergmann*, HGB, § 394 Rn 9; Schmidt-Rimpler (Fn 4), S. 779; Schlegelberger/*Hefermehl*, HGB, § 394 Rn 11. So wohl auch BGH, ZIP 2002, 1436 (1438), demzufolge die Anwendbarkeit des § 394 den Abschluß eines Ausführungsgeschäfts voraussetzt.

Grund ersichtlich, warum der Begriff „Dritter" in § 394 enger als in § 393 (dazu § 393 Rn 2) interpretiert werden sollte. Eine unzumutbare Belastung wird dem Kommissionär hierdurch nicht auferlegt, wenn er letztlich auch für die Solvenz der Vertragspartner einzustehen hat, mit denen er Nebengeschäfte getätigt hatte. Daß der Kommissionär die primäre Leistungspflicht regelmäßig nicht selbst zu erfüllen vermag, steht dem ebenso wie in den Fällen entgegen, in denen der Partner des Ausführungsgeschäftes eine Unterlassungspflicht eingegangen ist oder eine Species verkauft hat[29]. Der Kommissionär hat dann eben nur für die aus der Vereinbarung fließenden Schadensersatzansprüche zu haften[30]. „Delkredere" kann daher auch für die Verpflichtung eines **Unterkommissionärs** auf Herausgabe gehaftet werden. Der Kommissionär sollte deshalb mit dem Unterkommissionär ebenfalls eine Delkrederehaftung vereinbaren. Beruht die Delkrederehaftung auf Handelsbrauch, so ist dessen Reichweite maßgeblich.

9 Der Anspruch gegen den Dritten muß aber dem Vertragsverhältnis entspringen. Dazu gehören z.B. nicht Ansprüche aus Bereicherung, Delikt oder Eigentümer-Besitzerverhältnis[31], wohl aber unter Umständen aus Geschäftsführung ohne Auftrag des Kommissionärs.

10 3. **Umfang der Verbindlichkeit.** Das Ausmaß der Haftung wird durch den Bestand und **jeweiligen Umfang der Verbindlichkeit** bestimmt, die der Kommissionär gegen den Dritten begründet hat. Die Haftung ist somit akzessorisch.[32] Dies ergibt sich aus dem Wortlaut des § 394 Abs. 2 S. 1, der die Delkrederehaftung bürgschaftsähnlich (§ 767 BGB) ausformt. Der Kommissionär hat deshalb auch einzustehen, wenn sich der Charakter der Verbindlichkeit ändert, z.B. Gewährleistungs-, Schadensersatz- oder Vertragsstrafenansprüche entstehen.[33]

11 Andererseits kann der Kommissionär dem Kommittenten gegenüber **alle Einwendungen und Einreden** erheben, die dem Dritten zur Verfügung stehen (§§ 394 Abs. 2 S. 1 HGB, 767 f BGB analog).[34] Darunter fallen z.B. die Einwendung der Erfüllung in ihren verschiedenen Spielarten, die Einrede des Rücktritts, der Anfechtbarkeit und Aufrechnung (§ 770 BGB analog) sowie der Stundung. Daß der Kommissionär die **Einrede verschuldet** hat, ist unerheblich; der Kommittent kann dann allerdings einen Schadensersatzanspruch geltend machen[35]. Nicht erforderlich ist, daß die Einrede ihren Rechtsgrund in einem Rechtsverhältnis hat, das mit dem auf Rechnung des Kommittenten geschlossenen Geschäft in Zusammenhang steht.[36]

---

[29] **AA** insoweit wohl Schlegelberger/*Hefermehl,* HGB, § 394 Rn 17.

[30] **AA** Schmidt-Rimpler (Fn 4), S. 783; Schlegelberger/*Hefermehl,* HGB, § 394 Rn 17, die sofort einen Anspruch auf den Wert geben.

[31] MünchKommHGB/*Häuser*, § 394 Rn 19; *Krüger* (Fn 11), § 394 Rn 5; *Roth,* in Koller/Roth/Morck, HGB § 394 Rn 5.

[32] MünchKommHGB/*Häuser*, § 394 Rn 13; Baumbach/*Hopt*, HGB, § 394 Rn 5; *Roth,* in Koller/Roth/Morck, HGB § 394 Rn 5; *K. Schmidt,* Handelsrecht, § 31 IV 2b.

[33] MünchKommHGB/*Häuser*, § 394 Rn 13, 24; Schlegelberger/*Hefermehl,* HGB, § 394 Rn 11.

[34] MünchKommHGB/*Häuser*, § 394 Rn 14.

[35] *Schmidt-Rimpler* (Fn 4), S. 782; **abw.** MünchKommHGB/*Häuser*, § 394 Rn 16; Baumbach/*Hopt*, HGB, § 394 Rn 5; *Roth,* in Koller/Roth/Morck, HGB § 394 Rn 5; *K. Schmidt* Handelsrecht, § 31 IV 2b; Oetker/*Bergmann*, HGB, § 394 Rn 10; *Krüger* (Fn 11), § 394 Rn 6 (Ansatz bei der Schadensersatzpflicht des Kommittenten, ohne die Möglichkeit eines Mitverschuldens des Kommissionärs zu berücksichtigen).

[36] MünchKommHGB/*Häuser*, § 394 Rn 14.

Hatten der Dritte und der Kommissionär schon **früher einen Vertrag** geschlossen, auf den der Dritte Einwendungen stützen kann, so dürfen diese – vorbehaltlich eines gegen den Kommissionär gerichteten Schadensersatzanspruches wegen mangelhafter Interessenwahrung – auch dem Kommittenten entgegengehalten werden. Gleiches gilt für die **Aufrechnung** mit nicht-konnexen Forderungen. Die Delkrederehaftung erlischt mit der Aufrechnung; der Kommissionär schuldet aber die Herausgabe des ihm zugeflossenen Vermögensvorteils gemäß § 384 Abs. 2.[37] **Stirbt der Dritte**, so kann sich jedoch der Kommissionär in Analogie zu § 768 Abs. 1 S. 2 BGB nicht auf die beschränkte Erbenhaftung berufen[38]. Ebenso sind ausländische Zahlungsverbote oder Moratorien zu behandeln, da der Kommissionär nach dem Sinn des § 394 ganz allgemein für die Leistungsfähigkeit des Dritten einzustehen hat[39]. 12

Eine Vereinbarung des Kommittenten mit dem Dritten, durch die die **Delkrederehaftung erweitert** werden würde, ist ein nichtiger Vertrag zu Lasten Dritter (§ 767 Abs. 1 S. 3 BGB analog).[40] Der Kommittent darf auch nicht zu Lasten des Kommissionärs **Sicherheiten aufgeben** (§ 776 BGB analog).[41] Eine bloß fahrlässige Verschlechterung der Sicherheit oder deren unzulängliche Verwertung eröffnet dem Kommissionär anders als dem Bürgen einen Schadensersatzanspruch. Gleiches gilt unter Umständen dort, wo der Kommittent mit dem Dritten eine Stundung vereinbart und dadurch das Risiko des Kommissionärs wesentlich erhöht. Den Gläubiger treffen zwar nach hM dem Bürgen gegenüber keine Sorgfaltspflichten, weshalb der Gläubiger sich in weitem Umfang von seinen eigenen Interessen leiten lassen kann[42]. Die Interessen des Gläubigers geraten erst dort an ihre Grenzen, wo der Gläubiger arglistig oder in besonders schwerer Weise gegen die Interessen des Bürgen verstößt. Es kann dahin gestellt bleiben, ob dieser Ansicht für den Bereich der Bürgschaft zu folgen ist. Im Rahmen der Kommission hat man zu berücksichtigen, daß zwischen Kommittenten und Kommissionär bedeutend engere Austauschbeziehungen bestehen. Sie rechtfertigen es, vom Kommittenten eine stärkere Berücksichtigung der Belange des Kommissionärs zu verlangen. Der Kommittent braucht deshalb seine Interessen nicht gänzlich hintanstellen. Er muß sich aber dem Dritten gegenüber (z.B. im Hinblick auf Stundungen) so verhalten, wie dies von jemandem erwartet werden kann, der in verkehrsüblicher Weise ohne Rückhalt durch eine Delkrederehaftung seine Interessen wahrt. Hält sich der Kommittent nicht an diese Standards, so macht er sich schadensersatzpflichtig. Dies gilt jedenfalls dort, wo der Kommittent vorsätzlich das Insolvenzrisiko erhöht hatte. Dagegen kommen dem Kommissionär nachträgliche Einschränkungen der Verbindlichkeit des Dritten immer zugute. 13

4. Fälligkeit der Haftung. Der Kommissionär braucht im Rahmen der Delkrederehaftung erst dann zu leisten, wenn die Verbindlichkeit des Dritten fällig geworden ist.[43] Das ergibt sich schon aus dem Prinzip der Akzessorietät. Hatte der Kommissionär unbefugt eine Stundung vereinbart, so kann eine Haftung aus § 393 Platz greifen. 14

5. Erfüllung. Erfüllt der Dritte seine Verbindlichkeit, erlischt die Delkrederehaftung. Hatte der Kommissionär bereits die Forderung gegen den Dritten an den Kommittenten 15

---

[37] MünchKommHGB/*Häuser*, § 394 Rn 14.

[38] MünchKommHGB/*Häuser*, § 394 Rn 15; Schmidt-Rimpler (Fn 4), S. 782; Schlegelberger/*Hefermehl*, HGB, § 394 Rn 12.

[39] Schmidt-Rimpler (Fn 4), S. 782 mN.

[40] MünchKommHGB/*Häuser*, § 394 Rn 13.

[41] Heymann/*Herrmann*, HGB, § 394 Rn 6

[42] Palandt/*Sprau* BGB, § 776 Rn 1 mN; vgl. aber auch *Knütel*, Festschrift Flume (1978), Bd. I, S. 559 ff.

[43] MünchKommHGB/*Häuser*, § 394 Rn 12.

abgetreten und kommt er dann seiner Verpflichtung aus § 394 nach, so ist – anders als in den Fällen der §§ 384 Abs. 3, 393 – der § 774 BGB analog heranzuziehen[44]. Die Delkrederehaftung beruht nämlich in Abweichung von sonstigen Formen der Selbsthaftung auf einer vertraglichen Vereinbarung oder auf einem die Abrede ersetzenden Handelsbrauch und impliziert typischerweise kein objektiv vertragswidriges Handeln des Kommissionärs. Es liegt also eine bürgschaftsähnliche Situation vor (Rn 2). Das hat zur Konsequenz, daß die Forderung gegen den Dritten samt Sicherheiten auf den Kommissionär übergeht (§ 774 BGB analog). Hat der Kommissionär die Forderung noch nicht abgetreten, und „erfüllt" er im Rahmen der Delkrederehaftung „die Verpflichtung des Dritten", so erlischt insoweit seine Herausgabepflicht.

C. Delkredereprovision

16 § 394 Abs. 2 S. 2 gibt dem Kommissionär, der delkredere haftet, einen Anspruch auf **gesonderte Vergütung.** Die Delkredereprovision hat nur zur Voraussetzung, daß der Kommissionär der Delkrederehaftung unterliegt und ein **Geschäft wirksam** zustande gekommen ist. Dies wird regelmäßig das Ausführungsgeschäft sein. Im Hinblick auf Hilfs- und Nebengeschäfte gilt dasselbe. Sollte die Delkredereprovision ausnahmsweise nicht prozentual, sondern in absoluten Zahlen bemessen sein, so kann sich daraus freilich ergeben, daß sich die Delkrederehaftung nicht auf Hilfs- und Nebengeschäfte erstreckt.

17 Der Anspruch auf Delkredereprovision ist ein **Entgelt für die Übernahme eines Risikos** und ähnelt mithin der Versicherungsprämie. Er fällt daher nicht allein deswegen wieder weg, weil sich das Risiko nicht realisiert, weil der Dritte seine Verbindlichkeit vertragsgemäß erfüllt hat.[45] Ein Insolvenzrisiko besteht nämlich immer.[46] Eine Minderung des Risikos ist nur relevant, wenn sie unvorhersehbar war.

18 Der Kommissionär kann jedenfalls dann keine Delkredereprovision fordern, falls er lediglich gemäß **§ 384 Abs. 3 selbst haftet**[47], weil er berechtigterweise oder faktisch den Namen des Dritten nicht offenbart hatte. Dann vermag nämlich der Kommittent seine Forderung ohne Schutz des § 392 Abs. 2 nur beim Kommissionär einzutreiben. Er steht deshalb bedeutend schlechter als ein Kommittent, der durch die Delkrederehaftung geschützt ist und den Namen des Dritten kennt.

19 **Tritt der Kommissionär selbst ein,** so braucht der Kommittent entgegen verbreiteter Ansicht[48] ebenfalls keine Delkredereprovision zu entrichten.[49] Dies gilt nicht nur für den Fall, daß der Kommissionär lediglich ein Deckungsgeschäft auf eigene Rechnung getätigt

---

[44] *Krüger* (Fn 11), § 394 Rn 4; Baumbach/*Hopt*, HGB, § 394 Rn 5; *Roth,* in Koller/Roth/Morck, HGB § 394 Rn 5a; *K. Schmidt,* Handelsrecht, § 31 IV 2b.

[45] MünchKommHGB/*Häuser*, § 394 Rn 26; *Krüger* (Fn 11), § 394 Rn 7.

[46] **AA** *Schmidt-Rimpler* (Fn 4), S. 807.

[47] Oetker/*Bergmann*, HGB, § 394 Rn 12; **aA** *Roth,* in Koller/Roth/Morck, HGB § 394 Rn 6; *Schmidt-Rimpler* (Fn 4), S. 808; Schlegelberger/*Hefermehl,* HGB, § 394 Rn 20 mN.

[48] *Krüger* (Fn 11), § 394 Rn 7; Baumbach/*Hopt*, HGB, § 394 Rn 6; *Roth,* in Koller/Roth/Morck, HGB § 394 Rn 6; *Schmidt-Rimpler* (Fn 4), S. 808, 1043; Schlegelberger/Hefermehl, HGB, § 394 Rn 20 mN; **aA** MünchKommHGB/*Häuser*, § 394 Rn 3.

[49] Oetker/*Bergmann*, HGB, § 394 Rn 12; MünchKommHGB/*Ekkenga*, Bd. 5, Effektengeschäft Rn 103.

hatte, sondern auch für den Fall, daß er nach Abschluß eines Ausführungsgeschäftes selbst eintritt. Mit der Erklärung des Selbsteintrittes wird das Ausführungsgeschäft nämlich zum Deckungsgeschäft. Dadurch erhöht sich im Vergleich zur normalen Kommission, auf die § 394 abstellt, das Risiko des Kommittenten; denn der Kommittent kann nicht neben dem Kommissionär zugleich nach einer Zession der Forderung den Dritten in Anspruch nehmen. Das rechtfertigt es, dem Kommissionär, der selbst eintritt, lediglich die gewöhnliche Provision (§ 403) zuzusprechen. Der Kommissionär, der im Falle des Selbsteintritts selbst die volle Leistungsgefahr trägt, mag dem aus seiner Sicht erhöhten Risiko im Rahmen der Provisionsvereinbarung Rechnung tragen.

Die **Höhe der Delkredereprovision** orientiert sich in erster Linie an der Vereinbarung, **20** hilfsweise an den verkehrsüblichen Sätzen (§ 354 Abs. 1); notfalls ist eine angemessene Provision zu zahlen[50]. Für die **Entstehung und Fälligkeit** der Delkredereprovision gilt grundsätzlich der auf die Hauptprovision zugeschnittene § 396. Wird das Geschäft nicht im Sinne des § 396 Abs. 1 „ausgeführt", so kann der Kommissionär trotzdem die Provision verlangen, wenn er selbst erfüllt hat. Leistet der Dritte nicht, weil er sich auf eine Einrede berufen kann, und haftet daher auch der Kommissionär nicht (z.B. Verjährung), so kann der Kommissionär Provision verlangen. Es genügt, daß der Kommissionär das Risiko für eine gewisse Zeit getragen hatte,[51] während der der Kommittent seine Forderung zu realisieren in der Lage war. Genauso ist die Sachlage, falls die Einrede auf Umstände zurückzuführen ist, die aus der Sphäre des Kommittenten stammen oder sich dort zuerst ausgewirkt haben (näher § 396 Rn 24 ff).

D. Abdingbarkeit

§ 394 enthält kein zwingendes Recht.[52] Das Ausmaß der Delkrederehaftung kann **21** beschränkt oder erweitert werden. Gleiches gilt für den Anspruch auf Delkredereprovision.[53] Die Vereinbarung einer besonders hohen Provision legt für sich allein jedoch nicht den vertraglichen Verzicht auf Delkredereprovision nahe[54]. Es ist denkbar, daß ein Handelsbrauch besteht, demzufolge der Kommissionär zwar der Delkrederehaftung unterworfen ist, aber keine Delkredereprovision beanspruchen darf. Neben der Delkrederehaftung sind auch noch sonstige Formen der Garantie im weiteren Sinne denkbar, so z.B. die Garantie für die Richtigkeit eines Rates. Hierfür genügen jedoch nicht allgemeine Redensarten.

---

50 *Schmidt-Rimpler* (Fn 4), S. 806; Schlegelberger/*Hefermehl*, HGB, § 394 Rn 21.
51 *Schmidt-Rimpler*(Fn 4), S. 808.
52 MünchKommHGB/*Häuser*, § 394 Rn 9, 25.
53 RGZ 20, 112.
54 **AA** Schlegelberger/*Hefermehl*, HGB, § 394 Rn 22.

§ 395

Ein Kommissionär, der den Ankauf eines Wechsels übernimmt, ist verpflichtet, den Wechsel, wenn er ihn indossiert, in üblicher Weise und ohne Vorbehalt zu indossieren.

Schrifttum siehe Angaben zu § 383.

Übersicht

I. Vorbemerkung

1 § 395 soll den Kommittenten davor schützen, daß ihm ein Wechsel auf eine Weise übertragen wird, die dessen Umlauffähigkeit und Diskontfähigkeit beeinträchtigt. Die Gefahr, daß der Kommissionär den Wechsel auf solche Weise überträgt, rührt daher, daß der Kommissionär daran interessiert sein kann, nicht in den Wechselverband einbezogen und damit der Rückgriffshaftung unterworfen zu werden.

2 Wie sich aus dem Wortlaut des § 395 ergibt, regelt diese Vorschrift nur die Art und Weise des Indossaments. Sie schreibt nicht vor, daß der Kommissionär den Wechsel zu indossieren verpflichtet ist.[1] Eine solche Pflicht entspringt möglicherweise den allgemeinen Regeln über die Herausgabe[2], falls der Kommissionär nicht einen anderen Weg einschlägt, um dem Kommittenten den Wechsel zu verschaffen (Rn 3). § 395 gilt entsprechend für **Schecks und sonstige Orderpapiere.**[3]

II. Ankauf eines Wechsels

3 Der Ankauf eines Wechsels ist im Sinne eines Kaufvertrages über das Wertpapier zu interpretieren.[4] Aus der ratio des § 395 ergibt sich jedoch, daß die Norm auch analog in Konstellationen anzuwenden ist, in denen der Kommissionär auf Rechnung des Kommittenten einen Wechsel oder ein sonstiges Orderpapier **zahlungshalber** entgegennimmt[5].

---

[1] *Krüger* in Ebenroth/Boujong/Joost/Strohn, HGB, § 395 Rn 1; MünchKommHGB/*Häuser*, § 395 Rn 1; *Roth,* in Koller/Roth/Morck, HGB § 395 Rn 1.

[2] *Schmidt-Rimpler*, Das Kommissionsgeschäft, in: Ehrenbergs Handbuch des gesamten Handelsrechts (1928) Bd. V 1. Abt. 2. Hälfte, S. 750; Schlegelberger/*Hefermehl,* HGB, § 395 Rn 1 mN.

[3] MünchKommHGB/*Häuser*, § 395 Rn 2; Heymann/*Herrmann*, HGB, § 395 Rn 3; Oetker/*Bergmann*, HGB, § 395 Rn 2.

[4] MünchKommHGB/*Häuser*, § 395 Rn 1.

[5] RGZ 20, 112; MünchKommHGB/*Häuser*, § 395 Rn 2; *Krüger* (Fn 1), § 395 Rn 2; *Roth,* in Koller/Roth/Morck, HGB § 395 Rn 2; Heymann/*Herrmann*, HGB, § 395 Rn 3; Oetker/*Bergmann*, HGB, § 395 Rn 2.

Dagegen greift § 395 nicht ein, falls der Kommissionär an den Kommittenten vor der Ausführung der Kommission einen Wechsel indossiert, damit dieser schneller in den Besitz der Valuta kommt[6]; denn hier hat der Kommissionär nichts in ordentlicher Form herauszugeben, sondern leistet selbst Vorschuß. War er zur Vorschußleistung verpflichtet, so ist freilich im Zweifel § 395 analog heranzuziehen.[7]

III. Indossament

1. Verpflichtung, überhaupt zu indossieren. § 395 greift nur ein, wenn der Kommissionär den Wechsel an den Kommittenten indossiert. Ob er dazu verpflichtet ist, ist eine andere Frage. Vielfach wird der Kommissionär seiner Herausgabepflicht nachkommen können, ohne zugleich in den Wechselverband hineingezogen zu werden, indem er sich den Wechsel vom Dritten blanko indossiert übergeben oder den Dritten direkt an den Kommittenten indossieren läßt.[8] Allerdings kann dieser Weg durch Handelsbrauch oder Vereinbarung versperrt sein. Aus der Pflicht zur Interessenwahrung entspringt jedoch keine Pflicht zum eigenen Indossament, da der Kommissionär dem Kommittenten nur fremde Werte, nicht aber eine eigene Verpflichtung zu verschaffen hat. 4

2. Pflicht zum üblichen und vorbehaltlosen Indossament. Der Kommissionär darf, wenn er indossiert, den Wechsel nicht disqualifizieren. Es sind ihm daher beschränkte Indossamente („ohne Obligo", „nicht an Order", „in Prokura", „zum Inkasso", „Wert zum Pfand bzw. zur Sicherheit") untersagt. Der vom Kommissionär eingesetzte Vermerk darf also weder die Transport- noch die Garantiefunktion des Wechsels einschränken.[9] Der Kommissionär hat ferner, wenn er datiert, den Ort seiner Niederlassung einzusetzen.[10] Blankoindossamente sind zulässig.[11] 5

3. Folgen eines pflichtgemäßen Indossaments. Indossiert der Kommissionär den Wechsel pflichtgemäß, so kann er dem Kommittenten, der ihn im Rückgriff (Art. 15 WG) aus dem Wechsel in Anspruch nehmen will, den Einwand des venire contra factum proprium entgegenhalten[12]. Das gilt auch dann, wenn der Kommissionär gemäß § 384 Abs. 3 selbst haftet oder sich der Delkrederehaftung unterworfen haben sollte. Der Kommissionär braucht seine Haftung aus dem Kommissionsvertrag nicht in eine Wechselschuld umfunktionieren zu lassen[13]. Nachmännern des Kommittenten haftet der Kommissionär nach allgemeinen wechselrechtlichen Grundsätzen, auch wenn diese gewußt haben sollten, daß das Indossament im Rahmen eines Kommissionsgeschäftes erfolgt ist[14]. Der Kommissionär kann, wenn er zahlt, vom Kommittenten Ersatz seiner Aufwen- 6

[6] MünchKommHGB/*Häuser*, § 395 Rn 2; *Schmidt-Rimpler* (Fn 2), S. 750; **aA** *Krüger* (Fn 1), § 395 Rn 2; *Schlegelberger/Hefermehl*, HGB, § 395 Rn 3 mN.

[7] Ebenso i.E. MünchKommHGB/*Häuser*, § 395 Rn 2.

[8] MünchKommHGB/*Häuser*, § 395 Rn 3; *Krüger* (Fn 1), § 395 Rn 1.

[9] MünchKommHGB/*Häuser*, § 395 Rn 5.

[10] *Schmidt-Rimpler* (Fn 2), S. 751.

[11] MünchKommHGB/*Häuser*, § 395 Rn 6; *Roth*, in Koller/Roth/Morck, HGB § 395 Rn 1.

[12] *Schmidt-Rimpler* (Fn 2), S. 751 (Einrede); ebenso i.E. *Schlegelberger/Hefermehl*, HGB, § 395 Rn 6; MünchKommHGB/*Häuser*, § 395 Rn 7; *Krüger* (Fn 1), § 395 Rn 4.

[13] Oetker/*Bergmann*, HGB, § 395 Rn 3; *Schmidt-Rimpler* (Fn 2), S. 751 f; **aA** MünchKommHGB/*Häuser*, § 395 Rn 8; *Krüger* (Fn 1), § 395 Rn 4; *Schlegelberger/Hefermehl*, HGB, § 395 Rn 6.

[14] *Schmidt-Rimpler* (Fn 2), S. 752; *Schlegelberger/Hefermehl*, HGB, § 395 Rn 6.

dungen verlangen (§§ 396 Abs. 2 HGB, 670 BGB).[15] Eine **Provision** steht ihm hierfür ohne Delkredereabrede, Handelsbrauch oder sonstige Vereinbarung nicht zu.[16]

7 **4. Verstoß gegen die Pflicht aus § 395.** Ein Verstoß gegen die Pflicht zur üblichen und vorbehaltslosen Indossierung zieht den Anspruch des Kommittenten auf Schadensersatz nach sich.[17] Außerdem kann der Kommittent den Wechsel zurückweisen und ein glattes Indossament verlangen.[18] Das Ausführungsgeschäft als solches kann der Kommittent bei schuldhaftem Verhalten des Kommissionärs zurückweisen, falls der Kommissionär nicht binnen angemessener Frist den Wechsel pflichtgemäß indossiert[19].

IV. Analoge Anwendung des § 395

8 Zur analogen Anwendung des § 395 dort, wo es dem Kommissionär nicht oblag, einen Wechsel anzukaufen, s. Rn 2.

§ 396

(1) Der Kommissionär kann die Provision fordern, wenn das Geschäft zur Ausführung gekommen ist. Ist das Geschäft nicht zur Ausführung gekommen, so hat er gleichwohl den Anspruch auf die Auslieferungsprovision, sofern eine solche ortsgebräuchlich ist; auch kann er die Provision verlangen, wenn die Ausführung des von ihm abgeschlossenen Geschäfts nur aus einem in der Person des Kommittenten liegenden Grunde unterblieben ist.

(2) Zu dem von dem Kommittenten für Aufwendungen des Kommissionärs nach den §§ 670 und 675 des Bürgerlichen Gesetzbuchs zu leistenden Ersatze gehört auch die Vergütung für die Benutzung der Lagerräume und der Beförderungsmittel des Kommissionärs.

Schrifttum siehe Angaben zu § 383.

Übersicht

[15] MünchKommHGB/*Häuser*, § 395 Rn 7, 9.
[16] MünchKommHGB/*Häuser*, § 395 Rn 4.
[17] MünchKommHGB/*Häuser*, § 395 Rn 10.
[18] MünchKommHGB/*Häuser*, § 395 Rn 10; *Krüger* (Fn 1), § 395 Rn 5.
[19] § 385 Rn 5 ff; Heymann/*Herrmann*, HGB, § 395 Rn 2; **aA** *Krüger* (Fn 1), § 395 Rn 5; MünchKommHGB/*Häuser*, § 395 Rn 10; Oetker/*Bergmann*, HGB, § 395 Rn 4; *Schlegelberger/Hefermehl*, HGB, § 395 Rn 8 mN.

A. Vorbemerkung

I. § 396 Abs. 1

§ 396 Abs. 1 regelt **nicht die Form und das Ausmaß der Vergütung** des Kommissionärs.[1] Es ist Sache der Parteien zu vereinbaren, ob die Tätigkeit des Kommissionärs durch eine Provision, durch einen Anteil an dem Betrag, um den das vom Kommittenten gesetzte Limit übertroffen bzw. unterschritten wird oder z.B. durch einen von vornherein zahlenmäßig fixierten Betrag entgolten werden soll. In der Regel, zumal bei der Effektenkommission, werden Provisionen vereinbart. Eine Gewinn- und Verlustbeteiligung verweist das Kommissionsverhältnis in den Bereich der Gesellschaftsverträge[2]. Haben die Parteien nichts vereinbart und liegt auch kein einschlägiger Handelsbrauch (§ 346) vor, so kann der Kommissionär gemäß § 354 Abs. 1 Provision nach den am Ort der Niederlassung des Kommissionärs maßgeblichen Sätzen fordern. Fehlen Anhaltspunkte für die ortsübliche Provision, so greifen die §§ 315 f BGB ein[3]. 1

§ 396 Abs. 1 enthält eine **Gefahrtragungsregel.** Sie bestimmt, unter welchen Umständen der Kommissionär das Risiko zu tragen hat, daß er tätig geworden ist, ohne eine Provision zu erhalten. Dabei weicht § 396 Abs. 1 erheblich von der Risikoverteilung ab, die normalerweise für Dienstverträge gilt, denen die meisten Kommissionsverträge zuzurechnen sind (§ 383 Rn 106). Charakteristisch für § 396 Abs. 1 S. 1 ist das in ihm enthaltene partiarische Element. § 396 Abs. 1 wird in der Durchführungsphase durch § 326 BGB ergänzt, falls die Durchführung der Kommission unmöglich wird, weil z.B. das vom Kommissionär entgegengenommene Gut in der Sphäre des Kommissionärs zerstört worden ist (unten Rn 33 sowie § 384 Rn 129, 135). 2

§ 396 Abs. 1 ist dispositiv. Haben die Parteien z.B. ein festes Gehalt des Kommissionärs vereinbart, so wird insoweit § 396 Abs. 1 durch die allgemeinen dienstvertrag- 3

[1] *Krüger* in Ebenroth/Boujong/Joost/Strohn, HGB, § 396 Rn 2.

[2] § 383 Rn 53; dort auch zu den partiarisch ausgeformten Entgelten.

[3] Schlegelberger/*Hefermehl*, HGB, § 354 Rn 14 mN; näher dazu Rn 44.

lichen Regeln verdrängt. Besondere Regeln gelten für **Kommissionsagenten,** die auf Dauer mit Kommissionsgeschäften betraut sind (§ 383 Rn 58 ff).

4 Spezialnormen für den Bereich der **Effektenkommission** enthalten die §§ 25 ff DepG.

II. § 396 Abs. 2

5 § 396 Abs. 2 bekräftigt und ergänzt die für den Kommissionsvertrag als Geschäftsbesorgungsvertrag geltenden §§ 675 Abs. 1, 670 BGB, die den Aufwendungsersatz regeln. Er statuiert eine Vergütungspflicht für den Einsatz von Lagerräumen und Beförderungsmitteln des Kommissionärs. Damit wird eine Sonderregelung für den Einsatz bestimmter Elemente der Unternehmensorganisation des Kommissionärs getroffen, die der Aus- und Durchführung der Kommission dienen.

B. Der Provisionsanspruch

I. Voraussetzungen des Provisionsanspruches im Sinne des § 396 Abs. 1 S. 1

6 Greift **mangels Parteivereinbarung** oder abweichenden **Handelsbrauchs** die dispositive Regelung des § 396 Abs. 1 ein, so gilt folgendes:

7 **1. Zustandekommen eines Kommissionsvertrages.** Erste Voraussetzung eines Provisionsanspruches ist grundsätzlich, daß ein Kommissionsvertrag **wirksam** (dazu § 383 Rn 88 ff) zustande gekommen ist.[4] Liegt kein Kommissionsvertrag vor, so kann der Kommissionär eine Vergütung nur als berechtigter Geschäftsführer ohne Auftrag oder nach den Regeln über die ungerechtfertigte Bereicherung geltend machen[5]. Entgegen der Ansicht des BGH[6] stellt § 354 keine selbständige Anspruchsgrundlage dar, sondern setzt einen gültigen Vertrag voraus.[7]

8 **2. Fortbestand des Kommissionsvertrages im Moment des Ausführungsgeschäftes mit dem Dritten.** Der Kommissionsvertrag muß im Moment der Ausführung i.S. des § 384 noch fortbestehen.[8] Er darf insbesondere nicht gekündigt worden sein. Die Beweislast für die Kündigung trifft den Kommittenten. Die kommissionsrechtliche Vergütungsregel ist nämlich partiarisch ausgestaltet; d.h., sie ist davon abhängig, daß dem Kommittenten aufgrund der Bemühungen des Kommissionärs ein typisierter Nutzen in Form der Vereinbarung eines vertragsgemäßen Ausführungsgeschäfts verschafft wird. Dies kommt deutlich in den Materialien zum HGB zum Ausdruck. Der Entwurf des HGB enthielt einen § 367 Abs. 2, dem zufolge der Kommittent einen den Umständen nach angemessenen Anteil der Provision entrichten sollte, falls er die Kommission vor Abschluß des Ausführungsgeschäfts widerrufen hatte[9]. Die Vorschrift wurde jedoch nicht zum Gesetz

---

4 MünchKommHGB/*Häuser*, § 396 Rn 4; *Krüger* (Fn 1), § 396 Rn 4.

5 Schlegelberger/*Hefermehl*, HGB, § 396 Rn 5.

6 BGH, LM Nr. 2 zu § 396 HGB.

7 *Roth*, in Koller/Roth/Morck, HGB § 396 Rn 1; *Krüger* (Fn 1), § 396 Rn 4; Baumbach/*Hopt*, HGB, § 396 Rn 1; Heymann/*Herrmann*, HGB, § 396 Rn 2; Oetker/*Bergmann*, HGB, § 396 Rn 3; **aA** MünchKommHGB/*Häuser*, § 396 Rn 1.

8 MünchKommHGB/*Häuser*, § 396 Rn 4; Oetker/*Bergmann*, HGB, § 396 Rn 4.

9 Denkschrift zum Entwurf des HGB (1896), S. 239.

erhoben. Vielmehr beließ man es bei der allgemeinen Regel des § 396 Abs. 1. Damit trug man dem Interesse des Kommittenten Rechnung, der mangels „Ausführung" aus dem Erfüllungsversuch des Kommissionärs mit Sicherheit keinerlei Nutzen zu ziehen vermochte. § 396 Abs. 1 verdrängt demnach sowohl die in § 628 BGB als auch die in § 649 BGB enthaltenen Regelungen[10].

Allerdings unterliegt der Kommittent dem **Verbot des venire contra factum proprium.** 9
Hat er die Kommission nur deshalb gekündigt, um unter Ausnutzung der vom Kommissionär bereits geleisteten Vorarbeiten selbst das angestrebte Geschäft zu tätigen, so verhält er sich widersprüchlich, wenn er die Kommission aufkündigt, da er in einem solchen Falle durchaus weiter an dem intendierten Ausführungsgeschäft interessiert war.[11] Es ist ihm deshalb verwehrt, sich darauf zu berufen, daß der Kommissionär kein Ausführungsgeschäft zustandegebracht habe[12]. Das gilt allerdings nicht bereits dann, wenn der Kommittent kündigt, obwohl der Kommissionär sich bereits die nötigen Mittel zur Ausführung beschafft, die entsprechenden Anordnungen getroffen oder den Auftrag an einen Unterkommissionär weitergegeben hat. Hat der Kommissionär einen Unterkommissionär eingeschaltet, so kommt es darauf an, ob dies als Ausführung anzusehen ist. Zur Kündigung vor „Ausführung" des mit dem Dritten bereits abgeschlossenen Ausführungsgeschäfts s. unten Rn 36.

3. **Abschluß des Ausführungsgeschäfts mit dem Dritten.** Ferner muß der Kommissio- 10
när ein Geschäft mit einem Dritten auf Rechnung des Kommittenten abgeschlossen haben.[13] Die Entstehung des Provisionsanspruches hängt objektiv davon ab, daß der Kommittent einen Anspruch auf Herausgabe eines typisierten Nutzens in Form von Forderungen aus dem Ausführungsgeschäft erwirbt. Dem stehen auf das positive Interesse gehende Schadensersatzansprüche gleich (§ 384 Rn 75). Darin kommt der den Kommissionsvertrag kennzeichnende Rechtsgedanke partiarischer Beteiligung zum Ausdruck. Hieraus folgt, daß es für die Begründung des Provisionsanspruches irrelevant ist, ob ein Ausführungsgeschäft nicht zustande kommt, weil der Kommissionär nicht alle denkbaren Mittel verwandt hat, um die Kommission auszuführen, oder ob bei Einsatz dieser Mittel seine Bemühungen um ein passendes Ausführungsgeschäft gleichfalls vergeblich gewesen wären. Ebenso unerheblich ist es, ob ein Ausführungsgeschäft an vorhersehbaren oder an gänzlich außerhalb aller Wahrscheinlichkeit liegenden Umständen scheitert.

Grundsätzlich kommt der Kommissionär auch dann nicht in den Genuß eines Provi- 11
sionsanspruches, wenn die Ausführung durch ein Ereignis verhindert wird, das aus der Sphäre des Kommittenten stammt oder sich in ihr zuerst ausgewirkt hat. Das Prinzip partiarischer Risikoverteilung überlagert die allgemeinen Grundsätze der Risikoverteilung in Austauschverträgen.[14] Das gilt vor allem für die „in der Person des Kommitten-

---

[10] MünchKommHGB/*Häuser*, § 396 Rn 4, 22; *Krüger* (Fn 1), § 396 Rn 4; *Roth*, in Koller/Roth/Morck, HGB § 396 Rn 1; Schlegelberger/*Hefermehl*, HGB, § 396 Rn 5, 21; *Schmidt-Rimpler*, Das Kommissionsgeschäft, in: Ehrenbergs Handbuch des gesamten Handelsrechts (1928) Bd. V 1. Abt. 2. Hälfte, S. 796; **aA** *K. Schmidt* Handelsrecht, § 31 IV 3a.

[11] MünchKommHGB/*Häuser*, § 396 Rn 6; ähnlich *Roth*, in Koller/Roth/Morck, HGB § 396 Rn 1 (§ 826 BGB).

[12] MünchKommHGB/*Häuser*, § 396 Rn 5; ähnlich *Schmidt-Rimpler* (Fn 10), S. 796; enger vom Ansatz her Schlegelberger/*Hefermehl*, HGB, § 396 Rn 5.

[13] MünchKommHGB/*Häuser*, § 396 Rn 6.

[14] Krüger (Fn 2), § 384 Rn 31; MünchKommHGB/*Häuser*, § 384 Rn 91. Fragw. *Kindler*, ZIP 2003, 620 (621), der darauf abstellt, ob sich der Kommissionär mit allen Kräften um einen Abschluss bemüht hat.

ten begründeten Störungen". § 396 Abs. 1 S. 2 2. HS findet auf die hier angesprochenen Konstellationen weder unmittelbar noch analoge Anwendung.[15] Allerdings ist auch der Kommittent dem Verbot des venire contra factum proprium unterworfen. Gegen dieses Verbot verstößt er, falls er die Bemühungen des Kommissionärs um die Ausführung der Kommission für sich ausnutzt, um selbst das Geschäft mit dem vom Kommissionär in Aussicht genommenen Dritten zu tätigen[16]. Anders ist aber die Situation, wenn der Kommittent dem Kommissionär mit dem Abschluß bloß zuvorgekommen ist oder wenn der Kommittent nicht wissen konnte, daß die Bemühungen des Kommissionärs den Dritten abschlußbereit gemacht haben[17]. Hat der Kommittent das Ausführungsgeschäft vereitelt, obwohl er dies mit zumutbaren Mitteln eines sorgfältigen Vertragspartners hätte verhindern können, so ist er zum Schadensersatz verpflichtet. Im Rahmen des Schadensersatzanspruchs kann der Kommissionär auch Zahlung der Provision verlangen, wenn er nachweist, daß der Abschluß des Ausführungsgeschäfts und dessen Ausführung im Sinn des § 396 Abs. 1 mit Wahrscheinlichkeit zu erwarten gewesen wären (§ 252 BGB).[18]

12 Das vom Kommissionär abgeschlossene Geschäft darf nicht (mehr) unter einer aufschiebenden Bedingung stehen.[19] Haben der Kommissionär und der Dritte eine auflösende **Bedingung** vereinbart, so entsteht gleichwohl eine Provisionsforderung sofort, nicht erst dann, wenn sicher ist, daß die auflösende Bedingung ausfällt. Sobald die auflösende Bedingung eintritt, erlischt mit ex tunc-Wirkung der Provisionsanspruch.[20] Gleiches gilt, falls das Geschäft aufgrund einer wirksamen **Anfechtung** ex tunc nichtig wird (§ 142 BGB).[21] Hat der Dritte angefochten, so hat dieser gegebenenfalls dem Kommissionär die Provision zu zahlen (§ 122 BGB).

13 Der Provisionsanspruch entsteht ferner nicht in Fällen, in denen der Kommissionär oder der Kommittent **vom Vertrag zurücktritt**, weil die eingekaufte Sache mangelhaft ist.[22] Ebenso ist die Rechtslage, wenn der Dritte vom Vertrag zurücktritt und der Grund nicht der Person des Kommittenten (Rn 24) zuzurechnen ist.[23] Übt der Kommissionär bzw. der Dritte ein vertragliches Rücktrittsrecht aus, so fällt desgleichen die Provision fort; denn der vom Kommittenten angestrebte Erfolg hat sich im Ausführungsgeschäft in seiner typisierten Form nicht voll realisiert.[24] Dabei kommt es nicht darauf an, ob der Kommissionär auf Weisung oder im Interesse des Kommittenten zurücktritt, wie die Parallele zur Kündigung der Kommission als solcher (Rn 8) zeigt. Das für den Kommissionsvertrag charakteristische partiarische Element steht hier, solange das Ausführungsgeschäft nicht uneingeschränkt bindend geworden ist, im Vordergrund. Anders ist die Sachlage, wenn der Kommissionär das Ausführungsgeschäft verbindlich abgeschlossen hat, sich auf Wunsch des Kommittenten aber nochmals mit dem Dritten in Verbindung setzt, um von diesem auf Kulanzbasis eine Aufhebung des Vertrages zu erreichen. Gelingt das dem Kommissionär, so bleibt der Provisionsanspruch gleichwohl bestehen.[25] Spätere Änderungen des Ausführungsgeschäfts im Interesse des Kommittenten gehen somit nicht zu Lasten des Kommissionärs. Zur Ausübung sonstiger gesetzlicher Rücktrittsrechte s. Rn 33.

---

[15] MünchKommHGB/*Häuser*, § 396 Rn 17; **aA** *Canaris*, Handelsrecht, § 30 Rn 18.

[16] Siehe dazu oben Rn 9.

[17] Weitergehend *K. Schmidt* Handelsrecht, § 31 IV 3a.

[18] *Krüger* (Fn 1), § 396 Rn 6; **aA** MünchKommHGB/*Häuser*, § 384 Rn 91 (§ 326 Abs. 2 Satz 2 BGB).

[19] *Krüger* (Fn 1), § 396 Rn 5.

[20] *Krüger* (Fn 1), § 396 Rn 5.

[21] *Krüger* (Fn 1), § 396 Rn 5.

[22] *Krüger* (Fn 1), § 396 Rn 5.

[23] OLG Zweibrücken, OLGZ 1987, 486.

[24] OLG Zweibrücken, OLGZ 1987, 486; *Krüger* (Fn 1), § 396 Rn 5.

[25] Wertung des § 396 Abs. 1 S. 2 2. HS; *Schmidt-Rimpler* (Fn 10), S. 800.

Die Provision vergütet grundsätzlich nur das konkrete, vom Kommissionär abgeschlossene Geschäft. Werden dem Kommittenten infolge der Abtretung der Ansprüche gegen den Dritten oder auf sonstige Weise die Geschäftsverbindungen des Kommissionärs bekannt, so liegt in der Ausnutzung der Geschäftsverbindung noch kein venire contra factum proprium. Der Kommissionär kann deshalb keine Provision verlangen, falls der Kommittent nunmehr in Zukunft den Kommissionär umgeht und selbst mit dem Dritten kontrahiert.[26] Anders kann es beim **Kommissionsagenten** liegen, da dessen Beziehungen zum Kommittenten auf der Grundlage einer auf längere Dauer angelegten Zusammenarbeit stehen, deren Basis der Kommittent nicht einfach zerstören darf. Zur analogen Anwendung des § 89b auf diesen Fall s. § 383 Rn 69. **14**

4. „Ausführung" des Geschäfts im Sinn des § 396 Abs. 1 Satz 1. Nach **hM** ist der Provisionsanspruch mit dem Abschluß des Ausführungsgeschäfts entstanden. Er soll jedoch durch die gemäß § 396 Abs. 1 S. 1 erforderliche „Ausführung des Geschäfts" **aufschiebend bedingt** sein[27]. **15**

Richtiger erscheint es zu sagen, daß der Provisionsanspruch **erst dann entsteht**, wenn der Kommissionär das Ausführungsgeschäft mit einem leistungsfähigen[28] Dritten abgeschlossen hat.[29] Man wollte nämlich den Kommissionär durch § 371 Abs. 2 ADHGB, den Vorläufer des § 396 Abs. 1 S. 1, anspornen, das Ausführungsgeschäft auf solider Basis auszuführen[30]. Überall dort, wo es dem Kommissionär nicht gelungen war, einen leistungsfähigen Partner zu finden, sollte er die Provisionsforderung nicht geltend machen können. Mit dieser **ratio** steht § 396 Abs. 1 S. 2 2. HS im Einklang, der den Kommittenten zur Zahlung der Provision verpflichtet, falls der Dritte an sich leistungsfähig ist, dieser jedoch aus einem „in der Person des Kommittenten liegenden Grunde" nicht geleistet hat. Ob nun der Dritte im Einzelfall **leistungsfähig** ist, soll nicht ex ante im Moment der Vereinbarung des Ausführungsgeschäfts, sondern **ex post festgestellt** werden. Damit ist natürlich nicht gesagt, daß der Kommissionär den Abschluß mit einem leistungsfähigen Dritten schulden würde. Insoweit trägt der Kommissionär nicht die Leistungsgefahr. Er schuldet nur den Abschluß mit einem Dritten, der bei Anwendung pflichtgemäßer Sorgfalt als leistungsfähig erscheint. Dem Kommissionär wird mit anderen Worten lediglich die Preisgefahr dafür auferlegt, daß er einen „Dritten" ausgewählt hat, der sich später als leistungsunfähig erweist. Diese Risikobelastung steht grundsätzlich im Einklang mit der für normale Austauschverträge charakteristischen Risikozurechnung[31]; denn der Kommissionär allein ist es, der darüber entscheidet, mit welchem Dritten er kontrahiert, und der deshalb auch allein anhand der verfügbaren Informationsmittel die Gefahr einer Leistungsunfähigkeit zu beurteilen und zu steuern in der Lage ist.[32] Freilich gibt es auch Fälle, in denen der Dritte leistungsunfähig war oder es wurde, obwohl dies unvorhersehbar war oder die Gründe der Leistungsunfähigkeit gänzlich in den Interna des Dritten wurzelten. Hier hat § 396 Abs. 1 S. 1 ebenso wie das Gesetz im Rahmen des § 326 Abs. 1 BGB generalisiert. Dabei sollte man es belassen. Dafür spricht **16**

---

[26] Schlegelberger/*Hefermehl*, HGB, § 396 Rn 7.

[27] *Canaris*, Handelsrecht, § 30 Rn 42; Schlegelberger/*Hefermehl*, HGB, § 396 Rn 6; *Schmidt-Rimpler* (Fn 10), S. 801; *Knütel*, ZHR 137 (1973), 314.

[28] Siehe dazu unten Rn 18.

[29] MünchKommHGB/*Häuser*, § 396 Rn 6.

[30] Protokolle der Kommission zur Berathung eines ADHGB (1858), Band III, S. 1206; *Schmidt-Rimpler* (Fn 10), S. 798.

[31] *Krüger* (Fn 1), § 396 Rn 7; *Koller*, Die Risikozurechnung bei Vertragsstörungen in Austauschverträgen (1979), S. 77 ff.

[32] Fragw. *Kindler*, ZIP 2003, 620 (621), der darauf abstellt, ob sich der Kommissionär mit allen Kräften um einen Abschluss bemüht hat.

die für handelsrechtliche Verträge geltende Maxime der Verkehrssicherheit und der Schnelligkeit der Vertragsabwicklung.

17 **„Ausführung des Geschäfts"** i.S. des § 396 ist somit **nicht gleichbedeutend** mit dem **Abschluß des Ausführungsgeschäfts**[33]. Ebensowenig bedeutet sie die vollständige Erledigung der Kommission[34]. Der historische Gesetzgeber konnte sich nicht dazu durchringen, genauer zu definieren, was unter der „Ausführung des Geschäfts" zu verstehen ist. Er wollte damit „einen gewissen Spielraum für die Würdigung der Umstände des Falles" schaffen.[35]

18 Aus der ratio des § 396 Abs. 1 läßt sich ableiten, daß man als „Ausführung" i.S. dieser Vorschrift die **vertragsgemäße Erfüllung des Geschäfts durch den Dritten** anzusehen hat.[36] Hat der Dritte die von ihm versprochene Leistung (ohne Mängel; dazu Rn 18, 21) erbracht, so hat er sich als ex post hinreichend leistungsfähig erwiesen[37]. Der Kommittent ist nicht gehalten, die Leistung des Dritten gerichtlich zu erzwingen.[38] Warum der Dritte nicht geleistet hat, ist – von den Fällen des § 396 Abs. 1 S. 2 2. HS abgesehen – irrelevant. Darin kommt der generalisierende Ansatz des § 396 Abs. 1 zum Tragen. Unterbleibt z.B. die Leistung des Dritten, weil der Kommissionär das in seiner Verwahrung befindliche **Kommissionsgut verloren** hat, so ist die Regelung des § 396 Abs. 1 zusätzlich durch den Umstand gerechtfertigt, daß die Störungsursache der Sphäre des Kommissionärs entsprang. Hatte der **Dritte eine Gattungsschuld** zu erfüllen, so ist es für die „Ausführung" nicht erforderlich, daß der Kommissionär die vom Dritten geleisteten Gattungsobjekte bereits für die einzelnen Kommittenten ausgesondert hat. Der Umstand, daß der Dritte **zu spät geleistet** hat und ein Anspruch auf Verzugsschaden entstanden ist, wird meist als unwesentlich (näher Rn 19) übergangen werden können, auch wenn der Verzugsschaden noch nicht beglichen worden ist. Der Erfüllung steht jedenfalls die Leistung an **Erfüllungs Statt** oder die Bezahlung des **Schadensersatzes** wegen Nichterfüllung bzw. die wesentlich verspätete Leistung samt Deckung des Verzugsschadens gleich[39]. Die Leistung muß nicht durch den Dritten erfolgen. Hat z.B. der Kommissionär im Rahmen der **Delkrederehaftung** erfüllt, so ist damit das Geschäft im Sinn des § 396 Abs. 1 S. 1 „ausgeführt".[40]

19 Leistet der Dritte nur **teilweise**, so steht dem Kommissionär nur die anteilige Provision zu, soweit die Teilleistung im Interesse des Kommittenten liegt[41]. § 87a Abs. 1 S. 1 läßt sich bei normalen Kommissionsgeschäften nicht ohne weiteres analog heranziehen, weil diese Vorschrift stärker dem besonderen, typischen Schutzbedürfnis des Handelsvertreters Rechnung trägt[42]. **Unwesentliche Leistungsrückstände** hindern die Entstehung des

---

[33] MünchKommHGB/*Häuser*, § 396 Rn 6; Schlegelberger/Hefermehl, HGB, § 396 Rn 9; *Schmidt-Rimpler* (Fn 10) S. 800.

[34] Denkschrift zum Entwurf eines HGB (1896), S. 239.

[35] Denkschrift (Fn 35), S. 239.

[36] MünchKommHGB/*Häuser*, § 396 Rn 5 f; *Krüger* (Fn 1), § 396 Rn 7; Oetker/*Bergmann*, HGB, § 396 Rn 5.

[37] *Canaris*, Handelsrecht, § 30 Rn 42; *Schmidt-Rimpler* (Fn 10), S. 800; Schlegelberger/*Hefermehl*, HGB, § 396 Rn 9 mN.

[38] MünchKommHGB/*Häuser*, § 396 Rn 12.

[39] *Krüger* (Fn 1), § 396 Rn 8 f; MünchKommHGB/*Häuser*, § 396 Rn 8; *Roth*, in Koller/Roth/Morck, HGB § 396 Rn 2; Oetker/*Bergmann*, HGB, § 396 Rn 6; *Schmidt-Rimpler* (Fn 10), S. 801; Schlegelberger/*Hefermehl*, HGB, § 396 Rn 10.

[40] *Krüger* (Fn 1), § 396 Rn 9; MünchKommHGB/*Häuser*, § 396 Rn 8; Oetker/*Bergmann*, HGB, § 396 Rn 5.

[41] MünchKommHGB/*Häuser*, § 396 Rn 9; Baumbach/*Hopt*, HGB, § 396 Rn 2; *Roth*, in Koller/Roth/Morck, HGB § 396 Rn 3; *Krüger* (Fn 1), § 396 Rn 8; Oetker/*Bergmann*, HGB, § 396 Rn 6.

[42] **AA** MünchKommHGB/*Häuser*, § 396 Rn 9; Schlegelberger/*Hefermehl*, HGB, § 396 Rn 11 mN.

vollen Provisionsanspruches nicht, da sie die Leistungsfähigkeit des Dritten nicht mehr in Frage stellen können[43].

Hat der Dritte die im Ausführungsgeschäft angesprochene Leistung nicht auf einmal, sondern in **Raten** zu erbringen (z.B. Sukzessivlieferungsverträge, Ratenkäufe, Miete), so entsteht der volle Provisionsanspruch ebenfalls erst dann, wenn die letzte Rate im wesentlichen erbracht ist. Das heißt nicht, daß der Kommissionär nicht Teilprovision fordern dürfte. Insoweit gelten vielmehr im Zweifel die Regeln für Teilleistungen (s. oben).[44] 20

Leistet der **Dritte nicht vertragsgemäß oder mangelhaft** und übt daraufhin der Kommittent oder der Kommissionär auf dessen Weisung das Rücktrittsrecht (§§ 323, 326 Abs. 5, 437 Nr. 2 BGB) aus, so kommt der Provisionsanspruch endgültig nicht zum Entstehen.[45] Bereits geleistete Provisionen sind zurückzuzahlen (§ 812 BGB).[46] Gleiches gilt, falls der Kommittent bzw. der Kommissionär im Falle einer vom Dritten zu vertretenden Unmöglichkeit der Leistung (§ 275 BGB) anstatt Schadensersatz (§ 280 BGB) den Rücktritt wählt (§ 326 Abs. 5 BGB). Macht der Kommittent oder der Kommissionär vom Minderungsrecht (§ 437 Nr. 2 BGB) Gebrauch, so ermäßigt sich der Provisionsanspruch nach den in den §§ 326 Abs. 1 Satz 1 HS 2, 441 Abs. 3 BGB niedergelegten Grundsätzen. 21

Nicht erforderlich für die Ausführung im Sinne des § 396 Abs. 1 ist, daß der Kommissionär das vom Dritten Erlangte dem Kommittenten weisungsgemäß **herausgegeben** hat.[47] Zu den Auswirkungen einer in der Sphäre des Kommissionärs eintretenden Störung des Transfers der Leistung s. Rn 33 ff. 22

§ 396 Abs. 1 S. 1 gilt auch dort, wo die **Abwicklung der Verträge unmittelbar zwischen dem Kommittenten und dem Dritten** erfolgen soll[48]. Legt der Kommittent der Erfüllung vertragswidrig Hindernisse in den Weg, so findet § 396 Abs. 1 S. 2 2. HS Anwendung. Allerdings können Handelsbrauch und Verkehrssitte Abweichendes vorsehen. 23

5. Provision trotz unterbliebener „Ausführung" (**§ 396 Abs. 1 S. 2 2. HS**). Gemäß § 396 Abs. 1 S. 2 2. HS kann der Kommissionär Provision verlangen, wenn das Geschäft aus einem Grund, der in der Person des Kommittenten liegt, „unausgeführt"[49] geblieben ist. Für § 396 Abs. 1 S. 2 HS 2 ist es irrelevant, ob der Kommittent die Nichtausführung verschuldet hatte[50]. § 396 Abs. 1 S. 2 2. HS liegt vielmehr eine objektive Risikozurechnung zugrunde. 24

Die **hM unterscheidet** in diesem Zusammenhang, ob die Nichtausführung auf einem Verhalten des Kommittenten bzw. auf einem Umstand beruht, der ausschließlich[51] die 25

---

[43] MünchKommHGB/*Häuser*, § 396 Rn 9; Baumbach/*Hopt*, HGB, § 396 Rn 2; Heymann/*Herrmann*, HGB, § 396 Rn 3; Oetker/*Bergmann*, HGB, § 396 Rn 6; ebenso i.E. *Schmidt-Rimpler* (Fn 10), S. 800; Schlegelberger/*Hefermehl*, HGB, § 396 Rn 11.

[44] Ähnlich MünchKommHGB/*Häuser*, § 396 Rn 10.

[45] MünchKommHGB/*Häuser*, § 396 Rn 13; *Roth*, in Koller/Roth/Morck, HGB § 396 Rn 2; Baumbach/*Hopt*, HGB, § 396 Rn 2. **Einschr.** *Canaris*, Handelsrecht, § 30 Rn 44 beim Auftrag, eine bestimmte Sache für den Kommittenten, der im Hintergrund bleiben will, zu erwerben, wenn der Kommissionär den Mangel nicht erkennen konnte (Rechtsgedanke des § 645 Abs. 1 Satz 1 Alt. 2 BGB).

[46] MünchKommHGB/*Häuser*, § 396 Rn 13.

[47] MünchKommHGB/*Häuser*, § 396 Rn 7.

[48] Schlegelberger/*Hefermehl*, HGB, § 396 Rn 12; **aA** Schmidt-R*impler* (Fn 10), S. 800.

[49] Zum Begriff „ausgeführt" in diesem Zusammenhang s. Rn 17.

[50] *Canaris*, Handelsrecht, § 30 Rn 43; MünchKommHGB/*Häuser*, § 396 Rn 18; Schlegelberger/*Hefermehl*, HGB, § 396 Rn 16.

[51] *Canaris*, Handelsrecht, § 30 Rn 43; MünchKommHGB/*Häuser*, § 396 Rn 18.

Person[52] des Kommittenten betrifft, oder ob sonstige Ursachen die „Ausführung" im Sinn des § 396 Abs. 1 S. 1 verhindert haben[53]. Nicht in der Person des Kommittenten liege, was für diesen unzumutbar sei.[54] **Anderer Ansicht** zufolge grenzt § 396 Abs. 1 S. 2 2. HS Risikosphären voneinander ab, so daß auch in den Fällen höherer Gewalt die Nichtausführung in der Person des Kommittenten liege, falls sich das Ereignis speziell auf dessen Unternehmen auswirkte.[55] Anders sei die Situation z.B. bei allgemeinen Handelsverboten, die auch die Sphäre des Kommissionärs berühren[56].

26 Nach der **hier vertretenen Ansicht** ist § 396 Abs. 1 S. 2 HS 2 in Parallele zu § 552 BGB zu setzen,[57] bei dessen Interpretation heute nicht mehr in dem Maße das Schwergewicht auf die Worte „in seiner Person liegenden Grund" gelegt wird. Maßgeblich sind vielmehr die normale Austauschverträge durchdringenden Risikozurechnungselemente der abstrakten Beherrschbarkeit, der Absorbierbarkeit und der Veranlassung.

27 Auf der Grundlage dieser Zurechnungsprinzipien hat der **Kommittent die Gefahr** auf sich zu nehmen, daß das die „Ausführung" blockierende Hindernis **aus seiner Sphäre stammt oder sich zunächst in ihr ausgewirkt** hat.[58] Befreit wird er in solchen Fällen von seiner Pflicht zur Provisionszahlung nur dort, wo die Störung außerhalb aller Wahrscheinlichkeit lag und das Hindernis auch anderen potentiellen Kommittenten es unmöglich gemacht hätte, ihren Beitrag zur „Ausführung" zu erbringen. Daraus folgt, daß der Kommittent z.B. Provision zu zahlen hat, falls die „Ausführung" einer Verkaufskommission unterbleibt, weil dem Lieferanten des Kommittenten ein Lieferungsverbot auferlegt worden ist[59]. Erst recht hat der Kommittent zu zahlen, wenn der Dritte bei einer Verkaufskommission die Ware wegen Fehlerhaftigkeit bzw. verspäteter Lieferung nicht abnimmt[60] oder das Kommissionsgut beim Kommittenten beschlagnahmt wurde. Die Provisionspflicht kommt jedoch z.B. in den Fällen nicht zum Entstehen, in denen der Kommissionär auf den Export von Waren einer bestimmten Gattung spezialisiert ist und ein allgemeines Verbot des Exportes derartiger Waren ergeht.[61]

28 Nach denselben Grundsätzen sind auch die Konstellationen zu behandeln, in denen der Kommittent durch **Vereinbarung mit dem Dritten den Vertrag rückgängig** macht. Erfolgt dies im Interesse des Kommittenten, so läßt dies den Anspruch des Kommissionärs auf Provision unberührt.[62] Geschieht es, weil der Dritte unzuverlässig ist, so entfällt damit die Provisionspflicht; denn es kann vom Kommittenten nicht erwartet wer-

---

[52] *Canaris*, Handelsrecht, § 30 Rn 43 betont, daß es nicht nur auf ein Verhalten des Kommittenten oder auf ein persönliches Ereignis wie zum Beispiel eine Erkrankung ankomme.

[53] Schlegelberger/*Hefermehl*, HGB, § 396 Rn 16; Schmidt-Ri*mpler* (Fn 10), S. 802. **Abw.** Oetker/*Martinek*, HGB, § 383 Rn 31, der auf § 326 Abs. 2 BGB abstellt.

[54] RG, HRR 1930, 2087; Baumbach/*Hopt*, HGB, § 396 Rn 3 (die Ausführung des Geschäfts ist für den Kommittenten unzumutbar); krit. Heymann/*Herrmann*, HGB, § 396 Rn 5.

[55] **Abw.** Baumbach/*Hopt*, HGB, § 396 Rn 3 (höhere Gewalt ist dem Kommittenten nie zuzurechnen).

[56] *Krüger* (Fn 1), § 396 Rn 11.

[57] So auch MünchKommHGB/*Häuser*, § 396 Rn 18.

[58] *Krüger* (Fn 1), § 396 Rn 11; Heymann/*Herrmann*, HGB, § 396 Rn 4; Oetker/*Bergmann*, HGB, § 396 Rn 9.

[59] *Krüger* (Fn 1), § 396 Rn 11; **aA** *Canaris*, Handelsrecht, § 30 Rn 43; MünchKommHGB/*Häuser*, § 396 Rn 18; Schlegelberger/Hefermehl, HGB, § 396 Rn 16.

[60] *Canaris*, Handelsrecht, § 30 Rn 43; MünchKommHGB/*Häuser*, § 396 Rn 18.

[61] *Krüger* (Fn 1), § 396 Rn 11; Heymann/*Herrmann*, HGB, § 396 Rn 4.

[62] MünchKommHGB/*Häuser*, § 396 Rn 18; *Roth*, in Koller/Roth/Morck, HGB § 396 Rn 3.

den, daß er seine Forderung gerichtlich durchsetzt[63]. Jedenfalls, wenn der Kommittent bzw. auf dessen Weisung der Kommissionär vom Ausführungsvertrag zurücktreten könnte (§ 323 BGB), geht eine Vertragsaufhebung zu Lasten des Kommissionärs, der, wie sich gezeigt hat, mit einem leistungsunfähigen Dritten abgeschlossen hatte[64].

Als ein in der Person des Kommittenten liegender Grund kann daher nicht der Umstand angesehen werden, daß der Kommittent den **Rücktritt** gemäß den §§ 323 BGB vom Ausführungsgeschäft veranlaßt, weil der Dritte nicht vertragsgemäß geleistet hat.[65] Zwar ist an sich auch die Leistung von Schadensersatz wegen Nichterfüllung eine „Ausführung" i.S.d. § 396 Abs. 1 S. 1. Zur Aufgabe des Kommissionärs gehört es jedoch, einen Dritten auszuwählen, der die versprochene Leistung – gegebenenfalls innerhalb der Nachfrist des § 323 Abs. 1 BGB – in natura zu erbringen vermag. Ist der Dritte dazu nicht in der Lage, so fällt das in den Risikobereich des Kommissionärs. 29

Bleibt das Geschäft aus einem „in der Person des Kommittenten liegenden Grund" **teilweise „unausgeführt"**, so kann der Kommissionär ebenfalls volle Provision fordern.[66] 30

Die bloße **Verzögerung der Leistung** aus einem vom Kommittenten zu vertretenden Grund führt nicht dazu, daß die volle Provisionsforderung sofort entsteht; denn die Leistung kann ja noch immer an einem vom Dritten zu vertretenden Grund (§ 300 BGB) scheitern. Wird der Dritte im inneren Zusammenhang mit der vom Kommittenten zu vertretenden Verzögerung leistungsunfähig, so ist dem Kommissionär der volle Provisionsanspruch zuzuerkennen, es sei denn, daß dem Dritten infolge grober Fahrlässigkeit die Leistung unmöglich geworden ist (Wertung des § 300 BGB). 31

Zur **Kündigung des Kommissionsvertrages** *vor* „Ausführung" i.S.d. § 396 Abs. 1 s. § 383 Rn 161. In einem solchen Fall kommt lediglich eine Kürzung des Provisionsanspruchs um ersparte Aufwendungen und anderweitig erzielte Verdienste in Betracht. 32

6. Keine Provision trotz „Ausführung" i.S.d. § 396 Abs. 1 S. 1. Hat der Dritte geleistet oder die Ware im Rahmen einer Schickschuld an den Kommissionär abgesandt, so ist das Geschäft i.S.d. § 396 Abs. 1 S. 1 „ausgeführt". Es stellt sich dann die weitere Frage, ob der Kommissionär seinen Provisionsanspruch wieder verliert, wenn ihm z.B. die Herausgabe der Ware unmöglich wird oder er die Herausgabe vorwerfbar verzögert, und der Kommittent gemäß § 323 BGB zurücktritt. Dies wird vielfach mit dem Argument verneint, § 396 Abs. 1 regle den Provisionsanspruch abschließend. Zu beachten sei auch, daß bei der Geschäftsbesorgungskommission die Durchführungspflichten wie die Herausgabepflicht nicht im Synallagma zur Provisionsforderung stünden.[67] 33

Zu folgen ist jedoch der **Gegenansicht,** die die zentralen Pflichten im Rahmen der Abwicklung der Kommission, wie die **Herausgabe und den Transfer des vom Dritten Erlangten, als gegenseitige Pflichten** qualifiziert.[68] 34

In den Fällen verspäteter Übersendung des Stückeverzeichnisses bei der Effektenkommission beachte die §§ 25 ff DepG[69]. 35

Nach ganz herrschender Meinung kann der Kommittent den **Kommissionsvertrag nicht mehr kündigen,** sobald der Kommissionär das Ausführungsgeschäft abgeschlossen 36

---

63 **AA** MünchKommHGB/*Häuser*, § 396 Rn 12 (str.).

64 *Krüger* (Fn 1), § 396 Rn 11; ebenso i.E. Schlegelberger/*Hefermehl*, HGB, § 396 Rn 16.

65 MünchKommHGB/*Häuser*, § 396 Rn 18; Heymann/*Herrmann*, HGB, § 396 Rn 4.

66 MünchKommHGB/*Häuser*, § 396 Rn 18.

67 Näher dazu § 384 Rn 119.

68 Näher dazu § 384 Rn 120.

69 MünchKommHGB/*Häuser*, § 396 Rn 38.

hat, selbst wenn er den Kommissionär mit der Abwicklung der Kommission beauftragt hatte (§ 384 Rn 70 ff). Die Provisionsansprüche können deshalb durch eine Kündigung nicht mehr zum Erlöschen gebracht oder eingeschränkt werden. Von dem hier vertretenen Standpunkt aus kann zumindest die Herausgabe des Erlangten zu den im Synallagma stehenden Pflichten gehören. Es können auch andere Abwicklungspflichten vereinbart sein, wie die Einziehung der Forderung gegen den Dritten oder die Lagerung des Gutes. Es ist kein Grund ersichtlich, warum insoweit nicht auch noch in der **Abwicklungsphase** sollte gekündigt werden dürfen (§§ 621 Nr. 5, 627, 649 BGB; dazu § 383 Rn 161). Die Pflicht zur Herausgabe und zur Rechnungslegung bleibt natürlich trotz Kündigung bestehen. Eine andere Frage ist, welche Folgerungen für den Provisionsanspruch aus der Kündigung zu ziehen sind. Geht man davon aus, daß die Kommissionsverträge normalerweise in die Kategorie der Dienstverträge fallen, so mindert sich freilich der Provisionsanspruch nicht ohne weiteres, weil der Kommissionär eine Reihe von Abwicklungspflichten nicht mehr zu erfüllen braucht. § 628 Abs. 1 S. 1 BGB läßt sich nicht anwenden, da der Provisionsanspruch zu einem wesentlichen Teil partiarischen Charakter trägt (Abhängigkeit vom Abschluß des Ausführungsgeschäfts). Es ist völlig unklar, in welchem Verhältnis die Provision einerseits den Abschluß als solchen und andererseits die Abwicklung entgelten soll. Daran scheitert die Anwendung des § 628 Abs. 1 S. 1 BGB.[70]

37 Hieraus folgt jedoch nicht, daß dem Kommissionär immer die volle Provision verbleiben müßte, auch wenn er nicht mehr zur Abwicklung des Ausführungsgeschäfts verpflichtet ist und dadurch größere **Einsparungen** macht. Man sollte deshalb in derartigen Situationen die §§ 649 S. 2, 326 Abs. 2 Satz 2 BGB sowie den Rechtsgedanken des § 552 BGB analog heranziehen.[71] Der Kommissionär hat sich demnach auf seine Provisionsforderung dasjenige anrechnen zu lassen, was er infolge der Kündigung des Vertrages an Kosten erspart oder durch anderweitige Verwertung seiner Arbeitskraft erwirbt oder zu erwerben böswillig unterläßt. Die Gedanken der Verkehrssicherheit und Schnelligkeit der Abwicklung dürfen nicht dazu führen, daß sich der Kommissionär bereichert. Haben die Parteien einen gesonderten Provisionsbestandteil für die Durchführung der Kommission ausgeworfen, so läßt sich insoweit sogar § 628 Abs. 1 S. 1 BGB ohne Schwierigkeiten anwenden, falls nicht die Durchführung der Kommission werkvertraglich geprägt ist.

38 Schließlich kann dem Provisionsanspruch eine **Einrede** entgegenstehen. Auch nach der Ausführung des Geschäfts kann der Kommittent normalerweise die Provisionszahlung verweigern, solange der Kommissionär nicht seine Pflicht zur Herausgabe und Rechenschaftslegung erfüllt hat (§ 320 bzw. § 273 BGB).

39 7. **Fälligkeit des Provisionsanspruches.** Der Provisionsanspruch ist normalerweise fällig, sobald der Dritte seine Leistung erbracht hat, also das Geschäft i.S.d. § 396 Abs. 1 „ausgeführt" ist (Rn 15 ff).[72] Die Parteien können jedoch vereinbaren, daß die Provision schon mit dem Abschluß des Ausführungsgeschäfts fällig wird. Auch eine Kontokorrentvereinbarung (§ 355) ist häufig anzutreffen. Ist die „Ausführung" des Geschäfts aus einem in der Person des Kommittenten liegenden Grund unterblieben (§ 396 Abs. 1 S. 2 HS 2), so wird der Provisionsanspruch in dem Moment fällig, in dem der Erfüllungszeitraum für die Leistung des Dritten überschritten ist oder feststeht, daß der Dritte nicht leisten kann oder nicht leisten muß.

---

[70] Ebenso MünchKommHGB/*Häuser*, § 396 Rn 22.

[71] MünchKommHGB/*Häuser*, § 396 Rn 23.

[72] MünchKommHGB/*Häuser*, § 396 Rn 15.

II. Auslieferungsprovision (§ 396 Abs. 1 S. 2 1. HS)

Gemäß § 396 Abs. 1 S. 2 1. HS hat der Kommissionär trotz „Nichtausführung" *zumindest* Anspruch auf Auslieferungsprovision, sofern dies ortsgebräuchlich ist. Maßgeblich ist der Ortsgebrauch am Niederlassungsort des Kommissionärs[73]. Dem Ortsgebrauch steht eine Parteivereinbarung gleich. Nicht hingegen kann § 354 herangezogen werden, um einen Anspruch auf Auslieferungsprovision zu begründen. **40**

Das Gesetz spricht von „Auslieferungs"-Provision. Darunter ist nicht die Auslieferung des Kommissionsgutes an den Dritten, sondern die Auslieferung an den Kommissionär zu verstehen. Das **Kommissionsgut** muß also **dem Kommissionär** ausgehändigt worden sein.[74] Die Auslieferungsprovision soll die Entgegennahme und Aufbewahrung des Kommissionsgutes entgelten, falls der Kommissionär keinen diese Tätigkeit ebenfalls vergütenden, normalen Provisionsanspruch erwirbt. Sie stellt also letztlich einen ausgegliederten, verselbständigten Provisionsbestandteil dar. Sie lebt deshalb dort auf, wo der Kommissionär entweder kein Ausführungsgeschäft abgeschlossen hat[75] oder der Dritte das Geschäft nicht „ausführt" und auch nicht gemäß § 396 Abs. 1 S. 2 2. HS ein Anspruch auf die volle Provision geltend gemacht werden kann.[76] Damit wird dem Kommissionär zum einen teilweise das aus der partiarischen Rechtsnatur der Kommission fließende Risiko abgenommen, daß er sich umsonst um die Aufbewahrung etc. des Gutes bemüht hat; denn er kann die Auslieferungsprovision z.B. trotz Kündigung des Kommissionsvertrages durch den Kommittenten fordern.[77] Zum anderen wird er (partiell) von dem Risiko befreit, daß sich der Dritte als leistungsunfähig erweist. **41**

Geht das Kommissionsgut ohne ein Verschulden des Kommissionärs in dessen Sphäre **unter**, so soll dies allgemeiner Ansicht zufolge den Anspruch auf Auslieferungsprovision nicht berühren.[78] Nur wenn der Untergang verschuldet ist, wird zum Teil vertreten, daß der Anspruch auf Auslieferungsprovision entfällt[79]; andere geben dem Kommittenten einen Schadensersatzanspruch, mit dem er aufrechnen kann[80]. Richtiger erscheint es, eine Parallele zum entgeltlichen Verwahrungsvertrag zu ziehen und im Falle eines unverschuldeten Unterganges den § 326 Abs. 1 Satz 1 BGB analog anzuwenden. Die Aufbewahrung bis zum Untergang stellt eine Art Teilleistung (§ 326 Abs. 1 Satz 1 HS 2 BGB) dar, so daß sich die Auslieferungsprovision entsprechend verringert. Allerdings erhebt sich dann das Problem, die Relation der schon erbrachten Verwahrungsleistung etc. zur Gesamtverwahrungsdauer und zur sonstigen mit Wahrscheinlichkeit zu erwartenden Tätigkeit des Kommissionärs zu ermitteln. Dieses Problem kann jedoch dadurch ausgeräumt werden, daß man auf die aller Wahrscheinlichkeit nach zu erwartende Dauer der Aufbewahrung und das Ausmaß der wahrscheinlich notwendig gewordenen Tätigkeit abhebt. Hierdurch wird zwar die Reibungslosigkeit der Vertragsabwicklung gemindert; die Zurechnungselemente der abstrakten Beherrschbarkeit und besseren Absorbierbarkeit von Störungen, die aus der Sphäre des Kommissionärs stammen oder sich vorhersehbar dort zuerst auswirken, wiegen jedoch schwerer. Hat der Kommissionär den Unter- **42**

---

[73] MünchKommHGB/*Häuser*, § 396 Rn 19; *Schmidt-Rimpler* (Fn 10), S. 804; Schlegelberger/*Hefermehl*, HGB, § 396 Rn 19 mNw.

[74] *Krüger* (Fn 1), § 396 Rn 10; MünchKommHGB/*Häuser*, § 396 Rn 20; Schlegelberger/*Hefermehl*, HGB, § 396 Rn 18).

[75] MünchKommHGB/*Häuser*, § 396 Rn 19.

[76] *Krüger* (Fn 1), § 396 Rn 10.

[77] OLG Hamburg, SeuffA 64, Nr. 137; *Krüger* (Fn 1), § 396 Rn 10.

[78] MünchKommHGB/*Häuser*, § 396 Rn 20.

[79] Schmidt-Ri*mpler* (Fn 10), S. 804; Düringer/Hachenburg/*Lehmann* HGB, § 396 Rn 18.

[80] MünchKommHGB/*Häuser*, § 396 Rn 20; Schlegelberger/*Hefermehl*, HGB, § 396 Rn 18.

gang verschuldet, so kommen §§ 323, 346 BGB analog zum Zuge. **Scheitert der Abschluß des Ausführungsgeschäfts** an einem **pflichtwidrigen Verhalten des Kommissionärs** oder hat dieser pflichtwidrig mit einem erkennbar leistungsunfähigen Dritten kontrahiert, so wird dadurch die Erfüllung der Verwahrungspflichten etc. nicht tangiert. Der Kommittent kann deshalb nur mit dem ihm aus der Pflichtverletzung entstehenden Schadensersatzanspruch aufrechnen.

43 Der Anspruch auf **Auslieferungsprovision** wird in dem Moment **fällig**, in dem der Kommittent kündigt oder in dem feststeht, daß ein Ausführungsgeschäft bzw. die Ausführung nicht zustande kommt.[81] Der Kommittent kann aber die Zahlung verweigern, solange der Kommissionär nicht seine Herausgabepflicht erfüllt hat (§ 273 BGB).

III. Höhe der Provision

44 **1. Provision i.S.d. § 396 Abs. 1 S. 1.** Die Provision wird grundsätzlich geschuldet, wenn das Geschäft „ausgeführt“ ist, d.h., der Dritte geleistet hat oder die „Ausführung“ aus einem in der „Person des Kommittenten liegenden Grund“ (Rn 24) unterblieben ist. Ihre Höhe wird primär durch die Parteivereinbarung bestimmt. Fehlt eine Vereinbarung, so sind die ortsüblichen Sätze am Niederlassungsort des Kommissionärs maßgeblich (§ 354). Fehlen auch sie, so kann der Kommissionär die Provision nach billigem Ermessen (§§ 315 f BGB) festsetzen.[82]

45 Die Provision ist in aller Regel nicht absolut, sondern prozentual **bemessen**. Sie kann sich an den im Rahmen des Ausführungsgeschäfts erzielten Preisen, am Wert des Kommissionsgutes, aber auch an dem Gewinn des Kommittenten sowie anderen Faktoren orientieren. Was im konkreten Fall maßgeblich ist, ergibt sich in erster Linie aus dem Kommissionsvertrag. Ist nichts vereinbart, so ist die am Niederlassungsort des Kommissionärs übliche Form der Berechnung zu wählen.[83] Im Zweifel werden Daten zugrunde gelegt, die sich einfach und zuverlässig eruieren lassen; also der Preis im Rahmen des Ausführungsgeschäfts anstatt der Wert des Kommissionsgutes. Die Provision ist normalerweise ein partiarisch gefärbtes Entgelt für einen typisierten Nutzen. Der Nutzen ist im Zweifel durch den Betrag typisierend umschrieben, den der Kommissionär aufzuwenden hat, um die Ware vom Dritten zu bekommen, bzw. durch den Betrag, den er vom Dritten erhalten soll. Demnach ist bei der Einkaufskommission für die Berechnung der Provision vom vollen Rechnungsbetrag einschließlich Mehrwertsteuer, Zölle, Verpackung, Fracht, Lagergelder auszugehen.[84] Gleiches gilt für die Verkaufskommission dort, wo keine Unkosten gesondert berechnet werden, sondern ein einheitlicher Preis vereinbart wird. Hat der Kommissionär die Weisung erhalten, die Unkosten gesondert zu berechnen, so ist der Nettoverkaufspreis maßgeblich. Fehlt eine derartige Weisung, so ist kein Grund ersichtlich, warum der Kommissionär schlechter gestellt sein sollte, falls er die Unkosten in der Rechnung gesondert ausweist.[85] Gewährt der Kommissionär Mengen- oder Umsatzrabatte, so sind sie vom Kaufpreis abzuziehen. Gleiches gilt für Skonti oder Barzahlungsnachlässe.[86] Dagegen kann man nicht einwenden, daß sich der Kommissionär

---

[81] MünchKommHGB/*Häuser*, § 396 Rn 21.
[82] MünchKommHGB/*Häuser*, § 396 Rn 24.
[83] MünchKommHGB/*Häuser*, § 396 Rn 25.
[84] MünchKommHGB/*Häuser*, § 396 Rn 25; Schlegelberger/*Hefermehl*, HGB, § 396 Rn 23.
[85] **AA** Schlegelberger/*Hefermehl*, HGB, § 396 Rn 23.
[86] **AA** MünchKommHGB/*Häuser*, § 396 Rn 27.

schlechter stellen würde, wenn er mit einem besonders rasch zahlenden Dritten abschließt;[87] denn der Kommissionär mindert auch sein Risiko, daß er mangels „Ausführung“ gar keine Provision erhält.

Wird **nachträglich der Rechnungsbetrag** durch Vertrag zwischen dem Kommittenten und dem Dritten **modifiziert**, so sind die in § 396 Abs. 1 normierten Grundsätze fruchtbar zu machen. Die Herabsetzung des Verkaufspreises schlägt demnach auf die Provision durch, wenn sie erfolgt, weil der Dritte partiell leistungsunfähig ist oder sich weigert, die mangelfreie Ware zum vereinbarten Preis zu liefern bzw. abzunehmen und zu bezahlen.[88] Irrelevant ist es hingegen, daß bei der Verkaufskommission der Dritte wegen Lieferung mangelhafter Ware mindert (Wertung des § 396 Abs. 1 S. 2 2. HS).[89] Kann der Kommissionär nach den Grundsätzen des § 313 BGB die Preise erhöhen, so steigt die Provision entsprechend.[90] Im Fall der Einkaufskommission muß sich der Kommissionär eine entsprechende Herabsetzung der Provision gefallen lassen, wenn der Kommittent bzw. der Kommissionär wegen Lieferung mangelhafter Ware mindert.[91] Erklärt sich der Dritte aus einem sonstigen Grund freiwillig bereit, seine Preise im Interesse des Kommissionärs und damit letztlich des Kommittenten herabzusetzen, so berührt dies die Provisionsforderung nicht. **46**

2. **Auslieferungsprovision.** Auch die Höhe der Auslieferungsprovision richtet sich primär nach der Parteivereinbarung, hilfsweise nach den üblichen Sätzen am Niederlassungsort des Kommissionärs[92]. Sieht der Handelsbrauch nur vor, daß eine Auslieferungsprovision gezahlt wird, schwankt aber deren Höhe, so hat sie der Kommissionär nach billigem Ermessen (§ 315 f BGB) unter besonderer Berücksichtigung der Lagerdauer und seines Einsatzes für die Übernahme des Gutes festzusetzen.[93] Im übrigen gilt das für die normale Provision Gesagte (§ 396 Rn 44 ff). **47**

IV. Beweislast

Der Kommissionär ist grundsätzlich für alle Tatsachen beweispflichtig, auf die er seinen Provisionsanspruch stützt; z.B. Abschluß des Kommissionsvertrages, Vereinbarung eines Ausführungsgeschäfts und „Ausführung“ der Kommission.[94] Ist das Geschäft nicht „ausgeführt“ worden, so hat der Kommissionär ebenfalls zu beweisen, daß dafür ein „in der Person des Kommittenten liegender Grund“ (Rn 24) ursächlich war.[95] Hat der Kommittent nicht geleistet und unterblieb deshalb die Leistung des Dritten, so ist freilich nach den Grundsätzen des Anscheinsbeweises davon auszugehen, daß hierfür die Ursache i.S.d. § 396 Abs. 1 S. 2 2. HS in der Person des Kommittenten lag. Zu beachten ist auch, daß den Kommittenten eine sekundäre Darlegungslast treffen kann. **48**

---

87 So aber Schlegelberger/*Hefermehl*, HGB, § 396 Rn 23.
88 Abw. i.E. MünchKommHGB/*Häuser*, § 396 Rn 28.
89 MünchKommHGB/*Häuser*, § 396 Rn 28.
90 MünchKommHGB/*Häuser*, § 396 Rn 29.
91 MünchKommHGB/*Häuser*, § 396 Rn 28.
92 OLG Hamburg SeuffA 64 Nr. 137; MünchKommHGB/*Häuser*, § 396 Rn 32; *Schmidt-Rimpler* (Fn 10), S. 805; Schlegelberger/*Hefermehl*, HGB, § 396 Rn 26.
93 MünchKommHGB/*Häuser*, § 396 Rn 32.
94 MünchKommHGB/*Häuser*, § 396 Rn 33.
95 MünchKommHGB/*Häuser*, § 396 Rn 33.

C. Der Aufwendungsersatzanspruch

49 Der Kommissionär ist Geschäftsbesorger. Als solchem steht ihm grundsätzlich ein Anspruch auf Ersatz seiner Aufwendungen zu (§§ 675 Abs. 1, 670 BGB). Dies wird durch § 396 Abs. 2 bestätigt,[96] der zugleich den Kreis der erstattungsfähigen Aufwendungen erweitert. Allerdings kann sich aus der konkreten Vereinbarung oder dem Handelsbrauch ergeben, daß bestimmte Formen von Aufwendungen zu Lasten des Kommissionärs gehen.[97] Dafür mag insbesondere eine ungewöhnlich hohe Provision sprechen[98]. In Betracht kommen hierfür vor allem die gewöhnlichen Aufwendungen (§ 87d) mit Ausnahme der Verpflichtungen, die im Zusammenhang mit dem Abschluß des Ausführungsgeschäfts eingegangen werden.

I. Voraussetzungen des Erstattungsanspruches

50 1. **Zustandekommen eines Kommissionsvertrages.** Einen Anspruch auf Ersatz der Aufwendungen kann der Kommissionär grundsätzlich nur geltend machen, wenn er einen **wirksamen** Kommissionsvertrag geschlossen.[99] Ist der Kommissionär trotz Nichtigkeit des Vertrages für den Kommittenten tätig geworden, so vermag er nur nach den Grundsätzen der Geschäftsführung ohne Auftrag (§§ 677 ff BGB) Aufwendungsersatz zu fordern.[100]

51 2. **Aufwendungen vor Kündigung des Kommissionsvertrages.** Der Aufwendungsersatzanspruch hängt nicht[101] davon ab, ob ein Ausführungsgeschäft möglich war, ob es zustande gekommen ist und ob es ausgeführt worden ist.[102] Die Aufwendungen müssen aber normalerweise vor Kündigung des Kommissionsvertrages getätigt worden sein. Die Tatsache, daß der Kommissionsvertrag gekündigt worden ist, ist also für die vor der Kündigung angefallenen Aufwendungen unerheblich.[103] Später angefallene Aufwendungen erfolgen jedoch nicht mehr in Ausführung der Kommission. Im Wege des Umkehrschlusses aus den §§ 675 Abs. 1, 674 BGB ergibt sich, daß der Moment maßgeblich ist, in dem der Widerruf des Kommittenten zugeht. Allerdings erscheint angesichts der das Auftragsrecht tragenden Grundwertung eine Analogie zu § 674 BGB in den Fällen angebracht, in denen der Kommissionär von dem Widerruf keine Kenntnis erlangen mußte (**aA** die hM). Die nach der Kündigung in Erfüllung der Herausgabepflicht entstehenden Aufwendungen hat der Kommittent ebenfalls zu tragen.

3. Erforderliche Aufwendungen

52 a) **Freiwillige Vermögensopfer.** Der Begriff „Aufwendungen“ umfaßt grundsätzlich sämtliche gewollten Vermögensopfer, die zum Zweck der Ausführung der Kommission

[96] BGH, ZIP 2003, 617 (618); MünchKommHGB/*Häuser*, § 396 Rn 42; *Krüger* (Fn 1), § 396 Rn 12.
[97] OLG Stuttgart, BB 1962, 689 f.
[98] Schlegelberger/*Hefermehl*, HGB, § 396 Rn 36.
[99] MünchKommHGB/*Häuser*, § 396 Rn 43.
[100] MünchKommHGB/*Häuser*, § 396 Rn 43; *Krüger* (Fn 1), § 396 Rn 12.
[101] *Canaris*, Handelsrecht, § 30 Rn 52 f; *Krüger* (Fn 1), § 396 Rn 12; *Roth*, in Koller/Roth/Morck, HGB § 396 Rn 7. Siehe ferner § 384 Rn 118 ff zu Leistungsstörungen.
[102] MünchKommHGB/*Häuser*, § 396 Rn 44.
[103] MünchKommHGB/*Häuser*, § 396 Rn 44; *Roth*, in Koller/Roth/Morck, HGB § 396 Rn 7; Baumbach/*Hopt*, HGB, § 396 Rn 5; Heymann/*Herrmann*, HGB, § 396 Rn 8.

und ihrer Abwicklung getätigt werden.[104] Dabei kommt es nicht darauf an, ob der Kommissionär **Geld- bzw. Sachmittel** eingesetzt hat oder lediglich Verpflichtungen eingegangen ist. Zu den Aufwendungen, die im Rahmen der (versuchten) Ausführung anfallen können, gehören demnach z.B. Kosten der Aufbewahrung des Kommissionsguts in fremden Lagerhäusern (zur Benutzung eigener Lagerräume s. Rn 55), Reisekosten, Porti, Telegramm- und Fernsprechauslagen, Versicherungsentgelte. Auch die **Verpflichtungen**, die der Kommissionär im Rahmen des Ausführungsgeschäfts eingeht, sind Aufwendungen. Gleiches kann für **Schadensersatzverpflichtungen** aus einer Nicht- bzw. Schlechterfüllung des Ausführungsgeschäfts durch den Kommissionär gelten[105]. Wenn der BGH[106] die Erstattungspflicht bereits aus dem Wesen des Kommissionsvertrages herleitet[107], so ist dies in dem Sinne richtig, daß es zum Wesen der Kommission gehört, daß letztlich der Kommittent die mit der Kommissionsaus- und -durchführung im Zusammenhang stehenden Aufwendungen zu tragen hat. Auch Aufwendungen, die anfallen, wenn sich die Ausführung als aussichtslos erweist, sind zu ersetzen; z.B. Kosten eines Selbsthilfeverkaufes.[108] Zu den Aufwendungen, die im Bereich der Durchführung der Kommission (zum Begriff § 384 Rn 70) erforderlich werden können, zählen insbesondere Zollauslagen, der vom Kommissionär in Erfüllung des Ausführungsgeschäfts gezahlte Kaufpreis oder die Deckung einer Schadensersatzpflicht sowie die Transport- und Lagerkosten.

b) **Ausnahmen.** Ersatz für den Einsatz seiner **Arbeitskraft,** seiner Kenntnisse und Fähigkeiten kann der Kommissionär nicht[109] in der Form einer Erstattung von Aufwendungen verlangen, es sei denn, daß dies ausdrücklich vereinbart worden ist oder dem Handelsbrauch entspricht. Diese „Aufwendungen" werden durch die Provision gedeckt.[110] Das Abgrenzungskriterium liegt nicht in dem Umstand, daß der Kommissionär zum Einsatz seiner Arbeitskraft verpflichtet ist[111], sondern in dem Umstand, daß der Kommissionär seine Mittlerfähigkeiten normalerweise erfolgsabhängig zur Verfügung stellt. Auf Rechnung des Kommittenten geht mithin nicht der eigentliche Unternehmerlohn, auch wenn kein Ausführungsgeschäft zustande gekommen ist oder der Kommittent den Auftrag widerrufen hat[112]. Gleiches gilt in Fällen, in denen der Kommissionär einen Unterkommissionär einsetzt (§ 384 Rn 41). **53**

Der Kommissionär darf grundsätzlich auch **nicht** seine **Fixkosten** als Aufwendungen anteilig auf den Kommittenten abwälzen[113]; denn die Verteilung müßte notwendig willkürlich sein, da es keine intersubjektiv verbindlichen Maßstäbe für die Zurechnung von Fixkosten gibt. Nur variable Kosten, d.h. Aufwendungen, die gezielt in Aus- bzw. Durchführung des konkreten Kommissionsgeschäfts gemacht worden sind, fallen unter die Kategorie der Aufwendungen im Sinne der §§ 396 Abs. 2 HGB, 670 BGB. Demnach hat der Kommissionär seine **allgemeinen Geschäftsunkosten,** wie Miete der Geschäftsräume, **54**

---

104 RG, JW 1909, 311; MünchKommHGB/*Häuser*, § 396 Rn 45.
105 *Krüger* (Fn 1), § 396 Rn 12; MünchKommHGB/*Häuser*, § 396 Rn 45; Baumbach/*Hopt*, HGB, § 396 Rn 5; *Steindorff*, Festschrift *Dölle* (1963), Bd. I, S. 283.
106 BGHZ 8, 228.
107 Ebenso Schlegelberger/*Hefermehl,* HGB, § 396 Rn 34.
108 MünchKommHGB/*Häuser*, § 396 Rn 45.
109 BGH, ZIP 2003, 617 (618); *Roth,* in Koller/Roth/Morck, HGB § 396 Rn 6a.
110 MünchKommHGB/*Häuser*, § 396 Rn 49.
111 So aber Schlegelberger/*Hefermehl,* HGB, § 396 Rn 36.
112 Schlegelberger/*Hefermehl,* HGB, § 396 Rn 37; *K. Schmidt* Handelsrecht, § 31 IV 3b.
113 BGH, ZIP 2003, 617 (618); MünchKommHGB/*Häuser*, § 396 Rn 51; *Krüger* (Fn 1), § 396 Rn 13; *Roth,* in Koller/Roth/Morck, HGB § 396 Rn 6a; Schmidt-Ri*mpler* (Fn 10), S. 809; Schlegelberger/*Hefermehl,* HGB, § 396 Rn 35.

Gehälter seiner Leute, Zinsen des Betriebskapitals, kalkulatorische Zinsen für das Eigenkapital, selbst zu tragen. Steuern, wie Einkommen- und Gewerbesteuer, sind auf sein Einkommen bzw. seinen Umsatz als Kommissionär bezogen und dienen daher nicht der Förderung der Aus- bzw. Durchführung des konkreten Geschäfts. Soweit der Dritte die Mehrwertsteuer offen berechnet, stellt sie natürlich eine Aufwendung des Kommissionärs dar. Ob der Kommittent die auf die Provision zu zahlende Mehrwertsteuer zu entrichten hat, hängt primär von der Vereinbarung, sekundär vom Ortsgebrauch (§ 354) und hilfsweise vom billigen Ermessen des Kommissionärs (§§ 315 f BGB) ab. Hat der Kommissionär gleichzeitig die Orders mehrerer Kommittenten erledigt, so kann er die hierauf entfallenden variablen Kosten anteilig nach dem Wert der Kommissionen berücksichtigen.

55 **Ausgenommen** von dieser Regelung ist kraft ausdrücklicher Anordnung des § 396 Abs. 2 die Benutzung von **Lagerräumen und Beförderungsmitteln** des Kommissionärs. Der Kommissionär kann mithin z.B. Lagergeld fordern, wenn er das Gut längere Zeit aufbewahren mußte, weil der Verkauf nicht sofort möglich war oder der Kommittent die eingekaufte Ware nicht sofort abnehmen wollte. Dasselbe gilt, falls der Kommissionär das Gut bei sich lagert, weil ihm daran ein Pfandrecht (§ 397) zusteht.[114] Der Transport mit eigenen Fahrzeugen ist nach den vereinbarten oder ortsüblichen Sätzen zu vergüten. § 396 Abs. 2 ist nicht zwingender Natur. Er kann abbedungen sein. Auch der Handelsbrauch kann vorsehen, daß die Benutzung von Lagerräumen und eigenen Fahrzeugen des Kommissionärs durch die Provision abgegolten sein soll.[115] Hingegen ist es für die Anwendbarkeit des § 396 Abs. 2 nicht erforderlich, daß der Kommissionär zur Lagerung in seinen Räumen oder zur Benutzung eigener Transportmittel nicht verpflichtet war.[116]

56 c) **Erforderlichkeit.** Gemäß § 670 BGB sind ferner nur solche Aufwendungen erstattungsfähig, die der Kommissionär den Umständen nach für erforderlich halten durfte. Es kommt also nicht darauf an, daß die Aufwendungen objektiv notwendig waren. Unerheblich ist es auch, ob die Aufwendungen zu dem mit ihrer Hilfe angestrebten Ziel geführt haben. Entscheidend ist ausschließlich der Umstand, daß sie der Kommissionär bei Anwendung der pflichtgemäßen Sorgfalt nach verständigem Ermessen als angebracht ansehen durfte.[117] Die Nutzlosigkeit von Aufwendungen wird dem Kommissionär somit nicht nach den Grundsätzen besserer abstrakter Beherrschbarkeit und Absorbierbarkeit, sondern nach Verschuldensmaßstäben zugerechnet.[118] Stehen die Aufwendungen zur Vereinbarung oder zu Weisungen des Kommittenten im Widerspruch, so sind sie in aller Regel nicht ersatzfähig. Eine Ausnahme von dieser Regel kann dort angebracht sein, wo der Kommissionär ohne sein Verschulden keine Kenntnis von der Weisung erhielt.[119] Ferner kann sich aus § 665 BGB das Recht ergeben, sich über vertragliche Regelungen und Weisungen hinwegzusetzen (§ 385 Rn 23). – Gibt der Kommissionär einem Dritten einen **Vorschuß**, ohne daß der Kommittent zugestimmt hatte, so geht dies auf Kosten des Kom-

[114] MünchKommHGB/*Häuser*, § 396 Rn 47; Schlegelberger/*Hefermehl*, HGB § 396 Rn 38.

[115] OLG Stuttgart, BB 1962, 689.

[116] *Krüger* (Fn 1), § 396 Rn 13; Heymann/*Herrmann*, HGB, § 396 Rn 9; **aA** OLG Stuttgart, BB 1962, 689 f.

[117] *Canaris*, Handelsrecht, § 30 Rn 49; *Krüger* (Fn 1), § 396 Rn 14; MünchKommHGB/*Häuser*, § 396 Rn 48; Oetker/*Bergmann*, HGB, § 396 Rn 18.

[118] *Canaris*, Handelsrecht, § 30 Rn 49; MünchKommHGB/*Häuser*, § 396 Rn 48; *Koller*, BB 1979, 1725 (1727 f).

[119] **AA** die herrschende Meinung (MünchKommHGB/*Häuser*, § 396 Rn 48; s. dazu § 385 Rn 16).

missionärs (§ 393 Abs. 1). Nicht für erforderlich halten darf der Kommissionär auch Aufwendungen, die **sittenwidrigen oder unlauteren Zwecken** dienen, selbst wenn sie letztlich die Erreichung des vom Kommittenten intendierten Zieles ermöglichen. Deshalb kann der Kommissionär nicht Ersatz von Schmiergeldern beanspruchen, die er gezahlt hatte, um das Ausführungsgeschäft zustande zu bringen[120].

d) **Beweislast.** Der **Kommissionär hat nachzuweisen**, daß er die **Aufwendungen tatsächlich erbracht** hatte und daß er sie den Umständen zufolge für erforderlich halten durfte. Im Rahmen der Rechenschaftslegung (§ 384 Rn 99 ff) hat der Kommissionär die Aufwendungen zu beziffern und die Umstände ihres Entstehens darzulegen.[121] Pauschbeträge darf der Kommissionär auch dann nicht ansetzen, wenn die Aufwendungen für eine große Mehrheit von Kommittenten gemacht worden sind und sich entweder überhaupt nicht oder nur sehr zeitraubend feststellen läßt, wieviel auf den einzelnen Kommittenten entfällt[122]. Sonst müßte man nämlich dem Kommissionär auch erlauben, die Fixkosten (Rn 54) abzuwälzen. Sind variable Aufwendungen für die gleichzeitige Aus- bzw. Durchführung mehrerer Kommissionen angefallen (Rn 52), so hat der Kommissionär auch nachzuweisen, in welchen Relationen der Wert der verschiedenen Kommissionen zueinander stand. Die Forderung von pauschaliert berechneten Aufwendungen kann jedoch durch die Vereinbarung oder den Handelsbrauch gedeckt sein. **57**

4. **Schäden.** Es ist heute anerkannt, daß der Kommissionär auch Schäden auf den Kommittenten abwälzen darf[123]. Streitig sind nur die Anspruchsgrundlage und der Umfang der Erstattungspflicht im einzelnen. Auf die §§ 675, 670 BGB, 396 Abs. 2 HGB kann der Erstattungsanspruch nicht gestützt werden, da unter den Begriff „Aufwendungen" nur gewollte Vermögensopfer fallen. Der Anspruch entspringt vielmehr dem Veranlassungsprinzip, dem zufolge derjenige die Risiken auf sich zu nehmen hat, auf dessen Veranlassung hin sie ein anderer in seinem Interesse eingegangen ist[124]. Die §§ 396 Abs. 2 HGB, 670 BGB zeigen, daß der Kommittent den Kommissionär von allen Lasten zu befreien hat, falls dem Kommissionär nicht der Vorwurf schuldhaften Verhaltens gemacht werden kann. Voraussetzung der Erstattungspflicht von Schäden ist somit zum einen, daß sie der Kommissionär bei Anwendung pflichtgemäßer Sorgfalt nicht abwenden konnte. Zum anderen darf der Schaden nicht allgemeinen Lebensrisiken des Kommissionärs entspringen.[125] Vielmehr muß ein geschäftsbesorgungsadäquater Schaden vorliegen, von dem immer dann gesprochen werden kann, wenn sich das Risiko eines solchen Schadens durch die Tätigkeit für den Kommittenten klar erhöht hat.[126] Auf die Vertragsgestaltung im Einzelfall hebt *K. Schmidt*[127] ab. **58**

---

120 BGH, NJW 1965, 293; MünchKommHGB/*Häuser*, § 396 Rn 50; *Krüger* (Fn 1), § 396 Rn 14; Schlegelberger/*Hefermehl*, HGB, § 396 Rn 34, 40.

121 Vgl. auch BGH, ZIP 1988, 699 (700).

122 Schlegelberger/*Hefermehl*, HGB, § 396 Rn 41; **aA** MünchKommHGB/*Häuser*, § 396 Rn 46; Schmidt-Ri*mpler* (Fn 10), S. 815.

123 *Canaris*, Handelsrecht, § 30 Rn 50 f; MünchKommHGB/*Häuser*, § 396 Rn 53; Schlegelberger/*Hefermehl*, HGB, § 396 Rn 39 mN.

124 *Koller* Risikozurechnung, aaO, S. 95 ff, 402 ff; **aA** Oetker/*Bergmann*, HGB, § 396 Rn 16; *K. Schmidt*, Handelsrecht, § 31 IV 3b.

125 *Krüger* (Fn 1), § 396 Rn 12; MünchKommHGB/*Häuser*, § 396 Rn 53.

126 *Koller* Risikozurechnung (Fn 32), S. 192 mN; ähnlich *Canaris*, Handelsrecht, § 30 Rn 51 (erhöhtes, in innerem Zusammenhang mit der Tätigkeit stehendes Risiko).

127 *K. Schmidt*, Handelsrecht, § 31 IV 3b.

II. Inhalt und Umfang des Erstattungsanspruches

59 Der Kommittent ist dem Kommissionär gem. § 670 BGB zum Ersatz verpflichtet. Dieser Anspruch ist kein Schadensersatzanspruch i.S.d. §§ 249 ff BGB. Er geht vielmehr dahin, dem Kommissionär wirtschaftliche Lasten abzunehmen und Vermögensopfer auszugleichen. In erster Linie hat der Kommissionär die Aufwendungen aus dem Vorschuß zu decken. Hat der Kommittent keinen oder zu wenig Vorschuß (Rn 64) geleistet, so ist nach der Art der Aufwendungen zu differenzieren. Besteht die Aufwendung darin, daß der Kommissionär eine Verbindlichkeit eingegangen ist, so hat ihn der Kommittent von dieser Verbindlichkeit zu befreien (60).[128] Zu den Verbindlichkeiten kann der Anspruch des Dritten auf Übereignung der von ihm gekauften Ware oder Wertpapiere sowie auf Übergabe der Begleitpapiere[129] zählen. Soweit der Kommissionär Geld aufgewandt hat, ist vom Kommittenten der Geldbetrag einschließlich Zinsen (§ 354 Abs. 2) zurückzuerstatten.[130] Beim Einsatz anderer Gegenstände ist im Zweifel deren Wert zu ersetzen (§ 256 S. 1 BGB). Hat der Kommissionär Geld in fremder Währung aufgewandt, so hängt es von den Umständen und Handelsbräuchen ab, ob das Geld in der Fremdwährung oder in deutscher Währung zu erstatten ist. Im Zweifel hat der Ersatz in der Währung zu erfolgen, in die der Kommissionär aller Wahrscheinlichkeit nach die Devisen eingetauscht hätte, wenn er sie nicht im Rahmen der Kommission verbraucht hätte.

60 **Im einzelnen gilt folgendes:** Darf der Kommissionär Befreiung von der Verbindlichkeit fordern, so kann dies durch deren Erfüllung oder durch befreiende Schuldübernahme (§§ 414 f BGB) erfolgen.[131] Nach Ansicht des BGH[132] steht es dem Kommittenten frei, dem Kommissionär die geschuldete Leistung zwecks Befriedigung des dritten Gläubigers zur Verfügung zu stellen[133]. Der Kommittent darf also – ohne dazu gezwungen werden zu können – an den Kommissionär zahlen bzw. eine sonst geschuldete Leistung erbringen, um den Kommissionär von der Verbindlichkeit zu befreien.[134] Hingegen wird man dem Kommissionär in ergänzender Vertragsauslegung einen Anspruch darauf, daß ihm die Mittel zur Deckung der Verbindlichkeit bereitgestellt werden, dann einräumen müssen, wenn der Kommissionär den Namen des Dritten nicht offenzulegen braucht.[135] Unberührt bleibt ein Anspruch auf Vorschuß (Rn 64), der auch dann noch geltend gemacht werden kann, wenn bereits Aufwendungen getätigt wurden.[136] Der Kommittent, der von der finanziellen Bedrängnis seines Einkaufskommissionärs Kenntnis hat, handelt jedoch sittenwidrig, falls er den Kaufpreis für die gelieferte Ware so an den Kommissionär entrichtet, daß gezielt andere Gläubiger des Kommissionärs auf das Geld Zugriff nehmen können und der Verkäufer mit der Konkursquote vorlieb nehmen muß.[137] Der Anspruch auf Befreiung kann nicht abgetreten werden, da er sonst seinen Charakter wandeln würde,[138] es sei denn, daß er an den Gläubiger abgetreten wird, von

---

[128] MünchKommHGB/*Häuser*, § 396 Rn 57.

[129] Z.B. Papiere i.S.d. § 952 BGB, wie etwa der Kfz-Brief. Ebenso i.E. OLG Oldenburg, NJW-RR 2000, 507.

[130] *Krüger* (Fn 1), § 396 Rn 15; *Roth*, in Koller/Roth/Morck, HGB § 396 Rn 9.

[131] MünchKommHGB/*Häuser*, § 396 Rn 57.

[132] BGH, NJW 1965, 251.

[133] Ebenso RGZ 47, 118; MünchKommHGB/*Häuser*, § 396 Rn 57; *Roth*, in Koller/Roth/Morck, HGB § 396 Rn 9; Schlegelberger/*Hefermehl*, HGB, § 396 Rn 44.

[134] BGH, NJW, 1965, 251.

[135] MünchKommHGB/*Häuser*, § 396 Rn 57.

[136] Damit wird dem Problem abgeholfen, daß der Aufwendungsersatzanspruch erst mit der Rechnungslegung fällig wird.

[137] BGH, NJW 1965, 249; MünchKommHGB/*Häuser*, § 396 Rn 58.

[138] RGZ 80, 183.

dessen Forderung der Kommittent den Kommissionär zu entlasten hat.[139] Mit der zulässigen Abtretung verwandelt sich der Befreiungsanspruch in einen Zahlungsanspruch des Dritten gegen den Kommittenten. Eine entsprechende Umwandlung findet bei einer Pfändung des Anspruches durch den dritten Gläubiger statt.[140] In einen Zahlungsanspruch verwandelt sich der Befreiungsanspruch ferner im Falle der Insolvenz des Kommissionärs. Der Kommittent kann dann nur mehr an die Masse leisten.[141]

III. Fälligkeit

Der Erstattungsanspruch wird grundsätzlich erst dann fällig, wenn der Kommissionär pflichtgemäß Rechenschaft (§ 384 Rn 99 ff) abgelegt hat[142]. Abweichendes kann vereinbart oder handelsüblich sein. Ist die Verbindlichkeit, die der Kommissionär in Aus- oder Durchführung der Kommission eingegangen ist, noch nicht fällig, so braucht der Kommittent gemäß § 257 S. 2 BGB nur Sicherheit (§§ 232 ff BGB) zu leisten. **61**

IV. Untergang und Verjährung des Aufwendungsersatzanspruches

Der Anspruch auf Ersatz der Aufwendungen kann untergehen, wenn der Kommittent das Geschäft wegen (schuldhaften) Weisungsverstoßes gemäß § 385 zurückweist (näher § 385 Rn 5 ff). Hingegen wird der Aufwendungsersatzanspruch nicht unmittelbar dadurch berührt, daß die Aus- bzw. Durchführung unmöglich wird oder der Kommittent, gestützt auf die §§ 323, 326 Abs. 5 BGB, zurücktritt (näher § 384 Rn 129 ff). Das gilt auch dann, wenn der Kommissionär den Rücktrittsgrund zu vertreten hat. Der Kommittent kann nur mit seinem Schadensersatzanspruch aufrechnen.[143] **62**

V. Pfändung des Aufwendungsersatzanspruchs

§ 392 Abs. 2 kann hinsichtlich des Aufwendungsersatzanspruchs nicht analog zugunsten des Dritten angewandt werden, der diesen zur Durchsetzung seiner Forderungen aus dem Ausführungsgeschäft pfänden will.[144] **63**

D. Anspruch auf Vorschuß

Der Kommissionär hat als Geschäftsbesorger grundsätzlich gemäß §§ 675, 669 BGB für die im Rahmen der Aus- und Durchführung der Kommission erforderlichen Aufwendungen Anspruch auf Vorschuß.[145] Je nach Art der in Betracht kommenden Aufwendungen kann es sich hierbei um Geld oder Ware bzw. Wertpapiere (z.B. Verkaufskommis- **64**

---

139 BGHZ 12, 136; BGH, DB 1975, 445; MünchKommHGB/*Häuser*, § 396 Rn 59.

140 BGHZ 7, 246.

141 BGHZ 57, 81.

142 RG SeuffA 83 Nr. 54; MünchKommHGB/*Häuser*, § 396 Rn 60; Schlegelberger/*Hefermehl*, HGB, § 396 Rn 46.

143 Siehe dazu § 384 Rn 124 ff.

144 MünchKommHGB/*Häuser*, § 392 Rn 46; **aA** *Hager*, AcP 180 (1980), 251.

145 *Krüger* in Ebenroth/Boujong/Joost/Strohn, HGB, § 396 Rn 15; MünchKommHGB/*Häuser*, § 396 Rn 64.

sion) handeln[146]; denn der Vorschuß soll den Kommissionär von vornherein von eigenen Vermögensopfern befreien. Welche Aufwendungen i.S.d. § 669 BGB in Zukunft erforderlich werden, ist objektiv, nicht nach dem pflichtgemäßen Ermessen des Kommissionärs zu bestimmen. Der Anspruch auf Zahlung des Vorschusses ist einklagbar, es sei denn, daß er vertraglich abbedungen ist oder dem Handelsbrauch widerspricht[147]. Einen stillschweigenden Verzicht auf Vorschuß wird man im Zweifel dort bejahen können, wo der Kommissionär andere Sicherheiten in ausreichendem Umfang besitzt. Will der Kommittent keinen Vorschuß leisten, so mag er – wo dies möglich ist – die Kommission kündigen und damit dem Kommissionär den Anspruch entziehen. Der Kommittent kann aber den Kommissionär nicht faktisch beliebig der Chancen zur Ausführung berauben und ihm damit die Aussicht auf Provision verkürzen oder ihm erhöhte Risiken auferlegen; denn auch Weisungen dürfen z.B. die Ausführung nicht erschweren. Eine Weigerung, überhaupt Vorschuß zu leisten, wird meist den Widerruf der Kommission zum Ausdruck bringen[148]. Jedenfalls kann der Kommissionär die Ausführung verweigern, solange ihm nicht der geschuldete Vorschuß geleistet worden ist.

§ 397

Der Kommissionär hat an dem Kommissionsgute, sofern er es im Besitze hat, insbesondere mittels Konnossements, Ladescheins oder Lagerscheins darüber verfügen kann, ein Pfandrecht wegen der auf das Gut verwendeten Kosten, der Provision, der auf das Gut gegebenen Vorschüsse und Darlehen, der mit Rücksicht auf das Gut gezeichneten Wechsel oder in anderer Weise eingegangenen Verbindlichkeiten sowie wegen aller Forderungen aus laufender Rechnung in Kommissionsgeschäften.

Schrifttum siehe Angaben zu § 383.

Übersicht

[146] *Schmidt-Rimpler* (Fn 10), S. 818; Schlegelberger/*Hefermehl*, HGB, § 396 Rn 47.

[147] *Palandt/Sprau* BGB, § 669 Rn 1; Münchener Kommentar-*Seiler*, BGB, § 669 Rn 2; **aA** MünchKommHGB/*Häuser*, § 396 Rn 65; *Schmidt-Rimpler* (Fn 10), S. 819; Schlegelberger/*Hefermehl*, HGB, § 396 Rn 48 mN.

[148] MünchKommHGB/*Häuser*, § 396 Rn 66; Schlegelberger/Hefermehl, HGB, § 396 Rn 49; so in der Tendenz auch *Krüger* (Fn 1), § 396 Rn 15.

A. Vorbemerkung

§ 397 ist Teilstück der eigenständigen Sicherung des Kommissionärs. Es wird durch die Regelung der §§ 398, 399 vervollständigt. Die kommissionsrechtliche Sicherung trägt dem Umstand Rechnung, daß der Kommissionär früher typischerweise zu den kapital- und marktschwachen Partnern gehörte (§ 383 Rn 20) und üblicherweise keinen Vorschuß erhält. Die durch die §§ 397 bis 399 gewährte Sicherung geht daher über die des kaufmännischen Zurückbehaltungsrechtes (§ 369) hinaus. Im Unterschied zum kaufmännischen Zurückbehaltungsrecht ist die kommissionsrechtliche Sicherung nicht davon abhängig, daß auch der Kommittent zu den Kaufleuten gehört. Andererseits geht das kaufmännische Zurückbehaltungsrecht in manchen Punkten weiter als die spezifische kommissionsrechtliche Sicherung[1] und kann daher ebenso wie die §§ 273, 320 BGB neben den §§ 397 ff geltend gemacht werden.[2] 1

§ 397 regelt ein **gesetzliches Pfandrecht** (§ 1257 BGB) des Kommissionärs an bestimmten, in § 397 sowie in den §§ 398 f genannten Gegenständen. Es ist vor allem bei der Einkaufskommission von erheblicher wirtschaftlicher Bedeutung, bei der der Kommissionär regelmäßig größere Aufwendungen getätigt hat; § 397 gilt aber auch für die Verkaufskommission sowie bei Kommissionsgeschäften i.S.d. § 406 HGB (Rn 4). Das gesetzliche Pfandrecht aus den §§ 397 ff kann neben das vertragliche Pfandrecht auf der Grundlage von allgemeinen Geschäftsbedingungen treten. 2

§ 397 enthält **dispositives Recht** und kann daher rechtsgeschäftlich beschränkt werden. Das Pfandrecht des Kommissionärs kann auch ausgedehnt werden, sei es, daß der Kreis der gesicherten Forderungen oder der Kreis der potentiellen Pfandobjekte erweitert wird. In gewissem Umfang können die Parteien die Art der Pfandverwertung abweichend vom gesetzlichen Normalfall des Pfandverkaufes regeln. Diese Abweichungen können, soweit sie mit Treu und Glauben im Einklang stehen (§ 307 BGB), auch in AGB niedergelegt werden. Um bei der Effektenkommission als Drittkommissionär Pfandrechte für solche Forderungen zu erlangen, die nicht in bezug auf die im konkreten Fall gehandelten Wertpapiere entstanden sind, bedarf es allerdings gemäß §§ 30, 4 DepG einer von Fall zu Fall getroffenen Individualvereinbarung. 3

B. Voraussetzungen des Entstehens eines Pfandrechts

I. Abschluß eines Kommissionsvertrages

§ 397 greift nur ein, wenn zwischen den Parteien ein Kommissionsvertrag zustande gekommen ist[3]. Gleichgültig ist es, welche Art von Kommissionsgeschäften vorgenommen werden soll. § 397 gilt demnach sowohl bei den in § 383 als auch[4] bei den in § 406 erfaßten Kommissionsgeschäften. Voraussetzung ist nur, daß auf der Seite desjenigen, der im eigenen Namen auf fremde Rechnung tätig werden soll, ein Gewerbetreibender steht. 4

---

[1] Schlegelberger/*Hefermehl*, HGB, § 369 Rn 33.

[2] Gemäß § 383 Abs. 2 gilt das auch für Gewerbetreibende, die nicht zum Kreis der Kaufleute zählen.

[3] *Krüger* in Ebenroth/Boujong/Joost/Strohn, HGB, § 397 Rn 2; MünchKommHGB/*Häuser*, § 397 Rn 3; *Roth*, in Koller/Roth/Morck, HGB § 397 Rn 4; Baumbach/*Hopt*, HGB, § 397 Rn 3.

[4] MünchKommHGB/*Häuser*, § 397 Rn 5; Baumbach/*Hopt*, HGB, § 397 Rn 4; **aA** Heymann/*Herrmann*, HGB, § 397 Rn 1.

Ist das Pfandrecht entstanden, so ist es vom Fortbestand des Kommissionsverhältnisses[5] unabhängig.[6]

II. Gegenstand des Pfandrechts

5 § 397 läßt das gesetzliche Pfandrecht nur an dem Kommissionsgut entstehen, das der Kommissionär in seinem Besitz hat.

6 **1. Kommissionsgut.** Unter den Begriff „Kommissionsgut" fallen alle Sachen und Wertpapiere, die im Rahmen eines mit einem Dritten abgeschlossenen Ausführungsgeschäftes ausgetauscht wurden bzw. werden sollen oder auf sonstige Weise von den Austauschbeziehungen mit dem Dritten erfaßt werden sollen.[7] Im Regelfall der in § 383 genannten Kommission ist Kommissionsgut die zu verkaufende Sache, wenn der Kommissionär den Verkauf übernommen hat, und die vom Kommissionär eingekaufte Sache, wenn der Kommissionär den Einkauf besorgen sollte. Hat der Kommissionär im eigenen Namen auf fremde Rechnung ein Objekt zu vermieten, so gehört dieses zum Kommissionsgut. Nicht zum Kommissionsgut zu rechnen sind somit z.B. Transportfahrzeuge[8], Versicherungspolicen, die der Versicherung des Kommissionsgutes dienen (§ 399).[9] Das Kommissionsgut verliert seine Eigenschaft nicht wieder dadurch, daß die Kommission gekündigt (§ 383 Rn 161) wird. Andererseits gehört das im Zusammenhang mit der Order, aber im Rahmen eines nach dem Widerruf getätigten Geschäftes Erworbene nicht zum Kommissionsgut.

7 Aus dem Umstand, daß der Kommissionär das Kommissionsgut in Besitz haben muß, ergibt sich, daß im Rahmen des § 397 nur ein Pfandrecht an Sachen und Wertpapieren[10] entstehen kann. Damit scheiden **nicht-verkörperte Rechte** ebenso wie **Beweis- oder Geschäftsurkunden**[11] sowie **Papiere im Sinn der §§ 808,[12] 952[13] BGB** aus dem Kreis des Kommissionsgutes aus. Diese Papiere können nämlich ohne das zugehörige Recht nicht sinnvoll verwertet werden[14]. Möglicherweise greift hier § 399 ein. Orderpapiere, die sich im Besitz des Kommissionärs befinden, müssen auf diesen indossiert sein oder mit einem Blankoindossament versehen sein, um zum Kommissionsgut gerechnet zu werden.[15] Unerheblich ist, ob das Kommissionsgut unpfändbar ist oder nicht.[16]

---

[5] Im Fall einer Anfechtung wird der Kommissionär so gestellt, als ob kein Kommissionsvertrag zustande gekommen wäre (§ 142 BGB); Oetker/*Bergmann*, HGB, § 397 Rn 3; allg. M.

[6] *Krüger* (Fn 3), § 397 Rn 2.

[7] MünchKommHGB/*Häuser*, § 397 Rn 5.

[8] *Krüger* (Fn 3), § 397 Rn 3; MünchKommHGB/*Häuser*, § 397 Rn 5.

[9] Baumbach/*Hopt*, HGB, § 397 Rn 4; Heymann/*Herrmann*, HGB, § 397 Rn 1. Siehe auch unten zu den nicht verkörperten Rechten. Anders im Einzelfall bei Transportversicherungspolicen i.S.d. § 363 Abs. 2 (**abw.** wohl MünchKommHGB/*Häuser*, § 397 Rn 5, 7).

[10] Dazu zählen auch Wertrechte, soweit sie gesetzlich den Inhaber- oder Orderpapieren gleichgestellt werden. Im Fall der depotrechtlichen Sammelverwahrung geht es um Miteigentumsanteile an Wertpapieren, die wie die Wertpapiere behandelt werden.

[11] Baumbach/*Hopt*, HGB, § 397 Rn 4.

[12] MünchKommHGB/*Häuser*, § 397 Rn 5; *Roth*, in Koller/Roth/Morck, HGB § 397 Rn 2.

[13] *Krüger* (Fn 3), § 397 Rn 3.

[14] Schlegelberger/*Hefermehl*, HGB, § 397 Rn 7.

[15] *Schmidt-Rimpler*, Das Kommissionsgeschäft, in: Ehrenbergs Handbuch des gesamten Handelsrechts (1928) Bd. V 1. Abt. 2. Hälfte, S. 827.

[16] MünchKommHGB/*Häuser*, § 397 Rn 5; Oetker/*Bergmann*, HGB, § 397 Rn 4.

Das Kommissionsgut muß ferner individuell bestimmt sein; doch genügt es, daß der Kommissionär die Individualisierung vornimmt,[17] wie in dem Fall, in dem der Kommissionär auf Rechnung mehrerer Kommittenten einen größeren Posten gleichartiger Wertpapiere kauft und sie dann in der gewünschten Stückelung einzelnen Kommittenten zuweist.

2. Eigentumslage. Regelmäßig wird bei der Verkaufskommission der Kommittent Eigentümer des Kommissionsgutes sein. War dies der Kommittent nicht, sondern ein anderer, so kann der Kommissionär das gesetzliche Pfandrecht gutgläubig erwerben, wenn er den Kommittenten ohne grobe Fahrlässigkeit für den Eigentümer oder, soweit konnexe Forderungen gesichert werden, zumindest für „verfügungsberechtigt" gehalten hat (näher dazu die Erl. zu § 366 Abs. 1, 3).[18] Ist der Kommissionär selbst Eigentümer des Kommissionsgutes, so findet § 398 Anwendung. Beachte bei Effektenkommissionsgeschäften § 30 Abs. 1 DepG, der eine Fremdvermutung statuiert. 8

3. Besitz. Der Kommissionär muß den Besitz am Kommissionsgut erlangt haben. Es genügt mittelbarer Besitz, sofern dem Kommissionär nicht der Besitz durch den Kommittenten vermittelt wird.[19] Beim Wertrechten kommt es darauf an, inwieweit sie wie bewegliche Sachen behandelt werden. Dem Besitz steht die Innehabung eines Traditionspapiers (Orderlagerschein, Ladeschein, Konnossement) gleich.[20] Dagegen vermittelt der bloße Besitz eines Frachtbriefes allein noch keinen Besitz am Kommissionsgut.[21] In der Übergabe des Frachtbriefs an den Kommissionär kann allerdings eine Abtretung des Ablieferungsanspruchs gegen den Frachtführer liegen, so daß der Kommissionär gemäß § 870 BGB mittelbaren Besitz erwirbt.[22] Da das Pfandrecht nur an Waren oder Wertpapieren entstehen kann, die der Kommissionär in seinem Besitz hat, bezieht es sich nicht auf Schadensersatzforderungen, die infolge einer Zerstörung des Kommissionsgutes entstanden sind, bevor das Kommissionsgut in den Besitz des Kommissionärs gelangt ist.[23] 9

Das **Pfandrecht entsteht** nach h.M. **nicht,** wenn der Besitz erst nach **Beendigung des Kommissionsverhältnisses** erlangt worden ist[24]. Dem ist grundsätzlich zuzustimmen. Kündigt der Kommittent den Auftrag (§ 383 Rn 161) vor Abschluss des Ausführungsgeschäfts (§ 384 Rn 38), so verliert das Gut, das sich z.B. auf dem Weg zum Kommissionär befindet, seine Eigenschaft als Kommissionsgut. Läßt man jedoch nach Maßgabe der §§ 649, 621 Nr. 5, 627 BGB nach Ausführung der Kommission eine auf die Durchführung der Kommission bezogene Kündigung zu (§ 383 Rn 163 ff; § 396 Rn 36), so kann das Pfandrecht auch nach der Kündigung noch entstehen, wenn das Gut nach der Kündigung (z.B. im Rahmen einer Einkaufskommission) in den Besitz des Kommissionärs gelangt. Ist über das Vermögen des Kommittenten das **Insolvenzverfahren** eröff- 10

---

[17] MünchKommHGB/*Häuser*, § 397 Rn 6.

[18] Vgl. ferner MünchKommHGB/*Häuser*, § 397 Rn 9 f; *Koller*, in Koller/Roth/Morck, HGB § 397 Rn 6; *Canaris*, Vorauflage, § 366 Rn 105 ff. Beachte geplante Änderung der §§ 366, 368 (BR-Drucks. 310/12).

[19] *Krüger* (Fn 3), § 397 Rn 4; MünchKommHGB/*Häuser*, § 397 Rn 11; Oetker/*Bergmann*, HGB, § 397 Rn 5.

[20] MünchKommHGB/*Häuser*, § 397 Rn 11.

[21] MünchKommHGB/*Häuser*, § 397 Rn 11.

[22] Palandt/*Bassenge*, BGB, § 870 Rn 1; *Krüger* (Fn 3), § 397 Rn 4; Oetker/*Bergmann*, HGB, § 397 Rn 5.

[23] RGZ 105, 125; MünchKommHGB/*Häuser*, § 397 Rn 12; *Roth,* in Koller/Roth/Morck, HGB § 397 Rn 4.

[24] MünchKommHGB/*Häuser*, § 397 Rn 13; Baumbach/*Hopt*, HGB, § 397 Rn 5; *Schmidt-Rimpler* (Fn 15), S. 830; Schlegelberger/*Hefermehl,* HGB, § 397 Rn 10.

net worden, so kann der Kommissionär jedoch an Waren und Wertpapieren des Kommittenten, die nach der Insolvenzeröffnung bei ihm eintreffen, kein Pfandrecht mehr erwerben.[25] Anders ist die Rechtslage, wenn der Kommissionär in Insolvenz fällt und der Insolvenzverwalter den Kommissionsvertrag noch nicht gekündigt hat (§ 383 Rn 190).[26]

11 Dem Wortlaut des § 397 zufolge muß der Kommissionär den **Besitz am Kommissionsgut behalten,** um das Pfandrecht geltend zu machen. Für die Frage, ob dies auch in Fällen unfreiwilligen Besitzverlustes gilt, § 397 Rn 25.

III. Gesicherte Forderungen

12 Dem § 397 zufolge sichert das Pfandrecht die auf das Gut verwendeten Kosten, die Provision, die auf das Gut gegebenen Vorschüsse und Darlehen, die mit Rücksicht auf das Gut gezeichneten Wechsel oder in anderer Weise eingegangene Verbindlichkeiten. Alle diese Forderungen stehen im Zusammenhang mit dem Kommissionsgeschäft, dem das Kommissionsgut zuzuordnen ist. *Darüber hinaus* sichert das Pfandrecht alle Forderungen aus laufender Rechnung in Kommissionsgeschäften (inkonnexe Forderungen). Im einzelnen ist der Kreis der gesicherten Forderungen wie folgt zu umreißen.

13 **1. Forderungen wegen der auf das Gut verwendeten Kosten.** Es geht hier um Aufwendungen im Rahmen des Kommissionsgeschäftes, die mit Rücksicht auf das konkrete Kommissionsgut gemacht wurden. Beispiele: Kosten für Aufbewahrung, Erhaltung, Verbesserung, Beförderung, aber auch für den Erwerb des Gutes. Es muß sich also nicht notwendig um eine Verwendung auf das Gut im Sinne der §§ 994 ff BGB handeln.[27]

14 **2. Provision.** Der Begriff Provision umfaßt alle Erscheinungsformen des im Rahmen des Kommissionsgeschäftes versprochenen Entgelts.[28]

15 **3. Vorschuß, Darlehen.** Gesichert sind ferner die Forderungen auf Erstattung der auf das Gut gegebenen Vorschüsse und Darlehen. Darunter fallen auch Darlehen, die der Kommissionär dem Kommittenten im Zusammenhang mit dem konkreten Kommissionsgeschäft gewährt hatte.[29]

16 **4. Wechsel.** Forderungen wegen der mit Rücksicht auf das Gut gezeichneten Wechsel. Wechsel kann der Einkaufskommissionär dem Dritten hingeben oder der Verkaufskommissionär dem Kommittenten als Vorschuß ausgestellt haben. Auch der Fall des § 395 gehört hierher.[30]

17 **5. Mit Rücksicht auf das Gut eingegangene Verbindlichkeiten.** Das Kriterium „mit Rücksicht auf das Gut eingegangene Verbindlichkeiten" enthält einen **Auffangtatbestand,**[31] der eingreift, wenn die anderen Alternativen nicht vorliegen. Er umfaßt alle sonstigen Aufwendungen (§ 396 Rn 51) sowie Schadensersatzverpflichtungen (§ 396 Rn 58)

---

[25] RGZ 71, 76; MünchKommHGB/*Häuser*, § 397 Rn 14; *Krüger* (Fn 3), § 397 Rn 2; Heymann/*Herrmann*, HGB, § 397 Rn 4; Oetker/*Bergmann*, HGB, § 397 Rn 3.
[26] MünchKommHGB/*Häuser*, § 397 Rn 14.
[27] MünchKommHGB/*Häuser*, § 397 Rn 16.
[28] MünchKommHGB/*Häuser*, § 397 Rn 17.
[29] MünchKommHGB/*Häuser*, § 397 Rn 18.
[30] MünchKommHGB/*Häuser*, § 397 Rn 19.
[31] MünchKommHGB/*Häuser*, § 397 Rn 20; ähnlich *Krüger* (Fn 3), § 397 Rn 6 (Generalklausel).

aus unverschuldeten Risiken, die der Kommissionär aus Anlaß des konkreten Kommissionsgeschäftes im Interesse des Kommittenten gelaufen ist.[32] Ferner gehört hierher der Anspruch des Kommissionärs auf Deckung von Schäden, soweit der Kommittent verpflichtet ist, die vom Kommissionär im Rahmen seiner Tätigkeit erlittenen Nachteile auszugleichen (§ 396 Rn 58).

6. Forderungen aus laufender Rechnung. Forderungen aus laufender Rechnung in Kommissionsgeschäften sind in erster Linie solche Forderungen, die im Zusammenhang mit früheren Kommissionsgeschäften entstanden sind, und nach den Parteivereinbarungen nicht sogleich geltend gemacht werden durften, sondern im Rahmen eines **Kontokorrentverhältnisses** (§ 355) verrechnet werden sollten. Nicht erforderlich ist es, daß sich das Kontokorrentverhältnis nur auf Forderungen aus Kommissionsgeschäften erstreckt[33]. Es gilt dann § 356; denn Verbindlichkeiten, die ohne Bezug auf Kommissionsgeschäfte begründet worden sind, werden durch § 397 nicht gesichert.[34] Die Saldoforderung als solche wird mithin durch § 397 nur gesichert, falls ausschließlich Forderungen aus Kommissionsgeschäften in das Kontokorrent aufgenommen worden sind.[35] 18

§ 397 greift indessen auch dort ein, wo es an einer **Kontokorrentabrede im Sinne des § 355 fehlt**[36]. Eine laufende Rechnung liegt demnach dann vor, wenn die Parteien bloß in Geschäftsverbindung stehen, laufend Kommissionsgeschäfte tätigen und darauf verzichtet haben, die Forderungen für jedes Geschäft gesondert geltend zu machen. Vor allem der zuletzt genannte Faktor macht den Kommissionär besonders schutzbedürftig und rechtfertigt eine extensive Auslegung des § 397. Das Pfandrecht kann demnach im Hinblick auf solche Forderungen aus „laufender Rechnung" z.B. auch dort entstehen, wo die Parteien keine Periodizität der Verrechnung vereinbart oder auf die Anerkennung eines Saldos verzichtet haben. Wird kein Saldo anerkannt, so scheidet eine Analogie zu § 356 aus. Das Kommissionspfandrecht sichert unmittelbar sämtliche Forderungen aus laufender Rechnung. 19

Eine wichtige **Ausnahme** von dieser Regel statuieren die **§§ 30, 4 DepG.** Danach kann ein Drittkommissionär an anvertrauten oder angeschafften Wertpapieren ein Pfandrecht lediglich im Hinblick auf Forderungen erwerben, die mit Bezug auf die Wertpapiere entstanden sind oder für die diese Papiere nach dem einzelnen zwischen dem Kommissionär und dem Zwischenkommissionär vorgenommenen Geschäft haften sollen. Eine generelle Vereinbarung, wie sie etwa in AGB getroffen wird, reicht insoweit nicht aus. Ein **gutgläubiger Erwerb** des Pfandrechts zur Sicherung von Forderungen aus laufender Rechnung ist nicht möglich.[37] 20

C. Reichweite des Pfandrechts

Das Pfandrecht gibt dem Kommissionär die Befugnis, sich aus dem Kommissionsgut zu befriedigen, soweit seinem Pfandrecht nicht andere Rechte vorgehen (§§ 1257, 1204 BGB). 21

---

[32] MünchKommHGB/*Häuser*, § 397 Rn 20.

[33] *Schmidt-Rimpler* (Fn 15), S. 835; Schlegelberger/*Hefermehl* HGB⁵, § 397 Rn 19.

[34] *Krüger* (Fn 3), § 397 Rn 6; MünchKommHGB/*Häuser*, § 397 Rn 21; Baumbach/*Hopt*, HGB, § 397 Rn 6; Heymann/*Herrmann*, HGB, § 397 Rn 3.

[35] *Krüger* (Fn 3), § 397 Rn 6.

[36] RGZ 9, 424; MünchKommHGB/*Häuser*, § 397 Rn 21; *Schmidt-Rimpler* (Fn 15), S. 835; Schlegelberger/*Hefermehl*, HGB, § 397 Rn 19.

[37] Siehe Erl. zu § 366.

I. Rang des Pfandrechts

22 Der Rang des Kommissionspfandrechts bestimmt sich gemäß §§ 1257, 1209 BGB in erster Linie nach dem Zeitpunkt des Entstehens. Es gilt das Prioritätsprinzip.[38] Eine Sonderregelung trifft § 443 für den Fall, daß ein Kommissionspfandrecht und ein Pfandrecht des Frachtführers oder Spediteurs zusammentreffen. § 443 sichert den mit der Versendung beschäftigten Gewerbetreibenden den Rang vor den Kommissionspfandrechten, auch wenn diese zuerst entstanden sein sollten und ein gutgläubiger Erwerb einer besseren Rangposition (§§ 1257, 1208 BGB, 366 Abs. 3 HGB) aus subjektiven Gründen ausscheiden sollte. Zu beachten ist allerdings, daß § 443 Abs. 2 im Hinblick auf den Aufwendungsersatzanspruch aus einem vom Kommissionär mit eigenen Transportmitteln durchgeführten Transport (§ 396 Abs. 2) analog anzuwenden ist. Gleiches gilt nach der ratio des § 443 Abs. 2, soweit das Kommissionspfandrecht Aufwendungen deckt, die dem Kommissionär durch Einschaltung eines Spediteurs oder Frachtführers entstanden sind[39].

II. Durchsetzung des Pfandrechts

23 Das Kommissionspfandrecht entspricht einem vertragsmäßigen Pfandrecht (§ 1257 BGB). Seine Durchsetzung erfordert keinen vollstreckbaren Titel (§§ 1228 ff BGB), sondern lediglich Fälligkeit der gesicherten Forderung. Die Androhungsfrist beträgt gemäß § 368 Abs. 2 nur eine Woche, wenn das Kommissionsgeschäft für den Kommittenten ein Handelsgeschäft (§§ 343 f) ist. Die Androhung hat gegenüber dem Eigentümer des Gutes zu erfolgen, wobei der Kommissionär gemäß § 1248 BGB im Zweifel davon ausgehen kann, daß der Kommittent Eigentümer ist. Zur Verwertung vor Pfandreife siehe §§ 1219 ff BGB.

24 Umstritten ist es, ob der Kommissionär, der zur Pfandverwertung schreitet, seine eigenen Interessen verfolgt oder darüber hinaus auch die **Interessen des Kommittenten wahrzunehmen** hat[40]. Zu folgen ist der Ansicht von *Schmidt-Rimpler*[41], daß der Kommissionär im Rahmen des Pfandverkaufes dem Kommittenten als Interessengegner gegenübersteht und – in erster Linie – sein Interesse verfolgen darf, seine Forderung auf die sicherste Weise zu befriedigen. Daß der Kommissionär darüber nicht die Interessen des Kommittenten gänzlich vernachlässigen darf, ist lediglich Ausfluß des allgemeinen Gedankens von Treu und Glauben, den Vertragspartner in möglichst geringem Umfang zu schädigen, nicht aber der Pflicht, ein Geschäft des Kommittenten zu besorgen. Der Kommissionär muß sich also weder überlegen, welche Art der Pfandverwertung am besten den Interessen des Kommittenten entspricht, noch gar sein Interesse an der Pfandverwertung zurückstellen, sondern er hat lediglich mit pflichtgemäßer Sorgfalt eines ordentlichen Kaufmannes die Pfandverwertung so zu betreiben, daß bei voller und sicherer Befriedigung seiner Forderungen dem Kommittenten keine vermeidbaren Nachteile zugefügt werden. Anders als jeder Geschäftsbesorger ist daher der Kommissionär nicht ver-

[38] MünchKommHGB/*Häuser*, § 397 Rn 22.
[39] *Krüger* (Fn 3), § 397 Rn 8; MünchKommHGB/*Häuser*, § 397 Rn 23; Schlegelberger/*Hefermehl*, HGB, § 397 Rn 22.
[40] Schlegelberger/*Hefermehl*, HGB, § 397 Rn 26.
[41] *Schmidt-Rimpler* (Fn 15), S. 831 f; ebenso MünchKommHGB/*Häuser*, § 397 Rn 28; *Krüger* (Fn 3), § 397 Rn 7; **aA** Heymann/*Herrmann*, HGB, § 397 Rn 4.

pflichtet, im Hinblick auf die Pfandverwertung Weisungen zu befolgen. Deshalb kann der Kommissionär entgegen der hM keine Provision für die Pfandverwertung verlangen, schon gar nicht die versprochene Provision.[42] Eine Ausnahme kann man nach Treu und Glauben allenfalls dort erwägen, wo der Kommissionär das Kommissionsgut so verwertet, wie es ohnehin den Interessen des Kommittenten an einem Ausführungsgeschäft entsprach.[43]

D. Erlöschen des Pfandrechts

Gemäß § 1257 BGB gelten für das Kommissionspfandrecht die allgemeinen Regeln über dessen Untergang: so durch den Verkauf des mit dem Pfandrecht belasteten Kommissionsgutes (§ 1242 Abs. 2 BGB), Übertragung der Forderung unter Ausschluß des Übergangs des Pfandrechts (§ 1250 Abs. 2 BGB), Erlöschen der gesicherten Forderung (§ 1252 BGB), einseitigen Verzicht des Pfandgläubigers (§ 1255 BGB), nicht aber durch Umstellung des Besitzmittlungsverhältnisses. **25**

Umstritten ist, ob das Pfandrecht auch dann untergeht, wenn der Kommissionär den **Besitz am Kommissionsgut unfreiwillig verliert.** Gemäß den §§ 1257, 1253 BGB erlischt das Pfandrecht an sich nur bei freiwilliger Rückgabe des Pfandobjekts an den Verpfänder. Vielfach wird hingegen – gestützt auf den Wortlaut des § 397 – die Ansicht vertreten, das Kommissionspfandrecht gehe mit dem Besitzverlust unter, gleichgültig, ob dieser freiwillig oder unfreiwillig erfolgt ist[44]. Davon wird verschiedentlich eine Ausnahme für den Fall gemacht, daß der Kommissionär, der unfreiwillig den Besitz verloren hatte, den Besitz binnen Jahresfrist oder mittels einer binnen Jahresfrist erhobenen Klage wieder erlangt (§ 940 Abs. 2 BGB analog).[45] Sowohl das vertragliche Pfandrecht gemäß §§ 1204 ff BGB als auch das Kommissionspfandrecht sind als Besitzpfandrechte ausgeformt, um der dinglichen Rechtslage Publizität zu verleihen. Es besteht kein Grund, immer die dingliche Lage und die Besitzlage im Einklang zu halten. Zwar kann man in Anbetracht der Eigenheiten des Handelsverkehrs nicht so weit gehen, anzunehmen, daß das Kommissionspfandrecht erst erlischt, wenn der Kommissionär das Kommissionsgut an den Kommittenten zurückgibt (§ 1253 BGB). Jeder freiwillige Besitzverlust muß demnach zum Untergang des Pfandrechts führen, zumal wenn der Besitzverlust darauf beruht, daß der Kommissionär das Gut im Interesse des Kommittenten weiterveräußert hat. Anders ist die Sachlage aber, wenn das Kommissionsgut dem Kommissionär abhanden gekommen ist. Hier besteht kein Grund, den Inhaber eines Kommissionspfandrechts schlechter zu behandeln als den Inhaber eines vertraglichen Pfandrechts.[46] Ist das Pfandrecht durch freiwilligen Besitzverlust erloschen, so lebt es nicht dadurch wieder auf, daß der Kommissionär den Besitz zurückerlangt.[47] **26**

42 *Krüger* (Fn 3), § 397 Rn 7; MünchKommHGB/*Häuser*, § 397 Rn 31; *Roth,* in Koller/Roth/Morck, HGB § 397 Rn 7; offengelassen BGH, WM 1984, 165, 166.

43 *Schmidt-Rimpler* S. 832 f.

44 *Krüger* (Fn 3), § 397 Rn 4; *Schmidt-Rimpler* (Fn 15), S. 836; Schlegelberger/*Hefermehl*, HGB, § 397 Rn 27.

45 Heymann/*Herrmann*, HGB, § 397 Rn 2.

46 *Canaris*, Handelsrecht, § 30 Rn 60; *Roth,* in Koller/Roth/Morck, HGB § 397 Rn 4; Baumbach/*Hopt*, HGB, § 397 Rn 8; MünchKommHGB/*Häuser*, § 397 Rn 32.

47 MünchKommHGB/*Häuser*, § 397 Rn 32; *Krüger* (Fn 3), § 397 Rn 4; Baumbach/*Hopt*, HGB, § 397 Rn 8; Oetker/*Bergmann*, HGB, § 397 Rn 5.

§ 398

Der Kommissionär kann sich, auch wenn er Eigentümer des Kommissionsgutes ist, für die in § 397 bezeichneten Ansprüche nach Maßgabe der für das Pfandrecht geltenden Vorschriften aus dem Gute befriedigen.

Schrifttum siehe Angaben zu § 383.

Übersicht

I. Vorbemerkung

1 Nach den Regeln des BGB kann ein Pfandrecht an eigenen Sachen des Pfandrechtsgläubigers nicht entstehen; es kann allenfalls fortbestehen, falls das Eigentum mit einem bereits begründeten Pfandrecht zusammentrifft und der Eigentümer am Fortbestand des Pfandrechts ein rechtliches Interesse besitzt (§ 1256 Abs. 2 BGB). Der historische Gesetzgeber gab in Durchbrechung der für das Vertragspfandrecht geltenden Regeln dem Kommissionär ein „Pfandrecht"[1], um vor allem bei der Einkaufskommission den Kommissionär zu schützen, der mit erheblichen Aufwendungen Werte angeschafft hat, die noch in seinem Eigentum stehen, und andererseits den Kommittenten gegen Willkürakte des Kommissionärs zu sichern, da der Kommissionär gezwungen wird, die Förmlichkeiten des Pfandverkaufes einzuhalten.[2] Außerdem entfällt durch § 398 die Notwendigkeit, im Einzelfall zu prüfen, ob das Eigentum bereits (§ 383 Rn 170 ff) auf den Kommittenten übergegangen ist, wenn der Kommissionär zum Pfandverkauf schreiten will. Zur Anwendbarkeit des § 398 im Falle des *Selbsteintritts* s. § 404.

II. Voraussetzungen des „Pfandrechts"

2 **1. Abschluß eines Kommissionsvertrages, Kommissionsgut.** § 398 setzt ebenso wie § 397 den Abschluß eines wirksamen Kommissionsvertrages voraus. Der Kommissionär kann sich nur aus dem Kommissionsgut befriedigen. Zum Begriff des „Kommissionsgutes" § 397 Rn 6. Das Kommissionsgut muß in seinem Eigentum stehen, sonst greift

---

[1] Zur dogmatischen Einordnung des „Pfandrechts" aus § 398 als echtes Pfandrecht oder als pfandähnliches Befriedigungsrecht *Schmidt-Rimpler*, Das Kommissionsgeschäft, in: Ehrenbergs Handbuch des gesamten Handelsrechts (1928) Bd. V 1. Abt. 2. Hälfte, S. 828; Schlegelberger/*Hefermehl*, HGB, § 398 Rn 2. Praktische Konsequenzen ergeben sich aus der dogmatischen Einordnung nicht (zutr. MünchKommHGB/*Häuser*, § 398 Rn 3).

[2] Entwurf eines HGB nebst Denkschrift (1896), S. 241.

§ 397 unmittelbar ein. Für die Frage der Rechtmäßigkeit eines Pfandverkaufes kann diese Frage aber letztlich immer offen bleiben.

2. **Besitz.** Der Kommissionär muß am Kommissionsgut unmittelbaren oder mittelbaren Besitz erlangt haben, ohne daß ihm der Kommittent den Besitz vermittelt (§ 397 Rn 9 ff).[3] Zur Relevanz eines späteren Besitzverlustes § 397 Rn 25. Wie im Rahmen des § 397 geht auch hier das Pfandrecht nur bei freiwilligem Besitzverlust unter. 3

3. **Kreis der gesicherten Forderungen.** Das „Pfandrecht" sichert die gleichen Forderungen wie das Pfandrecht aus § 397.[4] 4

III. Reichweite des „Pfandrechts"

Die Reichweite des „Pfandrechts" aus § 398 deckt sich vollkommen mit dem aus § 397. Insbesondere hat der Kommissionär, der sich aus dem in seinem Eigentum stehenden Kommissionsgut befriedigen will, die Regeln des Pfandverkaufs und rangbessere Pfandrechte zu respektieren. § 398 räumt, wie sich aus dem Wortlaut der Norm ergibt, dem Kommissionär ein Recht ein, sich aus dem Kommissionsgut zu befriedigen, ohne ihn aber dazu zu verpflichten[5]. Verkauft der Kommissionär das Kommissionsgut unter Mißachtung der für den Pfandverkauf geltenden Regeln, so macht er sich schadensersatzpflichtig. 5

IV. Rücktritt des Kommissionärs vom Vertrag

Strittig ist es, ob der Kommissionär, dessen Ansprüche, z.B. auf Aufwendungsersatz oder Provision, nicht erfüllt werden, unter den Voraussetzungen des § 323 BGB **vom Vertrag zurücktreten** kann, und so der Pflicht ledig wird, das Kommissionsgut an den Kommittenten zu übereignen. Die hM zur Rechtslage vor dem 1.1.2002[6] verneinte die Anwendbarkeit des § 326 BGB a.F. und verwies den Kommissionär auf die §§ 398, 397, 399[7]. Dies wurde zum Teil damit begründet, daß nur die Provisions- und Vorschußpflicht einerseits und die Pflicht zur Ausführung der Kommission im Synallagma stünden; zum Teil wurde darauf hingewiesen, daß der Rücktritt dem Gedanken der Interessenwahrung widersprechen würde. Nach Inkrafttreten des Schuldrechtsmodernisierungsgesetzes ist gemäß den §§ 323 f BGB ein Rücktritt auch dann möglich, wenn Pflichten verletzt werden, die nicht[8] im Synallagma stehen.[9] Die §§ 383 ff schränken das Recht des Kommissionärs, vom Vertrag zurückzutreten, in keiner Weise ausdrücklich ein.[10] 6

---

[3] MünchKommHGB/*Häuser*, § 398 Rn 3.

[4] MünchKommHGB/*Häuser*, § 398 Rn 3.

[5] *Schmidt-Rimpler* (Fn 1), S. 829; Schlegelberger/*Hefermehl*, HGB, § 398 Rn 4; **aA** *Düringer/Hachenburg/Lehmann*, HGB, § 398 Rn 6.

[6] Inkrafttreten des Gesetz zur Modernisierung des Schuldrechts vom 26.11.2001, BGBl. 2001 I 3138.

[7] ROHG 11, 9; RGZ 105, 127; Schlegelberger/*Hefermehl*, HGB, § 398 Rn 4 mwN; **aA** *Schmidt-Rimpler* (Fn 1), S. 855.

[8] So hM vgl. Palandt/*Grüneberg*, BGB, § 323 Rn 10 mN.

[9] *Roth*, in Koller/Roth/Morck, HGB § 398 Rn 1; Baumbach/*Hopt*, HGB, § 397 Rn 1, § 398 Rn 2; Oetker/*Bergmann*, HGB, § 397 Rn 2; **aA** *Krüger* in Ebenroth/Boujong/Joost/Strohn, HGB, § 398 Rn 3; MünchKommHGB/*Häuser*, § 398 Rn 5.

[10] So schon *Schmidt-Rimpler* (Fn 1), S. 855.

Eine Einschränkung ergibt sich auch nicht aus dem Wesen der Kommission. Die Tatsache, daß der Kommissionär mit der Ausführung der Kommission vorgeleistet hat, beschneidet nicht sein Recht aus den §§ 323 f BGB. Zum anderen soll das Rücktrittsrecht aus § 323 BGB den Gläubiger der Mühe entheben, beim vertragsbrüchigen Vertragspartner den Schadensersatz beizutreiben. Die gleiche Situation besteht auch hier, wo der Kommissionär zwar nicht Geldleistungs- oder Schadensersatzansprüche einzutreiben gezwungen ist und durch den Pfandverkauf auch seine immateriellen Interessen an der Naturalleistung (hier: Geld) befriedigen kann, aber doch gehalten wäre, die Mühe des Pfandverkaufes auf sich zu nehmen. Daß dadurch dem Kommissionär eine Spekulationschance eröffnet wird, muß ebenso hingenommen werden wie in anderen Fällen, in denen ein Gläubiger das Rücktrittsrecht aus den §§ 323 f BGB ausübt, um Chancen zu nutzen, die sich ihm inzwischen eröffnet haben. Daran ändert nichts der Geschäftsbesorgungscharakter der Kommission, da dieser den Kommissionär nur zur Wahrung der Interessen des Kommittenten verpflichtet, solange sich der Kommittent nicht selbst in gravierender Weise vertragswidrig verhält. Im übrigen kann der Rücktritt mit der Forderung von Schadensersatz (§ 280 ff BGB) kombiniert werden (§ 325 BGB).

§ 399

Aus den Forderungen, welche durch das für Rechnung des Kommittenten geschlossene Geschäft begründet sind, kann sich der Kommissionär für die in § 397 bezeichneten Ansprüche vor dem Kommittenten und dessen Gläubigern befriedigen.

Schrifttum siehe Angaben zu § 383.

Übersicht

I. Vorbemerkung

1 § 399 ergänzt den § 397.[1] Er gibt dem Kommissionär das Recht, sich aus Forderungen zu befriedigen, die durch das Ausführungsgeschäft oder sonstige Geschäfte auf Rechnung des Kommittenten begründet worden sind. Diese Forderungen stehen im Außenverhältnis zum Dritten dem Kommissionär zu; er ist Inhaber der Forderungen; er allein kann diese Forderungen eintreiben. Die Forderungen gelten jedoch gemäß § 392 Abs. 2 im Verhältnis zwischen Kommissionär und Kommittenten als solche des Kommittenten,

[1] *Krüger* in Ebenroth/Boujong/Joost/Strohn, HGB, § 399 Rn 1.

auch wenn sich dies im Innenverhältnis regelmäßig nur schuldrechtlich auswirkt. Der in § 399 verwandte Begriff „befriedigen“ zeigt, daß § 399 den § 392 Abs. 2 nicht total ausschaltet und dem Kommissionär keine uneingeschränkte Gläubigerstellung verschafft. Vielmehr gibt § 399 dem Kommissionär lediglich ein begrenztes Befriedigungsrecht, das pfandrechtsähnlich ausgeformt ist,[2] da § 399 nicht vorschreibt, daß die Verwertung der Forderung nach den Vorschriften für vertragliche Pfandrechte zu erfolgen hat.[3]

Zur Anwendbarkeit des § 399 im Falle des **Selbsteintritts** § 404 Rn 3. **2**

II. Voraussetzung des Befriedigungsrechtes

1. Kreis der sichernden Forderungen. Das Befriedigungsrecht aus § 399 erstreckt sich primär auf Forderungen, die durch das Ausführungsgeschäft auf Rechnung des Kommittenten begründet worden sind. Dazu zählen auch Sekundäransprüche.[4] Zum Begriff „Ausführungsgeschäft“ § 384 Rn 37 ff. Zum Begriff „auf fremde Rechnung“ s. § 383 Rn 13. Darüber hinaus erfaßt § 399 auch Forderungen aus Hilfsgeschäften, die auf Rechnung des Kommittenten getätigt worden sind.[5] Analog ist § 399 auf Forderungen anzuwenden, die der Kommissionär pflichtwidrig auf eigene Rechnung oder zu seinem eigenen Vorteil begründet hat und die er deshalb im Rahmen seiner Schadensersatzpflicht an den Kommittenten herauszugeben hat; denn im Hinblick auf diese Forderungen gilt § 392 entsprechend (§ 392 Rn 9). Dem Kommissionär muß daher eine Möglichkeit eröffnet werden, sich aus diesen Forderungen zu befriedigen. **3**

Strittig ist es, ob § 399 auch dann analog anzuwenden ist, wenn sich der Kommissionär nicht aus einer Forderung befriedigen will, die er im Rahmen eines auf Rechnung des Kommittenten getätigten Geschäftes erworben hat, sondern diese **Forderung selbst Gegenstand der Kommission** ist. Beispiel: Der Kommissionär soll im eigenen Namen auf Rechnung des Kommittenten eine Forderung des Kommittenten verkaufen. In einem solchen Fall ist ein Befriedigungsrecht zu verneinen, da die Publizität (§ 1280 BGB) nicht gewahrt ist. Anders ist die Lage, wenn der Kommittent die Forderung dem Kommissionär zum Zwecke des Verkaufes bereits abgetreten hat oder der Kommissionär im eigenen Namen auf Rechnung des Kommittenten eine bereits bestehende Forderung gekauft hat und durch Zession die Gläubigerposition erworben hat. In solchen Konstellationen steht einer Analogie zu § 399 nichts im Wege, denn die Gläubigerposition verleiht dem Befriedigungsrecht hinreichende Publizität[6]. In den hier genannten Konstellationen kann auch § 392 Abs. 2 eingreifen (§ 392 Rn 4). Sollte § 392 Abs. 2 nicht zum Zuge kommen, so bringt die Analogie zu § 399 dem Kommissionär doch den Vorteil, daß er sich befriedigen kann und sich nicht lediglich auf ein Zurückbehaltungsrecht verweisen lassen muß. **4**

Hat der Kommissionär die **Forderung**, zu deren Herausgabe er verpflichtet ist, bereits an den **Kommittenten abgetreten**, so ist das Befriedigungsrecht aus § 399 erloschen.[7] **5**

---

[2] MünchKommHGB/*Häuser*, § 399 Rn 2; *Roth*, in Koller/Roth/Morck, HGB § 399 Rn 1; Baumbach/*Hopt*, HGB, § 399 Rn 1.

[3] Schlegelberger/*Hefermehl*, HGB, § 399 Rn 1 mN.

[4] *Krüger* (Fn 1), § 399 Rn 2; Oetker/*Bergmann*, HGB, § 399 Rn 2.

[5] MünchKommHGB/*Häuser*, § 399 Rn 3; Baumbach/*Hopt*, HGB, § 399 Rn 1; Oetker/*Bergmann*, HGB, § 399 Rn 2.

[6] Teilweise wie hier: *Schmidt-Rimpler* Das Kommissionsgeschäft, in: Ehrenbergs Handbuch des gesamten Handelsrechts (1928) Bd. V 1. Abt. 2. Hälfte, S. 839, **aA** MünchKommHGB/*Häuser*, § 399 Rn 4; Schlegelberger/*Hefermehl*, HGB, § 399 Rn 4.

[7] MünchKommHGB/*Häuser*, § 399 Rn 3.

6 **2. Kreis der gesicherten Forderungen.** § 399 sichert den gleichen Kreis von Forderungen wie § 397 (dazu § 397 Rn 12 ff).

III. Reichweite des Leistungsverweigerungs- und Befriedigungsrechts

7 § 399 gibt dem Kommissionär das Recht, die Forderungen, die er an den Kommittenten abzutreten (oder nach Einziehung an den Kommittenten auszukehren) bzw. zu veräußern (Rn 3) hat, zur Deckung seiner Forderungen zu verwenden. Dabei muß der Kommissionär nicht nach den Regeln der Verwertung eines Pfandrechtes an Forderungen vorgehen.[8] Er hat im einzelnen folgende Befugnisse.

8 **1. Leistungsverweigerungsrecht.** Zur Sicherung seines Befriedigungsrechtes hat der Kommissionär zunächst ein Leistungsverweigerungsrecht. Er kann es dem Anspruch des Kommittenten auf Herausgabe der Forderung entgegenhalten[9]. Geht die Forderung auf Geld und ist sie teilweise abtretbar, so wird man diese Einrede im Falle sofortiger Realisierbarkeit der Forderung nur bis zur Höhe des Betrages gelten lassen dürfen, der dem Betrag der gesicherten, ebenfalls auf Geld gerichteten Forderung entspricht[10]. In anderen Konstellationen hat man mit der h.M.[11] ohne Rücksicht auf die Teilbarkeit der sichernden Forderung die Einrede auf den gesamten Herausgabeanspruch zu erstrecken, da es ex ante immer unsicher ist, inwieweit im Einzelfall eine Sicherung in Anspruch genommen werden muß. Eine Ausnahme gilt bei evidenter Übersicherung. Dort ist der Kommissionär nach Treu und Glauben verpflichtet, einzelne sichernde Forderungen ganz oder partiell freizugeben.

9 **2. Einzugsrecht.** Der Kommissionär hat weiterhin kraft seines Befriedigungsrechtes die Befugnis, die Forderung einzuziehen, auch wenn ihm nach dem Kommissionsvertrag nicht die Durchführung der Kommission obliegt[12]. Lauten sowohl die sichernde wie die gesicherte Forderung auf einen Geldbetrag, so besteht das Einziehungsrecht nur in Höhe des vom Kommittenten geschuldeten Betrages[13]. Soweit der Kommissionär den Geldbetrag eingezogen hat, kann er aufrechnen[14]. Bei sichernden Forderungen, die nicht auf Geld gehen, darf der Kommissionär hingegen die gesamte Forderung einziehen. Er erwirbt dann an Sachen und Wertpapieren ein Pfandrecht gemäß § 397, wenn er nicht Eigentümer wird; wenn er Eigentümer wird, ein Recht gemäß § 398.[15] Ging die Forderung auf Abtretung oder Begründung einer Forderung, so erhält der Kommissionär an der zweiten Forderung ein Befriedigungsrecht gemäß § 399. Die eingezogenen Waren

---

[8] MünchKommHGB/*Häuser*, § 399 Rn 6.

[9] *Schmidt-Rimpler* (Fn 6), S. 837; Schlegelberger/*Hefermehl*, HGB, § 399 Rn 7 mN.

[10] *Krüger* (Fn 1), § 399 Rn 3; MünchKommHGB/*Häuser*, § 399 Rn 7; *Roth*, in Koller/Roth/Morck, HGB § 399 Rn 2; *Schmidt-Rimpler* (Fn 6), S. 837.

[11] MünchKommHGB/*Häuser*, § 399 Rn 7; *Düringer/Hachenburg/Lehmann*, HGB, § 399 Rn 4; Schlegelberger/*Hefermehl*, HGB, § 399 Rn 7.

[12] MünchKommHGB/*Häuser*, § 399 Rn 8; *Schmidt-Rimpler* (Fn 6), S. 837; Schlegelberger/*Hefermehl*, HGB, § 399 Rn 8 mwN.

[13] § 1282 Abs. 1 S. 2 BGB analog; MünchKommHGB/*Häuser*, § 399 Rn 8; *Krüger* (Fn 1), § 399 Rn 4; *Schmidt-Rimpler* (Fn 6), S. 838; Oetker/*Bergmann*, HGB, § 399 Rn 4; **aA** Baumbach/*Hopt*, HGB, § 399 Rn 3; Schlegelberger/*Hefermehl*, HGB, § 399 Rn 8.

[14] MünchKommHGB/*Häuser*, § 399 Rn 9; *Schmidt-Rimpler* (Fn 6), S. 838; Schlegelberger/*Hefermehl*, HGB, § 399 Rn 8.

[15] MünchKommHGB/*Häuser*, § 399 Rn 9.

oder Wertpapiere sind vom Kommissionär nach Maßgabe der §§ 397 f durch Pfandverkauf zu verwerten.

3. Recht zum Verkauf der Forderung. Hingegen steht dem Kommissionär nicht das Recht zu, sich unmittelbar durch den Verkauf der Forderung gegen den Dritten zu befriedigen. Es besteht kein Anlaß, den Kommissionär besser zu stellen als jemanden, der ein vertragliches Pfandrecht an einer Forderung besitzt[16], – zumal beim Verkauf von Forderungen das Risiko einer Kollusion zu groß wäre. Daraus folgt, daß dem Kommissionär, der die Forderung nicht einziehen will oder kann, nur der Weg bleibt, in Analogie zu §§ 1282 Abs. 2, 1277 BGB die Befriedigung nach Vollstreckungsrecht zu suchen. Dazu bedarf es eines vollstreckbaren Titels, der es ihm ermöglicht, vom Vollstreckungsgericht die Befugnis zu einer anderweitigen Verwertung der Forderung zu erlangen[17]. 10

IV. Insolvenz

Das Befriedigungsrecht des Kommissionärs kommt auch in der **Insolvenz des Kommissionärs** zum Tragen. Der Insolvenzverwalter kann es gegenüber dem Kommittenten ausüben und damit dem Kommittenten die Berufung auf § 392 Abs. 2 aus der Hand schlagen.[18] Fällt der **Kommittent in die Insolvenz**, so gibt § 399 dem Kommissionär ein Absonderungsrecht gemäß §§ 50 f InsO.[19] 11

V. Stellung der Gläubiger des Kommissionärs

Pfändet ein Gläubiger des Kommissionärs eine kraft § 399 sichernde Forderung, dann kann sich der Kommittent grundsätzlich auf § 392 Abs. 2 berufen. Hat der Gläubiger aber auch die „gesicherte" Forderung des Kommissionärs gegen den Kommittenten gepfändet, dann muß sich der Kommittent die Einziehung der sichernden Forderung im gleichen Umfang gefallen lassen, wie er sich deren Einziehung durch den Kommissionär gefallen lassen müßte[20]. 12

VI. Erlöschen des Befriedigungsrechtes

Das Recht aus § 399 erlischt zum einen durch **Wegfall der gesicherten Forderung** oder durch **Abtretung** der sichernden Forderung **an den Kommittenten.**[21] 13

---

16 MünchKommHGB/*Häuser*, § 399 Rn 10; *Roth*, in Koller/Roth/Morck, HGB § 399 Rn 2; Baumbach/*Hopt*, HGB, § 399 Rn 3; Heymann/*Herrmann*, HGB, § 399 Rn 2; Oetker/*Bergmann*, HGB, § 399 Rn 5.

17 § 844 ZPO; *Krüger* (Fn 1), § 399 Rn 4; Oetker/*Bergmann*, HGB, § 399 Rn 5; *Schmidt-Rimpler* (Fn 6), S. 8; Schlegelberger/*Hefermehl*, HGB, § 399 Rn 9.

18 MünchKommHGB/*Häuser*, § 399 Rn 14; *Krüger* (Fn 1), § 399 Rn 5; Heymann/*Herrmann*, HGB, § 399 Rn 1; Oetker/*Bergmann*, HGB, § 399 Rn 6.

19 *Krüger* (Fn 1), § 399 Rn 5; MünchKommHGB/*Häuser*, § 399 Rn 14; Baumbach/*Hopt*, HGB, § 399 Rn 3.

20 MünchKommHGB/*Häuser*, § 399 Rn 12; *Schmidt-Rimpler* (Fn 6), S. 839; Schlegelberger/*Hefermehl*, HGB, § 399 Rn 11.

21 *Krüger* (Fn 1), § 399 Rn 5; MünchKommHGB/*Häuser*, § 399 Rn 11; Baumbach/*Hopt*, HGB, § 399 Rn 4; *Roth*, in Koller/Roth/Morck, HGB § 399 Rn 3.

14 Strittig ist es, ob das Befriedigungsrecht auch dadurch erlischt, daß der Kommissionär die gesicherten Forderungen, die gegen den Kommittenten gerichtet sind, **an einen Vierten zediert.** Es stellt sich die Frage, ob gemäß § 401 BGB das Befriedigungsrecht auf den Vierten übergeht. Dies ist zu verneinen, da das Befriedigungsrecht voraussetzt, daß mit der Zession der gesicherten Forderung auch die sichernde Forderung auf den Vierten übergeht.[22]

15 Etwas anderes würde gelten, falls das Befriedigungsrecht aus § 399 als echtes Pfandrecht ausgestaltet wäre (§§ 1257, 1273 Abs. 2, 1250 BGB). Dies ist jedoch nicht der Fall, da die Publizitätsanforderungen nicht erfüllt sind. Deshalb erlischt grundsätzlich das Befriedigungsrecht mit der Abtretung der gesicherten Forderung[23]. Anders ist die Situation beim **Erbfall**, wo der Erbe im Rahmen der Gesamtnachfolge Gläubiger der sichernden und gesicherten Forderung wird. Deshalb wird man dem **Vierten** in Analogie zu § 401 BGB das Befriedigungsrecht zugestehen können, falls der Kommissionär **zugleich mit der gesicherten auch die sichernde Forderung an ihn abgetreten hat**[24]. In der Abtretung der sichernden Forderung kann allerdings eine Vertragsverletzung gegenüber dem Kommittenten liegen, die Schadensersatzpflichten nach sich zieht.

§ 400

(1) Die Kommission zum Einkauf oder zum Verkaufe von Waren, die einen Börsen- oder Marktpreis haben, sowie von Wertpapieren, bei denen ein Börsen- oder Marktpreis amtlich festgestellt wird, kann, wenn der Kommittent nicht ein anderes bestimmt hat, von dem Kommissionär dadurch ausgeführt werden, daß er das Gut, welches er einkaufen soll, selbst als Verkäufer liefert oder das Gut, welches er verkaufen soll, selbst als Käufer übernimmt.

(2) Im Falle einer solchen Ausführung der Kommission beschränkt sich die Pflicht des Kommissionärs, Rechenschaft über die Abschließung des Kaufes oder Verkaufs abzulegen, auf den Nachweis, daß bei dem berechneten Preise der zur Zeit der Ausführung der Kommission bestehende Börsen- oder Marktpreis eingehalten ist. Als Zeit der Ausführung gilt der Zeitpunkt, in welchem der Kommissionär die Anzeige von der Ausführung zur Absendung an den Kommittenten abgegeben hat.

(3) Ist bei einer Kommission, die während der Börsen- oder Marktzeit auszuführen war, die Ausführungsanzeige erst nach dem Schlusse der Börse oder des Marktes zur Absendung abgegeben, so darf der berechnete Preis für den Kommittenten nicht ungünstiger sein als der Preis, der am Schlusse der Börse oder des Marktes bestand.

(4) Bei einer Kommission, die zu einem bestimmten Kurse (erster Kurs, Mittelkurs, letzter Kurs) ausgeführt werden soll, ist der Kommissionär ohne Rücksicht auf den Zeit-

---

[22] MünchKommHGB/*Häuser*, § 399 Rn 11; *Krüger* (Fn 1), § 399 Rn 5; *Roth*, in Koller/Roth/Morck, HGB § 399 Rn 3; Baumbach/*Hopt*, HGB, § 399 Rn 4; Heymann/*Herrmann*, HGB, § 399 Rn 2; Oetker/*Bergmann*, HGB, § 399 Rn 7.

[23] MünchKommHGB/*Häuser*, § 399 Rn 11; *Schmidt-Rimpler* (Fn 6), S. 838 f; Schlegelberger/*Hefermehl*, HGB, § 399 Rn 10; **aA** Düringer/Hachenburg/*Lehmann*, HGB, § 399 Rn 5.

[24] MünchKommHGB/*Häuser*, § 399 Rn 11; Baumbach/*Hopt*, HGB, § 399 Rn 4; Heymann/*Herrmann*, HGB, § 399 Rn 2; Oetker/*Bergmann*, HGB, § 399 Rn 7; **aA** wohl *Krüger* (Fn 1), § 399 Rn 5.

punkt der Absendung der Ausführungsanzeige berechtigt und verpflichtet, diesen Kurs dem Kommittenten in Rechnung zu stellen.

(5) Bei Wertpapieren und Waren, für welche der Börsen- oder Marktpreis amtlich festgestellt wird, kann der Kommissionär im Falle der Ausführung der Kommission durch Selbsteintritt dem Kommittenten keinen ungünstigeren Preis als den amtlich festgestellten in Rechnung stellen.

Schrifttum siehe Angaben zu § 383.

Übersicht

A. Vorbemerkung

1 Die Kommission zum Einkauf bzw. Verkauf von Waren, die einen Börsen- oder Marktpreis haben, bzw. von Wertpapieren, bei denen ein Börsen- oder Marktpreis amtlich festgestellt wird, kann kraft dispositiven Rechts dadurch ausgeführt werden, daß der Kommissionär nicht erst mit einem Dritten einen Kaufvertrag abschließt, sondern sich selbst unmittelbar zum Verkäufer bzw. zum Käufer des Kommissionsgutes macht. Der Kommissionär, der erklärt, das Kommissionsgut, das er einkaufen soll, selbst als Verkäufer zu liefern, oder der das Gut, das er verkaufen soll, selbst als Käufer übernimmt (§ 400 Abs. 1), tritt dem üblichen Sprachgebrauch zufolge, den das Gesetz in den §§ 401 Abs. 1, 404, 405 Abs. 2, 3 übernommen hat, „selbst ein“. Der Kommissionär, der den Selbsteintritt erklärt, wandelt das Kommissionsverhältnis nicht total in ein Kaufverhältnis um. Vielmehr ist der Selbsteintritt, wie sich aus § 400 Abs. 1 ergibt, nur eine andere Form der Ausführung[1] der Kommission.[2] Die Konditionen, zu denen die Kommission ausgeführt wird, ergeben sich beim Selbsteintritt grundsätzlich aus dem Markt- oder Börsenpreis, der – idealtypisch – auf den Entschlüssen unabhängiger Dritter beruht. Dem Kommissionär, der durch Selbsteintritt ausführen will, steht es also nicht frei zu bestimmen, zu welchen Konditionen er das Kommissionsgut übernehmen oder liefern will. Er ist auch nicht berechtigt, die Konditionen nach billigem Ermessen festzulegen.

B. Typen des Selbsteintritts aus wirtschaftlicher Sicht

I. Wirtschaftlicher Selbsteintritt

2 Die älteste Erscheinungsform des Selbsteintritts wird als „wirtschaftlicher Selbsteintritt“ bezeichnet. Sie ist vor allem bei der Warenkommission zu finden, wo sich die Übung eingebürgert hatte, das Kommissionsgut zum jeweiligen Marktpreis aus den eigenen Lagerbeständen zu liefern oder es in den eigenen Bestand zu übernehmen[3].

II. Formeller Selbsteintritt

3 Daneben steht der sogenannte „formelle Selbsteintritt“. Bei ihm vereinbart der Kommissionär, wie bei der normalen Geschäftsbesorgungskommission, aus Anlaß des Kommissionsauftrags ein Geschäft mit einem Dritten. Dieses Geschäft schließt er jedoch nicht auf Rechnung des Kommittenten, sondern auf eigene Rechnung ab. Er tätigt, mit anderen Worten, mit dem Dritten kein Ausführungsgeschäft, sondern lediglich ein **Deckungsgeschäft**, wie es jeder Eigenhändler abschließen könnte.[4] Hier ist mithin der Kommissionär – anders als beim „wirtschaftlichen Selbsteintritt“ nicht bereit, das Kommissionsgut auf das eigene Lager zu nehmen oder vom eigenen Lager zu liefern, sondern sichert sich vor dem Selbsteintritt durch ein Deckungsgeschäft ab. Obwohl das Deckungsgeschäft, wie bei jedem Eigenhändler, auf eigene Rechnung eingegangen wird,

---

[1] Zum Begriff der Ausführung § 383 Rn 123.

[2] MünchKommHGB/*Häuser*, § 400 Rn 1.

[3] MünchKommHGB/*Häuser*, § 400 Rn 6, 74; *Schmidt-Rimpler*, Das Kommissionsgeschäft, in: Ehrenbergs Handbuch des gesamten Handelsrechts (1928) Bd. V 1. Abt. 2. Hälfte, S. 556; *v. Dalwigk zu Lichtenfels*, Das Effektenkommissionsgeschäft, S. 61 ff.

[4] MünchKommHGB/*Häuser*, § 400 Rn 8.

ist es für die durch Selbsteintritt ausgeführte Kommission nicht gänzlich unerheblich, sondern hat vielfältigen Einfluß darauf, zu welchen Konditionen der selbsteintretende Kommissionär als Käufer berechtigt bzw. als Verkäufer verpflichtet wird (Rn 29 ff; § 401 Rn 13 ff).

III. Kompensation

Eine weitere Variante des Selbsteintritts stellt die Kompensation von Kommissions- 4
aufträgen dar.[5] Bekommt ein normaler Kommissionär von zwei verschiedenen Kommittenten entgegengesetzte Aufträge über das gleiche Gut in derselben Menge (z.B. Verkauf bzw. Kauf von 100 Aktien der Gattung X), so kann der Kommissionär die Aufträge, ohne in das Recht selbst einzutreten, nicht ohne weiteres dadurch ausführen, daß er die Aufträge kompensiert, so daß das Gut ohne große Umwege vom verkaufenden Kommittenten zu dem anderen (kaufenden) Kommittenten fließt. Dies wäre nämlich nur dann möglich, wenn der Kommissionär den Kommissionsauftrag eines der Kommittenten ablehnen und mit ihm unmittelbar auf Rechnung des anderen Kommittenten einen Kaufvertrag schließen würde. Der Selbsteintritt eröffnet einen rechtstechnischen Weg zur Kompensation, indem der Kommissionär mindestens gegenüber einem der Kommittenten selbst eintritt. In der Regel wird er beiden Kommittenten gegenüber selbst eintreten. Dann kann er als Abnehmer des verkaufenden Kommittenten die Ware an den kaufenden Kommittenten liefern, dem gegenüber er durch den Selbsteintritt Verkäufer geworden ist.

IV. Interessenkonstellation

1. Interessen des Kommissionärs. Die Ausführung der Kommission durch Selbstein- 5
tritt ist aus der Sicht des Kommissionärs dann, wenn er das Kommissionsgut auf das eigene Lager übernehmen will oder vom eigenen Lager abgeben will, der einfachste und schnellste Weg der Ausführung einer Kommission. Gleiches gilt dort, wo der Kommissionär zwei gegenläufige Orders in Händen hat, die er durch Kompensation (Rn 4) erledigen kann. Außerdem sind vielfach Kommissionäre, die – wie heute regelmäßig – zugleich auch Eigenhandel betreiben, daran interessiert, daß sie günstige Chancen nicht deshalb verlieren, weil sie einen Auftrag als Kommissionär erhalten haben[6]. Im Vordergrund steht aber, zumal wenn der Kommissionär ohnehin auf eigene Rechnung ein Deckungsgeschäft getätigt hatte, das Interesse des Kommissionärs, mit Hilfe des Selbsteintritts seine Pflicht zur Rechenschaftslegung zu beschränken. Im Falle des Selbsteintritts ist der Kommissionär nämlich grundsätzlich gemäß § 400 Abs. 2 (Rn 29 ff, 66 ff) nur noch verpflichtet nachzuweisen, daß der dem Kommittenten berechnete Preis dem zur Zeit der Ausführung der Kommission bestehenden Börsen- oder Marktpreis entsprach. Diese beschränkte Nachweispflicht bereitet dem Kommissionär nicht allzuviel Verwaltungsaufwand. Sie erlaubt es ihm darüber hinaus, seine Geschäftsverbindungen, insbesondere im Hinblick auf Deckungsgeschäfte, zu verdecken und ein Eindringen des Kommittenten in diese Geschäftsverbindungen zu verhindern. Darüber hinaus schafft der

---

[5] MünchKommHGB/*Häuser*, § 400 Rn 7.

[6] Bericht der Börsen-Enquête-Kommission (Berlin 1892/98), S. 165.

Selbsteintritt für den Kommissionär zum Teil die Probleme aus der Welt, die aus der Zuordnung einzelner Ausführungsgeschäfte an bestimmte Kommittenten (§ 383 Rn 147; aber auch § 401 Rn 15) resultieren.

6 **2. Interessen des Kommittenten.** Der Kommittent hat ebenfalls ein erhebliches Interesse daran, daß seine Aufträge möglichst schnell und reibungslos ausgeführt werden, da dies bei hinreichendem Wettbewerbsdruck Auswirkungen auf die Provisionshöhe haben kann. Außerdem eröffnet ihm der Selbsteintritt die Chance, daß der Kommissionär als Lieferant oder Abnehmer auftritt, selbst wenn kein weiterer Dritter bereit wäre, zu den zuletzt festgestellten Markt- bzw. Börsenkonditionen abzuschließen. Aus der Sicht des Kommittenten erweitert sich also durch das Institut des Selbsteintritts der Kreis der Lieferanten oder Abnehmer, ohne daß der Kommissionär völlig seine Rolle als Vertrauensperson des Kommittenten aufgeben müßte.[7] Mit einem Kommissionär zu kontrahieren, der durch den Selbsteintritt die Haftung als Verkäufer oder Käufer übernimmt, wird der Kommittent um so eher bereit sein, als er die Solvenz des Kommissionärs erkunden kann, während die Solvenz eines Dritten für ihn notwendig im Dunklen liegt. Freilich verliert der Kommittent im Falle des Selbsteintritts die Möglichkeit, eingehender zu überprüfen, ob sich der Kommissionär bei der Ausführung der Kommission auch wirklich von seinem Interesse hat leiten lassen. Das ist für ihn um so mißlicher, als gerade der Selbsteintritt über die im Kommissionsverhältnis ohnehin angelegten Interessenkonflikte (§ 384 Rn 43 ff) hinaus weitere Interessenkollisionen schafft.[8]

7 **3. Gefahren des Selbsteintritts.** So lassen sich mit Hilfe des Selbsteintritts besonders einfach die Früchte mißbräuchlicher Kursmanipulationen ernten[9]. Eine weitere Gefahr für den Kommittenten ergibt sich daraus, daß der Kommissionär durch den Selbsteintritt die Möglichkeit zum „Kursschnitt“ erlangt.[10] Gemäß § 401 Abs. 2 darf der Kommissionär nämlich keinen ungünstigeren als den vereinbarten Preis berechnen, zu dem er aus Anlaß der Kommission mit einem Dritten ein Deckungsgeschäft abgeschlossen hatte. Da der Kommissionär jedoch (grundsätzlich; Rn 66 ff) nur nachzuweisen braucht, daß der von ihm berechnete Preis dem Markt- oder Börsenpreis zur Zeit der Ausführung entspricht, ist es möglich, daß der Kommissionär seiner Pflicht aus § 401 Abs. 2 nicht nachkommt und die Differenz zwischen dem Börsenkurs und dem Preis des Deckungsgeschäft selbst einstreicht[11]. Diese Gefahr ist heute bei Wertpapierdienstleistungen sowohl aufgrund der elektronischen Datenverarbeitung als auch infolge der Aufzeichnungspflichten des § 34 WpHG[12] weitgehend ausgeschaltet.[13] Endlich kann der Kommittent als Folge des Selbsteintrittsrechts dadurch benachteiligt werden, daß die Kommission zu Kursen abgerechnet wird, die nicht die „wahre“ Marktlage widerspiegeln, weil wegen der Kompensationsmöglichkeiten ein großer Teil des Angebots und der Nachfrage nicht mehr auf dem Markt oder an der Börse gehandelt wird (Rn 8). Zwar beeinflußt nur die Spitze des Angebots und der Nachfrage unmittelbar den Kurs; mittelbar wirkt sich die Kompensa-

---

[7] Vgl. Bericht der Börsen-Enquête-Kommission (Fn 6), S. 165 ff.

[8] Vgl. *Canaris*, Handelsrecht, § 30 Rn 95 f.

[9] Bericht der Börsen-Enquête-Kommission (Fn 6), S. 164; *Hopt* Kapitalanlegerschutz im Recht der Banken (1975), S. 491 f. Zum Verbot der Kursmanipulation s. § 20a WpHG.

[10] MünchKommHGB/*Häuser*, § 400 Rn 2.

[11] *Schmidt*, Börsenorganisation zum Schutz der Anleger (1970), S. 45 f, 219 ff; Bericht der Börsen-Enquête-Kommission (Fn 6), S. 165.

[12] Vgl. *Koller*, in Assmann/Schneider, WpHG, § 34 Rn 3 ff.

[13] MünchKommHGB/*Häuser*, § 400 Rn 3; weitergehend.

tion jedoch durchaus auf die Angebots- und Nachfrageentscheidungen der einzelnen Kommittenten und damit auf den Kurs aus; denn die Nachfrager bzw. Anbieter entnehmen dem Umsatzvolumen und der Umsatzentwicklung wichtige Daten für ihre Prognose der Kursentwicklung[14].

C. Geschichte des Selbsteintritts

Das Institut des Selbsteintritts ist von Beginn an umstritten gewesen. Bis etwa zur Mitte des 17. Jahrhunderts wurde als Ausführung der Kommission nur der Abschluß von Verträgen mit unabhängigen Dritten anerkannt. Danach wurde in steigendem Umfang der Selbsteintritt Handelsbrauch, da man das Schwergewicht auf den vom Kommittenten erstrebten wirtschaftlichen Erfolg, den Kauf bzw. Verkauf des Kommissionsgutes, legte[15]. Die Commission zur Berathung eines ADHGB fand den Selbsteintritt als Partikularrecht vor, ja er wurde sogar als bestehendes deutsches Gewohnheitsrecht bezeichnet[16]. Daran orientierten sich auch die Verfasser des ADHGB. Allerdings war der Umfang, in dem der Selbsteintritt für zulässig erklärt werden sollte, heftig umkämpft. Ein Teil der Kommissionsmitglieder wollte den Selbsteintritt auch dort einführen, wo ein Börsen- oder Marktpreis fehlte. Es müsse, so wurde behauptet, genügen, daß der selbsteintretende Kommissionär nachweise, daß „er aufs Beste für die Interessen des Kommittenten bedacht gewesen" sei.[17] Die Kommissionsmehrheit sah in einer derartigen Regelung eine zu große Gefährdung des Kommittenten. Es gehe nicht an, dem Kommissionär, der Vertrauensmann des Kommittenten sei, unbedingt und ohne Schutzmittel zu gestatten, bei der Ausführung des Auftrages seine eigenen Interessen in versteckter Weise wahrzunehmen. Der Kommittent sei nämlich ganz der „Diskretion des Kommissionärs anheim gegeben, wenn er nicht wenigstens in dem Marktpreise einen Vergleichsmaßstab dafür habe, ob mit dem ihm gesetzten Preis sein Interesse gewahrt sei".[18] Der § 376 ADHGB beschränkte deshalb den Selbsteintritt auf Waren oder Wertpapiere, die einen Markt- oder Börsenpreis haben. 8

In der Folgezeit wurden im Bereich des durch Selbsteintritt ausgeführten Kommissionsgeschäfts, das durch den Typus der Effektenkommission geprägt wurde, eine Reihe von Mißständen offenbar. Am gravierendsten war der Einsatz des Selbsteintrittsrechts zur Ausnutzung von Kursmanipulationen, die vielfach mit falschen Ratschlägen der Kommissionäre einhergingen. Der Selbsteintritt ermöglichte auch in weitem Umfang den Kursschnitt und begünstigte – auch ohne Kursmanipulationen – die Kursverfälschung, da ein wesentlicher Teil des Umsatzes dem offenen Handel auf dem Markt oder an der Börse entzogen wurde.[19] Die zur Untersuchung dieser und anderer Mißstände eingesetzte Börsen-Enquête-Kommission konnte sich gleichwohl nicht entschließen, die Beseitigung des Selbsteintrittsrechts oder auch nur eine wesentliche Erschwerung zu empfehlen. Sie befürchtete nämlich, daß bei einem Verbot des Selbsteintrittsrechts die Kommissionäre verstärkt zum Eigenhandel übergehen würden. Außerdem wäre zu erwarten, daß ein derartiges Verbot mittels Strohmännern umgangen werden würde. Jedenfalls könne man dem Kommissionär die Beeinflussung der Kurse nicht ganz untersagen; denn dann müßte 9

[14] *Schneiders*, Anlegerschutz im Recht der Effektenkommission, S. 116 ff mwN.
[15] *Schneiders*, Anlegerschutz (Fn 14), S. 73.
[16] Protokolle der Commission zur Berathung eines ADHGB, Bd. III (1858), S. 1211.
[17] Protokolle (Fn 16), S. 1211.
[18] Protokolle (Fn 16), 1211 f.
[19] Bericht der Börsen-Enquête-Kommission (Fn 6), S. 164; MünchKommHGB/*Häuser*, § 400 Rn 7.

man ihm überhaupt verbieten, aus dem eigenen Bestand zu verkaufen oder für den eigenen Bestand zu kaufen. Außerdem sprächen erhebliche Zweckmäßigkeitsgründe für die Zulassung der Ausführung durch Selbsteintritt.[20] Interessenkollisionen, die bei jeder Art von Vermittlungsgeschäften aufträten, seien nicht generell zu vermeiden. Es erscheine lediglich angezeigt, die besondere Treuepflicht des Kommissionärs, die auch im Falle des Selbsteintritts bestehe, klarer hervorzuheben. Die Börsen-Enquête-Kommission empfahl daher insbesondere, dem Kommissionär zu verbieten, einen ungünstigeren Preis als den zur Zeit der Abgabe der Ausführungsanzeige geltenden Markt- oder Börsenpreis zu berechnen. Um den Zeitpunkt der Ausführungsanzeige festzuhalten, schlug sie vor, daß die Briefe vor Absendung von einem Börsenbeamten abgestempelt werden sollten. Welcher Kurs zu dem maßgeblichen Zeitpunkt notiert wurde, werde sich mit hinreichender Sicherheit durch Anfrage bei der Börsenbehörde feststellen lassen. Um zu verhindern, daß Kommissionäre aus der Absendung der Ausführungsanzeige nach Schluß der Börse Vorteile ziehen, sollte der Kommittent zwischen dem Schlußkurs und dem Durchschnittskurs am Börsentag wählen können. Selbst wenn der Kommissionär nach Maßgabe dieser Regeln den Preis festgesetzt hatte, sollte das Recht des Kommittenten unberührt bleiben, eine für ihn günstigere Abrechnung zu verlangen, sofern dieser in der Lage ist, nachzuweisen, daß der Auftrag zu einem günstigeren Preis durch ein Geschäft mit einem Dritten hätte ausgeführt werden können. Im Hinblick auf die Konstellationen des „formellen Selbsteintritts“ (Rn 3) empfahl die Börsen-Enquête-Kommission, dem Kommittenten zumindest diejenigen Konditionen eines Deckungsgeschäft zugute kommen zu lassen, das der Kommissionär aus Anlaß des ihm erteilten Auftrages an der Börse oder am Markt getätigt hatte.[21] Diese Vorschläge wurden, mit Ausnahme der für den Fall der Absendung der Ausführungsanzeige nach Schluß der Börse bzw. des Marktes empfohlenen Normen, Gesetz (§§ 400 f).

D. Voraussetzungen des Selbsteintritts kraft dispositiven Rechts

I. Allgemeines

10 Gemäß § 400 Abs. 1 muß die Kommission zum einen den Einkauf oder Verkauf von Waren (vor § 373 Rn 11) oder Wertpapieren (§ 381) zum Gegenstand haben.[22] Dem ist ein Tausch gleichzustellen[23]. Andere Vertragstypen kommen nur über § 406 in Betracht (dazu § 406 Rn 10). Die Waren und Wertpapiere müssen einen Markt- oder Börsenpreis haben, der bei Wertpapieren „amtlich“ festgestellt sein muß.

II. Marktpreis

11 **1. Markt – Börse.** Unter **Markt** ist der Ort zu verstehen, an dem Waren oder Wertpapiere einer bestimmten Gattung und Güte üblicherweise nicht nur von Fall zu Fall, sondern in einem größeren Umfang gehandelt werden.[24] Die **Börse** unterscheidet sich

---

[20] Bericht der Börsen-Enquête-Kommission (Fn 6) S. 164 ff.

[21] Bericht der Börsen-Enquête-Kommission (Fn 6), S. 172 ff.

[22] *Krüger* in Ebenroth/Boujong/Joost/Strohn, HGB, § 400 Rn 5.

[23] Schlegelberger/*Hefermehl*, HGB, § 400 Rn 9.

[24] Vgl. §§ 373, 374 Rn 40; ferner MünchKommHGB/*Häuser*, § 400 Rn 13.

vom Markt durch eine stärkere organisatorische Verfestigung.[25] Börsen sind regelmäßige, in verhältnismäßig kurzen Zeitabständen am gleichen Ort stattfindende Veranstaltungen, die typischerweise allein von Kaufleuten besucht werden und auf denen Geschäfte über vertretbare Güter, die bei Abschluß des Geschäfts nicht körperlich präsent sind, nach schablonisierten Bedingungen getätigt werden[26]. Auf dem Markt oder der Börse müssen die Waren bzw. Wertpapiere nach Gattung und Güte gehandelt werden, die den Gegenstand der Kommission bilden. Hat der Kommittent bestimmte Weisungen im Hinblick auf die Art des abzuschließenden Geschäfts erteilt,[27] so müssen derartige Geschäfte auf dem Markt oder auf der Börse getätigt werden[28].

2. **Ausführungsplatz.** Der Markt oder die Börse muß **an dem Ort** bestehen, an dem die Kommission dem **Kommissionsvertrag** zufolge **auszuführen ist**[29]. Den Inhalt des Kommissionsvertrages bestimmen in erster Linie die Individualabreden der Parteien. Hat der Kommittent die „Weisung" erteilt, an einer bestimmten Börse abzuschließen, so ist dieser Ort maßgeblich.[30] In zweiter Linie sind etwaige AGB zu beachten. Schließlich kann sich der Ausführungsort und damit der relevante Markt bzw. die relevante Börse aus dem Handelsbrauch, der Verkehrssitte ergeben oder im Wege einer ergänzenden Auslegung des Vertrages zu ermitteln sein. Trifft den Kommissionär eine umfassende Bemühungspflicht, so ist auf den Markt bzw. die Börse abzuheben, von der der Kommissionär im Rahmen pflichtgemäßen Ermessens annehmen konnte, daß an ihr die aus der Sicht des Kommittenten günstigsten Preise erzielt werden können (arg. e. § 401 Abs. 1).[31] Erst im Zweifel kommt es auf den Markt bzw. die Börse am Niederlassungsort des Kommissionärs und, falls sich dort kein Markt bzw. keine Börse befindet, auf den dem Niederlassungsort des Kommissionärs nächstgelegenen Markt bzw. die nächstgelegene Börse an.[32] **12**

Tritt der Kommissionär zu Preisen ein, die er einem Markt oder einer Börse entnimmt, die sich **nicht am vertragsgemäßen Ausführungsort** befindet, so stellt dies keine vertragsgemäße Ausführung der Kommission dar. Der Kommittent kann sie zurückweisen und/oder Schadensersatz fordern (§ 385 Abs. 1). Durch eine Genehmigung der vertragswidrigen Ausführung wird der Kommissionsvertrag dahin geändert, daß als Ausführungsort der vom Kommissionär gewählte Platz anzusehen ist (§ 385 Rn 12 ff).[33] **13**

3. **Markt- bzw. Börsenpreis.** Der Preis muß auf dem Markt oder an der Börse **wirklich vereinbart** worden sein. Nicht erforderlich ist es, daß sich der Preis auf eine größere Zahl von Geschäften bezieht, die gerade zur fraglichen Zeit abgeschlossen worden sind[34], doch darf es sich nicht um bloße Gelegenheitspreise oder einzelne manipulierte Preise handeln. Andererseits muß es sich nicht um einen Durchschnittspreis handeln,[35] **14**

---

[25] MünchKommHGB/*Häuser*, § 400 Rn 13.

[26] Zum Begriff der Börse s. auch § 2 BörsG.

[27] Z.B. Termingeschäfte oder Kassageschäfte.

[28] RGZ 34, 117; Schmidt-*Rimpler* (Fn 3), S. 992; Schlegelberger/*Hefermehl*, HGB, § 400 Rn 17.

[29] MünchKommHGB/*Häuser*, § 400 Rn 20; Schlegelberger/*Hefermehl*, HGB, § 400 14 mN; **aA** Schmidt-*Rimpler* (Fn 3), S. 994 f.

[30] Vgl. auch § 33a Abs. 4 WpHG.

[31] MünchKommHGB/*Häuser*, § 400 Rn 21. Beachte in diesem Zusammenhang § 33a WpHG.

[32] MünchKommHGB/*Häuser*, § 400 Rn 22.

[33] Ebenso i.E. Schmidt-Rimpler (Fn 3), S. 994 f.

[34] Unklar RGZ 34, 121; Schlegelberger/*Hefermehl*, HGB, § 400 Rn 10 f.

[35] Vgl. aber MünchKommHGB/*Häuser*, § 400 Rn 15; *Krüger* (Fn 22), § 400 Rn 6; Oetker/*Bergmann*, HGB, § 400 Rn 6.

da der Marktpreis auf der Basis von variablen Kursen bestimmt werden kann.[36] Eine bloße Geld- oder Briefnotierung über Angebot und Nachfrage stellt dagegen keinen Börsen- oder Marktpreis dar, weil zu diesen Preisen Dritte nicht bereit waren, abzuschließen[37].

15 Eine amtliche Feststellung des Marktpreises ist bei der **Warenkommission** nicht erforderlich (aber § 400 Abs. 5; dazu Rn 48). Es stellt sich aber die Frage, ob eine feste, anerkannte Einrichtung existieren muß, die den Marktpreis feststellt. Dies ist zu verneinen (§ 374 Rn 40); doch haben die Feststellungen einer ständigen, anerkannt unparteiischen Einrichtung eine gewisse Vermutung der Richtigkeit für sich. Einseitige Preisfeststellungen durch Interessengruppen begründen keinen Marktpreis.[38] Außer Betracht bleiben auch „Preise", die auf Schätzungen beruhen, oder Kurse, die anhand von Preisen fixiert werden, die den notierenden Personen mehr oder minder zufällig bekannt werden.

16 Der Börsen- oder Marktpreis muß zu dem **Zeitpunkt vorhanden** sein, in dem die Kommission „ausgeführt" (unten Rn 21, 29 ff) wird[39]. Erfolgt die Ausführung nach Schluß der Börse bzw. des Marktes, so muß ein Schlußkurs existiert haben (§ 400 Abs. 3). Gleiches gilt für Fälle, in denen zum ersten Kurs etc. auszuführen ist (§ 400 Abs. 4). Nicht entscheidend ist hingegen, daß eine Ausführung bei pflichtgemäßer Wahrung der Interessen des Kommittenten zu einem anderen Zeitpunkt hätte stattfinden müssen. In einem solchen Fall greifen die §§ 385 Abs. 2, 401 Abs. 1 ein;[40] der Kommittent ist immerhin dadurch geschützt, daß die Preisberechnung nicht gänzlich losgelöst von einem Markt- oder Börsenpreis erfolgt[41].

17 **4. Amtlicher Markt- oder Börsenpreis.** Bei Wertpapieren ist der Selbsteintritt kraft dispositiven Rechts (§§ 400 Abs. 1, 402) nur zulässig, wenn der Markt- oder Börsenpreis „amtlich" notiert wird. In Deutschland wird der Börsenpreis zwar nicht mehr amtlich ermittelt. Gemäß § 24 BörsG sind aber Preise, die während der Börsenzeit an einer Börse festgestellt werden, Börsenpreise. Sie müssen nur ordnungsgemäß zustande gekommen und der wirklichen Marktlage des Börsenhandels entsprechen. Das Börsengesetz läßt die Wahl zwischen Präsenzbörse mit einem Skontroführer oder der elektronischen Preisermittlung.[42] Die Börse kann frei entscheiden, wie der Preis in verschiedenen Segmenten ermittelt wird, zum Beispiel aufgrund von Auktionsverfahren mit Intermediären oder im fortlaufenden Orderausgleich oder aufgrund von Market-Maker-Handelssystemen.[43] Für die amtliche Feststellung des Börsenkurses i.S.d. § 400 genügt es, daß der Kurs an einer Börse als teilrechtsfähiger Anstalt des öffentlichen Rechts (§ 2 Abs. 1 BörsG) festgestellt wird, und daß die Kursfeststellung der Handelsüberwachung gemäß § 7 BörsG unterworfen ist.[44]

---

36 Vgl. Baumbach/*Hopt*, HGB, § 24 BörsG Rn 3.

37 RGZ 34, 117 (121 f); MünchKommHGB/*Häuser*, § 400 Rn 16; Baumbach/*Hopt*, HGB, § 400 Rn 1; *Schmidt-Rimpler* (Fn 3), S. 992; Schlegelberger/*Hefermehl*, HGB, § 400 Rn 10.

38 RG, JW 1927, 1143.

39 MünchKommHGB/*Häuser*, § 400 Rn 22; *Krüger* (Fn 22), § 400 Rn 7; *Schmidt-Rimpler* (Fn 3), S. 996; Schlegelberger/*Hefermehl*, HGB, § 400 Rn 16 mwN.

40 *Krüger* (Fn 22), § 400 Rn 7.

41 *Schmidt-Rimpler* (Fn 3), S. 996.

42 Baumbach/*Hopt*, HGB, § 24 BörsG Rn 2.

43 Baumbach/*Hopt*, HGB, § 24 BörsG Rn 3.

44 *Roth,* in Koller/Roth/Morck, HGB § 400 Rn 3; Baumbach/*Hopt*, HGB, § 400 Rn 1; Oetker/*Bergmann*, HGB, § 400 Rn 6; MünchKommHGB/*Ekkenga*, Bd. 5, Effektengeschäft Rn 95; **aA** MünchKommHGB/*Häuser*, § 400 Rn 18.

Kursfeststellungen im Freiverkehr (§ 48 BörsG)[45] stellen ebenfalls amtlich festgestellten Börsenpreise i.S.d. § 400 dar.[46]

Soll die Kommission an einer **ausländischen Börse** erledigt werden und kommt die ausländische Kursfeststellung den inländischen Börsen an Zuverlässigkeit gleich, so ist § 400 Abs. 1 analog heranzuziehen[47]. Die ausländische Kursfeststellung ist wie eine amtliche zu behandeln. 18

5. **Widerruf.** Die Kommission darf nicht gekündigt[48] worden sein, bevor der Kommissionär die Ausführungsanzeige abgesandt hatte (zum Widerruf näher § 405 Rn 18 ff). 19

6. **Ausführung durch Geschäft mit einem Dritten.** Ein Selbsteintritt kommt nicht mehr in Betracht, wenn der Kommissionär die Ausführung angezeigt hat, ohne ausdrücklich zu bemerken, daß er selbst eintreten wolle (§ 405 Abs. 1, 2; dazu § 405 Rn 7 ff).[49] Hingegen entfällt das Recht des Kommissionärs zum Selbsteintritt nicht schon dadurch, daß der Kommissionär ein Ausführungsgeschäft auf Rechnung des Kommittenten abgeschlossen hat[50]. Der Kommissionär ist vor der Anzeige der Ausführung mit oder ohne Nennung des Dritten (§ 405 Abs. 1) berechtigt, den Selbsteintritt zu erklären und damit das Kommissionsverhältnis umzugestalten (§ 383 Rn 155). Die Herausgabepflicht erlischt; das Ausführungsgeschäft wird zum Deckungsgeschäft[51]. Dem Kommittenten erwächst hieraus – wenn man von der Einschränkung der Rechenschaftspflicht und vom Schutz durch § 392 Abs. 2 absieht – kein Nachteil, da der Kommissionär dem Kommittenten zumindest den Preis des „Ausführungsgeschäfts" berechnen muß (§ 401 Abs. 2). Es ist nicht einzusehen, warum ein Kommissionär, der sofort auf eigene Rechnung ein Deckungsgeschäft getätigt hatte, seine Pflicht zur Rechenschaft durch Selbsteintritt mindern kann, dem Kommissionär, der zunächst ein Ausführungsgeschäft getätigt hatte, dies jedoch verwehrt bleiben sollte, obwohl in beiden Konstellationen der Kommissionär (mindestens) die mit dem Dritten vereinbarten Konditionen in Rechnung zu stellen hat. 20

E. Ausführung durch Selbsteintritt

Die Ausführung der Kommission durch Selbsteintritt erfolgt kraft dispositiven Rechts durch **ausdrückliche Erklärung** des Kommissionärs, das Kommissionsgut selbst zu liefern bzw. übernehmen zu wollen. Zur Frage, wann das Erfordernis der Ausdrücklichkeit erfüllt ist, s. § 405 Rn 3. Die Parteien können jederzeit vereinbaren[52], daß auch andere Willenserklärungen die Wirkungen des Selbsteintritts auslösen, ja, daß bloße Tathandlungen, wie eine Buchung oder der Abschluß eines Deckungsgeschäft mit einem Dritten, 21

---

[45] Vgl. Baumbach/*Hopt*, HGB, § 48 BörsG Rn 1, 6.

[46] MünchKommHGB/*Ekkenga*, Bd. 5, Effektengeschäft Rn 95; **aA** Baumbach/*Hopt*, HGB, § 400 Rn 2.

[47] *Schmidt-Rimpler* (Fn 3), S. 993; Schlegelberger/*Hefermehl*, HGB, § 400 Rn 13 mN.

[48] § 383 Rn 161.

[49] MünchKommHGB/*Häuser*, § 400 Rn 28.

[50] MünchKommHGB/*Häuser*, § 400 Rn 28; Schlegelberger/*Hefermehl*, HGB, § 400 Rn 22; **aA** Schmidt-*Rimpler* (Fn 3), S. 999.

[51] Zum Begriff des Deckungsgeschäfts s. Rn 3.

[52] Hierbei ist gemäß § 157 BGB die Verkehrssitte zu beachten. Ungenau KG, WM 1989, 1276 (1277), das anzunehmen scheint, daß in der Vornahme eines Deckungskaufs immer ein Selbsteintritt liegt (zutr. **krit.** *Maier-Reimer*, WuB I G 1.–3.89; MünchKommHGB/*Ekkenga*, Bd. 5, Effektengeschäft Rn 98).

den aufschiebend bedingten Selbsteintritt zum unbedingten Selbsteintritt machen.[53] § 405 Abs. 1, der von einer ausdrücklichen Erklärung des Selbsteintritts im Rahmen der Ausführungsanzeige spricht, normiert kein zwingendes Recht[54]. So kann ohne weiteres verabredet werden, daß jede Ausführungsanzeige als Erklärung des Selbsteintritts gilt.[55] Eine solche Vereinbarung liegt jedoch nicht ohne weiteres in der Abrede, daß alle Orders im Wege des Selbsteintritts ausgeführt werden[56]. Eine derartige Abrede kann auch nicht den Inhalt haben, daß der Abschluß des Kommissionsvertrages und dessen Ausführung durch Selbsteintritt zusammenfallen, da die Parteien dann sofort einen reinen Kaufvertrag vereinbaren könnten. Durch bloßes Schweigen wird im Zweifel selbst dann nicht der Selbsteintritt erklärt, wenn es im Vertrag heißt, daß unverkäufliche Ware spätestens binnen vier Wochen zurückzugeben ist; denn es ist nicht anzunehmen, daß der Kommissionär unverkäufliche Ware erwerben will. Die Annahme eines Selbsteintritts käme einer Vertragsstrafe gleich.

22 Die Eintrittserklärung oder eine sonstige den Selbsteintritt auslösende Handlung bedarf **keiner besonderen Form.**[57] Sie kann mithin mündlich, schriftlich, fernschriftlich erfolgen. Das gilt auch dann, wenn der Kommissionsvertrag als solcher der Form bedarf (§ 383 Rn 91 ff).

23 Die **Kommission ist ausgeführt**, sobald der Selbsteintritt wirksam geworden ist. Dies ist *grundsätzlich* der **Zeitpunkt**, in dem die Erklärung des Selbsteintritts **zugegangen** ist.[58] Die bloße Abgabe der Selbsteintrittserklärung läßt mithin dem Kommissionär die Möglichkeit offen, sie zu widerrufen (§ 130 Abs. 1 S. 2 BGB). Denkbar ist aber auch, daß die Wirksamkeit auf einen **früheren Zeitpunkt** fällt. So kann der Kommittent auf den Zugang der Erklärung verzichtet haben, oder eine Erklärung ist nach der Verkehrssitte nicht erforderlich.[59] § 151 BGB findet analoge Anwendung[60]. Die in Analogie zu § 151 BGB erforderliche Willensbetätigung kann ferner in der Vornahme des Deckungsgeschäfts, das auf eigene Rechnung erfolgt, oder in einer Buchung liegen. Der Abschluß des Deckungsgeschäfts stellt zwar an sich noch keine „Erfüllungshandlung" dar, doch muß man berücksichtigen, daß § 401 Abs. 2 in aller Regel die Verpflichtungen des Kommissionärs nach Selbsteintritt vom Inhalt des aus Anlaß der Kommission abgeschlossenen Deckungsgeschäfts abhängig machen wird und das Deckungsgeschäft in Hinblick auf den Kommissionsauftrag getätigt worden sein kann.

24 Haben die Parteien einen **festen Zeitpunkt für das Wirksamwerden vereinbart**, so gilt dieser Zeitpunkt. Zur Konstellation der **verlorengegangenen** Selbsteintrittserklärung so-

---

[53] BGH, WM 1980, 1010 (1012); ZIP 1988, 699 (700); MünchKommHGB/*Ekkenga*, Bd. 5, Effektengeschäft Rn 104. Verfehlt OLG Oldenburg, WM 1993, 1879 (1880), das von einer Pflicht zur Ausführung durch ein Deckungsgeschäfts auszugehen scheint, statt darauf abzustellen, ob die Ausführung durch Selbsteintritt in angemessener Schnelligkeit erfolgt.

[54] *Canaris,* Großkommentar HGB, Bd. III/3 (2. Bearb. 1981), Rn 1913; Schlegelberger/ Hefermehl HGB, § 405 Rn 4.

[55] RGZ 96, 4; dies nicht näher erwägend KG, WM 1989, 1276 (1277).

[56] KG, WM 1989, 1276 (1277); *Canaris,* Großkommentar HGB, Bd. III/3 (2. Bearb. 1981), Rn 1913; **aA** RG, JW 1926, 1961; Schlegelberger/*Hefermehl*, HGB, § 405 Rn 4.

[57] MünchKommHGB/*Häuser*, § 405 Rn 3.

[58] *Krüger* (Fn 22), § 400 Rn 9; Oetker/*Bergmann*, HGB, § 400 Rn 8; MünchKommHGB/*Häuser*, § 405 Rn 12.

[59] Vgl. BGH, WM 1988, 402, 404; *Canaris*, Handelsrecht, § 30 Rn 100; MünchKommHGB/*Ekkenga*, Bd. 5, Effektengeschäft Rn 98; *Roth* in Assmann/Schütze, Kapitalanlagerecht, § 10 Rn 98.

[60] OGH **4** 214 f; *Krüger* (Fn 22), § 400 Rn 9 (direkt); wohl auch Schlegelberger/*Hefermehl,* HGB, § 405 Rn 19; **aA** *Schmidt-Rimpler* (Fn 3), S. 1011.

wie Ausführungsanzeige s. Rn 36. Aus dem Umstand, daß sich die Preisberechnung an der Absendung der Ausführungsanzeige orientiert, und aus § 405 Abs. 3 darf nicht abgeleitet werden, daß der Selbsteintritt **rückwirkend** zum Zeitpunkt der Absendung der Ausführungsanzeige wirksam wird[61].

Die **dogmatische Einordnung der Selbsteintrittserklärung** ist umstritten. Zum Teil wird behauptet, der Kommittent gebe mit seinem Angebot zum Abschluß eines Kommissionsvertrages zugleich konkludent ein Angebot zum Abschluß eines Kaufvertrages ab[62]. Die Kaufvertragsofferte werde mit der Erklärung des Selbsteintritts, gegebenenfalls durch eine Erfüllungshandlung (§ 151 BGB) angenommen. Jedenfalls dort, wo dem Kommissionär der Selbsteintritt kraft dispositiven Rechts (§ 400 Abs. 1) gestattet ist, wird jedoch der Kommittent, der einen Kommissionär beauftragt, kaum jemals daran denken, daß er selbst etwas unmittelbar an den Kommissionär verkaufen bzw. von diesem etwas kaufen will. Der Wille des Kommittenten zielt auf eine Geschäftsbesorgung. Der auf einen Kaufvertrag gerichtete Wille ist Fiktion.[63] Mit der h.M. ist deshalb davon auszugehen, daß der Kommissionär, der selbst eintritt, von einem Gestaltungsrecht Gebrauch macht, das ihm das Gesetz auf der Grundlage eines Kommissionsvertrages einräumt[64]. Selbst wenn im Einzelfall ein Selbsteintrittsrecht erst von den Parteien vereinbart werden muß, liegt hierin kein Angebot zum Abschluß eines Kaufvertrages; denn durch den Selbsteintritt wird das Kommissionsverhältnis nicht verdrängt, sondern es kommt zu einer Vermischung der Typen „Kauf" und „Kommission" (Rn 26). Dem entspricht keine Kaufvertragsofferte, sondern die Vereinbarung eines Gestaltungsrechtes, das es dem Kommissionär erlaubt, das Kommissionsverhältnis umzuformen.[65] 25

F. Rechtsfolgen des Selbsteintritts

I. Umgestaltung des Kommissionsverhältnisses

Der Selbsteintritt stellt eine **Variante der Ausführung** des Kommissionsgeschäfts dar. 26
Freilich tritt der Kommissionär mit dem Selbsteintritt aus seiner Rolle als Geschäftsbesorger heraus; denn er wird mit dem Selbsteintritt verpflichtet, das Kommissionsgut selbst zu liefern bzw. zu übernehmen und hierfür den Kaufpreis zu zahlen. Das heißt nicht[66], daß sich der Kommissionsvertrag rückwirkend oder vom Zeitpunkt des Selbsteintritts in einen Kaufvertrag verwandeln würde. Vielmehr bleibt der Kommissionär trotz des Selbsteintritts Geschäftsbesorger; denn der Kommittent soll aufgrund des Selbsteintritts (von der Rechenschaftspflicht abgesehen) nicht schlechter gestellt werden,

---

61 **AA** RGZ 102, 16; Düringer/Hachenburg/*Lehmann,* HGB, § 400 Rn 36; **wie hier**: Schlegelberger/Hefermehl, HGB, § 405 Rn 16 mwN.

62 OGH 4, 213; Modest, NJW 1950, 53.

63 *Canaris,* Großkommentar HGB, Bd. III/3 (2. Bearb. 1981), Rn 1909; Schlegelberger/*Hefermehl,* HGB, § 400 Rn 32.

64 *Canaris*, Handelsrecht, § 30 Rn 98; MünchKommHGB/*Häuser*, § 400 Rn 32; *Krüger* (Fn 22), § 400 Rn 10; Baumbach/*Hopt*, HGB, § 400 Rn 5; *Roth,* in Koller/Roth/Morck, HGB § 400 Rn 2; Oetker/*Bergmann*, HGB, § 400 Rn 4; Schlegelberger/*Hefermehl,* HGB, § 400 Rn 32 mN; *K. Schmidt* Handelsrecht, § 31 VI 1 b eingehend zur gesamten Diskussion v. Dalwigk zu Lichtenfels (Fn 3), S. 76 ff.

65 Schlegelberger/*Hefermehl,* HGB, § 400 32.

66 MünchKommHGB/*Häuser*, § 400 Rn 35; wohl ungenau BGHZ 89, 126, 135.

als wenn die Kommission durch Geschäft mit einem Dritten ausgeführt worden wäre[67]. Daraus folgt, daß dem Kommissionär, der den Selbsteintritt erklärt hat, eine Doppelfunktion zugewiesen ist.[68] Er ist „Dritter" und Kommissionär in einer Person. Er hat mithin zum einen den Kommittenten so zu behandeln, als ob der Kommittent nach Abtretung der Forderung des Kommissionärs gegen den Dritten unmittelbar gegen ihn als Dritten vorgehen könnte. Umgekehrt wird der Kommittent dem Kommissionär gegenüber so verpflichtet, als ob der Kommissionär „der Dritte" wäre, der sich die Ansprüche des Kommissionärs gegen den Kommittenten hat abtreten lassen. Es gilt demnach Kaufrecht, soweit kein Widerspruch zu kommissionsrechtlichen Regelungen besteht. Soweit die kaufrechtlichen und kommissionsrechtlichen Regelungen kollidieren, ist Kaufrecht grundsätzlich in dem Umfang anzuwenden, in dem die Parteien dadurch „wirtschaftlich gesehen" in die gleiche Lage versetzt werden, als ob die Kommission durch ein Ausführungsgeschäft erledigt worden wäre.[69] Dabei ist freilich zu berücksichtigen, daß der Kommissionär, der selbst eintritt, in stärkerem Umfang als ein normaler Geschäftsbesorgungskommissionär mit Risiken zu belasten ist, die seiner Sphäre entspringen oder sich in ihr zuerst auswirken.

27 Die **kaufrechtlichen Rechtsfolgen** treten in dem Moment ein, in dem der Selbsteintritt wirksam wird (dazu Rn 21, 23). Der Umstand, daß sich die Preisberechnung an der Absendung der Ausführungsanzeige orientiert (§ 400 Abs. 2, 3), sowie § 405 Abs. 3 führen nicht dazu, daß der Selbsteintritt rückwirkend zum Zeitpunkt der Absendung der Ausführungsanzeige in Kraft tritt[70].

II. Vorrangige Geltung des Kaufrechts

1. Synallagmatische Verpflichtung

28 a) **Allgemeines.** Mit dem Selbsteintritt übernimmt der Kommissionär die Rolle des „Dritten" bei einer Geschäftsbesorgungskommission. Er wird mithin im Rahmen einer Einkaufskommission selbst unmittelbar verpflichtet, das Kommissionsgut zu liefern, bei der Verkaufskommission, das Kommissionsgut selbst abzunehmen und zu bezahlen. Den Preis kann der Kommissionär **weder nach freiem noch nach billigem Ermessen** festsetzen. **Grundsätzlich** orientiert sich der Preis an den Preisen, zu denen der Kommissionär ein Deckungsgeschäft auf eigene Rechnung getätigt hatte (§ 401 Abs. 2), oder, wenn dies für den Kommittenten günstiger sein sollte, an den Preisen, zu denen der Kommissionär bei pflichtgemäßen Anstrengungen ein Ausführungsgeschäft hätte abschließen können, wenn er nicht selbst eingetreten wäre (§ 401 Abs. 1). Dies gilt auch dann, wenn das Selbsteintrittsrecht einer besonderen vertraglichen Vereinbarung entspringt (§ 402). **Mindestens** darf der Kommittent aber bei der Verkaufskommission Zahlung des Markt- oder Börsen-

---

[67] RGZ 108, 193; MünchKommHGB/*Häuser*, § 400 Rn 37; *Schmidt-Rimpler* (Fn 3), S. 1022; Schlegelberger/*Hefermehl*, HGB, § 400 Rn 31 mwN; ferner *Canaris*, Großkommentar HGB, Bd. III/3 (2. Bearb. 1981), Rn 1908.

[68] MünchKommHGB/*Häuser*, § 400 Rn 35; *Canaris*, Handelsrecht, § 30 Rn 103 (gemischttypischer Vertrag); *K. Schmidt* Handelsrecht, § 31 VI 1 c.

[69] BGH, ZIP 1988, 699 (700); MünchKommHGB/*Häuser*, § 400 Rn 37.

[70] **AA** RGZ 102, 16; Düringer/Hachenburg/*Lehmann*, HGB, § 400 Rn 36; **wie hier:** *Schmidt-Rimpler* (Fn 3), S. 1013 f; Schlegelberger/*Hefermehl*, HGB, § 405 Rn 16; v. Dalwigk zu Lichtenfels (Fn 3), S. 80.

preises zur Zeit der Ausführung, unter Umständen den ersten Kurs, Mittelkurs oder Schlußkurs verlangen (§ 400 Abs. 2–5; näher dazu Rn 29 ff). Bei der Einkaufskommission begrenzt der Markt- oder Börsenpreis den Preis, den der selbsteintretende Kommissionär verlangen darf, in gleicher Weise nach oben.

b) **Preisberechnung gemäß § 400 Abs. 2.** Gemäß § 400 Abs. 2 S. 1 darf der Kommissionär keinen dem Kommittenten ungünstigeren **Kurs** berechnen als den zur Zeit der Ausführung bestehenden Markt- oder Börsenpreis. Zum Begriff des Markt- oder Börsenpreises s. Rn 14. Die Ausführung erfolgt zwar durch den Selbsteintritt. § 400 Abs. 2 S. 2 bestimmt aber abweichend davon als den für die „Zeit der Ausführung" maßgeblichen Moment den Zeitpunkt, in dem die **Anzeige** von der Ausführung an den Kommittenten **zur Absendung gegeben worden** ist (zum Begriff der Ausführungsanzeige § 405 Rn 6; zum Begriff der Absendung § 405 Rn 24). Ausführungsanzeige und Selbsteintrittserklärung werden zwar vielfach zusammenfallen. Aber auch dann, wenn der Selbsteintritt vor der Ausführungsanzeige erfolgt[71], kommt es für die Preisberechnung auf die Absendung der Ausführungsanzeige an.[72] Beweislast: der Kommissionär.[73] Zum Problem verlorengegangener Anzeigen s. Rn 36. 29

Der Gesetzgeber wollte mit dieser Regelung **die Gefahr von Kursschnitten mindern.**[74] 30
Der Kommissionär, der das Kommissionsgut auf das eigene Lager übernimmt oder es vom eigenen Bestand abgibt, trägt das Risiko, daß sich vom Zeitpunkt der Absendung der Ausführungsanzeige an die Kurse zu seinen Ungunsten verschieben. Sie können sich aber auch zu seinen Gunsten wandeln. Wenn er nicht „pflichtwidrig" (§ 401 Abs. 1) die Ausführungsanzeige in einem Moment abgegeben hat, in dem absehbar war, daß Kursausschläge zugunsten des Kommittenten zu erwarten sind, exponiert sich der Kommissionär Risiken und Chancen wie jeder Eigenhändler, der noch kein Deckungsgeschäft[75] vereinbart hat. Der Kommissionär kann indessen auch versuchen, unter Verzicht auf die sich ihm bietenden Chancen, die Risiken dadurch auszuschalten, daß er ein Deckungsgeschäft auf dem Markt oder an der Börse tätigt, bevor er selbst eintritt. Um zu verhindern, daß er im Falle einer für den Kommittenten günstigeren Veränderung der Kurse Verluste erleidet, sieht er sich in einem solchen Fall mittelbar gezwungen, die Ausführungsanzeige abzusenden, bevor sich die Kurse geändert haben können (§ 402 Abs. 2 S. 2). Es wird demnach normalerweise für den Kommissionär ein starker Anreiz geschaffen, faktisch zum Preis des Deckungsgeschäft abzurechnen (§ 401 Abs. 2), obwohl er über das Deckungsgeschäft keinerlei Rechenschaft (dazu Rn 66) abzulegen braucht[76]. Dort, wo an einem Tag nur ein Marktpreis oder ein Börsenkurs festgestellt wird (Einheitskurs), ist der Kommissionär auch ohne weiteres in der Lage, durch rechtzeitige Absendung der Ausführungsanzeige nach dem Abschluß eines Deckungsgeschäft zu verhindern, daß er einen Verlust erleidet.

Fraglich ist aber, ob sich der Kommissionär auch dort vor einem Verlustrisiko schützen kann, wo die Waren bzw. Wertpapiere zu **variablen Kursen,** die fortlaufend notiert werden, gehandelt werden. In Hinblick auf die parallel gelagerte Situation, in der der Kommissionär außerstande ist, die Ausführungsanzeige vor Börsenschluß abzusenden (§ 403 Abs. 3), wird die Ansicht vertreten, der zwingende § 403 Abs. 3 sei in solchen 31

---

[71] § 400 19; ferner *Canaris,* Großkommentar HGB, Bd. III/3 (2. Bearb. Rn 1981), Rn 1913.
[72] MünchKommHGB/*Häuser*, § 400 Rn 23.
[73] BGH, NJW-RR 1990, 752 (753).
[74] Börsen-Enquête-Kommission (Fn 6), S. 176.
[75] Zum Begriff des Deckungsgeschäfts s. § 400 Rn 3.
[76] Das verkennt v. Dalwigk zu Lichtenfels (Fn 3), S. 83.

Konstellationen zu **restringieren**[77]. Dem ist grundsätzlich zuzustimmen. Gleiches gilt für den Bereich des § 400 Abs. 2; denn auch hier kann man dem Kommissionär nicht das Verlustrisiko aufbürden, falls er mit zumutbarem Aufwand nicht in der Lage ist, die Ausführungsanzeige rechtzeitig nach Abschluß eines Deckungsgeschäft abzugeben.

32 **Allerdings ist die Grenze der Unzumutbarkeit nicht schon dann erreicht**, wenn die alsbaldige Absendung der Anzeige nur mit erhöhten Kosten möglich ist. Jeder Schutz vor Transaktionsrisiken erschwert die einzelne Transaktion und erhöht deren Kosten[78]. Das Gesetz hat sich in diesem Konflikt zwischen der billigsten Art der Kommissionsausführung und dem Schutz der Kommittenteninteressen vor unredlichen Abrechnungen für die Sicherung der Kommittenten gegen Kursschnitte entschieden[79]. Diese Entscheidung hat man bei der Interpretation des Gesetzes zu respektieren. Mit der Forderung nach verstärkten Bemühungen um eine „rechtzeitige Absendung der Ausführungsanzeige" werden den Kommissionären keine Lasten auferlegt, die sie letztlich selbst tragen müßten; denn die Forderung trifft alle konkurrierenden Kommissionäre gleichermaßen und die durch die Notwendigkeit einer alsbaldigen Ausführungsanzeige erhöhten Kosten können im Wege der Provision auf die Kommittenten abgewälzt werden, in deren Interesse eine Unterbindung von Kursschnitten liegt. Die Grenze der zumutbaren Möglichkeiten für eine „rechtzeitige" Absendung der Ausführungsanzeige ist deshalb erst dort als erreicht anzusehen, wo eine sofortige Absendung der Anzeige nach Abschluß des Deckungsgeschäft nur mit einem Aufwand möglich wäre, der offensichtlich nicht im Interesse der Kommittenten gelegen sein kann. Diese Grenze dürfte angesichts des heutigen Standes der elektronischen Datenverarbeitung nicht allzu schnell überschritten werden. Absendung heißt nämlich nur, daß die Anzeige über den Abschluß aus dem Organisationsbereich des Händlers herausgelangt sein muß (§ 405 Rn 24). Dafür würde es z.B. genügen, daß die Anzeige einem Börsenorgan oder einer Treuhandstelle übergeben worden ist.[80] Dafür würde es auch genügen, daß anläßlich des Abschlusses des Deckungsgeschäft in die elektronischen Datenverarbeitungssysteme irreversibel die Absendung der Ausführungsanzeige an den Kommittenten eingegeben worden ist. Ist eine rechtzeitige Absendung der Ausführungsanzeige unmöglich, so lebt wieder die allgemeine kommissionsrechtliche Rechenschaftslegungspflicht auf (dazu eingehender Rn 66).

33 Das Problem, daß **fortlaufenden Notierungen ohne Zeitangabe** erfolgen, gehört heute weitgehend der Vergangenheit an. Gemäß den §§ 31g Abs. 3 WpHG, 31 BörsG ist nämlich möglichst auf Echtzeitbasis zu veröffentlichen, zu welchen Preisen Geschäfte über Wertpapiere[81] an Börsen und sonstigen multilateralen Handelssystemen abgeschlossen werden. Es ist dem Kommissionär in aller Regel möglich ist nachzuweisen, welche Notierung zum Zeitpunkt der Absendung der Ausführungsanzeige bestanden hat. Um zu verhindern, daß dort, wo eine derartige Transparenz der variablen Kurse nicht gewährleistet ist, die Schutzfunktion des § 400 Abs. 2 bis zu dem Zeitpunkt leerläuft, an dem die einzelnen variablen Kurse einigermaßen vollständig zeitlich fixiert werden, könnte man erwägen, dem Kommissionär, der während der Börsenzeit eine Ausführungsanzeige absendet, obwohl in diesem Moment keine zeitlich hinreichend fixierten Kurse notiert werden,

[77] MünchKommHGB/*Häuser*, § 400 Rn 86; *Canaris*, Großkommentar HGB, Bd. III/3 (2. Bearb. 1981), Rn 1916; ebenso i.E. Heymann/*Herrmann*, HGB, § 400 Rn 17.

[78] *Schmidt*, Börsenorganisation (Fn 11), S. 84, 223.

[79] Börsen-Enquête-Kommission (Fn 6), S. 176.

[80] Ebenso MünchKommHGB/*Häuser*, § 400 Rn 86.

[81] § 31 BörsG hat nur Aktien und Aktien vertretende Zertifikate im Auge.

eine **Rechenschaftspflicht** im Hinblick auf das Deckungsgeschäft[82] aufzuerlegen;[83] denn die Beschränkung der Rechenschaftspflicht des selbsteintretenden Kommissionärs beruht auf der gesetzgeberischen Prämisse, daß die Schutzvorkehrungen des § 400 Abs. 2–5 im vorgesehenen Umfang greifen können.

Die in § 400 Abs. 2 angeordnete **Beschränkung der Rechenschaftspflicht** wird mit anderen Worten nur dort relevant, wo im Zeitpunkt der Absendung der Ausführungsanzeige zeitlich fixierte Kurse notiert werden.[84] Dagegen kann man nicht einwenden, dem Kommittenten sei hinreichend gedient, falls ihm der Kommissionär einen günstigeren als den Markt- oder Börsenpreis berechnet. Dann brauche er nicht noch im einzelnen zu erfahren, warum dies geschehen sei. Berechne der Kommissionär hingegen den Markt- bzw. Börsenpreis, obwohl er ein günstigeres Deckungsgeschäft getätigt habe, so habe der Kommissionär gegen § 401 Abs. 2 verstoßen. Für den Kommittenten sei es in einem solchen Fall völlig uninteressant, daß der Kommissionär außerdem noch eine erweiterte Pflicht zur Rechenschaftslegung verletzt habe. Dabei wird nämlich übersehen, daß der Kommittent ein Interesse daran hat, kontrollieren zu können, ob ihm der volle Vorteil aus einem Deckungsgeschäft zugeflossen ist. Dort, wo der Kommissionär vertraglich verpflichtet ist, Deckungsgeschäfte zu tätigen, erlangt er überdies die Möglichkeit zu kontrollieren, welche Konditionen aufgrund seines Auftrages im Rahmen eines Deckungsgeschäft vereinbart worden sind. Eine erweiterte Rechenschaftspflicht ist demnach aus der Sicht des Kommittenten durchaus sinnvoll (Rn 30), selbst wenn man – richtigerweise – die Rechenschaftspflicht des Kommissionärs, der keine Deckungsgeschäfte zu tätigen brauchte, nicht dahin ausdehnt, daß er auch darzulegen hat, daß er deshalb zu Recht zum Markt- oder Börsenpreis abgerechnet hat, weil er kein günstigeres Deckungsgeschäft vereinbart hat. Würde man nämlich den Kommissionär auch verpflichten, darzulegen, daß er kein Deckungsgeschäft getätigt hat, so würde man ihn letztlich zwingen, seine gesamten Interna, wie z.B. andere Kommissionsgeschäfte, offenzulegen und damit seine Geschäftsverbindungen preiszugeben. 34

In Konstellationen, in denen der Kommissionär zu einem **Zeitpunkt, in dem keine zeitlich fixierten Kurse festgesetzt werden**, eine Ausführungsanzeige absendet, ohne vorher ein Deckungsgeschäft getätigt zu haben, ist der Grundgedanke des § 400 Abs. 3 fruchtbar zu machen. Danach ist der dem Absendungstermin vorhergehende, zeitlich fixierte Kurs maßgebend.[85] Will der Kommissionär das damit verbundene Kursrisiko nicht laufen, so mag und darf er mit der Anzeige warten, bis ein Kurs zeitlich nachprüfbar festgesetzt ist. Das ist ihm als Interessenwahrer durchaus zuzumuten. 35

Ist die **Ausführungsanzeige** nach der Absendung **verlorengegangen,** so stellt sich die Frage, ob der Kommissionär die Absendung wiederholen, sowie ferner die Frage, ob die Abrechnung nach Maßgabe des Zeitpunktes der ersten Ausführungsanzeige erfolgen muß oder auch nur kann. Verschiedentlich wird hier die Ansicht vertreten, daß der Zeitpunkt der Abgabe der zweiten Ausführungsanzeige entscheide[86]. Diese Auffassung ist nur dann richtig, wenn man die Ausführungsanzeige im Rahmen der durch Selbsteintritt ausgeführten Kommission für eine Willenserklärung und nicht bloß für eine Mitteilung 36

[82] Zum Begriff des Deckungsgeschäfts s. § 400 Rn 3.

[83] Restriktion des § 400 Abs. 2 S. 1 und Analogie zu § 384 Abs. 2. Dem folgend MünchKommHGB/*Häuser*, § 400 Rn 87.

[84] *Roth,* in Koller/Roth/Morck, HGB § 400 Rn 9.

[85] MünchKommHGB/*Häuser*, § 400 Rn 88.

[86] Schlegelberger/*Hefermehl,* HGB, § 405 Rn 17; *Schmidt-Rimpler* (Fn 3), S. 1012 f.

hält.[87] Ersteres wird mit dem Argument bejaht, daß die unbestimmte Ausführungsanzeige (zum Begriff § 405 Rn 6 ff) lediglich ein Blankett sei, und daß es keine Selbsteintrittserklärung gäbe, die nicht zugleich Ausführungsanzeige sei. Diese These ist jedoch schon deshalb verfehlt, weil der Selbsteintritt analog § 151 BGB (dazu Rn 21) ohne Kundgabewillen durch bloße Willensbetätigung erfolgen kann. Den isolierten Kundgabezweck erfüllt dann die spätere Ausführungsanzeige. Zum anderen kann bei einer unbestimmten Ausführungsanzeige nicht geleugnet werden, daß allein die Selbsteintrittserklärung vom Geltungswillen des Kommissionärs getragen wird, die Ausführung durch Selbsteintritt zu wählen und in Geltung zu setzen. Die Ausführungsanzeige ist mithin so, wie sie das Gesetz konzipiert hat, lediglich eine Mitteilung. Ihr kann nicht mit rückwirkender Kraft die Rechtsnatur einer Willenserklärung verliehen werden[88]. Ihre Wirksamkeit hängt demnach nicht von ihrem Zugang ab. Auch wenn sie verlorengeht, bleiben die durch ihre Absendung hervorgerufenen Rechtswirkungen bestehen (Rn 37). Das ist auch sachgemäß (Rn 37).

37 Das Gesetz stellt für § 400 Abs. 2 auf die **Absendung der Ausführungsanzeige** deshalb ab, um einerseits den Kommissionär davor zu schützen, daß sich die Kurse bis zu deren Zugang bereits zu seinen Ungunsten verändert haben, und um andererseits den Kommissionär zu motivieren, die Anzeige sofort nach Abschluß eines Deckungsgeschäft[89] abzusenden, um damit den Spielraum für Kursschnitte zu beschneiden. Geht die Anzeige dem Kommittenten nicht zu, obwohl der Selbsteintritt bereits wirksam geworden war (§ 151 BGB analog), so darf es für die Preisberechnung nicht auf die erneute Absendung der Ausführungsanzeige ankommen, da sich der Kommissionär möglicherweise zum Kurs der ersten Ausführungsanzeige eingedeckt hat und sich nun die Kurse zu seinen Ungunsten verschoben haben. Es besteht hier kein Anlaß, den selbsteintretenden Kommissionär schlechter zu stellen als den Kommissionär, der durch ein auf Rechnung des Kommittenten geschlossenes Geschäft ausgeführt hat und dessen Ausführungsanzeige verlorengegangen ist. Nicht anders ist die Situation, **falls die Selbsteintrittserklärung nach ihrer Absendung verlorengegangen ist.** Zwar muß normalerweise der Selbsteintritt nochmals erklärt werden und die Erklärung zugehen, damit der Selbsteintritt wirksam wird (Rn 21). Auch muß die Ausführungsanzeige grundsätzlich zumindest gleichzeitig (§ 405 Abs. 1) zugehen. Die Preisberechnung erfolgt jedoch nach Maßgabe der Absendung der ersten Ausführungsanzeige;[90] denn es ist dem Kommissionär als Geschäftsbesorger nicht zuzumuten, daß er die Last eines ungünstig gewordenen Deckungsgeschäfts trägt, wenn er nicht bereit oder in der Lage ist, von einem Selbsteintritt Abstand zu nehmen und das Deckungsgeschäft als Ausführungsgeschäft zu behandeln,[91] weil er seine Geschäftsverbindung nicht aufdecken will oder nur durch Selbsteintritt ausführen darf. Ein solches Risiko ist ihm um so unzumutbarer, als nach der Gegenmeinung der Kommittent bei einem erneuten Selbsteintritt und einer erneuten Anzeige immer die Konditionen des Deckungsgeschäft zu seinen Gunsten in Anspruch nehmen könnte (§ 401 Abs. 2), wenn sich im Zeitpunkt der Absendung der zweiten Ausführungsanzeige die Kurse zu seinen Ungunsten entwickelt haben sollten. Der Kommissionär als Geschäftsbesorger braucht nicht das volle Kursrisiko zu tragen, wenn er alles getan hat, um die Kommission ordnungsgemäß zu erledigen.

---

[87] Willenserklärung: *Schmidt-Rimpler* (Fn 3), S. 1010.

[88] AA *Schmidt-Rimpler* (Fn 3), S. 1011.

[89] Zum Begriff des Deckungsgeschäfts s. § 400 Rn 3.

[90] So auch MünchKommHGB/*Häuser*, § 405 Rn 15.

[91] Zur Unzulässigkeit dieses Vorgehens § 383 Rn 147.

c) **Preisberechnung gemäß § 400 Abs. 3.** § 400 Abs. 3 verpflichtet den Kommissionär, der die Ausführungsanzeige erst nach Schluß der Börse oder des Marktes absendet, dem Kommittenten keinen ungünstigeren Preis als den Schlußkurs zu berechnen. Man wollte damit die Konsequenz vermeiden, daß ein Selbsteintritt an dem Umstand scheitert, daß kein Kurs in dem Moment, in dem die Anzeige erfolgt (§ 400 Abs. 2), existiert, der als Preismaßstab fungieren könnte. Zum anderen wollte man dem Kommissionär auch nicht schlechthin gestatten, den Schlußkurs zu berechnen, weil er dann „zu seinem Vorteil auf diesen hin spekulieren könnte".[92] **38**

Die Regelung des § 400 Abs. 3 bringt für den Kommissionär, der auf dem Markt oder an der Börse ein Deckungsgeschäft abgeschlossen hat, die Ausführungsanzeige jedoch erst nach Börsenschluß absendet, ein **erhebliches Kursrisiko** mit sich. Entwickelt sich der Schlußkurs zugunsten des Kommittenten, so könnte der Kommittent Abrechnung zum günstigeren Kurs fordern und der Kommissionär hätte den Verlust zu tragen. Andererseits bleiben dem Kommittenten bei einer entgegengesetzten Kursentwicklung die Vorteile des Deckungsgeschäft voll gewahrt (§ 401 Abs. 2). Selbst wenn der Kommissionär gegen die Pflicht verstoßen wollte, dem Kommittenten die günstigeren Konditionen des Deckungsgeschäft zu berechnen, so müßte er doch auf den Schlußkurs hin auf eigenes Risiko spekulieren. Dabei läuft er Gefahr, daß ihm der Kommittent nachweist, er habe schon früher zu besseren Kursen ausführen können (§ 400 Abs. 1). **39**

Dieser Risikoverteilung wegen wird § **400 Abs. 3** nach nahezu einhelliger Meinung als **mißglückt** angesehen[93]. § 400 Abs. 3 sei nur dort angemessen, wo an einem Börsentag ein einheitlicher Kurs festgestellt werde, nicht aber im Bereich des variablen Handels. In der Praxis findet daher § 400 Abs. 3 kaum Beachtung. **40**

Es wäre jedoch verfehlt, davon auszugehen, daß § 400 Abs. 3 im Bereich des variablen Handels seine rechtliche Geltung verloren hat. Sicherlich ist er nicht gewohnheitsrechtlich derogiert[94]. Er kann **allenfalls partiell** durch **Restriktion** dort seine Geltung verloren haben, wo die ihm entspringende Risikobelastung unzumutbar ist[95]. Das kann nur in den Konstellationen bejaht werden, in denen es dem Kommissionär mit zumutbarem Aufwand unmöglich ist, die Ausführungsanzeige sofort nach Deckung, oder falls er keine Deckung sucht, sofort nach Erreichen des aus der Sicht des Kommittenten besten Kurses (§ 401 Abs. 1) abzusenden (Rn 30 ff). Es genügt jedenfalls nicht, daß der Kommissionär die Absendung der Ausführungsanzeige lediglich deshalb hinauszögert, weil er sie aus Wirtschaftlichkeitsgründen mit der Abrechnung kombinieren will.[96] Die Unzumutbarkeit des Aufwandes, der eine sofortige Absendung der Ausführungsanzeige ermöglichen würde, darf nicht leichtherzig bejaht werden. Die Grenze zur Unzumutbarkeit ist daher erst dann als erreicht anzusehen, wenn der zur Sicherstellung einer rechtzeitigen Ausführungsanzeige erforderliche Aufwand offensichtlich übertrieben wäre und letztlich den schutzwürdigen Interessen der Kommittenten zuwiderlaufen würde (Rn 30). War dem Kommissionär eine sofortige Absendung der Ausführungsanzeige nach Abschluß des **41**

---

92 Börsen-Enquête-Kommission (Fn 6), S. 176.

93 MünchKommHGB/*Häuser*, § 400 Rn 90; *Schmidt-Rimpler* (Fn 3), S. 1041; Schlegelberger/*Hefermehl*, HGB, § 400 Rn 68; v. Dalwigk zu Lichtenfels Effektenkommissionsgeschäft (Fn 3), S. 83 f mwN; Schwark Anlegerschutz (Fn 88), S. 179; **aA** KG, LZ 1911, 234.

94 *Canaris*, Großkommentar HGB, Bd. III/3 (2. Bearb. 1981), Rn 1916; **aA** Baumbach/*Hopt*, HGB, § 400 Rn 9; Oetker/*Bergmann*, HGB, § 400 Rn 16.

95 *Krüger* (Fn 22), § 400 Rn 13; *Canaris*, Großkommentar HGB, Bd. III/3 (2. Bearb. 1981), Rn 1916.

96 *Schneiders* (Fn 14), S. 47; **aA** in der Tendenz MünchKommHGB/*Häuser*, § 400 Rn 91.

Deckungsgeschäft[97] an der Börse unmöglich, so hat er, vorbehaltlich des § 401 Abs. 1, dem Kommittenten die Konditionen des Deckungsgeschäft in Rechnung zu stellen (§ 401 Abs. 2). Er ist dann insoweit auch rechenschaftspflichtig (Rn 33, 68). Hat er kein Deckungsgeschäft getätigt, so ist bei einer Absendung der Ausführungsanzeige nach Börsenschluß mindestens der Schlußkurs zugrunde zu legen. Demgegenüber kann sich der Kommissionär auch nicht darauf berufen, daß er bei pflichtgemäßer Sorgfalt schon zu einem früheren Zeitpunkt „ausgeführt" und dann einen schlechteren Kurs erzielt hätte; denn es ist nicht ersichtlich, auf welche Schwierigkeiten ein Kommissionär stoßen sollte, zu einem vor dem Börsenschluß liegenden Zeitpunkt die Ausführungsanzeige abzusenden, wenn er nicht auf das Zustandekommen eines Deckungsgeschäft zu warten braucht[98].

42 Zum Fall der **verlorengegangenen Ausführungsanzeige** s. Rn 36.

43 d) **Preisberechnung gemäß § 400 Abs. 4.** Hat der Kommittent Order gegeben, die Kommission zu einem bestimmten Kurs (erster Kurs, Mittelkurs, Schlußkurs, Einheitskurs) zu erledigen, so muß der Kommissionär, der selbst eingetreten ist, zumindest den vom Kommittenten bestimmten Kurs in Rechnung stellen (§ 400 Abs. 4). Dabei kommt es nicht darauf an, ob er die Ausführungsanzeige abgesandt hatte, bevor der vom Kommittenten bestimmte Kurs festgesetzt worden war, oder ob er die Anzeige erst wesentlich später abgegeben hatte. § 400 Abs. 4 stellt somit eine Durchbrechung des § 400 Abs. 2, 3 dar[99]; denn § 400 Abs. 4 „berechtigt" den Kommissionär unabhängig vom Zeitpunkt der Ausführungsanzeige, den bestimmten Kurs in Rechnung zu stellen. In einem solchen Fall beschränkt sich die dem Kommissionär obliegende Rechenschaftspflicht auf den Nachweis, daß der bestimmte Kurs eingehalten worden war. Ganz unerheblich ist der Zeitpunkt der Ausführungsanzeige indessen nicht. Er spielt für die Bestimmung des Börsentages eine Rolle, dessen vom Kommittenten abstrakt fixierter Kurs maßgeblich sein soll.

44 Fraglich ist, ob die Abrechnungsregel des § 400 Abs. 4 zu Lasten des Kommittenten eingreift, wenn der Kommissionär vor Erreichen des vom Kommittenten bestimmten Kurses ein **Deckungsgeschäft**[100] getätigt hatte oder bei pflichtgemäßer Sorgfalt hätte erkennen müssen, daß der Abschluß zu einem anderen Zeitpunkt für den Kommittenten vorteilhafter gewesen wäre. Man hat hier zu differenzieren. Ein Deckungsgeschäft, das nach Festsetzung des „bestimmten" Kurses getätigt worden ist, ist im Zweifel nicht „aus Anlaß" der Kommission abgeschlossen worden (§ 401 Abs. 2); denn hier trug der Kommissionär das Risiko, daß die weitere Kursentwicklung zu seinen Lasten geht[101]. Eine Ausnahme gilt dort, wo der Kommissionär berechtigt war, von der Weisung, zu einem „bestimmten" Kurs abzuschließen, abzuweichen (§§ 385 Rn 23). Gleiches gilt für Konstellationen, in denen das Deckungsgeschäft vereinbart wurde, bevor der „bestimmte" Kurs notiert worden war[102]; es sei denn, daß der Kommissionär nach Maßgabe des § 665 BGB als berechtigt angesehen werden mußte, von der Weisung des Kommittenten abzuweichen (§ 385 Rn 25). Rechnet der Kommissionär dann auf der Grundlage des Deckungsgeschäft ab, so darf sich der Kommittent nicht auf § 400 Abs. 4 berufen, wenn der von ihm bestimmte Kurs günstiger gewesen war. Der Kommissionär muß freilich

[97] Zum Begriff des Deckungsgeschäfts s. § 400 Rn 3.

[98] Unzutreffend daher v. Dalwigk zu Lichtenfels (Fn 3), S. 84.

[99] MünchKommHGB/*Häuser*, § 400 Rn 93; Schlegelberger/*Hefermehl*, HGB, § 400 Rn 69.

[100] Zum Begriff des Deckungsgeschäfts s. § 400 Rn 3.

[101] *Rasmus*, Das Selbsteintrittsrecht des Effektenkommissionärs, S. 129; **aA** *Schmidt-Rimpler* (Fn 3), S. 1034; Schlegelberger/*Hefermehl*, HGB, § 401 Rn 13.

[102] **AA** *Schmidt-Rimpler* (Fn 3), S. 1034.

sofort nach Abschluß des Deckungsgeschäft die Ausführungsanzeige abgesandt haben (§ 400 Abs. 2) und ist für die Berechtigung zur Abweichung von der Weisung beweispflichtig.

45 § **401 Abs. 1** wird ebenfalls nicht gänzlich durch § 400 Abs. 4 verdrängt[103]. Zwar spricht § 400 Abs. 4 von „berechtigt", zum „bestimmten" Kurs abzurechnen. Dies bezieht sich jedoch nur auf die Ausführungsanzeige, die für irrelevant erklärt wird. Die Funktion des **Kommissionärs als Interessenwahrer wird hierdurch nicht tangiert**[104]. Allerdings schränkt die Weisung des Kommittenten, zu einem bestimmten Kurs auszuführen, die Interessenwahrungspflicht des Kommissionärs stark ein. Der Kommissionär kann dann, wenn ihm eine Order zugeht, zu einem bestimmten Kurs auszuführen, regelmäßig davon ausgehen, daß der Kommittent am besten wissen wird, welcher Kurs ihm die meisten Vorteile bietet (§ 384 Rn 57). So wie der Kommissionär aber auch sonst nicht nur berechtigt (§ 385 Abs. 2 HGB, 665 BGB), sondern auch im Rahmen seines pflichtgemäßen Ermessens gehalten ist, von Weisungen des Kommittenten abzuweichen (§ 385 Rn 25), wenn dies aus seiner Sicht augenscheinlich im Interesse des Kommittenten liegt und die rechtzeitige Einholung neuer Weisungen undienlich ist, so ist er auch verpflichtet, gegebenenfalls von den „bestimmten" Kursen abzuweichen.[105] Zu denken ist hierbei an eine Situation, in der der Kommittent eine Verkaufsorder zum Mittelkurs erteilt hat, die Ausführung zum Mittelkurs jedoch wegen neu eingetroffener Informationen als interessenwidrig erscheint, weil die Kurse mit größter Wahrscheinlichkeit steigen werden. Unter keinen Umständen muß der Kommissionär freilich abweichen, falls der Kommittent den Auftrag mit dem Ziel der Kursbeeinflussung erteilt hatte und der Kommissionär nicht weiß, welche Ziele der Kommittent im einzelnen anstrebt[106].

46 Zu eng wird die Pflicht zur Interessenwahrung gefaßt, wenn der Kommissionär kraft § 401 Abs. 1 nur gehalten sein soll, zu **„der ihm vorgeschriebenen Zeit"** (z.B. des Mittelkurses) einer günstigeren Abschlußmöglichkeit Rechnung zu tragen[107]. Der Maßstab für die Interessenwahrung sind ganz generell die dem Kommissionär mit der Sorgfalt eines ordentlichen Kaufmannes erkennbaren Interessen des Kommittenten, die nicht notwendig die Ausführung zu einem bestimmten Zeitpunkt bedingen. So kann z.B. die Angabe des ersten Kurses erfolgt sein, weil der Kommittent aufgrund falscher Informationen erkennbar mit einem Fallen der Kurse rechnete.

47 Die **Rechenschaftspflicht** und Beweislast des Kommissionärs **beschränkt** sich immer darauf, daß der „bestimmte" Kurs eingehalten worden war (Rn 66).

48 e) **Relevanz des amtlichen Kurses.** Gemäß § 400 Abs. 5 darf der Kommissionär keinen schlechteren Kurs berechnen als den „amtlich" festgelegten (dazu oben Rn 17). Bei der Warenkommission kann zwar der Kommissionär auch aufgrund eines nicht-amtlich festgestellten Markt- oder Börsenpreises selbst eintreten. Im Rahmen der Effektenkommission ist gleichfalls ein Dispens vom Erfordernis des amtlich notierten Preises zulässig; denn § 400 Abs. 1 gilt nicht zwingend (arg. e. c. § 402). Unter keinen Umständen darf der Kommissionär allerdings dort, wo ein „amtlicher" Kurs notiert wird, zu schlechteren Kursen als den amtlichen abrechnen (§ 400 Abs. 5; § 402), da der „amtliche" Markt- oder Börsenpreis die größere Vermutung der Richtigkeit für sich hat. Der Kommissionär

---

[103] AA *v. Dalwigk zu Lichtenfels* (Fn 3), S. 87 f.
[104] Schlegelberger/*Hefermehl*, HGB, § 401 Rn 6.
[105] MünchKommHGB/*Häuser*, § 401 Rn 9 f.
[106] MünchKommHGB/*Häuser*, § 401 Rn 10; Schlegelberger/*Hefermehl*, HGB, § 401 Rn 6. Beachte § 20a WpHG.
[107] MünchKommHGB/*Häuser*, § 401 Rn 9; Schlegelberger/*Hefermehl*, HGB, § 401 Rn 6.

hat ihn daher immer zugunsten des Kommittenten als Minimum zu respektieren. Der Kommissionär darf also nicht die Unrichtigkeit des „amtlichen" Kurses geltend machen[108]; denn der Kommissionär hatte Gelegenheit, sich über das Zustandekommen der amtlichen Notierung rechtzeitig zu vergewissern und gegebenenfalls eine Berichtigung zu veranlassen.

Bestand ein günstigerer nicht-amtlicher Börsen- oder Marktpreis, so hat der Kommissionär zu diesem abzurechnen (§ 401 Abs. 1), er braucht indessen insoweit keine Rechenschaft abzulegen.

49 An Tagen, an denen die „amtliche" **Notierung** (Rn 15) **ausgesetzt** ist, entfällt kraft zwingenden Rechts (§ 402) die Befugnis zum Selbsteintritt. Die Schutzfunktion des § 400 Abs. 5 erstreckt sich nicht nur auf den Zeitraum, in dem ein „amtlicher" Kurs tatsächlich festgestellt wird, sondern auf die gesamte Zeitspanne, in der üblicherweise „amtliche" Notierungen erfolgen[109]. Innerhalb dieses Zeitraumes rechnet nämlich typischerweise ein Kommittent, der eine Order erteilt hat, mit dem Schutz durch die „amtliche" Kursfeststellung. Diese Regel kann nicht abbedungen werden. Abweichende vertragliche Vereinbarungen sind daher nur dort zulässig, wo üblicherweise kein amtlicher Preis festgestellt wird (Rn 93).

50 f) **Relevanz von Weisungen.** Der Kommissionär hat beim Selbsteintritt Limitierungen und sonstige vom Kommittenten gesetzte Weisungen zu beachten.[110] Tritt er unter Verstoß gegen solche Weisungen ein, tritt er insbesondere zu einem Zeitpunkt ein, in dem das vom Kommittenten gesetzte Limit nicht erreicht ist, so kann der Kommittent den Selbsteintritt zurückweisen (§§ 385 f; näher dazu unten Rn 73). Dieses Recht steht dem Kommittenten auch dann zu, wenn der Kommissionär den Selbsteintritt im Hinblick auf ein anderes Gut erklärt, als er auf Rechnung des Kommittenten erwerben bzw. veräußern sollte[111].

51 g) **Aufwendungsersatz.** Neben dem Anspruch auf Bezahlung des Kaufpreises bzw. auf Lieferung der Ware steht dem Kommissionär entgegen der hM[112] ein Aufwendungsersatzanspruch nur nach Maßgabe des § 403 zu. Daraus folgt insbesondere, daß der Kommissionär vom Kommittenten keinen Ersatz von Aufwendungen verlangen darf, die er im Zusammenhang mit einem auf eigene Rechnung getätigten Deckungsgeschäft gemacht hat. Deshalb ist es gleichgültig, ob das Deckungsgeschäft aus Anlaß der Kommission getätigt worden war.[113]

52 **2. Lieferzeit, Erfüllungsort.** Soweit der Kommittent im Hinblick auf die Lieferzeit keine besonderen Weisungen erteilt hat und sie sich nicht aus der Verkehrssitte bzw. dem Handelsbrauch ergeben, findet § 271 BGB Anwendung.[114] Der Erfüllungsort ist die Niederlassung, hilfsweise der Wohnsitz des jeweiligen Schuldners, es sei denn, daß den Umständen oder den Weisungen des Kommittenten etwas anderes zu entnehmen ist[115].

---

[108] Schlegelberger/*Hefermehl*, HGB, § 400 Rn 70; **aA** Schneiders (Fn 14), S. 47 f.

[109] MünchKommHGB/*Häuser*, § 400 Rn 95; *Schmidt-Rimpler* (Fn 3), S. 1040; Schlegelberger/*Hefermehl*, HGB, § 400 70; *Canaris*, Großkommentar HGB, Bd. III/3 (2. Bearb. 1981), Rn 1912.

[110] MünchKommHGB/*Häuser*, § 400 Rn 97.

[111] *Schmidt-Rimpler* (Fn 3), S. 1022; Schlegelberger/*Hefermehl*, HGB, § 400 Rn 33.

[112] Siehe § 403 Rn 9.

[113] Str.; näher dazu § 403 Rn 7 ff.

[114] MünchKommHGB/*Häuser*, § 400 Rn 40.

[115] § 269 BGB; § 383 Rn 114 ff; MünchKommHGB/*Häuser*, § 400 Rn 40; Schlegelberger/*Hefermehl*, HGB, § 400 Rn 37 mN.

3. **Gefahrtragung.** Ist der Kommissionär im Rahmen einer Einkaufskommission über Gattungsobjekte selbst eingetreten, so trifft ihn die **Leistungsgefahr** in gleichem Umfang wie jeden Gattungsschuldner.[116] Er kann sich deshalb grds. nicht darauf berufen, daß er sich rechtzeitig eingedeckt habe, daß aber seinem Lieferanten die Leistung unmöglich geworden sei. Dies gilt selbst dann, wenn dem Partner des Deckungsgeschäft die Leistung infolge eines hoheitlichen Eingriffes unmöglich geworden ist[117]. Das Deckungsgeschäft schließt nämlich der Kommissionär im eigenen Interesse auf eigene Rechnung ab, falls er sich gegen Kursrisiken sichern will. Er befindet sich insoweit in der gleichen Position wie jeder Eigenhändler. **53**

Die **Preisgefahr** im Hinblick auf das Kommissionsgut regeln die §§ 446 f BGB.[118] Voraussetzung hierfür ist, daß das Kommissionsverhältnis durch einen wirksamen Selbsteintritt umgestaltet worden ist[119]. Ist z.B. der Kommissionär bereits im Besitz des Kommissionsgutes, so greift demnach § 446 BGB erst ein, nachdem der Selbsteintritt wirksam geworden ist (Rn 21). **54**

4. **Pflicht zum Abschluß eines Deckungsgeschäft.** Eine Verpflichtung zum Abschluß eines Deckungsgeschäft besteht ausschließlich aufgrund einer besonderen Vereinbarung[120]. Daran ändert § 401 Abs. 2 nichts, der dem Kommittenten nur einen Mindest- bzw. Höchstpreis sichert.[121] Auch § 401 Abs. 1 verpflichtet den Kommissionär nicht zum Abschluß von Deckungsgeschäften. Er verpflichtet den Kommissionär lediglich dazu, den Kommittenten so zu stellen, „als ob" er sich pflichtgemäß um Ausführung bemüht hätte[122]. – Das gilt selbst dann, wenn der Kommissionär ohne Abschluß eines Deckungsgeschäfts faktisch nicht in der Lage ist, die Gefahr etwaiger Kursschwankungen für den Fall zu tragen, daß er sich später doch noch eindecken muß[123]; denn die Verpflichtung, sich durch ein Deckungsgeschäft abzusichern, ist als solche nicht einklagbar und die an eine etwaige Pflichtverletzung geknüpfte Schadensersatzsanktion schützt den Kommittenten gegen Ausfälle nicht besser, als dies die §§ 280, 276 BGB sowie die allgemeinen Grundsätze über Vorsorge- und Übernahmeverschulden erlauben, die dem Kommissionär in weitem Umfang das Leistungsrisiko zuweisen.[124] Ebensowenig rechtfertigt es der Verdacht, daß ein Kommissionär den Kommittenten pflichtwidrig beraten hat, eine Pflicht zum Abschluß eines Deckungsgeschäft zu statuieren[125]. Denn durch die Erfüllung einer derartigen Verpflichtung wäre der Kommittent nicht besser vor den Folgen falschen Rates (der Kommissionär empfiehlt z.B. einem Kommittenten bestimmte Effekten und deckt sich dann nicht selbst zu den angeblich günstigen Bedingungen ein) geschützt, als dies nach den allgemeinen Regeln der Fall ist.[126] Zur Frage, ob der Kommissionär den **55**

---

[116] *Canaris*, Handelsrecht, § 30 Rn 104; MünchKommHGB/*Häuser*, § 400 Rn 43.

[117] OLG Kassel NJW 1949, 587; Schlegelberger/*Hefermehl*, HGB, § 400 Rn 25, 30; **aA** OLG Kiel, SchlHA 1949, 84 ff.

[118] *Canaris*, Handelsrecht, § 30 Rn 104; MünchKommHGB/*Häuser*, § 400 Rn 44.

[119] *Schmidt-Rimpler* (Fn 3), S. 1025; Schlegelberger/*Hefermehl*, HGB, § 400 Rn 34; vgl. auch *v. Dalwigk zu Lichtenfels*, (Fn 3), S. 80 ff.

[120] MünchKommHGB/*Häuser*, § 400 Rn 74, 77; *Canaris* Großkommentar HGB, Bd. III/3 (2. Bearb. 1981), Rn 1904.

[121] *v. Dalwigk zu Lichtenfels* (Fn 3), S. 80.

[122] *v. Dalwigk zu Lichtenfels* (Fn 3), S. 81 f; **aA** wohl *Schneiders* (Fn 14), S. 101 f.

[123] **AA** wohl Schlegelberger/*Hefermehl*, HGB, § 400 Rn 26; *Schmidt-Rimpler* (Fn 3), S. 1031; *Canaris*, Großkommentar HGB, Bd. III/3 (2. Bearb. 1981), Rn 1906.

[124] MünchKommHGB/*Häuser*, § 400 Rn 77.

[125] So aber wohl Schlegelberger/*Hefermehl*, HGB, § 400 Rn 26; *Schmidt-Rimpler* (Fn 3), S. 1030 f; *Canaris*, Großkommentar HGB, Bd. III/3 (2. Bearb. 1981), Rn 1906.

[126] Enger MünchKommHGB/*Häuser*, § 400 Rn 78: §§ 123, 826.

Kommittenten darüber **aufklären** muß, daß er nicht gedenkt ein Deckungsgeschäft abzuschließen, s. § 384 Rn 21. Hat sich der Kommissionär vertraglich zum Abschluß eines Deckungsgeschäft verpflichtet, so ist § 385 Abs. 1 analog anzuwenden, wenn der Kommissionär den Selbsteintritt erklärt, ohne vorher ein Deckungsgeschäft getätigt zu haben[127].

56 5. **Gewährleistung.** Mit dem Wirksamwerden[128] des Selbsteintrittes finden die allgemeinen Gewährleistungsvorschriften des Kaufrechtes (§§ 434, 437 ff BGB) Anwendung.[129] Das gilt auch für die handelsrechtliche Rügepflicht des § 377, soweit dieser anwendbar ist. Von Relevanz ist dies vor allem für die Verkaufskommission, wo die Rügepflicht frühestens in dem Moment entsteht, in dem der Kommissionär durch Selbsteintritt rechtswirksam die Rolle eines Käufers übernimmt.[130] Unrichtig ist es, für den Beginn der Rügepflicht immer auf die Absendung der Ausführungsanzeige abzustellen, denn der Kommissionär könnte, falls nicht § 151 BGB eingreift, seine Selbsteintritts-Erklärung noch widerrufen.

57 6. **Sonstige Konditionen.** Auch im übrigen hat der Kommissionär, der selbst eingetreten ist, die gleiche Position wie ein Käufer bzw. Verkäufer.

58 7. **Erfüllung.** Die Erfüllung der durch den Selbsteintritt übernommenen oder hieraus resultierenden kaufrechtlichen Pflichten richtet sich nach den allgemeinen Regeln. Das heißt, daß der Verkaufskommissionär den Kaufpreis zu entrichten hat und der Einkaufskommissionär die Ware bzw. die Wertpapiere zu liefern hat.[131] Da letzterer hierzu grundsätzlich nur Zug um Zug gegen Zahlung verpflichtet ist, liegt bei der *Einkaufskommission* in der Übersendung der Ausführungsanzeige keine Übereignung durch Besitzkonstitut.[132] Bei der Effektenkommission beachte die §§ 18 Abs. 3, 24 Abs. 2 DepG. Bei der *Verkaufskommission* ist der Kommissionär vielfach schon Besitzer des Gutes, so daß an sich eine **Übereignung** an den Kommissionär durch bloße Einigung möglich ist (§ 929 S. 2 BGB).[133] In dem Kommissionsauftrag selbst liegt jedoch kein Angebot zu einer dinglichen Einigung, sondern lediglich eine Verfügungsermächtigung (§ 383 Rn 171). Wohl aber kann in der Erklärung des Selbsteintrittes eine Offerte zur dinglichen Einigung enthalten sein, die der Kommittent annimmt, ohne daß es einer Erklärung bedarf[134]. Angesichts des Umstandes, daß der Kommittent mit der dinglichen Einigung seines Rechts verlustig geht, Leistung Zug um Zug zu verlangen, sollte man freilich mit der Bejahung einer Annahme vorsichtig sein. Die Annahme ist regelmäßig erst in der Entgegennahme der Kaufpreiszahlung zu erblicken. Die Pflicht zur Erfüllung verjährt gemäß den §§ 195, 199 BGB.[135]

---

[127] *Canaris,* Großkommentar HGB, Bd. III/3 (2. Bearb. 1981), Rn 1905.

[128] Vgl. auch OLG Frankfurt, NJW 1993, 1477 (1478 f).

[129] *Canaris*, Handelsrecht, § 30 Rn 104; *Krüger* (Fn 22), § 400 Rn 11.

[130] MünchKommHGB/*Häuser*, § 400 Rn 45; Schlegelberger/*Hefermehl*, HGB, § 400 Rn 36 mN.

[131] MünchKommHGB/*Häuser*, § 400 Rn 40.

[132] KG WM 1959, 1227; MünchKommHGB/*Häuser*, § 400 Rn 41.

[133] MünchKommHGB/*Häuser*, § 400 Rn 42.

[134] § 151 BGB; MünchKommHGB/*Häuser*, § 400 Rn 42; Schlegelberger/*Hefermehl*, § 400 Rn 35; *Schmidt-Rimpler* (Fn 3), S. 1025.

[135] Vgl. BGH NJW 1981, 918 (919) zum BGB a.F.

III. Vorrangige Geltung des Kommissionsrechtes

1. Vor Wirksamwerden des Selbsteintritts. Vor Wirksamwerden des Selbsteintritts hat der Kommissionär grundsätzlich die allgemeinen kommissionsrechtlichen Rechte und Pflichten (§ 383 Rn 100 ff, § 384 Rn 4 ff). Insbesondere ist er gehalten, auf ein den Interessen des Kommittenten optimal entsprechendes Ausführungsgeschäft hinzuarbeiten.[136] Der Kommissionär ist unter der Voraussetzung des § 400 Abs. 1 lediglich berechtigt, die Kommission durch Selbsteintritt auszuführen. Zur Frage, ob der Kommissionär verpflichtet ist, durch Selbsteintritt auszuführen s. Rn 95. Man hat in der Möglichkeit zur Ausführung durch Selbsteintritt ein Wahlschuldverhältnis zu sehen. Mit dem Selbsteintritt gilt dann allein die Ausführung durch Selbsteintritt als geschuldet (Analogie zu § 263 Abs. 2 BGB). Diese Wahl steht dem Kommissionär allerdings nicht völlig frei. Auch wenn ihm § 400 Abs. 1 unter den dort genannten Bedingungen den Selbsteintritt ohne Einschränkungen eröffnet, so steht die Befugnis zum Selbsteintritt doch unter dem allgemeinen kommissionsrechtlichen Vorbehalt einer **angemessenen Interessenwahrung** (§ 384 Rn 5). Der Kommissionär darf demnach die Kommission nur dort durch Selbsteintritt ausführen, wo dies dem Interesse des Kommittenten entspricht[137]. Dabei hat man freilich den Umstand außer acht zu lassen, daß dem Kommittenten an einer umfassenden Rechenschaftslegung gelegen sein kann. Dieses Interesse erklärt § 400 Abs. 2 für vernachlässigenswert. Läßt man die Frage der Minderung der Rechenschaftspflichten und die dadurch erhöhte Gefahr von Interessenkollisionen beiseite, so wird es aus der Sicht des Kommittenten im allgemeinen gleichgültig sein, ob die Kommission durch ein Geschäft mit einem Dritten oder durch Selbsteintritt ausgeführt wird; denn gemäß § 401 Abs. 1 hat der Kommissionär den Kommittenten so zu stellen, als ob er pflichtgemäß mit einem Dritten ausgeführt hätte. 59

Darf der Kommissionär die Kommission durch Selbsteintritt ausführen, so stellt sich die Frage, wie man sich eine auf den Selbsteintritt hinführende **Bemühungspflicht** des Kommissionärs vorzustellen hat. In der Literatur wird in diesem Zusammenhang verschiedentlich vorgetragen, der Kommissionär, der selbst eintreten wolle, müsse auf einen für den Kommittenten möglichst günstigen Zeitpunkt für die Ausführung durch Selbsteintritt hinarbeiten[138]. Das Kriterium „günstigster Zeitpunkt" wird von *Schmidt-Rimpler*[139] sowohl auf den **günstigsten Preis** als auch auf den **günstigsten Moment für das Entstehen eines kaufrechtlichen Anspruches** des Kommittenten gegen den Kommissionär bezogen. Zuzustimmen ist dieser Ansicht nur im Hinblick auf den Zeitpunkt des Entstehens der Kaufpreis- bzw. Lieferforderung. Deshalb darf der Kommittent den Selbsteintritt nicht mit dem Argument **zurückweisen** (§ 385 Abs. 1), der Marktpreis zur Zeit der Absendung der Ausführungsanzeige (§ 400 Abs. 2) wäre für ihn günstiger gewesen, wenn der Kommissionär schon früher oder später den Selbsteintritt erklärt hätte.[140] Der Kommissionär muß nämlich ohnehin den Kommittenten hinsichtlich des Preises mindestens so stellen, als ob er pflichtgemäß ein Ausführungsgeschäft mit einem Dritten abgeschlossen hätte (§ 401 Abs. 1). Tritt also der Kommissionär abweichend vom optimalen 60

---

136 *v. Dalwigk zu Lichtenfels* (Fn 3), S. 81.

137 MünchKommHGB/*Häuser*, § 400 Rn 50; *Krüger* (Fn 22), § 400 Rn 8; *Roth*, in Koller/Roth/Morck, HGB § 400 Rn 6; Baumbach/*Hopt*, HGB, § 400 Rn 4; *Schmidt-Rimpler* (Fn 3), S. 1000 f; Schlegelberger/*Hefermehl*, HGB § 400 Rn 42.

138 MünchKommHGB/*Häuser*, § 400 Rn 51; *Krüger* (Fn 22), § 400 Rn 12; Schlegelberger/*Hefermehl*, HGB, § 400 Rn 42; *Schmidt*-Rimpler (Fn 3), S. 1015, 1029; *v. Dalwigk zu Lichtenfels* (Fn 3), S. 81 mN.

139 *Schmidt-Rimpler* (Fn 3), S. 1015, 1029.

140 MünchKommHGB/*Häuser*, § 400 Rn 51.

Zeitpunkt für ein Ausführungsgeschäft mit einem Dritten, das am Markt hätte getätigt werden können, ein, so wird hierdurch idealiter die materielle Rechtsposition des Kommittenten nicht verschlechtert. Allerdings verschlechtern sich seine Beweismöglichkeiten (§ 401 Rn 3, 9). Dies allein reicht jedoch nicht aus, um ein Zurückweisungsrecht zu begründen. Das Zurückweisungsrecht könnte dann nämlich nicht auf den Umstand gestützt werden, daß die Konditionen, zu denen „ausgeführt" worden ist, nicht optimal den Interessen des Kommittenten entsprachen, sondern lediglich auf das Argument, der Kommissionär müsse sich derart um einen Selbsteintritt bemühen, daß trotz der gesetzlichen Beschränkungen der Rechenschaftspflicht die Beweismöglichkeiten des Kommittenten optimal gewahrt bleiben.

61 Hingegen verstößt der Kommissionär im Rahmen der Pflicht, „sich um einen Selbsteintritt zu bemühen", gegen die ihm obliegende Interessenwahrungspflicht, wenn er auf eine für den Kommittenten **ungünstige Kursentwicklung hinarbeitet**;[141] denn insoweit wird der Kommittent durch § 401 Abs. 1 unzureichend geschützt. Es wäre für den Kommittenten allzu schwierig, nachweisen zu müssen, wie sich die Preise gestaltet hätten, wenn die kursmanipulativen Eingriffe des Kommissionärs nicht stattgefunden hätten. Hier schützt den Kommittenten am besten ein Zurückweisungsrecht, das er neben der Geltendmachung eines Schadensersatzanspruches ausüben kann (§ 385 Abs. 1).[142]

62 Auch wenn der Kommissionär die Ausführung durch Selbsteintritt wählen sollte, hat er die **Weisungen** des Kommittenten im Hinblick auf die Ausführung der Kommission zu respektieren.[143] Dies resultiert aus seiner allgemeinen Pflicht zur Interessenwahrung. Insbesondere hat er die vom Kommittenten gesetzten Limits zu beachten (Rn 50; § 384 Rn 53 ff).

63 Dagegen ist der Kommissionär kraft seiner Pflicht, sich um einen Selbsteintritt zu bemühen, **nicht gehalten, ein Deckungsgeschäft zu tätigen** (Rn 55 und § 401 Rn 6). Ebensowenig ist der Kommissionär kraft dispositiven Rechts von vornherein verpflichtet, die Kommission gerade durch Selbsteintritt auszuführen[144], selbst wenn er z.B. allein über das vom Kommittenten gewünschte Kommissionsgut verfügt oder eine kompensationsfähige Gegenorder in Händen hält; denn mit dem Selbsteintritt müßte der Kommissionär kaufrechtliche Risiken übernehmen, wozu er kraft seiner Pflicht zur Interessenwahrung nicht gezwungen ist. Auch der Kommissionär, dem der Selbsteintritt offensteht, ist nur Geschäftsbesorger, solange er den Selbsteintritt nicht erklärt hat. Daran ändert der Umstand nichts, daß er sich um eine optimal im Interesse des Kommittenten liegende Ausführung zu bemühen hat; denn diese Pflicht richtet sich mit rückwirkender Kraft[145] erst dann auf die Ausführung durch Selbsteintritt, wenn der Kommissionär den Selbsteintritt gewählt hat und sich hierdurch bereit erklärt hat, kaufrechtliche Risiken auf sich zu nehmen. Zur besonderen Vereinbarung einer Ausführung durch Selbsteintritt s. Rn 95.

2. Nach Wirksamwerden des Selbsteintritts

64 a) **Pflicht zur Interessenwahrung.** Auch nach dem Wirksamwerden des Selbsteintritts ist der Kommissionär weiterhin gehalten, die Interessen des Kommittenten zu wahren, soweit dadurch seine Position als Partei eines Kaufvertrages nicht beeinträchtigt wird.[146]

---

141 MünchKommHGB/*Häuser*, § 400 Rn 52; Schlegelberger/*Hefermehl*, HGB, § 400 42.
142 MünchKommHGB/*Häuser*, § 400 Rn 52.
143 MünchKommHGB/*Häuser*, § 400 Rn 53.
144 *Schmidt-Rimpler* (Fn 3), S. 1015; Schlegelberger/*Hefermehl*, HGB, § 400 Rn 43.
145 Analogie zu § 263 Abs. 2 BGB.
146 MünchKommHGB/*Häuser*, § 400 Rn 39; Schlegelberger/*Hefermehl*, HGB, § 400 Rn 42.

Er hat deshalb z.B. Weisungen im Hinblick auf die Lieferung des Kommissionsgutes zu befolgen.

b) **Benachrichtigung.** § 384 Abs. 2 1. Alt. gilt auch für den Kommissionär, der selbst eingetreten ist.[147] Der Kommissionär hat somit dem Kommittenten die erforderlichen Nachrichten zu geben, insbesondere ihm Anzeige von der Ausführung der Kommission zu machen. Hierbei ist § 405 Abs. 1 zu beachten. 65

c) **Rechenschaft.** Die dem Kommissionär durch § 384 Abs. 2 auferlegte Rechenschaftspflicht existiert grundsätzlich nur noch in Rudimenten, falls der Kommissionär die Kommission durch Selbsteintritt ausführt; denn gemäß § 400 Abs. 2 S. 1 beschränkt sich die Pflicht des Kommissionärs zur Rechenschaftslegung im Falle des Selbsteintritts auf den Nachweis, daß mit dem dem Kommittenten berechneten Preis der zur Zeit der **Absendung der Ausführungsanzeige** bestehende Börsen- oder Marktpreis eingehalten worden ist.[148] Dabei kommt es auf die Kurse derjenigen Börse bzw. desjenigen Marktes an, an dem die Niederlassung des Kommissionärs liegt,[149] bzw. die der Niederlassung am nächsten gelegen ist, es sei denn, daß der Kommittent besondere Weisungen über die Wahl des Ausführungsplatzes erteilt hatte. Wenn *Hefermehl*[150] davon spricht, die Rechenschaftspflicht, und damit im Streitfall auch die Beweislast, sei auf die Einhaltung des Börsen- oder Marktpreises beschränkt, so ist das nicht ganz exakt. Die Rechenschaftspflicht bezieht sich auf den Börsen- oder Marktpreis im Moment „der Ausführung" im Sinne der Absendung der Ausführungsanzeige und erstreckt sich damit auch auf diesen Zeitpunkt.[151] Ferner hat der Kommissionär dort, wo er mindestens den Schlußkurs einhalten muß (§ 400 Abs. 3) oder zu einem bestimmten Kurs ausführen sollte (§ 400 Abs. 4), den Nachweis zu führen, daß diese Kurse eingehalten worden sind.[152] Zu der Durchbrechung des § 400 Abs. 2, 3 in den Fällen, in denen eine Ausführungsanzeige nicht rechtzeitig abgesandt werden kann, s. Rn 36 ff, 41. 66

Problematisch ist die Reichweite der Pflicht zur Rechenschaftslegung, wenn der Kommissionär ein **Deckungsgeschäft** zu vorteilhafteren Konditionen als dem Markt- oder Börsenpreis getätigt hatte und verpflichtet ist, dem Kommittenten mindestens die Konditionen dieses Geschäfts zu berechnen (§ 401 Abs. 2). Dabei sei hier unterstellt, daß es dem Kommissionär möglich war, die Ausführungsanzeige sofort nach Vereinbarung des Deckungsgeschäft abzusenden. *Breit*[153] und *Lehmann*[154] vertreten die Auffassung, § 400 Abs. 2 enthalte keine allgemeine Beschränkung der Rechenschaftspflicht. Der Kommissionär, der nach § 401 zur Berechnung eines im Vergleich zu § 400 Abs. 2–5 günstigeren Preises verpflichtet sei, habe auch insoweit Rechenschaft abzulegen. Demgegenüber stellt sich die hM auf den Standpunkt, daß die für den Selbsteintritt geltenden Regeln über die Preisberechnung und die Regeln der Rechenschaftslegung auseinanderklaffen. Der Kommissionär sei nicht verpflichtet, schlechthin zur Richtigkeit der Preisberechnung Rechen- 67

[147] MünchKommHGB/*Häuser*, § 400 Rn 54.
[148] MünchKommHGB/*Häuser*, § 400 Rn 55, 83. Zur Beweislast des Kommissionärs hinsichtlich der von ihm berechneten Preise vgl. auch BGH, NJW-RR 1990, 752 (753).
[149] BGH, WM 1971, 989 (991).
[150] Schlegelberger/*Hefermehl*, HGB, § 400 Rn 65.
[151] MünchKommHGB/*Häuser*, § 400 Rn 85; näher hierzu oben Rn 29 ff.
[152] Analogie zu § 400 Abs. 2.
[153] Kommentar zum Börsengesetz (1909), Anh., S. 364.
[154] Düringer/Hachenburg/*Lehmann*, HGB, § 400 Rn 45.

schaft zu geben[155]. Ihr ist weitgehend zu folgen. Entscheidend dafür ist freilich nicht der Umstand, daß der selbsteintretende Kommissionär keine Ausführungsgeschäfte, sondern allenfalls Deckungsgeschäfte vornimmt; denn der Kommissionär ist, wie § 401 Abs. 1 zeigt, unabhängig von seinem Recht zum Selbsteintritt verpflichtet, die Interessen des Kommittenten zu wahren. Die Beschränkung der Rechenschaftspflicht beruht vielmehr zum einen darauf, daß man dem Kommissionär nicht zumuten wollte, seine Geschäftsverbindungen offenzulegen[156], und daß man zum anderen von der Vorstellung ausging, eine offizielle Kursfeststellung biete dem Kommittenten ausreichenden Schutz gegen Übervorteilung[157].

68 In den Fällen, in denen die in § 400 Abs. 2–5 getroffenen Schutzvorkehrungen zugunsten des Kommittenten nicht greifen (Rn 36 ff), hat der Kommissionär trotz des Selbsteintritts **uneingeschränkt Rechenschaft** abzulegen.

69 Über den vom Kommissionär bzw. bei der Einkaufskommission vom Kommittenten **geschuldeten Preis** entscheidet nicht die Rechenschaftslegung, sondern die §§ 400, 401 (dazu Rn 29 ff; § 401 Rn 4 ff). Auch wenn der Kommissionär seiner Nachweispflicht im Sinne des § 400 nachgekommen ist, kann er doch gemäß § 401 einen höheren Preis schulden oder darf nur ein niedrigeres Entgelt verlangen. Erst recht hat der Kommittent „Anspruch" auf die „richtigen" Preise, wenn die Rechenschaftslegung falsch ist.[158]

70 Andererseits gibt die **Verletzung der Pflicht zur Rechenschaftslegung** dem Kommittenten kein Recht, die Ausführung der Kommission gemäß § 385 **zurückzuweisen;** denn der Verstoß gegen die Vorschriften über die Rechnungslegung stellt lediglich die Verletzung einer Nebenpflicht dar,[159] die neben der Berichtigung der Abrechnung nur Schadensersatzpflichten auszulösen vermag.[160] War die Rechnungslegung deshalb falsch, weil der „amtliche" Kurs unrichtig festgestellt und später berichtigt worden war, so rechtfertigt dies ebenfalls keine Zurückweisung. Die Kommission ist dann „zum berichtigten" Kurs ausgeführt worden.

71 d) **Herausgabe des Erlangten.** Zur Herausgabe (§ 384 Abs. 2) des vom Kommissionär eingekauften Gutes bzw. des Kaufpreises ist der Kommissionär nicht verpflichtet. Die mit dem Ausführungsgeschäft verbundenen Herausgabepflichten werden durch die kaufrechtlichen Pflichten ersetzt (Rn 58).[161] Eine Herausgabepflicht bleibt aber z.B. im Hinblick auf Gegenstände bestehen, die den Abschluß eines „Ausführungsgeschäfts" erleichtern helfen sollten. Gleiches gilt bei der Verkaufskommission im Hinblick auf das vor dem Selbsteintritt übergebene Gut; doch steht dem Herausgabeanspruch regelmäßig die Einrede unredlichen Verhaltens (§ 242 BGB) entgegen.

72 e) **Selbsthaftung.** Die in § 384 Abs. 3 statuierte Selbsthaftung stößt ins Leere, da der Kommissionär nach dem Selbsteintritt ohnehin als Käufer bzw. Verkäufer haftet.[162]

---

[155] MünchKommHGB/*Häuser*, § 400 Rn 55, 84; *Canaris* Großkommentar HGB, Bd. III/3 (2. Bearb. 1981), Rn 1917; *Schmidt-Rimpler* (Fn 3), S. 1042; Schlegelberger/*Hefermehl*, HGB, § 400 Rn 65; *v. Dalwigk zu Lichtenfels* (Fn 3), S. 92; *Schneiders* (Fn 14), S. 44 f.

[156] § 400 Rn 5; Schlegelberger/*Hefermehl*, HGB, § 400 Rn 65; *Rasmus* (Fn 105), S. 139.

[157] *Schneiders* (Fn 14), S. 45.

[158] BGH, WM 1971, 990.

[159] MünchKommHGB/*Häuser*, § 400 Rn 99; Schlegelberger/*Hefermehl*, HGB, § 400 Rn 68.

[160] MünchKommHGB/*Häuser*, § 400 Rn 99.

[161] MünchKommHGB/*Häuser*, § 400 Rn 56.

[162] MünchKommHGB/*Häuser*, § 400 Rn 57.

f) **Zurückweisung.** § 385 greift auch im Falle des Selbsteintritts ein.[163] Ein Selbsteintritt, der unter Verstoß gegen eine Weisung, die die **Ausführung der Kommission** betrifft, erklärt wird, sei es unter Verstoß gegen ein Limit oder nach der hier vertretenen Auffassung unter Verstoß gegen die allgemeine Interessenwahrungspflicht, kann zurückgewiesen werden (näher dazu § 385 Rn 5 ff).[164] Daneben kann der Kommittent Schadensersatz verlangen. Die Zurückweisung stellt klar, daß der weisungswidrige Selbsteintritt keine Ausführung der Kommission darstellt und keine kaufrechtlichen Beziehungen zwischen den Parteien begründet hat. Sie entstehen erst, nachdem der Kommittent den weisungswidrigen Selbsteintritt genehmigt hat (§ 385 Rn 12). Nach der hier vertretenen Auffassung (§ 385 Rn 7) kann vom Zurückweisungsrecht dort, wo die Kommission durch Abschluß eines Ausführungsgeschäfts ausgeführt worden ist, auch noch in der **Durchführungsphase** Gebrauch gemacht werden, falls der Weisungsverstoß Hauptpflichten betrifft.[165] Die genuin kaufrechtlichen Pflichten, wie die Pflicht zur Lieferung des Kommissionsgutes, fallen natürlich nicht darunter. Es darf jedoch nicht übersehen werden, daß den selbsteintretenden Kommissionär auch in der Durchführungsphase die Pflicht trifft, die Interessen des Kommittenten zu wahren. Dazu gehört z.B. die Pflicht, die Weisungen des Kommittenten im Hinblick auf die Art und Weise der Lieferung zu beachten. Ist die Art und Weise der Lieferung für den Kommittenten von ausschlaggebender Bedeutung, so gehört die Pflicht zur Beachtung der darauf bezogenen Weisungen zu den kommissionsrechtlichen Hauptpflichten. Ihre zurechenbare Mißachtung gibt dem Kommittenten das Recht zur Zurückweisung. Übt der Kommittent es aus, so muß der Kommissionär nochmals ausführen. Es steht ihm hierbei frei, wieder zum Selbsteintritt zu greifen oder nunmehr den Weg eines Ausführungsgeschäfts einzuschlagen. Der Kommissionär trägt demnach das Risiko, daß er zu den alten Konditionen nochmals tätig werden muß (§ 385 Rn 19). Die weisungswidrige Durchführung läßt für den Kommissionär auch keinen Provisionsanspruch entstehen, sofern ihm der Weisungsverstoß nach Maßgabe der für § 396 (§ 396 Rn 33 ff) entwickelten Grundsätze zugerechnet werden kann. Gleiches gilt für den Anwendungsersatzanspruch aus § 403. 73

Problematisch ist die **Behandlung der spezifisch kaufrechtlichen Rechte und Pflichten,** wenn man dem Kommittenten eine Zurückweisung wegen Weisungsverstoßes in der „Durchführungsphase" erlaubt. Es liegt nahe, im Hinblick auf die Ansprüche des Kommissionärs eine Parallele zum Aufwendungsersatzanspruch zu ziehen; denn bei der normalen Kommission würde z.B. der Einkaufskommissionär den Kaufpreisanspruch in Form eines Aufwendungsersatzanspruches geltend machen. Rechnet man nun dem selbsteintretenden Kommissionär entsprechend den für den pauschalierten Aufwendungsersatzanspruch erarbeiteten Regeln (§ 403 Rn 7 ff) das Risiko einer weisungswidrigen Durchführung auch bezogen auf den Kaufpreisanspruch zu, so ginge der Kommissionär unter Umständen seines Kaufpreisanspruches verlustig, obwohl er ihn nach kaufrechtlichen Regeln behalten würde. Damit würde man in unzulässiger Weise die Position des selbsteintretenden Kommissionärs verschlechtern. Wenn nämlich der selbsteintretende Kommissionär zusätzlich die Rolle des Dritten übernimmt, so darf er im Hinblick auf die dieser Rolle entsprechenden Ansprüche nicht schlechter gestellt werden als ein Dritter, der mit dem Kommissionär kontrahiert hätte.[166] Das heißt, daß trotz der Zurückweisung die durch den Selbsteintritt entstandenen Rechte und Pflichten nach den 74

---

[163] MünchKommHGB/*Häuser*, § 400 Rn 58.

[164] MünchKommHGB/*Häuser*, § 400 Rn 39, 58 auf der Basis eines engen Weisungsbegriffs.

[165] So wohl auch MünchKommHGB/*Häuser*, § 400 Rn 58.

[166] *Schmidt-Rimpler* (Fn 3), S. 1028.

allgemeinen kaufrechtlichen Grundsätzen abzuwickeln sind. Für den Kommittenten hat mithin das Zurückweisungsrecht wegen weisungswidriger „Durchführung“ in erster Linie den Vorteil, daß er die Leistungskapazität des Kommissionärs nochmals zu den ursprünglich vereinbarten Konditionen zu nutzen vermag, wenn sich z.B. die kaufrechtliche Verpflichtung bereits auf bestimmte Objekte hin konkretisiert hat und diese infolge des Weisungsverstoßes untergegangen sind (§ 385 Rn 5 ff). Zu denken ist etwa an einen Fall, in dem der Einkaufskommissionär ohne Verschulden gegen die Weisung verstößt, die bereits abgesandte Ware umzuleiten, und diese Ware später auf dem Transport zerstört wird. In aller Regel wird freilich ein Weisungsverstoß in der Durchführungsphase auch einen Verstoß gegen kaufrechtliche Pflichten darstellen. Der nach Maßgabe der §§ 280 ff BGB entstehende Schadensersatzanspruch sowie das Rücktrittsrecht (§ 323 BGB) werden daher – wirtschaftlich gesehen – typischerweise zum gleichen Ergebnis wie ein umfassendes Zurückweisungsrecht führen.

75 g) § 386. **§ 386 Abs. 1** ist ebenfalls im Rahmen der durch Selbsteintritt ausgeführten Kommission **anwendbar**.[167] Dabei kommt es **nicht** darauf an, ob der Kommissionär ein **Deckungsgeschäft** zu Konditionen getätigt hatte, die vom „gesetzten Preis“ oder vergleichbaren Konditionen (§ 386 Rn 3 ff) abweichen. Die ratio des § 386 Abs. 1, den Kommittenten dort an Spekulationen zu Lasten des Kommissionärs zu hindern, wo jener Weisungsverstöße leicht zu erkennen imstande ist, kommt auch dort zum Tragen, wo der Kommissionär kein Deckungsgeschäft abgeschlossen hat. Daran ändert auch der Umstand nichts, daß der Kommissionär bewußt abweichend von den Weisungen des Kommittenten den Selbsteintritt erklärt hatte, weil er glaubte, daß die Abweichung im Interesse des Kommittenten gelegen sei – es sei denn, daß er hierbei darauf spekuliert hatte, der Kommittent werde die Abweichungen nicht bemerken und deshalb die Frist zur Zurückweisung versäumen. In einem solchen Fall kann dem Kommissionär die Arglisteinrede entgegengehalten werden[168].

76 Hat der Kommittent **rechtzeitig zurückgewiesen**, so ergeben sich die **Rechtsfolgen** aus § 385 mit den für die durch Selbsteintritt ausgeführte Kommission maßgeblichen Modifikationen (Rn 73 f).

77 Hingegen kann **§ 386 Abs. 2 nicht entsprechend angewandt** werden, da der selbsteintretende Kommissionär ohnehin selbst zu leisten verpflichtet ist, – sich also nicht erbieten kann, die Differenz zu erstatten.[169] Hat er z.B. ein Deckungsgeschäft zu Konditionen getätigt, die unter dem gesetzten Preis liegen, ist er aber zu dem gesetzten Preis selbst eingetreten, so fällt dem Kommissionär grundsätzlich kein Weisungsverstoß zur Last; denn das „ob“ eines Weisungsverstoßes bemißt sich ausschließlich an den Konditionen des Selbsteintritts. Die Selbsteintrittserklärung enthält hier zwar auch eine ausdrückliche Preisbestimmung. Soweit sie den Interessen des Kommittenten entspricht ist, weil der Markt- bzw. Börsenpreis ungünstiger war und der Kommissionär gleichwohl zum Limit ausführt, ist sie durch das Recht zum Selbsteintritt gedeckt. Die §§ 400 f schreiben dem Kommissionär nur vor, daß er keine „ungünstigeren“ Preise berechnen darf. Eine Ausnahme gilt dort, wo in absehbarer Zeit mit über bzw. unter dem Limit liegenden Kursen gerechnet werden konnte. Hier muß der Kommissionär zuwarten[170].

---

[167] MünchKommHGB/*Häuser*, § 400 Rn 59; Baumbach/*Hopt*, HGB, § 400 Rn 4.

[168] MünchKommHGB/*Häuser*, § 400 Rn 59; ähnlich Schlegelberger/*Hefermehl*, HGB, § 400 Rn 50.

[169] MünchKommHGB/*Häuser*, § 400 Rn 60; **aA** *Canaris*, Großkommentar HGB Bd. III/3 (2. Bearb. 1981), Rn 1931.

[170] *Canaris*, Großkommentar HGB, Bd. III/3 (2. Bearb. 1981), Rn 1931.

h) § 387. § 387 wird im Bereich der Selbsteintritts-Kommission durch die §§ 400 f konkretisiert.[171] Danach darf der Kommissionär dem Kommittenten, unabhängig von etwaigen Limitierungen, keinen ungünstigeren Preis als den Markt- bzw. Börsenpreis berechnen. Hat der Kommissionär aus Anlaß der Kommission zu günstigeren Konditionen ein Geschäft mit einem Dritten getätigt, so hat er die hierbei vereinbarten Konditionen dem Kommittenten zugute kommen zu lassen (§ 401 Abs. 2). **78**

i) § 388. Eine Anwendung des **§ 388 Abs. 1** im Falle der durch Selbsteintritt ausgeführten *Einkaufskommission* scheidet grundsätzlich aus, da ein eventuelles Deckungsgeschäft nicht im Interesse des Kommittenten abgeschlossen wird.[172] Im Falle der *Verkaufskommission* erhält der Kommissionär nach Selbsteintritt das Kommissionsgut als Käufer. Ist das Gut auf Gefahr des Kommissionärs gereist (§ 447 BGB), so liegt es ausschließlich im Interesse des Kommissionärs, rechtzeitig die Rechte gegen den Frachtführer oder Schiffer geltend zu machen. Hatte hingegen der Kommittent das Transportrisiko zu tragen, so muß sich der Kommissionär trotz seiner Position als Käufer wie ein Geschäftsbesorger behandeln lassen, der die Rechte gegen die Transportpersonen wahrzunehmen hat. Mittelbar greift demnach in einem solchen Fall § 388 Abs. 1 ein.[173] **79**

Auch **§ 388 Abs. 2** ist im Fall der **Verkaufskommission** nach dem Selbsteintritt heranzuziehen.[174] Gemäß § 379 Abs. 2 darf der Käufer zum Notverkauf schreiten. Es kann dahingestellt bleiben, inwieweit ein normaler Verkäufer hierzu verpflichtet ist. Der Kommissionär ist jedenfalls trotz des Selbsteintritts zur Interessenwahrung verpflichtet und hat deshalb nach Maßgabe des § 388 Abs. 2 vom Kommittenten Schaden abzuwenden. **80**

j) § 389. § 389 wird durch die §§ 373, 379 verdrängt, die nach der wirksamen Erklärung des Selbsteintritts unmittelbar eingreifen. Ist der Kommittent kein Kaufmann und entfällt deshalb eine Anwendbarkeit der §§ 373, 379, so tritt an ihre Stelle § 389.[175] **81**

k) § 390. § 390 kann von vornherein im Hinblick auf das mit Hilfe eines Deckungsgeschäft erlangte Gut keine Anwendung finden. Bei einer Verkaufskommission trifft den Kommissionär nach dem Selbsteintritt als Käufer das volle Warenrisiko (§ 446 BGB). Wird der durch Selbsteintritt zustande gekommene Kaufvertrag infolge Rücktritts rückgängig gemacht, so haftet der Kommissionär nach Maßgabe der Rücktrittsvorschriften.[176] **82**

l) § 391. Anstatt § 391 greift nach dem Selbsteintritt, soweit anwendbar, § 377 unmittelbar ein.[177] **83**

m) § 392. Im Falle des Selbsteintrittes ist § 392 unanwendbar, weil sich die Vorschrift auf Forderungen aus Ausführungsgeschäften und sonstigen auf Rechnung des Kommittenten geschlossenen Geschäften bezieht. Deckungsgeschäfte sind ihnen nicht gleichzustellen, da sie auf eigene Rechnung des Kommissionärs abgeschlossen werden.[178] **84**

---

171 MünchKommHGB/*Häuser*, § 400 Rn 61.
172 MünchKommHGB/*Häuser*, § 400 Rn 62.
173 MünchKommHGB/*Häuser*, § 400 Rn 62; **aA** Schlegelberger/*Hefermehl*, HGB § 400 Rn 53.
174 MünchKommHGB/*Häuser*, § 400 Rn 63.
175 MünchKommHGB/*Häuser*, § 400 Rn 64.
176 MünchKommHGB/*Häuser*, § 400 Rn 65
177 MünchKommHGB/*Häuser*, § 400 Rn 66.
178 MünchKommHGB/*Häuser*, § 400 Rn 67.

85 n) **§ 393.** § 393 bezieht sich nur auf Ausführungsgeschäfte und ist daher bei der durch Selbsteintritt ausgeführten Kommission gegenstandslos.[179]

86 o) **§ 394.** Auch die Delkrederehaftung (§ 394) stößt nach Wirksamwerden des Selbsteintritts mangels eines Ausführungsgeschäfts ins Leere. Damit entfällt[180] ein eventueller Anspruch auf Delkredereprovision (str.; § 394 Rn 16).

87 p) **§ 395.** Der Rechtsgedanke des § 395 kommt auch im Bereich der Selbsteintritts-Kommission zum Tragen[181].

88 q) **§ 396.** Zur Anwendbarkeit des § 396 bei der durch Selbsteintritt ausgeführten Kommission, s. die Erläuterungen zu § 403.

89 r) **§§ 397, 398.** § 404 erklärt ausdrücklich die §§ 397, 398 auch im Falle des Selbsteintrittes für anwendbar.[182]

90 s) **§ 399.** § 399 ist auf Forderungen aus Ausführungsgeschäften oder sonstigen Geschäften mit Dritten bezogen, die der Kommissionär auf Rechnung des Kommittenten getätigt hat und deren Vorteile er herauszugeben verpflichtet ist. Bei der durch Selbsteintritt ausgeführten Kommission können derartige Konstellationen nicht auftauchen, da der Kommissionär allenfalls Deckungsgeschäfte auf eigene Rechnung abschließt.[183]

91 t) **Dingliche Rechtslage.** Die dingliche Rechtsstellung von Kommissionär und Kommittenten richtet sich nach den allgemeinen Regeln.[184] Besondere „treuhänderisch gefärbte" Rechtsgedanken kommen auch nach der Erklärung des Selbsteintrittes nicht zum Tragen (Rn 58).

G. Besondere vertragliche Abreden

I. Verbot des Selbsteintritts

92 Das Recht zum Selbsteintritt darf, wie sich aus dem Wortlaut des § 400 Abs. 1 ergibt, ohne weiteres ausgeschlossen werden. Das kann konkludent geschehen;[185] so, wenn der Kommissionär mangels Kapitalausstattung für den Kommittenten erkennbar nicht besonders kreditwürdig ist. Für ein konkludentes Verbot des Selbsteintritts genügt es nicht, daß das Geschäft an einer ausländischen Börse abzuschließen ist, der Kommissionär sich zum Abschluss eines Geschäfts an der Börse verpflichtet hat oder der Kommissionär einen großen Ermessensspielraum besitzt.[186] Das Verbot des Selbsteintritts darf auch nach Abschluß des Kommissionsvertrages ausgesprochen werden, solange der Kommissionär noch nicht selbst eingetreten ist[187] und der Kommittent noch Weisungen über die

---

179 MünchKommHGB/*Häuser*, § 400 Rn 68.
180 MünchKommHGB/*Häuser*, § 400 Rn 69.
181 MünchKommHGB/*Häuser*, § 400 Rn 70; Schlegelberger/*Hefermehl*, HGB, § 400 Rn 60; **aA** *Schmidt-Rimpler* (Fn 3), S. 1028.
182 MünchKommHGB/*Häuser*, § 400 Rn 72.
183 MünchKommHGB/*Häuser*, § 400 Rn 73.
184 MünchKommHGB/*Häuser*, § 400 Rn 37.
185 MünchKommHGB/*Häuser*, § 400 Rn 25; Baumbach/*Hopt*, HGB, § 400 Rn 3; Oetker/*Bergmann*, HGB, § 400 Rn 5.
186 MünchKommHGB/*Häuser*, § 400 Rn 25.
187 MünchKommHGB/*Häuser*, § 400 Rn 24; Baumbach/*Hopt*, HGB, § 400 Rn 3 (Absendung der Ausführungsanzeige); Schlegelberger/*Hefermehl*, HGB, § 400 Rn 18).

Art der Ausführung geben kann. Notfalls mag der Kommittent die Order widerrufen (dazu § 405 Rn 18 ff). Unter Umständen kann auch eine eigene prekäre finanzielle Situation es dem Kommissionär verbieten, die Kommission durch Selbsteintritt auszuführen, und damit dem Kommittenten im Widerspruch zur Interessenwahrungspflicht den Schutz des § 392 zu rauben.[188]

II. Vereinbarter Selbsteintritt

§ 400 Abs. 1 ist dispositiv, wie sich im Wege des Umkehrschlusses aus § 402 ergibt. **93** Der Kommittent kann daher dem Kommissionär die Befugnis zum Selbsteintritt selbst dann erteilen, wenn die gesetzlichen Voraussetzungen des Selbsteintritts nicht vorliegen;[189] so z.B., falls der Kommissionär Waren oder Wertpapiere besorgen soll, die keinen Markt- oder Börsenpreis besitzen, oder nach hM bei Kommissionsgeschäften im Sinne des § 406 Abs. 1 (§ 406 Rn 9). Die Vereinbarung der Zulässigkeit des Selbsteintritts kann konkludent erfolgen. Sie kann sich auch aus einem Handelsbrauch ergeben. Durch nachträgliche Genehmigung, d. h. durch Vertragsänderung, kann das Kommissionsverhältnis so umgeformt werden, daß der Kommissionär, der unzulässigerweise selbst eingetreten ist, so behandelt wird, als ob er zum Selbsteintritt befugt gewesen wäre.

Haben die Parteien dort, wo kraft dispositiven Rechts ein Selbsteintritt unzulässig ist, **94** **lediglich die Möglichkeit einer Ausführung der Kommission durch Selbsteintritt vereinbart**, so sind die gesetzlichen Regeln über den Selbsteintritt zur Lückenfüllung heranzuziehen. Bei der Kommission über Wertpapiere, für die zwar kein amtlich festgestellter Börsenkurs existiert, wohl aber ein Markt- oder Börsenpreis, greifen demnach z.B. die Absätze 2–4 des § 400 ein[190]. Soweit ein Markt- oder Börsenpreis existiert, kann im Hinblick auf diesen Preis die Einhaltung der Absätze 2–4 des § 400 sowie des § 401 nicht derogiert werden (§ 402). Wird regelmäßig ein amtlicher Kurs notiert, so ist § 400 Abs. 5 zu beachten (dazu Rn 48). Eröffnet der Kommittent die Möglichkeit des Selbsteintritts in Hinblick auf ein Kommissionsgut, das weder einen Börsen- noch einen Marktpreis hat, so stoßen freilich die §§ 400 Abs. 2–4, 402 ins Leere. Im Zweifel erfolgt dann die Preisbestimmung nach § 315 BGB.

III. Verpflichtung zum Selbsteintritt

Dem § 400 Abs. 1 entspringt nur das Recht, die Kommission durch Selbsteintritt aus- **95** zuführen. Der Kommissionär ist also nicht verpflichtet, selbst einzutreten, selbst wenn er ein passendes Deckungsgeschäft an der Hand hat oder in der Lage ist, aus eigenen Beständen zu liefern[191]. Besteht die Chance zum Abschluß eines passenden Deckungsgeschäfts und will der Kommissionär nicht selbst eintreten, so hat er durch Ausführungsgeschäft auf Rechnung des Kommittenten auszuführen. Die Parteien können aber in Abweichung von den §§ 400 ff vereinbaren, daß der Kommissionär verpflichtet ist, durch Selbsteintritt auszuführen.[192] Auch dann wird aber im Zweifel nur dort die Pflicht zur

---

188 MünchKommHGB/*Häuser*, § 400 Rn 26.

189 RGZ 96, 4.

190 *Schmidt-Rimpler* (Fn 3), S. 1003; Schlegelberger/*Hefermehl*, HGB, § 400 Rn 72.

191 MünchKommHGB/*Häuser*, § 400 Rn 33; *Schmidt-Rimpler* (Fn 3), S. 1016; Schlegelberger/*Hefermehl*, HGB, § 400 Rn 30; **aA** Baumbach/*Hopt*, HGB, § 400 Rn 4.

192 MünchKommHGB/*Häuser*, § 400 Rn 33.

Abgabe der Selbsteintrittserklärung entstehen, wo der Kommissionär die Chance zum Abschluß eines aus der Sicht des Kommittenten interessengemäßen und die Risiken des Kommissionärs voll auffangenden Geschäfts mit einem Dritten bzw. eine Kompensationsmöglichkeit besitzt[193]. Mit der Pflicht zum Selbsteintritt korreliert keine Pflicht, sich um ein Deckungsgeschäft zu bemühen (Rn 55).[194] Die „Chance eines Deckungsgeschäfts" ist jedoch daran zu messen, ob es der Kommissionär hätte abschließen können, wenn er es als Ausführungsgeschäft behandelt hätte und sich pflichtgemäß um dessen Abschluß bemüht hätte. Aus dem Umstand, daß der Kommissionär über eigene Bestände verfügt, wird man hingegen regelmäßig keine Pflicht zur Abgabe der Selbsteintrittserklärung herleiten dürfen.

§ 401

(1) Auch im Falle der Ausführung der Kommission durch Selbsteintritt hat der Kommissionär, wenn er bei Anwendung pflichtgemäßer Sorgfalt die Kommission zu einem günstigeren als dem nach § 400 sich ergebenden Preise ausführen konnte, dem Kommittenten den günstigeren Preis zu berechnen.

(2) Hat der Kommissionär vor der Ausführungsanzeige aus Anlaß der erteilten Kommission an der Börse oder am Markte ein Geschäft mit einem Dritten abgeschlossen, so darf er dem Kommittenten keinen ungünstigeren als den hierbei vereinbarten Preis berechnen.

Schrifttum siehe Angaben zu § 383.

Übersicht

I. Vorbemerkung

1 § 401 stellt klar, daß auch der Kommissionär, der zum Selbsteintritt berechtigt ist, in vollem Umfang die Interessen des Kommittenten wahrzunehmen hat.[1] Er hat daher im Falle des Selbsteintritts dem Kommittenten den günstigeren Preis und die günstigeren Konditionen zukommen zu lassen, zu denen er ein Ausführungsgeschäft hätte abschlie-

[193] MünchKommHGB/*Häuser*, § 400 Rn 34; Baumbach/*Hopt*, HGB, § 400 Rn 4; *Canaris*, Großkommentar HGB, Bd. III/3 (2. Bearb. 1981), Rn 1902.

[194] MünchKommHGB/*Häuser*, § 400 Rn 33.

[1] Bericht der Börsen-Enquête-Kommission (1892/98), S. 167, 177.

ßen können und im Rahmen seines pflichtgemäßen Ermessens hätte abschließen müssen oder zu denen er ein wirtschaftlich an die Stelle des Ausführungsgeschäftes tretendes Deckungsgeschäft getätigt hatte. § 401 enthält eine Art Meistbegünstigungsklausel.[2]

Die aufgrund der Einschränkung der Rechenschaftslegung durch § 400 Abs. 2–5 **formalisierte Preisberechnung** spiegelt nicht notwendig die Konditionen wider, die der Kommissionär, der ein Ausführungsgeschäft tätigen müßte, hätte erzielen können oder in Form eines Deckungsgeschäft erzielt hat. § 401 versucht diese Diskrepanz auszugleichen. Er erlaubt es dem Kommittenten, sich darauf zu berufen, daß er bei normaler, pflichtgemäßer Ausführung durch ein Ausführungsgeschäft besser abgeschnitten hätte. Kraft zwingenden Rechts (§ 402) wird der Kommittent zumindest so gestellt, als ob der Kommissionär die Kommission durch pflichtgemäßes Ausführungsgeschäft erledigt hätte. Andererseits darf sich der Kommissionär einer für ihn ungünstigeren Preisberechnung nach Maßgabe des § 400 Abs. 2–5 nicht mit Hilfe des Nachweises entziehen, daß er trotz Einsatzes pflichtgemäßer Sorgfalt ein Ausführungsgeschäft zu ungünstigeren Konditionen getätigt hätte; denn angesichts der beschränkten Pflicht zur Rechenschaftslegung sollen die unabdingbaren Abrechnungsregeln des § 400 Abs. 2–5 auf den Kommissionär Druck ausüben, die Ausführungsanzeige so abzusenden, daß der zum Absendungszeitpunkt notierte Kurs demjenigen entspricht, zu dem ein Kommissionär im Rahmen pflichtgemäßer Anstrengungen ein Ausführungsgeschäft abgeschlossen hätte. Ein solcher Druck wird nur wirksam, wenn der Kommissionär Gefahr läuft, zu Konditionen abrechnen zu müssen, mit denen er bei pflichtgemäßer Anstrengung nicht konfrontiert worden wäre (§ 400 Rn 29 ff). 2

Die **praktische Bedeutung des § 401** ist allerdings angesichts der von der ganz hM befürworteten Einschränkung der Pflichten zur Rechenschaftslegung (§ 400 Rn 66) äußerst gering.[3] § 401 gilt nämlich nur für die Preisberechnung bzw. die Bestimmung des Inhalts der sonstigen Konditionen, zu denen der Kommissionär zu liefern bzw. abzunehmen hat, nicht jedoch für die Rechenschaftslegung. Im Rahmen des § 401 hat vielmehr der Kommittent dem Kommissionär, der auf der Grundlage des § 400 abgerechnet hat, nachzuweisen, daß der Kommissionär aus Anlaß der Kommission günstigere Konditionen erzielt hat oder hätte erzielen können[4]. Dieser Beweis wird dem Kommittenten kaum jemals gelingen[5], da er den Markt, auf dem der Kommissionär tätig wird, und die Interna des Kommissionärs nicht hinreichend überblickt. Zur Ausdehnung der Rechenschaftspflicht in Fällen, in denen eine rechtzeitige Absendung der Ausführungsanzeige unmöglich ist oder die Kurse ohne zeitliche Fixierung notiert werden, s. § 400 Rn 68. 3

II. § 401 Abs. 1

1. Günstigere Preise bzw. sonstige Konditionen. Gemäß § 401 Abs. 1 hat der Kommissionär dem Kommittenten den günstigeren Preis zu berechnen, zu dem er bei pflichtgemäßer Sorgfalt ein Ausführungsgeschäft hätte tätigen können. Das für die Preise Ge- 4

---

[2] MünchKommHGB/*Häuser*, § 401 Rn 1; *Krüger* in Ebenroth/Boujong/Joost/Strohn, HGB, § 401 Rn 1.

[3] MünchKommHGB/*Häuser*, § 401 Rn 2; *Krüger* (Fn 2), § 401 Rn 1.

[4] Bericht der Börsen-Enquête-Kommission (Fn 1), S. 177; näher § 401 Rn 6.

[5] *Schneiders*, Anlegerschutz im Recht der Effektenkommission, S. 49; *v. Dalwigk zu Lichtenfels*, Das Effektenkommissionsgeschäft, S. 88 ff mwN.

sagte gilt entsprechend für sonstige Konditionen wie Lieferfristen, Zahlungsziele.[6] Ob die Konditionen im Einzelfall günstiger gewesen wären, ist nicht anhand eines **Gesamtvergleiches** festzustellen.[7] Der Praktikabilität wegen ist **in erster Linie auf den Preis** abzuheben. Ist dieser günstiger, so ist er maßgeblich, auch wenn die sonstigen Konditionen eines Geschäftes, das der Kommissionär nach Maßgabe der §§ 400, 401 Abs. 2 abrechnen könnte, günstiger sein sollten.[8] Eine Ausnahme gilt für den Fall, in dem der günstigere Preis, die bedeutend schlechteren Konditionen offensichtlich nicht wettzumachen vermag.

5 Sind die isolierten **Preise**, die sich nach Maßgabe der §§ 400, 401 Abs. 2 einerseits und gemäß § 401 Abs. 1 andererseits ergeben, **identisch**, so ist dasjenige Geschäft „günstiger", das die günstigeren Konditionen bietet. Allerdings müssen sich die günstigeren Konditionen im **Rahmen der weisungsgemäßen Ausführung** halten oder so sein, daß der Kommissionär berechtigt gewesen wäre, von den Weisungen abzuweichen, weil sonst der Kommissionär die Chance zu einem vergleichbaren Ausführungsgeschäft mit den günstigeren Konditionen nicht hätte nutzen dürfen.[9] Die Günstigkeit ist mithin dem **Interessenwahrungscharakter** der Kommission entsprechend immer im Licht der dem Kommissionär erkennbaren Interessen des Kommittenten zu beurteilen.[10]

Ob der Kommissionär die sich ihm bietenden, günstigeren Abschlußmöglichkeiten genutzt hat oder nicht, ist unerheblich. Entscheidend ist, daß sie existierten.

6 2. **Pflichtgemäße Sorgfalt.** Der Kommissionär ist **nicht verpflichtet**, ein **Deckungsgeschäft abzuschließen** (§ 400 Rn 69). § 401 Abs. 1 stellt denn auch nicht auf das Deckungsgeschäft, sondern auf die Ausführung schlechthin ab, die als hypothetische Ausführung durch ein Ausführungsgeschäft zu begreifen ist.[11] Es kommt demnach regelmäßig darauf an, welches Ausführungsgeschäft der Kommissionär bei Anwendung pflichtgemäßer Sorgfalt hätte abschließen können und müssen, wenn er nicht zum Selbsteintritt befugt gewesen wäre.

7 Die pflichtgemäße Sorgfalt i.S.d. § 401 Abs. 1 orientiert sich an den dem Kommissionär erkennbaren Interessen des Kommittenten, an dessen Weisungen und an dem einem ordentlichen Kommissionär für die Wahrung der Kommittenteninteressen zumutbaren Aufwand.[12] Dabei ist der gleiche Maßstab anzulegen, wie er auch sonst für die Kommission gilt. Der Kommissionär darf sich deshalb nicht blind auf Weisungen des Kommittenten verlassen, sondern muß prüfen, ob eine Abweichung erkennbar im Interesse des Kommittenten liegt (§ 385 Rn 23). Allerdings muß auch im Rahmen des § 401 dem Kommissionär ein Ermessensspielraum (§ 384 Rn 7) zugestanden werden.[13] Die pflichtgemäße Sorgfalt ist mithin erst dort nachweisbar verletzt, wo jedes andere Verhalten einen Ermessensfehler darstellen würde. Ein derartiger Ermessensfehler liegt nicht vor, falls der Kommissionär eine vertretbare Risikobewertung darlegt, die es als gerechtfertigt erscheinen läßt, daß er nicht tätig geworden ist. Von einem Ermessensfehler kann mithin z.B. in aller Regel nicht gesprochen werden, wenn ein Effektenkommissionär vorträgt, er habe an einem auswärtigen Börsenplatz mit keiner günstigeren Kursentwicklung gerechnet[14]. Nutzt der Kommissionär ein Kursgefälle für eigene Arbitragegeschäfte aus,

---

[6] MünchKommHGB/*Häuser*, § 401 Rn 4.
[7] MünchKommHGB/*Häuser*, § 401 Rn 5; *Krüger* (Fn 2), § 401 Rn 2.
[8] **AA** MünchKommHGB/*Häuser*, § 401 Rn 5.
[9] MünchKommHGB/*Häuser*, § 401 Rn 5, 9 ff.
[10] MünchKommHGB/*Häuser*, § 401 Rn 5.
[11] MünchKommHGB/*Häuser*, § 401 Rn 6.
[12] *Schneiders*, Anlegerschutz (Fn 5), S. 49.
[13] MünchKommHGB/*Häuser*, § 401 Rn 6.
[14] *Canaris*, Großkommentar HGB, Bd. III/3 (2. Bearb. 1981), Rn 1921.

so ist dies allerdings ein starkes Indiz dafür, daß er mit Kurschancen rechnete und sie wahrzunehmen in der Lage war.[15] Zu den Konstellationen, in denen der Kommittent den **Abschluß zu einem bestimmten Kurs** im Sinn des § 400 Abs. 4 angeordnet hat, s. § 400 Rn 43 ff. Die Reichweite der hypothetisch von einem selbsteintretenden Kommissionär geschuldeten Pflichten zum Abschluß eines Ausführungsgeschäftes kann **vertraglich beschränkt** werden, doch darf damit nicht § 402 umgangen werden.

Bei der Auslegung des § 401 Abs. 1 erhebt sich die weitere Frage, ob sich der Kommittent auch auf die Chance eines Ausführungsgeschäftes **außerhalb einer Börse oder eines Marktes** berufen darf. Verschiedentlich wird hierzu die Ansicht vertreten, dem § 401 Abs. 2 lasse sich entnehmen, daß Abschlußgelegenheiten nicht zu berücksichtigen seien, die sich außerhalb eines Marktes oder einer Börse bieten. Man stützt sich hierbei auf das Argument, es sei sinnwidrig anzunehmen, daß der Gesetzgeber, der in Absatz 2 des § 401 nur auf Geschäfte abhebe, die am Markt oder an der Börse getätigt wurden, in Abs. 1 auch außerbörsliche Deckungsgeschäfte zur Preisberechnung herangezogen wissen wollte[16]. – Dabei wird jedoch übersehen, daß der Abs. 2 des § 401 jedes aus Anlaß der Kommission getätigte Deckungsgeschäft zum Maßstab der Preisberechnung macht. Ein Deckungsgeschäft ist mithin selbst dann für die Preisberechnung von Bedeutung, wenn es bei Anwendung pflichtgemäßer Sorgfalt nachweislich nicht hätte abgeschlossen werden müssen. Dem liegt die aus Praktikabilitätsgründen generalisierende Annahme des Gesetzes zugrunde, daß der Kommissionär die sich auf dem Markt oder an der Börse bietenden Chancen immer auf Rechnung des Kommittenten hätte nutzen müssen, falls er sie tatsächlich aus Anlaß der Kommission ergreift. Bei außerbörslichen Chancen, die ungenutzt blieben, würde jedoch eine derartige Generalisierung zu leicht mit der Realität in Konflikt geraten. Hier muß deshalb im Einzelfall nachgewiesen werden, daß der Kommissionär bei Anwendung pflichtgemäßer Sorgfalt die außerbörsliche Chance hätte zugunsten des Kommittenten nutzen müssen. Mithin hat der Kommissionär auch dann den günstigeren Preis zu berechnen, wenn sich ihm außerhalb von Märkten oder Börsen eine Abschlußmöglichkeit eröffnet hatte[17]. Als außerbörsliche Ausführungschance ist eine **Kompensationsmöglichkeit** anzusehen; denn dem Kommittenten müssen auch die Orders zugute kommen, die dem Kommissionär von dritter Seite erteilt worden sind.[18] Keine günstigere Ausführungschance kann auf die **eigenen Bestände des Kommissionärs** gestützt werden, da es jenseits der Markt- und Börsenpreise keinen verbindlichen Maßstab dafür gibt, zu welchen Konditionen der Kommissionär zu liefern oder abzunehmen hat.[19] 8

3. Rechtsfolge und Beweislast. Der Kommissionär hat den **Preis im Sinne des § 401 Abs. 1** zu berechnen, wenn für den Kommittenten der auf der Basis des § 400 Abs. 2–5 ermittelte Preis oder der Preis eines Deckungsgeschäft (§ 401 Abs. 2) ungünstiger wäre. Das gilt auch dort, wo der Kommittent Weisung erteilt hat, zu einem bestimmten Kurs abzuschließen (dazu § 400 Rn 50). 9

---

[15] MünchKommHGB/*Häuser*, § 401 Rn 6.

[16] Düringer/Hachenburg/*Lehmann*, HGB, § 401 Rn 8.

[17] MünchKommHGB/*Häuser*, § 401 Rn 8; *Schmidt-Rimpler*, Das Kommissionsgeschäft, in: Ehrenbergs Handbuch des gesamten Handelsrechts (1928) Bd. V 1. Abt. 2. Hälfte, S. 1032, 1036; Schlegelberger/*Hefermehl*, HGB, § 401 Rn 5; *v. Dalwigk zu Lichtenfels* (Fn 5), S. 86 f; *Schneiders* (Fn 5), S. 49.

[18] Es sind allerdings kaum Fälle denkbar, in denen die Kompensation zu günstigeren Konditionen führt.

[19] MünchKommHGB/*Häuser*, § 401 Rn 8, 12.

10 Ein **Verstoß gegen die sich aus § 401 Abs. 1 ergebende Pflicht** zur Preisberechnung rechtfertigt keine Zurückweisung des Geschäftes[20]. Der Kommissionär kann nur Richtigstellung der Preisberechnung verlangen; die Richtigstellung hat keine gestaltende Wirkung.[21] Hat der Kommissionär **schuldhaft** falsche Preise berechnet, so ist er zum Ersatz des daraus entstehenden Schadens verpflichtet.[22]

11 § 401 Abs. 1 soll dem Kommittenten angesichts der beschränkten Pflicht zur Rechenschaftslegung den **Gegenbeweis** eröffnen, daß ihm bei pflichtgemäßer Interessenwahrung günstigere Konditionen hätten in Rechnung gestellt werden müssen. Den Kommittenten trifft daher die Beweislast dafür, daß dem Kommissionär bei pflichtgemäßen Anstrengungen günstigere Abschlußmöglichkeiten offengestanden haben[23]. Der Schutz des Kommittenten durch § 401 Abs. 1 ist deshalb weitgehend ohne praktische Bedeutung.

12 Entgegen der hM ist dort, wo die in § 400 Abs. 2–5 geregelte **Rechenschaftspflicht** wegen Unmöglichkeit einer rechtzeitigen Absendung der Ausführungsanzeige bzw. des Fehlens zeitlich fixierter Notierungen **leerläuft**, auf die allgemeine kommissionsrechtliche Pflicht zur Rechenschaftslegung zurückzugreifen (§ 400 Rn 68).

III. § 401 Abs. 2

13 **1. Zweck.** Der Absatz 2 des § 401 bringt eine weitere zwingende (§ 402) Meistbegünstigung. Danach hat der Kommissionär, der aus Anlaß der Kommission vor Absendung der Ausführungsanzeige ein Deckungsgeschäft auf dem Markt oder an der Börse abgeschlossen hat, dem Kommittenten dessen Preis zugute kommen zu lassen, falls dieser Preis für den Kommittenten im Vergleich mit den sich nach Maßgabe der anderen Preisberechnungsarten (§§ 400, 401 Abs. 1) ergebenden Preisen günstiger ist. Im Unterschied zu § 401 Abs. 1 braucht der Kommittent hier nicht nachzuweisen, daß der Kommissionär bei pflichtgemäßer Sorgfalt das Deckungsgeschäft als Ausführungsgeschäft hätte abschließen müssen.[24] Der Gesetzgeber konnte nämlich davon ausgehen, daß es in aller Regel zu den pflichtgemäßen Anstrengungen des Kommissionärs gehört, die sich auf einem Markt oder an einer Börse bietenden optimalen Abschlußmöglichkeiten wahrzunehmen. Als Maßstab für das Optimum zog er die Tatsache heran, daß sich der Kommissionär selbst eingedeckt hatte, ferner die Konditionen des Deckungsgeschäft über dem nach § 400 anzusetzenden Preis lagen, und die Konditionen des Deckungsgeschäft den Weisungen des Kommittenten entsprachen bzw. sich im Rahmen des § 665 BGB hielten. Damit schnitt er dem Kommissionär das Argument ab, er habe ein bestimmtes Geschäft nur deshalb nicht „zugunsten" des Kommittenten vereinbart, weil er der Meinung gewesen sei, die Kurse würden sich für den Kommittenten noch günstiger entwickeln.[25] Von daher ist es zu erklären, daß § 401 Abs. 2 nur für die Abschlüsse auf Märkten oder an Börsen gilt; denn in Anbetracht der Vielfalt der außerbörslichen Chancen kann nicht

---

[20] MünchKommHGB/*Häuser*, § 401 Rn 22; Börsen-Enquête-Kommission (Fn 1), S. 178; *Schmidt-Rimpler* (Fn 17), S. 1038; Schlegelberger/*Hefermehl*, HGB, § 401 Rn 5.

[21] MünchKommHGB/*Häuser*, § 401 Rn 22.

[22] MünchKommHGB/*Häuser*, § 401 Rn 23.

[23] KG, LZ 1911, 234; MünchKommHGB/*Häuser*, § 401 Rn 24; *v. Dalwigk zu Lichtenfels* (Fn 5), S. 88 ff; Schlegelberger/*Hefermehl*, HGB, § 400 Rn 16 mwN.; ferner *Canaris*, Großkommentar HGB, Bd. III/3 (2. Bearb. 1981), Rn 1917.

[24] MünchKommHGB/*Häuser*, § 401 Rn 14; *Krüger* (Fn 2), § 401 Rn 2.

[25] Börsen-Enquête-Kommission (Fn 1), S. 178).

generalisierend[26] gesagt werden, ihre Wahrung sei im Rahmen des bei pflichtgemäßer Anstrengung Gebotenen gelegen gewesen.

2. Absendung der Ausführungsanzeige. Das Geschäft muß **vor Absendung der Ausführungsanzeige,** die für die Preisberechnung gemäß § 400 Abs. 2, 3 maßgeblich ist, abgeschlossen worden sein[27]. Ein nach der Absendung der Ausführungsanzeige getätigtes Deckungsgeschäft kommt grundsätzlich dem Kommissionär zugute, da dieser vom Zeitpunkt der Absendung der Ausführungsanzeige an das volle Risiko der Kursschwankungen trägt.[28] Der Wortlaut des § 400 Abs. 2 mag freilich manche Kommissionäre veranlassen, die Absendung der Anzeige willkürlich vorzuverlegen, um eine sich anbahnende günstige Kursentwicklung für sich auszuschlachten. Da nicht typisierend gesagt werden kann, daß die nach Absendung der Ausführungsanzeige zu erwartende Entwicklung der Kurse günstig sein wird, scheidet eine Analogie zu § 401 Abs. 2 aus. Der Kommittent ist in derartigen Konstellationen darauf angewiesen, nachzuweisen, daß der Kommissionär bei Anwendung pflichtgemäßer Sorgfalt die Kursentwicklung hätte abwarten und dann abschließen müssen.[29] **14**

3. Aus Anlaß der Kommission. Das Geschäft muß aus Anlaß der Kommission getätigt worden sein. Das bedeutet zunächst, daß der **Kommissionsvertrag bereits verbindlich** zustande gekommen ist; unerheblich ist es allerdings, ob das lediglich unter einer Bedingung geschehen ist. Es genügt nicht[30], daß ein Abschluß mit größter Wahrscheinlichkeit bevorstand. Hat freilich der Kommissionär eine Abschlußmöglichkeit für sich wahrgenommen, obwohl sie ihm noch längere Zeit offengestanden wäre und er davon ausgehen mußte, daß der Kommissionsvertrag mit größter Wahrscheinlichkeit in Kürze zustande kommt, so macht er sich (nur) wegen Verletzung der vorvertraglichen Interessenwahrungspflichten schadensersatzpflichtig. **15**

Ein Deckungsgeschäft ist grundsätzlich **„aus Anlaß der Kommission"** vereinbart, wenn es inhaltlich mit der Order übereinstimmt und im Zeitraum zwischen dem Abschluß des Kommissionsvertrages und der Absendung der Ausführungsanzeige getätigt worden ist; denn man kann hier davon ausgehen, daß ein Kommissionär, der die Interessen des Kommittenten vorrangig behandeln muß (§ 384 Rn 44 ff), nach pflichtgemäßem Ermessen das Geschäft dem Kommittenten hätte zukommen lassen müssen.[31] **16**

Das gleiche gilt dort, wo das Deckungsgeschäft zwar nicht mit den Weisungen des Kommittenten im Einklang steht, der Kommissionär jedoch **berechtigt** gewesen war, dieses Geschäft in **Abweichung von den Weisungen** (§ 385 Abs. 2 HGB, § 665 BGB) als Ausführungsgeschäft abzuschließen. Auch hier ist zu unterstellen, daß der Kommissionär als normaler Geschäftsbesorgungs-Kommissionär im Rahmen seines pflichtgemäßen Ermessens zugunsten des Kommittenten tätig geworden wäre, selbst wenn dem Kommissionär im Einzelfall wegen des ihm offenstehenden Ermessensspielraums nicht nachge- **17**

---

[26] Zur Generalisierungsfunktion des § 401 Abs. 2 widersprüchlich Börsen-Enquête-Kommission (Fn 1), S. 178.

[27] Schlegelberger/*Hefermehl,* HGB, § 401 Rn 9; *Canaris,* Großkommentar HGB, Bd. III/3 (2. Bearb. 1981), Rn 1918 f.

[28] MünchKommHGB/*Häuser*, § 401 Rn 15.

[29] § 401 Abs. 1; MünchKommHGB/*Häuser*, § 401 Rn 15; *Schmidt-Rimpler* (Fn 17), S. 1035.

[30] MünchKommHGB/*Häuser*, § 401 Rn 16.

[31] *Canaris*, Handelsrecht, § 30 Rn 101; MünchKommHGB/*Häuser*, § 401 Rn 17 (jedenfalls tatsächliche Vermutung dafür, daß das Deckungsgeschäft aus Anlass der Kommission getätigt wurde).

wiesen werden kann, daß er dieses Geschäft zugunsten des Kommittenten hätte tätigen müssen.

18 Die Generalisierungsfunktion des § 401 Abs. 2 zwingt zu einer typisierenden Interpretation der Begriffe „aus Anlaß".[32] Es geht deshalb **nicht** an, mit der h.M.[33] zu fordern, daß der Kommissionär das Deckungsgeschäft **subjektiv mit Rücksicht auf die übernommene Kommission** geschlossen haben muß, selbst wenn man den Kommissionär mit einer tatsächlichen Vermutung für eine derartige Motivation belastet. Damit würde man die generalisierende Wirkung des § 401 Abs. 2 schwächen; denn einem Kommissionär wäre es ein Leichtes, bei Abschluß des Deckungsgeschäft festzuhalten, daß er das Dekkungsgeschäft ohne Rücksicht auf etwaige Orders für den eigenen Bestand tätigen wollte. Er würde damit den Kommittenten zwingen, im Einzelfall nachzuweisen, daß ihm der Kommissionär bei pflichtgemäßen Anstrengungen diese Abschlußmöglichkeit hätte zugute kommen lassen müssen. Dieser Nachweis wird dem Kommittenten angesichts des dem Kommissionär offenstehenden Ermessensspielraums nur selten gelingen.[34]

19 Eine subjektive Fassung der Begriffe „aus Anlaß" ist allenfalls dort erwägenswert, wo der Kommissionär **mehrere Deckungsgeschäfte über gleichartige Güter** zu unterschiedlichen Konditionen getätigt hatte und sich die Frage stellt, welches Deckungsgeschäft welcher von mehreren Orders bzw. welches dem Kommittenten zuzuordnen und welches als reines Eigengeschäft zu behandeln ist. Verschiedentlich wird hier die Ansicht vertreten, der Kommissionär könne nach (pflichtgemäßem) Ermessen bestimmen, welches Dekkungsgeschäft er welchem Kommittenten zuweist[35]. Andere Autoren vertreten eine verhältnismäßige Aufteilung der aus Anlaß der Kommission vereinbarten Deckungsgeschäfte[36]. Nach anderer Ansicht kann der Kommissionär zwischen allen mit Treu und Glauben im Einklang stehenden Verteilungsmaximen, wie Priorität, Dringlichkeit des Bedarfes etc. wählen[37].

20 § 401 Abs. 2 darf jedoch nicht nur als Vorschrift zur Verhinderung von Kursschnitten verstanden werden. Vielmehr stellt er eine **generalisierende Ausprägung der Interessenwahrungspflicht** dar. Es geht deshalb nicht an, daß der Kommissionär einem Kommittenten im eigenen Interesse die Vorteile eines besonders günstigen Deckungsgeschäft zukommen läßt, nur weil er ihm in Geschäftsfreundschaft verbunden ist[38]. Ebensowenig ist es zulässig, daß der Kommissionär das Gut nach Maßgabe der Unterschiede in der Dringlichkeit der Kundenbedürfnisse, die in den unterschiedlich hohen Limitierungen zum Ausdruck kommen, zuteilt[39]. Der Kommissionär ist den individuellen Interessen gleichermaßen verpflichtet, unabhängig davon, wie gewichtig sie sein mögen. Versorgungsgedanken sind in einer marktwirtschaftlichen Ordnung fehl am Platz. Mit ihnen wäre ja auch ein Verkäufer von Wertpapieren nicht konfrontiert gewesen, der selbst an der Börse gehandelt hätte. Als Verkäufer hätte er sich im Vergleich zu anderen Verkäufern nicht

---

32 MünchKommHGB/*Häuser*, § 401 Rn 17.

33 *Krüger* (Fn 2), § 401 Rn 2; Schlegelberger/*Hefermehl*, HGB, § 401 Rn 10; *Schmidt-Rimpler* (Fn 17), S. 1035.

34 *Krüger* (Fn 2), § 401 Rn 2 will hier mit einer widerlegbaren Vermutung helfen, wenn das Deckungsgeschäft inhaltlich dem Kommissionsauftrag entspricht

35 Düringer/Hachenburg/*Lehmann*, HGB, § 401 Rn 17; *Schmidt-Rimpler* (Fn 17), S. 1037.

36 *Canaris*, Großkommentar HGB, Bd. III/3 (2. Bearb. 1981), Rn 1924; Schlegelberger/*Hefermehl*, HGB, § 401 Rn 11; *Schneiders* (Fn 5), S. 51.

37 *v. Dalwigk zu Lichtenfels* (Fn 5), S. 36 f; ähnlich *Canaris*, Großkommentar HGB, Bd. III/3 (2. Bearb. 1981), Rn 1924.

38 Kritisch *Schneiders* (Fn 5), S. 50 f.

39 AA *Canaris*, Großkommentar HGB, Bd. III/3 (2. Bearb. 1981), Rn 1925.

deshalb mit schlechteren Konditionen zufriedengeben müssen, weil er zu größeren Preiszugeständnissen als andere Verkäufer bereit gewesen war, sondern hätte durch schnelles Handeln seinen Vorteil wahren können. Diesen Vorteil dem einzelnen Kommittenten zu sichern, ist Aufgabe des Kommissionärs. Gegen die verhältnismäßige Aufteilung der aus dem Deckungsgeschäft stammenden Vorteile spricht schließlich, daß der Kommissionär nur im abstrakten Sinne allen Kommittenten gleichermaßen zur Interessenwahrung verpflichtet ist, im konkreten Fall jedoch grundsätzlich die Priorität der Order zu beachten hat.[40] Man hat daher die Deckungsgeschäfte nach denjenigen Maximen zuzuweisen, an denen sich ein Kommissionär orientieren muß, der nacheinander die Orders mehrerer Kommittenten zur Erledigung durch ein Ausführungsgeschäft übernommen hat. Anders als bei Ausführungsgeschäften (§ 384 Rn 37 ff) kann es jedoch bei der Zuordnung der einzelnen Deckungsgeschäfte nicht darauf ankommen, mit welchem Willen der Kommissionär die Deckungsgeschäfte vereinbart hatte. Der Generalisierungsfunktion des § 401 Abs. 2 entspricht es hier, unwiderleglich zu unterstellen, daß der Kommissionär „aus Anlaß" der Kommission die Deckungsgeschäfte nach Maßgabe der genannten Regeln tätigen wollte und getätigt hat.

Geschäfte, die ihrem Inhalt nach zu den Weisungen des Kommittenten im Wider- **21**
spruch stehen, und von denen der Kommissionär nicht annehmen durfte, der Kommittent würde eine Abweichung von der Weisung billigen, sind „nicht aus Anlaß der Kommission" vereinbart, selbst wenn sie der Kommittent ex post gerne für sich in Anspruch nehmen würde.[41] Es kann in dieser Konstellation nämlich nicht generalisierend unterstellt werden, daß der Kommissionär, der ein Geschäft vereinbart, das nicht den an ihn ergangenen Weisungen entspricht, sich ähnlich verhalten wollte wie ein Kommissionär, der ein weisungswidriges Ausführungsgeschäft vereinbart hat und mit einer entsprechenden Ausführungsanzeige ein Angebot zu einer Vertragsänderung unterbreitet (§ 385 Rn 13). Man hat daher abzuwarten, ob der Kommissionär durch eine dem Deckungsgeschäft entsprechende Ausführungsanzeige bzw. Selbsteintrittserklärung ein solches Angebot zur Vertragsänderung abgibt.

4. Börse oder Markt. Anders als Abs. 1 fordert Abs. 2 des § 401, daß das Geschäft **22**
an der Börse oder auf dem Markt abgeschlossen worden sein muß. Unerheblich ist es, an welchem Ort es getätigt wurde; es müssen nur die Einrichtungen irgendeiner Börse oder eines Marktes zum Abschluß benutzt worden sein.[42] Diese Regel gilt dort nicht, wo der Kommittent den Abschluß an einer bestimmten Börse oder auf einem bestimmten Markt vorgeschrieben hatte. Wäre bei einer Ausführung durch ein Ausführungsgeschäft die Abweichung von einer solchen Weisung gemäß § 665 BGB gerechtfertigt gewesen, so muß freilich der Kommissionär dem Kommittenten die Vorteile des Deckungsgeschäft zugute kommen lassen; jenseits des Rahmens berechtigter Abweichungen bedarf es eines entsprechenden Angebotes des Kommissionärs zur Vertragsänderung[43].

5. Ungünstigere Preise. Für die Begriffe des „ungünstigeren Preises" gilt das im Rah- **23**
men des § 401 Abs. 1 Ausgeführte (Rn 4 f). Hat der Kommittent die Ausführung zu einem bestimmten Kurs im Sinne des § 400 Abs. 4 verlangt und der Kommissionär ein

---

[40] Dazu § 384 Rn 43 ff; eingehender *Koller,* BB 1978, 1735; einschr MünchKommHGB/*Häuser*, § 401 Rn 18. Beachte Wertung des § 31c WpHG.

[41] **AA** *Schmidt-Rimpler* (Fn 17), S. 1034.

[42] MünchKommHGB/*Häuser*, § 401 Rn 19.

[43] Weitergehend MünchKommHGB/*Häuser*, § 401 Rn 19; Schlegelberger/*Hefermehl,* HGB, § 401 Rn 12; *Schmidt-Rimpler* (Fn 17), S. 1037.

Deckungsgeschäft abgeschlossen, so spielt das Deckungsgeschäft für die Abrechnung dann eine Rolle, wenn der Kommissionär nach Maßgabe des § 665 BGB berechtigt war, von der Weisung des Kommittenten abzuweichen (§ 400 Rn 44 f).[44]

24 **6. Rechtsfolgen und Beweislast.** Rechtsfolgen und Beweislast decken sich mit den für § 401 Abs. 1 geltenden Regeln. Vgl. dazu oben Rn 9.

§ 402

Die Vorschriften des § 400 Abs. 2 bis 5 und des § 401 können nicht durch Vertrag zum Nachteile des Kommittenten abgeändert werden.

Die Vorschrift erklärt die Abrechnungs- und Rechenschaftslegungspflichten des § 400 Abs. 2–5 sowie die Interessenwahrungs- und Abrechnungspflicht des § 401 zugunsten des Kommittenten für unabdingbar. Zulässig bleiben Vereinbarungen über die Voraussetzungen des Selbsteintritts (§ 400 Rn 68), auch wenn diese den Kommittenten benachteiligen, weil sie einen Selbsteintritt auch dort erlauben, wo kein Markt- oder Börsenpreis existiert und deshalb die Abs. 2–5 des § 400 nicht zum Tragen kommen können.[1] Obwohl § 401 Abs. 1 schlechthin an die pflichtgemäße Sorgfalt des Kommissionärs anknüpft, wird man annehmen können, daß die Reichweite der pflichtgemäßen Anstrengungen durch Vereinbarung konkretisiert werden darf;[2] denn dadurch wird letztlich nur der Inhalt der Order näher umrissen. Beispiel: Vereinbarungen über den Ausführungsplatz. Die Intensität der Sorgfalt, wie die Herabsetzung der zu wahrenden Sorgfalt auf die Vermeidung groben Verschuldens, steht allerdings nicht zur Disposition der Parteien.[3]

§ 402 ist nicht auf **Klauseln** anzuwenden, nach denen bestimmtes **Verhalten als Genehmigung** gewertet wird.[4]

Vereinbarungen, die **gegen § 402 verstoßen**, sind **unwirksam** (§ 134 BGB). Es gilt dann nicht die allgemeine Regel des § 139 BGB über die Teilnichtigkeit.[5] Man hat vielmehr zu berücksichtigen, daß § 402 aus der Sicht des Gesetzes den typischerweise schwächeren bzw. unerfahreneren Kommittenten schützen will, und hat daher eine Analogie zu § 306 BGB zu ziehen.[6]

Ein **nachträglicher Verzicht** auf die Einhaltung des § 402 erscheint erst dann als wirksam, wenn die Geschäftsverbindung zwischen Kommissionär und Kommittenten beendet ist, da der Kommittent, solange er mit dem Kommissionär in Geschäftsverbindung steht, unter Druck gesetzt werden könnte.[7]

---

[44] MünchKommHGB/*Häuser*, § 401 Rn 21.

[1] MünchKommHGB/*Häuser*, § 402 Rn 2.

[2] MünchKommHGB/*Häuser*, § 402 Rn 5; *Roth*, in Koller/Roth/Morck, HGB § 402 Rn 1.

[3] MünchKommHGB/*Häuser*, § 402 Rn 5.

[4] MünchKommHGB/*Häuser*, § 402 Rn 2.

[5] *Krüger* in Ebenroth/Boujong/Joost/Strohn, HGB, § 402 Rn 1.

[6] MünchKommHGB/*Häuser*, § 402 Rn 4.

[7] Ähnlich *Krüger* in Ebenroth/Boujong/Joost/Strohn, HGB, § 402 Rn 1; Baumbach/*Hopt*, HGB, § 402 Rn 1: Verzicht zulässig nach Selbsteintritt, sofern der Verzicht allein vom Kommittenten ausgeht. Für eine Zulässigkeit des Verzichtes nach Selbsteintritt, MünchKommHGB/*Häuser*, § 402 Rn 3; *Roth,* in Koller/Roth/Morck, HGB § 402 Rn 1; *Schlegelberger/Hefermehl*, HGB, § 402 Rn 3 mN.

§ 403

Der Kommissionär, der das Gut selbst als Verkäufer liefert oder als Käufer übernimmt, ist zu der gewöhnlichen Provision berechtigt und kann die bei Kommissionsgeschäften sonst regelmäßig vorkommenden Kosten berechnen.

Schrifttum siehe Angaben zu § 383.

Übersicht

I. Vorbemerkung

Der Selbsteintritt ist eine besondere Art der Ausführung der Kommission. Das Kommissionsverhältnis bleibt deshalb auch nach dem Selbsteintritt neben dem dadurch begründeten Kaufverhältnis bestehen. Dies allein rechtfertigt jedoch keinen Anspruch auf Aufwendungsersatz und Provision[1]. Für den Anspruch des Kommissionärs auf Aufwendungsersatz und Provision ist vielmehr die Überlegung maßgebend, daß der Kommissionär dem Kommittenten Konditionen in Rechnung zu stellen hat, die sich an den Konditionen der „Deckungs"-Märkte orientieren. Der selbsteintretende Kommissionär könnte daher bei stabilen Preisen ohne einen Provisions- und Aufwendungsersatzanspruch keine Handelsgewinne machen, sondern müßte notwendig Verluste erleiden. Diesen „Nachteil" gleicht der Anspruch auf Provision und auf einen typisiert-pauschalierten Aufwendungsersatzanspruch aus[2]. **1**

II. Provision

1. Gewöhnliche Provision. Der Kommissionär kann gemäß § 403 die gewöhnliche Provision verlangen, wenn er das Gut als Verkäufer liefert oder als Käufer übernimmt. Unter gewöhnlicher Provision ist die Provision zu verstehen, die der Kommissionär fordern könnte, wenn er die Kommission auf Rechnung des Kommittenten durch ein Ausführungsgeschäft ausgeführt hätte.[3] Es kann aber auch vereinbart werden, daß der Kommissionär dort, wo er durch Selbsteintritt ausführt, eine höhere oder nur eine niedrigere Provision verlangen darf.[4] Eine höhere Provision kann durch die erhöhten Risiken des **2**

---

[1] **AA** Schlegelberger/*Hefermehl*, HGB, § 403 Rn 1; v. Dalwigk zu Lichtenfels, Das Effektenkommissionsgeschäft, S. 93.

[2] Protokolle zur Berathung eines allgemeinen deutschen Handelsgesetzbuches (1857), S. 738 f; *Schmidt-Rimpler*, Das Kommissionsgeschäft, in: Ehrenbergs Handbuch des gesamten Handelsrechts (1928) Bd. V 1. Abt. 2. Hälfte, S. 1043; ähnlich MünchKommHGB/*Häuser*, § 403 Rn 1 f.

[3] MünchKommHGB/*Häuser*, § 403 Rn 3.

[4] MünchKommHGB/*Häuser*, § 403 Rn 3.

Selbsteintritts gerechtfertigt sein. Auch kraft Handelsbrauches kann die Höhe der Provision nach der Art der Ausführung divergieren. Dort, wo der Kommissionär die Kommission ausschließlich durch Selbsteintritt ausführen darf, ergeben sich keine besonderen Probleme.

3 **2. Preisgefahr.** Da auch bei der Selbsteintrittskommission das Geschäftsbesorgungselement nicht gänzlich in den Hintergrund tritt, ist § 396 Abs. 1 im Rahmen des § 403 mit der Modifikation anzuwenden, daß an die Stelle der Leistungen des Dritten die des Kommissionärs treten[5]. Das hat zur Folge, daß der Kommissionär dort keinen Provisionsanspruch erwirbt, wo er seine Verpflichtungen aus dem kaufrechtlichen Verhältnis (unter Umständen in Form von Schadensersatz) nicht zu erfüllen vermag.[6] Liegt freilich der Grund für die Nichtleistung des Kommissionärs in der Person des Kommittenten oder in dessen Sphäre bzw. wirkt sich die Störungsursache zuerst in der Sphäre des Kommittenten aus (dazu § 396 Rn 24 ff), so kann der Kommissionär Provision verlangen.[7] In diesen letztgenannten Konstellationen gilt eine Ausnahme von dieser Regel nur für den Fall, daß das Leistungshindernis unvorhersehbar war und der Kommissionär auch an keinen anderen potentiellen Kommittenten hätte leisten können (dazu § 396 Rn 27). Zur Frage, wer das Provisionsrisiko bei Rücktritt und Vertragsaufhebung zu tragen hat, s. § 396 Rn 21, 29.

4 Hat der Kommissionär als kommissionsrechtliche Pflicht die Hauptpflicht übernommen, dafür zu sorgen, daß dem Kommittenten das Kommissionsgut in einer **bestimmten Art und Weise zur Verfügung gestellt** wird, so kommt insoweit die §§ 326 BGB zur Anwendung (§ 396 Rn 33 ff).[8]

5 Zum Provisionsrisiko im Falle eines **Weisungsverstoßes** s. § 400 Rn 73.

6 **3. Delkredereprovision.** Nach dem Selbsteintritt entfallen die Voraussetzungen für das Entstehen einer Delkredereprovision (**aA** die hM; dazu § 394 Rn 19).

III. Aufwendungen (Kosten)

7 **1. Regelmäßig vorkommende Kosten.** Gemäß § 403 kann der Kommissionär ferner die regelmäßig vorkommenden Kosten berechnen. Der Begriff Kosten ist im Sinne hypothetischer Aufwendungen[9] zu interpretieren, die der Kommissionär gehabt hätte, wenn er die Kommission durch ein Ausführungsgeschäft erledigt hätte.[10] Auszuklammern sind freilich Kosten, die im Rahmen der Erfüllung eines Deckungsgeschäfts entstehen. Beim Kommissionär müssen nicht notwendig reale Kosten für den Abschluß eines Deckungsgeschäfts angefallen oder im Zusammenhang mit einem späteren „Deckungs"-Geschäft zu erwarten sein. Für den Anspruch aus § 403 ist nur erforderlich, daß diese Kosten typischerweise anfallen können. Dabei hat man je nach Art der hypothetischen „Ausfüh-

---

[5] MünchKommHGB/*Häuser*, § 403 Rn 4; Schlegelberger/*Hefermehl* HGB, § 403 Rn 2; *Koller*, BB 1979, 1725 (1733).

[6] MünchKommHGB/*Häuser*, § 403 Rn 6 ff; *Krüger* in Ebenroth/Boujong/Joost/Strohn, HGB, § 403 Rn 2; *Roth,* in Koller/Roth/Morck, HGB § 403 Rn 2; Heymann/*Herrmann*, HGB, § 399 Rn 1.

[7] MünchKommHGB/*Häuser*, § 403 Rn 4, 7 f.

[8] **Abw.** MünchKommHGB/*Häuser*, § 403 Rn 5.

[9] Zum Aufwendungsbegriff § 396 Rn 49 ff.

[10] MünchKommHGB/*Häuser*, § 403 Rn 12; *Roth,* in Koller/Roth/Morck, HGB § 403 Rn 3.

rung“ zwischen verschiedenen Typen regelmäßig anfallender Kosten zu unterscheiden. Wird z.B. die Kommission von einem Hamburger Kommissionär nach Maßgabe des Kurses am Börsenplatz Frankfurt „ausgeführt“, so würden bei einer Erledigung der Kommission durch Ausführungsgeschäft regelmäßig andere Aufwendungen erforderlich sein, als wenn am Börsenplatz München ausgeführt werden würde. Bei der Berechnung derjenigen hypothetischen Aufwendungen, die „regelmäßig“ gemacht werden, hat man alle unregelmäßig anfallenden Kosten auszusondern. „Regelmäßig“ heißt dabei nicht, daß die Kosten bei einer Ausführung durch ein Ausführungsgeschäft mit Sicherheit, sondern lediglich, daß sie mit großer Wahrscheinlichkeit entstanden wären. Nicht berücksichtigt werden immer alle Aufwendungen für ein konkretes Deckungsgeschäft.[11]

Der Kostenersatzanspruch des Kommissionärs steht selbständig neben den kaufrechtlichen Ansprüchen. Zieht der Verkaufskommissionär, der selbst eingetreten ist, die Kosten vom Kaufpreis ab, so liegt darin eine Aufrechnung. **8**

2. Außergewöhnliche Kosten. Nach ganz herrschender Meinung darf der Kommissionär auch den Ersatz außergewöhnlicher Kosten (z.B. für den Abschluß, nicht aber für die Erfüllung von Deckungsgeschäften) fordern, wenn er im Einzelfall nachweist, daß ihm solche entstanden sind[12]. Man verweist dabei auf die § 670, 675 BGB,[13] ohne zu berücksichtigen, daß der selbsteintretende Kommissionär, der auf eigene Rechnung handelt, keine Aufwendungen im Interesse des Kommittenten getätigt, sondern nur im eigenen Interesse Kosten auf sich genommen hat. Man sollte die durch Selbsteintritt ausgeführte Kommission nicht ohne weiteres der durch ein Ausführungsgeschäft erledigten Kommission gleichstellen. § 403 erlaubt nur, pauschalierte Kosten anzusetzen und objektiviert damit den Aufwendungsersatzanspruch ebenso wie § 400 Abs. 2–5 die Bemessung des Preises von subjektiven Elementen befreit. Das verbietet es, dem Kommissionär die Freiheit zu geben, individuell abzurechnen und damit subjektive Erwägungen im Spiel zu bringen, zumal sie nicht fremdnützig sondern eigennützig angestellt worden sind. Zu berücksichtigen ist auch, daß der Kommittent kein Recht besitzt, vorzutragen, im konkreten Fall seien die regelmäßig anfallenden Kosten nicht entstanden. Außerdem besteht die Gefahr, daß der Kommissionär sich nur dort auf außergewöhnliche Kosten beruft, wo er die Vorteile eines Deckungsgeschäft weiterzugeben bereit ist, aber in Fällen, in denen er ein günstiges Deckungsgeschäft mit niedrigerem Aufwand tätigt, dessen Vorteile für sich behält[14]. Von daher erscheint es als richtig, dem Kommissionär zuzumuten, daß er der Gefahr außergewöhnlicher Kosten im Rahmen seiner Provisionsforderung kalkulatorisch Rechnung trägt. Außerdem ist der Kommissionär vielfach dort, wo außergewöhnliche Kosten drohen, in der Lage, auf den Selbsteintritt zu verzichten und durch ein Ausführungsgeschäft auszuführen. **9**

---

[11] OGHZ 2, 91; MünchKommHGB/*Häuser*, § 403 Rn 13; Schlegelberger/*Hefermehl*, HGB, § 403 Rn 6.

[12] *Canaris*, Handelsrecht, § 30 Rn 105; MünchKommHGB/*Häuser*, § 403 Rn 14; *Roth*, in Koller/Roth/Morck, HGB § 403 Rn 3; *v. Dalwigk zu Lichtenfels* (Fn 1), S. 93; *Schmidt-Rimpler* (Fn 2), S. 1045; Schlegelberger/*Hefermehl*, HGB, § 403 Rn 6 mN; krit. Köndgen, FS Canaris, Bd. II, S. 183 (190).

[13] MünchKommHGB/*Häuser*, § 403 Rn 14; *Krüger* (Fn 6), § 401 Rn 3; Heymann/*Herrmann*, HGB, § 399 Rn 3; Baumbach/*Hopt*, HGB, § 403 Rn 2; Oetker/*Bergmann*, HGB, § 403 Rn 3.

[14] *Koller*, BB 1979, 1725 (1731); ferner *v. Dalwigk zu Lichtenfels* (Fn 1), S. 94.

10 **3. Gefahrtragung.** § 403 erlaubt seinem Wortlaut zufolge nur demjenigen Kommissionär, die regelmäßig vorkommenden Kosten zu berechnen, der als Verkäufer „liefert" oder der das Gut als Käufer „übernimmt". Es heißt also nicht, „zu liefern sich bereit erklärt". § 403 weicht damit von § 670 BGB ab, der lediglich darauf abhebt, ob der Kommissionär bestimmte Aufwendungen für erforderlich halten durfte, auch wenn das mit ihrer Hilfe angestrebte Ziel letztlich nicht erreicht wird. § 403 signalisiert demnach eine stärkere Risikobelastung des selbsteintretenden Kommissionärs. Er bürdet grundsätzlich dem Kommissionär das „Kostenrisiko" nach kaufrechtlichen Gefahrverteilungsprinzipien auf. So hat der Kommissionär als Einkaufskommissionär die Kostengefahr zu tragen, solange ihn die Preisgefahr für die Kaufobjekte trifft. Bei der Verkaufskommission findet allerdings in einem Fall, in dem der Kommittent aus einem in seiner Sphäre liegenden oder sich in ihr zuerst auswirkenden Grund nicht zu liefern vermag, im Hinblick auf den Kostenersatzanspruch § 326 Abs. 2 BGB Anwendung.[15] Ist bei der Verkaufskommission das Kommissionsgut untergegangen, nachdem die Preisgefahr für das Gut auf den Kommissionär übergegangen war, so behält der Kommissionär seinen Anspruch aus § 403.[16] Das im Zusammenhang mit der Erfüllung von Deckungsgeschäften entstehende Risiko trägt der Kommissionär immer nach den für den jeweiligen Vertragstypus des Deckungsgeschäfts maßgeblichen Risikoverteilungsregeln. Die daraus resultierende erhöhte Risikobelastung hat der Kommissionär ebenfalls bei seinen Provisionsvereinbarungen zu berücksichtigen.

11 **4. Weisungsverstoß.** Zum Kostenersatzanspruch im Falle der Zurückweisung § 400 Rn 73.

§ 404

Die Vorschriften der §§ 397 und 398 finden auch im Falle der Ausführung der Kommission durch Selbsteintritt Anwendung.

1 **§ 404 stellt klar,** daß auch dem selbsteintretenden Kommissionär die Sicherungsrechte der §§ 397 f zustehen. Die Voraussetzungen der gesetzlichen Pfandrechte aus § 397 und des pfandrechtsähnlichen Befriedigungsrechts aus § 398 sind in der Kommentierung dieser Vorschriften näher erläutert. Im einzelnen ist zu bemerken, daß bei der Einkaufs- und Verkaufskommission der selbsteintretende Kommissionär vielfach Eigentümer sein wird, solange bzw. sofern sich die Sache in seinem Besitz befindet.

2 § 404 zufolge sind die **§§ 397 f analog anzuwenden;** denn für eine unmittelbare Anwendung hätte es des § 404 nicht bedurft. Zu dem Kreis der gesicherten Forderungen gehört deshalb auch der kaufrechtliche Anspruch auf Zahlung des Kaufpreises, der wirtschaftlich gesehen an die Stelle des Anspruches auf Befreiung von der Kaufpreisschuld tritt, die ein Kommissionär auf sich nimmt, der den Kaufvertrag auf Rechnung des Kommittenten vereinbart hat.[1]

---

15 *Koller,* BB 1979, 1725 (1733).

16 *Koller,* BB 1979, 1725 (1733).

1 MünchKommHGB/*Häuser*, § 404 Rn 4; *Krüger* in Ebenroth/Boujong/Joost/Strohn, HGB, § 404 Rn 1; Schlegelberger/*Hefermehl,* HGB, § 404 Rn 2 mN.

Auf § 399 verweist der § 404 nicht. Eine **analoge Anwendung** des § **399** im Hinblick auf Deckungsgeschäfte scheitert daran, daß sich der Kommissionär ohnehin ungehindert aus den Deckungsgeschäften zu „befriedigen“ imstande ist.[2]

§ 405

(1) Zeigt der Kommissionär die Ausführung der Kommission an, ohne ausdrücklich zu bemerken, daß er selbst eintreten wolle, so gilt dies als Erklärung, daß die Ausführung durch Abschluß des Geschäfts mit einem Dritten für Rechnung des Kommittenten erfolgt sei.

(2) Eine Vereinbarung zwischen dem Kommittenten und dem Kommissionär, daß die Erklärung darüber, ob die Kommission durch Selbsteintritt oder durch Abschluß mit einem Dritten ausgeführt sei, später als am Tage der Ausführungsanzeige abgegeben werden dürfe, ist nichtig.

(3) Widerruft der Kommittent die Kommission und geht der Widerruf dem Kommissionär zu, bevor die Ausführungsanzeige zur Absendung abgegeben ist, so steht dem Kommissionär das Recht des Selbsteintritts nicht mehr zu.

Schrifttum siehe Angaben zu § 383.

Übersicht

A. Vorbemerkung

1 § 405 regelt in erster Linie die Ausübung des Selbsteintrittsrechtes. Eine Voraussetzung des Selbsteintritts normiert § 405 Abs. 3, der im Zusammenhang mit dem Widerruf der Kommission das Problem klärt, von welchem Zeitpunkt an ein Widerruf das Recht zum Selbsteintritt abschneidet. Damit regelt diese Vorschrift mittelbar zugleich die Zulässigkeit des Widerrufs.

---

[2] MünchKommHGB/*Häuser*, § 404 Rn 5; *Krüger* in Ebenroth/Boujong/Joost/Strohn, HGB, § 404 Rn 1.

B. § 405 Abs. 1

I. Zweck

2 § 405 Abs. 1 hat in erster Linie die Funktion, den Kommittenten von der Ungewißheit zu befreien, ob der Kommissionär die Order durch Ausführungsgeschäft oder durch Selbsteintritt ausgeführt hat, – eine Ungewißheit, in der er schweben würde, wenn dem Kommissionär die Möglichkeit offenstünde, unbestimmte Ausführungsanzeigen abzusenden und erst nach einiger Zeit zu erklären, ob er selbst eintreten will.[1] Derartige unbestimmte Ausführungsanzeigen würden auch die Rechenschaftslegung behindern; denn solange der Kommissionär sich nicht über die Art der Ausführung erklärt hat, ist es unklar, welche Rechnungslegungsvorschriften anzuwenden sind.[2]

II. Eintrittserklärung

3 Die Erklärung des Selbsteintritts hat kraft des § 405 Abs. 1 **ausdrücklich** zu erfolgen. Das Erfordernis der Ausdrücklichkeit ist erfüllt, wenn die Erklärung durch Worte klar und zweifelsfrei erkennen läßt, daß der Kommissionär die Kommission durch Selbsteintritt ausgeführt hat.[3] Dabei muß der Begriff „Selbsteintritt" nicht verwendet werden.[4] So genügt es, daß der Kommissionär den Selbsteintritt mit den Worten des Gesetzes formuliert, er liefere das Kommissionsgut als Verkäufer oder er übernehme es als Käufer[5]. Dem steht die Bezeichnung „Eigenhändler" gleich, wenn ein Bezug zur Kommission hergestellt wird.[6] Hingegen genügt die faktische Erfüllung aus eigenen Beständen ebenso wenig wie solche Erklärungen, die jeder Händler im Rahmen von Eigengeschäften abgibt[7].

4 Das Erfordernis der **Ausdrücklichkeit kann abbedungen** werden.[8] Es kann vereinbart werden, daß die Ausführungsanzeige immer als Erklärung des Selbsteintritts zu verstehen ist.[9] Vereinbart kann auch werden, daß die „Erklärung" des Selbsteintritts nicht zugehen muß, sondern nur manifestiert zu werden braucht (§ 151 BGB).[10]

5 Zur **Form** der Selbsteintrittserklärung § 400 Rn 21.

---

1 MünchKommHGB/*Häuser*, § 405 Rn 1; *Schmidt-Rimpler*, Das Kommissionsgeschäft, in: Ehrenbergs Handbuch des gesamten Handelsrechts (1928) Bd. V 1. Abt. 2. Hälfte, S. 1007.

2 Bericht der *Börsen-Enquête-Kommission* (1892/98), S. 180.

3 RGZ 63, 30; RG, JW 1926, 1961; *Canaris*, Handelsrecht, § 30 Rn 99; *Krüger* in Ebenroth/Boujong/Joost/Strohn, HGB, § 400 Rn 9, § 405 Rn 2; MünchKommHGB/*Häuser*, § 405 Rn 2.

4 MünchKommHGB/*Häuser*, § 405 Rn 2; *Roth*, in Koller/Roth/Morck, HGB § 405 Rn 2.

5 § 401 Abs. 1; RGZ 112, 29; Baumbach/*Hopt*, HGB, § 405 Rn 2; zweifelnd Schlegelberger/ *Hefermehl*, HGB, § 405 Rn 3; MünchKommHGB/*Häuser*, § 405 Rn 2.

6 MünchKommHGB/*Häuser*, § 405 Rn 2.

7 MünchKommHGB/*Häuser*, § 405 Rn 2; Schlegelberger/*Hefermehl*, HGB, § 405 Rn 3.

8 MünchKommHGB/*Häuser*, § 405 Rn 9.

9 RGZ 96, 7.

10 BGH, WM 1988, 402, 404; *Canaris*, Handelsrecht, § 30 Rn 100. Siehe auch § 400 Rn 21.

III. Ausführungsanzeige

Gemäß § 384 Abs. 2 hat der Kommissionär unverzüglich Anzeige von der Ausführung der Kommission zu erstatten. Die Anzeige, die begrifflich von der Erklärung des Selbsteintritts (oben Rn 3) zu unterscheiden ist,[11] mit ihr aber zusammenfallen kann,[12] erfolgt nur dann pflichtgemäß, wenn sie alle wichtigen Angaben darüber enthält, zu welchen Konditionen und mit wem das Geschäft ausgeführt worden ist (§ 384 Rn 64 ff). Bei der Anzeige einer durch Selbsteintritt ausgeführten Kommission entfällt natürlich die Angabe des Dritten, nicht aber z.B. die Angabe des Kurses.[13] Deshalb kann nicht ohne weiteres der Ansicht gefolgt werden, die bloße Erklärung des Selbsteintritts enthalte zugleich die vollständige Ausführungsanzeige, nur weil der Selbsteintritt eine Art Ausführung der Kommission darstelle[14]. Allerdings wird man in der bloßen Erklärung des Selbsteintritts die Anzeige sehen können, daß überhaupt ausgeführt worden ist. Diese (unvollständige) Ausführungsanzeige genügt für die Preisberechnung im Sinne des § 400 Abs. 2, 3, weil sich die Höhe des zu berechnenden Preises unmittelbar aus dem Gesetz ergibt. Sie erfüllt auch die Begriffsmerkmale der Ausführungsanzeige im Sinne des § 405 Abs. 3. Der Kommissionär hat diese Ausführungsanzeige jedoch ohne schuldhaftes Zögern zu vervollständigen.[15] 6

IV. Verhältnis der Ausführungsanzeige zur Selbsteintrittserklärung

§ 405 Abs. 1 soll in erster Linie Ausführungsanzeigen verhindern, die offenlassen, ob die Kommission durch Selbsteintritt oder durch ein Ausführungsgeschäft ausgeführt worden ist. Dem Kommittenten soll die aus solchen unbestimmten Ausführungsanzeigen resultierende Ungewißheit erspart werden. Zu einer solchen Ungewißheit kommt es nicht, wenn der Selbsteintritt vor oder gleichzeitig mit der Ausführungsanzeige (ausdrücklich) erklärt wird. Demnach hat man folgende Konstellationen zu unterscheiden: 7

Der Kommissionär erklärt **lediglich** ausdrücklich den **Selbsteintritt.** Eine **besondere Ausführungsanzeige erfolgt nicht.** Da der Selbsteintritt jedenfalls vor der Ausführungsanzeige erklärt worden ist, greift § 405 Abs. 1 nicht ein; die Kommission ist durch Selbsteintritt ausgeführt. Das gilt unabhängig davon, ob man in der Erklärung des Selbsteintritts zugleich eine, wenn auch unvollständige (Rn 6) Ausführungsanzeige erblickt.[16] 8

Der Kommissionär erklärt ausdrücklich den **Selbsteintritt.** In einer **gesonderten Anzeige** teilt er mit, daß und/oder zu welchen Konditionen er die Kommission ausgeführt hat. Ist diese Ausführungsanzeige dem Kommittenten *gleichzeitig*[17] mit der gesonderten Erklärung über den Selbsteintritt oder *erst danach*[18] zugegangen, so ist die Kommission im Wege des Selbsteintritts ausgeführt.[19] Es kommt mithin nicht auf die Absendung der 9

---

[11] KG, WM 1989, 1276 (1277).
[12] Vgl. *Maier-Reimer*, WuB I G 1.–3.89.
[13] *Schmidt-Rimpler* (Fn 1), S. 1006.
[14] So aber Schlegelberger/*Hefermehl*, HGB, § 405 Rn 7 f; *v. Dalwigk zu Lichtenfels*, Das Effektenkommissionsgeschäft, S. 69 mwN.
[15] Zur Lückenfüllung bei einer unvollständigen Anzeige § 384 Rn 167.
[16] Ebenso i.E. MünchKommHGB/*Häuser*, § 405 Rn 7.
[17] *Krüger* Fn 3, § 405 Rn 2.
[18] Der Kommissionär kann nicht schlechter gestellt sein, als er stünde, wenn er ausschließlich den Selbsteintritt erklärt hätte und keine Ausführungsanzeige abgegeben hätte (dazu oben Rn 8).
[19] Ebenso i.E. MünchKommHGB/*Häuser*, § 405 Rn 7.

Ausführungsanzeige bzw. der Selbsteintrittserklärung an.[20] Eine Ungewißheit, die § 405 Abs. 1 ausschalten soll, wird schon dann und nur dann vermieden, wenn dem Kommittenten die unbestimmte Ausführungsanzeige frühestens gleichzeitig mit dem Selbsteintritt zugeht.

10 Geht dem Kommittenten eine **Ausführungsanzeige** zu (§ 130 BGB), aus der nicht hervorgeht, ob die Kommission durch Selbsteintritt oder durch Ausführungsgeschäft mit einem Dritten ausgeführt worden ist, **und erst *danach* die Erklärung des Selbsteintritts,** so stößt der Selbsteintritt ins Leere; denn die Kommission gilt gemäß § 405 Abs. 1 durch Abschluß eines Geschäftes mit einem Dritten als ausgeführt. Diese Fiktion wird unabhängig davon wirksam, ob der Kommissionär ein Deckungsgeschäft abgeschlossen hat oder nicht.[21] Die ratio des § 405 Abs. 1 verbietet eine analoge Anwendung der Anfechtungsregeln auf die Abgabe der unbestimmten Ausführungsanzeige[22]. Wird die Fiktion des § 405 Abs. 1 wirksam und hat der Kommissionär ein Ausführungsgeschäft[23] geschlossen, so sperrt § 405 Abs. 1 den Übergang zum Selbsteintritt.[24] Hat der Kommissionär den Dritten nicht benannt, so greift § 384 Abs. 3 ein. Ebenfalls nach den im Rahmen des § 384 Abs. 3 für die Fallgruppe entwickelten Grundsätzen, daß eine unbenannte Ausführungsanzeige erfolgt ist, ohne daß ein Ausführungsgeschäft getätigt worden ist (§ 384 Rn 166), ist zu entscheiden, falls die Ausführung unbestimmt angezeigt wurde und der Kommissionär lediglich ein Deckungsgeschäft gemacht oder sich gar nicht eingedeckt hat. Der Kommissionär ist verpflichtet, Rechenschaft darüber abzulegen, ob er ein Deckungsgeschäft und gegebenenfalls, welches er vereinbart hat.[25]

11 Geht dem Kommittenten **nur eine Ausführungsanzeige** zu (§ 130 BGB), so kommt es darauf an, ob mit dieser Ausführungsanzeige zugleich der Selbsteintritt erklärt werden sollte. Dort, wo vereinbarungsgemäß der Selbsteintritt durch eine Tathandlung (z.B. Buchung oder Abschluß eines Deckungsgeschäfts) erfolgen kann und regelmäßig erfolgt, wird man dies verneinen müssen.[26] In einem solchen Fall ist an eine analoge Anwendung des § 384 Abs. 3 zu denken.[27] Voraussetzung ist jedoch, daß der Kommissionär zwischen einer Ausführung durch ein Geschäft mit einem Dritten oder durch Selbsteintritt wählen konnte. War vereinbart, daß der Kommissionsauftrag ausschließlich durch Selbsteintritt erledigt werden kann, so entsteht nicht die Gefahr, die § 384 Abs. 3 im Auge hat. Auch § 405 Abs. 1 kann nicht analog herangezogen werden, da der Kommittent aufgrund der Vereinbarung nicht in der Ungewißheit schwebt, ob der Kommissionsauftrag durch Selbsteintritt oder durch ein Ausführungsgeschäft mit einem Dritten erledigt worden ist. Der Kommittent kann allenfalls gemäß § 280 BGB Schadensersatz fordern.

12 § 405 Abs. 1 ist nur **teilweise zwingend**. In den vom § 405 Abs. 2 gezogenen Grenzen kann die Fiktionswirkung des § 405 Abs. 1 durch Vereinbarung außer Kraft gesetzt werden (s. dazu unten).

---

[20] MünchKommHGB/*Häuser*, § 405 Rn 4; *Schmidt-Rimpler* (Fn 1), S. 1007.

[21] Dies übersieht das KG, WM 1989, 1276 (1277).

[22] So i.E. auch MünchKommHGB/*Häuser*, § 405 Rn 8; *Schmidt-Rimpler* (Fn 1), S. 1008; Schlegelberger/*Hefermehl*, HGB, § 405 Rn 9.

[23] Zum Begriff im Unterschied zum Deckungsgeschäft § 383 Rn 123.

[24] MünchKommHGB/*Häuser*, § 405 Rn 8.

[25] *Canaris*, Handelsrecht, § 30 Rn 99.

[26] So i.E. auch KG, WM 1989, 1276 (1277); krit. *Maier-Reimer*, WuB I G 1.–3.89.

[27] *Maier-Reimer*, WuB I G 1.–3.89.

C. § 405 Abs. 2

§ 405 Abs. 1 kann in bestimmtem Umfang derogiert werden. **Derogationsfähig** ist zunächst das Erfordernis der **Ausdrücklichkeit** der Selbsteintrittserklärung.[28] Ferner kann vereinbart werden, daß die Selbsteintrittserklärung spätestens gleichzeitig mit der Ausführungsanzeige **zugegangen** (§ 130 BGB) sein muß. 13

Nichtig ist aber eine Vereinbarung, der zufolge der Selbsteintritt an dem auf die unbestimmte Ausführungsanzeige folgenden Tag oder noch später erklärt werden kann (§ 405 Abs. 2). Dabei kommt es sowohl für die Ausführungsanzeige als auch für den Selbsteintritt entscheidend auf den **Zeitpunkt ihrer Abgabe**, nicht ihres Zugangs an[29]. Geht die Selbsteintrittserklärung, die am gleichen Tag wie die Ausführungsanzeige abgegeben worden war, dem Kommittenten erst zu, nachdem ihm bereits am Tag zuvor die unbestimmte Ausführungsanzeige zugegangen war, so ist es unerheblich, ob der Kommittent mit dem späteren Zugang rechnen mußte[30]; denn § 405 Abs. 2 spricht von „Abgabe", und die infolge einer Verzögerung des Transportes der Selbsteintrittserklärung entstehende Ungewißheit ist dem Kommittenten zuzumuten, der dem Kommissionär erlaubt hat, seinen Selbsteintritt erst nach Abgabe einer Ausführungsanzeige zu erklären[31]. 14

Eine nichtige Vereinbarung kann in eine Vereinbarung umgedeutet werden, die sich gerade noch in den Grenzen des § 405 Abs. 2 bewegt[32]. Soweit eine Umdeutung nicht in Betracht kommt, blockiert § 405 Abs. 1 einen verspäteten Selbsteintritt. 15

Ist die Fiktion des § 405 Abs. 1 wirksam geworden, so können die Parteien **nachträglich**, ebenso wie sie den ganzen Vertrag aufheben können, vereinbaren, daß die Kommission auf der Basis eines Selbsteintritts abgewickelt werden soll.[33] Unzulässig erscheint dagegen eine Vereinbarung, durch die der Kommittent dem Kommissionär nach einer unbestimmten Ausführungsanzeige eine unbefristete Möglichkeit zur Erklärung darüber einräumt, ob die Kommission durch Selbsteintritt ausgeführt worden ist, da der Kommittent dann in die Ungewißheit versetzt wird, die § 405 Abs. 1, 2 vermieden wissen will[34]. 16

D. Der Widerruf der Order (Abs. 3) und des Selbsteintritts

I. Widerruf der Kommission durch den Kommissionär

Der Widerruf (Kündigung) der Kommission richtet sich ohne Rücksicht auf eine etwaige Befugnis zum Selbsteintritt nach den allgemeinen kommissionsrechtlichen (§ 383 Rn 161) und *nach* dem Wirksamwerden des Selbsteintritts nach den kaufrechtlichen Regeln. 17

---

28 MünchKommHGB/*Häuser*, § 405 Rn 9; *Krüger* (Fn 3), § 405 Rn 4.

29 MünchKommHGB/*Häuser*, § 405 Rn 11; *Schmidt-Rimpler* (Fn 1), S. 1008; **aA** *Krüger* (Fn 3), § 405 Rn 4.

30 **AA** Schlegelberger/*Hefermehl*, HGB, § 405 Rn 14.

31 Vgl. auch MünchKommHGB/*Häuser*, § 405 Rn 13.

32 § 140 BGB; ebenso i.E. Schlegelberger/*Hefermehl*, HGB, § 405 Rn 12 mwN.

33 MünchKommHGB/*Häuser*, § 405 Rn 10; *Krüger* (Fn 3), § 405 Rn 4.

34 MünchKommHGB/*Häuser*, § 405 Rn 10; **aA** Schlegelberger/*Hefermehl*, HGB, § 405 Rn 13.

II. Widerruf (Kündigung) durch den Kommittenten

18 **1. Zweck der Vorschrift und Geltungsbereich.** Seinem Wortlaut zufolge scheint es die Funktion des § 405 Abs. 3 zu sein, das Recht zum Selbsteintritt zu begrenzen. Das Schwergewicht des § 405 Abs. 3 liegt jedoch bei der Beschränkung des Widerrufs- bzw. Kündigungsrechts des Kommittenten.[35]

19 Es kann hier dahingestellt bleiben, bis zu welchem Zeitpunkt normalerweise der Kommittent eine Kommission widerrufen (kündigen) darf, die durch einen Abschluß mit einem Dritten auf Rechnung des Kommittenten ausgeführt werden sollte oder ausgeführt worden ist (dazu § 383 Rn 161). Will der Kommissionär die Kommission durch Selbsteintritt ausführen, so hat man jedenfalls davon auszugehen, daß spätestens **mit dem Wirksamwerden des Selbsteintrittes das Recht zum Widerruf** (Kündigung) **der Kommission erlischt**, unabhängig davon, wann dem Kommittenten die Ausführungsanzeige zugeht[36]. Mit dem Wirksamwerden des Selbsteintritts entstehen nämlich kaufrechtliche Beziehungen zwischen den Parteien, die ebenso wenig durch bloßen Widerruf aus der Welt geschafft werden können wie die kaufrechtlichen Beziehungen zwischen dem Eigenhändler und seinem Kunden[37]. Der Wortlaut des § 405 Abs. 3 steht diesem Ergebnis nicht entgegen, da ihm zufolge der Gesetzgeber davon ausging, daß das Selbsteintrittsrecht bis zu dem Moment, in dem der Widerruf dem Kommissionär zugeht, noch ausgeübt werden kann, – daß also das Kommissionsverhältnis noch nicht in ein Kaufverhältnis umgewandelt worden ist.

20 § 405 **beschneidet** den Kommittenten sein **Recht zum Widerruf** (Kündigung) des Kommissionsvertrages.[38] Wäre das Gesetz bei den allgemeinen Regeln zum Widerruf von Kommissionsverträgen (dazu oben) stehen geblieben, so hätte es den Kommissionär erheblichen Gefahren ausgesetzt. Hätte nämlich der Kommissionär bereits ein Deckungsgeschäft getätigt, aber wegen des Zugangserfordernisses des § 130 BGB den Selbsteintritt noch nicht wirksam erklärt, so müßte er die Lasten des Deckungsgeschäft jedenfalls dort tragen, wo er die Kommission nur durch Selbsteintritt ausführen darf und ihm der Widerruf des Kommittenten zugeht, bevor seine Selbsteintrittserklärung (in der vom Gesetz als Normalfall betrachteten Situation) durch Zugang wirksam geworden ist. Auch wenn der Kommissionär kein Deckungsgeschäft getätigt hatte, weil er sich z.B. entschlossen hatte, aus eigenen Beständen zu liefern bzw. auf das eigene Lager zu übernehmen, würde er erhebliche Risiken laufen, falls das Widerrufsrecht des Kommittenten erst mit dem Wirksamwerden des Selbsteintritts erlöschen würde; denn der Kommissionär, der sich z.B. entschieden hat, zu dem im Moment der Absendung der Ausführungsanzeige gültigen Kurs (§ 400 Abs. 2) zu liefern, wird vielfach darauf verzichtet haben, den Bestand rechtzeitig auf den Markt zu den damals gültigen Kursen abzustoßen. Von diesen Risiken versucht § 405 Abs. 3 den Kommissionär dadurch zu entlasten, daß er dem Kommittenten mit der Absendung der Ausführungsanzeige das Widerrufsrecht abschneidet.

21 Diese Risikoentlastung wirkt vollkommen in den Fällen, in denen der Kommissionär im wirtschaftlichen Sinne selbst eintreten will. In Fällen des **formalen Selbsteintritts ent-**

[35] MünchKommHGB/*Häuser*, § 405 Rn 19.

[36] Ebenso i.E. Schlegelberger/*Hefermehl*, HGB, § 405 Rn 20; anders § 405 Rn 23.

[37] Zu den Ausnahmen vgl. *Koller*, Die Risikozurechnung bei Vertragsstörungen in Austauschverträgen (1979), S. 363 ff.

[38] MünchKommHGB/*Häuser*, § 405 Rn 19; *Krüger* (Fn 3), § 405 Rn 5; Baumbach/*Hopt*, HGB, § 405 Rn 4.

steht allerdings die Gefahr, daß zwischen dem Deckungsgeschäft und der Absendung der Ausführungsanzeige ein längerer Zeitraum klafft, in den der Kommittent mit seinem Widerruf hineinzustoßen vermag. In dieser Widerrufsmöglichkeit liegt nicht ohne weiteres ein Fehler des Gesetzes[39]; denn § 405 Abs. 3 soll den Kommissionär, dem ein Widerruf vor Absendung der Ausführungsanzeige droht, motivieren, die Ausführungsanzeige sofort nach Deckung abzusenden. Es wurde also – mit anderen Worten – ein Anreiz geschaffen, den Kurs des Deckungsgeschäfts und den Kurs, über den Rechenschaft zu legen ist (§ 400 Abs. 2), nicht auseinander fallen zu lassen. § 405 Abs. 3 dient mithin auch als Instrument zur Verhinderung von Kursschnitten. Problematisch wird diese Regelung allerdings dort, wo der Kommissionär trotz zumutbaren Aufwands außerstande ist, die Ausführungsanzeige alsbald nach Abschluß eines Deckungsgeschäfts abzusenden (näher dazu Rn 28).

Die Widerrufsregelung des § 405 Abs. 3 gilt, soweit die Parteien nichts **Abweichendes vereinbart** haben, auch dort, wo dem Kommissionär durch vertragliche Abrede das Recht eröffnet wurde, durch Selbsteintritt auszuführen, ferner dort, wo er die Kommission ausschließlich durch Selbsteintritt ausführen durfte. **22**

2. **Zugang des Widerrufs (Kündigung).** Für die Zulässigkeit des Widerrufs bzw. spiegelbildlich des Selbsteintritts ist zum einen der Moment entscheidungserheblich, in dem der Widerruf dem Kommissionär zugeht.[40] Der Zeitpunkt des Zugangs richtet sich nach den allgemeinen Vorschriften über den Zugang von Willenserklärungen. Die bloße Absendung des Widerrufes ist irrelevant.[41] Der Kommittent trägt daher die Gefahr, daß sich der Transport seiner Widerrufserklärung verzögert, oder daß sie verloren geht, bevor sie in den Machtbereich des Kommissionärs gelangt ist. **23**

3. **Absendung der Ausführungsanzeige.** Der zweite für die Zulässigkeit des Widerrufs bzw. eines Selbsteintritts relevante Moment ist der Zeitpunkt, in dem die Ausführungsanzeige abgesandt worden ist.[42] Absendung ist nicht gleichzusetzen mit der „Abgabe" der Ausführungsanzeige.[43] Es ist deshalb grundsätzlich zu fordern, daß die Anzeige den Machtbereich des Kommissionärs derart verlassen hat, daß sie der Kommissionär auf ihrem Wege zum Kommittenten nicht mehr aufzuhalten vermag. Der Begriff „zur Absendung abgegeben" ist nämlich gleichlautend wie „abgesandt" zu interpretieren. Nicht unbedingt erforderlich ist, daß die Ausführungsanzeige bereits in den Besitz einer selbstständigen Beförderungsperson gelangt,[44] per Telefax, E-Mail oder Telefon übermittelt worden ist. Für die Zwecke des §§ 405 erscheint es ausreichend, daß bei Einsatz elektronischer Datenverarbeitung die Daten irreversibel zur Versendung an den Kommittenten eingegeben worden sind. **24**

4. **Zulässigkeit des Widerrufs nach Absendung der Anzeige.** Ein *nach* Absendung der Ausführungsanzeige zugehender Widerruf ist unwirksam. Dabei kommt es nicht darauf an, ob der Selbsteintritt bereits erklärt ist. Sofern er nach Maßgabe des § 405 Abs. 2 noch erklärt werden kann, darf der Kommissionär ihn auch jetzt noch ausüben.[45] Erst **25**

---

[39] So aber *Schmidt-Rimpler* (Fn 1), S. 1056; *Canaris* Großkommentar HGB, Bd. III/3 (2. Bearb. 1981), Rn 1914.

[40] *Roth*, in Koller/Roth/Morck, HGB § 403 Rn 3.

[41] MünchKommHGB/*Häuser*, § 405 Rn 22.

[42] *Krüger* (Fn 3), § 383 Rn 30.

[43] **AA** wohl Schlegelberger/*Hefermehl*, HGB § 405 Rn 22.

[44] MünchKommHGB/*Häuser*, § 400 Rn 23.

[45] MünchKommHGB/*Häuser*, § 405 Rn 24.

recht gilt dies, falls die Selbsteintrittserklärung in der Ausführungsanzeige enthalten ist, diese aber noch nicht zugegangen ist. Ist der Selbsteintritt wirksam geworden, bevor der Widerruf zugeht, so stößt der Widerruf ohnehin ins Leere.[46] Diese Rechtsfolge tritt nicht nur dort ein, wo dem Kommittenten die Selbsteintrittserklärung bereits zugegangen und damit wirksam geworden war, bevor der Widerruf den Kommissionär erreicht, sondern auch in Konstellationen, in denen der Selbsteintritt analog § 151 BGB durch Vornahme eines Deckungsgeschäft wirksam geworden war, weil der Kommittent auf eine Kundgabe des Selbsteintritts verzichtet hatte bzw. eine Erklärung des Selbsteintritts verkehrsunüblich war[47]. Gleich zu behandeln sind Fälle, in denen der Selbsteintritt in sonstiger Weise, z.B. durch Bedingungseintritt, wirksam geworden ist. Ob allerdings angesichts der Funktion des § 405 Abs. 3, die Gefahr von Kursschnitten zu mindern, ein Verzicht auf den Zugang der Selbsteintrittserklärung in AGB möglich ist, erscheint jedenfalls dort als fraglich, wo eine alsbaldige Absendung der Ausführungsanzeige nach Vereinbarung des Deckungsgeschäft auf keine gravierenden Schwierigkeiten stößt.

26 5. **Zulässigkeit des Widerrufs vor Absendung der Ausführungsanzeige.** Ein **vor der Absendung der Ausführungsanzeige und vor Wirksamwerden des Selbsteintritts** (Rn 25) zugehender Widerruf ist nach dispositivem Recht gültig.[48]

27 Problematisch sind die Fälle, in denen der **Kommissionär bereits ein Deckungsgeschäft getätigt** hatte, der **Widerruf** aber noch **vor der Absendung der Ausführungsanzeige zugeht,** weil der Kommissionär die Ausführungsanzeige nicht sofort nach Abschluß des Deckungsgeschäft abgesandt hatte. Sofern[49] nicht etwa analog § 151 BGB bereits der Abschluß des Deckungsgeschäfts den Selbsteintritt wirksam werden ließ, ist der Widerruf zu beachten.[50] Das Recht zum Selbsteintritt entfällt (§ 405 Abs. 3). Eine *verbreitete Ansicht* will aber in einem solchen Fall dem Kommissionär nicht endgültig die Gefahr zuweisen, daß sich das Deckungsgeschäft als ungünstig herausstellt. Sie gibt dem Kommissionär das Recht, das auf eigene Rechnung vereinbarte Deckungsgeschäft als ein auf fremde Rechnung abgeschlossenes Ausführungsgeschäft zu behandeln und auf diese Weise gemäß § 670 BGB Freistellung von den aus dem „Deckungsgeschäft" resultierenden Verpflichtungen zu fordern[51]. Dieser Ansicht kann nicht gefolgt werden; denn ein Deckungsgeschäft kann nicht ex post zum Ausführungsgeschäft werden.[52] Das gilt erst recht dort, wo sich der Kommissionär verpflichtet hatte, ausschließlich durch Selbsteintritt auszuführen[53]. Die Risikobelastung des Kommissionärs ist sachgerecht; denn durch sie wird der Kommissionär angehalten, die Ausführungsanzeige sofort nach Abschluß des Deckungsgeschäft abzusenden und damit auf die Möglichkeit eines Kursschnittes zu

---

[46] § 405 Rn 18; *Roth,* in Koller/Roth/Morck, HGB § 403 Rn 3; **aA** Schlegelberger/*Hefermehl,* HGB, § 405 Rn 23.

[47] *Canaris,* Großkommentar HGB, Bd. III/3 (2. Bearb. 1981), Rn 1914; ferner § 400 Rn 12.

[48] MünchKommHGB/*Häuser*, § 405 Rn 24.

[49] **AA** wohl MünchKommHGB/*Häuser*, § 405 Rn 24.

[50] Ähnlich Baumbach/*Hopt*, HGB, § 405 Rn 4; Heymann/*Herrmann*, HGB, § 405 Rn 3, wenn die Ausführung der Kommission durch Selbsteintritt vereinbart und ein Deckungsgeschäft getätigt worden ist.

[51] So Schlegelberger/*Hefermehl,* HGB, § 405 Rn 25; *Schmidt-Rimpler* (Fn 1), S. 1057; *v. Dalwigk zu Lichtenfels* (Fn 14), S. 92; wohl auch *Canaris,* Großkommentar HGB, Bd. III/3 (2. Bearb. 1981), Rn 1914.

[52] Ebenso i.E. MünchKommHGB/*Häuser*, § 405 Rn 26; *Krüger* (Fn 3), § 405 Rn 7; Oetker/*Bergmann*, HGB, § 405 Rn 5.

[53] Schlegelberger/*Hefermehl,* HGB, § 405 Rn 26; *Canaris,* Großkommentar HGB, Bd. III/3 (2. Bearb. 1981), Rn 1914; **aA** *Schmidt-Rimpler* (Fn 1), S. 1057 f.

verzichten. Daraus folgt, daß der Kommissionär grundsätzlich mit dem rechtzeitig zugegangenen Widerruf nicht nur das Recht zum Selbsteintritt, sondern auch die Befugnis zur Ausführung in anderer Weise verliert; denn der Widerruf der Order ist im Zweifel umfassend.

Auf Bedenken stößt diese Rechtsfolge freilich dort, wo der Kommissionär mit **zumutbaren Mitteln außerstande ist, die Ausführungsanzeige sogleich nach Abschluß des Deckungsgeschäft abzusenden.** Für solche Situationen wird hier der Standpunkt vertreten, daß der Abrechnungsmodus des § 400 Abs. 2 unanwendbar ist und die darauf aufgebaute Beschränkung der Rechnungslegungspflicht entfällt (§ 400 Rn 68). Der Kommissionär hat dann, soweit er nicht pflichtgemäß bessere Ausführungschancen hätte ergreifen müssen, auf der Basis des Deckungsgeschäft abzurechnen und darüber Rechenschaft zu geben. Wenn der Kommissionär in derartigen Konstellationen erweiterten Rechenschaftspflichten unterworfen ist, so besteht auch kein Grund, ihn *bis zur Absendung der Ausführungsanzeige* mit dem Widerrufsrisiko zu belasten.[54] § 405 Abs. 3 ist deshalb zu restringieren; die dadurch aufgerissene Lücke ist durch eine Analogie zu den allgemeinen Regeln über den Widerruf einer Kommission zu schließen. Daraus ergibt sich, daß ein Widerruf nach Abschluß eines aus Anlaß der Kommission getätigten Deckungsgeschäft unzulässig ist. Der Kommissionär darf den Selbsteintritt noch erklären. Maßgeblich ist hierbei der Moment, in dem der Widerruf zugeht.[55] 28

6. **Beweislast.** Der Kommissionär hat den Zeitpunkt der Abgabe der Ausführungsanzeige bzw. des Wirksamwerdens des Selbsteintritts, der Kommittent den des Zuganges des Widerrufes zu beweisen.[56] Kommt es auf den Moment an, in dem aus Anlaß der Kommission ein Deckungsgeschäft getätigt wurde, so trifft insoweit die Darlegungs- und Beweislast den Kommissionär[57]. 29

§ 406

(1) Die Vorschriften dieses Abschnitts kommen auch zur Anwendung, wenn ein Kommissionär im Betriebe seines Handelsgewerbes ein Geschäft anderer als der in § 383 bezeichneten Art für Rechnung eines anderen in eigenem Namen zu schließen übernimmt. Das gleiche gilt, wenn ein Kaufmann, der nicht Kommissionär ist, im Betriebe seines Handelsgewerbes ein Geschäft in der bezeichneten Weise zu schließen übernimmt.

(2) Als Einkaufs- und Verkaufskommission im Sinne dieses Abschnitts gilt auch eine Kommission, welche die Lieferung einer nicht vertretbaren beweglichen Sache, die aus einem von dem Unternehmer zu beschaffenden Stoffe herzustellen ist, zum Gegenstande hat.

Schrifttum siehe Angaben zu § 383.

---

[54] MünchKommHGB/*Häuser*, § 405 Rn 26.
[55] Ebenso i.E. *Schmidt-Rimpler* (Fn 1), S. 1056 f.
[56] MünchKommHGB/*Häuser*, § 405 Rn 25.
[57] *Canaris*, Großkommentar HGB, Bd. III/3 (2. Bearb. 1981), Rn 1914 a.E.; *Schmidt-Rimpler* (Fn 1), S. 1057.

Übersicht

I. Vorbemerkung

1 § 406 ergänzt den § 383. Während § 383 an die Person des Kommissionärs anknüpft, steht im Mittelpunkt des § 406 Abs. 1 das Kommissionsgeschäft als solches. § 406 Abs. 2 erweitert lediglich den Kreis der Kommissionäre. Die Konturen des Typus „Kommissionsgeschäft" (dazu § 383 Rn 13 ff) werden mithin im wesentlichen durch § 406 Abs. 1 bestimmt.

II. Kommissionsgeschäft (Abs. 1)

2 **1. Typus des Kommissionsgeschäftes.** Gemäß **§ 406 Abs. 1** (uneigentliche Geschäftsbesorgungskommission) finden die §§ 383 ff immer auch dann Anwendung, wenn es ein Gewerbetreibender im Betrieb seines Gewerbes übernommen hat, **Geschäfte beliebiger Art** im eigenen Namen auf fremde Rechnung zu schließen. Bei den Geschäften muß es sich um Austauschgeschäfte handeln. Nicht erfaßt werden deshalb zum Beispiel als Gesellschaften konzipierte Anlagefonds, mag auch die wirtschaftliche Position der Gesellschafter weitgehend der eines Kommittenten angenähert sein.[1] In § 406 Abs. 1 ist noch von Handelsgewerbe die Rede. Der Gesetzgeber hat nicht berücksichtigt, daß der Kommissionsvertrag i.S.d. § 383 nicht mehr ausschließlich auf Kaufleute zugeschnitten ist, sondern mit jedem Gewerbetreibenden zustandekommen kann (§ 383 Abs. 2). Diesen Fehler des Gesetzgebers kann man entweder mit einer Analogie zu § 383 Abs. 2[2] oder mit einer Restriktion des Begriffs Handelsgewerbe beseitigen.[3]

3 Im Bereich der **Gelegenheitskommission** (**§ 406 Abs. 1 Satz 2**) braucht das auf fremde Rechnung getätigte Geschäft nach ganz h.M.[4] ebenfalls nur von einem Gewerbetreibenden vorgenommen zu werden. Der entgegenstehende Wortlaut des § 406 Abs. 1 S. 2 ist infolge eines Redaktionsversehens nicht dahin geändert worden, daß es nicht mehr auf die Kaufmannseigenschaft ankommt.[5]

4 **Differenziert man nach den Typen der Ausführungsgeschäfte,** die auf Rechnung des Kommittenten zu tätigen sind, so hat man den Kauf, Tausch, Werklieferungsvertrag (§ 406 Abs. 2) von Waren sowie Wertpapieren auf der einen Seite und sonstige Geschäfte auf der anderen Seite zu unterscheiden. Der Kommissionär i.S.d. § 383 übernimmt es

[1] MünchKommHGB/*Ekkenga*, Bd. 5, Effektengeschäft Rn 82.

[2] Oetker/*Martinek*, HGB, § 383 Rn 5.

[3] Ebenso i.E. *Canaris*, Handelsrecht, § 30 Rn 2; Baumbach/*Hopt*, HGB, § 383 Rn 2; MünchKommHGB/*Häuser*, § 406 Rn 3; *Roth,* in Koller/Roth/Morck, HGB § 406 Rn 2; Baumbach/*Hopt*, HGB, § 406 Rn 2.

[4] *Roth,* in Koller/Roth/Morck, HGB § 406 Rn 2; MünchKommHGB/*Häuser*, § 406 Rn 10; *Bydlinski*, ZIP 1998, 1169, 1174; v. Olshausen, NJW 2001, 1842; *Canaris*, Handelsrecht, § 30 Rn 2; Baumbach/*Hopt*, HGB, § 406 Rn 2.

[5] AA Oetker/*Bergmann*, HGB, § 406 Rn 4 anders Rn 6.

gewerbsmäßig, Kaufverträge über Waren und Wertpapiere auf Rechnung des Kommittenten zu schließen. Gleiches gilt für Geschäfte, die eine Werklieferung zum Gegenstand haben (§ 406 Abs. 2). Übernimmt es ein Kommissionär (§ 383) im Rahmen seines Betriebs, **„sonstige" Geschäfte** auf Rechnung seines Vertragspartners zu vereinbaren, so findet auch insoweit grundsätzlich Kommissionsrecht Anwendung (§ 406 Abs. 1 S. 1). Für die „sonstigen" Geschäfte kommen grundsätzlich alle gegenseitigen Verträge in Betracht. Wichtige Formen der „Geschäfte anderer als der in § 383 bezeichneten Art" sind im Rahmen der Erläuterungen zu § 383 behandelt (§ 383 Rn 40 ff). Hierher gehört z.B. unter Umständen die Vermittlung von Krediten,[6] die Vermietung auf fremde Rechnung,[7] die Verlagskommission,[8] die Baukommission,[9] der Verkauf eines GmbH-Anteils im eigenen Namen für fremde Rechnung,[10] die Erbringung von Dienstleistungen auf fremde Rechnung.[11] Für die Besorgung von Transportleistungen im eigenen Namen auf fremde Rechnung sowie für die Versicherung auf fremde Rechnung gelten Sonderregelungen.[12]

Falls **andere Gewerbetreibende gelegentlich** in ihrem Betrieb Geschäfte auf Rechnung ihres Vertragspartners[13] tätigen, sind sie grundsätzlich ebenfalls wie Kommissionäre zu behandeln (§ 406 Abs. 1 S. 2). 5

2. Anwendbarkeit der §§ 384 ff. Auf die in § 406 genannten Kommissionsgeschäfte sind grundsätzlich sämtliche Normen des Kommissionsrechts anzuwenden. Da die §§ 384 ff zum Teil jedoch auf Kaufverträge über Waren und Wertpapiere zugeschnitten sind, ist immer zu prüfen, inwieweit sie auf andere Formen von Ausführungsgeschäften passen. Dies ist z.B. im Hinblick auf solche Vorschriften, die an die Übergabe des Kommissionsgutes anknüpfen, regelmäßig nur dort zu bejahen, wo der Kommissionär den Besitz des Kommissionsgutes erlangt, – etwa um Mietverträge auf Rechnung des Kommittenten zu tätigen.[14] Soweit die in den §§ 384 ff angeordneten Rechtsfolgen nicht passen, ist zumindest der diesen Vorschriften zugrunde liegende Rechtsgedanke heranzuziehen. 6

Allerdings kann die ratio einzelner kommissionsrechtlicher Normen deren Anwendung auf sonstige Formen des Kommissionsgeschäftes gänzlich verbieten. So ist im Rahmen des **§ 392 Abs. 2** zu berücksichtigen, daß der Schutz des Kommittenten an den Umstand anknüpft, daß das von einem Kommissionär betriebene Gewerbe dessen Gläubigern hinreichende Indizien liefert, daß der Kommissionär auf fremde Rechnung tätig wird (§ 392 Rn 3). § 392 Abs. 2 läßt sich daher entgegen der h.M. ohne weiteres nur im Bereich des § 406 Abs. 1 S. 1 heranziehen. Hingegen greift er dort nicht ein, wo ein Gewerbetreibender, der nicht zum Kreis der Kommissionäre zählt, Kommissionsgeschäfte tätigt (§ 406 Abs. 1 S. 2). Dabei kommt es nicht darauf an, ob z.B. ein Eigenhändler es ab und zu übernimmt, auf fremde Rechnung einen Kaufvertrag über Waren und Wertpapiere zu schließen, oder ob sich ein Gewerbetreibender regelmäßig verpflichtet, ein Aus- 7

---

6 OLG Celle, WM 1974, 736; MünchKommHGB/*Häuser*, § 406 Rn 5

7 BGHZ, 104, 123; MünchKommHGB/*Häuser*, § 406 Rn 5; *Roth*, in Koller/Roth/Morck, HGB § 406 Rn 1; *K. Schmidt*, Handelsrecht, § 31 III 1c.

8 MünchKommHGB/*Häuser*, § 406 Rn 5.

9 MünchKommHGB/*Häuser*, § 406 Rn 5.

10 BGH, BB 1960, 797.

11 MünchKommHGB/*Häuser*, § 406 Rn 5.

12 §§ 453 ff HGB, 43 ff VVG; *K. Schmidt*, Handelsrecht, § 31 III 1c.

13 Erfaßt werden alle Arten von Geschäften. Siehe zu den sonstigen Geschäften oben Rn 4.

14 Eingehend dazu *Schmidt-Rimpler*, Das Kommissionsgeschäft, in: Ehrenbergs Handbuch des gesamten Handelsrechts (1928) Bd. V 1. Abt. 2. Hälfte, S. 1068 ff.

führungsgeschäft zu vereinbaren, das nicht in den Kreis der in § 383 bezeichneten Geschäfte fällt. Die besondere Bedeutung der Rechtssicherheit im Handelsverkehr gebietet, den § 392 Abs. 2 typisierend einzusetzen. Da die in § 406 Abs. 1 S. 2 angesprochenen Gewerbetreibenden normalerweise gewerbsmäßig keine Geschäfte auf fremde Rechnung schließen, bleibt § 392 Abs. 2 außer Betracht[15]. Es kommt dann auf die Offenkundigkeit treuhänderischen Handelns gegenüber dem jeweiligen Gläubiger im Einzelfall an.[16]

8 Problematisch ist ferner, inwieweit § 400 Abs. 1 im Rahmen der in § 406 Abs. 1 genannten Kommissionsgeschäfte ein Recht zum **Selbsteintritt** gibt. In Fällen, in denen ein Gewerbetreibender im Sinne des § 406 Abs. 1 S. 2 (Gelegenheitskommissionär) den Auftrag erhalten hat, auf Rechnung des Kommittenten **Waren oder Wertpapiere** zu kaufen bzw. zu verkaufen, bestehen gegen eine Anwendung der §§ 400 ff keine Bedenken, wie sich schon aus dem Wortlaut des § 400 Abs. 1 ergibt[17].

9 Bei **anderen Varianten von Ausführungsgeschäften** wird von der hM eine Befugnis zum Selbsteintritt kraft dispositiven Rechtes verneint[18]. Dies wird mit dem Argument begründet, § 400 Abs. 1 spreche nur davon, daß der Kommissionär ausführe, indem er das Gut, welches er einkaufen soll, selbst als Verkäufer liefere und das Gut, welches er verkaufen soll, selbst als Käufer übernehme. Es besteht jedoch kein Hindernis, den in § 400 Abs. 1 normierten Rechtsgedanken für andere Formen von Ausführungsgeschäften fruchtbar zu machen.[19] Sofern ein Markt- oder Börsenpreis existiert, sollte man daher kraft dispositiven Rechts analog § 400 Abs. 1 den Selbsteintritt zulassen. Der Selbsteintritt erfolgt dann in der Form, daß derjenige, der sich zum Abschluß eines Geschäftes auf fremde Rechnung verpflichtet hat, nach Maßgabe des jeweiligen Vertragstypus selbst Träger der Rechte und Pflichten wird. Gegen diese Lösung spricht zwar der Einwand, daß man dem ohnehin problematischen Selbsteintritt nicht noch mehr Raum verschaffen sollte. Wenn man aber dem Kommissionär dort, wo er Kaufverträge abzuschließen hat, erlaubt, selbst einzutreten, so ist nicht einzusehen, warum ihm diese Möglichkeit anderswo trotz des Vorhandenseins von Markt- und Börsenpreisen verschlossen bleiben sollte, nur weil kein Kaufvertrag als Ausführungsgeschäft gewollt ist. Der Kommittent ist in beiden Konstellationen gleich schutzbedürftig und schutzwürdig. Das wirtschaftliche Bedürfnis, das bei Kommissionen im Sinne des § 383 zur Entwicklung des Selbsteintritts geführt hat, wird man auch dort nicht verneinen können, wo sich Märkte bilden, auf denen Preise festgesetzt werden. Derzeit sind allerdings keine Märkte für andere Geschäfte als Kauf, Tausch oder Werklieferung ersichtlich, auf denen Preise in einer Form notiert werden, daß sie den Maßstab für einen gerechten Interessenausgleich abgeben könnten. Jedenfalls kann der Selbsteintritt im Hinblick auf „sonstige" Ausführungsgeschäfte vertraglich vereinbart werden (§ 400 Rn 93).

---

15 **AA** MünchKommHGB/*Häuser*, § 406 Rn 9; *Roth*, in Koller/Roth/Morck, HGB § 406 Rn 3; Oetker/*Bergmann*, HGB, § 406 Rn 6; *K. Schmidt* Handelsrecht, § 31 V 4a.

16 *Canaris*, Festschrift Flume, S. 408.

17 MünchKommHGB/*Häuser*, § 406 Rn 12; Schlegelberger/*Hefermehl*, HGB, § 406 Rn 4; **aA** *Schmidt-Rimpler* (Fn 14), S. 1070.

18 MünchKommHGB/*Häuser*, § 406 Rn 12; Schlegelberger/*Hefermehl*, HGB, § 406 Rn 4; *Schmidt-Rimpler* (Fn 14), S. 1070.

19 Oetker/*Bergmann*, HGB, § 406 Rn 8.

III. Absatz 2

§ 406 Abs. 2 stellt den Werklieferungsvertrag über eine nicht vertretbare bewegliche Sache dem Kaufvertrag gleich.[20] Die gewerbsmäßige Übernahme des Abschlusses derartiger Werklieferungsverträge im eigenen Namen auf fremde Rechnung verleiht mithin die Kommissionärseigenschaft. Auf die vom Kommissionär im Sinne des § 406 Abs. 2 abgeschlossenen Geschäfte finden die §§ 384 ff Anwendung. Für Werklieferungsverträge über vertretbare bewegliche Sachen gelten keine Spezialregeln, weil sie als Kaufverträge anzusehen sind (§ 651 BGB), und daher § 383 ohne weiteres eingreift. 10

[20] MünchKommHGB/*Häuser*, § 406 Rn 13; *Krüger* in Ebenroth/Boujong/Joost/Strohn, HGB, § 406 Rn 1 zufolge hat § 406 Abs. 2 jede Bedeutung verloren, da § 651 BGB auch Werklieferungsverträge über nicht vertretbare Sachen grundsätzlich dem Kaufrecht unterstellt. Ebenso Baumbach/*Hopt*, HGB, § 406 Rn 3, der allerdings nicht berücksichtigt, daß § 651 BGB zum Teil auf Werkvertragsrecht verweist.

Sachregister

Die fetten Zahlen verweisen auf die Paragraphen, Vor = Vorbemerkung, die mageren Zahlen verweisen auf die Randnummern